经以衔七

砥砺前
行

贺教务处

教改项目

圆满结题

于路林
辛丑年八

教育部哲学社会科学研究重大课题攻关项目
"十三五"国家重点出版物出版规划项目

中国历代长城研究

RESEARCH ON THE GREAT WALL IN PAST DYNASTIES

段清波
等著

中国财经出版传媒集团
经济科学出版社
Economic Science Press

图书在版编目（CIP）数据

中国历代长城研究/段清波等著.—北京：经济科学出版社，2018.12
教育部哲学社会科学研究重大课题攻关项目 "十三五" 国家重点出版物出版规划项目
ISBN 978-7-5141-8461-7

Ⅰ.①中… Ⅱ.①段… Ⅲ.①长城-研究 Ⅳ.①K928.77

中国版本图书馆 CIP 数据核字（2018）第 280311 号

责任编辑：孙丽丽　程憬怡
责任校对：刘　昕
责任印制：李　鹏

中国历代长城研究

段清波　等著

经济科学出版社出版、发行　新华书店经销
社址：北京市海淀区阜成路甲 28 号　邮编：100142
总编部电话：010-88191217　发行部电话：010-88191522
网址：www.esp.com.cn
电子邮件：esp@esp.com.cn
天猫网店：经济科学出版社旗舰店
网址：http://jjkxcbs.tmall.com
北京季蜂印刷有限公司印装
787×1092　16 开　35.75 印张　680000 字
2019 年 4 月第 1 版　2019 年 4 月第 1 次印刷
ISBN 978-7-5141-8461-7　定价：118.00 元
(图书出现印装问题，本社负责调换。电话：010-88191510)
(版权所有　侵权必究　打击盗版　举报热线：010-88191661
QQ：2242791300　营销中心电话：010-88191537
电子邮箱：dbts@esp.com.cn)

课题组主要成员

首席专家 段清波
主要成员 段清波 徐卫民 辛德勇 朗保利
　　　　　　赵　斌 吕卓民 李鸿斌 侯甬坚
　　　　　　张宏彦 陈　靓 孙满利 刘军民
　　　　　　同杨阳

编审委员会成员

主　任　吕　萍
委　员　李洪波　柳　敏　陈迈利　刘来喜
　　　　　樊曙华　孙怡虹　孙丽丽

总　序

哲学社会科学是人们认识世界、改造世界的重要工具，是推动历史发展和社会进步的重要力量，其发展水平反映了一个民族的思维能力、精神品格、文明素质，体现了一个国家的综合国力和国际竞争力。一个国家的发展水平，既取决于自然科学发展水平，也取决于哲学社会科学发展水平。

党和国家高度重视哲学社会科学。党的十八大提出要建设哲学社会科学创新体系，推进马克思主义中国化、时代化、大众化，坚持不懈用中国特色社会主义理论体系武装全党、教育人民。2016年5月17日，习近平总书记亲自主持召开哲学社会科学工作座谈会并发表重要讲话。讲话从坚持和发展中国特色社会主义事业全局的高度，深刻阐释了哲学社会科学的战略地位，全面分析了哲学社会科学面临的新形势，明确了加快构建中国特色哲学社会科学的新目标，对哲学社会科学工作者提出了新期待，体现了我们党对哲学社会科学发展规律的认识达到了一个新高度，是一篇新形势下繁荣发展我国哲学社会科学事业的纲领性文献，为哲学社会科学事业提供了强大精神动力，指明了前进方向。

高校是我国哲学社会科学事业的主力军。贯彻落实习近平总书记哲学社会科学座谈会重要讲话精神，加快构建中国特色哲学社会科学，高校应发挥重要作用：要坚持和巩固马克思主义的指导地位，用中国化的马克思主义指导哲学社会科学；要实施以育人育才为中心的哲学社会科学整体发展战略，构筑学生、学术、学科一体的综合发展体系；要以人为本，从人抓起，积极实施人才工程，构建种类齐全、梯队衔接的高校哲学社会科学人才体系；要深化科研管理体制改革，发挥高校人才、智力和学科优势，提升学术原创能力，激发创新创造活力，建设中国特色新型高校智库；要加强组织领导、做好统筹规划、营造良好学术生态，形成统筹推进高校哲学社会科学发展新格局。

哲学社会科学研究重大课题攻关项目计划是教育部贯彻落实党中央决策部署的一项重大举措，是实施"高校哲学社会科学繁荣计划"的重要内容。重大攻关项目采取招投标的组织方式，按照"公平竞争，择优立项，严格管理，铸造精品"的要求进行，每年评审立项约40个项目。项目研究实行首席专家负责制，鼓励跨学科、跨学校、跨地区的联合研究，协同创新。重大攻关项目以解决国家现代化建设过程中重大理论和实际问题为主攻方向，以提升为党和政府咨询决策服务能力和推动哲学社会科学发展为战略目标，集合优秀研究团队和顶尖人才联合攻关。自2003年以来，项目开展取得了丰硕成果，形成了特色品牌。一大批标志性成果纷纷涌现，一大批科研名家脱颖而出，高校哲学社会科学整体实力和社会影响力快速提升。国务院副总理刘延东同志做出重要批示，指出重大攻关项目有效调动各方面的积极性，产生了一批重要成果，影响广泛，成效显著；要总结经验，再接再厉，紧密服务国家需求，更好地优化资源，突出重点，多出精品，多出人才，为经济社会发展做出新的贡献。

作为教育部社科研究项目中的拳头产品，我们始终秉持以管理创新服务学术创新的理念，坚持科学管理、民主管理、依法管理，切实增强服务意识，不断创新管理模式，健全管理制度，加强对重大攻关项目的选题遴选、评审立项、组织开题、中期检查到最终成果鉴定的全过程管理，逐渐探索并形成一套成熟有效、符合学术研究规律的管理办法，努力将重大攻关项目打造成学术精品工程。我们将项目最终成果汇编成"教育部哲学社会科学研究重大课题攻关项目成果文库"统一组织出版。经济科学出版社倾全社之力，精心组织编辑力量，努力铸造出版精品。国学大师季羡林先生为本文库题词："经时济世　继往开来——贺教育部重大攻关项目成果出版"；欧阳中石先生题写了"教育部哲学社会科学研究重大课题攻关项目"的书名，充分体现了他们对繁荣发展高校哲学社会科学的深切勉励和由衷期望。

伟大的时代呼唤伟大的理论，伟大的理论推动伟大的实践。高校哲学社会科学将不忘初心，继续前进。深入贯彻落实习近平总书记系列重要讲话精神，坚持道路自信、理论自信、制度自信、文化自信，立足中国、借鉴国外，挖掘历史、把握当代，关怀人类、面向未来，立时代之潮头、发思想之先声，为加快构建中国特色哲学社会科学，实现中华民族伟大复兴的中国梦做出新的更大贡献！

教育部社会科学司

前　言

城和长城是中国文明演化过程中最为重要和突出的两大标志。在中华民族多元一体格局形成的漫长历史中，城和长城基本伴随并见证了中华文明形成、发展的全过程。中心城市的出现是王国文明的见证，标志中国文明的诞生；长城的出现和发展伴随了帝国体制的构建、完善和衰败。两千五百余年间农业民族和游牧民族的互动交流以及农业文明和游牧文明的共通融合，最终孕育形成了中国文明。

一、城与王国文明

文明起源问题是中国考古学最重要的研究课题之一，这关乎中国文明从哪里来、基本特征、发展走向的重大问题。苏秉琦将中国历史的发展概括为"古国—方国—帝国"三个阶段，随后王震中提出"邦国—王国—帝国"的基本认识。

考古学上一般把"金属工具、文字和城市的出现视为国家或文明出现的典型标志"。中国文明起源于龙山文化晚期，夏王朝属于王国时期，它的建立标志中国从此开始进入多元一体的复合型国家阶段。王国文明自夏朝开始直至春秋结束。

恩格斯曾说过"国家是文明社会的概括"，文明社会最重要和最本质的特征就是国家的形成。"建城是立国的标志"，像陶寺遗址那样的规模较大的中心城市的出现，标志着国家、中华文明的初步形成。中心城市的出现，也同样是世界上有些文明产生的标志，比如位于两河流域的苏美尔文明、尼罗河沿岸的埃及文明、印度河流域的哈拉帕文明和克里特岛上的米诺斯文明，都是伴随着的青铜铸造业、文字以及发达的城市中心一起诞生的。"中华文明探源工程"已经取得"城市的出现是文明出现的重要标志"这一共识。

"城者，所以自守也"，标志国家出现的城并不是五六千年以前在大溪文化、仰韶文化、龙山文化中发现的一般概念上的普通城邑，也不是仅仅用高大围墙围护起来的大型聚落，而是由周边小型城邑环绕的中心城市。影响王国政治、宗教、经济、文化、军事等社会活动也是在这里开展的，这种具有军事防御性质的中心城市的出现是天下共主式分封制下的产物。

中心城市内不仅有宫殿宗庙、祭祀天地等高等级的建筑物，还有具备阶级和阶层的分化以及手工业专业化分工等特征的遗存。总面积300万平方米以上的山西省襄汾县的陶寺遗址，是黄河中游地区龙山时代晚期的一处以都城为中心和周边大小不等的各种聚落相结合而成的、具有国家特征的中心城市遗址。考古发现城墙、宫殿区、贵族居住区、祭祀、天文台和等级分明的墓葬群，以及象征王权的龙盘、陶鼓、鼍鼓、石磬、彩绘木器、彩绘陶器、玉石钺等奢华随葬品，包括在陶寺城址周边发现的由规模大小不等的遗址所构成的陶寺聚落群，这一切都表明该遗址是属于早期国家形态的超大型都邑，并且说明在五千年前的龙山文化晚期，黄河流域已经进入文明的初期阶段。良渚文化也具有同类性质。

相当于夏代后期、遗址面积超过400万平方米的二里头遗址，发现多座宫殿、高等级墓葬、青铜爵和绿松石兽面纹铜牌饰等最早的青铜容器，包括"择中"的宫殿规划理念，均表明此阶段无疑早已进入文明时期。

二、长城的出现和长城地带的形成

战国开始，中国古代社会的治理体系逐渐从夏商西周以来以血缘宗法制为基础的分封制，开始向以地缘为基础的中央集权郡县制转变，完成这一转变用时将近250年。这一时期土地国有制彻底瓦解，新兴地主土地所有制得到确立和发展，与此相适应，战争的规模、方式和目的等也随之发生了剧烈和根本的变化。

夏商周时期，王和各级贵族一般居住在城邑中更为尊贵和安全的区域尤其是王城和大型城市中，并且拥有至高无上的政治地位和掌握大量社会财富。因此战国之前的战争主要为攻取王城或大型城市而掠取财富。时至战国，随着土地的价值日益凸显，土地兼并愈加激烈，从攻城发展到攻城略地、略人，战争的目的转向获取更多的土地和役使更多的人口以创造出更多的财富。

春秋时期列国之间矛盾更加激烈，战争的规模和残酷程度匪夷所思。各国都需要建立常备军来作战或防御，军队人数大增，车战的方式基本退出战场；作战目的由攻城掠夺财富转向攻城略地和获取人口资源，方式从城池的攻防转变为大规模的野战。史料记载，春秋时期自公元前722年~公元前464年，只有38年没有战争，春秋初年时有诸侯国170多个；至战国时期，从公元前463开始的242年间里虽然有89年都没有战争，但是，残酷的战争结果，使得诸侯国仅剩七个，其数量消失速度惊人。

战国时期，战争的常态化和规模的扩大化进一步带来战争目的、规模、参与人数及惨烈程度的变化。此时战争的形式已由车战演变成车、步、骑三兵种的联合作战，兵器以弓弩和常规兵器为主；战争规模巨大，参战人数动辄数十万人，秦赵之间的长平之战曾持续一年之久，旷日持久的战争也让"战国"因此得名。战国后期，从公元前364年~公元前234年的130年间，秦国参与了15次大的战争，给对方造成的伤亡达148.9万人。

到了战国中期，在新的兼并与反兼并形势下，冲突日益强烈。为了满足自身安全和发展的需要，中原农业诸侯国们逐渐将过去战争的主要防御方式——封闭的城展开，而变成长长墙体的形式，以借助高大的墙体来抵御侵略。齐、燕、韩、赵、魏、秦、中山等诸侯国先后修建长城，多数长城是由防御一方主持修建的。

长城防御思想及形态最早脱胎于诸侯国间大规模兼并战争，到战国后期，由农业文明首创的长城理念与实践运用到此时的农牧交错地带。在面对北方游牧邻居南下的强大压力下，秦、赵、燕三国将长城这种农业国家之间的防御方式移植到了农牧交错的地带，此后以长城地带为舞台，农业文明和游牧文明在这里共同上演了一部长达两千多年的、惊心动魄的、塑造了中国文明的文化交流融合的大戏。

何为长城呢？

长城是从战国中期开始，由不同时代政治实体在边境修建的，以土、石、砖材料构建的、以墙体为主、由点及线再到面的、立体的军事防御体系。

从战国至清代两千多年间，12个朝代、24个政治实体先后修建了规模不等、长短不同的长城，长城是冷兵器时代最为重要的军事防御设施。中国历代长城分布的区域大致东起西辽河流域，经燕山、阴山、贺兰山，到达湟水流域和河西走廊，包括了今天的内蒙古东南部、河北北部、山西北部、陕西北部、内蒙古中南部、宁夏、甘肃和青海的东北部，这个区域范围也被称作"长城地带"。虽然各个时代长城的分布位置有所差别，但除战国时期外，历代长城的大致走向与分布却基本一致，即自东北向西南呈带状绵延分布。

长城地带的形成是生态环境、族群、文化等变动因素交互作用的复杂过程，与自然地形以及气候环境的变化息息相关。自全新世以来，这一区域的经济形态时农时牧不断地发生变化，农牧的界线空间也随之南北频繁摆动，在新石器时代晚期基本上是农业区，后来变为游牧人往来驰骋的地带。历代长城大多分布在蒙古高原和华北平原、黄土高原的过渡区域，与我国的400毫米等降水量线走势基本一致。长城地带除了东西两端分别位于半湿润和半干旱地区外，大部分地段处于由半湿润气候向半干旱气候的过渡区。由于降水量、气候等因素的影响，这一地区也恰好处在我国农业和牧业的交汇处。从公元前4世纪开始，长城的修建逐渐转变成为缓解农耕与游牧政权之间冲突、维护长城内外社会经济秩序的目的。

三、历代长城

长城是世界上延续时间最长、分布范围最广、军防体系最复杂、规模最庞大和影响最深远的文化遗产类型，历代长城承载着中华民族形成与发展的历史。

多数时代的长城是农业民族为防御游牧民族南侵的产物，它历经战国（齐、楚、燕、赵、魏、秦、中山、鲁）、秦、汉、南北朝（北魏、东魏、北齐）、隋、唐（含渤海国、高句丽、吐谷浑）、北宋、西夏、辽、金、明、清等朝代两千多年的修建，至今存留21 196.18千米，分布在黑龙江、辽宁、吉林、河北、天津、北京、山西、内蒙古、山东、河南、陕西、甘肃、青海、宁夏、新疆等15个省（市、自治区）的404个区（县）。

多数时代的长城并不是一次修建的，在同一时代的不同阶段，因防御主方向不同而建造的长城路线也会有所偏差，即使是同一时代，也存在先后修建多条长城的现象。长城也不是简单的一道墙体，随着战争方式、武器种类的变化和差异，其修建经历了从简单到复杂的发展过程。开始是片段的墙体，后来逐渐演变成连绵不断的、人工修筑的、以土石砖为墙体的连续性墙体；再到后来尤其是明代，长城最后演变成为由烽火台、墙壕、营堡、交通供给线等组成的，点、线、面纵深立体的军事防御体系。

战国中期，各农业诸侯国开始修建的长城并非是连续性的高墙，除秦国以外均未发现墙顶有覆瓦的现象，修建的目的既出于各个诸侯国之间的防范，如魏长城、赵南长城、燕南长城，也为阻止北方游牧民族的南下进攻，如燕北长城、赵北长城及秦昭王长城。公元前4世纪前后，齐国、中山国、燕国、赵国、魏国、秦国等也分别在其境内修建了长城。列国中，齐长城修建的最早（公元前408年），而秦昭王长城修建的最晚（公元前272年）。其中，魏长城有三道，赵国在其南北界均修建了长城，燕长城亦有两道。

帝国时期的长城是融墙体、壕、天险、障、道路、后勤等为一体的立体性防御体系，并且几乎所有时代的长城均分布在长城地带。为了解除匈奴对秦王朝的威胁以及保障中原地区的安全，秦帝国"因地形，用制险塞，起临洮，至辽东，延袤万余里"。汉高祖刘邦下令修缮秦昭王所建长城，与匈奴于"故塞"为界；武帝时，数次北击匈奴使其退居漠北，同时修建汉内外长城；自元狩年间起，修筑了从今甘肃省永登县至酒泉的河西长城；公元前111年至前110年，长城从酒泉向西延至玉门关；公元前104至公元前101年，不仅从玉门关向西增筑烽燧至今新疆罗布泊，并且随后还在长城沿线增筑了许多亭障、列城等。魏晋南北朝时期，北魏、东魏、北齐政权为了防止柔然民族南下均修建了长城，其中北魏长城有两段。隋代曾七次修建长城。

唐宋时期长城的修建几乎停滞。辽、金时期在内蒙古草原修建了界壕以防蒙古人南下，其中金界壕是在大定、明昌年间（1161～1195年）大规模修建的，分布在今黑龙江、内蒙古及外蒙古境内。

明长城的修建经过了两个阶段，前期（公元前1368～1447年）主要是进行小规模的修缮，添加若干防御设施，此阶段明蒙双方的对峙相对和缓；1449年以后，形势发生了绝大变化，开始大规模地修建长城。1471年修建了宁夏至陕西北部的长城；1560年又造宣府、大同镇边墙千余里，同时建造了大量的烽燧；1568年，戚继光重修了东起山海关西到居庸关的蓟镇长城，并且设计修建了空心敌台。此外，明朝还兴建了由甘肃省景泰县向南再折向西北，直抵嘉峪关的长城；永乐至成化年间还数次修建了辽东长城，对现有长城也屡次修缮或部分增筑。

清代于崇德三年（1638年）至康熙二十六年（1697年）间，在长达59年的时间里，陆续修建的一道北起法特哈（今吉林舒兰县西）、东至凤凰城（今辽宁凤城）、西至山海关的长达二千六百四十余里的"人"字形特殊防御工事，其主要功能是防止内地居民出关垦殖。该工事的建筑方法为掘土为壕，壕内引水，以壕内之土堆为堤，堤上植柳并以绳结之，故称之为柳条边。

四、长城是帝国文明的伟大遗产

人类所创造的物质文化是在一系列社会性因素制约下形成的，是不同历史时期宇宙观、社会治理体系以及核心文化价值观三者交互作用的结果，反映了当时社会发展阶段的生产技术水平和思想文化程度。长城不是中华大地上一道道自然的、物理的、僵死的、割裂的、逐渐消失的人工堆砌物，而是一条条连贯的、前后相续的、始终涌动的、奔腾的、鲜活的、与历史交融的、蕴含文化意义的伟大遗存。长城是中国五千年文明半数历程的见证者，帝国历史与长城建造相始终，长城与帝国文明彼此成就。

战国时期是中国古代从王国制到帝国制的巨大转型期。此时,夏商周以来所形成的王国制社会治理体系已经不适合社会发展的需要了,且这种不适是全方位的,社会各个阶层都有此认知并付诸努力探索变革,"百家争鸣"本质上就是不同学术流派对社会治理体系全方位思考的概括和总结。各国在迷茫中纷纷进行变法,郡县制的萌芽已经出现,直至秦帝国及西汉,以阴阳五行相克相生为宇宙观,以对立、变通为思维方式,以地缘大一统中央集权郡县制为社会治理体系,以规矩为核心文化价值观的行为处世方式的汉文明体系逐渐构建完成。

新的社会发展态势促成了新的防御方式,于是乎,打开封闭式的围墙,以长长的墙体来防御的军事工事相继在边境出现。战国中期,长城还主要修建在中原地区,是各农业国家之间相互防御的产物;战国后期,长城开始出现在农业民族和游牧民族交汇的地带(秦赵燕),并且几乎都是农业民族用来防御游牧民族而修建的。

自战国开始的社会治理体系探索经过两百多年的实践,以公元前221年秦始皇统一中国为标志,大一统理念下的中央集权郡县制社会治理体系构建完成。从此,古代社会开始从王国时期进入帝国时期。帝国时期最重要的文化遗产就是长城,作为农耕民族防御游牧民族的军事防御工程,从秦汉至明清,它一直横亘在农业和游牧两大世界之间。长城与帝国文明的兴衰相始终。

一个有趣的现象是,在秦帝国建立之前,北部的匈奴族也是部落林立互不相属;秦帝国建立十年后,前所未见的统一的草原游牧帝国也横空出世,从此开始直到近代热兵器流行结束,围绕长城所进行的农耕民族和游牧民族之间的互动,始终是中国文明演变过程中的主旋律。

五、长城成就了中国文明

长城的出现以及长城地带的形成,是农业文明和游牧文明互动碰撞的结果。没有秦汉帝国,就没有匈奴帝国,中原集权帝国的形成过程,也是游牧帝国的形成过程。

随着环境的变迁以及农耕和游牧政权你进我退的变化，长城分布的具体区域也有不同。长城地带农业与游牧民族之间的碰撞与交流，不但是北方各游牧民族间交流融合的过程，也是农业文明与游牧文明之间长期交流融合的过程，还是中国统一多民族国家形成和发展的重要过程。长城的修筑以军事需要为起点，以民族融合、中华文化认同为终结，这一伟大的军事工程见证了统一多民族国家的形成和发展。

长城地带的文化交流"你中有我，我中有你"，总体上呈现出相互渗透、交流融合的趋势。以农业文明为主体的中国文明在长期发展过程中，尤其是在帝国时期，假如没有与游牧文明之间频繁的互动，中国文明也许呈现不出绵延不绝、生动活泼的态势。汉初匈奴"常往来盗边"，西汉政权在处于劣势的情形之下，被迫"约结和亲、赂遗单于，冀以救安边境；奉宗室女为单于阏氏，岁奉匈奴絮、缯、酒、实物各有数"。应该说，和亲及互市是农牧文化交流最直接的方式，这样的缓兵之计对当时中原社会经济的恢复与发展，起到了积极的作用。明代"烽火不惊，三军晏眠，边圉之民，室家相保，弄狖于野，商贾夜行"，隆庆五年（1571年）开始在边境上开设常态化的互市，边境线上对峙的局面为之大变。

两千多年间，在围绕长城的交往互动中，在农业和游牧民族相互促进、共同发展下，形成了中国文明独特的、多元统一的文化面貌，而多元化恰恰是维持中国文明不断维新和强大的保障。长城的历史证明，中国文明至少是由农业文明与游牧文明一起构建完成的，农业民族和游牧民族都是中国文明的缔造者。

考古所见中原文化和北方游牧文化交流的重要实物资料不胜枚举。汉族的语言文字、思想制度、文化艺术深刻地影响着长城地带游牧民族的文化发展。《汉书》保留着匈奴与秦汉王朝长期书信往来的资料，表明秦汉时期尚无文字的匈奴便已经通晓和使用汉语。西岔沟墓地发现长短兵器、马具和较为贵重的金银饰品，包括具有汉族风格的文物铁镬、铁斧、绳纹陶器、各式刀剑、鎏金马具、铜镜、配饰、货币等。上孙家寨匈奴墓葬发现随葬的铜镜、五铢钱以及仓、灶、井等明器，完全和汉文化的特征相一致，并且砖室墓与东汉中原地区汉墓形制无异。南越王墓、江苏徐州楚王墓中出土了金、铜带饰。新疆罗布泊、辽宁西丰县的汉代墓葬出土了中原地区的铁斧、铁刀、铁镞、铁剑。蒙古高原和西域地区也都有发现汉代的钱币、铜镜、瓦当、生产工具等。此外，汉代龟兹国"汉乐衣服制度，归其国，治宫室，作徼道，周卫，出入传呼，撞击钟鼓，如汉家仪"；蒙古鄂尔德尼昭哈拉和林遗址以北"包括城市、堡寨、城堡及农业郊区……瓦当和铺首的纹饰均为唐代晚期的风格。遗留在城堡内宫殿基址上的瓦当上亦存在唐晚期的纹饰"的发现等。

历史上农耕文化对游牧文化产生了极大的影响。农耕文化发展较早，其体系也较为成熟和完整，对北方的游牧文化产生了极大的影响。在农耕文化向长城地带各少数民族地区传播扩散的同时，各民族文化也在向中原汇聚，使得中原文化在发展中也吸收了各民族文化的养分和智慧，衣、食、住、行无所不包，塑造了长城地带文化的包容性和多样性。据考证，从赵武灵王提倡胡服到清代的旗袍、马褂，古代中原民族上衣下裳、宽领褒袖笨重服饰有了重大的转变。伴随魏晋时期大批北方游牧民族从长城以北的东北地区或蒙古草原进入长城地带或其以南的中原腹地，"胡床"带入农耕区并改变了中原民族席地而坐的习惯。随着小麦、大麦以及磨面方法从西域和其他民族地区的传入，改变了中原汉族以五谷为饭的膳食种类。家用畜力中的马，主要是从蒙古高原引入长城以南，汉代极为有名的"汗血宝马"传入中原后备受珍惜。此外，在新疆阿拉沟、鱼儿沟等地西周至战国末期的墓葬中发现的骡子骨骼，经鉴定其最早应该是蒙古高原地区的游牧者培育出来的。而在艺术文化方面，诸如笛、琵琶、箜篌、胡琴等乐器以及音乐音律、歌舞杂技等自南北朝时传入中原后，对中原的戏剧、宋词、元曲均产生了极大影响；大同云冈等石窟艺术以及敦煌的壁画艺术等，都是长城地带各民族乃至世界艺术的汇聚。

民族融合发生、发展的过程同时也是多元一体中华民族形成、发展的过程。

不论是农业民族政权还是游牧民族政权，当他们主导中原后，自觉不自觉地都希望能够统一中国，这种思想的形成是长期以来民族融合最好的、也是必然的趋势。尤其是游牧民族政权入主中原后，想要稳定和谐发展就必须与农业民族的思想文化进行融合，在政治、经济、文化等方方面面与汉民族达到契合，这正是农业民族与各民族不断融合、最后形成多元一体的中华民族的重要过程。虽然长城地带各民族的起源地域各异，但在几千年相互打交道的过程中，通过交流与学习所进行的"民族融合"已不再是简单的"汉化"或者"胡化"，而是更深层次的诸如文化、思想等方面的深度交融。各民族文化"你中有我，我中有你"，在保有自己风俗习惯的同时，又兼具其他民族的文化特征，这才使得中华民族文化朝着多元化方向不断发展，促成了中华民族真正的繁荣，塑造了中国文明的独特性和包容性。费孝通说"中华民族作为一个自觉的民族实体，是近百年来中国和西方列强对抗中出现的，但作为一个自在的民族实体则是几千年的历史过程中所形成的。"自从长城修建以来，长城内外逐渐形成了农牧两大经济体。两千多年来，长城内的农业民族通过屯垦移民和通商等方式在这里形成了一个巨大的网络，把长城内外各民族联结在一起，成为中华民族自在民族实体形成中重要的一部分，长城见证了农牧双方发展的历史进程，也因此成为中华民族的象征。

六、结论

文明始于城，帝国与长城相始终；农业文明与游牧文明一起缔造了中国文明，城和长城共同见证了中国文明的发展历程。中心城市出现在以血缘宗法分封制为社会治理体系的夏代，而长城出现在从分封制向中央集权郡县制转变的战国时期，从战国之后到大一统帝国时期的秦汉、隋唐、明清等时期，均修造有大量的长城；因此城和长城一起，共同见证了中国文明的起源与发展。

中国文明由农业文明和游牧文明共同构成，缺失游牧文化的中国文化，是不可想象的。陈寅恪先生早就指出："李唐一族之所以崛兴，盖取塞外野蛮精悍之血，注入中原文化颓废之躯，旧染既除，新机重启，扩大恢张，遂能别创空前之世局。"自从长城修建以来，长城内外逐渐形成了农牧两大统一体。从修建形式上讲，长城似乎是一条有形屏障防御线把农耕社会与游牧社会分割开来。实则不然，长城作为防御体系兼具一定的开放性，对内反应在长城的修建要与周围环境诸如地形、耕地、水源及前方、后方构成联系，对外则表现为通过千万座连通长城内外的关隘而将农耕和游牧地区紧密地联系起来。农耕与游牧是东亚大陆两种基本的经济类型，也是中国文明的两个彼此不断交流的源泉，历经数千年相互融合、互为补充，它们汇成气象恢宏的中华文化。中国文明史中不但有以"耕"为核心的文化，也有以"牧"为核心的文化，正是两者的碰撞、交流、融合和演进，才缔造了优秀的中国文明。

长城地带农牧之间自史前时期就进行着持续的、规模日益扩大的文化交流。长城地带各民族对中国古代文化发展所做出的突出贡献，充分体现了以农业文化为主导向四周辐射、各民族文化呈多元不平衡发展并向中原文化汇聚的特征。农业文化和游牧文化互相交流碰撞、相互借鉴吸收，在和谐共生、共同发展中创造了绚丽多姿而伟大的中国文明。

段清波

西北大学文化遗产学院

摘　要

　　长城是古代中国最伟大的建筑工事之一，也是中国最重要的文化符号。《中国历代长城研究》一书通过对历代长城研究现状的分析，找出长城研究所存在的问题，厘清当下长城研究的内容和目标，构建了一套全新的长城研究理念。本书采用文献资料、考古调查的方法，汇集了考古学、历史地理学、民族学、气象学等多学科研究成果，通过学科交叉运用对战国至明清以来的长城进行了分时分段的研究，厘清了各时间各段长城的修建顺序、走向、建造工艺、修筑原因等问题。将长城的研究置于宏大的视野下，对长城地带的居民进行了体质人类学、民族融合史、农耕与游牧互动的研究。最后，通过对长城的病害调查，为长城的保护提供了可行性的建议。本书将为读者了解长城打开一扇新窗口：长城不只是一项军事防御工程，长城所处地带虽有频繁的战争，但同时也承载了游牧民族和农业民族商业贸易及文化交流的功能。游牧文化和农耕文化经过碰撞和交流，才创造出绚烂多彩的中华文化。

Abstract

　　The great wall is one of the greatest fortifications in Ancient China and the most important cultural symbol in China. The book "Research on the Great Wall in Past Dynasties" finds out the problems existing in the great wall research through the analysis of the research status of the great wall in the past dynasties, clarifies the contents and objectives of the great wall research, in order to construct a set of brand-new great wall research ideas. Through the interdisciplinary use of the warring States period to the Ming and Qing dynasties since the great wall of time-sharing segmentation research, the book clarifies the construction sequence of each period of the great wall, direction, construction technology, construction reasons and other issues by using the method of literature, archaeological investigation, collection of archaeology, historical geography, ethnology, meteorology and other multidisciplinary research results. The study of the great wall has a grand view from the residents of the great wall area of physical anthropology, the history of national integration, farming and nomadic interaction research. Finally, it provides feasible suggestions for the protection of the great wall through the investigation of the diseases of the great wall. This book will open a new window for readers to understand the great wall: the great wall is not only a military defense project, but also carries the function of commercial trade and cultural exchanges between nomadic and agricultural nationalities. Nomadic culture and Farming culture create a colorful Chinese culture through collision and exchange.

目 录
Contents

导论　1
　　第一节　历代长城研究现状　1
　　第二节　历代长城研究内容及目标　24
　　第三节　构建长城研究新理念　28

第一章 ▶ 中国历代长城体系研究（上）　35
　　第一节　长城源起　35
　　第二节　战国长城　42
　　第三节　秦汉长城　134

第二章 ▶ 中国历代长城体系研究（下）　183
　　第一节　魏晋南北朝长城　183
　　第二节　隋唐长城　197
　　第三节　辽长城及界壕　210
　　第四节　明清长城　229

第三章 ▶ 长城工艺研究　284
　　第一节　文献梳理与研究综述　284
　　第二节　墙体类型与环境因素　291
　　第三节　长城墙体建造工艺研究　297
　　第四节　环境因素对长城墙体的影响——以陕西明长城为例　317

第四章 ▶ 长城地带综合研究　324

 第一节　"长城地带"概念阐释　324

 第二节　长城地带气候与环境变迁　329

 第三节　长城地带研究综述　337

 第四节　"前长城地带"文化演进及其影响　344

 第五节　长城地带体质人类学研究　350

 第六节　长城地带民族融合史略　373

 第七节　长城地带两大文明互动研究　398

 第八节　长城地带历史作用探析　411

第五章 ▶ 历代长城保护管理研究　424

 第一节　西部长城病害调查与保护技术　424

 第二节　陕西明长城保护规划　439

 第三节　陕西明长城保护管理策略研究　487

参考文献　494

后记　533

Contents

Introduction   1

   1. Research Status of the Great Wall in Past Dynasties   1

   2. Research Contents and Objectives of the Great Wall in Past Dynasties   24

   3. Construction of New Ideas of the Great Wall Research   28

Chapter 1 Research on the Great Wall System of Past Dynasties in China (volume 1)   35

   1.1 Origin of the Great Wall   35

   1.2 The Great Wall of Warring States   42

   1.3 The Great Wall of Qin and Han dynasties   134

Chapter 2 Research on the Great Wall System of Past Dynasties in China (volume 2)   183

   2.1 The Great Wall of Wei, Jin, Southern and Northern Dynasties   183

   2.2 The Great Wall of Sui and Tang Dynasties   197

   2.3 The Great Wall of Liao Dynasty and Moat   210

   2.4 The Great Wall of Ming and Qing Dynasties   229

Chapter 3 Research on the Technology of the Great Wall   284

   3.1 Literature and Research Review   284

3.2　Wall Types and Environmental Factors　291

3.3　Research on Construction Technology of the
　　　Body of the Great Wall　297

3.4　Influence of Environmental Factors on the Great Wall—Taking
　　　the Ming Great Wall in Shaanxi Province as an Example　317

Chapter 4　Comprehensive Research of the Great Wall Area　324

4.1　Interpretation of the Concept of "the Great Wall Area"　324

4.2　Climate and Environmental Change in the Great Wall Area　329

4.3　Review of the Research on the Great Wall Area　337

4.4　Cultural Evolution and its Influence in the
　　　Former Great Wall Area　344

4.5　Research on Physical Anthropology of the Great Wall Area　350

4.6　History of National Integration in the Great Wall Area　373

4.7　Research on the Interaction between two Civilizations
　　　in the Great Wall Area　398

4.8　Analysis of Historical Function of the Great Wall Area　411

Chapter 5　Research on Protection and Management of the
　　　Great Wall in Past Dynasties　424

5.1　Investigation and Protection Technology of Great Wall
　　　Diseases in Western China　424

5.2　Protection Plan of the Ming Great Wall in Shaanxi Province　439

5.3　Research on Protection and Management Strategy of the Ming
　　　Great Wall in Shaanxi Province　487

References　494

Postscript　533

导 论

中国长城历经战国（齐、楚、燕、赵、魏、秦、中山、鲁）、秦、汉、南北朝（北魏、东魏、北齐）、隋、唐（含渤海国、高句丽、吐谷浑）、北宋、西夏、辽、金、明、清等十二个历史时期、二十四个政治实体、两千多年的修建，至今存留 21 196.18 千米，分布在黑龙江、辽宁、吉林、河北、天津、北京、山西、内蒙古、山东、河南、陕西、甘肃、青海、宁夏、新疆等 15 个省（市、自治区）的 404 个区（县），包括长城墙体、壕堑、单体建筑、关堡和相关设施等 43 721 处，是世界上延续时间最长、分布范围最广、军防体系最复杂、规模与影响最大的文化遗产类型。

第一节 历代长城研究现状

一、长城文化遗产的特性

长城是中国文化最重要的符号之一。它是世界上规模、体量最大的人工构筑物，是由不同时期先民创造的工程奇迹，历时 2000 多年的中国长城，伴随了帝国体制的构建、完善和兴衰，是帝国文明形成与发展演变过程的突出见证物。长城建筑时间之长、分布地域之广、影响力之大，是其他任何文物都无法比拟的，它已成为中华民族的精神象征。

长城是最具民族文化特色的线性、带状文化遗产。它绵延弯曲，分布地域广阔，延续时间漫长，建筑规模宏大，防御体系复杂，文化内涵丰富。东周之际诸侯国之间为防御敌国或外族的军事进攻而断续修建，至秦朝统一六国开创空前大一统局面后，秦帝国在整合北部边界原有的燕、赵长城的基础上，继续增修，由此而始的长城修筑直至清朝才完全停止，长城的军事防御重点也由诸侯之间转向北部边境与少数族群接壤的地区。

长城是世界古代史上最伟大的军事防御工程。长城并非简单孤立的一线城墙，而是由点到线、由线到面，长城本体与沿线的墩台、隘口、关城、营堡、烽燧组成一张严密的网，构成一个完整的防御体系。军堡、关城形成的体系具有战斗、指挥、观察、通信、隐蔽等多种功能，同时配置长驻军队形成点线面结合的防御工程整体。

1987年12月，长城因其独特的历史、艺术和科学价值，被联合国教科文组织整体列入世界遗产名录。"约公元前220年，一统天下的秦始皇，将修建于早些时候的一些断续的防御工事连接成一个完整的防御系统，用以抵抗来自北方的侵略。在明代（公元1368～1644年），又继续加以修筑，使长城成为世界上最长的军事设施。在文化艺术上的价值，足以与其在历史和战略上的重要性相媲美。①"

二、历代长城研究现状综述

对长城的研究历史久远，长期以来学术界的研究基本集中在历代长城本身和与长城相关的政治、经济、军事、环境和文化上的互动及影响方面。一是基于历史文献学、环境学、民族学等相关学科或小规模一般性田野调查所做的长城研究；二是基于长城的考古调查和发掘研究；三是长城学理论方面相关研究；四是有关长城保护方面的研究和实践；五是长城科普和工具书研究。

（一）基于一般性田野调查所做的长城研究

基于历史文献学、环境学、民族学等相关学科或小规模一般性田野调查所做的长城研究。这是目前有关长城研究的主体部分，开始时间早、持续性强、分类较多、涉猎面广、成果丰富。研究特点及局限都表现为限于对文献资料上的相互考证上，即使在现代考古学田野调查技术传入中国之后，也没有开展大规模的田野调查。

1. 新中国成立以前的研究状况

鸦片战争爆发后，中国边疆危机空前严峻，国内学者鉴古知今，将研究目光

---

① 《世界遗产名录》，联合国教科文组织，1987年12月。

转向蒙古史和边疆史，侧重点是边疆的历史沿革。首开长城研究先河的当属王国维，他在《金界壕考》中首次对明代以前的金代长城进行了研究，并将界壕这一特殊建筑形态，纳入长城的概念范畴。20世纪30年代，学界的研究转向与明代有关的长城，主要是明蒙关系、边墙的修筑、北部边防以及图籍研究等方面。这一时期开拓了长城研究的新领域，对日后的长城研究具有开创意义。比如杨寔的《明代察哈尔部沿革考》[①] 就开创了中国近代对明代蒙古史研究的先河。

张维华的《中国长城建置考（上编）》[②]，是根据文献的有关记载，对历代长城的位置、经过的路线、建置的年代和沿革进行考证研究的专著。上编主要考证战国时期的各国长城，计有齐长城、楚长城、魏长城、赵长城（附中山长城）、秦昭王长城、燕长城等六篇；另外两篇分别为秦统一后之长城、汉边塞。书中附有12幅插图，指明各段长城经行的路线。按照原来的计划，对东汉之后长城的考证拟结集为下编，但未能成书，唯有《明辽东边墙建置沿革考》一篇收入1986年齐鲁书社出版的《晚学斋论文集》。

王国良在《中国长城沿革考》[③] 中针对历史文献中关于历代长城文字含糊、缺少精确调查统计、时代及地理概念错误而导致混乱谬误的状况，将文献相互参照并详加考辨，对比了古今地名，讨论了历代长城位置、建筑年代与沿革，同时开创了明长城"九边"研究的模式，为今后明长城的研究范式奠定了基础。

朱庆永《明代九边军饷》[④] 一文是首篇对明代"九边"相关问题展开的专题研究。

1941年寿鹏飞自刊《得天庐存稿》之二的《历代长城考》，对东周长城、秦长城、汉长城、北魏北齐及隋长城、唐宋及元长城、女真金长城、明清长城等历代长城的年代、位置、沿革以及起讫点详加考证，指出秦筑长城东起乐浪郡遂城县（朝鲜平壤南）。又据北京图书馆所藏清代《万里长城图》指出"嘉峪关以西以南，青海西藏间，尚有多数城堡，往复交叉，密如蛛网，不知建自何代"，书后还附有历代长城路线图。

张维华、王国良、寿鹏飞等学者对边疆地理开展的研究是有鉴于日益严峻的中日战争态势的有意识的研究工作，但限于条件和自身的学术背景，这些学者没有多少田野调查的机会，所有的考证都集中在乾嘉学派文献间的相互引证，所得结论不可避免地带有一定的局限性，但作为开山之作仍具有较高的学术价值。

2. 新中国成立后的研究状况

新中国成立后，随着长城在人民心目中地位的上升，学术界也逐渐开始关注

---

① 杨寔：《明代察哈尔部沿革考》，载于《禹贡半月刊》1935年第4期。
② 张维华：《中国长城建置考（上编）》，中华书局1979年版。
③ 王国良：《中国长城沿革考》，商务印书馆1930年版。
④ 朱庆永：《明代九边军饷》，载于《大公报经济周刊》第130期。

长城研究。与之前不同的是，在传统的从历史文献研究长城本身和与之有关的政治、经济、军事、文化内容的基础上，其他学科相继介入，其中长城地带的民族和文化变迁对长城南北区域文化的深远影响，吸引了国内外的一些学者从多角度陆续开展研究。

侯仁之在对西北沙漠地区的历史地理考察中，也对长城地带的环境与文化变迁做过深入探讨，著有《历史地理学的理论与实践》[①]。其中《走上沙漠考察的道路》《从红柳河上的古城废墟看毛乌素沙漠的变迁》《从人类活动的遗址探索宁夏河东沙区的变迁》《乌兰布和沙漠北部的汉代垦区》《乌兰布和沙漠的考古发现和地理环境的变迁》《从考古发现论证陕北榆林城的起源和地区开发》等篇，透过古城废墟和河道水系变迁等表面现象，结合历史文献、考古发现，深入研究我国古代农耕民族与游牧民族交汇地带不断沙化、大幅度南移的原因，既研究自然生态环境本身的变化，也研究这种变化与历史上人的活动和周围事变的内在联系，揭示其中固有的规律。同时还对阴山山谷区域一系列汉代烽燧遗址进行了详细考察、记录、描述和分析。他对西北沙漠地区带有开拓性的历史地理考察研究，对于探索长城与生态环境变迁的辩证关系，全面认识和评价长城的历史作用，具有重大参考价值。

1991年，由《中国军事史》编写组编著的《中国军事史·兵垒》[②]出版，该书主要从军事战略战术以及作战兵器和战争形式的角度研究长城。该书依据历代文献资料，结合现代考古发现，系统地论述历代兵垒发展演变的情况，并对其特点和发展变化的原因进行探讨研究。阐述了生产力的发展、兵器的改进、战术战法的变化以及战争性质、规模等因素与筑垒、构筑长城之间互相影响的辩证关系。该书分别就战国时期野战筑城的迅速兴起导致点、线结合防御工程——长城的出现以及秦、汉长城的位置、修筑原因、结构特点及其在边防中的作用进行研究，还对隋代长城的情况、金代界壕（长城）的兴建和元朝军队在长城沿线的作战等方面进行了详细的阐述。

与此相类似的还有《古垣沧桑》[③]。此书是一部概述历代长城沿革、不同时间的起讫段落以及当时的战争态势、设防目的和作用的专著。全书分战国长城、汉长城、北魏和东魏长城、北齐长城、北周长城、隋长城、金界壕、成吉思汗边墙质疑、明长城九部分。其对古代关隘城塞、防御体系以及古人利用山川险要得失进行的考辨研究，为军事部门提供了以古鉴今的参考，因而有其特殊的视角，并因此而具有特殊的价值。

[①] 侯仁之：《历史地理学的理论与实践》，上海人民出版社1979年版。
[②] 《中国军事史》编写组：《中国军事史·第六卷：兵垒》，解放军出版社1991年版。
[③] 北京军区司令部作战部：《古垣沧桑》，北京军区内部刊印，1983年。

黄麟书所著的《边塞研究》① 重点对秦始皇长城、明辽东边墙等不同时代长城、边塞的布局及其防御思想进行考证研究。他认为秦始皇筑长城、拓植新秦，扩展中华民族生存地域，完成中华民族大一统国家，"为中华民族立万世不拔之业"且"迄至秦亡，长城以内，未尝被寇祸"。唐代塞防政策的成功在于以攻为守，故以守则固，"然举凡秦汉成功之政，如筑塞移民以实边，皆未尝实行"，导致后世边防空虚，迭遭败覆，波及辽左朝鲜，弃之如遗，前功尽废，是为未足以捍卫民族；惟汉"由敦煌至辽东筑塞、置戍、设郡、移民，完成保卫民族之功；进而绥靖西域、维系西北戎狄诸国之和平，盖近于世界主义矣。"作者认为，秦、汉、唐三代塞防政策，"汉得上策，秦与唐得中策"。而明代长城，"辽东塞防，不仅边墙一道而已，堡屯遍布，刁斗相闻，诚所谓由点而线面者矣"，其余地段"亦莫不然"，因而"全边重险足恃，失在人事而已"。

长城研究最重要的内容之一是探讨以长城地带为轴线引发的民族关系以及民族之间文化交流的模式，对此历来的学者均有大量的著述。札奇斯钦所著的《北亚游牧民族与中原农业民族间的和平战争与贸易之关系》② 就是此研究的代表作，作者认为无论在自然还是文化方面，亚洲大陆自远古以来就分成了两个不同的世界，而长城线正是建筑在它们之间的分水岭上。长城南北的生态环境差异，孕育了两个不同的游牧和农业的文化及社会。在这两个文化不同的社会之间，贸易是必须存在的，有贸易就有和平，没有贸易必有战争。作者把农牧两种政权间的关系概括为下列几个类型：（1）以武力流血的手段掠边，夺取物资；（2）以武力为后盾，要求物资输入；（3）凭靠战争的胜利，获得物资供应；（4）以结盟为手段，达到物资供应的目的；（5）因边防不固，致被掠夺；（6）在武力压迫下，以物资的供应换取和平；（7）以经济的手段达成控制的效果；（8）以物资供应，达成军事上保边的目的。农牧两种政权之间的关系视双方力量的消长，可分为赏赐、入贡、赠予、纳岁币、婚嫁、贸易、关市等七大类别。作者另外著有《蒙古文化与社会》③ 一书，站在长城外的角度研究描绘游牧民族及其与农业民族的关系，为长城研究提供了一个新的视野。

姚大中在《古代北西中国》④ 中，在宽广的文化社会背景下考察了农牧民族之间的对立和冲撞、战争与和平。作者对不同时期长城的性质、功能、用途及其演变作了详尽考察，认为长城最初为国境线，是战国列国出于相互间对抗需要而

---

① 黄麟书：《边塞研究》，造阳文学社1972年版。
② 札奇斯钦：《北亚游牧民族与中原农业民族间的和平战争与贸易之关系》，台北政治大学出版委员会1973年版。
③ 札奇斯钦：《蒙古文化与社会》，台湾商务印书馆1987年版。
④ 姚大中：《古代北西中国》，台北三民书局股份有限公司1981年版。

构筑的大规模防御工事。秦汉长城是拓展新领土政策中的一个环节,目的是"全面隔断草原与耕地,也便代表了农业汉族最大利用空间的设定"。北魏时期,长城转变为防御性质的工事,至明则成为"全出乎'防胡'要求的消极与被动性国防线长城",而"长城工事南移,站在防御立场是正确的。最基本的理由,缩短补给、运输路线,可以使戍守长城时,人力、物力供应都便利得多,这样的设计,才能充分发挥'防胡'作用,也便是为什么长城性格转变为守势或防御时,长城线必须陪伴向南迁移的原因"。

姚从吾在《东北史论丛(上、下)》[①]中认为,"中国文化与民族发展的次第,是自北而南的。边疆民族的入侵以北方与东北方的南下为主潮,甚至说我国的历史是由北方、东北民族与中原文化交织而成的。长城,奠基于秦代,显耀于两汉,形成隋唐以后中原文化对东北与北方边疆民族势力消长的关键。它可以说是中原汉民族的前进基地,也可以说是中原民族与儒教文化的门户"。历史上的河西地区向来为农牧民族之间的必争之地。汉武帝对河西四郡拓展的主要措施之一便是修建长城,"汉廷经营河西过程的第一步是派戍卒实行军屯,接着是筑长城,将陇西的秦长城延伸到敦煌,以保护长城内的居民免受游牧民族的侵扰。由于政府的努力,农业经济在河西地区渐次发展。农业经济生活所孕育的制度与习俗都随着农业经济的确立而出现,到东汉末,河西四郡在各方面都已与中国其他各郡无甚大差异"。在军事方面,进可挟制西域诸国,退则具有阻挡游牧民族进袭关中的功能;在交通方面,河西走廊是通过西域前往西方的必经之路,成为中西文化交流的孔道。邵台新在《汉代河西四郡的拓展》[②]中以时间为纵轴,分初期的开发与拓展、军事与地方行政组织及制度、经济社会之变迁与文化融合三阶段,对汉代拓殖河西地区的过程进行了全面系统的考察论述。作者认为,汉代对河西地区的开发是一种"由中央控制并使其内郡化的模式,终能冶胡汉文化于一炉,卒能与中国其他内郡无甚差异"。

农业民族修建长城是中国长城史上的一个常态,挺进中原的游牧民族建立政权后也有修建长城的情况,长城与草原游牧民族之间存在着一个半农半牧的中间过渡地带,游牧民族入关后"汉化程度的深浅与缓速,恰和他们居住这个地区时间的久暂成反比"。伴随着长城的修建北魏鲜卑族完成从游牧到定居的华丽转身。逯耀东的《从平城到洛阳——拓跋魏文化转变的历程》[③]就是围绕拓跋魏进入长城建立统治政权以后与汉民族的文化接触、冲突与调整展开研究的。他指出当草原文化向农业文化转化到一定程度后,也开始筑城,因此透过筑城过程,可以了

---

① 姚从吾:《东北史论丛(上、下)》,台北正中书局1959年版。
② 邵台新:《汉代河西四郡的拓展》,台湾商务印书馆1988年版。
③ 逯耀东:《从平城到洛阳—拓跋魏文化转变的历程》,台北联经出版事业公司1979年版。

解其文化转变的程度。边疆民族与汉民族以长城为基线所发生的冲突与斗争，对中国历史与文化的演变与发展，产生了重大的影响和积极的作用。自魏晋以后，由于边疆民族不断涌入长城，结束了汉民族在长城之内单独活动的时期后，汉民族不断地和不同的边疆民族进行接触与融合，使汉文化增添更多的新内容，而他们最初在政治上使用的汉人"多是'居近塞下'有胡化成分的汉人，或'往来中国'受农业熏陶的胡人……由于他们居间的协调，缓和了当时草原与农业文化接触时的冲突"。拓跋魏建都平城之时修缮起自赤城到五原绵延两千多里的长城，"代替汉民族执干戈以卫长城，抵制其他的边疆民族进入长城"，成为拓跋氏开始汉化的标志，而孝文帝迁都洛阳则表明完成了完全融于农耕文明之中的文化转变。本书是从文化学、社会学视野研究长城以及长城南北农牧民族碰撞融合的重要学术专著。

以长城为基本防线的军事管理制度文献上并没有太多的记载，居延汉简、张家山汉简的发现使得我们有条件借此对汉代长城的管理体系进行深入的了解。陈直的《居延汉简研究》①广泛论及居延屯田性质、举烽燧方式、戍卒的来源、俸钱与口粮、赵过代田法在居延的推行、汉晋过所、符传、邮驿制度、名籍制度、天田制度、上计制度、秋射制度、亭长、社祭、戍卒的日记、戍卒的服装、居延的物价、庸工价值、车父的助边、边郡黄金布帛代替货币问题等内容。作者以出土简文与历史文献互为经纬参照考辨，对于研究长城边塞诸制度具有很高学术价值。此类研究成为秦汉史学界长期以来的一项重要课题，若干年来还产生了一大批研究成果。尤其是甘肃省文物工作队、甘肃省博物馆编著的《汉简研究文集》②将汉简与出土汉简的军事遗址结合起来，综合考证长城的烽燧预警体系，在军事管理体系上推进了长城的研究。

《从宁夏寻找长城源流》③只涉及今宁夏境内的各代长城，但宁夏长城是中国各地历代长城中间的一段，要想搞清它的来龙去脉及历史地位，必须将其纳入中国各地历代长城的总体遗迹及历史地位中去考察，这就必然涉及非宁夏地区的有关长城。所以，该书在宁夏历代长城史迹"附录"中又选录了与该道长城总体遗迹有关的部分"长城史迹"。"长城史迹"以宁夏长城为主线，辅之毗邻省区的有关长城史料，其中包括此条长城的总体分布与走向，与此条长城相关的修筑及历史事迹，与此条长城历史事迹相关的毗邻地区的长城事迹等，以之作为宁夏长城研究篇章的旁证及总体史迹缺略的补充，亦可从中窥测长城与人类历史的关系。这样，从历代长城总体史迹中考察长城，各段长城就不是大地上一道道自然

---

① 陈直：《居延汉简研究》，天津古籍出版社1986年版。
② 甘肃文物工作队、甘肃省博物馆：《汉简研究文集》，甘肃人民出版社1984年版。
③ 周兴华、周晓宇：《从宁夏寻找长城源流》，宁夏人民出版社2008年版。

的、物理的、僵死的、割裂的、逐渐消失的人工堆砌物，而是一条条连贯的、前后相续的、始终涌动的、奔腾的、鲜活的、与历史交融的人类历史躯体。这就是历史的、现实的、有记忆的、富含文化内涵的、充满永恒魅力的以及真正意义上的中国古代长城。

以上所介绍的主要是长城研究的专著，此外还有大量的关于长城研究的文章，作者多为全国各高校、科研院所的专业人士和相关专业的在校生，他们从各个方面、角度论述与长城有关的问题，弥补了长城研究的不足。

3. 海外学者研究状况

长城不仅是中华民族的遗产，更是全人类共同的文化遗产，以明长城最为突出。因此，海外学者对长城的关注也是很高的。在海外学者的研究中，日本学者的成果最为丰富，早在20世纪三四十年代，就有学者对明代的军制及边防问题进行了研究，如山崎清一的《明代兵制の研究》[①]，论述了各地都司、行都司的设置时间与管辖范围。第二次世界大战之后，日本学者对九边的研究有了较大的发展，主要有和田清的《东亚史研究·满洲篇》[②]，《东亚史研究·蒙古篇》[③]，田村实造的《明代の九边镇》[④] 和《明代の北边防卫体制》[⑤]，简要论述了明代九边总兵镇守制度与巡抚制度建置时间；萩原淳平《明初的北边レーっいつ》[⑥] 论述了洪武时期明代、元代战事及明对北元的策略，并探讨了"靖难之役"中兀良哈三卫所起的作用，其《明代蒙古史研究》[⑦] 一书则全方位探讨了明代军事制度的各个层面，对于都司卫所、总兵、巡抚、总督、经略诸制度皆有探讨；山根幸夫《日本关于中国东北史的研究》[⑧] 对日本学术界关于九边问题的研究作了回顾；松本隆晴《明代北边卫体制の研究》[⑨] 是一本论文集，围绕明蒙关系、明代北边军事制度之演变、屯田、马市、边墙等问题展开探讨。

《中国（香港）长城历史文化研讨会论文集》[⑩] 作为会议论文集收录了长城

[①] ［日］山崎清一：《明代兵制の研究》，载于《历史学研究》九十三号，1940年版；九十四号，1941年版。

[②] ［日］和田清：《东亚史研究·满洲篇》，东洋文库1955年版。

[③] ［日］和田清：《东亚史研究·蒙古篇》，东洋文库1958年版。

[④] ［日］田村实造：《明代の九边镇》，载于《石滨显古稀纪念东洋学论丛》1958年版。

[⑤] ［日］田村实造：《明代の北边防卫体制》，载于《明代满蒙史研究——明代满蒙史料研究篇》，京都大学1963年版。

[⑥] ［日］萩原淳平：《明初的北边レーっいつ》，载于《东洋史研究》，1960年10月。

[⑦] ［日］萩原淳平：《明代蒙古史研究》，东洋史研究三十二，同朋舍，1980年版。

[⑧] ［日］山根幸夫著，顾铭学译：《日本关于中国东北史的研究》，载于《社会科学战线》1997年第6期。

[⑨] ［日］松本隆晴：《明代北边卫体制の研究》，汲古书院2001年版。

[⑩] 丁新豹、董耀会：《中国（香港）长城历史文化研讨会论文集》，长城（香港）文化出版公司2002年版。

历史文化研讨会（香港）上的诸多学者的研究论文。

西方国家对明代长城进行研究的主要是美国，其特点是对明九边问题的关注多附属于对长城的关注和研究上，如亨利·西瑞斯（Herry Seyruys）《明代北部边防地带塔楼研究》[①]，该文用多种资料详细勾勒了明朝在九边修筑墩台等军事设施的过程；阿瑟·威尔准（Arthur N. Waldron）《长城：从历史到神话》[②]，该书探讨明朝围绕九边防御所形成的权力格局，广泛征引国际学术界的研究成果，对美国学术界的九边研究影响甚大。

（二）长城的考古调查和发掘

1. 新中国成立前的有关长城调查和研究

明长城的调查和测绘工作早在清朝就已开始。清朝皇帝玄烨（康熙）第一次利用近代科学技术测绘长城，这项活动由康熙亲自主持，耶稣教会的白晋、雷孝思、杜德美三人具体实施。他们于1708年6月4日离京，四天后到达山海关，沿长城西行，测量山海关至北京这一段的明长城，并于1709年1月10日完工后回京，测量时以北京经线为本初子午线，用指南针测量方向，绳索测量距离，太阳高度测量纬度，最后绘制成一张1:40万的地图，该图长5米，收入《耶稣教会藏中国地图集》中。康熙的这次长城测绘，并不是以学术研究为目的，而是出于政治、军事上的考虑，但是这开创了利用近代科学技术测绘长城的先河。

到了19世纪末20世纪初，大量外国旅行家涌入中国，其中W. E. 盖洛对明长城进行了全程徒步考察。盖洛是20世纪初美国著名旅行家，英国皇家地理学会会员，受过严格系统的地理学专业训练，并对中国的历史文化抱有浓厚的兴趣。1903年开始，他多次来中国考察，并对长城进行了一次专项调查。他从东部渤海之滨的山海关走到西北的戈壁沙漠，考察队利用镜头和文字，细致入微地记录了有关长城的传说和沿线的风土人情，向人们真实地展示了当时中国长城的风貌。这是20世纪初叶，由西方人所做的全球第一次徒步考察中国明长城全线的真实记录，考察结束后写成《中国长城》[③] 一书。盖洛的这次考察，虽未结合历史文献做深入研究，但却开创了徒步调查长城的先河。

英国著名汉学家斯坦因最早开始通过田野调查对河西走廊的汉代长城进行调查和研究，他的《斯坦因西域考古记》[④] 是根据四次中亚考察探险的结果写成的一部考古著作，其中的《古代边境线的发现》《沿着古代中国长城发现的东西》

---

① 亨利·西瑞斯：《明代北部边防地带塔楼研究》，MING STUDIES. Spring, 1982年版。
② 阿瑟·威尔准：《长城：从历史到神话》，Cambridge University Press, 1992年版。
③ [美] W. E. 盖洛著，沈弘、恽文捷译：《中国长城》，山东画报出版社2006年版。
④ [英] 斯坦因著，向达译：《斯坦因西域考古记》，中华书局1936年版。

《南山山脉中的探险》《从额济纳河到天山》《从库鲁克塔格山到疏勒》等章及书后附录《斯坦因第三次中亚考古略记》，考察记叙了中国古代西域地区古长城诸多遗址、遗迹，依据大量第一手实地考古资料描述了该地区古长城的分布、走向，对长城的结构、构造和建筑材料以及长城沿线的地形、地貌、生态环境和有关文物作了详细介绍，并首次将秦汉长城与罗马长城进行对比研究，对其功能和作用加以探讨。

2. 新中国成立后的长城调查、发掘与研究

中华人民共和国成立后的很长一段时间里，限于国内政治、经济的实际条件，有关长城的学术活动一直处于停滞状态，成果相对较少。直到近几十年来尤其是20世纪七八十年代，长城调查、发掘和研究才开始逐渐活跃，但该阶段的长城调查、研究基本处于分散和自发的状态。1979年由文化部文物局在内蒙古自治区召开了中国第一次"长城保护和研究工作座谈会"，会后有长城的省区都不同程度地组织力量对辖区内长城开展了普查、测量绘图、历史沿革考证和重点区域的发掘清理工作。文物编辑委员会所编的《中国长城遗迹调查报告集》[①] 收录了这些成果，该报告集是第一部以田野调查为基础开展长城研究的论文集，报告的内容不仅包括部分区域专家学者以及文物考古工作者对区域内长城遗迹调查成果的刊布，也有基于考古资料展开的综述、研究等文章。如《昭乌达盟燕秦长城》《阴山南麓的赵长城》《潮格旗朝鲁库伦汉代石城及其附近的长城》《河北省战国秦汉时期古长城和城障遗址》《河北省围场县燕秦长城》《宁夏境内战国秦汉长城遗迹》《黄河中游战国及秦时诸长城遗迹》《鄂尔多斯高原东部战国时期秦长城遗迹》《金代的长城》《金东北路临潢路吉林省段界壕边堡》《山海关关城的布局与建筑》《山西省境内长城》《嘉峪关及其附近的长城》14篇长城遗迹调查报告。这是第一次由文物管理机构主导的长城调查工作，该成果虽然还没有达到整体上对历代长城进行全面调查研究的程度，在面上的进展仍然显得不足，但很多成果在点和线上有所突破，更为重要的是在一定程度上推进了全国范围内文物考古机构的长城调查工作。受此影响，特别是1987年，长城作为"全人类最令人震惊的文化遗产之一"，因其独特的历史、艺术和科学价值被整体列入《世界遗产名录》，成为我国首批世界文化遗产。此后的长城研究纷纷通过考古学手段走向田野调查，在这一阶段取得的成果有：《包头境内的战国秦汉长城与古城》《赤峰附近新发现之汉前土城址与古城》《楚方城初探——方城县楚古塞大关口遗址调查》《定西地区战国秦长城遗迹考察记》《甘肃永靖县境的秦汉长城烽燧遗址》《河南方城县境内楚方城遗迹调查》《黄河中游战国及秦时诸长城遗迹

---

① 文物编辑委员会：《中国长城遗迹调查报告集》，文物出版社1981年版。

的探索》《辽东长城考查》《辽宁西部汉代长城调查报告》《洛河右岸战国时期秦长城遗迹的探索》《内蒙古西北部秦汉长城调查记》《围场县境内的燕秦长城遗址》《魏国西长城调查》《乌盟卓资县战国赵长城调查》《延边古长城考察报告》《燕国南长城调查报告》《永登县汉代长城遗迹考察》《战国燕北长城调查》《昭乌达盟汉代长城遗址调查报告》。这些调查活动，极大地改变了长城研究的局面，新的发现层出不穷，涉及长城本身的研究问题得以深化。以上这些成果是非常显著的，但是我们也不难发现，虽有相关领域的专业人士参与，但调查大体上是由各省、市、县或研究者独立进行的，分割调查的局限性显而易见，研究力量严重不足，造成对历代长城更多的是点上的了解，而对线上和面上，尤其是系统的研究仍然相当缺乏，甚至有些由于专业知识的不足而造成的片面、错误的研究认识却得到了广泛传播。

内蒙古会议十年之后，1989年首届中国长城学术研讨会在山海关召开。从会议收到的论文看，长城研究有了新的发展和变化，除调查考证长城遗址、遗迹外，还广泛涉及政治、经济、民族、军事、地理、建筑以及长城的修复、保护和长城旅游资源开发等诸多领域，这反映了长城研究不断向纵深和整体综合的方向发展，达到了一个新的高度。会议不仅有涉及长城本身的讨论，如《明长城十三镇考述》《明代宣府镇长城防御工程体系考略》《山海关在历史上的战略地位》《简析山海关古城防体系内涵》《汉简所见边塞的徼巡制度》《蓟镇长城与金山岭长城的结构》《蒙恬修筑阴山北麓长城考察记》《汉令居长城及其附近汉长城遗址的调查与考证》《明代建关嘉峪辨》《津唐地区长城始建年代质疑》《秦皇岛地区明长城防御武器刍议》；也有《关于长城学的几个基本理论问题》，对长城学的基本内涵问题进行讨论；《评长城的历史作用》《长城——中国社会发展的象征》《长城——中国民族融合的历史纽带》《万里长城与我国统一的多民族国家的关系》《万里长城与墨子的备御学说》《中国古代生态环境的破坏与长城位置的移动》等还对长城的历史地位进行了分析，并且《在黄崖关长城修复中对修复方法之继承和发展的探索》《开发"长城行"特种旅游的构想》《秦皇岛市北部山区长城沿线旅游资源评价》等文章还对长城的保护提出看法。这些论述收录于秦皇岛市政协、《长城学刊》编辑部编辑出版的《山海关首届中国长城学术研讨会论文集》[①]。

在这次研讨会的推动下，长城田野调查再起波澜，一些文物考古工作者对个别段长城或者个别省区内的长城开始综合的、跨区域的联合调查研究，这一时期

---

① 秦皇岛市政协、《长城学刊》编辑部：《山海关首届中国长城学术研讨会论文集》（内部刊物），1992年8月。

的主要研究成果有：《阜新地区燕北长城调查》《甘肃敦煌汉代悬泉置遗址发掘简报》《甘肃境内秦长城考察纪略》《河北围场境内的古长城和古城址》《河西走廊东部汉长城遗迹考》《河西走廊西部汉长城遗迹及其相关问题考》《河西走廊中部汉长城遗迹考》《涞源明长城调查报告》《辽宁境内明长城考察发掘的重大成果》《岭东金代长城调查》《隆化县漠海沟烽燧试掘简报》《岷县秦长城遗址考察》《宁夏盐池县古长城调查与试掘》《迁西大岭寨明长城"左一"窑发掘简报》。与此同时，对战国时齐、赵、魏等时代长城的研究也陆续涌现了一批成果，极大地推动了长城研究的进展。

史念海在《黄河中游战国及秦时诸长城遗址的探索》《鄂尔多斯高原东部战国时期秦长城遗迹探索记》《洛河右岸战国时期秦长城遗迹的探索》三文中，集中考察了魏国西长城、秦国"堑洛"、洛河中游秦长城、秦昭襄王长城，对其路线、位置详加考察印证，并通过对地貌、历史地名、版筑痕迹和残存古墙的考察分析，勾画出战国及秦时长城的途经路线及沿革变迁，并从军事地理角度重点考察这段长城的战略意义，指出战国秦长城东端定在内蒙古十二连城体现了控制当地黄河渡口的战略意图。这些论述分别收集于《河山集（二）》和《河山集（三）》[①]。

彭曦所著的《战国秦长城考察与研究》[②]是作者历时数载，跨越甘、宁、陕、内蒙古4个省区，对当地战国秦长城进行的全面探讨。作者在对长城地理位置考察的基础上，注意运用考古、文献、数量统计及其他相关自然学科等多种手段进行综合分析，详细记载测绘城、障、烽燧、关塞的数量、位置、距离及其建筑技术特点；以长城为标志，描绘与之有关的地震、水土流失、生态环境等自然状况；并进一步对长城建筑的工程技术特点与自然地理的内在联系加以科学剖析。此外，作者从军事防御、自然地理、经济文化、社会背景等多方面对长城的历史、效应进行全方位总体性探索，得出"一部长城史，实际上是一部中国历史上文化关系的发展史"的结论。本书的价值不仅在于收录了有关战国秦长城位置、走向及其变迁的翔实考察报告，而且以其整体综合研究的视野和方法拓宽了长城研究的范围，使长城研究上升到一个更高的层次。

华夏子所著的《明长城考实》[③]是三位作者历时两年徒步全程考察明长城的成果，全书介绍了明朝以前历代长城修筑概况、明朝修建长城的历史背景和明长

---

① 史念海：《黄河中游战国及秦时诸长城遗址的探索》《鄂尔多斯高原东部战国时期秦长城遗迹探索记》二文收录于《河山集（二）》，三联书店1981年版；《洛河右岸战国时期秦长城遗迹的探索》一文收录于《河山集（三）》，人民出版社1988年版。
② 彭曦：《战国秦长城考察与研究》，西北大学出版社1990年版。
③ 华夏子：《明长城考实》，档案出版社1988年版。

城的建置沿革之后，分省、市、地区，逐县逐段详细考察记述所见长城遗址的形制、结构、位置、布局、走向及有关遗物，并结合正史、方志等历史文献和当地居民回忆，记述该地曾经发生的战事、故事。该书不仅因将历史文献与实地考察紧密结合而显示出较高科学性、准确性极其特殊的学术价值，而且为学术界进一步考察研究明长城提供了大量宝贵的第一手资料，从而具有很高的史料价值。

　　许成的《宁夏古长城》[①] 在全面系统实地考察的基础上，对累计长度绵延3 000多里的宁夏地区战国秦长城，秦、汉、隋长城以及明代边墙等均作了较为翔实的研究，具有一定学术价值。

　　冯水谦、何溥滢依据文献记载和实地考古调查材料，写成《辽宁古长城》[②]，该书对位于辽宁境内燕、秦、汉、明四朝所修长城及沿线其他史迹分别加以介绍，其中包括燕筑长城始末，燕长城遗迹探寻；秦筑万里长城的前前后后，秦长城遗迹及景观；辽宁地区两汉长城的修筑及汉长城沿线的历史文物。此外本书重点介绍长达1 960余里的明辽东长城的修筑年代、地理位置、结构、走向和筑城技术，以及沿线著名遗迹、遗址、景观，对进一步深入了解、研究辽东明长城具有一定参考价值。

　　高旺在《内蒙古长城史话》[③] 中结合历史文献的有关记载和多年实地考察取得的成果，对内蒙古地区历代长城的分布与沿革作了概括性描述，并选择一些有代表性的长城遗址和遗迹加以重点介绍；同时还联系了内蒙古地区的实际情况，叙述了长城的建筑结构、长城工程的施工和古代军事信息传递系统等情况。

　　艾冲的《明代陕西四镇长城》[④] 是第一部对明长城西北段进行全面系统区段研究的专著。作者用实际考察与文献资料相印证，系统地介绍了明长城西北段延绥镇、宁夏镇、甘肃镇、固原镇等四镇长城的兴建、修葺和重建的沿革；并对这段长城的兴建与分布、四大军镇的建立及组织机构、守卫长城的军队营地——城堡、守军数量的变化、长城地带军用通道的布局等诸多前人较少涉及的方面进行了重点探讨。该研究最大的特点是把长城当作包括城堡、墩台、关口、交通道路和兵力配备在内的整体军事防御体系来进行总体性的综合考察研究，从而揭示描绘出以长城为主体的明西北防区综合性防御体系的全景画面。

　　刘谦的《明辽东镇长城及防御考》[⑤] 是作者从辽东镇与蓟镇长城交界处的山海关东北锥子山起，实地考察，北至义县，东至黑山，转向开原、昌图，东南至

---

① 许成：《宁夏古长城》，宁夏人民出版社1988年版。
② 冯水谦、何溥滢：《辽宁古长城》，辽宁人民出版社1986年版。
③ 高旺：《内蒙古长城史话》，内蒙古人民出版社1991年版。
④ 艾冲：《明代陕西四镇长城》，陕西师范大学出版社1990年版。
⑤ 刘谦：《明辽东镇长城及防御考》，文物出版社1989年版。

鸭绿江边，行经23个县市，历程1 000余公里考察成果的集中展现。该书对辽东长城的地理位置、名称变革、建筑结构、修筑年代，以及作为长城整体防御体系所属有关系统，如长城系统的设施、陆路屯兵系统的设施、海防屯兵系统的设施、传烽系统的设施、驿传交通系统的设施、屯田及军需系统等六个方面进行了翔实的考证和论述，是研究明代辽东长城很有价值的一部学术专著。

除了对明长城区域性考察研究外，一些学者对明长城沿线的重要关堡也进行了深入的研究，其中以山海关、嘉峪关、黄崖关等进行的研究成果比较显著，近年还陆续出版了《山海关志》和《嘉峪关志》。

张立辉在实地勘察、测绘并详考史籍的基础上写出《山海关长城》[①]，对明代山海关长城筑城始末、戍守沿革、山海关城总体布局及附属建筑、山海关境内长城的主要地段详加描述，是全面系统研究山海关长城的一部学术专著。

嘉峪关是明长城最西端的关城，高凤山、张军武所著的《嘉峪关及明长城》[②]对嘉峪关的主要建筑与防务，嘉峪关明长城概况及其建筑方法与形式，嘉峪关长城城堡、城台、墩台的设置与作用，嘉峪关长城屯田与军需状况及有关制度进行了系统介绍。这是有关嘉峪关长城研究的系统资料和成果，较好地将实地考察和文献研究结合起来，使该书在资料性和学术性两方面均具有较高价值。

司马台长城位于北京市密云区，被罗哲文誉为"中国长城之最"，在修缮开放之前由北京市古代建筑研究所对该长城进行了全面调查和测绘，并出版《司马台长城》[③]一书，可谓是长城实测的一个经典案例。

由方放主编的《天津黄崖关长城志》[④]系统地介绍了天津蓟州区境内古长城的历史沿革和有关的关城寨堡、墩台、烽燧、兵器、戍卒、粮饷等当年防御工程体系、制度及总兵戚继光等方面的情况。

从20世纪90年代末到21世纪初，长城调查和研究工作势头不减，取得了可喜的成果。主要有《承德地区汉代长城与烽燧调查》《北京北部山区的古长城遗址》《固原战国秦长城调查》《嘉峪关汉长城遗址调查》《廊坊市战国燕南长城调查报告》《尼尔基水利枢纽工程区内金代界壕发掘简报》《宁夏古长城发掘》《宁夏考古人员破解隋长城走向和构筑方法之谜》《宁夏灵武市古长城调查与试掘》《平顶山至豫冀交界的长城遗迹研究》《陕西渭南地区的秦魏长城及城址考察》等。

1998年，由甘肃省文物局主持、甘肃省考古研究所实施，对河西地区疏勒

[①] 张立辉：《山海关长城》，文物出版社1990年版。
[②] 高凤山、张军武：《嘉峪关及明长城》，文物出版社1989年版。
[③] 罗哲文：《司马台长城》，燕山出版社1992年版。
[④] 方放：《天津黄崖关长城志》，天津古籍出版社1988年版。

河流域的汉长城做了调查，先后出版了《河西汉塞调查与研究》①《疏勒河流域汉长城调查报告》②，此次调查对100年前斯坦因调查的汉长城进行了复查并有新的发现，同时对斯坦因遗漏的区域也做了调查。张华松所著《齐文化与齐长城》③是一部有关齐文化与齐长城研究的力作，持论平允而不落窠臼，在许多问题上都让人耳目一新。作者以传统的"二重证据法"辅以新思维的研究过程，在给人以启迪意义的同时也是一部介乎考古与史学之间的著作，反映出作者不但有好的历史文献方面修养，又勤于考古，重视考古文物方面的新发现新成果。该书汇集了作者十余年来有关齐文化与齐长城研究的22篇论文，依照内容可以分为三组，齐文化（11篇）、齐长城（8篇）和齐长城的副产品（3篇）。其中齐长城的研究基本以考察资料为主而辅之以文献资料，齐长城的副产品皆为作者考察所得。

于希贤、贾向云、于涌著的《云南古长城考察记》④是对云南长城的考察记录，记述了长城的分布、走向、现存状况等。其更为主要的是对长城沿线的少数民族文化进行了调查，揭示了其文化内涵，表述了其与长城之间的关系，使我们对云南地区长城及周边少数民族文化的现状和彼此间的关系有了初步了解。

1999～2002年由秦皇岛市文物局主持，对其辖区内的明长城和早期长城做了全面调查，并出版了《秦皇岛长城》⑤。书中以专题的形式对长城做了分别的介绍，并结合文献做了相关研究。

与此同时，随着由国家文物局主编的《中国文物地图集》编写工作的陆续展开，2002年前后，各省纷纷组织队伍对省内的文物进行调查，长城亦包括在内。这次调查最主要的成果是首次将各个地区及各个时期的长城走向和分布标注在较大比例尺的地图上，进而从宏观上对长城的分布和走向有了清晰的认识，对其年代也有了基本认识。其成果是显著的，主要有《中国文物地图集》的北京分册、山西分册、内蒙古分册及陕西分册等。

在此次调查的推动下，出现了个别地区、个别时期长城的专题调查报告，最具代表性的当属唐晓峰、陈品祥所著《北京北部山区古长城遗址地理踏查报告》⑥，基本摸清了北京地区早期长城的分布、走向和性质，纠正了以往的错误认识，第一次绘制出北京地区早期长城的分布走向图，为接下来的研究打下了基础。

---

① 吴礽骧：《河西汉塞调查与研究》，文物出版社2005年版。
② 岳邦湖：《疏勒河流域汉长城考察报告》，文物出版社2001年版。
③ 张华松：《齐文化与齐长城》，中国戏剧出版社2000年版。
④ 于希贤、贾向云、于涌：《云南古长城考察记》，云南人民出版社2001年版。
⑤ 沈朝阳主编：《秦皇岛长城》，方志出版社2002年版。
⑥ 唐晓峰、陈品祥：《北京北部山区古长城遗址地理踏查报告》，学苑出版社2009年版。

3. 全国性长城资源调查研究

进入 21 世纪以来，我国经济社会发展进一步加快，基本建设和文物保护间的矛盾日益突出，在长城的保护和管理上尤为明显。北京、河北、陕西、山东等地陆续发生了破坏长城事件，社会反响强烈。针对这一严峻形势，国家文物局从 2003 年起先后采取一系列措施加强长城保护工作。首先设立专项课题对长城保护、管理和研究现状及对策进行调查、研究；随后，在调查、研究的基础上制订长城保护总体工作方案，同时启动《长城保护条例》起草工作。

2004 年 5 月，国家文物局在征询国家发改委、公安、财政、国土、建设、交通、环保、旅游等有关方面和专家意见的基础上，正式编制并向国务院报送了《"长城保护工程"总体工作方案》，很快得到国务院同意。该方案从摸清长城家底、编制长城保护规划、出台长城保护专项法规、理顺长城保护管理体制、深化长城保护宣传、加强长城科学研究、科学保护修缮长城、依法严惩对长城的破坏行为和加大长城保护经费投入 9 个方面系统论述，安排了为期十年的长城保护工作；明确了该项"工程"要达到的具体目标是"争取用较短的时间摸清长城家底、建立健全相关法规制度、理顺管理体制，在统一规划的指导下，科学安排长城保护维修、合理利用等工作，并依法加强监管，从根本上遏制对长城的破坏，为长城保护管理工作的良性发展打下坚实基础"。其中，以"通过科学调查，全面准确掌握长城现存状况"为目的的长城资源调查工作被列为"长城保护工程"的首项内容。该项工作的任务主要是全面准确地掌握长城的规模、分布、构成、走向及其时代，保护与管理现状，人文与自然环境等基础资料，并依法建立科学完整的长城文物记录档案，为制定、落实保护长城政策法规和管理措施奠定基础。

2006 年，国务院颁布实施了《长城保护条例》。国家文物局制订了总体工作方案，启动了长城保护工程，长城资源调查和认定成为其中首要的工作任务。

2007 年，由国家文物局主持，按照统一的规范开始了全国范围的田野长城调查，这项工作受到学术界的高度重视。

2010 年，全国长城资源田野调查工作全部结束，这是首次由文物考古部门进行的规模最大、范围最广、收获最丰富的一次全国性历代长城调查，获得了全面、系统、权威和可靠的第一手长城资料，有关长城的具体走向与分布、途经地区、长度和建筑特点等都能基本明了。根据长城资源调查成果，国家文物局启动了长城认定工作，公布了各省申报、专家审核、各省复核和专家委员会集体评审的严格程序，确保认定工作的科学性。

2012 年 5 月，国家文物局批复完成了长城认定工作，认定长城分布在北京、天津、河北、山西、内蒙古、辽宁、吉林、黑龙江、山东、河南、陕西、甘肃、青海、宁夏、新疆15个省（市、自治区），包括长城墙体、壕堑、单体建筑、关堡和相关设施等长城遗产43 721处。

长城资源调查和认定是深入贯彻《长城保护条例》的重大举措，是关系长城保护百年基业的大事。调查、认定工作的完成，使我们全面、准确地掌握了长城的保护管理现状，明确了各类长城遗产的范围和属性，确定了长城的保护身份，有利于推动地方政府依法将已认定的长城公布为省级文物保护单位，纳入《长城保护条例》的保护范围，落实保护管理责任，夯实长城保护工作基础。中国长城研究体系处于稳步构建之中。

从国家文物局和国家测绘局共同主持的"全国长城资源调查"项目开始以来，学界在获得长城基本调查资料和数据的同时，以本次长城资料调查为基础的阶段研究成果开始陆续出现。《内蒙古自治区长城资源调查报告（明长城卷）》《内蒙古自治区长城资源调查报告（北魏长城卷）》《内蒙古自治区长城资源调查报告（东部战国秦汉长城卷）》《新疆维吾尔自治区长城资源调查报告》《湖北省长城资源调查工作报告》《陕西省明长城资源调查报告（营堡卷）》《辽宁省明长城资源调查报告》《天津市明长城资源调查报告》《青海省明长城资源调查报告》《河北省明长城资源调查报告（涞源卷）》等长城资源调查报告陆续出版发行。《河北省明代长城碑刻辑录（上、下）》①《临洮战国秦长城、山丹汉、明长城调查报告》② 等专题性的调查成果也出版发行。在今后的数年内，按照统一规范进行编写的更多历代长城资源调查报告将会陆续出版发行。

（三）关于历代长城的理论研究

长期以来学界关于长城理论方面的研究存在着严重不足，诸如长城的概念、长城要素的起源与发展演变、历代长城体系等均存在见仁见智的观点，从学术思想上构建长城概论还没有提上多数学者的研究日程。

国人对长城有着特殊的情怀可谓人人皆知，但学界目前连最基本的长城定义尚未没有形成一致的看法，长城的起源也是众说纷纭，如此等等不一而足。关于基本理论方面的著作，只有少数的几篇论文涉及，侯仁之最早对长城的概念和体系做过表述，其后董耀会的《长城学的概念、特征及分类》和罗哲文、董耀会的《关于长城学的几个基本理论问题》，就长城的定义、范围、研究方法论等做了基础性的探讨。

进入21世纪后，虽然有关长城完整理论的著作尚未出现，但是对于理论本

---

① 河北省文物局长城资源调查队：《河北省明代长城碑刻辑录（上、下）》，科学出版社2009年版。
② 甘肃省文物局：《临洮战国秦长城、山丹汉、明长城调查报告》，甘肃人民出版社2007年版。

身所构成的部分要素及内容则有一些个人的观点和专著见之于世。

董耀会在《万里长城纵横谈》①中，首先围绕有关长城的一些基本问题表达了自己的看法。之后以长城（秦长城、汉长城、明长城）的历史沿革为主线，对长城的军事防御功能、长城建筑遗存、长城在民族融合中的历史作用、长城文化和长城精神做了较为全面的论述。在《瓦合集——长城研究文论》中，作者再次涉及有关长城学的问题，其内容是关于长城学的创立及其学科理论建设的探讨和研究，同时进一步提出了"长城学"的概念，并对长城学的研究对象、内涵、范围、体系、方法论和学科建设等诸多方面做了比较深入的探索和论证。

景爱的《中国长城史》②从长城的起源开始，包括战国齐、楚、魏、赵、中山、燕、秦长城，秦汉长城，北魏、东魏、北齐、北周、隋、唐长城，辽、金边壕，一直到明长城和清代柳条边，是目前所见较系统和全面的有关长城史的专著。景爱在其姊妹篇《长城》③中，以实际调查为依据，与历史文献和前辈研究成果相互参证对比研究，订正谬误，提出新说，使其成为较为全面、系统、完整论述长城历史的学术专著。需要指出的是，该书除了进一步阐述了长城的定义、长城的政治性、军事性、文化性外，还对长城本体与长城附属设施提出了不同见解，更主要的是对有关长城的名词、术语进行了规范化的尝试，对长城建筑传统和工艺操作技术，以及长城关隘和工程管理制度，也做了有益的探讨，为长城的深入研究提供了有益的基础。

（四）有关长城保护、开发方面的研究和实践

长城由原来的军事防御工事转变为现存的文化遗产、大遗址，当今面临的迫切问题就是保护管理工作如何有效地开展和实施。由于长城分布面积广阔，遗址种类繁多，处于复杂的自然、人文环境中，自身病害又十分严重，因而保护工作困难重重。

自1984年邓小平同志发出了"爱我中华，修我长城"的号召后，各地纷纷行动，积极投入长城的保护工作中来，首先是对一些著名地段进行了维修，比如辽宁虎山长城、河北山海关、角山、金山岭长城、天津黄崖关、北京八达岭、慕田峪、司马台长城、甘肃嘉峪关长城等。1983～1987年，北京市政府和当时的地质矿产部遥感中心，共同启动了一个大的高科技项目——《北京市航空遥感综合

---

① 董耀会：《万里长城纵横谈》，人民教育出版社2003年版。
② 景爱：《中国长城史》，上海人民出版社2006年版。
③ 景爱：《长城》，学苑出版社2008年版。

调查》，利用遥感飞机所航摄的多种航片，对北京所辖长城做了详细科学的判读和解释，并计算出北京市辖区内的长城有629公里。到了2003年，《北京市长城保护管理办法》开始在全国实施，从此北京的长城保护以地方性法规的形式确定下来。到了2005年，长城保护在全国推广展开，随着《长城保护条例》的制定和实施，北京制定出《北京市长城保护调查报告》。以此为契机，许多有关长城保护方面的文章纷纷面世，这些文章大部分收录在《中国长城博物馆暨中国长城学会优秀文集》和《万里长城暨中国长城学会优秀文集》中。到了2008年，河北省也对其辖区内的长城进行了一系列的保护工作，总结制定出《河北省长城保护管理和执法情况调查研究报告》[1]，可以说这次调查研究，是近30年来长城保护管理和执法情况的一次全方位的、系统的调查研究和总结，同时它还针对存在的问题，提出保护长城的新任务和新举措。

随着全国性长城资源调查的行将结束，国家文物局适时启动了分省制定各时代《长城保护规划》的工作，在此过程中急需结合各地区长城的保存现状，对长城的保护和利用进行全面深入的分析研究，从理念和操作层次上探讨各地长城保护的措施和步骤。

（五）长城科普、旅游和工具书

长城除了以学术研究的形式为业内所钟爱外，更多是以影集、科普读物和旅游用书的面貌展现在普通民众面前，这也是大众了解长城、关注长城、熟悉长城的一个主要的途径。自从长城开发旅游以来，有关长城的摄影集就层出不穷，其数目繁多，琳琅满目，限于篇幅这里暂且不提。此外就是有关长城的科普读物、旅游用书，这些科普读物、旅游用书大部分是由更富有亲和力的民间学者用通俗的语句写成的，他们用文学的视角和语言来描述历史和科学，从而更便于大众接受。

1. 长城科普

罗哲文的《长城》[2]系统、全面介绍了长城的历史沿革、修建、构造、用途及山海关、古北口、居庸关、八达岭、雁门关、宁武关、偏关、嘉峪关、玉门关等长城关隘遗址，并对长城的历史作用做出评价。作者指出，长城的用途主要表现在防御扰掠、保护国家安全和人民生产生活的安定，开发屯田、保护屯田和保护边远地区生产的发展，保护通信和商旅往返等三个方面。长城是"我国古代国内各封建割据集团和各民族统治集团之间矛盾战争的产物"，是"各族劳动人民

---

[1] 河北省文物局：《河北省长城保护管理和执法情况调查研究报告》，文物出版社2009年版。
[2] 罗哲文：《长城》，北京出版社1982年版。

的血汗结晶和智慧创造"。在指出统治阶级只顾筑城不重民心的偏颇、揭露批判统治阶级役使兵民筑城酷虐残暴一面的同时,充分肯定"长城是中华民族勤劳智慧、坚强毅力的象征",是"我国古代各族人民共同用血汗和智慧筑成的历史丰碑"。作者综合运用历史文献、考古挖掘材料和民间传说等民俗资料,既高度概括、精练、准确、科学,又深入浅出,丰富、生动、饶有兴味,在介绍、宣传乃至研究长城方面产生很大影响。该书此后还曾经再版过。

王雪农、威廉·林赛[英]合著的《万里长城百题问答》[①]是最新的一本关于长城的科普读物。囊括了人们提出的各种与长城相关的问题,并予以准确的回答,通读全书,便能较全面地了解长城历史和现实的方方面面。

《图说长城》[②] 在介绍长城自身壮丽恢宏的基础上,力求挖掘长城文化的深层底蕴,从历史的纵深感和人文的传承性,解读那些在蜿蜒绵延中行进的长城修筑史和文化意义,讲述古往今来有关长城的真人真事和典故传说。

2. 长城旅游

自从"爱我中华,修我长城"的号召发出后,各地在长城修缮、开发的基础上,一些专门的旅游用书也相继出版,其中具有代表性的是《绥中古长城》[③]。2000年以后,长城旅游日益升温,区域也由原先的旅游开发区向未开发地区转换,方式由随团旅游向个人自助旅游转变,因而出现了大量的路书、攻略,最具代表性的《长城——北京手绘旅游地图》[④] 《踏遍北京野长城——山河狂走系列》[⑤]《图文长城——陕西、宁夏、甘肃卷》[⑥]《图文长城——山西卷》[⑦]《图文长城——河北及天津、北京卷》[⑧]《帝国长城寻踪》[⑨] 等。

3. 长城工具书

与其他学科相同的是,对长城进行研究也有工具书。首先是《长城百科全书》[⑩],该书主要依靠全国长期从事长城及相关学科研究的专家、学者共同编写,运用百科形式,在广泛收集国内外长城研究资料的基础上,对长城学各个分支学科进行系统的研究,力求使全书及其各个组成部分都能达到科学性、知识性、实用性的相互统一,高度综合和总结各学科有关长城研究最新成果,满足全面、正

---

① 王雪农、[英]威廉·林赛:《万里长城百题问答》,五洲传播出版社2010年版。
② 王雅馨:《图说长城》,吉林人民出版社2010年版。
③ 绥中县长城协会:《绥中古长城》,中国文联出版社2007年版。
④ 中国地图出版社:《长城——北京手绘旅游地图》,中国地图出版社2009年版。
⑤ 阿坚:《踏遍北京野长城——山河狂走系列》,中国文联出版公司2005年版。
⑥ 李少文:《图文长城——陕西、宁夏、甘肃卷》,中国旅游出版社2008年版。
⑦ 李少文:《图文长城——山西卷》,中国旅游出版社2006年版。
⑧ 李少文:《图文长城——河北及天津、北京卷》,中国旅游出版社2004年版。
⑨ 唐小明:《帝国长城寻踪》,甘肃人民美术出版社2008年版。
⑩ 中国长城学会:《长城百科全书》,吉林人民出版社1994年版。

确地认识长城的社会需要，通过整理分类并写成条目，为长城学的发展提供一部真正体现出严密科学性、丰富知识性的工具书。

其次是《长城词典》[①]，该书将长城的历史沿革，现存长城遗址、关堡、建筑、长城沿线的城镇、名胜古迹和传说，以及与长城有关的历史人物、诗词、文献、题词等内容，分别收集、选取、编纂，洋洋大观。书的内容丰富，全面系统，全书分为十个部分，即长城沿革、长城遗址、长城关堡、长城建筑、长城沿线历史名城、长城沿线览胜与传说、长城与历史人物、长城诗歌、长城文献、长城题词。以充实的内容，比较全面系统地概述了长城的全貌，向人们展示了长城历史文化的灿烂光辉。

最后是《北京地区长城研究文献名录》[②]，长城的研究和保护积累了大量的文献资源，对这些文献资源的深入挖掘是长城及与之相关联的遗产资源持续利用的基础性工作之一。本书采取情报学的常规分析方法，对 20 世纪 40 年代以来有关长城研究和报道的所有文献资源，进行了系统的整理和归类，收录了以北京地区长城为主要研究对象的图书、期刊、学位论文、会议论文共计 2 070 篇。按主题分 9 个一级类目，一级类目下再分二级类目分别叙述具体有关文献，可谓是针对有关长城文献系统整理的开山之作。

综上所述，我们对围绕长城的相关研究作了梳理，现在所见到有深度的长城研究专著还很少，许多有关长城的重要问题，如长城的定义、定性、起源、演变，长城与天险、边壕的异同，长城的保护与开发利用与管理等，均缺乏深入细致的研究。有鉴于此，我们对历史时期各代长城的历史文献方志、历年来文物考古调查资料，尤其是自 2007 年来长城资源调查过程中获取的全面的新资料，以及各方面关于长城的研究资料等进行搜集整理，以期对长城本身、前人对于长城的考察与探索、前人对于长城的研究等有更为全面系统的掌握，为进一步的综合性长城研究和长城文化遗产保护提供翔实的资料和扎实的基础平台。

三、长城研究存在的问题

长期以来，不同领域的诸多学者对这一庞大的文化遗产给予了极大的关注，他们通过对不同时期、不同线段长城进行的实地调查，并结合文献记载，对不同时期长城的修建背景、属性、建筑形式、具体走向和与长城有关的防御体系等情况进行了个案或相对的综合研究。但不可否认的是，目前所见到有深度的长城研

[①] 林岩、李益然：《长城词典》，文汇出版社 1999 年版。
[②] 苗润莲、冯广平：《北京地区长城研究文献名录》，知识出版社 2009 年版。

究专著还很少，这与长城作为重要文化遗产的地位相去甚远；许多有关长城的重要问题，如长城的概念、定性、起源、演变，长城与天险、边壕的异同以及长城的保护、开发利用与管理过程的理念和方法等，均缺乏深入细致的研究，这是欠缺全面的基础性资料和运用的研究方法单一且不深入造成的。另外，学术界还没有深入地开展长城地带文化变迁与中国文明之间的互动研究，长城研究在当下社会发展和世界文化事业中严重缺位。

（一）长城研究理论欠缺

长期以来学术界关于长城学理论方面的研究存在着严重的不足，诸如长城的概念、涉及长城各要素的起源与发展演变，以及历代长城体系形成与特征等均存在见仁见智的观点。许多空白研究领域尚待开展，从学术思想上构建长城研究体系的理念还没有提上多数学者的研究日程。两千多年来围绕长城地带，所发生的农业文明和游牧文明之间的互动规律，二者之间互动对中华民族形成、中国文明发展形成作用等涉及中国文明形成过程中的重大事件尚未开展深入的研究，深入思考两千多年来所形成的长城地带对中国文明发展演变所起到的作用和价值尚未引起关注。

（二）长城研究范畴狭窄

更为重要的是，长期以来就长城的研究而言，多数研究课题都局限在长城的基本问题上，如分布、走向、结构、体系。基于历史文献、环境学及民族学等相关学科或基于小规模一般性田野调查所做的长城研究是主要方法体系。

我国历史上积累了大量丰富的历史典籍和史志文献资料，其中涉及历代长城的记载不少，因此这种基于文献的长城综合研究工作就成为很长一段时期内的基本方法和主体内容。这类对长城的综合研究开始时间早、持续时间长、分类多、涉及面广、成果丰富，但其研究方法单一，虽然也适当结合了其他学科的理论和研究方法，本质上还是依靠文献学对长城本体及相关问题进行研究，研究局限在对文献资料上的相互考证上，即使在现代考古学田野调查技术传入中国之后，也没有开展大规模的田野调查，没有考古学方法的印证，长城的研究就只能仅仅停留在文字的辨析和探讨上，而得不到一个令人信服的结论。长城综合研究是长城研究的重要内容，是搞清楚长城是什么和为什么要修长城这类关键问题的基础和主要途径，研究方法的局限性是长城研究虽然起步较早却始终未能取得突破性成果的原因。

（三）长城研究仍处在属性判断的阶段

随着考古学在中国的落地生根、发展和成熟，将考古学方法应用在长城研究中极大地改变了长城研究的局面，很多从文献学研究出发，无法得出有效结论的问题，通过考古学方法的有效应用，最终得以解决。正式应用考古学方法对长城进行记录和研究应当始于英国著名汉学家斯坦因，他于1907年通过考古学的田野调查方法对河西走廊的汉代长城进行调查和研究，并结合自己的4次探察经历，编写并出版了《斯坦因西域考古记》[①]，详尽记叙了中国古代西域地区古长城诸多遗址、遗迹，依据大量第一手实地考古资料描述了该地区古长城的分布、走向，对长城的结构、构造和建筑材料以及长城沿线的地形、地貌、生态环境和有关文物作了详细介绍，并首次将秦汉长城与罗马长城进行对比研究，对其功能、作用加以探讨。

中华人民共和国成立以后，考古学在中国经历了最为蓬勃发展的一段时期，不少考古学者和一些历史地理学者也将目光投入长城研究中，深入考察了不同地域的长城，新的发现层出不穷，这使得涉及长城本身的研究得以深化。采用考古学方法进行的长城研究成果是非常显著的，但是我们也不难发现，虽有相关领域的专业人士参与，但调查大体上是由各省、市、县或研究者独立进行的，调查仍然是分块调查，其局限性显而易见；另外，专业研究力量严重不足，造成的结果是对历代长城的了解更多是在点上，对于线上和面上，尤其是系统的研究则显得相当缺乏，有些研究由于专业知识的不足造成片面或错误的认识，而这种片面或错误的认识却得到了广泛传播。以这种零散的资料为基础，显然很难进行更深入全面的研究探索。

（四）有关长城保护管理方面的研究严重不足

涉及历代长城各个层面的研究，在所有文化遗产研究领域即使不是最薄弱的，也是相当不够的。时至今日，长城已经由原来的军事防御工事转变为文化遗产和大遗址，面临最迫切的问题就是保护管理工作如何有效地开展和实施。由于历代长城分布地域辽阔，遗址种类繁多，多处于复杂的自然和人文环境中，自身病害又十分严重，因而保护管理工作困难重重。全国范围内没有形成有效的合力，国家层面没有针对长城研究设计出可操作的研究规划，数十年来的自发研究，几乎没有产生针对长城这一世界文化遗产的核心价值、特点、保护维修、展示、监测和管理方面具有重大影响的实践和成果。

---

① ［英］斯坦因著，向达译：《斯坦因西域考古记》，中华书局1936年版。

第二节　历代长城研究内容及目标

教育部哲学社会科学重大攻关课题《中国历代长城研究》，是对中国古代长城开展的综合性科研项目，研究的主体内容不仅涉及历史上二十四个政治实体在不同时期、不同地貌条件下建造的规模不同、类型相异、体系庞杂的长城，还涉及长城地带形成的环境因素以及在该因素影响下农业文明和游牧文明围绕长城内外所发生的文化互动等。

自抗日战争爆发以来，中国人对于长城的兴趣愈加浓厚，许多人和机构对其做过很多不同形式、不同程度的调查和研究。但是，开展历代长城研究，不仅仅是从学理层面对长城概念、历代长城沿革、历代长城防御体系、长城分布与区域自然文化变迁、长城地带文化互动与中华文明演进等问题进行研究，更需要将长城视为我们经验体系之外的特大型文化遗产，突破行业局限，站在社会综合发展的全局层面上，研究长城的保存及管理现状、影响长城保护的因素，研究突破体制现状的创新管理模式；在技术层面上，还要研究区域长城的理化特性，加快长城保护技术研究的深化。

一、研究内容

中国历代长城内容复杂、体系庞大，无论是从时间轴线上还是空间范围上都跨度极大，因此，为了尽可能在全面总结前人的研究成果基础上达到对中国历代长城本体及其相关问题全局而系统的研究，我们对涉及历代长城的文献方志、历年来文物考古调查资料，尤其是近年来长城资源调查过程中获取的全面的新资料，以及各方面关于长城的研究资料等进行统一搜集整理，以期对长城本体，包括前人有关长城的考察、探索与研究等实现更为全面系统整理与研究，为进一步的综合性长城研究和长城文化遗产保护工作的开展，提供翔实的资料和扎实的基础。

其涉及的主要研究内容为：历代长城本体研究、长城地带综合研究和长城保护管理研究。

第一方面是在对涉及历代长城的文献与田野调查资料全面整合基础上的长城本体研究。

根据文献记载和最新的全国范围的田野长城资源调查资料，对涉及分布范围达15个省市、历时2000多年、二十四个政治实体建造的各代长城进行全面系统的整理分析，对每一时段的长城走向、结构、分布环境以及防御系统等进行研究，对自然与人文环境以及存在的问题、历代长城研究中不科学的信息、有争议的问题进行梳理分析；研究的时代细化为东周长城研究、秦汉长城研究、魏晋南北朝长城研究、隋唐长城研究、宋辽金西夏长城研究、明清长城研究和历代长城文献学研究。对于历代长城本体的研究是整个课题研究的基础部分，也是长城研究的主体和基础。

第二方面，开展对两千年多年来长城地带环境、文化与民族等方面的变迁过程及相互影响以及农耕文明与游牧文明之间互动关系的研究，对涉及长城的理论、概念、历代长城概况、体系、民族文化和国内外长城对比等方面的综合研究。

长城地带综合研究内容包括长城地带文化变迁与民族关系研究、长城地带环境变迁研究、长城地带古代民族的体质人类学研究和历代长城防御体系研究四个子课题。这四个子课题的研究最大程度采用了多学科交叉辅助研究的方法，因而是历代长城研究的主体和深层次拓展，构建中国长城研究体系。

第三方面是在全面掌握历代长城保存状况的基础上，进行对影响长城保护的病害调查、保护技术以及长城管理体系、保护规划等方面的专题研究。长城保护管理研究包括西部长城现状的病害调查与保护工程技术研究、长城保护管理规划研究两个子课题。

二、研究意义

建立在以上三大研究内容的基础上，本课题的研究意义将主要体现在以下五个方面。

第一，全面系统地回顾与总结以往有关长城研究的学术成果，力求为今后长城的相关研究奠定扎实的基础。

全面整合此前涉及长城研究的文献、调查资料、研究成果，并结合长城资源调查索取获取的资料，形成新时期中国长城研究的集大成之作。本课题的目标之一就是将长城自近代开始一直到当代的主要研究成果进行全面的回顾、梳理与总结，摸清长城研究的"家底"；辨明有关长城的研究已经取得了哪些成果和进展；哪些地方仍旧薄弱，哪些地方尚存不足；哪些问题业已解决，哪些问题还有争议等学术史问题。长城资源调查是首次全国范围内开展的对长城现存状况进行调查的摸底工作，全国长城资源调查所获得的第一手材料为今后长城研究夯实了资料基础，本课题的开展将为今后的长城研究奠定文献基础；更为重要的是，这些成果能使我们站在已有研究成果的基础和高度上，继续开展更加深入、系统和全面的研究。

第二，整合各省历代长城调查的成果，对历代长城的基础问题进行实地调查和科学分析，纠正以往长城调查中的一些不科学的成分，力求为今后长城的相关研究提供相对正确、完备翔实的研究资料。

由于此前长城调查在属性判定上缺乏必要的现代考古学依据，调查中的国别（政治实体）属性及时代判断存在诸多问题，本课题的首要工作即是要解决这一问题。长城是一种规模庞大、体系复杂的军事防御体系，历代长城并不仅仅是一道防御性的墙体，随着时代的发展，长城体系也在不断地发展，最终在明清时期形成由点到线、由线到面的体系结构。通过整合此前的文献与田野调查成果，开展历代长城防御体系研究，将会在很大程度上丰富我国古代的军事防御理论。

第三，深化历代长城研究，详尽考察因环境变化出现南北位移而形成的影响中原文明进程的长城地带。

从人为和自然环境因素出发，分析数千年来长城地带的环境、政治和文化变迁，探讨以长城为纽带的民族关系、民族文化的变化，以及对中原文明的影响，将会突破以往对长城零碎、短时段、小区域研究的局限性，使得长城研究真正、全面而系统地开展。

第四，本课题将在长城研究领域产生一定的引导和示范意义。

目前国内有多支力量从事长城研究，学科立足点主要是历史学、考古学以及遗产保护等，研究队伍主要有专业人士、民间学者和业余爱好者。就考古学的发展来说，突破古籍资料研究的局限，走向实地勘查、发掘历代长城，是近几十年来尤其是20世纪80年代之后的事情。而这一时期也是中国长城调查和研究最为活跃的一个阶段。虽然取得了相当可观的研究成果，但国内长城研究基本处于分散和自发的状态，相关领域的专业人员参与的比较少，调查大体上是由各省、市、县或研究者独立、分别进行，研究力量严重不足，这和非专业人士踊跃参加的现象形成了鲜明的对比。结果是对历代长城获得更多的是点上的了解，而对线上和面上，尤其是全局、系统上的研究则相当匮乏，有些研究结论由于作者专业知识的不足，形成了片面或者错误的认识，却得到了广泛传播。这种以零散的资料为基础的研究，显然难以支撑更为全面深入的探索。因此，本课题的申报与完成，将会极大地带动和促进长城研究，影响和吸引更多的学者从各个方面来开展长城的纵深研究。同时，预期研究成果将对世人更加科学和全面地了解中国长城意义重大，并且对科学地重构中华民族意识和民族心理也意义非凡。

第五，本课题的成果将为国家即将开展的长城保护工程提供决策依据。

长城遗址经过数百上千年的自然和人为因素的破坏，其病害发育普遍，保护现状不容乐观。研究长城病害的特征及形成原因，根据病害形成原因对病害进行分类统计研究，找出破坏长城的内在和外在因素，厘清环境因素和遗址自身因素与长城遗址病害之间的作用关系,并依据长城病害现状统计出急需抢险加固以及可暂缓保护加固的遗址的不同情况。因此,本课题的研究成果对于后续的遗址规划工作、对症下药的保护工作、预防长城遭受进一步损坏以及长城的各项研究均有重大意义。

三、研究方法

本课题了采用考古学、历史学、文物保护学、军事学、体质人类学等多学科交叉的研究方法,其中历史学包括断代史及民族关系史、历史地理学和文献学等分支学科的研究方法,在历代长城文献研究、历代长城田野调查研究、长城地带环境与文化变迁研究以及长城概念与理论研究等方面开展工作,采用分头研究、综合分析的研究思路展开课题研究。对各代长城在不同时期的社会军事功能、历史地位及社会价值等方面进行了综合研究,形成迄今为止中国学术界对历代长城研究的成果汇总,并且从中得到崭新的、全局性的认识。

(一)考古学方法

自东周以来,在长达两千年的历史中,不同时期的二十四个政治实体为了防御战争的需要先后建造了春秋战国长城、秦长城、汉长城、北朝长城、隋长城、唐长城、北宋长城、辽、金长城和明长城等,其中战国时期各国修建的长城有齐长城、楚长城、燕长城、魏长城、赵长城、鲁长城、秦长城和中山长城,汉长城有故塞长城和内外长城,北朝长城有北魏、东魏、北齐、北周等长城。从现有资料看,多数时代的长城并不是一次修建完成的,同一时代因阶段性防御对象不同而建造不同路线的长城,即使是同一时代也有先后修建多条长城的现象,并且长城也不是简单的一道墙体,它是由长城本体、烽火台、关堡、驿传等一起形成互为支撑的防御体系;长城作为一种军事防御体系,随着战争方式的不同、武器种类的差异,存在从简单到复杂、不断完善的发展过程。

长期以来,通过田野调查获取的历代长城资料非常丰富,并且很多已刊载在国内外公开或不公开的不同媒体上。然而,由于地区差别以及研究者见解水平的不同,这些资料往往存在属性判断相互抵牾以及因重局部、轻总体而带来的跨省区长城衔接整合困难等诸多问题和不足。因此,需要从考古学的视角和方法出发,对这些资料尤其是物质文化方面的资料进行整合研究,才能确保今后相关研究所引用资料的真实可靠。环境考古学方法的介入,将会对长城地带的环境变迁研究以及与人类经济形态之间的因果关系等的研究发挥重要的作用。此外,体质人类学在研究长城地带不同时期居民种属特征方面的作用也不可低估。

（二）历史学方法

历史文献中有大量的关于历代长城清晰程度不一的记载，这些记载包括正史、地方志，还包括不同少数民族的文献资料、历代实录、边防大臣的个人文集、修建长城朝代的典章制度、野史以及笔记小说中的相关资料，尤其是涉及的地名、山川名等，随着时代的变化，其空间位置也多发生变化，因此，几乎历史学范畴内的所有学科都在本课题中发挥了作用。我们需要甄别文献版本、考证历史地理变迁过程及由来和研究不同国别不同时间段的边境区划，力图通过文献对每一阶段长城修建的历史背景、过程、主持者、主要特征、经费使用状况及参与修建的人数等问题进行探讨，通过对断代史中长城内外民族关系的分析研究，探讨两千年间中华文明的发展历程。

本课题对历史时期各代长城的历史文献方志、历年来文物考古调查资料，尤其是2007年来长城资源调查过程中获取的新资料，以及各方面关于长城的研究资料等进行全面搜集和整理，以期对长城本体、前人对于长城的考察、探索及研究资料和信息等有更为全面系统的了解和掌握，为进一步的综合性长城研究和长城文化遗产保护提供翔实的资料和扎实的基础研究平台。

（三）军事学方法

仅仅从历史学、考古学角度并不能完满地解决有关长城因素形成与发展、长城体系发展演变的脉络等若干问题。我们需要从军事学的角度，客观上考察在战争过程中攻守双方不同的历史背景、战争形式及武器装备等来全面研究长城防御体系。

除此之外，本课题的子课题还广泛运用了文物保护学、体质人类学及文化遗产管理学等多学科的研究方法，力求课题研究的科学性、全面性和系统性。

第三节　构建长城研究新理念

一、长城研究理念的确立

长城研究与保护管理，是涉及长城这一特大型文化遗产有序传承的关键问题，它们彼此相依，相互影响。长期以来，因为有关长城基础问题、理论问题研究的欠缺，时至今日，无论是技术还是理念，都已经严重影响到长城的保护问题，无能为力的感觉似乎愈来愈强。更为重要的是，基于数十年来仅有的某些点的文物保护经验和文物保护理论的局限，综合保护能力的欠缺，使得我们只能将如此复杂的长城文化遗产简单地视同为普通的文物点来对待，也就只能对数以万计的长城遗存进行有限的局部和点上的保护；面对日益剧烈的利益博弈，"守土有责"的意识到了日渐难以为继的地步，全国十多万人的从业人员队伍，力不从心的局面大有扩大化的态势。[①]

有鉴于此，我们需要构建一套有创新性的长城研究体系，将历经两千五百年发展演变的历代长城视为我们经验体系之外的特大型文化遗产，站在社会综合发展的全局层面上，研究长城的保存现状、影响长城的保护因素、长城的管理现状，研究如何突破机制体制的现状、创新管理模式；在技术层面上，研究区域长城的特性，加快长城保护技术尤其是土遗址保护技术研究的深化。

为实现构建长城研究体系的目标，需要抓紧时机，搭建长城研究的专门机构；需要整合力量，构建长城研究就保护的理论、方法体系；需要解放思想，开展管理理念的创新研究；需要强化宣传，掀起长城保护认知的新局面。

在国家层面构建长城保护研究的专门机构，负责直到全国的长城保护与管理研究。新时期长城保护工作是在加速工业化、信息化、城镇化的历程中进行的，是在历史欠账较多、基础工作相对薄弱、研究水平总体不高的情况下进行的。长城仍然面临着相当严重的自然和人为破坏的威胁，合理整合长城研究优势资源，开展历代长城综合研究是当下中国文化遗产领域最为迫切的一项事业，而当下研究机构的缺乏和研究队伍的不足是制约中国长城保护最为关键的因素。不论是现有的从事长城研究队伍的数量还是研究的深度，均不能满足我们事业发展的需求。相对而言，有关的长城研究在所有文化遗产研究领域即使不是最薄弱的，也是相当不够的。这从我们非常有限的长城研究专著的数量多少可以看出这种现状来。长城研究的现状和历代长城在中国文化、历史和人文精神方面的巨大影响极不相称，换句话说，长城研究在当下社会发展和世界文化事业中严重缺位。解决这一难题的有效途径之一，是在国家的层面上设立专门的长城研究机构，突破行业界限，从而有效地联合全国的相关机构，整合全国不同行业的研究力量，利用体制的优势，进行国家层面研究课题顶层设计，有计划有步骤地推进各类长城研究的进展。

整合力量，创新长城研究思维，构建从理论到方法的长城研究体系。历代长

---

① 段清波：《长城研究亟待深化　长城保护刻不容缓》，载于《中国文物报》2012年8月17日。

城因其延续时代之长、分布范围之广、体系之复杂的特殊性，研究所涉及的基础与理论、保护理念与技术、管理理念等问题，涉及自然与人文地理学、历史学、考古学、文物保护学、人类学、建筑学、军事学、管理学、区域社会经济发展等诸多领域与学科，使得不论是独立的研究者，还是单一的区域性研究机构，均无力承担长城综合研究的任务；而我们的现状是，长城研究的力量分散在不同的机构，研究者的工作多是随性进行，研究课题缺乏整体设计；长期以来的基础研究局限在对一些长城相关遗迹的属性等方面进行讨论，许多空白研究领域尚待开展；前些年一些学者希望建立"长城学"的呼吁仍束之高阁；全国范围内没有形成有效的合力，国家层面没有针对长城研究设计出可操作的研究规划，数十年来的自发研究，几乎没有产生针对长城这一世界文化遗产的核心价值、特点、保护维修、展示、监测和管理方面具有重大影响的学术成果。

开展历代长城研究，不仅要从学理层面对长城概念、历代长城沿革、历代长城防御体系、长城分布与区域自然文化变迁、长城地带文化互动与中华文明演进等问题进行研究；而且，需要将长城视为我们经验体系之外的特大型文化遗产，突破行业局限，站在社会综合发展的全局层面上，研究长城的保存现状、影响长城的保护因素、长城的管理现状，研究突破体制现状、创新管理模式；在技术层面上，研究区域长城的理化特性，加快长城保护技术研究的深化。

二、构建长城研究体系

长城是最具民族文化特色的线性、带状文化遗产。因其绵延弯曲、分布地域广阔、延续时间漫长、建筑规模宏大、防御体系复杂、文化内涵丰富，无可争议地成为中国文化最重要的表现民族凝聚力和创造力的重要资源。

科学研究必须尊重科学命题，不能感情化、非理性化地设计研究命题，否则将不可能推动学术的进步，毕竟学术进步永远是阶段性的"纳米程度"式的，而绝不是跨越式的。这是教育部社科司张东刚司长在本课题开题报告会上的一段讲话，我们深刻地认识到，人文社会科学的研究进展是一个渐进的过程，面对历代长城综合研究这样一个复杂的研究课题，针对历代长城文化遗产研究现状、历代长城文化遗产研究存在问题，期望通过一段时间的研究，取得日新月异跨越性的进展是不现实的。我们提出构建长城保护管理研究体系的设想。①

首先，确定"整体设计、分步实施"的研究思路。

---

① 李丰庆、段清波：《历代长城文化遗产研究方法创新初探》，载于《福建论坛（人文社会科学版）》2013 年第 5 期。

整体设计是指经过尽可能全面地占有长城研究的各种资料，充分梳理出在历代长城研究中存在的一些重大问题、重点问题和一般问题，以及已经达成共识的学术问题，站在21世纪和谋划未来的角度上，重新思考和界定长城研究的一些新问题。分步实施是指根据现有的资料、人员、经费等条件，先易后难来分步实施。

其次，在新的历史阶段，长城研究的灵魂和主线依然需要从本体论、认识论和方法论的角度来思考。

从本体论的角度着手，重新界定长城应该涵盖的一些研究内容。如传统上的学术问题和站在新时期用更加宏阔的学术视野发现的新问题，研究中不但要开展对历代长城本身包括历史文献进行梳理研究，而且还对不同时代，不同"政治实体"建造长城的时代背景，防御双方的政治、军事形势，长城所处的地理环境，修建的组织者、参与的人数、历时；长城的线路、走向、分布与建筑特征、防御体系的构成、该时代长城的维修与后代的利用、该时代长城的价值与功能等进行广泛的本体研究。同时，在研究体系创新上做出有益的探索。长期以来学界关于长城理论方面的研究存在着严重不足，国人对长城有着特殊的情怀可谓人人皆知，但我们目前连最基本的长城定义都没有形成一致的看法，诸如长城要素的起源与发展演变、历代长城体系等均存在见仁见智的观点，从学术思想上构建长城概论还没有提上多数学者的研究日程。为此，研究中应从长城发生、发展的纵向角度，来探讨长城的概念、长城起源、长城的防御体系、长城地带文化、长城研究的理论与方法、长城的历史功能与价值、国内外长城对比研究等，对历代长城的基本功能和核心价值进行总结，从而达到构建中国长城研究体系的目的。

从认识论的角度考虑，怎样从新的高度和角度来对长城进行认识，这是一个整体的研究思路，无论现在进入了长城学研究的第几个阶段，但是新阶段肯定是基于此前研究成果而进入新的研究时期。那么，新时期就必须由新标准来梳理新问题，进而对问题进行破解，这必然存在一个重新认识的问题。为此，从整体研究思路出发，设立长城地带综合研究的相关对象，以长城地带这一命题为纽带，站在草原丝绸之路东端的宏阔地理背景和两千年中国社会发展历程的历史背景角度，着力研究这一地带形成的自然和人文环境背景，从人为和自然环境因素出发，探讨两千年来长城地带的环境、政治和文化变迁，探讨以长城为桥梁的民族关系变化，以及两千年来农业文明和游牧文明之间互动以及这种互动在中华文明形成发展过程中的作用和价值，探讨历代长城所体现的民族精神和文化价值。如此，将会突破以往对长城零碎、短时段和小区域研究的局限性，使得长城研究较全面和系统地开展。同时，针对当前长城这一线性文化遗产保护面临的土遗址保护技术和管理的问题进行研究。长城遗址经过数百上千年的自然和人为因素的双重破坏，其病害发育普遍，保护现状不容乐观。研究长城病害的特征及形成原因，根据病害形成原因对病害进行分类研究，找出不同时期不同地段影响长城保护的内在因素和外在因素，厘清环境因素和遗址自身因素与长城遗址病害之间的作用关系，并依据长城病害现状研究结果，提出急需抢险加固的遗址以及可暂缓保护加固遗址的整体方案。目的是通过对影响夯土类长城等遗存保存状况的病害调查，研究实施对该类长城保护的技术手段，并根据历代长城的分布环境和现状，研究长城类线性文化遗产的保护规划理论与思路，期望能通过深化研究该领域的课题，为即将开展的"十二五"期间国家长城保护工程提供理论和技术支撑。

　　从方法论角度探索，一是指导思想。近年以来国家明确提出"推进学科体系、学术观点、科研方法创新，大力推进哲学社会科学创新体系建设，实施哲学社会科学创新工程，繁荣发展哲学社会科学"。方法创新已成为我们推动高校乃至中国和谐社会繁荣发展的一个重要举措。从社会科学研究的角度来讲，通过借鉴其他学科的研究方法，加以选择性的利用，在新材料的支持下，能够实现观点创新的成果，而在实施历代长城研究项目过程中，方法论创新显得尤为重要。历代长城的研究，涉及多学科专家的共同参与，拟采用分类攻关、集合研究的方法，目的是使中国的长城学研究推进到一个新的阶段，达到构建系统的理论和方法来形成长城学这一最终目标，从而实现学科体系的创新。二是认识目的。对于中国历代长城研究应该有更加广泛的思考，在研究过程中，不论是从农业文明的角度还是从游牧文明的角度看历代长城，其研究都不能取得令人满意的客观进展，从第三方的角度观察两千年间两大文明之间的互动并从中寻求普遍性的客观规律，并引导学术界更加深入地思考这一重要研究课题。三是研究方法。社会进步为历代长城研究带来前所未有的契机，如多媒体化，包括三维、四维和航空地图集等数字化技术的成果可以有效地加以利用，与此同时，由于以前长城研究的整体性研究较少，而分散的研究较多，从历史学研究本身来说，在整体性的研究成果当中应该先期有一个资料汇编，即汇集我们现有的长城研究的资料。四是研究目的，历史一定要为现实服务，这是史学存在的现实价值。长城本身被赋予的历史含义和时代含义，完全能够成为服务国家外交战略、树立中国良好的国际形象的重要论据。中华民族的优良传统历来是非外侵的，而是爱好和平的，我们不能篡改历史，而要尊重历史，发掘其时代意义，否则就会失去历史本身的价值。历史和现实的辨证无疑为我们新文化的建设提供帮助，从长城研究的文化意蕴来看，它承载的内涵是相当丰富的；无论怎么说，其核心都是坚持科学精神、研究科学问题、真实还原历史，只有如此方能充分开掘中国历代长城的文化内涵。

三、课题研究的创新与突破

本课题在立项之初的基本设想就是将每一时代长城的各个方面研究进行全方位的研究讨论，并以历代社会的历史、经济和文化为背景，对各代长城形成一个基础性的全面认识，并形成学术界关于历代长城的整体、系统认知，弥补此前对于历代长城仅是零散认识和不准确看法的缺陷。经过课题组几年的辛勤研究，终于收获了丰盛的成果，研究成果不仅在许多方面都较以往的研究有所创新，并且在一些以往相对薄弱的问题上有重要的突破。

本课题将长城视为一套防御体系来对待，其构成要素不仅有墙体、障塞、烽燧、道路、屯田及后方补给设施等方面，还有与之相关的政治、军事制度，两者因互相配合的不同从而使长城的表征各异；长城具有战略性、永备性、稳定性和内置性的特点；长城体系本身有一个肇建、扩张、巅峰和衰落的过程。在宏观视野下，同时兼顾时间、空间维度的多维视角，纵深考察和研究长城地带的形成、其内外民族文化的差异以及相互之间的互动关系和表现，始终是本课题研究过程中着力把握之处。

基于以上思路和规划，本课题有如下几点创新之处：

（1）从长城地带的视角出发研究历代长城，有理论上的创新。长城地带的概念使我们在研究长城时不再单独研究长城这一道墙体，或是仅从汉民族的角度去解读长城，而是将视野扩展到长城内外的各种相关堡寨和在长城内外长期生活着的居民。考古学是研究古代人民全部生活方式的学科，脱离了人的因素而单纯研究一段墙体是狭隘的。本课题对长城地带从概念到具体的研究内容上的考虑和安排是一项创新成果。

（2）从多学科融合角度综合研究历代长城，有方法论上的创新。学术界长期以来采用的都是二重证据法将文献与考古资料相互印证来进行研究，在考古学发展的初期，这样的方法是我们秉持的重要方法论。但随着我们对考古遗址、遗迹的研究不断深入，仅仅依靠文献与实物互证的方法就不再够用，正如我们前文所提到的，考古学研究的是古代人民的生活，生活中的很多方面是无法单纯用文献来进行判断和佐证的。长城是一道古代人民修筑的军事防御工事，其军事作用是其出现并被长期使用的原因所在，因此本课题采用了军事学、人类学等研究方法对长城的修建与结构、长城内外居民成分等进行分析研究，这是对以往长城研究的一项重大创新和突破。

（3）从长城保护工程角度研究影响其保护的病害问题并探讨保护技术新手段，进而研究长城类文化遗产保护规划的理念和实施方案，具有技术手段上的创新。应用了最新的科学技术手段和管理规划理念，探索长城文化遗产保护模式和利用途径的创新，以科技为支撑从而提高文化遗产的保护绩效，这亦是本课题的创新之处。

（4）对已有研究资料和成果进行了有史以来规模最大、力度最强的整合。2007年开始的全国范围内长城资源调查所获资料具有数据上的创新。虽然长城的研究开始相对较早，但基础资料零散，研究成果也缺乏系统性和普遍性。本次课题组耗费了大量的人力物力对历年来的长城资源调查成果进行了梳理和整合，纠正以往因理论或技术不足出现的错误，总结目前长城研究面临的问题和难点。这种将全国范围内历代长城资源调查资料统一梳理的工作在工作量、难度、成果意义上都是一项重要的创新。

与此同时，本课题研究还取得以下三项重要突破：

（1）研究梳理出不同政治实体所建造历代长城的基本状况，包括其分布地域、走向、构造特征、单体形态特征及防御体系构成等。

（2）探讨长城地带形成的环境因素以及两千年来的变迁过程，研究长城内外民族关系及政治经济文化之间的互动状况；从长城概念、范畴、长城要素构成及发展演变、历代长城特征和长城地带环境与文化的互动等方面，探讨历代长城研究的理论与方法，构建中国历代长城研究体系。

（3）探讨影响长城类线性文化遗产保护的病害机理及防治技术，提出长城保护规划的一般原则和理论。

第一章

中国历代长城体系研究（上）

第一节 长城源起

遥望我国辽阔的版图，在黄河以北的广袤的土地上，从东北的鸭绿江畔到西北的戈壁大漠，巍然耸立着一道绵延万里不朽的古墙——长城。它是世界上规模最大的军事设施，是中华民族的精神象征和民族的脊梁。长城的修建始于春秋时期齐、楚两国，下迄明代。前后历经2000余年，有24个政权修筑过长城。目前学界公认的长城分布在黑龙江、吉林、辽宁、天津、北京、河北、内蒙古、山西、陕西、宁夏、甘肃和青海、河南、山东等省（市、自治区）。

近年来，众多的历史考古工作者开展了大量的长城实地调查。关于长城的研究成果也层出不穷。但是，学界对于长城的起源及基本特征等问题仍存在相当的分歧。

一、长城的起源

长城起源问题的研究是长城研究中的一项基本内容。只有搞清了长城的起源，才能对长城的修筑原因、基本特征及形制演变等问题做出进一步正确的说明，起源问题是对长城进行更深入研究的基础。

长城作为一种客观实体，是不会凭空出现的。在长城出现之前，必定会有一种其他的实体作为长城的雏形，有与长城相近的作用，并最终演化为真正意义上的长城。关于长城起源的讨论早在 20 世纪就已经展开，学者们纷纷提出自己认为的长城雏形的看法。张维华、景爱、罗哲文等人均在自己的著作中提到最早修建的长城以及长城起源时所具备的特征。

关于长城起源的主要观点有"城"说、"河堤"说和"封"说三大类。与之相类似的观点还有"楚方城"说、"列城"说、"石城"说等，这几种说法均可归入前三大类之中。各种说法都有其不同的追溯角度，有些观点在论述与实证上都比较完备，有些则有所欠缺。总体来看各种"长城雏形"都以防御或标识边界为主要目的。

"城"说。即长城起源于城。景爱指出长城是"以土、石、砖垒筑的连续性高城墙，系古代边境御敌的军事工程"，"长城就是长长的城墙，这个名字既表明了它的特点和功用，又表明它来源于'城'……是城的扩大和延长，由'城'演变而来"[①]。此说法是从防御的角度进行追溯，修建后的长城及其内部的整体效果类似于"城"。但长城并非简单的"长长的城墙"，是在城墙基础上添加了辅助设施，并不断完善的[②]。根本区别在于城墙只是长城的基础和骨架，而长城比城墙更加系统化，更因地制宜灵活化，不仅有人工设施，还与自然地形相得益彰。

"石城"说。早在 20 世纪 80 年代，苏秉琦就提出"原始长城"[③]的概念，将内蒙古境内的石筑聚落群视为长城的雏形。之后，钱耀鹏提出了内蒙古中南部的石城址为长城原型初现的观点。[④] 姜念思也提出了长城应起源于夏家店下层文化的石城聚落。[⑤] 张长海通过对内蒙古及陕北地区的石砌城址的研究，也得出长城是由上述地区发现的石城聚落发展而来的，长城就是放大、延续、串联起来的石城聚落的结论。[⑥] 此说法也是从防御的角度追溯，并且认为史前时期的石城聚落与汉以后长城沿线的烽燧、障城等不连续的单体建筑在修建位置、修筑方式、防御对象等方面均有异曲同工之处。从广义上来看，石城聚落属于"城"的范畴，故此种说法类似于"城"说。

"楚方城"说。《左传》等文献资料及实地文物遗迹证明楚长城是中国历

---

① 景爱：《中国长城史》，上海人民出版社 2006 年版，第 54 页。
② 黄永美、徐卫民：《中国长城起源探析》，载于《江西社会科学》2013 年第 2 期。
③ 苏秉琦：《中国文明起源新探》，三联书店 1999 年版。
④ 钱耀鹏：《中国史前城址与文明起源研究》，西北大学出版社 2001 年版。
⑤ 姜念思：《长城起源的考古学考察》，载于《中国文物报》2006 年 8 月 25 日。
⑥ 张长海：《从考古材料谈长城的起源》，载于《文物世界》2009 年第 2 期。

上最早修筑的长城,是中国长城的发源地。① 罗哲文认为楚方城"构成了一个完整的防御工程,这便是长城的开始"。② 值得注意的是楚长城的结构为一系列依地形排列的城堡,与我们常见的北方地区长城不同。最重要的是,虽然楚长城(方城)是中国历史上最早修筑的长城。③ 但其已经是形成了的长城,若将其作为长城的起源岂不是长城起源于长城?这自然是不妥的。

"河堤"说。舜禹时期修建用以防洪的堤防和壕堑,是人类最早在自然界争取生存和发展的产物。春秋战国,一部分水患消退后的堤防和壕堑形成的地势,在战争中得以利用。随着战争扩大,各诸侯国在境内堤防和壕堑的基础上,修筑和补建长城以达到军事目的。秦始皇统一后,补筑成"万里长城"。至此,长城成为纯粹的军事防御工事。④ 这种说法虽也从防御角度追溯,但仍有不妥。因"河堤"说是在城墙的基础上,向前追溯。变成了城墙的起源问题,有牵强附会之嫌。另外,景爱在其文章《关于长城起源的误说》中对此观点及其文章的理论依据和论述的严谨性均表示质疑。

"封"说。"中国古代的封是长城最初形态。作为封,长城首先是一道边界,同时也是资源边界,然而此边界不一定与疆界完全重合。"⑤ "封"即天子分封的各个邦国。此说法认为长城起源于分封制下的各诸侯国对其疆域的划分。此说法也有些不妥。首先,"封"存在于夏商周时期,多在都城四周,并无固定边界。"封"只能算内部行政区划界线,称不上"边界"概念。其次,若修长城为标识边界,则边界不与疆界完全重合,又如何起到边界意义?⑥ 再次,此观点没有考虑到长城坐在的位置为农牧交界地带,修筑长城最主要的目的应该是防御而不是标识边界。故以"封"为长城起源也不妥。

要探究长城的起源问题,首先要从长城修建的目的上来思考。张维华在《中国长城建置考(上编)》中指出:"考之古史,当前人聚族而居之时,已知于其所处之地,划界分疆而守之矣。其后有强者起,角逐抗衡之势日著,战争攻略之事亦繁,设险立塞,以守域土,更属常事。春秋间,列国诸侯,竞相争伐,或因河为堤防,或沿山置障守,其所谋以自卫之术,愈工且密。至于战国,车战之制渐息,徒骑之用渐广,战争范围,益为扩大,于是有长城之兴筑矣。原夫长城之设,既可以

---

① 张玉坤、李哲、李严:《"封"——中国长城起源另说》,载于《天津大学学报(哲学社会科学版)》2009年第4期。
② 罗哲文:《长城》,清华大学出版社2008年版,第24页。
③ 贺金峰:《"方城"是中国历史上最早修筑的长城》,载于《开封大学学报》2002年第3期。
④ 老雷:《拭去尘埃——找寻真实的长城》,东方出版社2002年版,第20~23页。
⑤ 张玉坤、李哲、李严:《"封"——中国长城起源另说》,载于《天津大学学报(社会科学版)》2009年第4期。
⑥ 黄永美、徐卫民:《中国长城起源探析》,载于《江西社会科学》2013年第2期。

为界,也可以为防,对于当时各国疆域分合之形势,甚有关系"。① 从战国时期开始,诸侯国的兴衰依靠的不再是与周天子血缘关系的亲疏,而是国家的综合实力。实力不济的国家就要采取各种方法来保护自己。例如"楚襄王控霸南土,争强中国,多筑列城于北方,以适华夏,另为方城";② "齐长城之建,原为备边……《竹书》称'齐筑防以为长城'"。③ 据统计,战国时期长城多达15条,"秦5条,赵3条,魏、燕2条,齐、楚、中山各1条"。④ 以匈奴为代表的游牧民族,经常突袭中原边境,掠夺财物与人口,且这种掠夺是间断性的。因胡人从事游牧,逐水草而居,移动性强。而中原的农业生产需要安定的环境,才能稳定的耕种收获。对于胡人的骚扰,如果派大军追击,胡人则遁走,当军队撤退后,他们则又返回骚扰。因此中原王朝的追击虽有一时的成功,如赵武灵王、蒙恬、卫青、霍去病等对匈奴作战的胜利,但最终中原王朝并没有实力彻底解决游牧民族的威胁。频繁兴兵对农业王朝来说所耗甚巨,而修筑长城,则可以常备防突袭,以逸待劳。

可见战国、秦汉时长城修建的目的是防御侵扰,无论是来自其他诸侯国或是北方游牧民族的。汉代以后,逐渐在长城沿线增设烽燧、城障、壕堑等设施,形成了较为完备的防御体系。

出于防御目的修建的长城,客观上还产生了一些效果。第一,边界效果。由于长城选址往往靠近疆界或沿疆界修建,于是客观上形成了边界效果。但其本意并非为标识边界。第二,分界线效果。长城为防御游牧民族而建,故长城外多游牧民族,内多农耕民族,故习惯上认为长城是农耕与游牧文化的分界线。但事实上长城并未完全隔断内外的联系,也没有阻碍民族间的自然流动。

由上可知,长城既不是一道边界,也不是标识边界,而是出于防御的主观意愿修建的,因此长城的雏形也应该是防御观念下的产物。从人类防御设施的发展历程中看,"城"应当是早于长城出现的防御设施。并且,长城内侧和城内在防御方式和构造形式上有相似之处。长城或可看作把城市环形的城墙拉直为线状的长城,用以在国家层面大范围的防御外敌。"城"与"长城"同样都是城墙的衍生物。所以,把城墙作为长城的起源应当是较为合适的。

二、长城的基本特征

长城一直以来都被视为我国重要的文化遗产,对长城的描绘和赞美层出不

---

① 张维华:《中国长城建置考(上编)》,中华书局1979年版。
② [汉]司马迁:《史记》卷四十一《越王勾践世家》,中华书局1982年版,第1750页。
③ 张维华:《中国长城建置考(上编)》,中华书局1979年版,第20~21页。
④ 彭曦:《十年来考察与研究长城的主要发现与思考》,载于《长城国际学术研讨会论文集》,吉林人民出版社1995年版。

穷。"中华民族的精神象征""民族脊梁""人类文明的瑰宝",这些关于长城的基本认知已被国内外所接受。针对长城的实地调查自明清以来就有进行,关于长城的理论研究成果也十分丰硕。然而,什么是长城,长城的基本特征是什么,学界尚未形成一致观点。

长城是因防御而生的军事设施。针对长城的具体形制、构成和防御对象等方面,学者们的认识不尽一致。例如,罗哲文认为长城有四个基本特征:不是封闭的,只面对防御的一个方向修筑;是一个覆盖了上百万平方公里的防御体系;是传递军情信息的通信系统,由上万个烽火台组成;长度不等,少的有几百公里,多则有几千公里上万公里[1]。他同时指出,长城的用途有防御扰掠,保护国家安全和人民生产生活的安定、开发屯田、保护屯田和保护边远地区生产的发展、保护通讯和商旅往还等作用[2]。

景爱认为长城是"以土、石、砖垒筑的连续性高城墙,系古代边境御敌的军事工程"[3],并进一步指出长城具有"连续性高墙""以土、石、砖垒筑""属于御敌的军事工程""修筑在边境地区""古代建筑物"五个特征。[4]

对长城体系的基本组成方面,学者观点较为一致,如关隘、城墙、城堡、烽火台等都是长城体系的重要组成部分。朱耀廷、郭引强和刘曙光等进一步强调"长城是以垣墙为主体",同时认为道路也是长城体系的组成元素。[5] 田澍指出西北地区的长城由土筑墙垣、石墙、壕沟、树林、木栅、削坡而成的山崖及烽燧、天田、虎落与悬索等附属工程组成。[6] 此外,吉人和孔令铜等还将长城的特点概括为"长""险""坚""系"四个字。

防御对象方面,刘叙杰认为长城的防御对象有两类:一类是邻国;另一类是外来的北方游牧民族。

在国务院2006年颁行的《长城保护条例》中描述的长城体系是"包括长城的墙体、城堡、关隘、烽火台、敌楼等"。仅叙述了长城客观遗迹的组成,回避了建筑性质等有争议的特征。

古代文献中对于长城的记述并不多,但还是能从中获取到一些重要信息。通过对有关长城记载的梳理,以及参照前人的研究成果,我们可以总结出长城的基本特征有以下几点。

---

[1] 罗哲文:《中国古代长城南北的文化对话与交流》,清华大学出版社2008年版,第197页。
[2] 罗哲文:《长城》,清华大学出版社2008年版,第75~79页。
[3][4] 景爱:《中国长城史》,上海人民出版社2006年版,第25~30页。
[5] 朱耀廷、郭引强、刘曙光:《战争与和平的纽带——古代长城》,辽宁师范大学出版社1996年版,第2页。
[6] 侯丕勋、刘再聪:《西北边疆历史地理概论》,甘肃人民出版社2007年版,第5页。

（一）防御外敌

长城同时具备地理界线和防御外敌入侵两大职能，但后者为其修建的根本目的。就地理界线而言，魏国在西边与秦国接壤的地方筑有长城，"以界秦境"①。秦始皇命蒙恬"北筑长城而守藩篱，却匈奴七百余里"，② 这里"藩篱"就是边境，长城则是边防线。清代时，内蒙古南边分别毗邻盛京、直隶、山西、陕西和甘肃，"五省并以城为限"③，甘肃省张掖市与内蒙古自治区阿拉善右旗现在的界线仍然是汉代的壕堑。

根据史料记载，修筑长城最重要的目的当属防御侵凌。梁惠成王二十年（公元前 350 年），齐国修建长城作为防御工事④，秦昭王修建长城"以拒胡"⑤，汉武帝两度修缮"故塞"，并新建长城的目的就是巩固已有领土，防止被打败的匈奴再次入侵⑥，北魏中书监高闾上表请筑六镇长城"以御北虏"⑦，斛律羡修建北齐长城，是因为"北虏屡犯边，须备不虞"⑧，而隋文帝让崔仲方修长城的目的也是"遏胡寇"⑨，金世宗时期，北部地区常遭侵扰，朝廷计划征发民夫开凿壕堑以防御侵扰，遭到当时的勋戚李石和丞相纥石烈良弼反对而作罢，同时两人也提到金代以前筑长城的目的是"备北"⑩，明代不断修建长城、完善长城体系的目的就是防止外来侵犯。因此，防御外敌入侵是修建长城的根本目的。

（二）因地制宜

因地制宜这一特点在我国历代长城的修建中都有体现，一是修建长城时充分利用当地的原材料，二是修建时充分考虑并利用地形地貌。这两个方面不仅见于文献记载，也在田野调查中屡屡得到体现。

第一，建筑材料就地取材。因为修建长城，工程浩大，花费巨大，如果材料不能够就地解决的话，势必会大大增加运输成本和修建时间，所以"因地制宜、

---

① ［汉］司马迁：《史记》卷五《秦本纪》，中华书局 1982 年版，第 202 页。
② ［汉］司马迁：《史记》卷六《秦始皇本纪》，中华书局 1982 年版，第 280 页。
③ ［清］赵尔巽等：《清史稿（九）》卷七十七《地理二十四》，中华书局 1976 年版，第 2396 页。
④ 方诗铭、王修龄：《古本竹书纪年辑证：魏纪》，上海古籍出版社 1981 年版，第 128 页。
⑤ ［汉］司马迁：《史记》卷一百十《匈奴列传》，中华书局 1982 年版，第 2885 页。
⑥ ［汉］司马迁：《史记》卷一百十《匈奴列传》，中华书局 1982 年版，第 2906 页。
⑦ ［北齐］魏收：《魏书》卷五十四《高闾传》，中华书局 1974 年版，第 2210 页。
⑧ ［唐］李百药：《北齐书》卷十七《斛律羡传》，中华书局 1972 年版，第 227 页。
⑨ ［唐］魏征、令狐德棻：《隋书》卷六十《崔仲方传》，中华书局 1973 年版，第 1448 页。
⑩ ［元］脱脱等：《金史》卷九十三《独吉思忠传》，中华书局 1975 年版，第 2064 页。

就地取材"是修建长城必须要考虑的一个重要方面,如楚长城"无土之处累石为固"①。再如甘肃长城东部多黄土夯筑,西部则在夯土中夹杂有沙土、石块,瓜洲地区部分长城直接以红柳夹砂而成。又如山东齐长城的石墙均为随地取材垒砌而成,西部长清、肥城一带多为片麻岩,中部岱岳、历城等地多用泰山青石,章丘、莱芜地区多用石灰岩,而东部地区多用红色砂岩②。

第二,因形就势,充分利用地形地貌。古人修建长城要考虑地形地貌的影响,同时也充分利用了地形地貌,见诸文献的多是后者。齐国不仅修建人工墙体,还利用黄河、济水为天然屏障③。秦始皇长城一方面直接把自然地物(山水等)作为长城的有机组成部分"因河为塞",一方面则对部分自然地物进行人工改造,"城河上为塞"和"堑山堙谷"等做法皆是例证④。

到了明代,这类例子比比皆是,如明成化年间(1465~1487),余子俊巡抚延绥,曾上疏请在陕西延安、甘肃庆阳一线修筑长城,"依山形,随地势,或铲削,或垒筑,或挑堑,绵引相接,以成边墙"⑤。杨一清曾向明武宗建议修边的条陈里,就石涝池至花马池一段,认为"平衍宜墙者百三十一里,险崖峻阜可铲削者三十二里,宜为墩台,连接宁夏东路。"⑥

借助地形地貌修建长城有两个好处:一是节省人力、物力和财力。二是增加长城难度系数,使长城更增险峻。历代长城都不同程度地考虑和利用了自然地形地貌,因此,因地制宜是修建长城的重要经验和特征。

(三) 综合体系

长城是综合性军事防御体系,以墙垣为主,同时还有其他设施,主要可以分为壕堑类(含城垣外的壕沟,一些没有修墙的地方,壕堑是另外一种形式的墙体)、烽燧类(含墩台、敌台和马面等)、城堡类(含城、郭、关和堡等)和其他类(如天田、虎落和品字窖等)。长城不仅是一道线性的围墙,更是有着纵深布局的条带状空间防御体系。同时,长城体系内各元素的组合因时因地而存在较大差异。以墙体为例,纵观历代长城,长城墙垣包括一般墙体、经过人工加工的自然地物和被直接利用的自然地物,具体形制和材质又因地形地貌而有所差异。齐长城的墙体就非常典型,齐长城墙垣分为一般墙体和山险,一般墙体又可分为

---

① [汉]司马迁:《史记》卷四十一《越王勾践世家》,中华书局1982年版,第1750页。
② 赵晓林:《齐长城资源调查基本完成多项调查成果揭示齐长城价值》,载于《济南日报》2010年3月16日。
③ [汉]刘向:《战国策(上册)》:卷三《张仪说秦王》,上海古籍出版社1978年版,第99页。
④ [汉]司马迁:《史记》卷一百十《匈奴列传》,中华书局1982年版,第2906页。
⑤ [清]张廷玉等:《明史》卷一百七十八《余子俊传》,中华书局1974年版,第4736页。
⑥ [清]张廷玉等:《明史》卷一百九十八《杨一清传》,中华书局1974年版,第5227页。

土、石和土石混筑墙体。其中土墙多在平川或低洼地用土夯筑而成。石墙则主要建造在山岭之上。墙体的垒砌有单面和双面垒砌之分，单面垒砌墙体多利用山岭自然地势，双面墙体多依山岭修筑。[①]

因此，长城体系内的各元素共同构成了长城这一防御工程体系，是长城的重要特点。

（四）政治实体行为

在两千多年的长城修建过程中，修筑长城都是政治实体所为，这些政治实体属于独立的政权体系，有相对明确的管辖区域。历代长城的修建是一个复杂而漫长的过程，无论是从人力、物力、财力的角度来说，还是从实际控制的区域来说，都只有具备相对完善政权体系的政治实体才能负担得起修造长城的巨大开销，才可以在广阔的地理范围内阻断外部力量的入侵。

第二节　战国长城

东周时期是我国古代社会重要的转型期，此时王室衰微权力下移，各诸侯国为了自身利益，扩军备战，彼此征伐。各国在兼并战争的同时，开始纷纷修建长城来巩固边防，中国进入长城修筑的第一个高峰期。

一、齐长城

齐国在春秋时率先成为中原霸主，然桓公之后，势力衰微，其西南边境又时常受晋国威胁，于是率先在西南的平原地带利用原有堤防修筑长城。随之，又根据形势需要在东南、南面依次修筑，最后形成了一条西起黄河、东至黄海，横亘千余里的长城。

（一）历史沿革

齐国是诸侯国中较早修筑长城的国家，相关记载在历史文献中也较为丰富。

---

① 赵晓林：《齐长城资源调查基本完成多项调查成果揭示齐长城价值》，载于《济南日报》2010年3月16日。

1. 修建

武王伐纣，周得天下，吕尚辅佐有功，"封师尚父于齐营丘"①，始有齐国。至齐桓公时，齐国逐渐强大。桓公之后，齐国势力衰落，晋国开始崛起，渐有称霸中原之势。此时，齐之北有燕，南有鲁，西南有曹、宋，西有卫、晋。虽齐、晋两国并没有直接相接，但宋、鲁、卫等国皆臣服于晋，齐之西南边境受到了严重的威胁，而其西南境为黄河冲积平原，地势平坦，不易防守，齐国在这里修筑防御工事既是当务之急又是顺理成章之举。

公元前555年，晋侯伐齐，"冬十月，会于鲁济，寻溴梁之言，同伐齐。齐侯御诸平阴，堑防门而守之广里"②，古平阴城南济水东岸防门一带的防御工事是不是属于长城类型，没有明确的证据。"平阴城南有长城，东至海，西至济，河道所由名防门，去平阴三里"③，此处所谓的长城也许是战国时期所为。

战国初年，齐国东至大海，其北有燕国，南有莒国、越国及楚国。此时越国与楚国的势力都非常强盛，尤其越国在灭吴之后，势力已延伸至琅琊地区，对齐国造成了严重威胁。由"太山西北有长城，缘河径太山千余里，至琅琊台入海"④，以及"汶水出朱虚县泰山，山上有长城，西接岱山，东连琅玡巨海，千有余里，盖田氏之所造也"⑤可知，琅琊一带正是齐长城入海之处，齐国正是考虑到其东南方的形势，而在此地修筑长城。

战国中晚期，楚国基本控制了齐国以南的大部分区域，"田氏代齐"后在齐国南部开始大规模修筑长城以抵御实力强劲的楚国。"（成侯）七年（公元前368年），侵齐，至长城。"⑥赵成侯之七年，于齐为威王十一年，这说明在齐威王十一年（公元前346年）齐国已筑有长城。"梁惠成王二十年，齐筑防以为长城。"⑦梁惠王二十年是齐为威王二十八年（公元前329年）。可知齐威王二十八年的"筑防以为长城"是对长城的继续修筑，并最终达到贯通全境的目的。"齐宣王乘山岭之上筑长城，东至海，西至济州千余里，以备楚。"⑧更是明确记载，在战国末期齐宣王（公元前319～公元前301年）时，齐国千余里的长城是为了防备楚国而建造的。

---

① ［汉］司马迁：《史记》卷三十二《齐太公世家》，中华书局1959年版，第1480页。
② ［春秋］左丘明：《左传·襄公二十八年》，上海古籍出版社1997年版，第740页。
③ ［北魏］郦道元原著，陈桥驿等译注：《水经注全译·济水》，贵州人民出版社1996年版，第279页。
④ ［汉］司马迁：《史记》卷四十《楚世家》注《正义》，中华书局1973年版，第1732页。
⑤⑦ ［北魏］郦道元原著，陈桥驿等译注：《水经注全译·汶水》，贵州人民出版社1996年版，第938页。
⑥ ［汉］司马迁：《史记》卷四十三《赵家》，中华书局1959年版，第1799页。
⑧ ［汉］司马迁：《史记》卷四十《楚世家》注《正义》，中华书局1959年版，第1732页。

从以上文献可知，齐长城并非一次性建成，而是战国时由齐国历代国君分时、分段修筑，直到齐宣王时才基本修筑完成。

2. 走向

据《左传·襄公十八年》记载"平阴城南有长城，东至海，西至济，河道所由名防门，去平阴三里"；光绪《肥城县志》（卷一）"五道岭在城北十二里，南北径八里，南隶肥城，北隶长清，以长城为界"；及道光《长清县志》（卷二）"长清邑东南九十里有长城"等相关文献的记载，可知齐长城起于防门以西的济水东岸，后经五道岭（肥城和长清的分界线）到达长清区的东南。

据道光《泰安县志》（卷三）"长城岭俗呼大横岭，县西北六十里，即泰山冈阜，古长城所经"；道光《长清县志》（卷二）"至泰山之阴历城境内，则崇高连亘，言言仡仡，依然坚城"，"梯子山历城与莱芜接界处，为长城岭"；道光《章邱县志》（卷三）"长城岭在县治南百馀里，南连泰安莱芜界，东至劈林尖山接淄川界"；乾隆《博山县志》（卷一）"长城岭，自峨岭之脊，东踰秋谷，接荆山，迤逦岳阳山以东，踰淄水，接临朐沂水界之东泰山"，"凤凰山，县西南三里……山上有长城遗址"可知，长城岭从泰安县西北经历城县梯子山至莱芜、章丘，经博山、凤凰山至临朐、沂水，而长城岭所经之地也即齐长城行经线路。

据光绪《临朐县志》（卷四）"长城在大岘山上，今犹宛宛山际，沿沟堑伏，沿崖阜起，西接博山之岳阳山凤凰岭，东随大弁山入安邱界"；道光《沂水县志》（卷二）"长城在邑北一百里太平社，东西横亘数百里"；道光《沂水县志》（卷一）"县北偏东百五里，上有穆陵关，关之南北为沂、朐分界处。齐宣王筑长城於此，西起齐州，东抵海，犹有遗址"；万历《安邱县志》（卷三）"八十里（县治西南）曰太平山，上有长城岭"可知，大岘山应为临朐、沂水两县交界，齐长城自博山的凤凰岭至临朐、沂水的大岘山继续向东至安丘的太平山。

据嘉庆《莒州志》（卷五）"长城在州东北一百二十里……城之入莒者，自穆陵东历太平山，四十里接高柘之岭。转而南，绝浯水，过卧牛城"；光绪《日照县志》（卷一）"长城……在今县境者二十里，洪陵河西入莒州，昆山以东入诸城"；乾隆《诸城县志》（卷八）"长城俗名长城岭……城因山为之，起平阴之防门，缘太山北冈而东，蜿蜒千里，至日照滕家庄后入县境……更历摘星楼山、马山、雷石山、台家沟，至亭子澜后，计七十馀里，入胶州界。共百三十七里"；"长城在治南八十里齐城等山。西起平阴之防门，经泰山北麓，而东至诸城亭子夼后入州境……又东历小珠山阴、鹁鸽山，至徐山之北于家河庄，东入海三十里。城之历州境者百五十馀里"等记载可知，齐长城自安邱之太平山东行，入莒县，过浯水、卧牛城至日照后入诸城县，继续向东经胶州县至徐山之北于家河庄入海。

根据上述文献记载,齐长城自防门起至小珠山入海共经平阴、长清、泰安、历城、莱芜、章丘、博山、淄川、临朐、沂水、安丘、莒县、诸城、胶州共计十四区县。

(二) 考古调查与发现

1. 考古调查历史

解放初山东省文物管理委员会对齐长城遗址进行了调查,王献唐对齐长城修建原因、时间、地点等问题进行了专门研究,并结合地方志与调查资料,对各县长城遗址做了介绍。[①] 1963年山东大学张维华著述的《中国长城建置考》出版,对史书上记载的与齐长城相关的文献做了详细考证与梳理,其所得结论大多被考古资料所证实。1996年10月,路宗元等5位学者对齐长城进行了一次系统而科学的考察,基本搞清了齐长城的经行走向、保存现状等情况,测得齐长城的实际长度为618.9千米。积累了大量的文字资料,并绘制出了历史上第一张较准确的齐长城遗址走向图[②]。21世纪初山东省文物工作者又一次对齐长城进行了全面的调查,获得了丰富的田野资料。

2. 考古调查成果

齐长城西起于济南市长清区孝里镇东南广里村北500米处的岭子头,东至今青岛市黄岛区于家河村东北。途径山东省长清、肥城、泰安市泰山区、泰安市郊区、济南历城区、章丘、莱芜、博山、淄川、沂源、临朐、沂水、安丘、莒县、五莲、诸城、胶南、黄岛等18个县市区,全长618.9千米。经过对齐长城的实地考察,我们对齐长城的建筑结构也有了进一步的了解,其主要建筑结构特点如下:

首先,齐长城的建造因地制宜、就地取材。即在平原地区多用黄土直接夯筑或版筑,内注盐水,有的墙段至今盐渍尚存;在山岭之上多用石块垒砌,石料来自附近山体;有的地方长城也采用土石混筑。

其次,石砌长城一般是建在长城岭上,但并非建在岭脊的最高线上,而是在岭脊区外侧边缘一线垒成宽1~2米的单面石墙,使长城内侧地势较外侧高出很多,形成居高临下易守难攻的地形优势。

最后,齐长城沿线并不是所有地段都修建长城,尤其在山势险要之地,往往以山险代替长城。

[①] 王献唐:《山东周代的齐长城》,载于《社会科学战线》1979年第4期。
[②] 路宗元:《齐长城》,山东友谊出版社1999年版,第3页。

齐长城西起黄河河畔，东至黄海海滨，长达千余里，其间遗址众多。对此，依据齐长城修建年代、地理环境的不同对其进行分段的介绍，我们采用张维华《中国长城建制考》的三分法，将齐长城分为西、中、东三段。西段为齐长城西起点至泰山即从岭子头至钉头崖；中段从泰山至穆陵关即从钉头崖至三楞山；东段从穆陵关至齐长城入海处。

（1）西段。

①长清县境内。"齐长城的西端点位于长清县境内。长清境内有两条长城，即主线与复线。主线齐长城西起孝里镇广里村，横跨县境折而向南，到与肥城交界的三岔沟与南部的复线会合后沿两县、市交界线前行。到莲花盆山又沿与泰安郊区分界线前行，然后折而向东自五花岩山再次进入境内。先后跨越104国道、津浦铁路、钉头崖，再沿与泰山区交界线向东北，至泰山北岗与历城区、泰山区交界处的牛山口结束，长87 970米。复线齐长城均在主线长城以南的两县、市交界线上。西起境内马山以南、肥城老城镇以北的于家庄西山东行，至三岔沟与主线相合，长9 900米。长清境内齐长城合计97 870米，其中有遗址的79 164米，占总长度的80.9%。"① 现存遗址有岭子头遗址、陡岭子山遗址、岚峪遗址、三股峪遗址、石小子山遗址、北傅村北山遗址、陈沟湾东山遗址、杜家庄西山遗址等。墙址主要有孙土南山、帽山南、张家老庄东山、三岔沟北山等，但现仅存部分墙体，长度不等，宽2～8米、高2～3.4米。烽燧保存有岚峪烽燧、三股峪烽燧、杨家山烽燧、万南烽燧四处。

②肥城县境内。齐长城过了长清后进入肥城境内，肥城位于泰山西麓，今隶属泰安市。"肥城境内齐长城均在境北与长清的交界线上：西起于家庄西山，东至三岔沟与主线会合后继续东行，到莲花盆山结束，长17 050米。"② 齐长城至三岔沟之前段均为齐长城的复线（南线）。该段复线长城"西起肥城老城镇最北部的峻峰上，由此向东南，后与北部的主线齐长城相合，长9 900米。"③ 复线长城与齐主线长城至三岔沟会合后继续东行，经清壶山、黄巢寨山至五花岩山。肥城境内齐长城遗址较少，墙址保存状况一般，现均仅存部分墙体，主要有老牛沟、五道岭、卢家沟、杨家岭西坡、张家老庄、张家花峪北山、夹子山、莲花盆山、赵家庄北山、狼顶寨等段，长7～1 600米不等，底宽5～10米、高2～4米。

（2）中段。

齐长城过肥城后进入泰安市的岱岳区、泰山区以及历城区。境内城址自西而

---

① 李继生：《齐长城考察概述》，载于《齐长城》，山东友谊出版社1999年版，第16页。
②③ 李继生：《齐长城考察概述》，载于《齐长城》，山东友谊出版社1999年版，第31页。

东包括两段:"西段始于莲花盆山,由此向东北经黄巢寨至五花岩山东结束,有遗址,长4 000米,均处在与长清交界的峰峦上;东段始于泰山主峰东北的黄尖山防火瞭望台,由此沿与历城的交界线东北行,到大高尖山而后东折,至与历城、章丘交界的四界首,又沿与章丘的交界线东南行,最后到与章丘、莱芜交界的蒿滩东山结束,均有断断续续遗址。两段城址长41 119米,其中遗址明显者29 079米。"①

泰山区境内城址西起钉头崖,沿与长清交界的山脊线东北行,后又沿与历城的交界线前行,再转而向东,经青阳台、药乡林场北山,至黄尖山防火瞭望台结束,全长17.1千米,绝大部分无遗址。

历城区境内遗址自牛山口入境,一直沿与泰山区、泰安郊区交界的山脊线东北行,至四界首出境,长38 659米,其中有城址者20 829米。遗址保存有黄尖山防火瞭望台、鸡窝子峰、梯子山遗址等。此线所经轿顶子墙址,其位于轿顶子西坡,墙体长160米、宽5米,高2.5~3米,前后几个山头上均有寨址围墙。

①莱芜市、章丘市境内。莱芜境内有两条齐长城:"主线由篙滩东山入境,先后沿与章丘、博山交界线前行,至双堆山南崖出境,长56 390米;莱芜境内复线长城从望鲁山东北麓的梯子山向南偏东,至炮台顶有遗址,长4 350米。合计60 740米,其中有遗址者46 885米。"② 齐长城"从泰安市岱岳区、历城、章丘交界处的四界首进入章丘境,先后沿与泰安郊区、莱芜交界线前行。至霹雷尖山出境,长60 040米,历经192座山头,其中有遗址者49 825米。"③ 遗址保存有天门关遗址、北门关遗址、锦阳关遗址、北栾宫山遗址、九顶山遗址、黄石关遗址、瓦岗寨遗址、布谷顶遗址、霹雳尖山遗址等。烽燧保存有西尖山烽燧一处。

②博山区境内。齐长城东出莱芜后进入淄博境内的博山区、淄川区及沂源县等地。博山古称颜山,"博山境内有两条长城,主线自霹雳尖山入境,到岳阳山北方的围屏山,沿与淄川交界线前行,至太平山,然后沿与沂源边界线西南行,至大峪岭出境,长72 684米;复线由望鲁山北729高地,至梯子山南坡,长2 350米。共计75 034米,历经212座山头,其中有遗址者20 850米。"④ 长城在博山段几乎全部用自然石块砌成。遗址保存有凤凰山遗址、峨岭遗址两处。墙址主要有双堆山、729高地东坡、梯子山等。但有学者指出,在博山、淄川境内"还有一条复线长城,它位于博山西南、莱芜东北的青石关左右。这

---

① 李继生:《齐长城考察概述》,载于《齐长城》,山东友谊出版社1999年版,第19页。
②③ 李继生:《齐长城考察概述》,载于《齐长城》,山东友谊出版社1999年版,第20页。
④ 李继生:《齐长城考察概述》,载于《齐长城》,山东友谊出版社1999年版,第23页。

一线的长城俱为石砌单墙，宽高俱为 1~2 米，是晚清时为抵御捻军在齐长城原址上重筑的。"①

③淄川县境内。淄川境内城址由围屏山入境，沿两区交界线至太平山出境，全长 40 450 米，有遗址者 8 530 米，占总长度的 21%。齐长城在淄川境内所经地段多为海拔较高的山区或悬崖陡壁，除个别山寨外，多以山险代城。遗址保存有围屏山遗址、固山北山遗址、马鞍山齐长城古兵营遗址等。

④沂源县境内。沂源县境内齐长城自太平山入境向东，经 702 高地进入沂源、临朐两县边界线，至驴皮岗出境，全长 42 104 米，经过 105 座山头，其中有遗址者 11 800 米②。墙址主要有无路岭、小辛庄、驴皮崮三处。

⑤临朐县、沂沂水境内。齐长城出沂源后进入潍坊市临朐县境内。境内长城有两条，"其一是从 702 高地入境，沿与沂源的分界线至驴皮崮入境内，到泰薄顶又沿与沂水的分界线前行，至邵家峪东山出境，入沂水县境，长 54 620 米；其二是从梓根腿南山，穿越草山亭、大关水库，至太平山结束，长 6 840 米。总长共计 61 460 米，历经 156 座山头。其中有遗址者 43 490 米。"③

沂水境内齐长城有两条，"其一，由泰薄顶入境沿与临朐的交界线向东南转东，至邵家峪东山入境内，再东南行，到三楞山与北线长城相合后入莒县境，长 49 850 米；其二，分两段，一段由太平山入境后沿与安丘的交界线东行，至青石胡同入安丘境内，长 12 300 米，另一段自县境东北浯河再次入境向南，至三楞山与主线长城会合后出境，长 9 350 米。两条长城合计 71 500 米，历经 130 座山头，其中有遗址者 61 150 米。"④ 保存下来的遗址有点将台遗址、穆陵关遗址等。

从泰薄顶向东南，沿与临朐的交界线穿越梓跟腿南山、穆陵关，经苗家旺南岭至邵家峪东山有断断续续的墙体。保存有泰薄顶东坡、苗家旺南岭、梓根腿南山、后石屋北山等几处。

从富昌到穆陵关一带，城址基础宽厚雄壮，皆为沙土、碎石混合后加盐水夯筑而成，断面层次清楚，有盐渍露出。从邵家峪东山向东南，穿越黄墩、簸箕山、降量子山、鸡叫山、团山、高家石岭，直至三楞山共约 30 公里。其间有部分墙体保存较好。包括黄墩山城堡、簸箕山城堡、降量子山墙址、鸡叫山墙址、东大山墙址、团山墙址、午山顶遗址、高家石岭村墙址、团山墙址、午山顶遗址、高家石岭村墙址、垛庄村墙址。

此外，沂水境内还有两条复线长城。位于境内北端的复线长城，从太平山向

---

① 张华松：《齐长城》，载于《齐鲁历史文化丛书》（第一辑），山东文艺出版社 2004 年版，第 39 页。
②③ 李继生：《齐长城考察概述》，载于《齐长城》，山东友谊出版社 1999 年版，第 24 页。
④ 李继生：《齐长城考察概述》，载于《齐长城》，山东友谊出版社 1999 年版，第 25 页。

东,沿与安丘的边界线,至青石胡同间有部分墙体保存较好。包括红石峪墙址、二郎峪北山墙址、光光山墙址。位于境内东北角的复线长城第二段,从与安丘的交界处浯河入境向南、穿越卧牛城山、双山、光光山,左经杜家沟、上谭家沟、良沟、杨廷官庄,右经范家庄、上旺、旺峪、心匠、黄泥沟,至三楞山与主线长城相合后入莒县境。

(3) 东段。

齐长城出沂水境后进入安丘和莒县境内。

①安丘市境内。安丘境内齐长城从太平山入境,沿与沂水分界线东行,到青石胡同后完全进入境内,然后向东转南至陪河出境,与沂水复线第二段相接,全长 46 550 米,经过 75 座山头,其中有墙体者 39 000 米[①]。齐长城至青石胡同后,玄武岩类的蛤蟆子石被粗质片麻岩所代替,土质也由黏土变为沙土。由此向东转东北穿越大磨山、小磨山、龙曹沟、大顶子、大车山、紫零山,至马时沟北山,再向东南转西南,穿越北河水库、至峰山顶西坡,总计约 20 千米。该县境内主要为断断续续的墙址,保存状况一般。在小磨山东坡、大顶子西坡、辛庄子、上头村、紫草山、石山子南岭、峰山顶、邰家崖、钟楼顶、李家顶、虎崖等处有墙体残存。烽燧遗址有朱马家旺南山烽燧。

②莒县境内。莒县的齐长城位于境内最北端,是沂水主线长城及来自北部临朐、安丘、沂水之复线长城的会合处,故有两个入境点:一是从西而来至与沂水的边界杨廷山入境;另是从北而来至光光山入境,两条长城在三楞山会合后完全进入莒县境内,至后峪河出境,全长 14 600 米,历经 17 座山头,其中有遗址者 8 330 米[②]。第一条西—东走向,从杨廷山向东,左经黄泥沟,右经患泉峪,至三楞山有土石混筑的城址,长 1 200 米,是莒县境内最清晰完好的城址。第二条北—南走向,从光光山向南,左经鞠家窑、杨廷官庄,右经黄泥沟,至三楞山有遗址,长 2 150 米,与第一条会合入境内平原地带。其间遗址不多,主要有三楞山、北山村东、长城岭、陡沟村等四处墙址,保存状况不佳。烽燧保存有大店子村烽燧。

③五莲县内。齐长城出莒县境后进入日照市五莲县境,"五莲境内齐长城,自五莲与莒县交界的后峪河入境后向东南再转而东,到马耳山东主峰开始进入与诸城边界前行,到石人山东山脚后完全进入诸城境内,在玉带村北后又沿与诸城边界前行,直至三界石出境,全长 60 550 米,历经 124 座山头,有遗址者长 26 500 米。"[③] 从后峪河向东南,穿越河西水库、墙夼水库至分流山之东峰东坡,

---

[①②] 李继生:《齐长城考察概述》,载于《齐长城》,山东友谊出版社 1999 年版,第 27 页。

[③] 李继生:《齐长城考察概述》,载于《齐长城》,山东友谊出版社 1999 年版,第 28 页。

再经穿越376高地至三界石全程约60公里,发现长城岭和马耳山两处遗址。1977年,长城岭段被列为县级重点文物保护单位,有大山村烽燧。

④诸城县境内。齐长城沿五莲与诸城分界线向东略偏北行进,至五莲、诸城交界线上的三界石进入诸城境内。诸城境内长城有西、东两段,"自墙夼至东云门西村西山与五莲交界的一段;二是自马耳山东主峰再入境,至诸城与胶南交界处的史家夼东岭出境。全长49 850米,历经146座山头,其中有遗址者长38 520米。"①

齐长城从三界石进入诸城境内,向东北行穿越黑龙湾至大洼西岭,再从大洼西岭向东,穿越吉利河、长城岭,至史家夼东岭出境,全程约35千米。其间墙址不断,依次有黑龙湾、龙湾头东山、黑溜顶、东响水崖北、桃行村北、马山、邹家沟东岭、磊石山、长城岭等墙体遗址,墙体分别有沙土夯筑、砂石混筑的形式,其中长城岭的墙体南端底宽10米、顶宽2米、高3米;中段墙体底宽11米、高3米。

⑤胶南市境内。齐长城出诸城县后进入胶南市境内。"胶南境内齐长城,自李家前夼西岭即诸城的史家夼东岭入境内向东北,到扎营山,沿与黄岛区边界线前行,至瞅侯山出境,全长52 300米,其中有遗址者42 650米。"② 遗址保存有峰台顶遗址和西峰关遗址。从李家前夼西岭入境后向东北,穿越长城岭、至背儿山西坡,从背儿山西坡向东北转东,穿越张仓北山至长城村西,从长城村西向东转东南,再转东北,穿越扎营山至瞅侯山出境,全程约50千米。其间有部分墙体保存较好。长城墙体遗址有徐家前夼北岭、陡楼西坡、大黑涧西、白石口子东等十四处。其中大下庄北岭墙体,底宽12米、高2米,断面宽1.7米、高2米,此处山门断面内发现细木炭棍,似是加固夯土层的横置木条、藤条类腐朽物遗存。

⑥青岛市境内。齐长城自扎寨山入境,进入青岛市黄岛区瞅侯山,到东于家河村东北入海,全长15 800米,历经62座山头,其中有遗址者长10 450米。

(三) 研究现状

1. 关于东西端点的考证

(1) 西端点。

张维华认为"防门之地,为济河之所由经,长城之所由起,二者交会之所也。"③ 也就是说齐长城的西端起点在距离平阴三里的"防门"。对防门与平阴城

---

①② 李继生:《齐长城考察概述》,载于《齐长城》,山东友谊出版社1999年版,第29页。
③ 张维华:《中国长城建制考》,中华书局1979年版,第2页。

的具体位置,他认为"防门之地,见《春秋》襄公十八年《传》,云:冬十月,会于鲁济,寻溴梁之言,同伐齐。齐侯御诸平阴,堑防门而守之广里","则知防门距平阴故城甚近,京相氏称在平阴城南三里其说甚是"①。平阴城,"汉时,平阴故城属卢县。隋代,置平阴县属济州,平阴故城在县治东北三十五里,但在元朝之时,古平阴城割给皇姑鲁国太长公主驸马济宁王作为其食邑,其地已属肥城境。又因《后汉书·郡国志》济北国卢县下'有光里',可认为,今肥城西北境有广里,为巨镇,其地适当汉卢县境,元前平阴之东北境,南去古防门地,北去古平阴,均不甚远。"②

任相宏在广里与防门的具体位置上提出了不同的看法。对于《左传·襄公十八年》"堑防门而守之广里"一句,认为杜说③为是,即将此句断作"堑防门而守之,广里",广里不作地名理解而是指堑壕,横广一里。任又通过自己实地的考察,认为"自防门至平阴三里,其间是难以再放下一个广里的。齐侯既御诸平阴,堑防门而守之,怎么会又守广里呢?其说显然有误",并认为防门就是后来的广里,最后指出"齐长城源头就位于现在山东省济南市长清区孝里镇广里村以北400多米"④。

(2) 东端点。

关于齐长城的东端止点,也即齐长城的入海处,根据文献记载主要有三种观点。张维华认为"前人之说有三,其一曰从琅琊台入海;其第二说为至大珠山入海;其第三说则为自小珠山至海"。并认为"《太山郡记》及《水经注》《括地志》皆谓至琅琊台入海,或指地之著者而言",而道光《胶州志》所言从小珠山入海,因"出于地方人士,长城遗迹为目所亲见,较之远方之人徒凭传说者,自较可信。"⑤

王景东、李继生等均支持齐长城在小珠山入海的观点,这一看法已经得到普遍的认同。

2. 关于修建原因的研究

关于齐长城的修建原因,多认为与战争防御有关。而如此规模巨大的工程又非短时间内可以完成且防御对象也随着列国实力的消长而有所侧重。其修建原因与各段所处地理位置密切相关。齐长城具体可分为东、中、西三段,也即齐国的

---

① 张维华:《中国长城建制考》,中华书局1979年版,第2页。
② 张维华:《中国长城建制考》,中华书局1979年版,第3页。
③ 杜预注《左传》曰:"(平阴)城在济北卢县东北,其城南有防,防有门,于门外作堑横行,广一里。"
④ 任相宏:《齐长城源头建制考》,载于《东方考古·第一集》,科学出版社2005年版,第263~274页。
⑤ 张维华:《中国长城建制考》,中华书局1979年版,第14页。

东南、南、西南三端。

关于东南段的修建原因，应与春秋战国时期楚与越的兴起有关。张维华认为，"至楚简王元年，乘越人之虚，北伐灭莒，楚人雄势，駸駸北向，齐人直受其迫胁"，"自是以后，齐之东南边境，始与楚人相接，两大对峙，其势岌岌"。所以，齐长城东南段的修建是为了防御楚和越。

关于南段的修建原因，也是针对楚和越的北伐而建。如张维华所言："且当威王之时，楚人之势正强，既灭杞莒，而江淮之地亦多为其所有。越王无疆亦力图振作，常兴师北伐，齐西伐楚，与中原争雄。楚越对峙于南，皆志在北图，而鲁苟且求全，不足为齐屏藩。威王既奋发图强，而处势又甚为迫切，加强防边，自为当行之事。"①

由此可见，齐长城东南段及南段的修建原因是楚、越两国相继崛起后，对齐国南部边境形成军事威胁所致。张维华认为西南段长城的修建始于防水工程，后因其所处地理位置的重要，不断增修而成了防御外患的军事设施。

齐国东、北两面均有天险可守，唯其西、南的防御形势较为严峻。春秋之时，曹、卫、宋、鲁虽为小国，但是在晋国的号召下共同伐齐，亦使齐国倍感压力。

大多数学者认为齐长城修建原因是出于军事目的。"齐长城是齐国兵家防御至上军事理论指导下兴建的军事防御工程"；② 战国时由于楚国的强大以及骑兵、步兵取代战车投入战场也使泰沂山系的军事屏障作用降低，因此认为"齐国基本上是以保守的姿态出现在国际军事舞台上的，大规模修长城也就不足为怪了。"③ 有学者通过对考古所见齐国兵器的出土位置以及兵器的铭刻所涉地名的分析，提出"齐之长城在其军事防御格局中所处的重要地位"④ 的观点。

关于齐长城所防御的对象，有学者认为"西段长城的建筑时间早于东段长城，谷地低地夯土长城的建筑时间早于高山岭上的石砌长城。其所备御的国家，春秋时期自西向东分别为鲁国及晋、吴等盟国，莒国及晋、越等盟国。迨及战国，则主要用以抵御三晋和楚国了。"⑤

也有学者认为，其西段"以防晋为主，兼防卫、鲁、宋等晋之盟国"，⑥ 其东段"则主要是越及鲁、莒等。当然，继越后，楚势力的北侵也是一方面原因"，其中段"主要是为防御北上之楚以及鲁、宋、卫等其盟国而筑"。⑦

---

① 张维华：《中国长城建制考》，中华书局1979年版，第29页。
②③ 张华松：《从兵学的角度看齐长城》，载于《泰山学院学报》2005年第4期。
④ 孙敬明：《齐长城在齐国军事防御战略中的地位》，载于《泰山学院学报》2005年第4期。
⑤ 张华松：《齐文化和齐长城》，中国戏剧出版社2000年版，第163~164页。
⑥ 任会斌：《齐长城研究》，2004年硕士学位论文，第46页。
⑦ 任会斌：《齐长城研究》，2004年山东大学硕士学位论文，第49页。

近年来有学者认为齐长城的建造并不仅仅出于军事目的,因桓公之时,注重盐业垄断之策,于是得出了"齐长城是为了防止盐走私而修筑"的认识。还有学者则直接指出"修建齐长城不仅是政治斗争的需要,更是经济竞争的需要;齐长城不仅可以作为军事屏障,更是齐国从事商战的有力武器"。强调了商战在破坏敌国经济命脉、削弱其实力中的重要性。

综合各种观点,我们认为齐长城墙体北缓南陡、北薄南厚的特点与防止齐国人民翻越长城进行私盐贸易等想法不符,长城出于战争或军事防御目的修建的观点仍较为可靠。当然,在和平时期通过长城各关口与邻国进行贸易或利用对各关口的控制达到一定的经济、政治目的则是有一定可能性的。

3. 关于修建时间的研究

齐长城的修建时间是齐长城研究中争议较大的一个话题。由于各学者所参考的历史文献资料不同,得出的结论自然不同,所以也就难以达成共识。张维华根据文献记载,指出齐长城的修建年代的四种说法,"即根据《管子》,齐长城已存在于齐桓公时代;从出土编钟铭文推测有战国初年和春秋中叶说;齐长城建于齐威王初年;齐长城建于齐宣王之时"[①]。从而其将齐长城分为三段,并逐段加以分析研究,认为"西部之建筑为最先"[②],始于战国初年[③],"其南界之长城,当建筑于齐威王之时,至于其东南境长城之建筑,似在楚人灭莒之后"[④]。

对这一问题的研究与讨论,我们同样按东、中、西三段分别陈述各家观点。

(1) 东段。

张维华认为东南段长城的修建应在楚人灭莒之后。他发现此段齐长城呈"V"字形,且琅琊位于长城之南,进而认为"濒海夯土长城应建成于越人定都琅琊期间",又由于在齐宣公中叶,越国国力已开始走下坡路,所以"本区各关隘夯土长城至迟在齐宣公中叶以前就筑好了"[⑤]。

任会斌认为"齐长城东段的修筑只能在公元前482年之后,因为直至此时,齐才趁越攻吴时南下,而将疆土东扩至琅琊一带"[⑥]。这个年代就应是齐长城东南段的年代上限。他进一步推断,在越灭吴后,于公元前472年迁都琅琊,对齐国构成了威胁,东段长城的修建也应在这一年前后。

关于齐长城的东南段入海处的修筑时间,张华松与任会斌两位学者的观点基本一致。这里要考虑的是琅琊一带的归属问题,只有在琅琊一带归属齐国以后,

---

① 张维华:《中国长城建制考》,中华书局1979年版,第14~15页。
②③ 张维华:《中国长城建制考》,中华书局1979年版,第23页。
④ 张维华:《中国长城建制考》,中华书局1979年版,第29页。
⑤ 张华松:《齐文化与齐长城》,中国戏剧出版社2000年版,第181~182页。
⑥ 任会斌:《齐长城研究》,2004年硕士学位论文,第59页。

齐才可能在那里修建长城。而越国迁都琅琊又使齐国安全受到威胁,且琅琊一带在今齐长城以南,也正好说明此段齐长城就应修建在越国迁都琅琊以后。

(2)中段。

一般认为齐长城南段的修建时间最晚,此段地处沂蒙山区,地势多较为险要,而在该地区修筑长城则与战国时期战争形势的多样以及规模的扩大有关。因此说此段长城的修建在齐长城的三段中最晚。对此段长城的修建时间主要有以下几种观点。

张华松根据此段长城多为石砌,而建筑石砌长城所需的大规模开采山石则应以铁器的广泛使用为前提,考虑到铁器的广泛使用是在战国中期,结合《史记》"齐宣王乘山岭之上筑长城"的记载,认为齐长城南段的建筑时间在齐宣王之时[①]。

张维华则认为齐宣王时所筑长城"其说当为不虚,惟乃为后世之增筑,非为创始",并根据"齐筑防以为长城"的记载,认为其建于齐威王时。

任会斌则根据"梁惠成王二十年,齐筑防以为长城"的记载以及《史记·六国年表》中梁惠王二十年即为齐威王二十八年,认为"齐此段长城在威王二十八年已是基本完成",但这只是齐长城南段的下限,而其年代上限则是在田氏完全取代齐国的公元前379年之后。

关于齐长城南段修建时间的判断主要依据"梁惠成王二十年,齐筑防以为长城"[②] 和"齐宣王乘山岭之上筑长城"[③] 两条文献,在齐威王时齐长城就已贯通全境,在齐宣王时只是根据实际情况进行修葺与加固。此外,考虑到田氏代齐这段历史,把此段长城修筑的上限大致定在公元前379年以后也是有道理的。最终于齐威王二十八年(公元前329年)齐长城贯通全境。

(3)西段。

王国良认为"齐长城的始建年代最早当在春秋末年或战国初年,绝不会早在桓公的时候"[④]。刘德春认为齐长城是在平阴之战前竣工的,也即襄公十八年(公元前555年),各国"会于鲁济,同伐齐"之前不久修建的。

张广坪认为齐顷公十年,齐国征伐鲁、卫两国失败后,开始积极加强西南方向战备防守工作,至齐灵公继位后,齐长城这一防御工程仍在继续修筑。"齐长城西段修建年代之上限,在齐顷公朝晋回国的公元前588年之后,下限定在公元

---

① 张华松:《齐文化与齐长城》,中国戏剧出版社2000年版,第163页。
② [北魏]郦道元原著,陈桥驿等译注:《水经注全译·济水》,贵州人民出版社2008年版,第695页。
③ [汉]司马迁:《史记》卷四十《楚世家》注《正义》,中华书局1959年版,第1732页。
④ 王国良:《中国长城沿革考》,商务印书馆1927年版,第11页。

前555年，即鲁襄公十八年，晋、鲁联军伐齐之前，此时正是春秋中期"。①

景爱认为在晋烈公十二年之前，齐已修筑了西段长城。而晋烈公十二年（公元前408年）即为齐宣公四十八年，说明齐长城应是在齐宣公年间开始修筑的，也即修筑于战国初年②，叶小燕亦持此观点③，罗哲文也认为"大概是从战国初年开始的"④。

刘瑞祥认为"田氏完全取代了齐国的政权，也就是公元前379年之后"才开始修筑长城。

任相宏通过对出土编钟年代的分析，认为齐长城西段年代下限亦不晚于公元前404年，而通过分析长青仙人台国贵族墓地以及齐鲁两国间战争史实，认为在鲁襄公十三年之时，齐国的势力并没有到达齐长城一带。最后得出"齐长城源头建置年代上限定为不超过鲁襄公十三年（公元前560年），下限不晚于周威烈王二十二年（公元前404年）"的结论⑤。

总之，对齐长城西段也即源头的修建年代的考证，仍没有形成完全一致的认识。但有几个时间点是值得关注的，即鲁襄公十八年和晋烈公十二年。如依鲁襄公十八年的那次诸国伐齐，使齐"堑防门而守之广里"，并认为此时齐国已初步修建了长城的话，齐长城修建年代则在齐灵公（公元前581～公元前554年）在位的春秋时期。如依晋烈公十二年韩景子、赵烈子等人的伐齐之事，其年代则在齐宣公（公元前455～公元前405年）的战国早期。而有学者以"田氏所造"为依据，认为其修建在田氏完全取代政权之后，显得不够严密。任相宏根据考古资料以及对编钟的分析，把上限定在春秋，下限定在战国，虽论证较为严密，但其时间跨度长达150多年，仅排除了齐长城建于桓公的可能，并没有得出较为具体的年代。

二、楚长城

楚长城是列国长城中争议最大的，无论是其形式还是体系，都存在难以达成共识的困境。这可能与我们对长城这一概念本身认知的差异有关，因为楚长城和我们常见的北方地区长城在表现形式上存在较大的差异。

---

① 张广坪：《齐长城西段修建年代之考证》，引自《齐长城》，山东友谊出版社1999年版，第236页。
② 景爱：《长城》，学苑出版社2008年版，第112页。
③ 叶小燕：《中国早期长城的探索与存疑》，载于《文物》1987年第7期。
④ 罗哲文：《长城》，北京出版社1982年版，第14页。
⑤ 任相宏：《齐长城源头建制考》，引自《东方考古·第一集》，科学出版社2005年版，第271～273页。

（一）历史沿革

1. 修建背景

楚长城，史称"方城"，其修建背景既包括楚国处于春秋战国剧烈变动的时代背景，也包括楚国防御强大诸侯邻国和实现扩张的具体原因。

春秋至战国是中国历史在政治、社会各方面变动最剧烈的时期，"从春秋以前之宗法封建，转移到战国时代之新军国"①，楚国正是处在这种时代背景之下建造长城的。

因楚国实力的变化，不同时期楚长城的防御对象也在发生变化。华夏子曾在《明长城考实》中就提到"春秋之初，楚国同秦国很少发生正面冲突。楚修长城初意在防晋、齐。到春秋末，楚国力不振，而秦日益强盛，楚修长城则意在防秦"②。

总之，楚长城是"楚国为防御中原诸侯国家的抗击，在所拓展的东部、北部和西部边界上，修筑了由一系列依地形排列的城堡（这些城堡大小不等，多为方形或长方形）联结起来的防御工程"③。这样的定义同样符合"楚国列城的构造和形式……从相隔一定距离的列城（或是亭障、烽燧）中间逐步修筑城墙联系，发展为成千上万里的长城防线是合乎科学发展规律的"④ 这一总结。

2. 修建时间

楚长城具体的建置年代主要有"春秋时期和战国晚期怀襄之际两说"⑤。可具体阐释为"一说据《左传·僖公四年》（公元前656年）楚使屈完语齐桓曰：'楚国方城以为城，汉水以为池'等记载，认为楚在春秋中叶已有长城。另说当时正值楚争盟中原，不会筑长城以自限，该城应建于楚怀王、顷襄王之际，两说年代相差亦有300来年"⑥。

据"楚盛周衰，控霸南土，欲争强于中国，多筑列城于北方，以逼华夏，故号此城为万城，或作方字"⑦ 这一记载，表明"这些列城亦即方城，其名称来自

---

① 钱穆：《国史大纲》（修订本），商务印书馆1996年版，第18～19页。
② 华夏子：《明长城考实》，档案出版社1988年版，第7页；肖华锟、艾廷和：《楚长城的建筑时间和形式考》，载于《江汉考古》2003年第4期。
③ 孙志升：《楚国长城》，引自《中国长城》，中国长城网，http://www.chinagreatwall.org/detail/news_detail.jsp?info_id=1100152135&cust_id=greatwall。
④ 罗哲文：《长城》，北京旅游出版社1988年版，第12页。
⑤ 瓯燕：《我国早期的长城》，载于《北方文物》1987年第2期。
⑥ 叶小燕：《中国早期长城的探索与存疑》，引自《文物》1987年第7期；瓯燕：《我国长城的考古发现与研究》，引自《长城国际学术研讨会论文集》，吉林人民出版社1995年版，第252页。
⑦ [魏]郦道元：《水经注》卷二十一《汝水》，中华书局1991年版，第1115页；内蒙古大学蒙古史研究室：《长城文献资料辑略》（附录），引自《中国长城遗址调查报告集》，文物出版社1981年版，第121页。

山名。而楚长城应从这些列城发展而成，故长城也有方城之名。楚国建列城是作为争强中国的前沿阵地，时不会迟至战国晚期"①。

还有认为楚长城的"东半部是在春秋时代就已有了，到战国时代楚顷襄王时又扩建西半部"②。

多数学者认为楚长城的修建时间"约在公元前7世纪前后"③。同时存在"楚长城自今方城北至今泌阳东北这段长城是公元前688年楚文王伐申复又伐邓后开始修筑的，是楚长城中较早修建的一段"④，"公元前656年齐桓公伐楚时已筑有长城"⑤等观点。另外，还有学者提出"可以把楚顷襄王即位之元年，即公元前298年，作为楚国修筑长城的时间标志"⑥。

对楚长城修建时间存在争议很大的原因在于"楚长城一名方城。由于'方城'有山名、城名、列城、长城等涵义，给考证楚长城的建置年代和位置带来了困难和争端"⑦。

综上所述，楚长城大的修建时代约在公元前7世纪前后，具体年代学界主要存在着春秋时期和战国晚期怀襄之际两说，也有新证将其推至楚顷襄王亲政年间。

3. 行经路线

关于楚长城的方位、经由地点的记载较为详细，"叶东界有故城，始犨县东，至瀙水，达比阳界，南北联数百里，号为方城，一谓之长城云。郦县有故城一面，未详里数，号为长城。即此城之西隅，其间相去六百里。北面虽无基筑，皆连山相接，而汉水流其南。"⑧ 它"大抵西南起自河南邓县，向北入内乡境内，过湍河，经郦县故城北，达翼望山，复向东沿伏牛山脉，经鲁、叶县，折向南跨过沙河达泌阳县"⑨。

---

① ⑦ 叶小燕：《中国早期长城的探索与存疑》，载于《文物》1987年第7期。
② 杨宽：《战国史》，上海人民出版社1980年版，第320页。
③ 罗哲文：《长城》，北京旅游出版社1988年版，第12~13页；康宁：《军事筑城体系与长城》，摘自《中国大百科全书·军事（六）军事工程分册》，长城文化网，http://www.gwculture.net/zhuanzhu/wen/jstx.htm。
④ 杨鲁奇：《楚长城塞与方城山辩考》，载于中国长城网，2005年2月24日，http://www.chinagreatwall.org/detail/news_detail.jsp?info_id=1100052862&cust_id=greatwall。
⑤ 张习孔、田珏：《中国历史大事编年》，北京出版社1997年版，第130页。
⑥ 景爱：《长城》，学苑出版社2008年版，第128页。
⑧ ［魏］郦道元：《水经注》卷三十一《瀙水》，中华书局1991年版，第1647~1648页；内蒙古大学蒙古史研究室：《长城文献资料辑略》（附录），引自《中国长城遗址调查报告集》，文物出版社1981年版，第121页。
⑨ 瓯燕：《我国早期的长城》，载于《北方文物》1987年第2期；叶小燕：《中国早期长城的探索与存疑》，载于《文物》1987年第7期。

另据文献"使庐戢棃侵庸，及庸方城"[1]，可知"湖北竹山县亦有故庸国之方城"[2]，又据"方城，房州竹山县东南四十一里。其山顶上平，四面险峻。山南有城，长十余里，名为方城"[3] 这一记载，认为"楚长城之西端起自竹山县"[4]。

4. 建筑形式

楚长城的建筑形式，主要有三个特征：第一，楚长城是由列城发展而成的大规模的军事防御工程；第二，楚长城依山势而筑，因地制宜，就地取材；第三，楚长城据险制塞，利用山河之险以为城。

（二）考古调查与发现

1. 考古调查历史

目前所见到的最早有关楚长城调查与发现的资料，是1993年2月新华社在《人民日报》发布的一条简讯，即"陕西省文物考古工作者，在这个省的旬阳县发现了一段迄今中国最古老的长城楚方城遗址，勘察表明，它由东向西横贯旬阳县全境，长为200公里。用石块垒成，有些石门还很清楚"[5]。对于该段长城性质判定的准确性，还有赖于日后的调查与研究工作。

20世纪80年代，围绕楚长城开展的考古调查工作陆续增多，其中包括第二次全国文物普查。调查发现涉及河南省方城县大关口、鲁山县䜌城故址、泌阳县象河关，以及陕西省旬阳县，湖北省竹溪县、竹山县等地。

20世纪90年代，楚长城的考古调查发现主要集中于河南省境内，涉及众多市县，"已在平顶山市的鲁山、叶县，南阳市的南召，驻马店市的泌阳等地，证实了一百余处楚长城遗址，尤以鲁山与南召两县遗存较多"[6]。与此同时，还涉及湖北省竹溪县、竹山县，陕西省旬阳县、平利县等地。

进入21世纪，对于楚长城考古调查与发现的广度和深度都有所增加，不仅有助于对楚长城单体建筑、墙体保存现状的了解，而且对于楚长城墙体走向以及性质的判定具有重要意义。

2. 考古调查成果

若干年来，在河南、湖北、陕西陆续有一些发现楚长城的报道。河南泌阳县象河关一带发现长城遗存，潕水以东的走马岭上尚存石筑长城遗址；方城县发现

---

[1] [春秋]左丘明：《左传·文公十六年》，上海古籍出版社1997年版，第508页；内蒙古大学蒙古史研究室：《长城文献资料辑略》（附录），引自《中国长城遗址调查报告集》，文物出版社1981年版，第121页。

[2][4] 叶小燕：《中国早期长城的探索与存疑》，载于《文物》1987年第7期。

[3] [唐]李泰：《括地志辑校》，中华书局1980年版，第203页；内蒙古大学蒙古史研究室：《长城文献资料辑略》（附录），引自《中国长城遗址调查报告集》，文物出版社1981年版，第121页。

[5] 姚德棠，姚婕：《楚方城》，载于《武当风》2000年第5、6期。

[6] 杨晓宇：《春秋楚长城五大名关》，载于《平顶山师专学报》2003年第6期。

大关口楚长城遗址、小关口土筑长城遗迹；叶县保安乡的左右山岭上，发现古代城墙残迹——古之方城，叶县旧县街西，发现残存的城垣；叶县从辛店乡到常村乡歪头山之间近50公里的范围内，发现保存状况较差的"土龙"；在平顶山境内鲁山段与南阳之间的分水岭上、舞钢市平岭上发现长城遗址。在鲁山县境内发现犨城故城址，四棵树乡与南召结合部发现楚长城遗址，鲁阳关、古叶邑、鲁关周围发现楚长城遗址，仓头乡古木山、观音寺老婆寨发现楚长城遗址。在南召县北部板山坪镇华山上的周家寨以及与之相连的大青口子门、马市坪镇银洞岭的山寨城、碾道沟沟口发现古城墙遗存，在野牛岭发现土筑城堡等古长城遗址。在内乡县郦城村发现残存的长城遗存，并发现屯兵城寨、演武场、烽火台等相关遗存。在镇平县城北杏花山上，发现有长数十公里的长城遗址。河南泌阳发现4公里楚长城。

在湖北省竹溪县和陕西平利县交界处的关垭被认为是楚长城的标志性遗址；陕西省东南部与湖北省交界的旬阳、白河县境内，曾发现石砌长城遗迹；郧阳地区发现关垭瓮城以及铁桶寨、关垭山、柳树垭、王家沟、梓桐垭、火龙垭等6处"楚方城"遗址；在竹溪县发现石墙遗址。

对分布于鄂西北竹溪、竹山、郧县与陕西省平利、旬阳、河南省的淅川等地的遗址，"截至2010年4月，已经进行三个阶段的田野考古调查。据初步统计，共调查关7处、墙12处、敌台4处、瓮城1处、营房4处、烽火台2处、敌台8处及相关建筑（主要是明清时期的山寨）多处，遍布鄂西北的竹溪、竹山、房县、郧西、郧县、张湾区、丹江口市等七县、区、市。"[①] 调查者认为"鄂陕边界的长城是一处以春秋战国时期的楚长城为基础的长城，有其独特的形貌与历史演迁，可以冠名为秦楚长城。"[②]

需要说明的是，在全国长城资源调查过程中，虽然楚长城最初被列入调查范围，但经过几年的调查后，所获得相关资料还不足以证实历史上楚长城的存在。

（三）研究现状

1. 关于方城的研究

"楚方城就是楚长城"[③] 是学界的普遍认识。《辞源》《辞海》对于"方城"

[①] 湖北省古建筑保护中心、武汉大学考古系、华中师范大学历史文化学院：《湖北省长城资源调查成果研讨资料》，2010年5月19日，第3页。

[②] 湖北省古建筑保护中心、武汉大学考古系、华中师范大学历史文化学院：《湖北省长城资源调查成果研讨资料》，2010年5月19日，第47页。

[③] 王国良：《中国长城沿革考》，商务印书馆1931年版，第12页；瓯燕：《我国早期的长城》，载于《北方文物》1987年第2期；罗哲文：《长城》，北京旅游出版社1988年版，第10页；张习孔、田珏：《中国历史大事编年》，北京出版社1997年版，第130页；姚德棠、姚婕：《楚方城》，载于《武当风》2000年第5、6期；贺金峰：《"方城"是中国历史上最早修筑的长城》，载于《开封大学学报》2002年第3期；杨晓宇：《春秋楚长城：中国最早的长城》，载于《许昌学院学报》2003年第6期。

的解释基本一致,皆认"方城"有长城、山名、县名3种含义。不同的是,前者认为"方城"是"春秋时楚北的长城"[①],后者则认为"春秋时楚国所筑长城,战国时又展筑"[②]。

由于文献记载的"方城"有山、塞、列城、长城、城邑、县名等多种不同含义,故其内涵所指便成为了学者们争论的焦点。

"楚国方城以为城,汉水以为池"[③],"方城山在南阳叶县南"[④],"昔楚灵王不君……不修方城之内,踰诸夏而图东国"[⑤],"方城,楚北山"[⑥],"叶有长山,曰方城"[⑦]等记载,皆"'方城'为山名"[⑧]。

据"遂南征伐楚,济汝,踰方城,望汶山"[⑨],"方城,楚北之陀塞"[⑩],"楚不能守方城之外,安能道二周之间"[⑪],"方城,楚塞也,外,北也"[⑫],"山有九塞……谓九塞曰太汾、渑阨、荆阮、方城、殽阪、井陉、令疵、句注、居庸"[⑬]等记载,则皆表明"方城"为塞名。

有学者认为方城,"其为山、塞之说者,所谈实为一事"[⑭]。根据上述文献记载及实际考察材料"楚国北面有山名方城山。山之隘处建置有塞,为楚国交通内外之必经关口。其山险峻难越,楚国驻重兵把守其关塞。韦昭注《国语·吴语》说'方城,楚北山',是指方城为山。但他在注《齐语》中说'方城,楚北之陀塞也',这又称之为塞。一人在同一书中前后所注两歧,说明方城之本为山又筑有塞,山、塞并陈,是以任举其一,皆不失其意"[⑮]。

---

① 《辞源》(修订本):商务印书馆1980年版,第1382页。
② 《辞海》(一九六五年新编本):中华书局1965年版,第2959页。
③ [春秋] 左丘明:《左传·僖公四年》,上海古籍出版社1997年版,第245页;内蒙古大学蒙古史研究室:《长城文献资料辑略》(附录),引自《中国长城遗址调查报告集》,文物出版社1981年版,第121页。
④ [春秋] 左丘明:《左传·僖公四年》,上海古籍出版社1997年版,第246页。
⑤ 《国语》卷十九《吴语》,上海古籍出版社1998年版,第598页。内蒙古大学蒙古史研究室:《长城文献资料辑略》(附录),引自《中国长城遗址调查报告集》,文物出版社1981年版,第121页。
⑥ 《国语》卷十九《吴语》,上海古籍出版社1998年版,第598页。
⑦ [宋] 范晔:《后汉书》卷二十二《郡国志》,中华书局1965年版,第3476页。
⑧ 张维华:《中国长城建置考》(上编),中华书局1979年版,第30页。
⑨ 《国语》卷六《齐语》,上海古籍出版社1998年版,第242页;张维华:《中国长城建置考》(上编),中华书局1979年版,第30页;内蒙古大学蒙古史研究室:《长城文献资料辑略》,引自《中国长城遗址调查报告集》(附录),文物出版社1981年版,第121页。
⑩ 《国语》卷六《齐语》,上海古籍出版社1998年版,第242页;张维华:《中国长城建置考》(上编),中华书局1979年版,第31页。
⑪ [汉] 刘向:《战国策》卷二《西周策》,上海古籍出版社1998年版,第59页。
⑫ [汉] 刘向:《战国策》卷二《西周策》,上海古籍出版社1998年版,第60页。
⑬ [汉] 刘安:《淮南子鸿烈解·卷四墬形训》,中华书局1985年版,第119~120页;张维华:《中国长城建置考》(上编),中华书局1979年版,第30页。
⑭⑮ 蒋至静:《长城琐议》,载于《内蒙古师大学报(汉文哲学社会科学版)》1988年第4期。

一些学者据"楚盛周衰,控霸南土,欲争强于中国,多筑列城于北方,以逼华夏,故号此城为万城,或作方字"① 和"故长城在邓州内乡县东七十五里,南入穰县,北连翼望山,无土之处,累石为固。楚襄王控霸南土,争强中国,多筑列城于北方,以适华夏,号为方城"② 这样的记载,认为"方城"为列城。

"叶,楚叶公邑。有长城,号曰方城"③,"盛弘之云:叶东界有故城,始蠻县东,至瀙水,达比阳界,南北联联数百里,号为方城,一谓之长城云"④ 中"方城"为长城。

"王叔桓公、晋阳处父伐楚以救江,门于方城,遇息公子朱而还"⑤ "晋荀偃、栾魘帅师伐楚,以报宋杨梁之役。楚公子格帅师及晋师战于湛阪,楚师败绩。晋师遂侵方城之外,复伐许而还"⑥ "楚郏敖即位。王子围为令尹……公还,及方城"⑦ "吾自方城以来,楚未可以得志,祇取勤焉"⑧ 等。《左传》中有关"方城"的记载有许多,而对其认识存在差异,有学者认为指长城,有学者认为指城邑。

有学者根据春秋初期楚国与齐、晋争霸的情势和春秋时期"方城之外"所指范围以及文物考古和实地考察发现,提出"春秋时期'方城'不仅是城邑、关塞之名,而且是楚国所修筑的长城之号。《左传》中所载的'方城'大多数是指楚国长城。战国时期,'方城'既是城邑、关塞之名,又是长城之号。而作为楚北部山名则始见于东汉。"⑨

"无论从历史记载还是从方城遗迹来看,楚方城决不是孤立的城堡和一般的城垣,而是大规模的军事战略防御工程,即战国以后所说的'长城'。如今,在内乡县、西峡县还有'长城铺'、'长城河'的遗迹和地名,充分证明南阳楚方

---

① [魏]郦道元:《水经注》卷二十一《汝水》,中华书局1991年版,第1115页;内蒙古大学蒙古史研究室:《长城文献资料辑略》,引自《中国长城遗址调查报告集》(附录),文物出版社1981年版,第121页。
② [唐]李泰:《括地志辑校》,中华书局1980年版,第195页;内蒙古大学蒙古史研究室:《长城文献资料辑略》,引自《中国长城遗址调查报告集》(附录),文物出版社1981年版,第121页。
③ [汉]班固:《汉书》卷二十八《地理志》,中华书局1962年版,第1564页;内蒙古大学蒙古史研究室:《长城文献资料辑略》,引自《中国长城遗址调查报告集》(附录),文物出版社1981年版,第121页。
④ [魏]郦道元:《水经注》卷三十一《滍水》,中华书局1991年版,第1648页;内蒙古大学蒙古史研究室:《长城文献资料辑略》,引自《中国长城遗址调查报告集》(附录),文物出版社1981年版,第121页。
⑤ [春秋]左丘明:《左传·文公三年》,上海古籍出版社1997年版,第435页。
⑥ [春秋]左丘明:《左传·襄公十六年》,上海古籍出版社1997年版,第931页。
⑦ [春秋]左丘明:《左传·襄公二十九年》,上海古籍出版社1997年版,第1113~1114页。
⑧ [春秋]左丘明:《左传·定公四年》,上海古籍出版社1997年版,第1619页。
⑨ 贺金峰:《"方城"是中国历史上最早修筑的长城》,载于《开封大学学报》2002年第3期。

城就是楚长城。楚方城是指东段楚长城,即南召县、方城县、叶县、泌阳县到唐河县的这段长城,此长城名从古到今一直叫'方城',而西段长城,即北起西峡县汉王城,南至内乡、镇平到邓州市罗庄乡土谷山的这段长城,历史记载一直定名为'长城'。通常所说的楚方城,即指这两段长城。"①

有学者提出"只有城邑名是方城涵义之本源,方城的其他涵义均为城邑名派生出来的。"②《左传》中所载"方城"均指城邑,"方城邑,称方城塞。春秋前期楚国占领南阳盆地并北出伐郑后,筑起一条以方城邑为关城连接伏牛山脉之黄城山和桐柏山脉之于东山的长城,人们也就将之称作'方城'。这座长城所依托的山就被名谓方城山。"③

2. 关于墙体走向的研究

对于楚长城的墙体走向这一问题,学术界在大方向上的认识趋同一致。然而,在各段墙体的具体走向以及修建过程的认识上存在差别。

楚长城"大抵西南自邓县之东北境起,沿今镇平县西境北行,入内乡县东北境。自此折向西北,逾湍河,经郦县故城北,达翼望山。复折向东行,沿伏牛山脉,经嵩县、内乡及鲁山、南召等县交会之地,而东至鲁山县之东南境。自此转向东南行,入叶与方城二县交界之地,先经黄城,后达于东。复自于东沿舞阳、方城两县交会之地而南,入泌阳中部之中阳山,即瀙水发源地。自此又转向西南,约经今泌阳治之西北境,入唐河县界。"④ 该说法认为"楚长城东西连为一体,形似'冂'形"⑤,同时亦存在"楚长城不是'冂'形一道长城,而是分东、西两道长城"⑥的说法。

然而认为"楚国有东、西二长城"⑦ 的学者,其对墙体走向认识并不相同。

其一,东半部从鲁关起向东经犨县,到达瀙水,折向东南,到达泌阳。西半部从鲁关向西,东北连翼望山,南向到达穰县。

其二,楚国西长城是沿湍河东岸由西北向东南,经内乡县东、镇平县西,到达邓州南部,有可能进入湖北襄樊境内,全长约100余公里。楚国修筑西长城,就是防止秦国入侵。

楚东长城是南起桐柏山,北经泌阳县,转向西北,经叶县之西,方城县之东,到达鲁山县东南,止于平顶山(伏牛山),全长约100公里。楚修东长城是

---

①⑤⑥ 肖华锟、艾廷和:《楚长城的建筑时间和形式考》,载于《江汉考古》2003年第4期。
②③ 潘民中:《楚方城地望考》,载于《平顶山师专学报》2000年2月第1期。
④ 张维华:《中国长城建置考》(上编),中华书局1979年版,第36页。
⑦ 杨宽:《战国史》,上海人民出版社1980年版,第321页;张卓远:《浅论楚方城》,载于《楚文化研究论集(第四集)》,河南人民出版社1994年版,第260页;柴中庆:《楚长城西段考》,载于《楚文化研究论集(第四集)》,河南人民出版社1994年版,第252页;景爱:《长城》,学苑出版社2008年版,第127页。

为了防御齐、韩、魏等国的入侵①。

其三，认为楚长城"只包括北段与东段，西段长城并不是楚国修建，而是韩国在战国中期夺取宛地后所修筑，因此应该叫做'韩长城'。"②

其四，"东起唐河，沿泌阳、叶县、方城、鲁山，西到南召乔端的长城（这段长城从古到今一直叫'方城'），我们称它为东段楚长城。从西峡县汉王城北，南入内乡县，沿湍河南行，达郦县故城，再往东约至镇平内乡交界的邓州市西北土谷山的长城（史料中一直叫'长城'），我们称它为西段楚长城。关于北段，即南召县乔端镇至西峡县汉王城一线并无长城，一是自古未见有记载，二是这一带是海拔两千多米的熊耳山，人迹罕至，层峦叠嶂，起到了屏障作用，故无须修长城。"③

随着楚长城考古调查工作的进行，发现了南部楚长城，"位于邓州市西南杏山村，对峙于丹江水库（古丹阳）的一段15公里的长城，有军营房100多间，有多处烽火台，有的地方长城呈纵横交错之势"④。从而将楚长城墙体走向的认识发展为"楚长城并不是一道长城，而是在春秋战国时期根据不同防御对象建筑的三道长城"⑤。

另外，结合考古调查与发现，从现存遗址的实际情况看，楚长城并不是单一的线路，除北面南召至鲁山两县间是单一线路外，东线和西线各有内线和外线，东西两线形成四条线路。

楚长城西线，大致自湖北竹山县起，向西北交于淅川县、邓州市相毗邻的杏山，入邓州市东北的穰县故城，再转向西北，逾湍河，经内乡县郦县故城，连西峡、内乡两县间的翼望山，复折向东行，沿伏牛山脉入南召县；西内线循镇平、内乡两县交界北行到南召县板山坪镇周家寨（金斗关），再向北抵达南召县乔端镇野牛岭关。

其北线，自南召县乔端镇沿崇峻的伏牛山脉迤逦向东，经马市坪、崔庄、留山、小店、云阳几个乡镇，至皇后乡的鲁阳关，东进鲁山县、叶县。

其东线，东内线由鲁阳关南下，沿三鸦路经楚王行宫处和云阳关，至第一鸦所在的白花寨；东外线，自南召县东北部入鲁山县，转向东南，经叶县与方城二县交界的方城山（又称黄城山或黄石山），再向东南入泌阳县中部，又折西入唐河县境。

3. 关于修建过程的考证

楚长城的修建不是一次完成的，各段墙体均存在着具体的修筑时间。但是由于对楚长城考古调查与发现情况和墙体走向认识的不同，学者们对其修建的过程

---

① 景爱：《长城》，学苑出版社2008年版，第128页。
② 尚景熙：《楚方城及其与楚国的军事关系》，载于《中原文物》1992年第2期；蒋波、朱战威：《三十年来楚方城研究述要》，载于《高校社科动态》2010年第1期。
③④⑤ 肖华锟、艾廷和：《楚长城的建筑时间和形式考》，载于《江汉考古》2003年第4期。

和时间都有不同的看法。

从历史时间的先后方面来说,"其一,春秋楚长城的最早构建时间,应以建立楚方城塞为起点,大概在楚文王灭申置县之后,即公元前688年之后;初具规模时间应该到楚成王十六年,即公元前656年,楚齐会盟于召陵之前;而确定成为楚国重要军事布防,达到固若金汤的系统御敌屏障,是到楚成王四十一年居申,即公元前631年。前后达57年之久。其二,起自湖北竹山的楚长城,其部分列城始于春秋,但形成长城轮廓则已到战国中期"[①]。

"目前史学界公认的就是楚长城自今方城北至今泌阳东北这段长城,是公元前688年楚文王伐申复又伐邓后开始修筑的,是楚长城中较为最早的一段。楚国以方城塞为端点逐步向东西拓筑,以至于到公元前656年,屈完对齐桓公称'楚方城以为城',标志着整个楚长城防御体系的完善和成熟。"[②]

从楚长城墙体位置方面出发,并结合历史文献记载来推测其修建过程,则相对复杂。

将楚长城划分为东西两半段来说,"公元前298年,楚顷襄王即位。在腹背受敌的情况下,楚国修筑东、西二长城"[③],"东半部是在春秋时代就已有了,到战国时代楚顷襄王时又扩建西半部。"[④]

将楚长城划分为三段来讲,"申、缯古国北部、东部长城——主要防御对象是中原诸国,故修筑时间最早,始修时间当在楚文王二年,即公元前688年冬;叶东界长城——为护叶而筑,最早始修于公元前576年;申、缯古国西部长城——是楚国为御秦而筑,故修筑时间必在秦孝公之后,即公元前361年之后。据春秋战国时期楚国形势看,叶东界长城与申西段长城修筑时间较晚,申、缯古国北部、东部长城修筑时间最早"[⑤]。

还有认为东段长城约始建于公元前688年或前678年,楚建方城很可能在伐申(公元前688年)后,至少在灭郑(公元前678年)之后。先是在方城县独树镇伏牛山两边夹击留出的孔道上修筑关城,尔后向两边扩筑。关于西段长城建筑时间,有学者认为在怀襄之际[⑥],有学者断定在秦昭襄王时(约公元

---

① 杨晓宇:《春秋楚长城:中国最早的长城》,载于《许昌学院学报》2003年第6期。
② 杨鲁奇:《楚长城塞与方城山辨考》,载于中国长城网,2005年2月24日。http://www.chinagreatwall.org/detail/news_detail.jsp?info_id=1100052862&cust_id=greatwall。
③ 景爱:《长城》,学苑出版社2008年版,第128页。
④ 杨宽:《战国史》,上海人民出版社1980年版,第320页。
⑤ 贺金峰:《"方城"是中国历史上最早修筑的长城》,载于《开封大学学报》2002年第3期。
⑥ 肖华锟、艾廷和:《楚长城的建筑时间和形式考》,载于《江汉考古》2003年第4期;贺金峰:《"方城"是中国历史上最早修筑的长城》,载于《开封大学学报》2002年第3期;张维华:《中国长城建置考》(上编),中华书局1979年版,第42页。

前298~公元前292年)①，还有学者认为应建于楚怀王十七年（公元前312年）到顷襄王元年（公元年前298年）②。从《史记》《战国策》中可看出，战国后期，秦取楚析十五城后，楚为防秦，在西部地势险要地段筑长城以守卫，这个时间判定是较准确的。南段长城约建于公元前312年，此段楚长城因处在人迹罕至的山上，今丹江水库南端，故至今保存较完好。其建筑时间根据《史记·楚世家》分析，楚怀王吸取丹阳大战惨败教训，于此修筑长城，以防秦再次袭楚。因此，楚南段杏山长城建造于楚怀王十七年（公元前312年）是很有可能的③。

三、鲁长城

鲁国在春秋战国时期曾经与齐、卫、宋、楚等国接壤，经常受到周边各国的威胁，修筑长城为其主要的防御手段之一，但历史文献上并没有关于鲁长城的记载，在全国长城资源调查过程中，文物工作者将莱芜境内发现的长城命名为鲁长城。

（一）相关历史文献

《史记·鲁周公世家》载，"周公佐武王，作牧誓。破殷，入商宫。已杀纣，周公把大钺，召公把小钺，以夹武王，衅社，告纣之罪于天，及殷民。释箕子之囚。封纣子武庚禄父，使管叔、蔡叔傅之，以续殷祀。遍封功臣同姓戚者。封周公旦於少昊之虚曲阜，是为鲁公。"④ 周王朝历来有厚同姓、薄异姓的国策，而周成王赋予鲁国"郊祭文王""奏天子礼乐"的资格，不仅仅是对周公旦功劳的一种追念，更是希望作为宗邦的鲁国能够"大启尔宇，为周室辅"。

鲁国先后传二十五世，经三十六位国君，历史八百余年，国都曲阜。疆域主要在泰山以南，今山东省南部，兼涉河南、江苏、安徽三省之一隅。春秋战国时期，鲁国失去了西周时期的政治优势，逐渐受到强邻的攻击，鲁顷公二十四年（公元前256年），为楚所灭。

---

①② 肖华锟、艾廷和：《楚长城的建筑时间和形式考》，载于《江汉考古》2003年第4期；贺金峰：《"方城"是中国历史上最早修筑的长城》，载于《开封大学学报》2002年第3期。
③ 肖华锟、艾廷和：《楚长城的建筑时间和形式考》，载于《江汉考古》2003年第4期。
④ ［汉］司马迁：《史记》卷三十三《鲁周公世家》，中华书局1959年版，第1515页。

（二）考古调查与发现

2009 年山东省第三次全国文物普查、全国长城资源调查过程中发现一些遗迹，有学者认为这些遗迹就是鲁长城，其修筑是为防御齐国的军事威胁[1]。所发现的遗迹大部分位于莱芜市境内，西起莱芜城区的崇崖山，向东沿徂徕山余脉蜿蜒断续分布，东至钢城区的黄羊山与青羊崮一带，总长 30 余公里，全部位于山岭北侧，由石砌的矮墙与城堡组成。

将该遗迹确定为鲁长城的依据有四个方面：

一是在长城遗迹所经过的山顶及山下关口附近发现多处春秋战国时期遗址，为长城的年代提供了依据。

二是采集的陶片中，可辨器形的有陶鬲、盆、罐、豆、盘等，年代大多在春秋晚期至战国时期（山下遗址年代范围上限可到西周晚期）。

三是发现遗物的山顶遗址有峪门山、葫芦山西山、黄羊山和青羊崮等，青羊崮遗址还发现有厚约 30 厘米的文化层堆积；紧邻长城的山下遗址则包括柳桥峪、邵家庄和白马峪等。在重点复查中对峪门山和青羊崮城堡内的 2 座小型房屋进行了局部清理，在后者房屋垫土内发现原生堆积，出土的陶片和玉璜属于春秋晚期至战国时期。说明此次发现的莱芜段的长城遗迹，年代应该在春秋晚期至战国时期。

四是从地理位置上看，这段长城遗迹北距齐长城遗址七八十公里，两者之间为牟汶河（汶河支流）冲积平原。这一地区是春秋时期齐、鲁两国的交界之地，齐鲁两国之间的战争（如长勺之战和艾陵之战）与会盟（夹谷之会）就发生在这一区域之内，地理位置十分重要。从此次发现的长城的修筑方式和走向来看，主要修筑于山岭北坡，与齐长城大体平行，应是鲁国为防御北面的齐国而修建的。

野外调查结束后，山东省第三次全国文物普查办公室于 2009 年 3 月 28 日组织省内专家召开了小型现场研讨会，就莱芜段新发现长城的年代与性质进行了探讨。与会学者通过现场考察和实物观摩，对此项发现给予了肯定。张学海认为从现存鲁长城的建筑方法和高度、宽度判断，其使用时间不长，可能在春秋晚期、战国早期建成，使用不久即被废弃。与齐长城相比，其墙体较窄，体量较小，关于其功能，除了考虑防御北部劲敌齐国之外，更应关注其经济上的功能，即城墙和城堡的"关口"征税功能。

---

[1] 方辉、惠夕平、郭晓东等：《莱芜发现鲁长城遗迹》，载于《中国文物报》2009 年 6 月 12 日，第 2 版。

四、魏长城

魏国开国者魏文侯，在位期间改革政治，兴修水利，使魏国成为战国初期的强国。然而到魏惠王时，魏国国力逐渐衰弱，在河西地区与秦国展开持久的拉锯争夺，出于战争防御的需要，魏惠王之后，魏国开始修建长城。

（一）相关历史文献

魏国所筑长城共有三道。一道在今河南境内，因在河水（古黄河）之南，故称河南长城，又因经过卷地（今河南原阳原武镇），也称卷长城；一道在西境，因在黄河之西，故称河西长城或河右长城；一道被称为陕县长城①。

1. 修建

河南长城为"惠成王十五年（公元前356年）所筑"②，主要是为了抵御韩国。河西长城的修筑主要经过三个阶段。从文献看，魏筑河西长城的年代，有魏惠王九年以前、十一年、十九年三种说法。魏国自公元前361年至公元前351年，前后十年间都在陆续修建长城。魏国的河西地区原为秦国领土，秦国要收回被魏国占领的河西之地，便对魏国展开了一系列的征讨。为避开秦之锋芒，魏国采取守势，修筑长城以抵外敌。"魏滨洛筑城，阻山带河，以保晋国"③。然而这个庞大的防御工事并未能阻止秦人吞并的脚步。由于缺乏佐证，人们对陕县长城的存在表示过怀疑。1956年，黄河水库考古队在陕县的东原刘家渠村发掘了一批唐墓，出土的两方墓志提及了此段长城。

2. 走向

河西长城的走向文献中有较详细的记载。"孝公元年（公元前361年，即魏惠王九年），楚、魏与秦接界。魏筑长城，自郑滨洛以北，有上郡。"④ "梁惠成王十二年（公元前359年），龙贾帅师筑长城于西边。"⑤ "惠王十九年（公元前351年），筑长城，塞固阳。"⑥ 河南长城根据《水经注》卷七、卷二十二、卷二十三之济水、渠水、阴沟水所载，此长城自卷迳垣雍、阳物、管城而至密，全长

---

① 瓯燕：《中华文明史话—长城史话》，引自《现已消失的魏长城》，中国大百科全书出版社1998年版，第10页。
② 李民：《古本竹书纪年译注》，中州古籍出版社1990年版，第141页。
③ ［汉］桓宽：《盐铁论》，上海人民出版社1974年版，第105页。
④ ［汉］司马迁：《史记》卷五《秦本记》，中华书局1982年版，第202页。
⑤ 李民：《古本竹书纪年译注》，中州古籍出版社1990年版，第137页。
⑥ ［汉］司马迁：《史记》卷四十四《魏世家》，中华书局1982年版，第1845页。

约六百里。陕县长城"在县北二十三里。魏惠王十九年所筑,东南起崤山,西北至河三十七里。"①

(二) 考古调查与发现

1. 考古调查历史

20世纪20、30年代,一些中国学者开始关注长城,关于长城的著作和文章逐渐开始面世。但除了少数著作有过实地调查外,其余多停留在文献的研读与考证上。新中国后,长城的田野工作逐渐展开。80年代对历代长城曾做过小规模的专题调查。

1955年秋黄河水库考古工作队在陕西华阴进行考古调查时,勘查了华阴长涧河一带的魏长城遗址。1959年春黄河水库考古队陕西分队在陕西大荔县进行考古调查时,勘查了今大荔县西北党川村至长城村附近的魏长城遗址。同年春,又复查了华阴魏长城,并对华阴、大荔魏长城进行了全面的勘查和钻探,并对华阴长城进行了试掘②。

20世纪80年代初,史念海发现大量的古代长城遗迹,并结合文献对其进行了考证,基本搞清楚了魏长城的走向③。1980年,陈孟东和刘合心对河洛之间的长城遗迹进行勘察,发现了若干段新的长城遗迹④。1985年,辛德勇、李诚对大荔、澄城、合阳、韩城等县进行了实地调查⑤。1988年和1991年,姬乃军曾两次对富县境内的长城进行了考察。1988年10月,齐鸿浩和袁继民对黄龙县与澄城县境内的长城做了一次贯通性的徒步考察,又于1989年进行了一次复查,搞清了这段长城的走向、建筑形式及防御方式等问题⑥。

2002年10~11月,史党社对陕西渭南地区的秦魏长城以及相关的古城址进行考察⑦。同年,河南省社会科学院、平顶山市社会科学界联合会及平顶山市、南阳市、鲁山县几十名专家学者认为从平顶山市区经过的"分境岭"可能是战国韩魏边界长城。此后,由李殿芳等组成了专门的课题组,经过三年多的实地考察与研究,基本上证实了南起平顶山市、北达豫冀交界,残存于地面的"分境岭"

---

① [唐]李吉甫著、贺次君点校:《元和郡县图志》陕州硖石县条,中华书局1983年版,第158页。
② 李遇春:《陕西华阴、大荔魏长城勘查记》,载于《考古》1980年第6期。
③ 史念海:《黄河中游战国及秦时诸长城遗迹的探索》,载于《陕西师范大学学报(哲学社会科学版)》1978年第2期。
④ 陈孟东、刘合心:《魏国西长城调查》,载于《人文杂志》1983年第6期。
⑤ 辛德勇、李诚:《论魏国西长城的走向——与陈孟冬、刘合心同志商榷》,载于《人文杂志》1985年第1期。
⑥ 齐鸿浩、袁继民:《陕西澄城县、黄龙县交界处战国魏长城》,载于《考古》1991年第3期。
⑦ 史党社:《陕西渭南地区的秦魏长城及城址考察》,载于《秦文化论丛》2003年第10期。

等遗迹应是建于春秋战国之交的古代长城①。

2009年的调查认为此段长城从防御方向看,体现出明显的自北方防御南方的意图;长城沿线不见秦长城那样习见的筒瓦和板瓦,沿线墩台甚少,而且墩台周边也少见遗物,个别地点墙体的夯层仅厚0.03~0.04米,据此判断此段长城为魏长城。调查同时指出富县长城并非秦上郡塞,监军台遗址中夯土墙夯层中夹含的麻点纹筒瓦,说明此地在秦魏之间可能存在反复易主的情况。

2. 考古调查成果

战国魏河西长城的构筑采取"因地制宜、就地取材"的原则,将夯筑墙垣与山脉、河流相结合。墙体与墩台、烽燧、障城等附属设施共同构成立体防御体系。墙体呈多道状错综分布,附属设施数量少、间隔远是魏河西长城的构筑特点②。魏河西长城遗存有华阴段、大荔段、白水段、澄城段、合阳段、韩城段、黄龙段、富县长城等。

战国魏河南长城,据《水经注》洛水条记载,大致北起于当时位于黄河南岸的卷县(今河南省原阳县武东北),向东抵阳武(今河南原阳东南),折向西南经管(今郑州)东,直达密县(河南密县)境内。但是关于这条长城目前并未发现确切的墙体遗迹,只是在郑州市青龙山发现了连绵的夯筑岗丘,大体呈东南—西北走向,约3公里,与文献记载中的圃田泽西魏长城的方位正符。现地表经常年冲淤遗物很少,偶可见战国铜镞等。沿线遗址有南山长城遗址、密县长城遗址、林县长城遗址、辉县市长城遗址、卫辉市长城遗址等。

(三)研究现状

魏长城修筑时代、基本走向、国属等问题已基本形成一致认识。

1. 河西长城

(1) 关于魏国河西长城的起点及华阴县境内的两条长城的研究。

《水经·渭水注》记载,在华阴县长涧水的东西两岸各有一段长城遗迹。

"渭水又东,迳长城北,长涧水注之。水南出太华之山,侧长城东而北流,注于渭水。"③ 王重九提出该段长城属于魏国长城,其修建的年代应该在"郑城入秦后",因"魏失郑城,必另筑新城以保阴晋",故修筑此长城④。史念海提出

---

① 李典芳:《河南省战国魏韩边界长城遗迹的实地考察》,载于《中原文物》2007年第5期。
② 贺慧慧:《战国魏西长城》,2011年西北大学硕士毕业论文。
③ [北魏] 郦道元原著、陈桥驿译注:《水经注全译》,贵州人民出版社1996年版,第480页。
④ 史念海:《再论关中东部战国时期秦魏诸长城》,载于《中国历史地理论丛》1985年第2期。

了不同见解,他认同该段长城为魏所筑,但否定其修建是在失去郑城的情形下,秦在魏西,魏国防秦,修筑长城于秦地,胜人一筹。通过考证大量的文献并结合实地调查资料可知,该段长城的起点是华山的玉泉院,向北伸延,断断续续经南洞、北洞、红岩城南等处到达华阴县的西关。其间长城距河最远处有两里。这条长涧水虽顺长城北流,但并不是紧贴长城,就像一般城下的壕沟一样,作用如同城沟①。

夏振英、呼林贵两位学者指出华阴县长涧水西岸的长城为战国时期魏国的长城遗址,但其前身应为秦简公六年修筑的"堑洛"长城的南端部分,魏长城在这一段是沿用了秦长城。第一,他们认为该长城本应建在长涧水之东岸,利用长涧水的天然屏障作为理想的防御工事,而河道长城东侧,每逢雨季河槽中就会积水形成巨流,给自身前进的道路造成阻碍;再加之城东的地形低于城西,高度相差5米左右,如遇敌情,敌人反而居高临下,再加上被河水所阻,难以增援且易被敌方所破。第二,中国古代城墙建筑中己方一侧坡度要缓,而临敌的一侧应陡峭。照此,魏长城应西侧陡峭,东侧较缓。但实际调查结果正好相反,所以推断这段长城并非魏国始建。第三,在试掘该段长城时在一些夯土内发现有战国的瓦片,同时部分地层内有夯土块。以上这些现象和遗物都说明,魏长城在建筑之前原地肯定曾有其他建筑物,其前身很有可能是秦国的东界,即秦简公六年"堑洛"长城的南端部②。

在长涧水东侧也发现有类似长城的遗迹。史念海认为长涧水东侧的长城是秦"堑洛"长城的一部分,魏国长期据有河西,威胁秦国,秦国不能守黄河,却不能不守洛河,"堑洛"就是基于这个目的。王重九、张文江两位认为东侧这条长城为魏国所筑,因为秦惠文王六年"筑新城以备秦",新城即今华阴城东之长城③。并且华阴县长城位于长涧之西,魏国不会犯兵家之大忌,背水于长涧水之西修建。另外,华阴县东的长城经过阴晋古城,该城是魏攻占河西最后一战时"伐秦至郑"所筑,已为魏地,所以秦不可能筑城于此④。

夏振英和呼林贵在华阴县城发现跨沙渠河东达于渭滨的长城,实际上是把阴晋、定城和西汉京师仓城(即战国及秦时宁秦县城)遗址的部分残垣联系在了一起⑤。华阴县境内实则只有一条长城,即长涧水西侧之长城。这条长城原为秦的"堑洛"长城,后为魏国利用来防秦。

---

① 史念海:《再论关中东部战国时期秦魏诸长城》,载于《中国历史地理论丛》1985年第2期。
②⑤ 夏振英、呼林贵:《陕西华阴境内秦魏长城考》,载于《文博》1985年第3期。
③ 史念海:《黄河中游战国及秦时诸长城遗迹的探索》,载于《陕西师大学报》1978年第2期。
④ 张文江:《渭南地区秦魏诸长城考辨》,载于《文博》2004年第1期。

（2）关于魏国河西长城是否北穿沙苑地区的争论。

魏长城的起点在渭河南岸的一段已基本确定，但是魏长城南段还有若干争论性的问题。魏长城南段主要是指大荔县许原以南的洛河和渭河下游的一些地方。洛河在这里入渭，渭河又入于黄河，洛河和渭河之间还有广袤的沙苑。沙苑和魏国长城的关系也成为了讨论的焦点。

早期的学者在研究魏国长城的走向时提出魏国西长城由郑（今陕西华阴县）筑起，直北纵穿沙苑，越过洛河。"渭水又东，迳长城北，长涧水注之。水南出太华之山，侧长城东而北流，注于渭水。"① "故云自郑滨洛，今沙苑长城是也。"② 由此推测，魏长城过华阴县城后，沿长涧河西岸北上，过渭河，在大荔县的沙苑地区朝西北方向走，过洛河后，经党川村沿洛河东岸北去。③ 然而史念海认为沙苑地区的自然地理环境下无法修筑长城，沙苑夹处渭河和洛河之间，地表以下多为厚厚的沙层④，不可能于此修筑横穿沙苑的长城。

（3）关于大荔县境内魏国河西长城的考证。

有学者提出魏长城在华阴县后沿洛河左岸前行，经旧朝邑进入大荔县。大荔县党川村以东及旧朝邑的洛河左岸是否存在长城遗迹又成为一个争论问题。

王重九认为《史记》"魏筑长城，自郑滨洛"不实，公元前401年魏文侯遣吴起渡河攻秦，扩建临晋，筑元里；次年，渡洛、渭，夺秦郑县，全占河西并侵占沙苑地区。因此，魏筑西边长城根本不会扩大到沙苑地区，更不会把防秦的军事重镇洛阴弃于长城之外。有些学者也指出洛河在这里不是入渭，而是入于黄河，那么洛河的左岸根本就没有修筑魏河西长城的可能。

史念海则认为魏河西长城过渭河后是沿着洛河的左岸前行并到达旧朝邑。他认为一般论魏国史事应依据《竹书纪年》《战国策》和《史记》，如果没有强有力证据指出司马迁的谬误，就不可轻言否定；另外，《史记》所著的年代离战国不过数百年，而那些方志却相距数千年，故《史记》所载更可信。"文侯十六年，伐秦，筑临晋、元里。十七年，西攻秦，自郑而还，筑洛阴、合阳。"⑤ 在这些记载中没有提到侵占沙苑地区，也未提到魏攻郑时渡过洛河和渭河。魏西攻秦郑，由安邑西行，由阴晋进攻，这是军事行动选择的常规道路，并没有必要渡洛、渡渭和沙苑，目前也确实没有证据证明秦魏两国曾争夺过沙苑地区。同时《禹贡》记载黄河并未向西摆动达到洛河河岸旁，洛河没有入黄河，魏惠王时洛

---

① [北魏] 郦道元原著、陈桥驿译注：《水经注全译》，贵州人民出版社1996年版，第480页。
② 张维华：《中国长城建置考》（上编），中华书局1979年版，第63页。
③ 陈孟东、刘合心：《魏国西长城调查》，载于《人文杂志》1983年第6期。
④ 史念海：《再论关中东部战国时期秦魏诸长城》，载于《中国历史地理论丛》1985年第2期。
⑤ [汉] 司马迁：《史记》卷四十四《魏世家》，中华书局1959年版，第1838页。

河还是入渭，沙苑又无可以修筑长城之理，而沙苑和其北的洛河之间还有一段距离。惠王为了防御秦国势东渐，修筑长城即"滨洛"①。因此，魏河西长城过渭河后沿洛河左岸前行，经旧朝邑进入大荔县。

（4）关于富县、洛川县境内长城的考证。

此段长城位于陕西省富县、洛川县境内洛河两岸，它的西北端在钳二乡的王乐村，城墙向东南方向延伸，由富县县城西北穿过洛河，至故州峁上山后折向南，沿洛河东岸至城关镇的野狐子沟。

史念海、姬乃军等学者认为此段长城是秦国所修建的"上郡塞"长城。"仪相秦四岁，立惠王为王。居一岁，为秦将，取陕。筑上郡塞。"② 秦上郡辖地相当广大，西汉时沿秦旧制上郡的南界一直到现在的富县、洛川诸县以南。唐代及之后的文献中，皆记载在上郡的范围内发现长城遗迹。唐、宋文献记载这条长城分别在洛交县东北和东南，这并非矛盾，而是各说了一段。因为这条长城是为防御赵国而修筑，当时的赵国在今山陕之间的黄河以西拥有大片土地。秦赵两国在这里的黄河西岸也不时发生争执，秦国筑这条长城后二十余年，赵武灵王犹欲自阴山山脉之下向南渡过黄河袭秦国。所以秦国当时筑这条长城的必要性已明白可见。③ 1998年姬乃军等对陕西省富县境内洛河两岸的战国长城进行了考察，认为该长城属于秦的"上郡塞"，用于防御赵国。赵国定阳故城位于今延安市临镇镇固县村，西南距富县不过十多公里。当时秦国为了巩固自己的北部边界，修筑"上郡塞"长城就已成为必然。

但是张文江、瓯燕、叶万松等学者则认为这段长城属于魏国。《史记·张仪列传》说秦在张仪攻取陕县后"筑上郡塞"，但并未像记载战国时列国所筑长城那样，迳称为长城。④ 因此，此上郡塞是否为长城还需认定；其次，"塞"有"国之厄险"处、边塞之义，至汉时演变为边防以至长城之意。但作为厄险之地的防御设施——塞，仍然存在，故称塞者不都是长城。

张仪筑上郡塞是在取陕之后，取陕之年依《史记》的《六国年表》和《张仪列传》在秦惠王更元元年，即公元前324年。此后魏国与秦国征战，连年失利，在这种秦强魏弱的形势下，秦绝无必要在已取得的上郡西边今富县筑一条长城以自限。同样，秦赵之间的交往，赵与魏一样都处于劣势。可见，秦国没有必要此时在上郡西部今富县筑一道长城来防赵。故此长城非秦所筑。

---

① 史念海：《再论关中东部战国时期秦魏诸长城》，载于《中国历史地理论丛》1985年第2期。
② [汉]司马迁：《史记》卷七十《张仪列传》，中华书局1959年版，第2284页。
③ 史念海：《黄河中游战国及秦时诸长城遗迹的探索》，载于《陕西师范大学学报（哲学社会科学版）》1978年第2期。
④ 瓯燕、叶万松：《"上郡塞"与"堑洛"长城辨》，载于《考古与文物》1997年第2期。

富县魏长城全长17 912米，呈东南—西北走向，两端均不与其他长城相接，从监军台开始沿洛河东岸分布，至洛河东侧支流牛武川汇入处向西越过洛河，沿洛河西侧支流秋家沟、任家台川南岸分水岭向西北延伸至张家塬。魏长城由墙体、单体建筑和相关遗存组成，共有墙体8段、单体建筑1座、相关遗存4处。墙体主要在塬上及崾岘处分布，为黄土夯筑而成，夯层厚度薄厚不一，清晰可辨，在陡峭的山体上少见，长城沿线少见建筑材料；单体建筑很少。[1]

（5）关于固阳（合阳）段长城的考证。

"（惠王）十九年，诸侯围我襄陵。筑长城，塞固阳。"[2] 对于固阳这个地名，学术界一般认为是今黄河以北内蒙古境内汉代设置的稒阳县，所以魏长城的走向就由今陕西华县蜿蜒北上直到内蒙古包头市内。

张筱衡认为固阳为陕西的合阳，"塞固阳"即是"塞合阳"[3]。这种观点得到大多数学者认同。近年来在合阳县西北的两城村之间亦发现了长城的遗迹。这段长城的属性也引起了诸多争议。史念海、史党社、辛德勇和李诚等认为该段属于魏长城，而张文江、姚双年、陈孟冬和刘合心等学者认为其是秦长城。

（6）关于韩城县马陵庄至城南村的两重长城的考证。

从马陵庄至城南村的两条长城，有学者认为其中一条是秦长城，是秦取少梁之后为了防守其新得到的土地而修筑。但是这种说法有矛盾之处，秦孝公八年即魏惠王十九年（公元前352），魏国开始修筑长城备秦，此时魏国的国都已从安邑迁于大梁。秦取少梁，长城的修筑显示魏国已采取守势。公元前352年秦降安邑，翌年秦又降固阳，此种情况下秦国没有必要修筑长城挡住自己的攻势，禁锢自己的脚步。

史念海认为马陵庄与城南村的两条长城，夯土痕迹并无两样，证明两条长城皆属魏国所建，并且一国筑两道长城亦有实例。[4]

张文江对此提出异议，出现两条长城是地理环境使然，西边的一段是魏于公元前352年以防少梁城里的秦军自洰河谷口入侵河西而筑，自合阳东城后村至韩城黄河附近马陵庄的长城，是魏国对公元前365年秦筑造长城的利用。[5]

（7）关于庆阳地区的长城的考证。

庆阳地区正宁、宁县、合水三县所见的全长约200公里的长城，张耀民认为

---

[1] 陕西省考古研究院、西北大学文化遗产学院：《陕西省早期长城资源调查报告》，文物出版社2015年版。

[2] ［汉］司马迁：《史记》卷四十四《魏世家》，中华书局1959年版，第1845页。

[3] 张筱衡：《梁惠王西河长城考》，载于《人文杂志》1958年第6期。

[4] 史念海：《黄河中游战国及秦时诸长城遗迹的探索》，载于《陕西师范大学学报（哲学社会科学版）》1978年第2期。

[5] 张文江：《渭南地区秦魏诸长城考辨》，载于《文博》2004年第1期。

是"界戎"长城，不仅是魏、戎的分界线，而且是之后战国秦北地郡与魏上郡的分界线，对以后秦、汉在这一带的建置产生了很大影响。①但是彭曦、陈守忠、李红雄等学者都认为庆阳地区这条长城应是秦昭襄王长城。②

2010年西北大学调查队对此段长城进行了调查，庆阳地区的战国长城墙体为在自然基础上黄土夯筑而成，随着山梁起伏走势弯曲，现存墙体高0.10～5米，顶宽0.10～7.20米，底宽0.30～9.50米，夯层厚0.04～0.11米。长城现状为断续残存，残存的墙体段落长度都偏短，在数米至一千几百米之间不等，大多呈脊梁状。近几年由于人类生产生活活动频繁，长城损坏状况有所加剧。长城沿线发现有外绳纹、内麻点纹、菱格纹、绳纹、素面纹、布纹以及外绳纹、环轮纹、内麻点纹等纹饰的瓦片，特别是消失段间的瓦片，成为判断长城走向及其位置的依据。而战国秦长城沿线的典型特征是散落有大量的外饰绳纹、内饰麻点纹或菱格纹的瓦片，而后调查队根据其夯筑技法和夯层厚度，以及其主要的延伸方向认为分布在庆阳地区的这段长城为秦昭襄王长城，且该长城在秦统一时期、汉代初年至少经过两次修缮。

2. 河南长城

魏河南长城首见于《后汉书·郡国志》："卷有长城，经阳武到密"③。该段长城北始于汉代的卷县（战国属魏）——今阳武县，由阳武向南延伸进入中牟县境内，经圃田泽西岸南行，又越过了管水，与管水交叉，之后进入密县。近年，在新密市北部与荥阳市交界处的香炉山、蜡烛山、沙岗、凤门口、五岭上，发现有古长城遗址。新密市与中牟县的圃田泽相距不远，魏国南长城应是从中牟县转向西南，与新密市的长城相连接。

魏国在太行山东麓还修筑了一道长城，它北起于漳河南岸林县姚村西丰村，向南经林县城关镇西的高家庄，又向南经合涧乡西北堤岭村，至林县与辉县交界处的鹿岭村，然后转向东南，经占元村进入辉县、汲县的北境。

密县在春秋战国时为郑国新密邑，韩哀公二年（公元前375），郑国被韩国所灭，韩国将都城迁移到郑。郑国在战国存在的时间很短，恐怕没有时间修筑长城，且史籍中没有郑国修筑长城的记载。韩国虽为战国七雄之一，然而史籍中也没有修筑长城的记载，其修筑长城的可能性几乎是不存在的。因此，新密市的古长城应是战国魏长城。另外，根据"亲王堤在县西一十里，南接河内，北至滏阳。古老传云，秦，赵分界堤也。"④太行山东麓长城一度被认为是赵长城，这

---

① 张耀民：《战国魏长城暨在甘肃庆阳遗址的考察》，载于《西北史地》1997年第3期。
② 李红雄：《甘肃庆阳地区境内长城调查与探索》，载于《考古与文物》1990年第2期。
③ ［宋］范晔：《后汉书》第二十二《郡国志》，中华书局1965年版，第3390页。
④ 张旺增：《林县志》卷一《古迹》，河南人民出版社1989年版，第431页。

种说法并不确切。"昔魏文侯以西门豹为邺令也，引漳以溉邺，民赖其用。其后至魏襄王，以史起为邺令，又堰漳水以灌邺田，咸成沃壤。"① 邺县在漳河之南，西门豹、史起所开的灌区，也都在漳河南岸。② 魏惠王十八年（公元前353），魏国攻取了赵国都城邯郸，两年后"归赵邯郸，与盟漳水上"③。魏、赵在漳水上结盟，是因为漳水是魏、赵两国共有的边界。漳水以南，属魏国所有。林县在漳河南岸，属于魏国的地域，其境内的古长城应当是魏国修筑的长城，其防御对象显然是长城以西的秦国。④

2004年开始李典芳等经过3年的调查，认为新密、登封接界的长城、边墙，荥阳境内的武岭和鸿沟，卫辉、辉县、林州境的城墙岭、边墙岭和堤岭，正是韩魏边界长城，长约300公里。它建于战国初期，经当时韩国上党（今山西省东南部）和南阳地（济源至获嘉间）东界，魏国东部河内地和河南地西境，过韩城皋、负黍（今登封地）东境和魏郑荥阳、密之西界，又经韩国郏邑、父城东边与郑国阳翟之西向南，止于叶地楚国所据之境。它为明确春秋末年晋楚两国疆界位置和分晋之初韩赵魏三国境域提供了实物佐证。⑤

3. 陕县长城

《元和郡县志》卷六河南道陕州硖石县条称："魏长城，在县北二十二里。魏惠王十九年所筑，东南起崤山，西北至河，三十七里。"崤山为函谷关的东口，崤山和函谷关是春秋战国时期的重险，故认为此为魏长城的起始。1956年，黄河水库考古队在陕县的东原刘家渠村发掘了一批唐墓，出土的两方墓志提及了长城。张琰墓志曰："以开元十五年十月十六日合葬于信义乡长城北原"。尚君墓志曰："开元二十四年十一月二十七日葬于长城北原。"从唐开元以前陕县的长城以各代的政治形势和领域看，似属战国魏。而且陕县正是魏与韩争夺的地区，并曾与秦交界，地形又很险要，是兵家必争之地，在此筑长城符合魏的军事防御需要。⑥ 但是，崤山和函谷关在战国后期属于秦国的领地，魏国修筑河西长城时，是秦强魏弱，修长城是为了防秦。因此，魏长城是不可能筑在秦国的领地里，其起点也不可能是在崤山⑦。

---

① [北魏] 郦道元原著、陈桥驿译注：《水经注全译·浊漳水清漳水》，贵州人民出版社1996年版，第263页。
② 郭沫若：《中国史稿地图集》（上册），地图出版社1985年版，第20页。
③ [汉] 司马迁：《史记》卷四十四《魏世家》，中华书局1959年版，第1841页。
④ 景爱：《中国长城史》，上海人民出版社2006年版，第103页。
⑤ 李典芳：《河南省战国魏韩边界长城遗迹的实地考察》，载于《中原文物》2007年第5期。
⑥ 瓯燕：《中华文明史话》，中国大百科全书出版社1998年版，第11页。
⑦ 景爱：《中国长城考》，上海人民出版社2006年版，第104页。

五、战国秦长城

文献上涉及的战国秦长城有秦昭襄王长城、堑洛、上郡塞等。

（一）关于秦昭王长城

秦，嬴姓，秦仲时期被周孝王封为大夫。公元前770年，秦襄公因护送周平王东迁有功，而被周平王分封为诸侯。战国初期，秦国占有今陕西关中和甘肃东南部地区。但秦国在厉共公、躁公、怀公、简公、惠公等统治时期，因常常发生内乱，经济又落后，国势日趋衰落，所以经常遭受外部打击。当时对秦威胁最大的是三家分晋后的魏、韩两国，尤以魏为甚。直到秦孝公时期，经商鞅变法，秦国才一改落后被动挨打的态势，国势日盛，不断地参与中原兼并战争，蚕食各诸侯国领土。

秦国在东进的同时，不断地用兵于西方的戎族，其中义渠戎是西戎中最大的一支。义渠和秦国的关系最为复杂，时叛时降，两者斗争也较为激烈。直至"宣太后诈而杀义渠戎王于甘泉，遂起兵伐残义渠"①之后，秦国才把后方的大小戎族吞并。秦国在灭掉义渠，得陇西、北地、上郡后，便修筑了一条长城，以此抵御北方游牧民族。由于此长城是在昭王时期修筑的，所以后人多称之为秦昭王长城，此长城也是史籍中关于秦国长城记载最为确切的一处。

除了秦昭王长城，战国时期秦国是否还修筑其他长城，史籍中并无明确的记载，学者们对此也多有争论。

彭曦、张廷皓认为：秦厉共公十六年（公元前461年）修筑了"堑河旁"长城；秦灵公八年（公元前417年）有"城堑河滨"长城②，它们均属长城③。

姚双年认为：秦灵公九年到秦简公六年之间，即公元前417年至公元前409年之间，秦国在今陕西省合阳县修筑一条防御魏国的长城④。

史念海、彭曦、史党社、田静、阿坚、张廷皓等认为，秦简公时期修筑了一

---

① ［汉］司马迁：《史记》卷一百十《匈奴列传》，中华书局1959年版，第2885页。
② 彭曦：《十年来考察与研究长城的主要发现与思考》，引自《长城国际学术研讨会论文集》，吉林人民出版社1994年版，第279页。
③ 张廷皓：《长城遗存》，载于《文博》1997年第3期。
④ 姚双年：《陕西合阳县新发现战国时期秦长城》，载于《考古与文物》1993年第3期。

条防御魏国的"堑洛"长城①。

史念海、彭曦、马建华、张力华、姬乃军、史党社、田静等指出，秦惠文王时期修筑了"上郡塞"长城。②

1. 相关历史文献

秦昭王（公元前324~前251年），公元前306年至公元前251年在位。秦昭王时期筑长城之事，最早见于《史记·匈奴列传》："秦昭王时，义渠戎王与宣太后乱，有二子。宣太后诈而杀义渠王于甘泉，遂起兵伐残义渠。于是秦有陇西、北地、上郡，筑长城以拒胡。"③ 其后《汉书·匈奴列传上》也有基本相同的记载。文中记录虽简单，但却提供了许多重要的信息，从中不仅能够了解到秦国在昭王时期筑有长城，而且也能大致了解此条长城修筑的背景、目的、位置等。

（1）修筑年代。

《后汉书·西羌传》："及昭王立，义渠王朝秦，遂与昭王母宣太后通，生二子。至赧王四十三年，宣太后诱杀义渠王于甘泉宫，因起兵灭之，始置陇西、北地、上郡焉。"④ 周赧王四十三年，为秦昭王三十五年，即公元前272年。《资治通鉴》卷6载："秦昭王三十五年（公元前272年），遂发兵伐义渠，灭之，始于陇西、北地、上郡筑长城以拒胡。"

依据以上文献记载，多数学者认为秦昭王长城修建应在昭王三十五年，即公元前272年。⑤ 白音查干认为，秦昭王长城开始修筑于昭王三十六年，即公元前271年。⑥

《水经注·河水》："汉陇西郡治，秦昭王二十八年置。"秦昭王二十八年，即公元前279年。据此文献，姚连学认为秦昭王长城筑于昭王二十八年，即公元前279年。⑦ 罗庆康也认为秦昭王长城可能建于秦昭王二十八年，但其把秦昭王

---

① 史念海：《黄河中游战国及秦时诸长城遗迹的探索》，载于《陕西师范大学学报（哲学社会科学版）》1978年第2期；史念海：《论西北地区诸长城的分布及其历史军事地理（上篇）》，载于《中国历史地理论丛》1994年第2期；彭曦：《秦简公"堑洛"遗迹考察简报》，载于《文物》1996年第4期；史党社、田静：《追寻秦昭王长城》，载于《文博》2004年第6期；阿坚：《历代长城线路笔记》，载于《阳关》2003年第1期。

② 史念海：《黄河中游战国及秦时诸长城遗迹的探索》，载于《陕西师范大学学报（哲学社会科学版）》1978年第2期；彭曦：《十年来考察与研究长城的主要发现与思考》，引自《长城国际学术研讨会论文集》，吉林人民出版社1994年版，第277页；姬乃军：《陕西富县秦"上郡塞"长城踏查》，载于《考古》1996年第3期；史党社、田静：《追寻秦昭王长城》，载于《文博》2004年第6期。

③ ［汉］司马迁：《史记》卷一百十《匈奴列传》，中华书局1959年版，第2885页。

④ ［宋］范晔：《后汉书》卷八十七《西羌传》，中华书局1959年版，第2874页。

⑤ 董耀会：《瓦合集》，科学出版社2004年版，第121页；张耀民：《义渠都城考证琐记》，载于《西北史地》1996年第2期。

⑥ 白音查干：《战国时期燕、赵、秦长城新论》，载于《内蒙古社会科学（汉文版）》1999年第5期。

⑦ 姚连学：《甘肃的古长城》，载于《丝绸之路》2001年第2期。

二十八年误认为是公元前 287 年了。① 吴礽骧认为筑于前 279 年前后。②

何钰认为,秦昭襄王长城修建于秦昭王二十八年至三十五年(公元前 279~前 272 年)之间。③

(2)修建背景。

《史记·匈奴列传》中明确指出秦昭王长城是在灭掉义渠后修筑的。灭掉义渠后,为了维护新的领地的安全,直面完全意义上的游牧民族匈奴,昭王便修筑了长城。

(3)位置。

由于筑长城是为了防御游牧民族内侵,所以长城应修筑在陇西、北地、上郡三郡的北边。

①甘肃境内。

班彪《西征赋》里提到东汉初年,在西征途中,过了彭阳县以后,他就循着长城西行。陈可畏认为,汉彭阳故城在今甘肃镇原县西北茹河北岸井陈家村。④可见,在今茹河北岸存在战国秦长城遗址。

《元和郡县图志·庆州马领县下》:"秦长城,在县西北一百二十六里,即蒙恬所筑也。"陈可畏认为,马领县故城在今甘肃庆阳县北马岭镇,此长城系战国秦昭王时期所筑,而不是蒙恬带人所筑,其应位于今甘肃环县境内。⑤《宋史·刘绍能传》:"夏人围大顺城,绍能为军锋,毁其栅,至奈王川,邀击于长城岭。"陈可畏认为,"宋大顺城",在今甘肃华池县东北 40 里大顺川旁,"长城岭"即今横山山脉。可见,在今华池县附近的横山山脉上存在长城遗址。⑥

苏轼《指掌秦秋列国图》:"秦自庆州西北为环州,长城在焉。再北为灵武。"

《大清一统志》卷二百五十三《兰州府·古迹》记载:"长城,在狄道州北,秦筑长城所起。"陈可畏认为,清狄道州即今甘肃临洮县,而上述"秦筑长城所起",系指战国秦长城的起点。⑦

《乾隆陇西县志》卷二:"长城遗址在县北百里鸟龙沟北山"。

《乾隆狄道州志》:"长城在州北三十五里"清狄道州,即今甘肃临洮县。

《乾隆环县志》:"长城在县北二里"。

《庆阳府志续稿》及《华池县志》:"边墙,西起华池县乔川乡狮子庄,东至陕西吴旗县小庄畔,全长八十余里。原为秦长城,明成化六年副都御史余子俊复筑。"

---

① 罗庆康:《战国及秦汉长城修建原因浅析》,载于《内蒙古社会科学(汉文版)》1988 年第 6 期。
② 吴礽骧:《战国秦长城与秦始皇长城》,载于《西北史地》1990 年第 2 期。
③ 何钰:《秦长城西部起首崆峒山刍议》,载于《社科纵横》1994 年第 1 期。
④⑤⑥⑦ 陈可畏:《论战国时期秦、赵、燕北部长城》,引自中国长城学会编《长城国际学术研讨会论文集》,吉林人民出版社 1994 年版,第 98 页。

由此可见，秦昭王长城在甘肃境内历经临洮、陇西、镇原、环县、华池等地。

②宁夏境内。

《水经注·河水》："河水又东北迳于黑城北，又东北，高平川水注之，即苦水也。水出高平大陇山苦水谷……东北流迳高平县故城东……川水又北出秦长城，城在县北一十五里。"陈可畏认为，汉高平故城，在今宁夏固原县南5里，"高平川"，即今宁夏清水河，据此，在今固原县北10里清水河上存在有战国秦长城遗址①。

《水经注·河水》："水有五源，咸出陇山西，东水发源县西南二十六里湫渊，渊在四山中，湫水北流，西北出长城，北与次水会，水出县西南四十里长城西山中，北流径魏行宫故殿东。"这里的"水"亦"川水"，即指清水河，又名苦水河；陇山亦即六盘山脉。②

《元和郡县图志·原州平高县下》："秦长城，在县北十里。"唐平高县城在今宁夏固原县，战国秦长城在今固原县北10里。③

《宋史·曹玮传》："镇戎军据平地，便于骑战，非中国之利。请自陇山以东，循古长城堑以为限。"宋镇戎军故城在今宁夏固原县，"陇山"指今六盘山，"古长城"指战国秦长城。可见，陇山东有战国秦长城遗址。④

《续资治通鉴长编》卷一百三十七，宋将葛怀敏与西夏元昊战于定川堡，"怀敏骤马东南驰，行二里许，至长城壕，路已断，贼周围之"，定川堡，在今固原县城西北乔洼附近。

《康熙隆德县志》："秦长城在县西北六十里"。今西吉县由隆德分出，陈守忠认为今西吉将台乡有长城遗址。⑤

《固原州志》："秦灭义渠，筑长城以御边即此地，在州西北十里有遗址。"

由此可知，宁夏西吉、固原等地均存在有秦长城遗址。

③陕西境内。

《水经注·河水》："圁水出上郡白土县圁谷，东迳其县南……东至长城，与神衔水合，水出县南神衔山，出峡，东至长城，入于圁……圁水又东迳圁阳县南，东流注于河。"陈可畏认为⑥，"圁水"，今陕西省神木县窟野河。汉圁阳县故城，在今神木县南。"神衔水"，今神木县马家塔河。可见，今神木县南窟野河上有战国秦长城遗址。

《水经注·河水》："河水又南，诸次之水入焉，水出上郡诸次山……其水东

---

① ③ ⑥ 陈可畏：《论战国时期秦、赵、燕北部长城》，引自中国长城学会编《长城国际学术研讨会论文集》，吉林人民出版社1994年版，第99页。

② 宁夏回族自治区博物馆、固原县文物工作站：《宁夏境内战国、秦、汉长城遗迹》，引自《中国长城遗迹调查报告集》，文物出版社1981年版，第47页。

⑤ 陈守忠：《甘肃境内秦长城遗迹调查及考证》，载于《历史教学问题》1984年第2期。

迳榆林塞，世又谓之榆林山，即《汉书》所谓榆溪旧塞者也。自溪西去，悉榆柳之蔽矣……其水东入长城，小榆水合焉。"陈可畏认为，"诸次水"，即今陕西佳县北之秃尾河①。这说明，在今秃尾河上游，即神木县西南存在战国秦长城遗址。

《水经注·河水》："奢延水又东迳肤施县，帝原水西北出龟兹县，东南流。县因处龟兹降胡著称。又东南注奢延水。奢延水又东迳肤施县南……东入五龙山……历长城东，出于白翟之中。又有平水，出西北平溪，东南入奢延水。奢延水又东，走马水注之，水出西南长城北阳周县故城南桥山……"陈可畏认为②，"奢延水"即今陕西无定河。"帝原水"，即今榆林河。"平水"，即今无定河支流大理河。"走马水"，即今无定河支流怀宁河。汉肤施故城，在今榆林市南部鱼河峁。"桥山"，在今怀宁河发源处，阳周故城南。可见，在今榆林市南鱼河峁南及怀宁河发源处，均修筑过战国秦长城。

《水经注·河水》："河水又右会区水……世谓之清水，东流入上郡长城。""清水"，即今延河。

《元和郡县图志·州宁朔县下》："秦长城，在县北十里。"唐宁朔县，在今陕西靖边县东杨桥畔镇。

《宋史·郭逵传》："二砦之北，旧有三十六堡，且以长城岭为界。"二砦指塞门、安远，塞门在今陕西安塞县北延河上游镰刀湾，长城岭指今横山山脉。可见，在陕、甘之横山山脉上曾修建过战国秦长城。

《宋史·王文郁传》："夏人逾屈野河掠塞上，文郁追至长城坂，尽夺所掠而还。"屈野河，即今神木县窟野河。长城坂，即今横山山脉。这也说明，今神木县城西横山山脉上修建过战国秦长城。

《太平寰宇记·绥州废龙泉县下》："长城，一在州西一十五里大力川，一在州北二十五里无定河，并是蒙恬所筑之遗迹。"陈可畏指出：唐龙泉县故城，即今陕西绥德县城；大力川，今大理河。绥德城北25里之长城和城西15里之长城，非蒙恬所筑，而是战国秦长城。③

由上述文献可知，长城从陕甘交界处开始，经延河上游镰刀湾、靖边县杨桥畔、榆林市南鱼河峁南，走横山山脉，过神木县秃尾河、窟野河。同时在绥德城西、北也有长城分布。

④内蒙古境内。

《水经注》卷三《河水》："河水又左得湳水口，水出西河郡美稷县……东南流入长城东。咸水出长城西咸谷，东入湳水。湳水又东迳西河富昌县故城南，又

---

①②③ 陈可畏：《论战国时期秦、赵、燕北部长城》，引自中国长城学会编《长城国际学术研讨会论文集》，吉林人民出版社1994年版，第99页。

东流入于河。"史念海认为，文中所说长城为秦昭王时候所建的，滴水当是现在的正川河及其下游的黄甫川。①

《元和郡县图志·夏州德静县下》："秦长城，在县西二里。"陈可畏认为，唐德静县故城，在今内蒙古乌审旗东南45里。可见，在今乌审旗东南修建过战国秦长城。乌审旗东南40余里当在于陕北榆林地区。②

2. 考古调查与发现

中华人民共和国成立前，学者们将研究长城的重点放在历史文献的考证上，很少进行实地考察。随着国家对历代长城资源的重视，特别是20世纪七八十年代后，在全国范围内展开了文物普查，一些学者开始对长城遗址进行实地考察，并取得了丰硕的成果了。

（1）考古调查成果。

秦昭王长城的考古调查成果主要分为两类：第一是着重于全线的考察；第二是着重于区段的考察。

关于秦昭王长城较完整、系统、综合性的考察和研究成果，仅见彭曦的《战国秦长城考察与研究》③著作。关于秦昭王长城区段性考察成果较为丰富，各省、区的基本情况如下。

甘肃省境内秦昭王长城调查主要有5次。

1981年4月，陈守忠、陈秉璋赴甘肃省通渭县所属榜罗镇地区做重点调查。同年9月，陈守忠、王宗元、王楷又对临洮、渭源两县境内秦长城做调查。通过两次调查，对所调查地区的长城线路、保存现状、相关遗存做了陈述，并对秦长城的起源以及所调查长城的修筑年代均作了论述，认为所调查秦长城为秦昭王时期所筑长城，它起自今临洮北三十里墩而不起自岷县。④

1981年7~10月，甘肃省定西地区文化局抽调有关各县文物干部，组成长城考察组，对临洮、渭源、陇西、通渭四县境内的战国秦长城进行了一次实地考察，基本查清了该地区战国秦长城的起点和走向，认为所调查长城为秦昭王长城，长城首起于临洮县城北新添公社三十墩南坪望儿咀。⑤

---

① 史念海：《黄河中游战国及秦时诸长城遗迹的探索》，载于《陕西师范大学学报（哲学社会科学版）》1978年第2期。
② 陈可畏：《论战国时期秦、赵、燕北部长城》，引自中国长城学会编《长城国际学术研讨会论文集》，吉林人民出版社1994年版，第99页。
③ 彭曦：《战国秦长城考察与研究》，西北大学出版社1990年版，第2~5页。
④ 陈守忠：《甘肃境内秦长城遗迹调查及考证》，载于《历史教学问题》1984年第2期；陈守忠：《陇上战国秦长城调查之一——陇西段》，载于《河陇史地考述》，兰州大学出版社1993年版，第178页。
⑤ 甘肃省定西地区文化局长城考察组：《定西地区战国秦长城遗迹考察记》，载于《文物》1987年第7期。

1984年6月，陈守忠与李并成对甘肃庆阳市镇原县、环县、华池县境内秦昭王长城做了考察，对长城线路、相关遗迹等做了论述，并认为陕西、甘肃两省边界之箭竿岭向东南方向，经边墙梁、城梁盖、南湾、营盘梁、长城（地名）、西梁，穿越省界入陕西省吴旗之梨树掌，至城墙（为地名）止的一段长城为秦长城经明代重筑。①

1985年5~6月，甘肃庆阳博物馆李红雄、杨罕峰，华池县文化馆赵保州等，对庆阳地区的12个乡镇境内长城分布、长城沿线主要遗迹与遗物等做了详细调查，并对长城的建制特点、长城修筑的年代做了论述，认为所调查长城为秦昭王长城，其中今华池县境内的长城，从贺家湾至营盘梁直至营崾岘这一段明代进行了修缮并继续沿用。②

1994年7~1995年10月，李璘对渭源县陈家梁境内秦长城、临洮县长城岭秦长城、陇西县长城梁秦长城、通渭县长城湾和城墙梁秦长城遗址进行了考察。他较为详尽的介绍了所调查地区长城位置、现状、建制、遗物等，通过调查，认为所调查的长城为秦昭王时期所建，从长城沿线遗物判断这段长城上起战国，下至东汉，一直都在实际使用。③

除此之外，顾颉刚于1937年和1938年两次对临洮、渭源、岷县等地考察。调查发现秦长城自岷县折而向北，东行至渭源，又西北至今临洮，又北至皋兰，然后沿黄河进入宁夏，东北行。顾所述为秦长城，但并未确切说明是战国时期所筑还是秦统一后所筑，而张维华和吴礽骧则认为顾所述秦长城所起处——岷县，当是秦昭王时期修筑。④

2006年、2010年，文物机构又一次对战国秦长城进行了全面深入的调查，调查成果尚未出版发行。

宁夏回族自治区境内秦昭王长城调查有四次。

第一次，宁夏回族自治区博物馆、固原县文物工作站对宁夏境内的部分战国、秦、汉长城遗迹进行了初步调查，对长城的线路、建制、遗物做了较为详细的论述。⑤

第二次，1984年5~6月，陈守忠、李并成对宁夏西吉、固原、彭阳境内以

---

① 陈守忠：《陇上秦长城调查之二》，载于《西北师院学报》增刊《敦煌学研究》1984年第2期。
② 李红雄：《甘肃庆阳地区境内长城调查与探索》，载于《考古与文物》1990年第6期。
③ 李璘：《甘肃境内秦长城考察纪略》，载于《丝绸之路》1996年第6期。
④ 顾颉刚：《甘肃秦长城遗迹》，载于《史林杂识初编》，中华书局1963年版，第77页；张维华：《中国长城建制考：上编》，中华书局1979年版，第116页；吴礽骧：《战国秦长城与秦始皇长城》，载于《西北史地》1990年第2期。
⑤ 宁夏回族自治区博物馆、固原县文物工作站：《宁夏境内战国、秦、汉长城遗迹》，载于《中国长城遗迹调查报告集》，文物出版社1981年版，第45页。

及甘肃庆阳地区镇原、环县、华池境内秦长城做了调查。通过调查，基本摸清了长城线路，并对长城建制、保存现状、遗物、墩台做了相关论述。①

第三次，2006年，宁夏回族自治区组建的长城调查组，对固原境内战国秦长城做了详细的调查。

规模最大、最深入的一次是全国长城资源调查过程中对该长城的调查，调查成果尚在编辑出版中。

陕西省境内秦昭王长城调查主要见于以下四次。

第一次，1988年1月，姬乃军等在1987年延安地区文化普查队调查的基础上，对该地秦长城进行了一次实地考察，基本查清了该段长城的走向，并且对长城建制、长城沿线遗迹遗物做了论述。②

第二次，20世纪80年代，戴应新等对神木县窟野河上游秦长城进行了实地考察，详细地介绍了窟野河上游长城沿线的地形地貌、长城走向、遗迹、建制等，并认为此条长城是在战国末期秦昭襄王时期所筑，从遗物也说明，汉代还继续使用这道长城。③

1990年9月，榆林市文管会在榆林巴拉素镇进行了调查，经过调查在乔家峁西发现了一段秦汉长城遗址。长城从红石桥乡的井界村西向东北蜿蜒曲折延伸至巴拉素镇乔家峁西侧的吴沙。

2009年陕西文物工作者对战国秦长城进行过全面和深入的调查，相关成果已经由文物出版社出版。④

内蒙古自治区境内秦昭王长城调查主要见于以下三次。

第一次，史念海对鄂尔多斯高原东部秦昭王长城做了考察，摸清了长城线路⑤。

第二次，1996年5月，李逸友前往内蒙古伊克昭盟，会同伊克昭盟文物工作站尹春雷同志对战国时期秦长城北段进行了实地考察，修正了史念海当时未能实地考察的长城部分地段的分布与走向⑥。

2009年，内蒙古文物工作者对分布在该地区的战国秦长城进行过深入的调

---

① 陈守忠：《陇上秦长城调查之二》，载于《河陇史地考述》，兰州大学出版社1993年版，第172~184页。又载于《西北师院学报》增刊《敦煌学研究》1984年版。
② 延安地区文物普查队：《延安地区战国秦长城考察简报》，载于《考古与文物》1990年第6期。
③ 陕西省考古研究所陕北考古队、榆林地区文物管理委员会：《神木县窟野河上游秦长城调查记》，载于《考古与文物》1988年第2期。
④ 陕西省考古研究院、西北大学文化遗产学院：《陕西省早期长城资源调查报告》，文物出版社2015年版。
⑤ 史念海：《鄂尔多斯高原东部战国时期秦长城遗迹探索记》，文物编辑委员会主编《中国长城遗迹调查报告集》，文物出版社1981年版，第68页。
⑥ 李逸友：《内蒙古史迹丛考》，载于《内蒙古文物考古文集》（第2辑），中国大百科全书出版社1997年版，第393页。

查，调查成果即将由文物出版社出版。

(2) 线路。

经田野调查发现，秦昭王长城行经线路自西向东依次为甘肃省定西地区、甘肃省平凉地区、宁夏回族自治区固原地区、甘肃省庆阳地区、陕西省延安地区、榆林地区、内蒙古自治区鄂尔多斯地区，下文便将具体线路作以介绍。

①甘肃定西地区。

关于定西地区秦昭王长城走向，陈守忠、甘肃省定西地区文化局长城考察组、彭曦先后均作了考察论述。经过几次调查，定西地区秦昭王长城整体线路清晰，调查者所述路线并无多大分歧，只是在长城起点问题上至今仍存有争执，一是认为起于今甘肃岷县，持此观点的主要是文献考证者；二是认为起于今甘肃临洮，持此观点的主要是考古调查者，西北大学、陈守忠、孙益民、王楷等以及定西地区长城考察组均持此观点。

王宗元、齐有科在前人及自身实地调查的基础上肯定的指出，岷县境内没有秦长城，秦长城起于今临洮①。

从已有的调查成果来看，临洮县发现有长城遗迹，而岷县不见长城遗迹，因此秦昭王长城首起于今甘肃临洮县北的杀王坡的观点相对来说更具有说服力。

调查成果表明，甘肃定西地区秦昭王长城从临洮县城北新添乡三十里墩杀王坡处开始，沿东浴沟北岸向东南延伸，到达渭源县城以北，复向东经陇西县境的北部、东部，横贯通渭县境后进入甘肃平凉地区静宁县，此段长城横跨渭河多条小支流的中上游地带，把东峪沟、咸河、鱼家峡沟、小干川、常家沟、苦水河、牛谷河等大部分都纳括在长城内侧。长城经过详细线路，由于各个调查者所使用地名不同，所述线路名称也不尽相同。

②甘肃平凉地区。

甘肃平凉地区秦昭王长城走向，陈守忠、彭曦先后做了调查。两者调查均认为平凉地区仅静宁一县有长城，但是两者提出的路线有着较大的分歧。

③宁夏固原地区。

宁夏回族自治区博物馆及固原县文物工作站、陈守忠、彭曦、冯国富和海梅等先后做过调查。主要有两个地方值得注意：一是，长城从甘肃什么地方进入宁夏而至西吉县将台。宁夏回族自治区博物馆、固原县文物工作站没有说明具体地方，冯国富、海梅认为是从甘肃静宁县原安乡进入宁夏西吉，而陈守忠指出静宁县原安乡之李堡村进入西吉县，彭曦指出长城从今静宁县顺葫芦河东岸，经北峡

---

① 王宗元、齐有科：《秦长城起首地——"临洮"考》，载于《西北师大学报（社会科学版）》1992年第3期。

口后从闫庙进入宁夏西吉县；二是，经过几次调查发现，长城在固原城北分了两道长城，多称之为"内城"和"外城"，"内城"和"外城"在明庄附近开始分叉，在沙窝处相汇。

④甘肃庆阳地区。

关于甘肃庆阳地区秦昭王长城的走向，陈守忠、李红雄、彭曦等先后做了调查。长城在庆阳地区先后历经镇原、环县、华池三县，三者均认同。但在镇原境内的认识上存在差别，即长城在安家川河沿岸的线路认识不同。陈守忠、李红雄均认为长城在过水磨沟及安家川河后，沿安家川河北岸东行，而彭曦则认为是沿南岸东行的。彭曦调查时称安家川沟岸未找到夯土墙痕迹[①]。而李红雄调查发现，长城北跨安家川河后，进入三岔乡境的吊梁，折东向，沿安家川河北岸阶地高庄的高庄梁，后河新庄湾到老爷岭山前，这段长城遗迹明显，其中高庄梁一带保存较好，有残墙78米[②]。由此可见，彭曦没有发现家川沟北岸的长城，其长城在家川沟南岸之说是不准确的，长城应该在北岸行走。其余地段线路，三者所述基本相同，只是所用地名不甚相同。

⑤陕西延安地区。

延安地区秦昭王长城走向，彭曦及延安地区文物普查队都曾做过调查，延安地区文物普查队调查最为详细，但在三道川地区的长城线路，还存在分歧。

⑥陕西榆林地区。

榆林地区秦昭王长城线路，陕西省考古研究所陕北考古队、榆林地区文物管理委员会及彭曦均做过相关考察，但各有侧重点，前者主要调查的是神木县窟野河上游地区，即神木县城以北地区，而对神木县城以西地区并未作调查。彭曦对靖边境内做了相关调查，对横山、榆阳区大部分地区未作调查，只是在镇北台一带做了考察，神木县境内则未做调查，因此整体来说，榆林地区靖边县及神木县城北的线路较清晰。神木县和榆阳区境内存在的主要问题是，秦长城与明长城的关系问题，因为明长城也经过此地，所以有观点认为，此地主要是明长城，并无秦长城遗址[③]。彭曦经过考察研究判断，靖边县杨桥畔以北经横山、榆林至秃尾河的这一大段长城，应是明长城利用原战国秦长城遗迹。因此，此地区长城线路还需要通过进一步调查来证实。

⑦内蒙古鄂尔多斯地区。

史念海、彭曦、李逸友等均做过相关调查，但由于遗迹破坏较严重，在一些

[①] 彭曦：《战国秦长城考察与研究》，西北大学出版社1990年版，第120页。
[②] 李红雄：《甘肃庆阳地区境内长城调查与探索》，载于《考古与文物》1990年第6期。
[③] 史念海：《黄河中游战国及秦时诸长城遗迹的探索》注（11），载于《陕西师范大学学报（哲学社会科学版）》1978年第2期。

路线的认识上存在争议。通过调查成果发现，从神木县进入内蒙古直至巴龙梁一段的路线，并无分歧。但自点素脑包北上至十二连城这一段，彭曦和史念海有着不同的看法。从彭曦调查发现，史念海所绘的自点素脑包北上至十二连城这段线路上，没有任何长城遗迹，并且通过对十二连城考察，认为史所述路线并不准确。李逸友于1996年5月前往伊克昭盟，会同伊克昭盟文物工作站尹春雷实地考察，从而进一步肯定了文物普查成果，即长城从东胜市东北及达拉特旗北部经过，从而修正了史念海当时未能实地考察的长城部分地段（傲包梁以北地区）的分布与走向。

虽然史念海、彭曦及当地文物工作者做了调查，但始终也没有发现秦昭王长城的确切止点，所得结论也是依据文献及一些遗迹做的推断。

2010年，受甘肃省文物局委托，西北大学文化遗产学院组织师生对甘肃境内的战国秦长城进行了全面深入的调查，经过调查发现，甘肃省境内战国秦长城东部接陕西省吴起县战国秦长城，从东北向西南依次经过庆阳市华池、环县、镇原进入宁夏彭阳、固原、西吉复入甘肃平凉市静宁，再向西南进入定西市的通渭、陇西、渭源、临洮止于洮河东岸。[①]

（3）长城建制、特点及主要墙体遗迹。

通过考古调查发现，秦昭王长城因地形而建，类型多变，颇具特色。主要有以下几种类型。

第一，以黄土为主要原料夯筑，这是长城修筑中最为常见的方式，主要建在缓坡和平坦的台、原地段。但许多河谷陡坡和起伏大的山坡上亦有宽厚的夯土墙，这是因为此处险要和地形不宜堑削所致。夯土墙的一个特点是外侧较陡而内侧为易于上下的缓坡。黄土夯筑的城墙夯层厚度一般在10厘米以下，但也有10厘米以上的，有的甚至达到20厘米。主要遗迹有宁夏固原地区固原县滴滴沟处长城、甘肃定西地区临洮县南坪北庄长城等。

第二，以石头为原料筑城墙，主要存在于陕西省神木县窟野河上游附近。石墙的构筑方式，或为中间夯土、两侧砌石，或为中间填碎石、两侧砌片石，为一层片石中间垫一层土砌筑，或为一侧砌石、一侧夯土；在山坡水土流失严重基岩裸露的多石地段用石头垒砌，城垣较窄也不甚高。其地基的处理亦视情况而定，并不拘泥于一式一法，有的直接在山岩上砌筑，如遇山脊窄瘦，则下面铺放一层横木，使基石亲着面扩大不至于倾滑易位。而在石头质量差，风化严重的地段，乃先夯土为基，然后砌石成垣。在沙地上以片石为基，基上夯土。总之是采取因

[①] 甘肃省文物局、西北大学文化遗产学院：《甘肃省战国秦长城资源调查报告》，文物出版社（编辑过程中）。

地制宜的方法，以雷家石畔长城、傲包梁长城为例。主要遗迹有陕西榆林地区神木县雷家石畔长城、陕西榆林地区神木县傲包梁长城等。

第三，堑山为障，主要存在于黄土山地，利用内高外低的地形，施以下堑上夯或完全堑削为墙，彭曦经调查研究认为，此类城墙约占全线长度的40%。堑山为障常见的是"三道楞"形式，即在山坡顶端西侧堑坡成三道屏障，而在山与山连接的崾岘处夯筑城墙。主要遗迹有宁夏固原县滴滴沟处长城、陕西吴起县薛岔乡周崾岭村北的瓦渣梁长城。

第四，以沟为堑（即作为自然天险），然后沟边险要位置夯筑墩台，或筑瞭望城址、烽燧等，这样不仅省工省力，同时也达到了预警和御敌的目的。彭曦经过全线调查认为，像静宁至西吉的葫芦河、马莲河、环县的黑泉河、城西川、城东沟，吴旗的三道川等，总计350~370多千米，约占全长的20%，这类长城基本是筑有夯土城墩而不筑夯土墙，利用河沟崖岸地形为城，少数沟口或浅沟处才发现筑有夯土墙壁。主要遗迹有甘肃环县演武乡的后沟沟口、城东沟沟口等。①

第五，墙体外配以堑壕。在城墙外通过堑壕来提高城墙的高度，以此增强墙体防御能力，当然这种沟壕往往是在筑城取土时形成的，主要遗迹有甘肃陇西县德兴乡鱼家咀至蒙家湾段长城等。②

第六，在固原县明庄有内外两道长城。长城在明庄西北地区，分为两道，形成"内城"和"外城"之分。这里的长城筑法是内外取土，由于用土量比他处多5~10倍，使丘陵缓坡被截断，而形成了许多地方内外有壕。外壕成深堑，内壕为宽达数十米至百余米的平地。城墙上的城墩有极为明显的区别，一般来讲，大部分地方城墩墩体向城墙内侧突出，而此处则向外侧突出，其形制类似于后代所称的"马面"。从墩体建制，墙体、墩体的高度和厚度，沿线障城内所发现的素面砖瓦及宋代绿豆釉瓷片，城墙断面上的后期修补痕迹等判断，此内城极可能为宋代对战国秦长城的改造和加修。外城已经残破，大部分为平地，残留城墩多为2~3米高，大部分看不到城墙。③

（4）长城单体建筑——墩台遗迹。

墩台是长城的主要设施之一，主要有两种形式，一种是依城墙而建或建筑在城墙上，彭曦称之为城墩；另一种是远离城墙而建的墩台，一般称之为烽燧。关于秦昭王长城沿线墩台的建制、数量、作用等，虽然各地区的野外调查人员都做了相关记录和论述，但仍缺乏系统性、全面性。

城墩，依城而建，现呈卧鲸状，墩的纵轴基线与长城墙线一致，残高一般为

---

① 彭曦：《战国秦长城考察与研究》，西北大学出版社1990年版，第242页。
② 彭曦：《战国秦长城考察与研究》，西北大学出版社1990年版，第12页。
③ 彭曦：《战国秦长城考察与研究》，西北大学出版社1990年版，第82~87页。

2.5~4米，高出残城墙1~2米，基宽一般为10~12米，每个城墩周围及墩体坡面上，皆可发现各种绳纹、麻点纹、环轮纹等残瓦。

墩台间距，依地形不同而有疏密之分，平缓地带，一般200~230米一座，在起伏较大的崾岘处，亦有相距80多米或100多米者。

烽燧，是从边境向内地传达战争警报的重要通信措施，它始于周代，沿用了2000多年，是古代国防设施建设中的组成部分。多建在长城大转弯地带、河谷交汇地带、下山过沟处两对面的山头上。

彭曦发现，秦昭王长城沿线烽燧位于长城内侧1千~2千米山峁最高处，烽燧间距多数在2千~3千米，烽燧与长城之间，烽燧与烽燧之间，与内侧更远向内地传输信号的烽燧之间都有良好的视野空间。① 内传烽燧，都是筑在较大河流之间的分水岭上，相距多为3千~5千米。烽燧大小并不一致，现在多数残高3~5米，呈圆锥体。有的特别高大，且下部为方形。而且长城内侧的遗址，不论大小，其中必有一个烽燧，这又是一条定则。这种烽燧，其形状与城墩略有不同，皆为圆状体。此类烽燧之数，最少应有1 000多个，平时守望，每个烽燧戍卒应不少于5个，故戍卒总数应为5 000~10 000。

从全线考察来看，墩台基本上是以黄土为主要原料进行夯筑的，在不同的地区会夹杂一些杂物，比如瓦片、料礓石、沙子、石子等。城墩的现状一般为土堆状，烽燧一般呈圆锥体。但在神木县境内，一些墩台有着显著的特点，从形制和建筑材料上都和甘肃、宁夏等地不同。

（5）障塞遗址。

障塞，为驻军之地，戍卒居住、生活之所。

沿线障塞建在长城内侧，或依墙体而筑，或在墙体内侧山峁上或河谷台地上修筑，战国秦长城障塞最主要的特点是，多为无垣障塞。这个无垣，主要是指无高于地表的夯土墙，而不是真正的无垣。它们都是选择长城内侧的山梁或河谷台地，利用台地的自然地形，周围施以堑削，仅在极少部分以夯土墙使堑削之垣壁补修整齐和加固，如通渭县古城沟的何家坪遗址，环县演武殷家沟口台地遗址，吴旗周崾岘遗址等。

除了无堙障塞外，还会发现一些有垣障塞，但在宁夏西吉的明荣、马莲，固原从张易经红庄至明庄、乔洼一段内侧的有垣遗址，以及至彭阳、镇原孟庄原为止，有城垣的障城遗址发现不足20个，这些有垣障多为晚期遗迹，经后期修葺。

战国秦长城的障塞，有大小、位置、等级、内涵的区别，主要分为三类。

---

① 彭曦：《战国秦长城考察与研究》，西北大学出版社1990年版，第9~10、239~240页。

第一类是紧贴长城内侧的小遗址，数量最多，间距约 3.5 千米，面积为 200~300 平方米。绝大多数无城垣之设，为早期遗迹。少数有城垣者，多为晚期遗迹。

第二类位于长城内侧的河谷台地或山梁通道山峁之上，其面积又因河谷大小险要和山梁通道的长短位置等因素而有不同。小者面积在 3 000~5 000 平方米，大者 5 000~10 000 平方米。这些遗址内多发现瓦，排水管和烧造生活器皿的窑场。以窑场遗迹判断，一般有 5~7 个陶窑，窑体均有高 2 米多，腹直径约 2 米的容积。窑场遗址一概临沟近水，成为定则，这类遗址中往往发现有云纹瓦当，遗址附近有墓葬区。

第三类是更大型的遗址，距离长城较远，在长城内侧 3~4 千米范围之内，在更大的河谷通道和分水岭的山梁通道上，则必有由城、烽、障构成的纵深 1~2 千米的立体式防御布局，可称为要塞。这些要塞中都有一个较大的核心遗址，面积达数万平方米，附属有河谷各个台地上的大小不同的障址，以及各台地制高点上的烽燧。这种大型遗址的特点是文化遗存明显丰富，瓦片，陶片数量多，堆积厚，灰层灰坑密集，大型生活器皿数量多，种类多，纹饰繁，质地精良。弃骨多，弃骨中以羊骨为最。都能发现早期居住面以及建材中数量极少的绳纹薄砖，云纹瓦当，特别是有字器物如"千秋万岁""长乐无极"瓦当，甚至可以发现铸造铁器和后期造钱币厂址。这类要塞的墓葬区都在长城内侧较远距离。

第四类是比上述更小者，形式多样，有"重城障""墩式障""横城"。"重城障"，是在梁坡河口或小山峁于长城内侧加筑一节数十米长的墙壁、有直有曲，不拘一格。"墩式障"，有 1 墩、2 墩、3 墩，有以墙相连接和不连接数种。多位于小而独立的山峁上，这种"墩式障"也有 5~12 个城墩者，但这类为数极少，其时代亦可能属于汉代所为。"横城"，此类较多，但其特点是一律在长城内侧数十米或百米的梁头、塬头或峁头前沿。"横城"之设，目的十分明显，均为防止一旦敌从低处攻入长城内侧而为。

除此之外，战国秦长城沿线还有一些重要的遗址：甘肃定西地区临洮县杀王坡塬头遗址、甘肃定西地区临洮县花马沟遗址、宁夏固原地区海子峡河至清水河处障城遗址、甘肃庆阳地区环县城子岗、陕西延安地区吴起县周崾岘遗址、陕西榆林地区靖边县姬家山瓦碴梁遗址、内蒙古鄂尔多斯地区准格尔旗十二连城遗址等。

（6）主要遗物——瓦片。

战国秦长城有别于其他列国长城最大的一个显著特点，是沿长城线能发现大量的连续性的瓦片，表明当年的长城顶端可能覆盖有筒瓦板瓦。无论是墙体附近，墩台、烽燧上，还是遗址内外，总会发现大量的瓦片存在，长城沿线的瓦主要分筒瓦和板瓦两种类型。瓦片的纹饰多样，有细绳纹、粗绳纹、麻点纹（窝点纹、圆点纹）、环轮纹等①，这些瓦片也成为判断长城年代的主要标志。②

长城沿线瓦均残破，完整的很少。板瓦大小厚薄不一，有明显的切削边缘，经测量，厚的为1.5厘米，薄的1厘米，最小的板瓦，外弧宽23厘米，约合秦汉一尺。甘肃尧甸镇长城坡一农民家藏有一片完整板瓦，长63厘米，一头大，一头小，大的一头宽53厘米，小头宽47厘米，厚1.5厘米。筒瓦两块合起来恰好是个圆筒，直径15厘米。无论板瓦、筒瓦，表里均有饰纹，有网纹、粗绳纹、细绳纹、斜绳纹。有的表面还有平行划线纹，划线间相隔1.5厘米，有突起的棱脊。有的内缘还有方点窝纹。有的一头有1~2个瓦穿（即钉眼），板瓦的瓦穿，直径1.5厘米，筒瓦的为1厘米。③

关于大量出土的瓦片的用途，学术界还存在不同的认识。彭曦认为，为城上城下戍守建筑之需而作，即为筑屋室所用。④ 吴礽骧引吴怡如观点以为是长城内外墙壁的落水装置，在城墙顶部，隔一定距离平置板瓦，以承受雨水，在城墙两壁，以绳索连接筒瓦四角的钉孔，形成流槽，使雨水排出墙基以外，从而减少雨水对长城墙体的冲刷，以延长长城的使用寿命。⑤ 史党社、田静依据《墨子·备城门》中说瓦可以做守城武器一说，认为秦昭王长城沿线的瓦片，极有可能就是用做守城武器。在同时代的燕赵长城沿线，以及河西汉代长城，类似的瓦片遗存较少或没有。也就是说，这一情况可能乃秦人独有。最有可能的事实是，瓦片既用做守城的武器，又用做遮蔽排水之用，不必作拘泥的理解。⑥

除了瓦片之外，长城沿线还会发现礌石、瓦当、砖。其中礌石常见，墩台、烽燧、障城内时常发现，大小不一。砖数量极少，多在大型遗址中发现。瓦当较之砖常见，但较之礌石、瓦片来说就少见，以云纹瓦当最多，一般在中、大型遗址中可见。调查中还发现剑、戈、矛、镞、斧、弩机、削、盂、马具、各式陶器残片等。

3. 已有研究成果

对于秦昭王长城的研究，主要涉及长城的修建时间、背景、目的、线路、意义及长城的保护等问题。

---

① 彭曦：《战国秦长城考察与研究》，西北大学出版社1990年版，第7页。
② 陈守忠：《陇上秦长城调查之二》，载于《河陇史地考述》，兰州大学出版社1993年版，第184页。（又载于《西北师院学报》增刊《敦煌学研究》，1984年10月。）
③ 陈守忠：《甘肃境内秦长城遗迹调查及考证》，载于《历史教学问题》1984年第2期。又载于《西北史地》以及黄盛璋主编：《亚洲文明》（第一辑），安徽教育出版社1992年版。
④ 彭曦：《战国秦长城考察与研究》，西北大学出版社1990年版，第243页。
⑤ 吴礽骧：《战国秦长城与秦始皇长城》，载于《西北史地》1990年第2期。
⑥ 史党社、田静：《追寻秦昭王长城》，载于《文博》2004年第6期。

（1）综合研究。

秦昭王长城线路问题，一直是史学家们探讨的核心问题，也是秦昭王长城研究的重点问题。在对古代长城遗迹进行调查之前，学术界对于秦昭王长城的研究基本停留在古代文献上，而文献记载多零散、模糊，文献中虽提到"长城"或"秦长城"等词汇，也有明确指出具体位置，因此学者对文献资料会出现不同解读，得出的线路不同，也就在所难免。

①起点问题。

通过考证，一些学者认为秦昭王长城不应在临洮，应该在靠南，即今甘肃岷县，张维华、史念海、罗哲文等均持此说。[①] 景爱认为，"将临洮附近的长城说成是秦昭王长城所筑，没有任何直接的证据……起始于临洮的长城，属于秦始皇时代蒙恬所筑的长城，不能将二者等同为一。"[②]

谭其骧主编的《中国历史地图集》把秦昭王长城起点标在今甘肃岷县。

总体来看，学者们虽几经考证岷县境内有秦昭王长城，却没有相关考古资料做支撑，说服力似乎不够强。而今临洮境内发现长城遗迹，并且文献中也有相关记载。尽管学术界对秦昭王长城起点问题争论不断，但从现阶段考古成果来看，长城西端遗址在临洮更有说服力。同杨阳认为战国秦长城起点在临洮，并且还认为甘肃境内没有秦始皇长城。

②止点问题。

由于对文献有着不同的解读，也由于长城遗迹破坏严重，虽经调查其原委未能尽悉。关于此条长城的止点问题，学术界也存在分歧。

张维华认为，秦昭王长城入绥德县境后，再东行，止于黄河西岸；罗哲文也持此观点。[③]

李文信认为，长城经榆林后，直到河曲附近黄河岸边。[④]

罗庆康认为，长城止于陕北东北的黄河岸边。[⑤]

黄麟书认为，长城止于神木县窟野河。[⑥]

景爱认为，止于无定河南岸，北与渔河堡相对。许多学者所标绘的止于黄河

[①] 张维华：《中国长城建制考：上编》，中华书局1979年版，第116页；史念海：《黄河中游战国及秦时诸长城遗迹的探索》，载于《陕西师范大学学报（哲学社会科学版）》1978年第2期；罗哲文：《长城》，北京出版社1982年版，第26页。

[②] 景爱：《中国长城史》，上海人民出版社2006年版，第149～151页。

[③] 张维华：《中国长城建制考：上编》，中华书局1979年版，第118页；罗哲文：《长城》，北京出版社1982年版，第26页。

[④] 李文信：《中国北部长城沿革考（上）》，载于《社会科学辑刊》1979年第2期。

[⑤] 罗庆康：《战国及秦汉长城修建原因浅析》，载于《内蒙古社会科学（汉文版）》1988年第6期。

[⑥] 黄麟书：《秦皇长城考》，造阳文学社1972年版，第39页。

南岸的十二连城长城，实际是秦始皇统一六国以后蒙恬所筑长城，而不是秦昭王长城①。

史念海认为，秦昭王长城的止点有两处，一是在秦上郡治所肤施县附近，即今榆林市南无定河西侧；一是在达于内蒙古托克托县十二连城附近黄河岸边②。彭曦大体赞同史之两处止点说，只是在内蒙古地区有所差异，彭认为长城不会仅止于十二连城以北，而必须沿黄河南岸向东有一段布防；从靖边县分出的一支长城，东至绥德后，沿无定河止于今榆林的鱼河堡。③

谭其骧主编的《中国历史地图集》中所标注的秦昭王长城止点和史念海所述相同，即一处在陕西无定河岸边，一处在内蒙古黄河岸边。

辛德勇通过考证，认为史念海复原的秦昭襄王长城北端走向看来不够准确，秦昭襄王长城北端并没有抵达"北河"岸边，而是向东折向"西河"河岸。"西河"在战国秦汉时期，是指今山西、陕西两省之间的黄河河段。④

③经行线路。

张维华认为，秦昭王所筑长城首起于今甘肃岷县之西南，北行，经临洮、渭源之境，直达兰州市皋兰。再由皋兰东行，越陇山，入固原县境。复东北行，入合水县与环县之境。自此再东北行，入今陕西之鄜县境。再东北，经延安县而入绥德县境。再东行，达黄河西岸而止。罗哲文因之。⑤

史念海认为，秦昭王长城由现在甘肃岷县城西十千米处开始，沿洮河东岸，到今临洮县境，绕县城东行，至宁夏固原县附近，再东经甘肃环县北，循陕西志丹、安塞等县境的横山山脉东行，分为二支：一支经绥德县西，再北达榆林县南境，而止于秦上郡治所肤施县附近；一支经陕西靖边县东，再北折而东行，经榆林县东北、神木县北，达于内蒙古托克托县十二连城附近黄河岸旁。⑥

黄麟书认为，秦昭王长城从今固原北东北行，经环县之北，然后经白于山而东，又经靖边县之南，安定县北高柏山，在榆林南过无定河，然后东北行，跨秃尾河，至窟野河。⑦ 而后，在看到顾颉刚考察文章——《甘肃秦长城遗迹》后，对秦昭王长城线路有了新的认识，认为长城从洮水以东东行，经临洮县城东三十

---

① 景爱：《中国长城史》，上海人民出版社2006年版，第153~154页。
②⑥ 史念海：《黄河中游战国及秦时诸长城遗迹的探索》，载于《陕西师范大学学报（哲学社会科学版）》1978年第2期。
③ 彭曦：《战国秦长城考察与研究》，西北大学出版社1990年版，第207~235页。
④ 辛德勇：《张家山汉简所示汉初西北隅边境解析——附论秦昭襄王长城北端走向与九原云中两郡战略地位》，载于《历史研究》2006年第1期。
⑤ 张维华：《中国长城建制考：上编》，中华书局1979年版，第118页。罗哲文：《长城》，北京出版社1982年版，第26页中：它起于今甘肃的岷县，经临洮，北达今兰州，再东行，到今宁夏的固原县境，折而东北行，到甘肃的环县、庆阳，再到陕西的鄜县、延安、绥德，止于黄河边。
⑦ 黄麟书：《秦皇长城考》，造阳文学社1972年版，第12~39页。

里的长城坡、庆坪镇，东南到渭源县北，然后东北经隆德县西北，到固原县城北，东北经环县北。[1]

李文信认为，秦昭王长城约略西起宁夏横城，东到洛水上源，再与魏国长城相接，即经陕西靖边、榆林，东北直达河曲黄河一带。[2]

阿坚认为，秦昭王长城起自岷县，经临洮、固原等地止于黄河西岸一带。[3]

除此之外，一些研究者对秦昭王长城线路的认识主要依据考古调查所得，其中一方认为长城仅一条线路，即西起甘肃临洮，东至内蒙古十二连城，自西向东经历今甘、宁、陕、蒙四个省区的临洮、西吉、固原、华池、吴镇、志丹、神木、伊金霍洛、准格尔等地。[4]

还有学者认为秦昭王长城起于岷县，经临洮、陇西、通渭等地，陕西吴旗、靖边、神木北达内蒙古准格尔旗托克托县处黄河边。[5]

另一观点认为秦昭王长城有两道线路，一道是上面所述趋于内蒙古的长城，另一道则是在从陕西靖边南分出的一支，经绥德至米脂、榆林之间的鱼河堡附近，即秦代上郡治所肤施为止的长城。[6]

段清波等西北大学调查队对战国秦长城调查资料的研究[7]认为：

今天我们看到的所谓战国秦昭王长城，其实是战国秦、统一秦和西汉前期等三个时代前后相继，经过沿用、修缮、新建等各种形式建造后所存留下的长城；文献中屡见的汉"故塞"长城就是西汉在战国秦长城的基础上加以利用、新建而成的。

秦昭王长城的走向与分布为自内蒙古入境后，在明长城西北侧延伸；至榆阳区十八墩与明长城交汇，至榆阳区黄沙碛墩与明长城分离；其后继续沿明长城西北侧布设，越无定河后与明长城相交；继续前行，分布于明长城东侧，向南延伸至靖边黄草垯与明长城两次相交，小段分布于明长城西北侧；西南方向前行直至进入甘肃界处，皆分布在明长城东南侧。

秦昭王长城体系由长城墙体、附属建筑（包括单体建筑与关堡）组成。陕西

---

[1] 黄麟书：《边塞研究》（上册），造阳文学社1979年版，第26页。
[2] 李文信：《中国北部长城沿革考（上）》，载于《社会科学辑刊》1979年第2期。
[3] 阿坚：《历代长城线路笔记》，载于《阳关》2003年第1期。
[4] 白音查干：《战国时期燕、赵、秦长城新论》，载于《内蒙古社会科学（汉文版）》1999年第5期；史党社、田静：《追寻秦昭王长城》，载于《文博》2004年第6期。
[5] 黄展岳：《新中国秦汉长城遗迹的调查》，载于《新中国的考古发现和研究》，中国社会科学院考古研究所，1984年5月；张耀民：《试论长城文化对甘肃的影响》，载于《西北史地》1998年第1期。
[6] 彭曦：《战国秦长城考察与研究》，西北大学出版社1990年版，第209页；董耀会：《瓦合集》，科学出版社2004年版，第154页；吴礽骧：《战国秦长城与秦始皇长城》，载于《西北史地》1990年第2期。
[7] 段清波、于春雷：《陕西战国秦长城调查与研究》，载于《中国文物科学研究》2012年第3期。

境内线路全长458千米。其中夯土墙198千米，石墙20千米，山险墙100千米，河险9千米，山险3千米，消失段127千米；原已发现，经调查证实的部分，全长187千米，而新调查发现的部分，全长226千米；没有找到相关遗物、线路不明的部分，全长约42千米。马面15座，敌台350座，烽火台85座。

在秦昭王长城沿线发现大量的外绳纹、内布纹的瓦片和卷云纹瓦当，这些特征显示其时代属典型的汉代遗物，另外还发现一些具有汉代特征的遗物，如汉"半两"等，这说明了汉初对于该长城使用的深度和广度要超过战国与秦代。

秦昭王长城还呈现出如下的特点，并不布设在山脊部位；沿线长城墙体上墩台分布密集、部分墩台分布在山顶；秦昭王长城沿线墙体存在大量汉代新建的现象。

除此之外，秦昭王长城沿线的各省区也有相关机构和学者对其进行研究，这类成果数量很多，多见于书籍和学术论文，但这类研究显著的特点是，在长城的线路、建制、相关遗迹等问题的认识上基本都是从考古资料中得来，因此各区段长城线路在此不再详细论述。

甘肃境内秦昭王长城线路，考古调查已经十分清晰，起于临洮县北，先后历经定西地区渭源、陇西、通渭，平凉地区静宁，过宁夏固原后，再经甘肃庆阳地区镇原、环县、华池等后进入陕西。现在研究也多是以此考古资料为依据，何钰、陈守忠、张耀民等均持此说。[1]

还有一种观点是长城起于甘肃岷县，再北上至临洮县，然后在渭源、陇西、环县、华池等地。窦贤持此观点。[2]

秦昭王长城在甘肃省内长达800千米。长城在临洮县境内沿东路沟北山梁向东南延伸，先后经过长城巷村、皇后沟、八里铺乡郑家坪村（长城线在这儿俗称"长城岭"），这一段长城长约1.7千米，残高1~2.5米、基宽5~8米、顶宽2~2.5米，夯土板筑，夯层厚8~10厘米。甘肃省内秦昭王长城修筑方式，在平坦地区多夯土板筑而成，分段夯筑，夯筑的方法是交接式的。从测量和统计情况看，夯层厚度一般为8~10厘米，厚的夯层可达12厘米左右，夯层基本均匀，夯筑收分不明显，每板的长度约3米左右，在局部地带可见到明显的板与板间的接缝界线。夯锤为直径约10厘米的圆形、平顶的石锤，夯窝深度约在0.5厘米

---

[1] 何钰：《秦长城西部起首崆峒山刍议》，载于《社科纵横》1994年第1期；陈守忠：《丝绸之路与长城》，载于《丝绸之路》1992年试刊号；张耀民：《试论长城文化对甘肃的影响》，载于《西北史地》1998年第1期；伏俊连：《陇上长城说略》，载于《中国典籍与文化》1997年第3期；唐晓军：《甘肃境内的长城与烽燧分布》，载于《丝绸之路》1996年第5期；姚连学：《甘肃的古长城》，载于《丝绸之路》2001年第2期。

[2] 窦贤：《寻找历史上长城的遗迹》，载于《西部论丛》2005年第4期；窦贤：《中国西部长城：无法承受之痛》，载于《生态经济》2007年第4期。

以下。基宽 5~6 米，断面呈梯形，夯土层厚 8~10 厘米；在断崖高山深涧地带，或以断崖本身为墙，或于高处筑烽燧以警戒四周；在山坡较为平缓的地带，则利用山势地形修筑长城并置烽燧，墙体矮小，烽燧主要用于示警。秦代烽燧，在定西地区发现 3 座、庆阳地区 23 座，其建造方法同长城建造方法一样。[①] 西北大学通过对甘肃环县战国秦长城的调查[②]，认为该段长城呈现如下特点：

有些遗迹周围仅有单一的一种瓦片纹饰，如单一的麻点纹，或单一的布纹。但在某些遗迹中却同时发现有两种或者两种以上的纹饰，如麻点纹、布纹、环轮纹共出，或者麻点纹、布纹、素面纹共出等的情况。与此同时，在一些墙体保存情况较好的墙体或单体建筑的夯层中发现有麻点纹瓦片，而在其周围则发现有大量的布纹瓦片。

墙体的修筑位置表现为两种不同的情况。根据调查的结果看，分布于沟河两岸台地转低位置的墙体和分布于塬顶等较高位置的墙体，认为修建位置较低的长城墙体可能是战国秦时的，而位置相对较高的墙体，则可能是后代修建而成。并且认为战国秦时的长城可能是不连续的墙体，随着当时社会环境的变化，尤其是匈奴族的强大，才将原先不连续的墙体重新修葺并完善。从瓦片的分布情况看，位于塬顶的有些单体建筑周围少有麻点纹瓦片的分布，且其夯土比较纯净，并没有夹杂任何的包含物。从此出发而言，这些单体就有可能是后代完善长城时修建而成。

障墙在本次 39 段长城上共发现 3 处，但是在陇西、渭源、临洮等县发现约十几段此类遗存。

长城沿线较大的沟壑交汇处一般都有关或堡。

长城沿山梁顶部延伸时，敌台较密集。

环县战国秦长城的修筑很有规律，充分利用自然地形，一是沿山梁顶部修筑，在山梁顶部修建高大的墙体、密集的敌台，防守时即可居高临下，又有十分开阔的视野。二是沿着河流一侧的台地修筑，利用河流两侧陡峭的崖壁进行防御。三是在较大的沟壑交汇处一般都有关或堡。

对甘肃定西地区战国秦长城的研究[③]表明：

经实地调查，定西地区战国秦长城全长约 226.8 千米，通渭县约 88 千米，陇西县约 57.4 千米，渭源县约 39.2 千米，临洮县约 42.2 千米。整体保存较差，其中存在墙体约 99.6 千米。城自东向西先后经过通渭县、陇西县、渭源县和临

---

① 唐晓军：《甘肃境内的长城与烽燧分布》，载于《丝绸之路》1996 年第 5 期；李最雄、赵海英等：《甘肃境内长城保护研究》，载于《敦煌研究》2006 年第 6 期。
② 刘肖睿、陈探戈：《甘肃环县战国秦长城调查》，载于《秦汉研究（第六辑）》2012 年版。
③ 金迪：《甘肃定西地区战国秦长城若干问题研究》，西北大学硕士学位论文，2011 年。

洮县。其调查结果与甘肃省定西地区文化局调查结果基本一致,但在乌龙沟一段认为长城在乌龙沟段是利用了山险,此处没有墙体,是沿乌龙沟南岸延伸的。其在定西地区的构筑方式也有十分显著的特点,长城大部分是走山梁的制高点,少部分在半山坡延伸,走直线减少工程量。长城在半山坡延伸时在陇西和临洮地区采用了"外削内湮"的形式。定西地区秦昭襄王长城的相关防御设施特点也十分独特,部分长城内侧存在一种特殊的短墙,与墙体垂直或平行,大多数位于相对位置较高的山顶,这也是定西地区战国秦长城最具代表性的特点。最后认为定西地区的战国秦长城被统一后的秦和汉初都利用过。秦昭襄王长城和秦始皇长城的起点应是一致的。

对甘肃陇西县境内战国秦长城的走向调查[①]表明:陇西县战国秦长城起点位于和平乡云川村砂川里社东北的山梁顶上,起点处有一蜂窝状土台,止点位于德兴镇阳山村阴山社西 630 多米处的山梁顶上。其中,乌龙沟段长城应是利用山险和水险作为防御,没有人工修建的墙体。陇西县战国秦长城全长近 58 千米,存在墙体长约 29 千米,共发现 8 个单体、9 个遗存、7 个关堡。墙体大多沿山脊或山梁修建,走向制高点。充分利用了自然河流,尤其是控制两河之汇,依次过和平乡的老坡子沟和拉面沟、云田镇的咸河、云田镇和福星镇之间的乌龙沟、福星镇的余家峡沟和德兴镇的罗河等。在整个甘肃地区的战国秦长城中,陇西县长城保存状况相对较好。

宁夏境内秦昭王长城经考古调查证实,横穿西吉、固原、彭阳三县,佘贵孝《秦统一前后的固原地区》[②]一文也做了陈述,和考古调查线路相同,在此不再赘述。宁夏南部山区属黄土高原地带,此地区秦昭王长城修筑方法,基本上是利用地形、因地制宜、就地取材。地势段平坦的地区建筑的形式:多在城墙外侧取土夯筑,墙基较宽,敌台也比较稠密,约 200 米的间距,在城墙外侧形成了一条沿长城走向的壕堑。城墙内侧壁坡度较缓,高约 2~5 米,外侧墙壁陡立。从壕堑底算起约 15 米之高,敌台高达 20 米以上,这在明庄梁上的长城尤为明显。在红庄的平地进行了一些试掘,长城的底基在地表以下 90 厘米夯筑,基宽约 6 米,以上逐层内收,内侧壁收分较大,每层收约 10~20 厘米,外侧壁收分较小,每层收约 5~10 厘米。因此形成外壁陡立,内壁斜缓,断面则呈梯形;城墙为黄、褐色土相间夯筑,夯层厚 8~13 厘米、夯窝直径为 3~14 厘米,层次清楚,城墙残高约 2 米。在有断崖的地带,长城则利用河沟冲刷而形成的断壁作墙身,或距断壁 15~20 米处建筑,城墙稍加修筑即成。后一种形式基本属于前者,只是为

---

① 金迪:《甘肃省陇西县境内战国秦长城走向调查》,载于《咸阳师范学院学报》2011 年第 3 期。
② 佘贵孝:《秦统一前后的固原地区》,载于《固原师专学报》1991 年第 1 期。

防止崖壁塌陷而直接影响长城的倒塌所留下的空余地,在河沟崖多采用此种建造形式。修筑在山坡或山巅上的长城,都是利用山坡地形。一般城墙较矮,只有1米多高,墙基也较窄,宽约4~5米,内侧山坡较缓平,外侧山坡陡立。①

陕西境内秦昭襄王长城自甘肃华池向东入陕北境内,取西南至东北走向,经吴旗、志丹、榆林、神木等地向北进入内蒙古自治区伊金霍洛旗。在前三县,长城大部分位于山区,修筑方式以在分水岭上或面河背山地带堑山成障,或下部堑山、上部夯筑为主,墙体残高在0.3~6米之间。在后三县(市),长城基本在毛乌素沙漠中,墙体以夯土为主,也有土石混夯、石砌等种类。由于沙漠的淹埋,地面上高度一般为1~2米,最高可达5米,部分墙段保留有墩台。在长城沿线(主要是内侧),还发现同时期的各类城障、城址遗址、窑址、烽燧、墓葬等60余处。吴旗周嶗岘的大型城障遗址,有垂直于长城的墙体三道,长城墩台之间数万平方米的几个平缓台地上,堆积有大量的板瓦、筒瓦、瓦当及各类陶器残片。长城沿线的各类遗址中,除普遍遗有瓦、瓦当和陶片外,还发现有铜弩机、镞、雷石等兵器,有的还出有汉代的陶器、铜器和五铢钱等。自靖边向东,经安塞、子长、子洲、绥德折向北,经米脂至榆林鱼河堡一线,也发现少量这一时期的城址、烽燧,以及堑山或夯筑的墙体,可能是这段长城的支线。②

对陕北地区秦昭王长城的研究③表明:秦昭王长城在陕西境内先后历经延安市吴起、志丹县,榆林市的靖边、横山、榆阳、神木等县区。长城走此地区,一方面是此地区处于秦国上郡北面,在此修筑有利于保护内侧安全,另一方面是利用此地独特的地形地貌。延安地区为梁筛沟壑带,榆林地区为黄土高原和鄂尔多斯台地的过渡带,长城便是沿大小河流分水岭和地形地貌过渡带延伸的,同时尽量把河流纳入到长城内侧,这样不仅达到了很好的防御效果,也保证了长城内侧水源的供给。

秦昭王长城在陕北地区的修建有着十分明显的特点,在山区长城并没有走山梁的制高点,而是修筑在山坡上。在墙体的构筑方式上,"三道堑"的修筑方式成为秦昭王长城最具有代表性的特点。在相关防御设施上也有着明显的特点,像障城的修建,基本是将自然高台地或山筛四周进行铲削,然后在铲削面外侧加筑夯土墙,有别于明代关堡的方形夯土围墙。

秦昭王长城的修筑,在有效地防御北方游牧民族南下侵扰的同时,也为秦国顺利地统一中原提供了军事保证。秦昭王长城改变了我国西北地区的民族格局,

---

① 许成:《宁夏境内战国、秦汉长城》,载于《宁夏考古史地研究论集》,宁夏人民出版社1989年版,第6页。
② 张廷皓:《长城遗存》,载于《文博》1997年第3期。
③ 张海报:《陕北地区秦昭王长城研究》,西北大学硕士学位论文,2010年。

西北地区原为西戎之地，秦人来此后和戎族不断地斗争融合，最终以长城的修筑为标志，戎族基本被消灭，不见记载，长城也保证了内侧各民族的华夏化。秦昭王长城不仅是一条明显的地理分界线，也是农耕地区和畜牧地区、农业文化和游牧文化的分界线，它保证了陕北地区早期经济的开发和农业文化的发展。但是，长城的修筑也存在着消极作用，即长城沿线不合理的开发会造成周边生态环境的恶化，明长城线路的内移以及长城沿线的土地沙漠化现象便是明显地例证。

内蒙古境内秦昭王长城，史念海做了深入论述，但辛德勇认为史料所述的秦昭襄王长城北端走向不够准确，秦昭襄王长城北端并没有抵达"北河"岸边，而是向东折向"西河"河岸。"西河"在战国秦汉时期，是指今山西、陕西两省之间的黄河河段。此外，在"北河"南岸，赵国曾经筑有长城，用来护卫九原郡的西南边界。秦人统一全国之初，应当沿用了赵国这一边塞。①

秦昭襄王长城是秦戎冲突的结果②，史籍中所表现出来的秦戎关系，是以战争和冲突为主，交往和融合为辅的。而战国时期的秦戎关系史在很大程度上就是一部秦与戎族之间相互斗争、相互影响，进而相互融合的历史。

（2）秦昭王长城的价值。

秦昭王长城修建后起到了怎样的作用，文献资料中几乎不见记载，给研究带来了困难，秦昭王长城的意义主要体现在以下几个方面。

军事方面。秦昭王长城基本利用山川形势险要而建，在山口与平原地区，都建筑高厚的城墙，截断匈奴进出之路。除了长城之外，内外制高点还建有烽火台，进行侦察敌情和传递消息，让长城上的驻军做好准备；在交通路口和谷口，都建筑障城，派军驻守，以加强长城的防御能力。在长城以内，每隔一段距离，都修建驻军的大城，并设有迅速传递消息的通讯网，以便统一指挥和互相支持。这条长城及其烽火台、障、城等配套建筑，构成了一套完整的军事防御体系。这样，这条临水据险的长城，巩固了秦国西北版图，为进一步统一周边地区奠定了良好的军事基础，保证了临洮、宁夏、陕北至内蒙古一线统治的稳定。③

文化方面。秦昭王长城的存在，保护了中原先进的农业文化，同时也促进了边疆的繁荣和游牧民族向更高级别文明发展的进程。长城传递着厚厚的文化积淀，两侧文物是后人认识长城的见证。④

经济方面。秦昭王长城是为了防卫以咸阳为中心的关中平原而修筑的，这

---

① 辛德勇：《张家山汉简所示汉初西北隅边境解析——附论：秦昭襄王长城北端走向与九原云中两郡战略地位》，载于《历史研究》2006 年第 1 期。
② 陈探戈：《春秋战国时期的秦戎关系研究》，西北大学硕士学位论文，2011 年。
③ 陈可畏：《论战国时期秦、赵、燕北部长城》，引自中国长城学会编《长城国际学术研讨会论文集》，吉林人民出版社 1994 年版，第 96 页。
④ 朱允：《战国秦长城的地理意义》，载于《天水师范学院学报》2006 年 11 月。

段长城大体为当时西北段的农牧业分界线。秦昭王长城修成后便征调大量士兵戍守边防，为了解决守边将士的给养问题，便开荒生产，加速了边区的经济开发。①

区域影响。秦昭王长城给甘肃带来的影响包括一是影响了甘肃建置区划格局，秦昭王长城的建筑将被陇山（六盘山）隔开的陇西、陇东联系在一起，这为甘肃辖陇西、陇东打下了基础；二是保障了甘肃境内先进生产力的推进；三是屏护了甘肃境内"丝绸之路"的发展；四是加速和巩固了秦戎间的民族融合，为秦族与中原各族的融合打下了基础，也为以后汉越过秦昭王长城，而与其他民族融合创造了条件；为甘肃文化打下了基础。②

秦昭王长城及其地下文物，是我们研究战国军事史的资料宝库。在今天战争仍然不断，和我国仍然处于战争威胁的形势下，研究战国秦、赵、燕长城，仍然有着巨大的现实价值；秦昭王长城遗址，是长城沿线自然变化的历史见证。从它的断裂、侵蚀、湮没程度，可以了解各个地段的历代地震、风沙、泥石流的变化规律，我们了解了这些变化规律，就可以采取有效的防御措施；秦昭王长城沿线，有着许多旅游景点，这些旅游景点，绝大多数至今尚未开发。如果开发出来，将是我国的一大财富，并且是用之不竭的财富。③

（3）秦昭王长城保护研究。

随着国家对文物工作的重视，长城的研究保护也取得了一定的成果。关于秦昭王长城的保护研究成果不多，主要集中在对甘肃境内秦昭王长城的保护研究上。主要见于《甘肃境内长城保护研究》《甘肃境内长城遗址主要病害及保护研究》《甘肃境内战国秦长城和汉长城保护研究》《战国秦时期夯土长城加固强度试验研究》等。④

（4）其他研究。

秦昭王长城沿线发现数量较多的外绳纹、内布纹的筒瓦，这种称之为布纹瓦的筒瓦在战国之后中国古代建材中很常见，关于布纹瓦渊源及在秦地的传播问题⑤，是一项非常重要的基础研究问题。

---

① 朱允：《战国秦长城的地理意义》，载于《天水师范学院学报》2006年11月。
② 张耀民：《试论长城文化对甘肃的影响》，载于《西北史地》1998年第1期。
③ 陈可畏：《论战国时期秦、赵、燕北部长城》，引自中国长城学会编《长城国际学术研讨会论文集》，吉林人民出版社1994年版，第104页。
④ 李最雄、赵海英等：《甘肃境内长城保护研究》，载于《敦煌研究》2006年第6期；赵海英、李最雄等：《甘肃境内长城遗址主要病害及保护研究》，载于《文物保护与考古科学》2007年第1期；赵海英：《甘肃境内战国秦长城和汉长城保护研究》，载于《岩石力学与工程学报》2007年第1期；赵海英、汪稔、李最雄等：《战国秦时期夯土长城加固强度试验研究》，载于《岩土力学》2007年增刊第28卷。
⑤ 段清波、于春雷：《布纹瓦及在秦地的传播——来自陕西早期长城沿线的观察》，载于《考古与文物》2013年第3期。

从长城沿线常见的筒瓦、板瓦来说，外侧或素面或饰绳纹是其始终如一的特征，在它普遍流行并被广泛接受之后基本上外绳纹便一统天下，极少见到素面的现象。筒瓦、板瓦内侧的纹饰演变由或素面或绳纹、麻点纹发展到内布纹，布纹出现并广泛流传后，则极少见到素面、绳纹和菱格纹的现象，这种情况一直沿用到明清，布纹彻底占领市场大约完成于汉武帝时期。内布纹瓦是起源于战国时期三晋地区魏国区域的一种技术特征，此阶段随着魏国的西进传播到秦国东部和北部，秦统一期间这种技术随同魏地工匠传播到关中地区，西汉早中期之前，内麻点纹和内布纹瓦同时在原秦国疆域并行，这种现象一直延续到武帝时期，此后麻点纹瓦消失；所谓的"秦昭襄王长城"沿线发现的内布纹瓦片是西汉前期沿用"故塞"期间遗留下来的。布纹瓦随着汉文化的确立于武帝时期在汉帝国疆域内得到广泛的传播。

（二）关于"堑洛"

关于秦简公"堑洛"性质，学术界至今还有很多争论，这是秦昭王长城研究之外，最受史学家们关注的问题。史念海、彭曦等认为"堑洛"是沿洛河修筑的长城；但瓯燕、叶万松、史党社等则持怀疑态度。

1. 相关历史文献

文献中关于"堑洛"仅有以下记载。

《史记·秦本纪》："简公六年，令吏初带剑；堑洛，城重泉。"[①]

《史记·六国年表》："简公七年堑洛，城重泉。"[②]

《太平寰宇记》卷二十八《蒲城县下》："《史记》孝公九年筑长城，简公二年堑洛。故云'自郑滨洛'，今沙苑长城是也"。又按《三秦记》云："在蒲城东五十里秦筑长城，即堑洛也。"

清张澍辑录《辛氏三秦记》，有关蒲城长城条下："长城在蒲城东五十里，秦筑长城（《舆地志》）。澍按：《寰宇记》秦孝公九年筑长城。简公二年堑洛。今沙苑长城是也。"

2. 考古调查及研究成果

史念海最早对秦简公"堑洛"进行了讨论，认为"'堑洛'的'堑'是掘的意思，'堑洛'是削掘洛河岸边的山崖。这是修筑长城的一种方法。"[③]

彭曦因之，并于1991～1993年先后三次沿洛河徒步考察，在大荔、蒲城、

[①] ［汉］司马迁：《史记》卷五《秦本纪》，中华书局1959年版，第200页。
[②] ［汉］司马迁：《史记》卷十五《六国年表》，中华书局1959年版，第708页。
[③] 史念海：《黄河中游战国及秦时诸长城遗迹的探索》，载于《中国长城遗迹调查报告集》，文物出版社1981年版，第57页。

白水等县均发现堑洛遗迹,尤其以蒲城、白水最为丰富,进一步证实其关于"堑洛"长城的说法。①

陈平认为,尽管"堑洛"本身从字面看不含修筑长城的意义,似乎"也可能是一项水利工程",但若考虑到它正处于秦、魏于战国早、中期近百年军事对峙的分界线上,而所堑洛右岸断崖又正对着东面强敌魏军,近侧的烽燧、戍守城塞等军事防御工程也由东向西往秦国腹心延伸,把它确立为秦长城已大体可以了。

张文江等也认为洛水流经大荔以北的河段过山沟处多,经平原处少,所以堑削处多、夯筑长城少,而此应是太史公不云筑长城曰"堑洛"的原因。好多处的洛水都是从河西崖底流过,土石崖陡峭,这绝非洛水长期冲刷所致,而应有古时人工堑削成分。在澄城、蒲城、白水交界处的三眼桥、坊家河,任村一带长达10多里的洛水西岸,全是如此。"堑洛"长城是秦国在失去河西地后退至洛水西岸,依洛水所筑的最后一道防线。②

聂新民也有类似的解释,他认为"堑洛"是秦简公沿洛河西岸挖掘的堑壕,可能还把挖掘出的土夯筑于壕的西侧成垣垒,他在所绘图上注明为"简公堑城"。③

(1) 时间。

《史记·秦本纪》:"简公六年,令吏初带剑;堑洛,城重泉。"④《史记·六国年表》:"简公六年,令吏初带剑;简公七年,堑洛,城重泉。"⑤ 多数学者认为"堑洛"当在秦简公七年,即公元前408年。

(2) 背景。

三家分晋后,秦魏对峙于河西。魏文侯任用李悝、吴起等改革,使魏变强,成为战国初期的军事强国。秦因厉、躁、简公、出子之不宁,政变多发,政局动荡,国力积弱。自厉公十六年(公元前461年)"堑河旁"始,秦转入战略防守时期。《史记·魏世家》记载:魏文侯十三年(公元前412年)"使子击围繁、庞,出其民。"⑥ 此二城在河西,所出之民应是古梁伯遗民和秦民。魏文侯十六年(公元前409年)"伐秦,筑临晋,元里。"⑦ 临晋,今大荔县;元里,今澄城县西南,亦秦河西地。魏文侯十七年(公元前408年)即秦简公

---

① 彭曦:《秦简公"堑洛"遗迹考查简报》,载于《文物》1996年第4期。
② 张文江:《渭南地区秦魏诸长城考辨》,载于《文博》2004年第1期。
③ 聂新民、聂莉:《秦简公堑洛及相关的历史地理问题》,载于《秦文化论丛》2004年第11辑。
④ [汉] 司马迁:《史记》卷五《秦本纪》,中华书局1959年版,第200页。
⑤ [汉] 司马迁:《史记》卷十五《六国年表》,中华书局1959年版,第708页。
⑥⑦ [汉] 司马迁:《史记》卷四十四《魏世家》,中华书局1959年版,第1838页。

七年，"魏西攻秦，至郑而还，筑雒阴，合阳。"① 同年，秦亦"堑洛"，城重泉。② 由以上战争形势不难看出秦与魏在河西的战争中，连年兵败失地，到简公七年失河西大部分土地而退守洛水西岸，依洛水固守。③

聂新民认为"堑洛"是秦简公沿洛河西岸挖掘的堑壕，与魏西长城同时修筑。这种双方夹洛河修筑长期对峙的防御工事体系，在先秦少见，出现这种情况有着特定的原因。魏国修筑西长城和魏国总战略是直接相接的。魏国主要是采取巩固西线、发展东线的战略，虽然魏国在河西取得巨大的进展，但魏国主要精力是放在东面，不断举伐中山、齐、郑、楚、宋、韩等国，所以在西面还是以巩固防守为主。而秦国采取守势，是因为秦简公面临着一股潜在的反击力量，这就是灵公旧部和公子连，黄河、洛水间的有利地形再加上背后有魏国的支持，使得这股力量有了赖以生存的条件，时刻给秦简公带来压力。因此该"堑洛"既是秦魏间的对峙线，又是简公、惠公与献公之间的防御线。④

不难看出，秦简公"堑洛"主要是在秦国无法占据河西的情况下，为了防止魏国进一步西进，沿洛河西岸修筑的防御工程，同时，灵公旧部和公子连势力也给简公"堑洛"带来一定的影响。

（3）"堑洛"的南、北端位置及走向。

史念海认为，此条长城南端达到渭河以南华阴的华山北麓，北端达到白水以北的黄龙山下，实际就是要凭借这条长城堵塞住华山和黄龙山之间这个广阔的缺口，填补自然地形的不足。"堑洛"长城南端起于华山之下、华阴县东南小张村，东北行，越渭河，循洛河右岸西北行，至蒲城县北城南村越洛河，至大荔县长城村，再越洛河，仍循洛河右岸西北行，约止于白水县西北洛河侧畔。⑤

关于"堑洛"长城在渭河南段有很大争论。从现在考古调查和相关研究成果来看，渭河南岸存在两条长城。

第一条是华阴县西的一条，顺长涧河北上过渭河的长城，中国社会科学院考古研究陕西工作队、史念海、陈孟东、刘合心、张文江、夏振英、呼林贵等均认为此条长城是存在的，并做了相关论述，但是对此条长城性质学者们却有着截然不同的看法。史念海、陈孟东、刘合心等认为，此条长城为魏长城。而张文江却认为是秦长城，并列出了两个理由：其一，华阴县西的长城滨长涧河河西，是秦于公元前408年利用有利地形在渭南"堑长涧"，魏不会犯兵家之大忌，背水筑长

---

① ［汉］司马迁：《史记》卷四十四《魏世家》，中华书局1959年版，第1838页。
② ［汉］司马迁：《史记》卷十五《六国年表》，中华书局1959年版，第708页。
③ 张文江：《渭南地区秦魏诸长城考辨》，载于《文博》2004年第1期。
④ 聂新民、聂莉：《秦简公堑洛及相关的历史地理问题》，载于《秦文化论丛》2004年第11辑。
⑤ 史念海：《洛河右岸战国时期秦长城遗迹的探索》，载于《文物》1985年第11期。

城于长涧河西。其二，华阴县东的长城经过阴晋古城，该城是魏攻占河西的最后一战时，即公元前408年"伐秦至郑"时所筑，已为魏地，秦怎能于此时筑长城于此呢？所以，华阴县城东的长城才是魏长城，是魏国于公元前361年即秦孝公元年转入战略防守时所筑的"自郑滨洛"长城。夏振英、呼林贵等更进一步指出，这条长城虽被大家确定为魏长城，但在其前应是秦简公六年所修的"堑洛"长城的南端部分，魏长城在这一段是沿用了秦长城。①

第二条便是史念海所述华阴县城东的一条，由城南小张村起，逶迤东绕，或断或续，经战国时期的阴晋故城遗址（今华阴庙东北）跨沙渠河东北，到渭河滩上。对于此条长城，史念海指出，是在渭河之南，距洛河尚远、无当于"堑洛"的意义。洛河右岸这段秦长城遗迹，诚然在洛河之滨，然而也不是和洛河岸平行，更不是沿洛河岸边从事铲削，使之陡峻难行；而是在岸上平地筑城，其走向与洛河相垂直。这不符合所谓"堑洛"的含义，但其的确是一段秦长城。② 对于史念海此观点，夏振英、呼林贵却有着相反的看法，二者认为华阴县之东没有秦长城遗址可寻，更无跨"沙渠水"的长城遗址。《华阴县志》所讲的跨沙渠河的长城遗址实是把阴晋、定城和西汉京师仓城（即战国及秦时宁秦县城）遗址三者的部分残垣联系在一起了。华阴县之东没有秦长城遗址可寻，更无跨"沙渠水"的长城遗址。③

3. 学术争鸣

瓯燕、叶万松在《"上郡塞"与"堑洛"长城辨》一文中，从三个方面对"堑洛"长城说提出质疑。④

第一，从字面解释上看，"堑洛"不含有筑长城之意。当然，用堑山的办法修筑山险墙也应是可以的。所以"堑洛"当解作挖掘、疏浚洛河，削整洛河两岸陡壁，使之有利于防御，但也可能是一项水利工程。如果说秦简公"堑洛"是修筑了一条长城，那么，秦厉共公十六年（公元前461年）"堑河旁"、秦灵公八年（公元前417年）"城堑河濒"，难道都在黄河滨修筑了长城？

第二，对《太平寰宇记》中有关"堑洛"记载进行了质疑。《太平寰宇记》中有关"堑洛"记载见于上文。瓯燕、叶万松认为《太平寰宇记》中引《史记》云孝公九年筑长城，实为孝公元年魏筑长城，后人多已指出。简公二年堑洛，亦

---

① 中国社会科学院考古研究所陕西工作队：《陕西华阴、大荔魏长城勘查记》，载于《考古》1980年第6期。史念海：《黄河中游战国及秦时诸长城遗迹的探索》，载于《中国长城遗迹调查报告集》，文物出版社1981年版，第54页；陈梦东、刘合心：《魏国西长城调查》，载于《人文杂志》1983年第6期；张文江：《渭南地区秦魏诸长城考辨》，载于《文博》2004年第1期；夏振英、呼林贵：《陕西华阴境内秦魏长城考》，《文博》1985年第3期。
② 史念海：《洛河右岸战国时期秦长城遗迹的探索》，载于《文物》1985年第11期。
③ 夏振英、呼林贵：《陕西华阴境内秦魏长城考》，载于《文博》1985年第3期。
④ 瓯燕、叶万松：《"上郡塞"与"堑洛"长城辨》，载于《考古与文物》1997年第2期。

六年或七年之误。故云"自郑滨洛"等，也应指魏长城，与堑洛无关。至于所引的《三秦记》，大约成书于汉魏时，今书已佚。清武威人张澍辑录成《辛氏三秦记》，有关蒲城长城条下："长城在蒲城东五十里，秦筑长城"。(《舆地志》) 澍按："《寰宇记》秦孝公九年筑长城。简公二年堑洛。今沙苑长城是也。"可见《三秦记》并未以蒲城长城为堑洛长城。《太平寰宇记》著于宋太平兴国年间，距秦简公时已近一千四百年，记述、理解附会的错误在所难免，显然不能作为确定堑洛长城依据。

第三，从文献中考证，认为一些学者推定的"堑洛"长城经由路线的某些地段与当时秦晋形势不甚符合。《史记·六国年表》：秦简公二年（公元前413年），"与晋战，败郑（今陕西华县）下。"[1] 《史记·魏世家》魏文侯十六年（公元前409年）"伐秦，筑临晋（今陕西大荔），元里。"[2] 魏文侯十七年（公元前408年）即秦简公七年，"西攻秦，至郑而还，筑雒阴（大荔西南），合阳。"[3] 郑、临晋、雒阴都在推定"堑洛长城"之西，尤其是临晋、雒阴，魏文侯已于公元前409、408年筑城，秦不可能于公元前408年（简公七年）在其东筑长城而把魏国的两城包围在自己的领土范围内。

第四，引用一些考古调查资料，认为洛河右岸一些长城若是秦长城，也不一定是"堑洛"长城。大荔境内早见的秦长城或是"秦筑高垒以临晋"的高垒。不过该秦高垒或长城应修于魏文侯十六年（公元前409年）魏筑临晋之前，而不是秦简公七年（公元前408年）"堑洛"。蒲城、白水的长城或是魏长城的一部分。

史党社对"堑洛"产生了质疑。[4] 一般意义上讲，长城的主体是土石墙体，一个防御工程如果没有土石墙体，则是不能称作长城。因此从这个原则上讲，史、彭认为"堑洛"为修筑长城，证据则是薄弱的。其次，通过三个方面对史念海所持"堑洛"长城说进行质疑。第一，他所认为的"堑洛"的长城的起首处——华阴县小张村一带的所谓长城遗迹，已经被证明是阴晋故城的一段城墙遗迹。即使呼林贵等认为，华阴县城西的魏长城沿用了秦长城的起首段，也有待考证。第二，在今天洛河西岸、蒲城县钤铒镇东北，有两个城南村——北城南、南城南，史党社以为乃长城由此经过的证据。关于城南村名的由来，也有可能是由晋城地名而来。因为，城南村位于今晋城东南。晋城一地，由来已久，相传为春秋时代晋公子重耳出亡于蒲所筑；或说晋国建立以防秦穆公。后世有晋城镇，有内外两重城墙，至于若干年前犹存。现今在村西北还有夯土城墙遗迹。另外，秦简公"堑洛"同时，还在此筑重泉城，地方也在晋城一带，很可能沿用了晋城

---

[1] ［汉］司马迁：《史记》卷十五《六国年表》，中华书局1959年版，第707页。
[2][3] ［汉］司马迁：《史记》卷四十四《魏世家》，中华书局1959年版，第1838页。
[4] 史党社：《陕西渭南地区的秦魏长城及城址考察》，载于《秦文化论丛》2003年第10辑。

城墙。所以，城南村之各名，也有可能是由晋城、重泉而来，而与长城无关。第三，史党社所举的实证材料偏少。在史党社所举的三种实证材料中，蒲城县平路庙乡阿坡村一段，只有三四百米，过于短促。在大荔县西北的党川村一带，也有着长城遗址，与蒲城县东南阿坡村的长城遗址隔河相望，史党社断定，这两段长城本是一条长城，可以连接起来，而且本来就是秦长城，后来被魏长城利用。今天的大荔县西北党川村一带，是向南突出的塬头，与西、南两个方向的地方有三四十米的高差，魏国利用这里的地势修筑长城，守卫河西地，已经断无可疑。但与秦长城的关系，还需要重新考虑。

史党社通过对蒲城县东部蔡邓乡水电站、西头乡政府、龙池镇（钤铒乡今并入龙池镇）所属旧钤铒镇一带的三处地点进行踏查，发现彭文中所举材料与其考察结果不甚相符。

据彭说，在今蒲城县东北蔡邓乡西南水电站一带的洛河岸边，有"堑洛"与戍守遗迹。史对洛河岸边与水电站南2千米的范围内，进行了仔细地踏查，发现在水电站南洛河岸边，并无明显的铲削迹象。但是在洛河边上，有许多类似夯土的淤积层，若不仔细辨认，很容易会误以为夯土而被看作长城的。这种淤积层是由于雨水的冲击作用形成的，厚度在10厘米左右，又由于年代的久远，每层因质地不同，留下了明显不同的风蚀痕迹，这种淤积层，很可能就被彭误认为是夯土遗迹，是长城墙体。

据彭报道，在晋城—钤铒一带的上堡村一带有"堑洛"长城遗迹，晋城周围有烽燧遗迹。上堡村，村名应为堡上村，彭有笔误。堡上村位于晋城东南约1.5千米处，东边仅紧邻洛河。但史党社经调查发现，今堡上村一带没有发现长城遗迹。倒是在村北的坟地一带、靠近洛河发现有一段南北向的夯土墙体，长约100米，圆夯，夯层厚6~10厘米，直径14厘米，呈梅花状分布，排列十分整齐。在夯层中夹杂有其他时代的陶片，值得注意的是还有两块秦砖，由此断定本段墙体并非"堑洛"遗迹，在依照地形判断，可能是历史上一处要塞堡寨之类。彭报道，今晋城村西至于五更村、晋城村东南，有烽燧分布，但经史党社调查发现，无论是从所谓烽燧的形制、方位、周围的遗物判断，不可能是"堑洛"同时代建筑。

在洛河旁边发现的大量陶片，据史党社等在西头、晋城、蔡邓乡采集的标本来看，大部分则是汉代以后的，也不利于"堑洛"作为长城的判断。

于春雷认为，"堑洛"非长城；"堑洛"不是农业水利工程；"堑洛"为缮治津关的举措；虽然"堑"和"城"的工程应该早就进行了，但也不排除此次同时对元里渡口进行修缮的可能。[①] 另外，在前人研究中有人认为"堑洛"可以使

---

① 于春雷：《秦简公"堑洛"考》，载于《考古与文物》2012年第5期。

洛河河道加深，河岸加高，疏浚洛河，铲削洛河两岸，根据秦魏当时的形势看，首先不可能是铲削洛河两岸，而是只在洛河西岸施工；其次这并不是疏浚河道，并不会使河道加深，只是将渡口附近其他平缓可以通人马的河岸加以铲削，留下一处渡口通过。

在《陕西战国秦长城调查与研究》①一文中也有涉及"堑洛"的问题：文献中的"堑洛"在实地调查中并没有任何发现。在洛河右岸，经过对以往认定的100余千米长"堑洛"线路全面调查，没有发现人工铲削痕迹，沿线也没有发现战国时代的夯土墩台。时至今日，仍无法确认"堑洛"有过以及是否属于战国秦长城的范畴，但对此并未持否定意见，因为根据明代对其"二边"铲削痕迹难寻的现象来看，倘若战国秦长城体系中有经过"堑"而成的防御形势，时至今日无法觅其踪迹也是有可能的。总的来说，虽然没有发现文献中所记载的"堑洛"迹象，但考虑到时代背景以及环境状况，我们无法排除当年曾经有过这样的举措。合理的推测是，当年只是将局部的河岸铲削利用后加以防御，更多的是利用自然的河流与陡峭的河岸进行军事防御，就此而言，他们并不属于严格意义上的长城系统。

陈探戈认为，"堑洛"很可能是利用洛河天险进行防御，"堑洛"只是疏浚、加宽河道，使洛河天险更好发挥防守作用而已，此外在某些交通要道筑城，能更好地起到防守作用，并认为"堑洛"是秦在与晋魏的交锋中处于劣势时在河西筑起了一道依靠洛河天险的天然长城。这条长城没有边墙，只有城池。②

综上所述，对于秦简公"堑洛"性质的判断上有较大的分歧。把"堑洛"定义为长城，有利与不利的证据同时存在，但从现在调查情况来看，长城墙体遗存的发现还是较少，因此若说"堑洛"为长城遗址，还需要更多的证据来证明，这样才更有说服力。

（三）关于"上郡塞"

有关"上郡塞"的记载见于《史记》。《史记·张仪列传》，"（张）仪相秦四岁，立惠王为王。居一岁，为秦将，取陕。筑上郡塞。"

关于"上郡塞"性质，学术界有着截然不同看法，一些学者认为"上郡塞"为战国秦时所筑长城，一些学者则持怀疑、否定的态度，至今并无定论。

1. 考古调查发现

1988年姬乃军等对陕西富县境内洛河两岸的长城做了考察，1991年又对富

---

① 段清波、于春雷：《陕西战国秦长城调查与研究》，载于《中国文物科学研究》2012年第3期。
② 陈探戈：《春秋战国时期秦晋（魏）对河西地区的争夺研究——兼论战国时期秦"堑洛"长城》，载于《秦汉研究（第四辑）》2010年。

县境内洛河东岸的长城进行了考察。经过考察,推断富县洛河两岸的长城为战国时期秦"上郡塞"长城,是秦惠文王二年(公元前324年)修筑的防御北面赵国的军事防御工程。调查人员对此长城起止点、经行线路、修筑方法等问题进行了探讨。①

(1) 走向。

富县境内长城起于洛河东岸城关镇野狐子沟,向北经石槽沟、圣佛峪村东原,在故州峁上山后开始西行,过洛河后到富县县城西北的战备库北山。然后先后经山城原、罗家原、曲里、崾岘岻、杜梨树崾岘、陈家梁(俗称"城墙梁")、董家坪、伏龙、侯村北崾岘。长城自东向西跨茶坊镇、城关镇、钳二乡,全长30千米。

(2) 起止点。

调查者判断,东端应由监军台以南复为西向过洛河,沿洛河西岸南下,到达吉子现乡固县村一带。西端应一直筑至任家台川(洛河支流)源头的照八寺一带,即子午岭余脉一带。

(3) 遗存。

主要遗存有野狐子沟—东原长城、罗家原长城、伏龙村长城、侯村北崾岘长城、城墙岻长城、圣佛峪东山障城、圣佛峪东原烽燧、圣佛峪城址、古周峁遗址、寨沟烽燧遗址和伏龙烽燧遗址。

(4) 构筑方式。

经调查,富县境内长城有两种构筑方式,一种是黄土夯筑,另一种是堑山为障。其中以堑山为障的方式为主,夯筑城墙只是存在于原面、崾岘、沟壑等处。夯筑墙体以圆形夯具捶打,夯层一般厚6～10厘米,较均匀,个别薄者为5厘米,厚者不超过12厘米。

2. 已有研究成果

"上郡塞"长城的研究成果不多,主要见于史念海《黄河中游战国及秦时诸长城遗迹的探索》② 一文。彭曦、马建华、张力华、史党社、田静、黄麟书等也均指出战国时期秦国曾修筑"上郡塞"长城,但对此并没有做出相关论述③,段

---

① 姬乃军:《陕西富县秦"上郡塞"长城踏查》,载于《考古》1996年第3期。

② 史念海:《黄河中游战国及秦时诸长城遗迹的探索》,载于《陕西师范大学学报(哲学社会科学版)》1978年第2期。

③ 彭曦:《十年来考察与研究长城的主要发现与思考》,载于《长城国际学术研讨会论文集》,吉林人民出版社1994年版,第277~281页。文中对战国时期秦国修筑的长城做了统计,秦国共筑有5条,其中一条便是"上郡塞"长城;马建华、张力华:《长城》,教煌文艺出版社2004年版,第5页。史党社、田静:《追寻秦昭王长城》,载于《文博》2004年第6期。黄麟书:《秦皇长城考》,造阳文学社,中华民国六十一年(1972年),第204页,书中指出秦惠文王更元年时筑有上郡塞长城。

清波和于春雷也对此有过讨论①。

史念海主要是通过文献考证和利用历史地理学相关知识，对"上郡塞"的性质和位置等问题进行论证，指出《史记》中"上郡塞"是战国时期秦国在洛河中游（今富县）为防御赵国而修筑的长城。

通过文献考证和现存遗迹判断，史念海认为该长城在富县洛河两岸应该均有分布。东晋十六国时期，苻坚所建立的前秦政权曾设置过长城郡和长城县。《元和郡县志·鄜州》，郡和县设在长城原上，而长城原则是由这条长城而得名的。这个长城原在现在富县、洛川两县间的洛河西侧。原上现无长城遗迹，不过既然以长城为原名，则本来有长城应是毫无疑义的。而且这里的长城应是这条长城在洛河以西的一段。据唐代《元和郡县志·鄜州》记载洛交县东北三十里有秦长城。据宋代《太平寰宇记·鄜州》记载，洛交县东南四十里有秦长城。唐宋时期的洛交县就是现在的富县。又据清代嘉庆《洛川县志》（二）记载，洛川县东北有崭绝的遗迹，疑是长城经过的地方。现在富县城西南两千米处洛河东侧的监军台，尚有一段长城遗迹，由监军台斜趋东南行，长750米。

段清波等认为，分布于延安地区南部的黄陵、宜君及富县长城，为秦魏两国先后修建沿用而成，其中墙体部分为魏国所建，关堡部分多数为秦国始建、魏国沿用。分布于黄龙山南麓的长城，属于魏国修建。这道军事防御线路有着较为复杂的建造和利用过程，秦国和魏国先后使用过这道长城，最后在惠文王时期又回归秦国，在此过程中分别留下各自的遗存。秦魏之战后，秦国占领该地，接受上郡后并没有在此再次修建军事防御体系。张仪上郡塞所指的并非是新建的防御工事，仅指魏国割让上郡后秦国在一个相对短暂的时间内利用了这道防御体系。

关于长城起止点，史指出，长城的筑成既是为了控制洛河河谷，自不会仅止于河谷平地。洛河西侧不远就是子午岭的余脉。当时的长城可能就直至山麓。如果这样的说法不错，则这条秦长城是筑在黄龙山和子午岭之间的洛河河谷，东西两端都至于山下。

3. 学术争鸣

对"上郡塞"长城提出质疑有景爱、瓯燕、叶万松等学者。

景爱从三个方面对史念海论述的洛河中游长城——"上郡塞"长城进行了商榷②。景爱认为塞的含义比较广泛，举凡山险、城堡等具有军事价值的自然实

---

① 段清波、于春雷：《陕西战国秦长城调查与研究》，载于《中国文物科学研究》2012年第3期。
② 景爱：《中国长城史》，上海人民出版社2006年版，第157页。

体和人工建筑,都可以称为塞。"筑上郡塞"应是指城塞而言,不能视作长城。通过查阅《战国策·齐策五》,认为史念海所说定阳为赵国领土不正确,指出它本是秦国城邑,魏惠王曾围攻定阳,定阳或曾称为魏国河西领土的一部分。认为在河西地区对秦国威胁最大的是魏国,而不是赵国,赵国势力虽扩大到河西地区,但并没有到达洛河中游地区。因此,秦国在洛河中游筑长城防御赵国显然缺乏根据。从以上三点判断洛河中游有战国秦长城的说法,是误解了"筑上郡塞"。

瓯燕、叶万松对姬乃军等所调查的陕西富县长城定义为秦"上郡塞"长城进行了商榷,认为"塞"应作边界讲,而将战国时张仪所筑的"上郡塞"释为上郡长城是缺乏根据的,似乎应该是张仪在拔取陕成后在上郡某地所建的要塞。秦惠文王前后秦国和魏国、赵国相比较,表现出较强的实力。因此在秦强魏、赵弱的形势下,秦国无必要再已取得的上郡西边今富县筑一条长城以自限,富县长城不会是张仪所筑的上郡塞[①],而应该是魏长城的一段。[②]

西北大学调查队从宜君、富县、黄陵等地同类长城遗存的走向、夯筑特征、遗物特征、防御方向等分析,认为这段不相连贯的长城是魏长城,是魏国在河西处于守势所建。

张文江认为今富县调查发现的长城,应是魏"自郑滨洛"长城的一部分。[③]

(四) 合阳长城

关于合阳县境内长城,基本不见正史记载。仅《郃阳县志》有所描述。"城南二十里许,有板筑故迹,或五里一见,或十里、二十里一见,每见一处高约两丈余,长约数十丈……俗谓皆秦长城遗址。"

1988年7月,姚双年、李双乾在陕西省合阳县新池乡、和家庄乡一线发现了23处战国长城遗迹,并做了详细记录,通过研究初步判断为秦国长城。[④] 现存长城遗迹从黄河西岸的东王乡起,向西经新池乡的南顺村、张家庄乡、秦庄村,越过金水沟,到和家庄乡的良石村、良石城村、长洼村、固池村,跨井溢沟继续西延,然后横过大峪河进入澄城县的雷家洼乡,与该乡的城墙头村,城郊乡长城头村的两段长城遗迹连接后不见遗迹。《中国文物地图集》对此条长城也有着详细

[①] 陕西省考古研究院、西北大学文化遗产学院:《陕西省早期长城资源调查报告》,文物出版社2015年版。
[②] 瓯燕、叶万松:《"上郡塞"与"堑洛"长城辨》,载于《考古与文物》1997年第2期。
[③] 张文江:《渭南地区秦魏诸长城考辨》,载于《文博》2004年第1期。
[④] 姚双年:《陕西合阳县新发现战国时期秦长城》,载于《考古与文物》1993年第3期。

的标注，从地图上看，此条长城延续到澄城县城东。① 调查者认为合阳境内所发现的长城既与魏国的西长城无关，也与秦国的"堑河旁""堑河濒""堑洛"没有联系，这段长城应是秦国在秦灵公九年到秦简公六年之间（公元前417～公元前409年），为了阻止魏国军队从少梁南下而修筑的防御工事。

虽然姚双年经过调查和分析，认为合阳县境内存在长城战国秦长城，但史党社对其持怀疑态度，认为此条长城很可能是魏国在华阴—韩城那条弧形长城之后，由于魏国势力在河西地区的退缩所修的另一条长城。②

（五）"堑河旁""城堑河濒"

文献中关于"堑河旁""城堑河濒"的文献记载和相关研究极少。有学者认为这属于战国秦长城，但多数人并不太认同。相关的历史文献比较简单，仅有三条记载。《史记·秦本纪》："厉公十六年，堑河旁。以兵二万伐大荔，取其王城。"③《史记·六国年表》："秦厉公十六年，堑河旁。伐大荔。"④《史记·六国年表》："秦灵公八年，城堑河濒。以君主妻河。"⑤

彭曦认为"堑河旁""城堑河濒"为是秦国沿河所筑的长城。张文江认为"堑河旁"是秦国沿河挖掘的壕沟，以防魏逾河西侵；"城堑河濒"是秦国沿河所筑的长城。段清波等认为这一工程与"堑洛"相似，最多算作路障，不能视为长城。⑥ 总之，对于"堑河旁""城堑河濒"的性质，现在并没有形成共识，但学界普遍认为，把"堑河旁""城堑河濒"定义为长城，证据明显不足，而视其为秦国在黄河边上修筑的防御工事似乎更为合理。

六、燕长城

燕国作为战国七雄之一，其疆域北有东胡等少数民族，西有赵国和秦国，南面有齐国，均对其构成威胁，所以燕国为了防御外来的侵扰，先后修建了两条长城，这就是燕北长城和燕南长城。

（一）历史沿革

燕国作为春秋战国时期北方重要的诸侯国，其建国时间较早。"周武王之灭

---

① 国家文物局：《中国文物地图集·陕西分册（上）》，西安地图出版社1998年版，第71页。
② 史党社：《陕西渭南地区的秦魏长城及城址考察》，载于《秦文化论丛》2003年第10辑。
③ ［汉］司马迁：《史记》卷五《秦本纪》，中华书局1959年版，第199页。
④ ［汉］司马迁：《史记》卷十五《六国年表》，中华书局1959年版，第693页。
⑤ ［汉］司马迁：《史记》卷十五《六国年表》，中华书局1959年版，第705页。
⑥ 段清波、于春雷：《陕西战国秦长城调查与研究》，载于《中国文物科学研究》2012年第3期。

纣，封召公于北燕。"① 作为最早被周分封的诸侯国之一，燕国传四十四世，历经八百多年。

战国时期，燕国在燕昭王之前实力较弱，始终处于被别国进攻的地位。由于燕国地理位置的独特性，对其构成最大威胁的是北方的少数民族，如东胡、山戎等。其中，东胡对燕国的威胁尤为巨大，有史记载以来，东胡一直是一个强大的部落，与北方的燕国和赵国的战事频繁。《史记·匈奴列传》记载："燕有贤将秦开，为质于胡，胡甚信之。归而袭破走东胡，东胡却千余里……燕亦筑长城，自造阳至襄平，置上谷、渔阳、右北平、辽西、辽东郡以拒胡。"文献中所指的"长城"是燕北长城，根据文献所知，燕国筑造北长城是在秦开破走东胡之后的事，并且战后燕国还在东胡旧地设置了上谷、渔阳等五郡。由此可见东胡势力对于燕国的威胁是很大的，以至于燕国不惜耗费巨大的财力以及人力、物力也要修建长城。文献中关于战国燕北长城的具体位置及走向的记载只有"燕亦筑长城，自造阳至襄平"② 这样的简略文字，这就造成了一些历史学家从古地名的研究出发，对燕北长城具体走向进行考证，以至于产生不同的观点。《史记·朝鲜列传》记载："自始全燕时尝略属真番、朝鲜，为置吏，筑障塞。"这说明燕国曾在今辽东地区及朝鲜国境内修筑过"障塞"，至于其具体位置及走向，文献中没有更多明确的记载。

此外，为了拱卫燕下都，防止齐国和其他诸侯国的进攻，燕国在今河北易县、徐水一带修筑了一道与易水相接，并为屏障的长城，历史上称为燕南长城，也称易水长城。《史记·张仪列传》中有："今大王不事秦，秦下甲云中、九原，驱赵而攻燕，则易水、长城非大王之有也。"张仪游说燕昭王，讲明了燕"不事秦"的严重后果，说明在燕昭王时期，燕国已经拥有南长城。关于燕南长城的走向及位置，《读史方舆纪要·保定安肃县·长城》条中这样描述："（燕南长城）在（安肃）县东北，俗以为秦将蒙恬所筑，误也，盖战国时燕赵分界处。今有长城口"，《读史方舆纪要·安州新安县·长城》条"长城在县西北，自县境入安肃县界，绵延断续，势如冈阜，或以为古大堤"，"长城，在州西南四十里外，自安肃境接……北达牛金门，蜿蜒西北入山。里人传言为宋辽界城"③。这些文献资料中所指"长城"为燕南长城，并且反映了燕南长城的具体走向，为燕南长城的研究提供了宝贵线索。

---

① ［汉］司马迁：《史记》卷三十四《燕召公世家》，中华书局1959年版，第1549页。
② ［汉］司马迁：《史记》卷一百十《匈奴列传》，中华书局1959年版，第2886页。
③ 内蒙古大学蒙古史研究室：《长城文献资料辑略》，载于《中国长城遗迹调查报告集》，文物出版社，1981年版，第123页。

（二）考古调查与发现

1. 燕北长城考古调查成果

（1）考古调查大事记。

1943年，李文信和佟柱臣在赤峰一带进行考古调查，并在英金河北岸发现了一段长城，后来又在别地发现多处古代长城遗迹。

1965年7月~10月和1975年8~9月，内蒙古自治区昭乌达盟文物工作站经过调查发现，昭乌达盟境内有三条汉代之前的长城遗迹，分别是赤北长城、赤南长城、老虎山长城。

1979年，河北省长城考察队对围场境内的古长城进行了考古调查，初步弄清了该地区古长城遗迹的位置和走向，发现了6座古城址。

1980年6月，阜新县文管所在阜新县化石戈乡进行文物普查时，在二色大队村西北4千米的牤牛河东岸的黄土沙丘地带发现一道从河西的北票市六合城村蜿蜒而来的黝黑土道，调查者认为这便是燕北长城。

1981~1985年，各省相继开展了第二次全国文物普查，古代长城作为重要的古代建筑遗迹也在普查的范围之内。之后，各省又相继出版了《文物地图集》。

20世纪80年代，朝鲜考古工作者发现一道古长城遗迹，总长度约300朝里（240华里）①。尽管朝鲜学者认为大宁江长城是高丽时期修筑的长城，我国学者们一般认为大宁江长城与燕秦汉长城东段有关，或笼统地指出大宁江长城是燕长城。②

1998年，辽宁省文化厅和辽宁省长城学会组织了辽宁省境内铁岭段古长城专题调查工作。

2008年开始，开展了长城资源调查，其成果会在不久的将来公布于众。

（2）调查成果。

根据文献资料判断，过去一些学者认为燕北长城最西端应在今河北张家口一带。经过考古勘察，可知张家口地区的确存在两段燕北长城。其一，位于沽源县东北部，南北走向，长约15千米，呈大土埂状，由于风沙淤积，部分段落已不甚明显。其二，东起沽源县丰元店乡老掌沟，西北经毡房营、椴木梁、折而西南，经长胜地、碾盘沟、马场，再向西登张北、崇礼两县交界的野鸡山，向南则遗迹混于北魏、明代长城之中，全长约150千米。③

---

① ［朝鲜］孙永钟著，顾禹宁译：《关于大宁江畔的古长城》，载于《博物馆研究》1990年第1期；［朝鲜］孙永钟著，顾禹宁译：《大宁江长城的调查报告》，载于《博物馆研究》1990年第4期。
② 郑君雷：《大宁江长城的相关问题》，载于《史学集刊》1997年第1期。
③ 高鸿宾：《张家口战国燕长城辨析》，载于《中国长城年鉴》，长城出版社2006年版，第383页。

围场境内存在两道古长城，调查者称之为北线长城和南线长城。

"北线长城从围场的东北到西南，共经过 14 个乡，32 个村，发现古长城 32 段，长约 192.5 千米。各段长城的长短不一，高低各异，宽窄也不同。大部分为夯土筑成，只有老窝铺附近的三座山山顶上的长城为石所筑"[1]。围场县夹皮川边墙村有一段东西走向的土筑长城遗迹，东去内蒙古赤峰方向，长约 2 千米，这就是南线长城。

在内蒙古自治区克什克腾旗南部，存在着一道六十余千米，呈东北—西南走向的土石混筑的古长城，经南店乡、昌义乡、广兴源乡。这段古长城有双重墙体、墙外置壕、以险代墙、石砌小鄣等构造特点，和分布于围场县北部及赤峰一线的长城十分接近，应属于同一时期的建筑。[2] 这段长城的走向有向北继续延伸的趋势，应是一段交会在围场县、赤峰市北部的燕北长城。

昭乌达盟境内有三条汉代之前的长城遗迹，分别是：赤北长城、赤南长城和老虎山长城。调查者认为这三段长城是燕秦长城，其中赤北长城是秦统一以后的建筑，赤南长城是燕北长城，至于老虎山长城，则认为其在秦朝建立以前就已存在。

燕北长城出敖汉旗进入奈曼旗土城子乡境内，向东至牤牛河西岸中断，再在其北约 10 余千米牤牛河东岸牤石沟再现，向东北至朝阳沟村南伸入库伦旗境内，全长约 45 千米。夯筑土墙，基宽 5~6 米、高 0.5~2 米、夯层厚约 10 厘米，沿线未见遗物。[3]

燕北长城西自奈曼旗朝阳沟进入库伦旗平安乡下洼村，折向东南进入辽宁省阜新境内，全长约 45 千米。夯筑土墙，残宽 3~4 米、高 0.5~1.5 米，沿线未见遗物。[4]

在辽宁省阜新县化石戈乡二色大队村西北 4 千米的牤牛河东岸的黄土沙丘地带，发现一道从河西的北票市六合城村蜿蜒而来的黝黑土道，调查者认为这便是燕北长城。这道长城"是'燕北长城'在阜新县境内的开端。长城出旧庙乡向东北进入平安地乡，经八家子村后就进入彰武县境了"。"长城由阜新县平安地乡八家子村进入彰武县四堡子乡，折转东南入满堂红乡，继续向东南延伸入双庙乡，再向南，经两家子乡出彰武县境。彰武县境这段燕北长城，经六个乡二十七个自然屯，250 华里（直线距离）在沿河的阿尔乡章古台等村落中，出土数千斤

---

[1] 彭立平：《河北围场境内的古长城和古城址》，载于《文物春秋》1997 年第 2 期。
[2] 刘志一：《战国燕北长城调查》，载于《内蒙古文物考古》1994 年第 1 期。
[3] 国家文物局：《中国文物地图集·内蒙古自治区分册（下）》，西安地图出版社 2003 年版，第 459 页。
[4] 国家文物局：《中国文物地图集·内蒙古自治区分册（下）》，西安地图出版社 2003 年版，第 452 页。

燕国'襄平'布币、'明'字刀币和多类陶器"①。

出彰武县之后的燕北长城遗迹现象不甚明显。

朝鲜考古工作者在大宁江畔发现一段古代长城遗迹，这段长城位于大宁江及其支流昌城江以及昌城江的支流城兴川的东岸。②

长城沿线的古代建筑遗址丰富多样，河北围场境内发现岱伊下城址、九号富城子遗址、小锥子山城址、半截塔古城、城子古城址和大兴永东台子城址6座古代城址，这6座战国城址均离古长城较近，而且靠近河流，又都处在交通要塞之地，城址的大小和建筑风格也基本一致。调查者认为围场境内的长城，是由燕国始修，然后秦朝统一之后又对其进行了修缮并继续使用。另外在内蒙古自治区克什克腾旗南部的古长城沿线发现9座鄣址；在昭乌达盟境内的各条长城沿线也发现有台、鄣、城址等附属设施共14处；在赤南长城沿线发现有台、鄣、城址等附属设施共13处；在老虎山长城沿线发现遗址2处；在阜新县燕北长城沿线发现9座烽燧遗址。

2. 燕南长城考古调查成果

（1）考古调查大事记。

1958年原河北省文化局文物工作队在河北省徐水县解村附近，发现"在瀑河上游东岸，残存夯筑土城垣一条，南起石龙山、北至黄山，沿河岸绵延约10千米……城垣夯筑，夯窝层次明显，每层厚10~24厘米，内含大都为东周时期的夹砂绳纹陶片和泥质灰陶圈足豆等。"③

1977年在河北易县曲村一带也发现长城遗迹，结合之前发现的长城遗迹判断两者均为燕国南长城的一部分。

1983年保定地区文物管理所、易县文化局燕长城调查组联合进行了一次对易县境内的长城调查。

后来，河北省文物研究所组织进行了燕国南长城的考古调查工作，调查发现燕南长城大体是沿南易水而修筑的，南易水与北易水之间没有长城遗迹存在。

1999年，河北省廊坊市文物管理所对文安、大城两县进行了针对战国长城的考古调查。

（2）燕南长城考古调查成果。

燕南长城的大致走向是从易县进入徐水县，再由徐水县进入容城县黑龙口，然后进入雄县，长城遗迹沿大清河东行，此段长城因防洪筑堤，旧址已经无处可

---

① 孙杰：《阜新地区燕北长城调查》，载于《辽海文物学刊》1997年第2期。
② [朝鲜]孙永钟著，顾禹宁译：《关于大宁江畔的古长城》，载于《博物馆研究》1990年第1期；[朝鲜]孙永钟著，顾禹宁译：《大宁江长城的调查报告》，载于《博物馆研究》1990年第4期。
③ 河北省文化局文物工作队：《河北徐水解村发现古遗址和古城垣》，载于《考古》1965年第10期。

寻。出雄县后燕南长城继续朝东南方向延伸，进入廊坊地区的文安、大城两县。在徐水县境内的走向基本查清。

燕南长城的墙体结构，"除易县境内科罗头山上为毛石垒砌外，其余均为版筑夯土城墙。夯层一般为10厘米，最厚的可达26厘米，夯土纯净，坚硬如砖。在张华村北，有一段长约104米的墙体，墙基底部的三四层夯土中，有的还用草拌泥夯筑，茎秆似苇秆，极为坚硬。夯面为圆夯，夯窝直径4~5厘米。墙体分段版筑，易县境内每段的宽度为0.84~0.86米；而在徐水县境内每段的宽度则为2.15~2.30米。在保存较好的地方墙基宽度可达18~20米。从断面观察，墙体为多次筑成，其中有的为三次"①。

文安、大城两县战国燕南长城遗迹多被现代堤防（大清河南堤，子牙河大堤）、土路、废弃堤埝、农田与村舍覆盖，仅发现文安县赵家营村南、大城县温村东北、大城县杨堤村东和大城县高堤村西四处墙体剖面。

文安、大城县四处暴露的墙体结构紧密坚硬，风干后呈浅黄白色，根据其土质、土色、结构等观察，与原生土和晚期堤埝、淤土有明显区别，当是人工堆垒夯筑无疑。由于夯筑方法较为原始、质量差的缘故，致使夯层不甚清晰，夯窝极难辨认。大城县刘固献村北、王庄村西的长城墙体剖面因风蚀或取土破坏严重，墙体结构等极难分辨②。长城沿线发现旺村烽燧、韩村烽燧、郭底烽燧和王轴北烽燧四处遗址。

（三）已有研究成果

1. 燕北长城研究现状

《史记·匈奴列传》记载："燕亦筑长城，自造阳至襄平。"在开展田野调查之前，学者们对"造阳"和"襄平"进行了详尽的考证。

一说是古"造阳"就是指今天的河北怀来，古"襄平"是指今辽宁辽阳。较早持此种观点的是王国良，他在其著作《中国长城沿革考》中指出燕北长城"西起于察哈尔省（即今河北省北部）怀来县，逶迤而东北，渡滦河辽河而达奉天（即今辽宁）辽阳县境，延袤千余里。"另外，张维华认为古"造阳"和古"沮阳"实指一地，就是今天的宣化北河张家口一带，所以认为"燕北界之长城，约而论之，西起于今宣化及张家口之北，东北行，经围场之北，东行，经赤峰之北，又东行，入敖汉旗境。再东行，跨今辽宁省北部，东南行，而至今辽阳以东之地"③。

---

① 徐浩生：《燕国南长城调查报告》，引自河北省文物研究所编《环渤海考古国际学术讨论会论文集》，知识出版社1996年版，第261页。
② 廊坊市文物管理处：《廊坊市战国燕南长城调查报告》，载于《文物春秋》2001年第2期。
③ 张维华：《中国长城建置考》，中华书局1979年版，第128页。

还有一说是李文信在其著作《中国北部长城沿革考（上）》中指出燕北长城"当由独石口北滦河南的大滩一带，东经围场、赤峰、敖汉旗，由奈曼、库伦南部，进入阜新，又经彰武、法库、开原一带，跨越辽河，再折而东南，经新宾、宽甸，向东至当时国境。"①李殿福认为燕北长城实际是"西迄独石口，经围场、赤峰北至敖汗旗的南半部进入奈曼旗的牤牛河上游，东去库伦旗南部，再继续往东蜿蜒达阜新县北部，过彰武、法库东抵开原。开原以东以障塞形式一直伸延到朝鲜半岛之龙岗（碣石）"②。此种观点是对李文信观点的认可和完善。除此之外，李殿福还认为秦长城的东段就是对燕北长城的利用。

另外，有学者认为燕北长城不止一条，应该有两条基本平行的长城。冯永谦认为燕北长城有"内线长城"和"外线长城"。③后来，阎忠在此基础上将燕北长城分为"内线长城西段""内线长城东段"和"外线长城"，并分别对各段长城的走向进行了介绍。同时，他认为历史文献所记载的"自造阳至襄平"这段长城其实就是燕北长城的"内线长城西段"。燕北长城的"东线长城东段"在今朝鲜国的大宁江畔及其支流昌城江以及昌城江的支流城兴川的东岸。④

上述三种观点反映了燕北长城研究的三个前后相接的发展阶段。此外，还有所谓"朝阳说"，主张这一观点的学者有金毓黻⑤和冯家升⑥。金毓黻认为，"应由今之独石口，东经怀来之北，通过建昌赤峰，北走朝阳义州，以出医巫闾之东，包延新置之五郡，而迄于辽阳之北（其东端或为今之开原）"。李殿福对"朝阳说"进行了辩驳。⑦

褚亚龙⑧认为，燕北内线长城起自河北独石口，东北延伸，经过围场南、赤

---

① 李文信：《中国北部长城沿革考（上）》，载于《社会科学辑刊》1979年创刊号。
② 李殿福：《东北境内燕、秦长城考》，载于《黑龙江文物丛刊》1982年第1期。
③ 冯永谦、何溥滢：《辽宁古长城》，辽宁人民出版社1986年版，第14页。
④ 阎忠：《燕北长城考》，载于《社会科学战线》1995年第2期。
⑤ 金毓黻：《东北通史》（上编），中州古籍出版社2003年版，第62页。
⑥ 冯家升：《周秦时代中国经营东北考略》，载于《禹贡》半月刊第二卷第11期。
⑦ 李殿福：《东北境内燕、秦长城考》，载于《北方文物》1982年第1期。其认为"……主张燕国北长城经朝阳，是采用日人松井等氏在《历史地理》'关于秦长城东部之位置'据《魏书》和《通典》二书的有关记载考订的燕北长城说，加以修订而提出来的"。因此说对《魏书》《通典》有关记载如何认定，乃是一关键。金、冯二位根据日人松井等据《魏书》卷二十六长孙陈传：'陈，世祖时为羽林郎。征和龙，贼自西门出，将犯外围，陈击退之，追斩至长城下，'又据《通典》一七八卷州郡典：范阳郡'北至废长城二百三十五里'而比附为朝阳一带。原因是和龙即今天的朝阳，唐代范阳郡治即今天的河北蓟县北70里处，再北235千米处恰好是朝阳。因此金、冯等人把燕北长城，比附朝阳一带，东过医巫闾山至开原。查《魏书》卷二十六长孙陈传注：'追斩至长城下'，《册府》卷三八一，'长城'作'其城'。按和龙距古长城甚远，疑作'其'是。我认为《魏书》注释说得甚是。冯、金二位的第二条论据是引《通典》卷一七八州郡典范阳郡条。查《通典》一七八秦州郡典范阳郡条没有"北至废长城二百三十五里"之记载；而在渔阳条下有"北至庆（即废字之误）长城塞二百三十五里"。由此而得出的结论不甚恰当。
⑧ 褚亚龙：《试论燕秦长城走向问题》，载于《秦汉研究（第六辑）》2012年。

峰南，然后又转向东南，经过北票北、阜新北，最后至于辽阳市老城北。该段长城在秦灭燕国后，没有被秦继续使用；燕北外线长城起自河北张北西，东北行经过内蒙古太仆寺，然后进入多伦境内，再东行过围场、赤峰，过老哈河，经敖汉北、库伦、阜新、彰武、法库、开原。到开原之后，燕北外线长城以障塞的形式经新宾、宽甸、最后向南跨过鸭绿江进入朝鲜，过清川江，止于平安南道西部的龙冈。燕北外线长城在秦灭燕国之后，即被修缮，西接河北尚义境内的长城，成为秦统一时期长城的一段，在具体位置和走向上没有发生大的变化。至于大宁江长城在燕国灭亡之后没有被秦修缮利用。

学术界关于燕北长城的研究，形成以下的认识。第一，燕北长城不是西起于今河北省怀来县，而是西起于今河北省独石口到滦河源一带；[1] 第二，燕北长城不是只有一条，而是大体上有两条复线；第三，燕北长城就是秦长城之东段。[2]

燕北长城的具体走向得益于考古调查的不断进行而日渐清晰。李文信和佟柱臣两位先生，是较早对燕北长城进行实地调查的学者。早在20世纪40年代初，二位就到赤峰地区进行调查，并于英金河北岸发现了一段长城，后来又在别地发现多处古代长城遗迹。

调查发现，围场境内的两道古长城与昭乌达盟境内的"赤北长城"和"赤南长城"在走向上具有一致性，也就是说，围场"外线长城"东接昭乌达盟"赤北长城"，而围场"南线长城"向东延伸与昭乌达盟"赤南长城"相连接。学术界普遍将这两条长城称之为"燕北外长城"和"燕北内长城"。关于这两道长城的属性，两次实地调查的结论都更倾向于最北部的长城为秦统一以后的建筑，而其南面的长城为燕北长城[3]。但是有的学者认为"在第二道长城之北，一直到最北的第一道长城沿线，均发现了战国燕时期的遗迹、遗物，而且燕筑长城绝不会丢掉这些地方而在燕领土以内很远处修筑长城"[4]，从而认为该地区最北部的长城是由燕国始修，秦朝建立以后又对其进行了修补，并成为了秦长城东段长城的一部分。至于第二道长城的属性，学术界基本认定是燕国所修，后代几乎没有沿用。

燕北内长城由敖汉旗王家营子东山再向前伸延，遗迹就不是很明显了。有学者认为它是在这一带出敖汉旗境进入辽宁省的，然后经北票北、阜新北。燕北内长城由北票市四合城屯过牤牛河，进入阜新县化石戈乡缶叉沟屯西北1.5千米

---

[1] 李文信：《中国北部长城沿革考（上）》，载于《社会科学辑刊》1979年创刊号。
[2] 李殿福：《东北境内燕、秦长城考》，载于《黑龙江文物丛刊》1982年第1期。
[3] 彭立平：《河北围场境内的古长城和古城址》，载于《文物春秋》1997年第2期；项春松：《昭乌达盟燕秦长城遗迹调查报告》，载于《中国长城遗迹调查报告集》，文物出版社1981年版，第7页。
[4] 冯永谦：《东北古代长城考辨》，载于《东北亚历史与文化》，辽沈书社1992年版，第25页。

处，在平川地遗留黑土遗迹，当地称为"黑土龙"。向东经紫都台乡南昌营子村北到大五家子镇大家生村，经红帽子乡蒙古四家子村西、六家子村六家子屯、大巴镇半截塔村西北、道不代村北、杜代营子村南山，再向东进入老河土乡阿拉乌束村西北，经英桃莫屯西南、岗石村西·泡子镇马架子村西北、田家村东南、一家子村西北，过绕阳河，进入彰武县两家子乡境内。① 燕北内长城然后东行穿过辽水，最后止于今辽阳市老城北。②

燕北外长城出赤峰以后，向敖汉旗宝国叶乡荷叶村延伸，再东行经奈曼旗土城子乡高和村西岗岗屯后，经高和、塘坊、苇塘、七家子、杏树园子、北冷汤直抵牤牛河边，之后以牤牛河为屏障向北沿河四十里后在牤牛河东的牤牛沟头又继续往东延伸，绕经蛤蟆山北麓，穿过大榆树、扣根南、哈日干图、双合星之朝阳沟北，伸向库伦旗平安乡的西北下洼，再蜿蜒东南，直至库伦旗的先进乡（龙王庙子），然后进入辽宁阜新县境东北部。③ 然而，另外一种观点认为燕北外长城在阜新县的走向应该是由"内蒙古自治区奈曼旗那台营子乡善宝营子城址东北进入辽宁省阜新蒙古族自治县境内，经于寺镇套尺营子村南梁屯东南、下官屯东南、北洼屯、他本改村的西沟屯、小虎掌沟屯西南、西营子屯、前平安地屯，进入大五家子镇张吉营子屯西南、然后从小五家子村五大营子屯东沟200米处越过山坡，进入八家子乡则少见踪迹。由此推测阜新段燕北外长城可能经旧庙镇进入内蒙古自治区库伦旗境内"④。

燕北外长城出阜新后，继续东行进入彰武县。彰武以东的燕秦长城，虽然学术界基本认定长城过阜新、彰武、法库、铁岭、开原一带，然后跨辽河东行再折而东南，经新宾、宽甸、最后向南跨过鸭绿江进入朝鲜⑤，仍有学者认为："燕北外长城从阜新市的彰武县出境后，进入沈阳市所属的新民北部地区，然后东行进入法库县叶茂台镇，再东行经铁岭市的镇西堡、龙首山，折而南下过新台子镇邱台子、懿路复又进入沈阳境内。在沈阳市大体沿今沈（阳）—铁（岭）高速公路一线，即新城子区和东陵区东部的矮丘一带南北通过，然后抵浑河北岸，在东陵区高坎镇附近跨越浑河，经东陵区上伯官进入抚顺市顺城区李石寨镇，再经刘尔屯、四方台、抚顺县大南乡东台、越东陵区深井子镇鄂家沟进入抚顺县拉古乡，然后南行过沈阳市苏家屯区白清寨乡的和顺、关台沟一带复又进入抚顺县海浪乡，接着进入本溪市，经该市溪湖区的后湖公园、明山区高台子镇威宁、

---

① 国家文物局：《中国文物地图集·辽宁分册（下）》，西安地图出版社2009年版，第258页。
② 阎忠：《燕北长城考》，载于《社会科学战线》1995年第2期。
③ 李殿福：《吉林省西南部的燕秦汉文化》，载于《社会科学战线》1978年第3期。
④ 国家文物局：《中国文物地图集·辽宁分册（下）》，西安地图出版社2009年版，第259~260页。
⑤ 李文信：《中国北部长城沿革考（上）》，载于《社会科学辑刊》1979年创刊号；李殿福：《东北境内燕秦长城考》，载于《黑龙江文物丛刊》1982年第1期。

牛心台镇的大浓湖，然后东行经本溪满族自治县的小市张家堡、谢家崴子水洞、山城子镇的朴家堡，再继续向东至碱厂镇，然后沿抚顺市新宾满族自治县南部边缘进入桓仁满族自治县的三道河子村、县城、雅河乡驻地及该乡口龙山进入宽甸满族自治县，再经该县步达远、太平哨、红石砬子、永甸、长甸等乡镇抵鸭绿江边"。① 也有学者认为："燕秦汉长城在辽北境内，应该是从阜新市的彰武经法库叶茂台石桩子马鞍山东来，过调兵山进入铁岭，在铁岭左边越辽河去。这一段因辽河天险，足以为峙，所以长城的结构或形式，或以木栅为之，或以烽燧连之"。②

燕北外长城进入朝鲜境内之后是继续存在，还是至鸭绿江边而止？一些学者提出，燕北长城在进入朝鲜境内以后依然没有停止。而持异议者认为："在今朝鲜境内，我们没有见到燕长城的遗址。可见，在今朝鲜半岛北部和中部，燕国只建筑了一条锁链形的障、塞，而没有建筑长城。"③ 也有学者由《晋书·地理志上》："遂城，秦筑长城之所起。"《通典·高句丽传》："碣石山在汉乐浪郡遂成县，长城起于此山。"④ 以及实地考古中在朝鲜平安南道德川郡青松里遗址，出土的许多燕国的刀币和铁器和在慈城西海里发现的数千枚燕刀币⑤，来说明当时燕国的实力已经发展到该地区，成为燕国在此修建长城的佐证。

20世纪80年代，在朝鲜境内大宁江畔发现一段古代长城遗迹。尽管朝鲜学者认为大宁江长城是高丽时期修筑的长城，但是我国许多学者认为它是燕北长城的一部分。因为在大宁江长城遗址地面上分布着不同时期的遗物，主要是瓦片和古陶瓷片，这些陶片多属于夹砂绳纹红陶和绳纹加弦纹的灰陶，为典型的燕国遗物。而且大宁江长城的结构与辽西地区的燕秦长城相同，与汉长城不同⑥；文献资料方面，除了《史记·朝鲜列传》记载有"自始全燕时尝略属真番，朝鲜，为置吏，筑障塞"以外，《魏略》中也有燕在秦开攻破朝鲜后修筑长城的记载，其位置就在今清川江附近。而现今发现的大宁江长城，距清川江很近，其南段甚至就在清川江下游的西岸。结合这两方面的证据，大宁江长城确为战国时燕国所筑，只是在公元十世纪左右，朝鲜古国高丽在原基础上进行了修缮。

---

① 萧景全：《辽东地区燕秦汉长城障塞得考古学考察研究》，抚顺市博物馆，载于《北方文物》2000年第3期。
② 徐志国：《辽北境内燕秦汉长城及相关遗迹遗物的发现和研究》，载于《博物馆研究》2007年第2期。
③ 陈可畏：《论战国时期秦、赵、燕北部长城》，载于《长城国际学术研讨会论文集》，吉林人民出版社1995年版，第102页。
④ 阎忠：《燕北长城考》，载于《社会科学战线》1995年第2期。
⑤ 佟冬：《中国东北史》，吉林文史出版社1987年版，第237页。
⑥ 郑君雷：《大宁江长城的相关问题》，载于《史学集刊》1997年第1期。

关于燕北长城的建筑方法，主要有三种：一是石筑，二是土筑，三是利用天然屏障。石筑长城无疑是保存最好的，遗迹现象也最明显。土筑长城在当地会有一些俗称，如"土龙""沙龙"等，土筑长城保存状况较差。利用天然屏障修建的长城一般是指在极陡峭的群山中，在两个山头之间用天然石块稍加垒砌成为石墙，以连接两个山口，构成天然屏障。总之，燕北长城在修筑方法上具有因地制宜、就地取材的特点。

对燕北长城的修建年代的研究，尤其是在判断长城的修建年代问题上，主要是依靠文献资料来进行推测。王国良认为："燕筑北长城，不在燕王喜时，就在孝王末年"[①]。但是有的学者认为修建长城这样的宏大工程，耗费应该是巨大的，没有强大的国力是无法做到的，燕国至燕王喜时，国家已经很羸弱，国力不强，在这样的情况下修建一条长城是几乎不可能办到的。[②]李文信认为："秦开是在何时破走东胡筑长城的？司马迁说赵筑长城之后，秦开破走东胡，燕亦筑长城。《史记》世家赵取九原筑长城在周赧王十六年，燕昭王十三年，公元前299年。看来燕长城的建筑至迟也不过在此后的三、五年之内"。[③]王育民认为："司马迁在《史记·匈奴列传》中，未确指燕北长城的修造年代，但他在写赵武灵王（公元前325~前299年）筑长城之后，次述秦开破东胡，'燕亦筑长城'，按战国年表推算，其时正值燕昭王（公元前311~前279年）执政时期。燕原系北方的弱国，到燕昭王时一度强盛起来，有力量击破东胡，筑城拒东胡于外。长城当修造于燕昭王中、晚期，为战国筑长城中最晚者"。[④]

其实燕北长城并不是战国时期最晚的长城，比秦宣太后所筑长城为早。[⑤]燕国在燕昭王时期国力达到了顶峰，秦开在北击东胡以后，燕国在其北部设置了上谷、渔阳、右北平、辽西、辽东五郡，并修筑了长城，有的学者认为这是文献上所记载的"自造阳至襄平"这一段长城[⑥]。而位于最北部的那条长城，认为是燕北长城的学者对于其修建年代也有判断的理由。在地理位置上，这条长城在最北面，"是燕国在上谷等五郡进一步向北拓展后修筑的。燕国上谷等五郡是在燕昭王后期设置的，当时的五郡北界只到内线长城一线。燕昭王以后，燕国势力向北发展，这样五郡的北界也随之向外扩展。到燕武成王后期，五郡的北界距离原来的界限，最近处都有百里之遥，而最远处已达350里以上。燕武成王为防御北方民族的掠夺和骚扰，就在新开拓的五郡北境上修筑了一道外线长城"[⑦]。关于大

---

① 王国良：《中国长城沿革考》，商务印书馆1931年版，第23页。
② 冯永谦：《东北古代长城考辨》，载于《东北亚历史与文化》，辽沈书社1992年版，第21~22页。
③⑤ 李文信：《中国北部长城沿革考（上）》，载于《社会科学辑刊》1979年创刊号。
④ 王育民：《中国历史地理概论》（下册）第十四章《长城》，人民教育出版社1988年版，第427页。
⑥⑦ 阎忠：《燕北长城考》，载于《社会科学战线》1995年第2期。

宁江长城的修建年代，根据文献记载判断应该是在燕昭王后期，秦开击破朝鲜之后。

2. 燕南长城研究现状

燕国除了修筑燕北长城以拒北方少数民族之外，在其下都附近利用易水也修筑了一条长城，被称作易水长城，以防御其南面的齐国的进攻。燕下都是相对于燕上都的一种称谓，在当时称为武阳城，因建于武水之阳而得名。① 燕南长城就是为了拱卫燕下都而修筑的。

经过考古调查，燕南长城的大致走向为从易县进入徐水县，再由徐水县进入容城县黑龙口，然后进入雄县，出雄县后燕南长城继续向东延伸，进入廊坊地区的文安、大城两县。

燕南长城是为了拱卫燕下都而修建的，因此其修建年代应该与燕下都的修建年代大致相当。从考古资料来看，在战国早期，燕下都已经是燕国南方的一个重要城邑，迟至战国中期以后燕下都已成为燕国南方的军事重镇。《历代通鉴辑览》卷九载："（庚戌）四年，燕昭王平元年（公元前311年），秦使张仪说楚、韩、齐、赵、燕，连衡以事秦。秦君卒，诸侯复合从……仪归报秦，封以六邑，复使东说齐，西说赵，皆许之，又北说燕。仪谓燕王曰赵已效河间。大王不事秦，秦下甲云中、九原、驱赵攻燕，则易水长城非王之有矣。"据此可见，燕昭王即位之时，燕国已经拥有了南长城。而修建长城是需要强大国力作为后盾的。农业是否发达是那个时代国家是否强大的重要指标，而铁制农具的广泛应用，势必会大大促进农业的发展。根据铁制农具在燕国的考古发现，调查者推断燕南长城的修建时间"初步定在燕昭王称王之后，也就是燕南长城建筑在公元前332年～前311年之间"。②《廊坊市战国燕南长城调查报告》中提到燕南长城始建于燕昭王即位之前，完成于乐毅伐齐之前。其推断的理由是根据齐燕两国的关系，在齐宣王时期，齐国曾伐燕，并打败燕国。在燕昭王即位之后，燕齐两国的实力对比发生了变化，这时的燕国有能力继续修建长城以防齐国的进攻。

七、赵长城

赵国自公元前403年建国至前222年被秦所灭，历经181年。其间曾一度雄心勃勃、发奋图强，一边固守疆土，一边伺机谋求发展。为了军事需要，赵国曾

---

① 傅振伦：《燕国下都营建考》，载于《河北学刊》1986年第1期。
② 徐浩生：《燕国南长城调查报告》，载于河北省文物研究所编《环渤海考古国际学术讨论会论文集》，知识出版社1996年版，第262页。

在其南界和北界都筑有长城。

（一）历史沿革

赵长城主要分为赵南长城和赵北长城两大部分，其中赵北长城又包括了赵肃侯北长城和赵武灵王北长城。《史记》《战国策》《水经注》《资治通鉴》等历史文献对赵长城都有相关记载，近代一些学者也依据文献资料对赵长城进行了研究。

1. 赵国南长城

（1）相关历史文献。

《史记·赵世家》："（肃侯）十七年，围魏黄，不克。筑长城。"又载赵武灵王十九年（公元前307年）"王北略中山之地，至于房子，遂之代，北至无穷，西至河，登黄华之上。召楼缓谋曰：'我先王因世之变，以长南藩之地，属阻漳、滏之险，立长城'"。这是关于赵国长城修筑时间、原因、地点的最早的文献记录，也是赵国最早修筑的长城。从上述记载来看，这就是赵国肃侯十七年，即公元前333年在其南界修筑的长城。

《蔚州志·古迹条》引明尹耕《九宫私记》云："余尝至雁门，抵苛石，见诸山多有剧削之处，迤逦而来，隐见不常。大约自雁门抵应州，至蔚东山三涧口，诸处亦然。问之父老，则曰：古长城迹也。……及读史，显王三十六年（公元前333年）有赵肃侯筑长城事，乃悟。盖是时三胡并强，楼烦未斥，赵之守境，东为蔚、应，西则雁门，故赵肃侯特筑之，则父考所谓长城者，乃肃侯长城，非始皇之城也。"《日知录》以为此城（赵肃侯城）在漳水之北，"今河北磁县及河南临漳县间，皆有遗址。"可知肃侯不仅在南界修筑了防御魏国的长城而且在北界修筑了防御少数民族的长城。

张维华依据张守节《正义》所注，推测"赵（肃侯）长城所经之地，以意度之，其西首起武安故城南太行山下，缘涧而东南行，约至番吾之西南，逾滏而东，经武城梁期之南，复缘漳东北行，约经裴氏故城之南，而东抵于漳"。近代学者也多承此说，或称之为"漳滏长城"。

（2）修建背景。

赵国南境在今河北、河南两省交界之地，从赵敬侯四年到肃侯十七年这五十一年间，赵、魏之间大小战争达13次之多，赵败了9次。《史记·赵世家》中"（赵肃侯）十七年，围魏黄不克，筑长城"。武灵王十九年（公元前309年），"召楼缓谋曰：我先王因世之变，以长南藩之地，属阻漳、滏之险，立长城，……"。肃侯十七年为公元前333年，是年，赵国因对魏、齐两国联合互尊为王一事不满，派军攻魏，包围魏北部军事重镇黄城（河南内黄西），久攻不下，被迫撤军。由此可知，赵肃侯筑长城的直接的导火线是"围魏黄不克"，黄城故址在今河南省内黄县境内，是魏国靠近漳水的要邑，越漳滏而北就是赵国邯郸城，赵肃侯欲围黄而克之，难以取胜，为了防御魏、齐的报复赵国很快采取防卫措施，修筑了南界上的长城。此外，赵国修筑南界长城也是鉴于黄、邺（今河北省磁县东南邺镇）两个靠近赵国的魏国重镇对赵国邯郸构成的严重威胁，特别是魏惠王即位以后，这种形势日趋严重，故而赵国统治者在赵国南界修筑长城已成必然的趋势。

（3）考古调查与发现。

对赵南长城修筑的时间、历史背景以及分布与走向，王国良认为"赵南长城必在今河北磁县及河南临漳县一带地方，而在肃侯十七年所筑可无疑了。"[①] 张维华对赵南长城的分布与走向、修建的历史背景和修建目的等问题进行了卓有成效的研究，并对与赵南长城有关的河流（漳水、滏水等）、古代城市（邯郸、武安、番吾、平阳、肥、邺、伯阳等）的历史地理进行了考证，认为"赵长城所经之地，以意度之，其西首当起武安故城南太行山下，缘漳而东南行，约至番吾之西南，踰滏而东，经武城、梁期之南，复缘漳东北行，约经裴氏故城之内，而东抵於漳"。同时又提出"（赵南长城）漳水北岸，西起自武安城西南，向东延伸到今河北省磁县南，转而折向东北，达到今河北肥乡西南。"这段长城大致呈"V"字形走势。"简言之就是此长城当起西太行山下，东止于漳水之滨。"[②]

罗哲文、赵所生认为"南境长城甚短，东始于河北肥乡县南之漳水西岸，沿河南至磁县，又折西北而止于武安县西约 20 千米处，其走向呈'V'字形，总长度仅 90 千米。此长城之建筑时间为赵肃侯十七年（公元前 333 年），较北境为早。其建造目的，主要为捍卫都城邯郸。"[③]

赵南长城发现的遗存并不多，因其最初是以河防为基础而修建的，后来由于河水的泛滥，水道变化无常，当时以土坝修筑的长城，现在多被夷为平地或淤于地表数米以下。在河北临漳、磁县一带发现了赵南长城的遗迹，赵长城沿线遗址主要有平定长城遗址、豫北和冀南长城遗址。

2002 年河南省鹤壁市文物部门在太行山东麓发现一段古长城建筑遗址，经考证认定为战国时期赵国所修"赵南长城"的一部分。此外在与林州市交界处的鹤壁市淇滨区大河涧乡境内的山脊上，呈南北走向，长约 3 千米。其城墙依山势而建，就地取材，全部由青石垒砌而成。罗哲文认为此乃战国时期"赵南长城"

---

① 王国良：《中国长城沿革考》，商务印书馆 1930 年版，第 27 页。
② 张维华：《赵长城考》，载于《禹贡》1937 年第八、九合期，第七卷。
③ 赵所生、顾砚耕等：《中国城墙》，江苏教育出版社 2000 年版，第 7 页。

的一部分。①

赵南长城的修建，一定程度上抑制了南方诸国的入侵，为赵武灵王在一定时期内专心北伐、开拓疆域蓄积力量，与诸国争霸赢得了宝贵时间。魏国、齐国衰落以后，秦人又一度从西南部威胁赵国，南长城又为防卫秦国进攻发挥了一定作用。

2. 赵国北长城

（1）相关历史文献。

《史记·匈奴列传》："秦昭王时，义渠戎王与宣太后乱，有二子。宣太后诈而杀义渠戎王于甘泉，遂起兵伐残义渠。于是秦有陇西、北地、上郡，筑长城以拒胡。而赵武灵王亦变俗胡服，习骑射，北破林胡、楼烦。筑长城，自代并阴山下，至高阙为塞。而置云中、雁门、代郡……燕亦筑长城，自造阳至襄平，置上谷、渔阳、右北平、辽西、辽东郡以拒胡"。② 正义《括地志》云："赵武灵王长城，在朔州善阳县北。案：《水经》云：'百（白）道长城北山上有长垣，若颓毁焉，沿溪亘岭，东西无极，盖赵灵王所筑也。'"③

《水经注》卷三，屈从县（朔方临戎）北东流注："河水又屈而东流为北河，东迳高阙南，史记赵武灵王既袭胡服，自代并阴山下至高阙为塞。山下有长城，长城之际，连山刺天，其山中断，两峰双阙，善能云举，望若阔然，故有高阙之名。"对呼和浩特境内的长城记载道："芒干水（今大黑河）又西南径白道南谷口，有长城在右，萦带长城。背山而泽，谓之白道城自城北出，有高阪谓之白道岭。顾瞻左右，山椒之上，有垣若颓基焉。沿溪亘岭，东西无极，疑赵武灵王所筑也。"④

《资治通鉴·周纪》卷三中也有类似的记载，"胜州榆林县界有云中古城，赵武侯所筑"。这里的赵武侯即是指赵武灵王。

《绥远通志稿》六迤门长城条，"战国赵长城在今归绥县北，沿大青山自绥东起迤逦西行，至乌喇特旗之狼山口为止，遗迹颇有可寻者，惟甚少耳。"

《史记·正义》"余尝至雁门，抵碛石，见诸山多有剐削之处，迤逦而来，隐见不常。大约自雁门抵应州，至蔚东山三涧口，诸处亦然。问之父老，则曰：古长城迹也……及读史显王二十六年，有赵肃侯筑长城事，乃悟。盖是时三胡并强，楼烦未斥，赵之守境，东为蔚、应，西则雁门，故赵肃侯特筑之。则父老所

---

① 摘自：新华网2002年11月22日，《"赵南长城"今安在 冀南豫北有遗存》http：//news. xinhuanet. com/newscenter/2002 - 11/22/content_637599. htm。
② ［汉］司马迁：《史记》卷一百一十《匈奴列传》，中华书局1959年版，第2885页。
③ ［唐］李泰，贺次君校：《括地志辑校》，中华书局1980年版，第70页。
④ ［北魏］郦道元，陈桥驿校证：《水经注校证》，中华书局2007年版。

谓长城者，乃肃侯之城，非始皇之城也。"

《蔚州志·古迹条》引明尹耕《九宫私记》古长城云："在宁武县东南楼子山上，有古长城遗迹。"《大同府志》卷六载丰镇厅之长城云："明正德中，兵备张凤翧立石山下，曰紫塞长城，或疑为六国时所筑之旧。"

《大清一统志》卷一百四十七宁武，"案：战国时赵所筑长城，初不始于武灵王，当赵肃侯时，已尝于北界起长城，特尔时尚未辟地至云中九原，故所筑仅限于古武州塞。"

（2）修建背景。

依据历史文献的记载，赵北长城有两道，赵肃侯所筑北长城一道，赵武灵王所筑赵北长城一道。

三家分晋后，赵王于公元前403年被周威烈王承认为诸侯。这时赵国北方的匈奴、东胡族已由先前互不统属的氏族部落，逐渐地趋于局部聚集，在相当大的地域范围内形成较大的部落联盟，其势力已到达赵、秦、燕三国的北境。赵肃侯在位时期为了防止北方游牧民族的侵扰曾修建一道赵北长城。

公元前302年，赵武灵王发愤图强，勇于变革，他身体力行地倡导改穿胡服、学习骑射，极大地加强了国防力量。赵国先攻灭了中山国，后又打败了林胡、楼烦，占有今河北北部、山西北部和河套地区，降服诸胡。为了达到巩固战果的目的，赵在新辟的土地上设置云中（今内蒙古托克托）、九门（内蒙古乌拉特旗）、雁门等郡。然而北方游牧民族叛服无常，那些战败北徙部族更是伺机复返，于是赵武灵王大规模的修建长城防胡南侵。赵武灵王所筑长城"自代并阴山下，至高阙为塞"，由于记载过于简略，给后人推定赵长城具体的走向造成了困难。

（3）考古调查与发现。

赵北线长城的研究历来是学界研究赵长城的重点，近年来考古工作者在内蒙古大青山、乌拉山、狼山之间，发现了不少赵武灵王所筑北长城遗址。

①赵肃侯长城。

林胡，战国时分布在今山西朔县以北至内蒙古境内，从事畜牧。战国末，为赵将李牧击溃，归附于赵。楼烦，亦古族名，春秋末，分布于今山西省宁武、岢岚等地，精于骑射，从事畜牧。赵肃侯时为了北防这两个少数民族而修建北长城。《大同府志》："明正德中，兵备张凤翧立石山下，曰紫塞长城，或疑为六国时所筑之旧。"①"按此段长城遗迹，与赵长城合，似可据。至于自宁武至大河之一段，抑至今与县即古合河县境为止，抑经今静乐、岚县，而至今离石县境为

---

① 文物编辑委员会：《中国长城遗迹调查报告》，文物出版社1981年版，第124页。

止，则未敢定。盖从《元和郡县志》说，似合河县北有古长城遗址，而从盐铁论说，又似赵以孟门为险。远事难徵，未能据断。"①

刘金柱认为"除南北长城外，赵国还从代郡南起，向西南入今山西省，沿恒山、芦芽山北麓到黄河支岸一线修筑一段长城，这一段可能是赵国最早的北长城"。② 而《历代长城》认为"赵肃侯所筑北长城的起讫点、修筑时间等，历史文献记载较为混乱，长城位置大致在飞狐口、雁门关一线。"③

除此，很多学者推断赵除漳滏长城和高阙至代长城外，尚有一条从蔚州至岢岚的长城。它是赵武灵王拓地楼烦、林胡前的赵北界长城。该线是从蔚县蜚狐口西行入山西，经灵丘、繁峙、代、雁门（古之句注）、宁武、岢岚、离石抵黄河，西段或自宁武经岢岚、兴县抵黄河。④ 也有人认为西段是从宁武走偏关至河曲。⑤

山西境内的战国长城，主要是赵长城，也就是赵肃侯时修筑的"赵北城"。经考古调查，这段长城东起河北省涞源县，北界蔚县，南界三飞狐上以东地区，西行入灵丘县北境，复西行入繁峙县北界，再西行，经应县、山阴到代县西北的雁门关。又由此转向西南行，转入宁武县的东南境内到阳方口附近，再向西南行经五寨、岢岚与岚县交界处，到兴县，再往西北，到保德县黄河岸止，在山西省境内长700余里。这段长城现存遗迹的还有100余里，高不足1米，大都是石头筑成，少许地段由黄土夯筑。遗迹明显的地方在宁武县楼子山附近的"城墙梁"，山下的大石上至今尚有明正德年间宁武府兵备的石刻题"紫塞长城"。

②赵武灵王长城。

顾炎武在《考长城》中提道："赵武灵王北破林胡楼烦，筑长城，（正义曰，括地志云，赵武灵王长城在朔方。）自代至阴山（索隐曰，徐广云，西安善阳县北有阴山，阴山在河南阳山北也。正义曰，括地志云，阴山在朔州绝塞外突厥界），下至高阙为塞，（徐广曰，在朔方。正义曰，地理志云，朔方临戎县北有连山险于长城，其山中断，两峰俱峻，俗名为高阙也）而置云中、雁门、代郡。此赵之长城也。"

王国良在《中国长城沿革考》中认为赵武灵王长城"东起於今察哈尔省蔚县东北，向西行经今山西朔县北，更斜向西北，并行阴山西达今绥远鄂尔多斯右

---

① 张维华：《中国长城建置考》（上编），中华书局1979年版，第102页。
② 刘金柱：《万里长城》，黑龙江科学技术出版社1985年版，第9页。
③ 中国长城学会：《历代长城概况》，长城文化网，2009年4月15日。
④ 张维华：《中国长城建置考》（上编），中华书局1979年版，第107页。
⑤ 王国良、寿鹏飞：《长城研究资料两种：中国长城沿革考、历代长城考》，明文书局1982年版。

翼后旗，黄河向北流之东岸。"

张维华在《中国长城建置考》①中指出"《史记》所举之阴山，大体言之，乃指今之大青山言，非专指其西部之一脉，前人注解，於义似有未洽。""高阙在今内蒙古自治区伊克昭盟临河县北百余里""代之领域，当肃侯、武灵之时，究以何地为县，今不易考"，发出了"武灵长城以起自代之一段为最不易考"的感叹。

罗哲文在《长城》中认为武灵王长城应东起于代（今河北宣化境内），经云中、雁门（今山西北部），西北折入阴山，至高阙（今内蒙古乌拉山与狼山之间的缺口），长约一千三百里。

刘金柱在《万里长城》②中认为，"这条长城的走向，从古代郡（今河北蔚县东北）起向西行，经山西北部斜向西北入内蒙古，沿阴山山脉南麓向西，到达高阙（今内蒙古狼山县附近）止"。

盖山林、陆思贤在《阴山南麓的赵长城》③一文中认为："赵武灵王时所修的长城，起点在今河北省西北部的蔚县，西经山西省雁北地区入内蒙古，傍阴山山脉的东段大青山南麓迤逦而西，再西北折至阴山西段的狼山内，至临河县东北的两狼山口（即赵时的高阙）为止。"

《历代长城概况》中提到，赵长城东起于代（今河北宣化境内），经云中、雁门（今山西北部），西北折入阴山，至高阙（今内蒙古乌拉山与狼山之间的缺口），长约一千三百里。现在这一段赵长城的遗址还断续绵亘于大青山、乌拉山、狼山之间。后来秦始皇修筑万里长城的时候，曾利用了这一段赵长城的部分作为基础。

白音查干认为"赵国北长城东起代郡，中经阴山，西至高阙全长 2 000 里具体走向由今天河北宣化境内开始，经尚义县，东跨东洋河进入内蒙古，再经内蒙古的兴和县、察右前旗、卓资县、呼和浩特市北郊、土左旗、土右旗、包头北郊，止于乌拉特前期境内。"④

李友逸认为赵北长城的东端起点在今河北省境内之说不确，无论是在蔚县、宣化、尚义县境内，均无遗迹可以证实；而应是在今兴和县北部的大青山西麓地带。⑤

《史记·匈奴列传》中，赵长城起自代地，即今河北省蔚县境内，但其河北

---

① 张维华：《中国长城建置考》（上编），中华书局1979年版，第107页。
② 刘金柱：《万里长城》，黑龙江科学技术出版社1985年版，第9页。
③ 中国长城学会：《历代长城概况》，长城文化网，http://www.sbsm.gov.cn/article/ztzl/mcccdsjfbzt/ccsh/200904/20090400051264.shtml，2009年4月15日。
④ 白音查干：《战国时期燕赵秦长城新论》，载于《内蒙古社会科学（汉文版）》1995年第5期。
⑤ 李逸友：《中国北方长城考述》，载于《内蒙古文物考古》2001年第1期。

境内的走向不见史书记载。郑绍宗经实地考察，发现了自张家口市区经怀安入内蒙古兴和的一段长城①，此长城正与内蒙古境内赵长城相接，当为赵武灵王所筑的赵长城。看来，赵长城起自河北蔚县，沿洋河入内蒙古境，在阴山山脉南麓迤逦向西，至乌拉特前旗乌拉山南麓止。

《史记·匈奴列传》云："自代并阴山下，至高阙为塞。"代郡，治所在今河北蔚县东北代王城，辖境相当于今河北西北部和山西东北部。战国阴山是指今内蒙古大青山和乌拉山。②

对于赵长城位置、走向这一问题，学界的分歧主要体现在：第一，赵长城的东端起点到底是蔚县还是张北；第二，西端的高阙到底是在石兰计山口还是乌拉山西段，或乌拉特前旗之大沟口；第三，武灵王北界长城到底有一条还是两条。

而关于"高阙"所在地望和武灵王长城等相关问题，20世纪六七十年代学者们普遍认为秦汉高阙在石兰计山口。1977年，唐晓峰经过实地调查之后，证实高阙在石兰计山口是可信的。③陆思贤、盖山林也认为赵武灵王时所修的长城，起点"代"在今河北省西北部的蔚县，西经山西省雁北地区入内蒙古，傍阴山山脉的东段大青山南麓迤逦而西，再西北折至阴山西段的狼山内，至临河县东北的两狼山口（即赵时的高阙）为止。④1982年，严宾提出高阙应在乌拉山西段。⑤之后何清谷撰文同意严宾的说法，高阙在乌拉山西段某山口，不在狼山，由此也推出与高阙相连的乌拉山南麓的长城就是赵长城，狼山岭上石块干砌的长城，根据文献记载和地面遗物无疑是秦长城。⑥90年代，鲍桐经过考察认为高阙有两个，即在昆都仑沟的赵高阙和在狼山石兰计山口的秦汉高阙。⑦李逸友同意何清谷的观点，即高阙在今乌拉山的西端，不是在石兰计山口。⑧沈长云等人也否定了内蒙古石兰计乡的两狼山口为赵北长城西端的观点，提出应在乌拉山口西段去寻找。⑨2010年"赵长城文化之旅"活动时所见的"高阙塞"遗址位于内蒙古巴彦淖尔市乌拉特后旗呼和温都尔镇那仁乌博尔嘎查北侧山脚下，夹在东侧的达

---

① 郑绍宗：《战国秦汉时期古长城的发现与研究》，载于《河北师范学院学报》1981年第1期。
② 陈可畏：《论战国时期秦、赵、燕北部长城》，载于《长城国际学术研讨会论文集》，吉林人民出版社1994年版，第100页。
③ 唐晓峰：《内蒙古西北部秦汉长城调查记》，载于《文物》1977年第5期。
④ 盖山林、陆思贤：《阴山南麓的赵长城》，载于《中国长城遗迹调查报告集》，文物出版社1981年版，第21页。
⑤ 李逸友：《高阙考辨》，载于《历史地理》第二辑《内蒙古文物考古》1996年第1期。
⑥ 何清谷：《高阙地望考》，载于《陕西师范大学学报》1986年第3期。
⑦ 鲍桐：《高阙地望新探》，载于《中国历史地理论丛》1993年第2期。
⑧ 李逸友：《高阙考辨》，载于《内蒙古文物考古》1996年第1期。
⑨ 沈长云：《赵国史稿》，中华书局2000年版，第362页。

巴图沟和西侧的查干沟交汇处的台地断崖之上。①

其次是武灵王所筑赵北界长城究竟有几条的问题。高阙地望之争直接关联到河套北狼山上的长城是赵筑或为秦始皇时蒙恬所筑的问题。临河和临戎说者自然以此作赵长城为前提，乌拉特前旗说者则认为此当属始皇长城。

史念海认为，赵国的疆土分布于太行山东西。后来武灵王掠取胡人的土地，西北至于阴山之下，因而就筑起由代并阴山下，至于高阙的长城。高阙在阴山的近西端处。阴山以南，由乌拉山向东也有一条长城，断断续续尚可略见遗迹，曲折东行，经过今呼和浩特市大青山南麓，这两条长城在今呼和浩特市北郊豪沁营乡坡根底村东北相会合，再向东去。②

罗哲文、赵所生认为武灵王长城，"又分为南、北二线"，南线东起"无极之门"，地在今河北张家口市西北约30千米，向西经内蒙古集宁市南及呼和浩特市及包头市北，止于乌拉特前旗东，全长约530千米。北线在南线西段以北约50千米，经固阳与五原以北之阴山南麓及河套北，西南终于乌兰布和沙漠，总长约400千米。③

黄展岳指出赵长城有两段，一段西起包头市北边的大庙附近，沿大青山南麓，东迄呼和浩特西边。另一段是包头以西，穿越狼山中部的石兰计山口。④

但是也有学者对此持不同的观点，余华青等人认为狼山上的石砌长城属秦始皇时蒙恬所筑，因为赵武灵王二十六年（公元前300年）才拓地西至云中、九原，尚不能达狼山西端⑤。唐晓峰认为秦长城建在大青山北麓，其遗址发现在内蒙的固原北、武川南，过集宁，至兴和北，入河南省境内⑥。鲍桐经过考察认为赵国的南段和北段长城，并不是同一时期所筑，南段长城位于大青山、乌拉山南麓，为战国时期所筑；北段长城位于大青山、色尔腾山、狼山北麓，应是蒙恬新筑的秦长城⑦。李逸友也认为赵北长城的西端不在今河套北面的狼山一线，现存的长城遗址是秦汉时代的。⑧

综上所述，赵高阙的地望是决定着赵长城走向的根本因素，因为高阙所在地的不确定导致了武灵王所筑长城走向的分歧。

---

① 赵建朝、李寒梅、孙茹梅：《赵国北长城考察》，载于《邯郸职业技术学院学报》2010年第3期。
② 史念海：《论西北地区诸长城的分布及其历史军事地理》（上篇），载于《中国历史地理论丛》1994年第2期。
③ 罗哲文、赵所生等：《中国城墙》，江苏教育出版社2000年版，第7页。
④ 黄展岳：《新中国秦汉长城遗迹的调查》，载于《新中国的考古发现和研究》，文物出版社1984年版。
⑤ 余华青等：《战国、秦、汉长城调查（笔谈）》，载于《文物天地》1989年第2期。
⑥ 唐晓峰：《内蒙古西北部秦汉长城调查记》，载于《文物》1977年第5期。
⑦ 鲍桐：《高阙地望新探》，载于《中国历史地理论丛》1993年第2期。
⑧ 李逸友：《高阙考辨》，载于《历史地理》第二辑《内蒙古文物考古》1996年第1期。

（二）现存遗迹的调查和研究

有关赵长城遗迹的调查活动很早就开始了，但较大的具有科学性的调查还是在新中国成立以后，尤其是20世纪80年代至今。

在内蒙古地区关于赵长城的调查工作主要有：1981年文物普查过程中对呼和浩特地区的长城作了复查；① 20世纪60年代盖山林、陆思贤等人对阴山一带的长城遗迹进行了调查，比较详细的踏勘了自呼和浩特西至包头市一段；② 80年代内蒙古开展了全区文物普查工作，李逸友在20世纪90年代对内蒙古长城遗址进行了考察和复查；③ 此外，在包头郊区发现战国赵长城遗址。④ 关于赵长城遗迹的调查工作在山西省地区主要有山西盂县境内的长城遗迹⑤，但其始建年代不详。

河北省文物考古工作者从1977年开始，对承德、张家口地区的长城遗存进行了广泛的调查。张家口赵长城的位置，一直被认为是位于蔚县南山一带的长城。郑绍宗认为该段长城应是始建于东汉，继建于北魏，而最后完成于北齐的长城。⑥

关于张家口战国赵北长城的位置，张维华认为，"根据留存的遗迹来看，赵北长城大体上有前后两条，前条在今内蒙古乌加河以北，沿今狼山一带；后一条从今内蒙古乌拉特前旗向东，经包头市北，沿乌拉山向东，沿大青山，经呼和浩特市北，卓资和集宁市南，一直到今河北省张北县以南。"⑦ 而李逸友认为："可以肯定赵北长城的东端起点不在今河北省境内。""而应在今（内蒙古）兴和县北部的大青山西麓地带。"⑧ 郑绍宗认为，该长城存在是战国赵北长城的可能性，虽然从现存的遗迹看，不能与兴和县北部大青山西麓的赵北长城相接，但不能排除2000余年自然力损坏和人为破坏所造成的残缺，另外，赵国修筑长城似乎也没有将代郡北边形成大段空缺的道理。⑨

雄伟的赵长城是中国古代劳动人民心血的结晶，它同时也代表着当时赵人的

---

① 朝克：《呼和浩特地区长城遗址》，载于《内蒙古文物考古》1994年2期。
② 盖山林、陆思贤：《阴山南麓的赵长城》，载于《中国长城遗迹调查报告集》，文物出版社1981年版，第21页。
③⑧ 李逸友：《中国北方长城考述》，载于《内蒙古文物考古》2001年第1期。
④ 中国人民政治协商会议包头市郊区委员会文史资料研究委员会编：《包头郊区文史资料》1986年第1辑。
⑤ 盂县文史资料研究委员会：《盂县文史资料》第八辑，第16页。
⑥⑨ 郑绍宗：《河北省战国、秦、汉时期古长城和城障遗址》，载于《中国长城遗迹调查报告集》，文物出版社1981年版，第35页。
⑦ 张维华：《中国长城建置考》（上编），中华书局1979年版。

时代精神。赵南长城的修建代表着赵国中原争霸的雄心，赵北长城的修建则展示了赵人北抗匈奴，开疆扩土的伟绩。

八、中山长城

战国时，中山国亦筑有长城。史书中关于此事的记载仅有一句："（赵成侯）六年（公元前369年），中山筑长城。"①

中山国地处燕南赵北，疆域相对较小，但因当时兵争攻取的历史背景，中山与其周边各国间颇有些关系，由此可以得到一些关于中山国筑长城的一些相关内容。

中山国的建立者鲜虞，是北方游牧民族白狄的别种。春秋时鲜虞越过太行山东进，多次与晋发生战争。春秋晚期，鲜虞转移至河北唐县，改称中山国，中山武公建都于顾（今河北省定州市），公元前406年，鲜虞中山国为魏所灭，魏国在对鲜虞的统治中建立魏属中山国。至公元前380年左右，中山复国，迁都于灵寿（今河北省平山县三汲村一带）。复国后不久，中山国就进入它历史上最强盛的时期，其中以筑长城为最主要的标志。

（一）历史沿革

对于战国中山何时修建长城的问题，历来各家均对史书的记载没有异议，赵成侯六年（公元前369年），其为战国中山修建长城的具体时间。

而关于当时中山国在何处修建长城，则存在以下几种不同的观点：一种观点认为在今河北山西的交界地；② 另一种观点认为，"此城盖北起泰戏山，迳长城岭，纵贯恒山，并太行而南下，凡龙泉、倒马、井陉、娘子关皆属之。"③

关于中山国疆域的说法，认为"有灵寿、临城、唐县、新乐等地。扩大论之，大抵今望都、定县、正定、赵县等地，亦隶其境。自南至北，二三百里，均在太行山之东。"因此，中山国在此的疆域基础上，修建长城的所在之地——"在今新乐县境。"④ 而另一种认识是中山国地处燕南赵北，位于槐水以北、滋水以南；东为水大流急的薄洛水和宁晋泊，群川东汇；西为巍峨峻峭的太行山，重山西峙，其自然地理形势负险而恃固。结合当时中山国的周边形势，推测其长城

---

① ［汉］司马迁：《史记》卷四十三《赵世家》，中华书局1959年版，第1799页。
② 王国良：《中国长城沿革考》，商务印书馆1930年版，第29页。
③ 长城文献资料集略内蒙古研究室：《中国长城遗迹调查报告集》（附录），文物出版社1981年版，第125页。
④ 张维华：《中国长城建置考》（上编），中华书局1979年版，第110~112页。

"很大可能修建在中山国的南部边境古槐水北岸,即同赵国相连接的房子、扶柳一线,以防止赵国对它领土的入侵。"①

(二) 考古调查与发现

20世纪80年代,河北灵寿县的文史资料中记载了三段长城和四座敌台。②90年代,河北省文物工作者在唐县北店头乡蔡庄村发现一座古长城遗址,认定为战国时期中山国古长城。③

关于中山长城的分布及走向也存在不同的说法,一说中山长城分布于保定市涞源、唐县、顺平、曲阳4县,总长约89千米。④一说是在今山西与河北地带,纵贯恒山,接太行山南下,经过龙泉关、倒马关、井陉关、娘子关、固关,至邢台。⑤也有人说中山国所筑长城主要在其疆域之西,沿太行山东麓一线,"在唐河东岸北起顺平县神南,南行经富有、大峪后,入唐县经马耳山西,西南行经上庄东,到大洋村东的一段长城,全长约68千米,特点是土石合筑,远观筑于山脊上的为一高起的石檩。"持这一说法的调查者同时也提出了疑问,如:"长城短小,既不能屏障中山旧都顾,也不能屏蔽新都灵寿,且中山的一些要邑,如西北的鸱之塞(今倒马关)、华阳(在恒山南)、南行唐(今唐县西北15千米),还有一些城址等,均暴露在这条长城之外(西部),城体上出土可资证明时代的遗物甚少。"⑥

李文龙认为中山长城分布于保定西部太行山区的涞源、唐县、顺平、曲阳四县,总长约89千米。⑦中山长城以主干城墙为主体,另在一些险要的关口筑城或筑墙扼守;在城墙内侧修筑较大的城址为屯成点,或在城墙附近驻兵防守,共同构成一道严密的防御体系。在险峻沟谷筑城防御的前沿隘口有两处,分别是涞源县黄土岭和唐县周家堡。

长城墙体结构可分为石砌和土石混砌两种。石砌墙体主要发现于黄土岭、周家堡两处城址和部分山峰顶部的长城遗址,墙基宽2~3米,高度因地势和坍塌程度不同,约为0.5~3.2米。从部分遗迹较清晰的墙体断面看,墙基用较大的

---

① 段连勤:《北狄族与中山国》,广西师范大学出版社2007年版,第82~100页。
② 灵寿县文史委员会:《古长城》,载于《灵寿县文史资料第一辑》,河北人民出版社1989年版,第78页。
③ 程实:《河北唐县发现战国古长城》,载于《历史教学》1997年第11期。
④ 李建丽、李文龙:《河北长城概况》,载于《文物春秋》2006年第5期。
⑤ 董耀会:《万里长城纵横谈(四十二)》,载于《西部时报》2006年6月16日;《万里长城纵横谈(四十五)》,载于《西部时报》2006年7月7日。
⑥ 郑绍宗、郑立新:《河北古代长城沿革考略》,载于《文物春秋》2009年第3期。
⑦ 李文龙:《保定境内战国中山长城调查记》,载于《文物春秋》2001年第1期。

平整石块平铺，两侧用略经打制的石块堆砌，中填较小的碎石。城墙横截面略呈梯形，上宽下窄，推测顶宽约在 1 米左右。土石混砌的方法见于长城干线和支线，底宽约 1~2.5 米，残高 0.4~3 米，大部分地段已坍塌，远观为土石堆状，当地有"土龙""龙脊"的称呼。墙基也是用较规整的石块平铺，两侧面用略经打制的石块堆砌，中填碎石和地表褐土，未见夯筑的迹象，但比较坚固。土石混砌长城所经地段，多为山坡和山脊处，表层为褐土，墙体内填充的褐土、碎石就地开采，有些地段还可见到挖掘表层褐土形成的沟坎。在极陡峭的山峰、绝壁地段，"以山为墙"势若屏藩，典型地段是黄土岭至周家堡和顺平县神北、神南一带，唐河东岸是陡峭的山崖，未筑墙而以山代之，作为天然屏障。

该段长城沿线有烽燧和城址两种类型的附属建筑，烽燧筑于长城干线上，城址则位于长城沿线的内侧。

烽燧遗址有圆形和方形两种，均建于长城干线上，属"骑墙墩台"一类。规模大小不一，有些较大者可能派兵屯驻。共发现烽燧遗址 7 处，其中顺平县 3 处，唐县 3 处，涞源县 1 处。

夯土城墙的古城遗址 2 处，分别是唐县洪城遗址与灌城遗址。

在长城内外约 10 千米的范围内，还发现了 6 处古城址，顺平县中下邑遗址、唐县南固城遗址、北城子遗址、西城子遗址、伏城遗址、曲阳县党城遗址。它们与长城干线、支线构成一道完整的防御体系。除在长城沿线发现一批古城址、烽燧遗址外，还发现了一些与屯戍有关的生活聚落遗址，包括黄土岭遗址、河暖遗址、分水山遗址、东雹水遗址和北雹水遗址。

保定西部山区的长城遗迹虽略有断续，但基本相连，且在构筑方式、结构、规模形式等方面基本一致，可知为同一时期的长城遗存。同时符合战国—秦汉时期长城在地形选择上的两个基本特点，即"因边山险""因河为固"；长城所经过的顺平、唐县、曲阳，在春秋战国时期属鲜虞故地、中山国疆域，特别是唐县，是早期鲜虞、中山活动的重要区域，境内有许多这一时期的古代城址、遗址和墓群，如"左人""中人""中山""阳邑""鸱之塞"，以及顺平之"曲逆""夏屋"，曲阳之"上曲阳""丹邱"等都是中山国西北部的重要城邑，这些城址大多位于唐河东岸，与长城走向大致平行。

（三）学术争鸣

目前，对战国中山长城的修建时间及其建长城的防御对象的认识，史学界基本达成一致，同时考古调查的结果也显示，在今河北省保定市涞源、唐县、顺平、曲阳四县的长城可认定为战国时中山修建的长城。

但仍有一种观点认为，调查所获得的资料显示战国时期中山国长城地处太行山东麓，即战国时中山国与赵国分界线附近，即此长城是否为赵成侯六年中山所建长城，同时中山国在古槐水北岸（其疆域南部）是否筑有长城，仍存有疑问①。

九、历史意义及评价

就目前所知，中国历史上的长城最早始于春秋战国时代。这一时期的长城可以分为各诸侯国互相防范与秦、燕、赵三国为防范北方游牧民族而建的长城两类。

一方面，东周时期的"春秋五霸"和"战国七雄"，打破了传统的"王国"秩序。各个诸侯国修筑长城，是对周王朝"血缘政治"的挑战与背叛，是从政治、军事上强化"地缘政治"历史发展新趋势的表现。长城自其出现伊始，就成为中国古代王朝的重大国家工程，长城的修筑集中体现了国家意识。

另一方面，随着战国时期兼并战争的进行，统一的趋势日益明显。此时，北方游牧民族，主要是匈奴逐渐强大起来，他们长于骑射，不断掳掠秦、燕、赵北部地区。而秦、燕、赵所代表的农业经济民族需要稳定的社会环境，以利耕耘收获，发展农业生产，成就中原霸业。因此，在古代中原农业经济形态与北方游牧经济形态的发展矛盾下，秦、燕、赵三国各自在北面修筑长城防止北方游牧民族劫掠便成为必然选择。战国时期秦、燕、赵三国在北部建立的长城，属"有备则制人，无备则制于人"战略性防御措施，也就是说，拥有长城的一方就拥有了一条坚固的防线。长城不仅为中原农业文明的安定与和平发展起到了一定的保障作用，同时为后来秦汉王朝所继承和发展，为秦汉时期边疆地区的防御扰掠、经济开发、贸易往来、文化交流与民族融合奠定了坚实的基础。

第三节 秦汉长城

一、秦始皇长城

"千古一帝"的秦始皇，在不到十年的时间里，依靠祖辈拓展积蓄的实力，施展种种谋略，灭掉六国，建立了中国历史上第一个统一的、多民族的、皇帝专

---

① 段连勤：《北狄族与中山国》，广西师范大学出版社2007年版，第100页。

制中央集权制国家,实现了中国历史上的第一次大统一。

为了进一步巩固统一的成果,秦始皇在经济、政治、军事上采取了诸多措施,尤其是军事上,北却匈奴,使匈奴头曼单于不得不放弃黄河南北的大片土地,向北退却700余里。北却匈奴之后,为防御其再南下骚扰中原,秦始皇遂将战国时期秦、赵、燕三国北边的长城进行重新修葺和增筑,使其连接成一线。同时,一方面,在匈奴退出的地方设置九原郡(今包头市西南黄河北岸),下辖县城44座(今内蒙古河套和鄂尔多斯高原地区),皆并因河为塞修筑而成。另一方面,采取"徙民实边"政策。此外,还派蒙恬率兵数十万长期驻守。这些措施,确实收到了防御效果,使"胡人不敢南下而牧马",保证了边疆地区的安全。

关于秦始皇长城的研究,学术界已经取得了不少的研究成果,分别就秦始皇长城的路线、秦始皇长城与秦赵燕三国长城的继承关系、秦始皇长城的西边起点等问题进行了深入的讨论和研究,有些问题已经达成一致,但还是有不少的问题存在争论,特别是一些学者通过实际考察以后提出了一些新的线路。下面将对秦始皇长城的研究状况予以叙述。

(一) 相关历史文献

秦始皇长城,即秦朝建立以后由蒙恬所监督修筑的长城,故后世又称作蒙恬长城。蒙恬修筑长城一事,在历史文献中有多处记载。

《史记·秦始皇本纪》:"三十三年……西北斥逐匈奴,自榆中并河以东,属之阴山,以为三十四县,城河上为塞。又使蒙恬渡河取高阙、阳山、北假中,筑亭障以逐戎人。徙谪,实之初县……三十四年,適治狱吏不直者,筑长城及南越地。"[1]

《史记·六国年表》:"三十三年,筑长城河上,蒙恬将三十万。"[2]

《史记·蒙恬列传》:"秦已并天下,乃使蒙恬将三十万众北逐戎狄,收河南。筑长城,因地形,用险制塞,起临洮,至辽东,延袤万余里。于是渡河,据阳(阴)山,逶蛇而北。暴师于外十余年,居上郡……良久,徐曰:'恬罪固当死矣,起临洮属之辽东,城堑万余里,此其中不能无绝地脉哉?此乃恬之罪也。'"[3]

《史记·匈奴列传》:"(秦昭王时),秦有陇西、北地、上郡,筑长城以拒胡……后秦灭六国,而始皇帝使蒙恬将十万之众北击胡,悉收河南地,因河为

---

[1] [汉]司马迁:《史记》卷六《秦始皇本纪》,中华书局1959年版,第253页。
[2] [汉]司马迁:《史记》卷十五《六国年表》,中华书局1959年版,第758页。
[3] [汉]司马迁:《史记》卷二十八《蒙恬列传》,中华书局1959年版,第2565~2570页。

塞，筑四十四县城临河，徙適戍以充之。而通直道，自九原至云阳，因边山险堑溪谷可缮者治之。起临洮至辽东万余里，又度河据阳山北假中。"①

《史记·匈奴列传·正义》引《括地志》："秦陇西临洮县，即今岷州城。本秦长城首，起岷州西十二里，延袤万余里，东入辽水。"②

刘安《淮南子·人间训》："因发卒五十万，使蒙公、杨翁子将，筑脩城。西属流沙，北击辽水，东结朝鲜，中国内郡挽车而饷之。"

应劭《风俗通义》："秦始皇遣蒙恬筑长城，徒士犯罪亡依鲜卑山，后遂繁息，今皆髡头衣赭，亡徒之明效也。"

郦道元《水经·河水注》："始皇三十三年，起自临洮，东暨辽海，西并阴山，筑长城及南越也……始皇令太子扶苏与蒙恬筑长城，起自临洮，至于碣石。"

李泰《括地志》载："秦陇西郡临洮县，即今岷州城，本秦长城首，起岷州西十二里。"

李吉甫《元和郡县志》："秦长城首起县（即溢乐县，今岷县）西二十里。"

杜佑《通典·州郡典》："岷州，春秋及七国时并属秦，蒙恬筑长城之所起也。属陇西郡，长城在郡西二十里。崆峒山，自山傍洮而东，即秦之临洮境在此矣。碣石山，在乐浪郡遂成县，长城起于此山。"

王应麟《通鉴地理通释》："秦筑长城，起所自碣石，在今高丽界。"

从上面引用的史料看到，即使同一部书上记载秦始皇时兴筑的长城，仍有一些不同之处，因而引起一些不同的观点与争论。比如，蒙恬筑长城所率领大军的人数有10万、30万和50万三个不同记载，临河筑县城有34座和44座两个数字，渡河后所据之山有阴山和陶山两种说法，是筑长城于阴山北假还是筑长城后又据阴山北假？前两个数字不同，尚不影响理解长城位置，后两个疑问则是判断长城位置的关键。秦始皇派蒙恬率大军北击匈奴时，首先攻占了河南。所谓河南系指黄河以南，即今巴彦淖尔盟乌加河以南地带，包括今伊克昭盟及乌海市广大地区，有人释为鄂尔多斯地区，不够确切。古代黄河在今河套地区有北河与南河两条河道，郦道元《水经注》中记载黄河的北流为主干流，北魏时可通舟楫，南河即今黄河河道。今乌加河河床北面的大山，为阴山山脉的狼山，水之北为阴，蒙恬占据的阴山，即指河水北面的狼山，也可证上述史料中的"陶山"乃是阴山之误。北假邻近九原，汉武帝时改九原为五原郡，北假系指今查石太山以南、乌拉山及大青山北麓地带，将这片新开拓的土地假借给移民耕种，所以称为北假。

---

① ［汉］司马迁：《史记》卷五十《匈奴列传》，中华书局1959年版，第2885~2886页。
② ［汉］司马迁：《史记》卷五十《匈奴列传》，中华书局1959年版，第2887页。

（二） 考古调查与发现

近代对于秦始皇长城的探索，始自20世纪早期。1911年，傅运森在《地学杂志》二卷7期发表了《秦长城东端考》一文，可以看作其发端。对秦始皇长城西段的实地探索，当始自顾颉刚1937~1938年亲临洮河流域的考察。1964年盖山林、陆思贤曾踏勘过自呼和浩特西至包头市段长城。

随后史念海也对长城进行了实地考察，并写出了多篇高质量的研究文章。[①]

后来许多省、市、自治区组织人力对其境内长城遗迹进行了普查，使长城研究进入实际考察阶段，大大促进了秦始皇长城的研究。

1985年，中国秦汉史研究会组织长城考察队前去考察内蒙古境内秦汉长城遗迹。经考察，秦长城北段从内蒙古磴口县北的哈隆格乃山口入狼山，沿狼山之脊逶迤而东，经狼任口、呼鲁斯太沟、乌不浪口等地又经武川县南向东延伸。长城遗迹时断时续，大抵在交通要道之处破坏很大，地面遗迹甚少，人迹罕到之处则保存较好，山岭上有高达四五米的石墙。

针对学术界有学者认为秦昭王长城没有修完，彭曦在阅读大量文献的基础上，认为昭王长城已经修建完成了。为证明这一观点，他用了三年多的时间进行实地调查，成为我国徒步考察战国秦简公"堑洛"和秦昭王长城的第一位学者。其专著《战国秦长城考察与研究》出版后，学术界盛赞他是"理论研究长城的第一人"。这项研究，已被编列为新中国50年来全国考古重要发现之一。

近年来，对长城的实际考察越来越多，沿秦长城各地的文物工作者和历史地理学者纷纷加入考察工作中，获得了许多第一手资料，对秦始皇长城的研究大有裨益。围绕着甘肃长城，学者们进行了大量的考察，并撰写了不少的文章。比如，惠迪、张芳贤的《定西地区战国秦长城考察记》；孙益民、王楷的《万里长城西部起首于今临洮辩》；陈守忠、王宗元的《甘肃境内秦长城遗迹调查及考证》；李并成、李琳的《对秦长城西起临洮即今岷县的再认识》；景生魁的《秦长城西端遗址探索》以及《岷县秦长城遗址考察》；范学勇的《秦长城西端起点临洮地望与洮州边墙考》等。

2006年国家启动了对长城的全面的实际调查，目前资料尚未全面公布。

[①] 史念海：《黄河中游战国及秦时诸长城遗迹的探索》，载于《陕西师范大学学报（哲学社会科学版）》1978年第2期；《鄂尔多斯高原东部战国时期秦长城遗迹探索记》，载于《考古与文物》1980年第1期；《洛河右岸战国时期秦长城遗迹的探索》，载于《文物》1985年第11期；《再论关中东部战国时期秦魏诸长城》，载于《中国历史地理论丛》1985年第2期；《秦长城与腾格里沙漠》跋，载于《中国历史地理论丛》1992年第2期；《论西北地区诸长城的分布及其历史军事地理（上篇）》，载于《中国历史地理论丛》1994年第2期；《论西北地区诸长城的分布及其历史军事地理（下篇）》，载于《中国历史地理论丛》1994年第3期。

（三）已有研究成果

1. 关于走向的研究

秦始皇长城大体分为西、中、东三段，学界基本无争议。

多数学者认为其走向为西起于甘肃省临洮县，经定西南境向东北至宁夏固原县，又经环县到陕西靖边，然后向北至内蒙古自治区境内，抵黄河南岸。[①] 黄河以北的长城则由阴山山脉西段的狼山，向东直插大青山北麓，继续向东经内蒙古集宁、河北尚义、围场诸县等，又经辽宁抚顺、本溪然后折向东南，终止于朝鲜平壤西北部清川江入海处。

秦始皇长城西段是凭借洮河与黄河天险而成，以障塞、城堡为主，不全是互相连属的长城。而当年的秦昭王长城已失去防御作用，据此推断秦始皇万里长城西段不是建在战国秦长城基础上。经学者考证，秦始皇时代也曾对秦昭王长城"缮而治之"。但这已不是秦朝万里长城的主线走向了。此段长城遗址还有待进一步考察证实。

从实际考察资料来看，在甘肃定西地区秦始皇长城沿用了战国时期的长城。[②] 下面分省对秦始皇长城西段研究情况予以叙述：

（1）甘肃省境内的秦始皇长城。

目前学术界关于秦始皇长城在甘肃的路线有两种不同的观点：一种认为秦始皇长城在甘肃的路线沿用秦昭王长城，另一种认为部分利用秦昭王长城，部分是新建而成。

秦长城在甘肃省内经五县，长达 800 余千米。秦昭王长城的起点在今临洮县北三十里墩洮河东岸的南坪望咀儿，为东南—西北走向。在临洮县境内，长城沿东路沟北山梁向东南延伸，先后经过长城巷村、皇后沟、八里铺乡郑家坪村，在渭源县境内，长城由庆坪乡折而向南，再转向东北至唐家河乡，跨过咸河进入陇西县内。在陇西县，长城沿德兴乡北的长城梁转向东南而行，经云田乡、马莲滩等地，自沙川里进入通渭县境内，转为西南—东北走向，从四罗坪村南城壕梁到许家堡子，再经锦屏乡郭家山、牛谷河等地，由张家山村进入静宁县境内。长城在静宁县内北上，经田堡乡、陆家湾、上寨子等地到达宁夏回族自治区西吉县境内，由堡子梁东折到马莲乡、固原县张易乡，由此再转向东北经红庄等地，跨过清水河谷到程儿山，这里长城分两道前行，至固原城北二线合一折向东南，经文家山，绕河川之南梁而至彭阳县北，继续东南行至甘肃省镇原县。长城在镇原县

[①] 董耀会：《万里长城纵横谈》，人民教育出版社 2004 年版，第 20 页。
[②] 金迪：《甘肃定西地区战国秦长城若干问题研究》，西北大学硕士毕业论文，2011 年。

呈东北—西南走向，经刘家堡、孟家塬进入环县境内，又沿康家河东岸北行跨越合道川河直至半个城村，由此转向东北沿西川城北的山梁延伸，又跨过环江而达李家塬、樊川乡长城原，然后东北行至显神庙岭进入华池县西北部。这里长城沿陕甘交界线东南向行，经住台子、五掌梁，在铁角城处越过元城川河，经南湾、长城村，最后进入陕西省吴起县境内。

其修筑方式依地形而定，在平坦地区多夯土版筑，断面呈梯形；在断崖高山深涧地带，或以断崖本身为墙，或于高处筑烽燧以警戒四周；在山坡较为平缓的地带，则利用山势地形修筑长城并置烽燧，墙体矮小，烽燧主要用于示警。秦代烽燧，在定西地区发现3座、庆阳地区23座，其建造方法同长城建造方法一样。长城沿线残存大量秦代板瓦、筒瓦、云纹半瓦当及泥质灰陶、夹砂灰陶器残片，陶片纹饰有绳纹、菱形方格纹等。

而对于秦始皇长城有没有经过兰州，学界有两种截然不同的看法。近年，经过一些考古学者的实地考察，在兰州和永靖交界的地方发现了秦长城遗迹，另外榆中桑园峡也保留着秦长城遗迹，所以可初步断定兰州境内是有秦长城存在的。此外，明代在修筑"河南边墙"时，就利用了秦长城残迹。

兰州境内的秦长城是秦始皇派蒙恬修筑的，与战国秦长城走向相差不多，从洮河和黄河的交汇处沿着黄河进入永靖，然后沿着黄河，顺着山势向东，再从永靖、兰州交接处的盐锅峡南口开始，沿黄河南岸下至八盘峡口，途经上铨、上车等地，该段长约12千米，墙体基础宽约4~5米，最宽的地方可达14米，最高残存7米，1983年文物普查的时候，这一带还挖出了数节排水陶管。紧接上段，长城进入兰州市，途经兰州西固区、七里河等地，出兰州后，沿黄河东行、与宁夏、内蒙古的战国秦长城汇合。

宋代《太平寰宇记》陇右道兰州条载："兰州，《禹贡》雍州之域，古西羌地，秦并天下，为陇西郡……及秦既并天下，筑长城以界之，众羌不复南渡。"

贾衣肯认为，蒙恬所筑长城是秦始皇长城的重要组成部分。关于这段长城的分布走向问题，多数学者主张在秦西，即由今甘肃榆中县（或兰州）以西沿黄河北上至内蒙古包头以西，大致呈南北走向。贾衣肯则认为这段长城在秦北，为东西走向，并就秦始皇北伐性质、蒙恬所筑长城具体所指、长城起止及秦直道与秦长城关系、秦长城西北段等学术界长期以来存有争议或留意不够的问题提出了自己的看法[1]。

秦始皇统一天下后，秦的疆域在西部有所扩展，军事前哨扩展到永靖、兰州、榆中、皋兰、靖远县一带，并进行大规模修建长城的活动。《史记·蒙恬列

---

[1] 贾衣肯：《蒙恬所筑长城位置考》，载于《中国史研究》2006年第1期。

传》:"秦已并天下,乃使蒙恬将三十万众北逐戎狄,收河南。筑长城,因地形,用制险塞,起临洮,至辽东,延袤万余里。"① 秦始皇时所筑长城,沿洮河东岸行经岷县城北、临洮县城西、永靖县城南。洮河汇入黄河后,长城又沿黄河南岸东行经兰州,又沿东岸行经皋兰东、靖远西,最后进入宁夏回族自治区内。又经河套地区,在山西境内与燕长城相接,过燕山绵延至辽东。秦始皇时所筑长城,均"因地形,用制险塞",堑溪谷以为塞防,所以没有留下遗迹。②

不少学者据《匈奴列传》"可缮者治之"的记述,以为秦长城大抵因秦昭王、赵、燕长城之旧,加以修缮和连接。其实不尽然。秦始皇虽对昭王、赵、燕长城有修缮,但由于拓地甚广,长城的某些地段是大大向北推进了。原秦昭王长城未能把新收取的大片河南地置于它的保护之内。出于军事的需要,秦始皇当是将主要力量用在其西北设置的新防线上,这就是《史记·秦始皇本纪》所说:"三十三年……西北斥逐匈奴,自榆中并河以东,属之阴山,以为三十四县,城河上为塞……筑亭障以逐戎人。徙谪,实之初县。"③ 对于这条防线,有人认为:"似未筑有长城,纵于扼险之地,立有障塞,亦未必互相联贯,故称之曰边则可,称之曰长城则未妥。"④

但史念海却认为秦始皇长城应在贺兰山东北趋向阴山山脉西端,现已陷入流沙之中。到底这一地带是否筑有长城,恐怕只有依赖实地考察了。不过,可以肯定秦始皇长城并不只是修缮昭王长城。这条防线确曾存在,而且北移了。因为在榆中(今兰州)是筑有长城的。《通典》(卷一七四)兰州五泉县云:"汉金城县也,汉榆中县故城在今县东。……又有故苑川城及故长城。"

马杰英认为永靖县境内秦长城东与兰州市西固区新城长城相接。兰州市黄河南岸明长城在地方志中多有记载,过去曾有人认为是明代在秦长城基础补筑的。近年来,文物工作者对此段长城做了详细的调查,亦证明此段长城确为明长城。⑤

朱耀廷等认为"秦始皇长城的西段是凭借黄河天险而成,其中多修有障塞和城堡。经考察西起甘肃省岷县,循洮河东岸向北临洮县、兰州,再东折至榆中。向北沿黄河东岸修筑了不少城塞,直到内蒙古河套地区,和历史文献'自榆中并河以东……城河上为塞'相吻合。"⑥

---

① [汉]司马迁:《史记》卷二十八《蒙恬列传》,中华书局1959年版,第2565~2566页。
② 唐晓军:《甘肃境内的长城与烽燧分布》,载于《丝绸之路》1996年第5期。
③ [汉]司马迁:《史记》卷六《秦始皇本纪》,中华书局1959年版,第253页。
④ 张维华:《中国长城建置考》上编,中华书局1979年版,第133页。
⑤ 鲜明、尚无正:《甘肃永靖县境内秦长城质疑》,载于《文博》1992年第3期。
⑥ 朱耀廷、郭引强、刘曙光:《战争和和平的纽带——古代长城》,辽宁师范大学出版社1998年版,第42~43页。

另一种观点认为，秦长城的西端起点是位于甘肃省卓尼县阿子滩乡玉古村东南的石崖，距其以东10千米的羊巴古城即"临洮城"；洮州"明代边墙"的大部分也是在秦长城古址上修筑的。① 这类观点认为在长城起点处存在明代边墙与秦长城的叠压打破关系。

甘肃境内的秦长城是从今天的甘肃岷县西10千米的地方沿着洮河东岸到岷县城（秦临洮县）附近，再沿洮河折向西北，经过今天的临洮县城（秦代陇西郡治所）的西面，延伸到今天的永靖县城西边。秦代万里长城的起始段就是顺着洮河而下到今天的永靖县城附近，以"堑溪谷"的形式铲削洮河右岸，使之陡峭如墙。自今永靖县继续沿黄河右岸伸向东北，经过兰州、榆中和靖远等市县而走出甘肃省界。在这个地段，长城是"因河为塞"，或夯筑城墙，或铲削河岸。近年在永靖县境内的洮河、黄河右岸都发现过秦代长城的遗址，表明秦代长城确实是"并河以东"而向前延伸的。

（2）宁夏境内的秦长城。

宁夏固原境内有一段总长230千米的长城，从东向西穿越彭阳、原州、西吉三县区。

宁夏境内的秦长城有南部和北部两条，南部的通过固原。宁夏境内的秦长城战国时期就有了，秦始皇时期是否沿用，还未有定论。战国秦长城尽管曲折回环，但始终走大小水域分水地带。战国秦长城起自甘肃临洮河谷地，途经渭源、陇西等县，顺葫芦河东岸经北峡口进入固原西吉县，经黄家岔、玉桥等地，在将台转折向东，顺马莲河河谷进入原州区的张易乡，至黄堡东，转折为东北方向，进入红庄乡政府院内。后进入叠叠沟，经孙家庄、白家湾，又转折向东，至明庄西北便分为两道，形成"内城"和"外城"之分。内城从明庄过公路，便爬上了原州城西北5千米的一道顺向小丘陵，经郭庄、十里铺过清水河至沙窝。外城则向西北形成一个不规则的弓背状，经乔洼过清水河，过河后又折向东南至沙窝与内城合二为一。内城和外城形成鲜明的对比。内城城墩城墙高大、宽厚、完整，城线笔直如划，气势雄伟巍峨。全线约8千米长的内城遗迹保存较完好，除现在公路和少数后期冲沟穿破外，全线基本不曾中断，每200～230米便有一个城墩，垂直高10～20米。

关于宁夏有没有秦始皇长城，学界大多认同《史记》说法，至少从史料考证的角度看，宁夏北部确曾存在过秦代长城。2008年赵实对内蒙古乌海市海南区的西卓子山一带（位于宁夏）进行了实地考察，发现长城遗迹。新发现的长城位于西卓子山山脉西南端，自山麓西侧的山前坡地出现，沿山脊向上延伸约1千

---

① 范学勇：《秦长城西端走点临洮地望与洮州边墙壁考》，载于《西北民族学院学报》2003年第1期。

米。赵实认为：宁夏北部历史上修筑过秦汉长城，它就在石嘴山惠农区北部与内蒙古自治区相邻的戈壁滩上。秦汉长城从阴山沿黄河两岸向西南延伸，在乌海市河东沿桌子山向南蜿蜒，在海南区高速公路大桥附近跨黄河进入宁夏境内，并横截宁夏平原北段的狭窄通道，连接到贺兰山北段。①

2009年周兴华在黄河中卫市沙坡头区北长滩村境内新发现了数千米秦始皇石砌长城。他认为始皇长城有很大一部分是在战国秦昭王长城的基础上修建的。这时的秦始皇长城从秦境西南向东北修筑，在西北"河南地"的修筑方式是"因河为塞""城河上塞""因边山险"和"堑山堙谷"等。在中卫市沙坡头区北长滩村下滩水车对岸的高山上，长城墙体残存最高处约10米，顶宽3～4米，是建筑者按照防御需要，根据山体因地制宜，就地取材。北长滩秦始皇长城经历了2200多年的天灾人祸，只有少数长城墙体保存完好，大部分已经破落坍塌或者被荒草碎石湮没。②

许成持不同意见，他认为秦始皇时是以河为塞，即黄河为第一线的防御工程。若在冬天，黄河结冰，长城不能作为一个重要防线，便退回去，继续以秦（昭襄王）的万里长城为防线。如此看来，秦始皇的确修理过固原这段长城。

还有人认为，秦始皇时期根本就没在宁夏修过长城，蒙恬修筑的长城在内蒙古阴山脚下。③

关于秦始皇长城中段的路线争论不大。

董耀会认为，中段由内蒙古兴和县始，经黄旗海北岸，顺大青山而西，经察右中旗、武川县南的南乌不浪，固阳县北部的大庙，后经五原、杭锦后旗北境，西抵乌兰布和沙漠北缘，这是秦统一后，利用战国赵长城加以修缮而成的。阴山至贺兰山之间的广阔缺口当是秦统一以后新筑的。沿长城内外，还修建有烽燧、关隘城堡障塞等设施，使秦统一以后的长城中段形成纵深防御体系。④

这段长城部分利用了战国赵北长城，但更多的是新筑的。其建筑基本依托大青山和阴山，多用毛石块垒砌。文物工作者在阴山北麓，考察了一处长达450千米的秦始皇长城，长城东端在今呼和浩特市北郊的坡根底村与赵长城相衔接，向北偏西方向，沿大青山北麓至固阳县空村山、阿塔山北麓，再循色尔腾山的中支查尔泰山北麓西行，直到临河市北的石兰计山口，保存好的地段长城一般高5～6米，顶宽3米，隔1～2千米有一小烽火台，隔5千米有一座大烽火台和驻军营盘。在固阳县银号乡见到的秦始皇长城，用大型方整的石块砌里外两壁，中间填

---

① 赵实：《宁夏北部秦汉长城的探寻发现》，载于《新消息报》，2008年12月21日。
② 武勇：《宁夏中卫北长滩新发现秦始皇石砌长城》，新华网宁夏频道，2009年9月26日。
③ 王玉平：《华兴时报》，2010年4月5日。
④ 董耀会：《万里长城纵横谈》，人民教育出版社2004年版，第19～20页。

以小块石头，墙面平整坚固，在固原九分子乡包白公路西侧现建有秦长城遗迹碑。

关于秦始皇长城内蒙古段是否沿用了赵长城，何清谷持否定的态度。他认为从赵武灵王到秦始皇政权时，北方游牧民族的防御线发生了很大的变化，因而秦长城不可能"悉因"赵长城之旧。

秦长城延绵万余里，经两千余年的风雨侵蚀和自然变迁，遗迹已较罕见。唯独在内蒙古阴山深处人迹罕至的山谷之中，仍保存有数百千米，而且雄风犹存。

（3）内蒙古境内的秦长城遗迹。

内蒙古境内长城及其附属遗迹主要有：哈隆格乃山口障塞遗迹、狼山北口长城遗迹、呼鲁斯太沟长城遗迹、乌不浪口长城遗迹、巴音哈太东南山区长城遗迹、小佘太长城遗址、西斗铺长城遗迹等。

固阳县境内的秦长城1996年被公布为全国重点文物保护单位。这段长城长约85千米，从东到西横穿固阳县中部的四个乡镇。固阳秦长城多建于山的阴面半山腰，是目前保存最好的秦长城建筑遗址。其建筑就地取材，因地制宜，建筑方法主要有石筑、土筑、土石混筑，其中石筑方法约占70%，基本包括了秦长城的所有建筑类型，有着很强的代表性，专家称之为"秦长城的博物馆"。

关于高阙地望的争论。高阙是战国、秦、汉时期我国北疆著名的军事要塞。近代许多学者认定其是狼山石兰计山口，唐晓峰也认为高阙在石兰计山口后[1]，《中国历史地图集》基本遵从其说，在绘制赵国疆域图时，将赵国长城分为南北两段，南段东起卓资县，西至乌拉山中部；北段东起武川县，西至磴口县。将高阙方位标在石兰计山口。20世纪80年代初，少数学者开始对此提出疑问。[2] 1985年夏，中国秦汉史学会组织的"秦汉长城考察队"到内蒙古考察后，发表了一系列论文，对赵国的疆域，南段、北段长城，高阙等提出了许多很有价值的见解。何清谷认为高阙应是乌拉特前旗宿黄乡境内乌拉山西段的大沟口。[3] 鲍桐对内蒙古中西部地区赵、秦、汉长城进行考察后，认为有两个高阙，一是赵高阙，在昆都仑沟；一是秦汉高阙，在狼山石兰计山口。[4] 后何清谷又发表文章对鲍桐的观点提出批驳。[5]

关于秦长城北段是否采用赵长城。何清谷认为：秦长城北段，与赵长城全不

---

[1] 唐晓峰：《内蒙古西北部秦汉长城调查记》，载于《文物》1977年第5期。
[2] 陈梦家：《汉简缀述》，中华书局1980年版；严宾：《高阙考辨》，载于《历史地理》第2辑，上海人民出版社1982年版，第82~83页。
[3] 何清谷：《高阙地望考》，载于《陕西师大学报》1986年第3期。
[4] 鲍桐：《高阙地望新探》，载于《中国历史地理论丛》1993年第2期。
[5] 何清谷：《关于高阙地望的反思》，载于《中国历史地理论丛》1993年第2期。

相干。在狼山段只有秦长城而无赵长城；小佘太段的秦长城离乌拉山南的赵长城图测距离尚在75千米以上，在大青山中的武川县境，两条长城相距较近但没有重合①。

辛德勇认为，战国时赵武灵王在北部边境修筑的长城，位于今乌拉前山—大青山南麓。即古阴山山脉，因此，《史记·匈奴列传》所记赵武灵王"筑长城，自代并阴山下，至高阙为塞"的"高阙"，就应当是这道长城西端的一处山口。这座山口，可以称之为"阴山高阙"。秦始皇统一六国后，其北方边防设施，在秦人故土，沿用了秦昭襄王长城；在赵国旧境，则沿用了赵武灵王长城，《史记·秦始皇本纪》谓始皇二十六年时，其疆界"据河为塞，并阴山至辽东"，指的就是在北边沿用赵国长城的这种情况。

而随着蒙恬出兵占据河南地区，秦人原来一直沿用的赵长城，已经远离边界线，失去了防守疆界的功能，"高阙"也随之丧失了控扼边境通行作用。"高阙"即随着秦朝疆域向"阴山北假中"地区的扩展，迁移到阳山长城西端的一处山口。与"阴山高阙"相对应，这座山口，可以称之为"阳山高阙"②。

固阳秦长城横亘在固阳县城北7千米处的色尔腾山上，历经二千多年的风雨侵蚀，用石板交错垒砌的长城，雄姿犹在，是目前国内保存最完整的一段秦长城。1996年国务院把固阳秦长城划为全国第四批重点文物保护单位。据考证，固阳秦长城始修于公元前214年。《史记·秦始皇本纪》：三十三年，"又使蒙恬渡河，取高阙、阴山、北假中，筑亭障以逐戎人。""亭障"即长城。《汉书·匈奴传》记载：元朔二年（公元前127年）汉武帝遣车骑将军卫青"出云中以西……于是汉遂取河南地，筑朔方，复缮故秦时蒙恬所为塞，因河而为固。"说明色尔腾山长城的修筑时代上限应是秦代，个别地段晚至汉代。

横贯固阳中部的秦长城，西自乌拉特中旗梁五沟林场，东行经王如地村、西边墙壕等地，再折向东南至银号镇陈家村伸入武川县境内，全长约120千米。秦长城修筑于山峦的阴面半坡，其修筑就地取材，在石料丰富的山地一般为石筑，在低山、缓坡地带采用夯土建筑。秦长城沿线的烽燧建于长城内侧的高地上，与长城分离。长城障城共发现二处：长发城障、三分子障城。

在包头市境内的秦长城多半修筑在山峦北坡，依山就险、因坡取势、山谷隘口及平川地带多用夯土筑成，山地则多用石砌或土石混筑，一般石砌长城遗迹保存尚好，现存的一般为外壁高度在4米以上，基宽4米、顶宽2米左右。在包头秦长城内外，留有8~9座古城遗址。

---

① 何清谷：《秦始皇北段长城的考察》，载于《人文杂志》1989年第4期。
② 辛德勇：《阴山高阙与阳山高阙辨析——并论秦始皇万里长城西段走向以及长城之起源诸问题》，载于《文史》2005年第3期。

秦始皇东段长城从内蒙古化德县境，往东经过河北省康保县南、内蒙古太仆寺旗、多伦县南，河北丰宁、围场县北，内蒙古赤峰市北境及奈曼旗、库伦旗南镜，至辽宁阜新市北，这段长城或沿用战国燕长城旧迹，或新筑。辽河以东，据文献记载，秦始皇长城一直延伸到朝鲜境内平壤大同江北岸。其建筑方法，因这段长城所经过地带的自然条件差别较大，采取了因地制宜、就地取材、累石为城、树榆为塞的不同方法。①

对于利用燕国长城的问题，学术界意见不一。一种意见认为，辽宁的秦始皇长城始建于燕国，文献资料显示，秦始皇统一中国后，设在辽宁地区的行政建置，仍依燕之旧制。修筑长城也是加以修缮、连缀、扩筑。秦长城在辽宁境内段落，是沿用的原燕国的外线长城，故长城走向与燕长城基本相同。从西边进入辽宁阜新地区后，又经开原与铁岭一带，越过辽河，向东经清原，过鸭绿江而后直达碣石山。

辽宁境内幸存的秦始皇长城在建平县北部努鲁儿虎山的峻岭之中。被当地群众称为"石龙"或"土龙"的古代长城遗迹，就是历史上著名的燕秦长城。在建平县张家湾南山至蛤蟆沟北梁之间，至今还保留着城墙遗址。另外，这一带还发现了许多古代用于驻兵、屯粮的附属城地。而辽宁境内其他地区的秦始皇长城就很难找到遗迹了。冯永谦、何浦滢认为"秦长城在辽宁境内段落，是沿用原燕国的外线长城，在旧有的墙址上加以修缮的，故长城走向与燕长城基本相同。"② 萧景全认为"秦在辽东仍是沿用了燕国长城障塞的旧址，只是对个别倾塌和湮失地段进行了维修和加固"，并进一步明确了长城从阜新市抵鸭绿江边的走向。

另一种意见则认为，秦始皇长城应位于燕长城以北。唐晓峰认为，赵长城以北的始皇长城，位于大青山北麓，逶迤于内蒙古境内固阳北、武川南，过集宁至兴和，北入河北省境。③ 燕长城以北的秦始皇长城则自内蒙古的察右后旗向东经商都等地，再经河北的围场北，内蒙古的赤峰北，入辽宁省的阜新。④ 这两段长城遗址不相连接。

也有学者认为位于燕长城之北的长城亦是燕长城，燕长城是采用了复线的形式。⑤

---

① 董耀会：《万里长城纵横谈》，人民教育出版社2004年版，第19页。
② 冯永谦、何浦滢：《辽宁古长城》，辽宁人民出版社1986年版，第33页。
③ 唐晓峰：《内蒙古西北部秦汉长城调查记》，载于《文物》1977年第5期。
④ 盖山林、陆思贤：《内蒙古境内战国秦汉长城遗迹》，载于《中国考古学会第一次年会论文集》，文物出版社1979年版，第217页；郑绍宗：《河北省战国、秦、汉时期古长城和城障遗址》；布尼河林：《河北省围场县秦燕汉长城调查报告》；项春松：《昭乌达盟燕秦长城遗址调查报告》，载于《中国长城遗址调查报告集》，文物出版社1981年版，第35~36页。
⑤ 黄展岳：《新中国的考古发现和研究——秦汉长城遗址的调查》，文物出版社1984年版，第401页。

总之，这一地带的长城走向和年代问题仍扑朔迷离。

在辽河以西，秦始皇长城要比燕北长城靠北，过去称为康保三道边即由内蒙古化德、康保东去和赤峰最北面一道长城是秦始皇时期所筑。

秦始皇长城东段沿线也修筑了许多城池、城障和烽火台一类的防御建筑设施。李文信认为，秦始皇长城是从阜新西来。① 刘子敏认为，"长城的走向应自铁岭以北折而东南，经抚顺大伙房水库以东的南杂木一带穿越浑河、苏子河而南走，越太子河中游一带，经宽甸县以东地区过鸭绿江。"② 李殿福认为，东段长城是对燕国长城的修缮和利用，西迄独石口，东抵开原，开原以东以障塞形式一直伸延到朝鲜半岛之龙岗（碣石）。李文信和佟柱臣二位过去曾调查燕北长城西段③。

近年，李殿福对奈曼、库伦两旗境内的燕长城进行了调查，并对燕北长城以南的奈曼旗沙巴营子战国古城（初步考证该城为西汉辽西郡文成县旧址）进行了发掘，更进一步得到了验证④。因此，西迄独石口，东经围场、赤峰北、敖汉、奈曼、库伦这一段长城的走向和现存状况已十分清楚。东去彰武、法库至开原，虽未实地调查，但过去曾在法库县境有过发现，大体走向已趋明晰⑤。

秦始皇长城东端止于何处？文献中的"起临洮，至辽东。"在辽东何处？没有详指。据《水经注·河水注》："始皇令太子扶苏与蒙恬筑长城，起自临洮，至于碣石。"碣石之地名又不止一处，到底是哪个，众说纷纭。考"碣石"有三：一在河北昌黎，二在辽宁省南部，三在汉乐浪郡遂城之碣。

萧景全认为，《史记·朝鲜列传》记燕时"为置吏筑障塞"。《汉书·匈奴列传》侯应语："起塞以来，百有余年，非皆以土垣也。或因山岩石，木柴僵落，溪谷水门，稍稍平之，卒徒筑治。"这种记述与辽东地区的长城障塞的实际情况正相符合。辽东地区不但早期长城障塞如此，甚至到明代也均为因地制宜，采取多种形式筑墙。这皆因辽东地区，山岭起伏，河流纵横，许多地段本身就具天险之利，修筑者利用地势，稍加筑治即成。同时，又由于辽东"地踔远，人民希"，浩大的长城障塞工程，如果到处修成连绵不绝的墙桓，势必耗费巨大。⑥ 对此，张维华指出，"边远辽阔之地，起筑不易，或难于防守，则仅间置以城障烽燧，未必悉行起筑。"⑦

---

① 李文信：《中国北部长城沿革考》，载于《社会科学辑刊》1979年创刊号。
② 刘子敏：《战国秦汉时期辽东郡东部边界考》，载于《社会科学战线》1996年第5期。
③ 佟柱臣：《考古学上汉代及汉代以前的东北疆域》，载于《考古学报》1956年第1期。
④ 李殿福：《吉林省西南部的燕秦汉文化》，载于《社会科学战线》1978年第3期。
⑤ 李殿福：《东北境内燕秦长城考》，载于《北方文物》1982年第1期。
⑥ 萧景全：《辽东地区燕秦汉长城障塞的考古学考察研究》，载于《北方文物》2000年第3期。
⑦ 张维华：《中国长城建置考》（上编），中华书局1979年版，第159页。

"燕亦筑长城，自造阳至襄平。"① 襄平属辽东郡，约在今辽宁省辽阳老城。而《史记·朝鲜列传》："自始全燕时，尝略属真番、朝鲜，为置吏，筑障塞。秦灭燕，属辽东外徼。汉兴，为其远难守，复修辽东故塞，至浿水为界。"②《史记正义》引《地理志》云："浿水出辽东塞外，西南至乐浪县西入海。"③ 乐浪县即今朝鲜平壤。《汉书·地理志下》乐浪郡下浿水云："水西至增地入海。"汉增地约约当今新安州，浿水即今清川江。一些学者据此推论，燕北长城已及朝鲜，为秦时长城直达朝鲜之所因。据《史记·匈奴列传》，秦始皇长城"起临洮至辽东万余里"。辽东郡地域辽阔，具体止于何处，《正义》引《括地志》云："延袤万余里，东入辽水。"而较多较早的记载说明可至朝鲜。《淮南子·人间训》：秦"因发卒五十万，使蒙公、杨翁子将，筑修城，西属流沙，北击辽水，东结朝鲜。中国内郡挽车而饷之。"《水经注·河水三》："始皇三十三年，起自临洮，东暨辽海，西并阴山，筑长城。"该辽海即渤海，也泛指辽东滨海之地。《水经注·河水三》又云："始皇令太子扶苏与蒙恬筑长城，起自临洮，至于碣石。"此碣石位于朝鲜。《通典》（卷一八六）："碣石山在汉乐浪郡遂城县，长城起于此山。今验长城东截辽水，而入高丽，遗址犹存。"《晋书·地理志上》乐浪郡遂城县下："秦筑长城之所起。"按遂城县在今朝鲜平壤南，秦时即属辽东郡。

目前燕北长城调查发现东端已至奈曼、库伦、阜新。在此段长城之南北尚未见另外的长城遗迹，但是长城南部沿线的古城、烽燧遗址中包含燕、秦、西汉时期的遗物。这或许是秦筑长城，袭燕之旧的关系④。但据2009年12月12日中新网的报道，吉林省通化县境内新近发现十一处秦汉长城遗址，其中有四处已经确认，七处有待进一步发掘。专家表示，这标志着目前秦汉长城的最东端将重新界定为通化县，而并非普遍认为的辽宁省新宾县旺清门镇孤脚山烽燧。调查小组对西起通化县三棵榆树镇沿江村、东至通化县快大茂镇的范围内进行调查走访、挖掘，共发现十一处遗址，包括古城址和烽火台等。吉林省境内发现的长城应该是长城的附属设施。据了解，这种长城主要是围绕当地所设的郡或县城，构成一个总的军事防御体系考古人员在遗址发掘出的一些瓦片、陶片、石器等都是反映汉代特征的文物。从发现的十一处长城遗址分布来看，基本是一条线，依着通化境内河谷分布，专家推测这些只是吉林省境内秦汉长城的一部分，再往东端还可能存在秦汉长城遗址。

因此，秦始皇长城东端的终点在朝鲜的北部是没有疑问的，但至于从辽宁还

---

① ［汉］司马迁：《史记》卷五十《匈奴列传》，中华书局1959年版，第2886页。
② ［汉］司马迁：《史记》卷五十五《朝鲜列传》，中华书局1959年版，第2985页。
③ ［汉］司马迁：《史记》卷五十五《朝鲜列传》，中华书局1959年版，第2986页。
④ 李殿福：《吉林省西南部的燕秦汉文化》，载于《社会科学战线》1978年第3期。

是吉林进入朝鲜境内,还需要做进一步扎实的实地考察工作。

2. 关于西边起点的争论

关于秦始皇长城西边的起点,学者们长期以来争论激烈。有的认为在今天甘肃岷县,有的认为在今甘肃临洮。史党社、田静在《关于秦始皇长城西端起首地"临洮"的几种说法简评》一文中已对相关观点予以比较全面介绍①。

(1)岷县说。

岷县就是秦汉时代的"临洮","岷县说"是最为流行的一种说法,来源最早。《史记》就明言西起自"临洮",大约同时代的文献《淮南子·人间训》也明确记载秦始皇时代所作长城是"西至临洮"的。《汉书·匈奴列传》也记载是起自"临洮"的,后来的徐广、郦道元、李泰、杜佑等人都从此说。

"岷县说"长期作为一种主流观点,近代学者也大多持赞成态度,如王国良、顾颉刚、张维华、史念海、彭曦、吴礽骧等。

王国良认为,"秦长城西起于今甘肃岷县,东行经狄道、固原、隆德等地,包六盘山而北走,再东经环县而入陕西境,过绥德,渡黄河,历山西河北境,到山海关转向东北,横贯辽宁南部",一直到今朝鲜平壤南之"碣石"②。参照王国良书中所附图可知,其解释虽然有隙,但是对于长城的基本走向的解释,则是正确的。他还指出,秦始皇万里长城,是沿用了秦、燕、赵三国旧有长城的。

顾颉刚于1937~1938年考察后认为,秦始皇长城的走向,"自岷(县)折而北,东行至渭源,又西北至今临洮,又北至皋兰,沿黄河至宁夏而北而东,与赵长城相衔接。"③

张维华认为秦始皇长城之西段,沿用了秦昭王长城,在对兰州以南段长城的走向问题上,看法与顾颉刚同。兰州以东,顾认为是沿黄河而东北行,最后与赵长城相接的,而张维华则认为是"再由皋兰东行,越陇山,入固原县境。复东北行,入合水与环县之境。自此再东北行,入今陕西之鄜县境。再东北,经延安县而入绥德县。再东行,达于黄河西岸而止。"④

史念海认为,今岷县至于临洮,是沿用了秦昭王旧城的,秦昭王长城与秦始皇长城在临洮一带分支,一行向东者为昭王长城;向北至于兰州者乃秦始皇长城,秦长城的西段,只有临洮至于兰州、阴山一段为新筑。他认为,兰州以东至于阴山,也是筑有长城的,只不过今或消失,或湮没于宁夏一带黄河以西的流沙

---

① 史党社、田静:《关于秦始皇长城西端起首地"临洮"的几种说法简评》,载于《秦汉研究》第1辑,三秦出版社2007年版。
② 王国良:《中国长城沿革考》,商务印书馆1930年版,第32页。
③ 顾颉刚:《浪口村随笔》,辽宁教育出版社1998年版,第28页。
④ 张维华:《中国长城建置考》上编,中华书局1979年版,第115~117页。

之中①。

吴礽骧也主秦始皇长城西起点的"临洮说"。但他同时也认为,秦昭王长城是从今临洮北三十里墩村附近开始的,而秦始皇长城则起自今岷县②。

彭曦认为,秦始皇时代是利用修缮了秦昭王长城的,而且,秦长城决不可能只止于今三十里墩村的杀王坡一带,而向南之延续情况到底如何,则还需要更加细致的实际考察,须不仅仅限于文献探讨。对于兰州以东至于河套的"城河上为塞"的,是否就是长城,彭基本持肯定态度,觉得应是长城的不同形式而已,但也须实际调查的帮助③。

另外有学者也进行了许多考察,也列出了一些实物证据。1947年岷县曾出有秦货币万余枚;大量的秦瓦遗存的发现表明这些瓦片与临洮等地长城沿线的形制一致;大量壕沟的存在,当是以"堑"作长城的遗留④。

景生魁通过实地考察后认为,秦长城当起于进岷县县城西十里乡的大沟寨一带,沿洮河岸下行,一直可与康乐、临洮的长城联系在一起。李琳与景生魁都列出了一条重要的理由,就是说长城的修筑,也是为了防止羌人的,故"岷县说"不容否定。

范学勇通过对明清时代的"洮州边墙"的考察,把秦汉临洮的位置向西大幅移动了100千米以上,认为卓尼县西卡车乡的羊巴城即秦汉临洮城,而且绵延二三百华里、位于今卓尼、临潭境内的"洮州边墙",大部分是沿用了秦长城的。若按照范学勇的解释,秦长城起于今羊巴城西,那么秦始皇长城就是从今卓尼一带大致呈北行状,止于黄河的。可以看出,其所定的长城的走向,与巩如旭之说是相似的⑤。

史党社、田静认为:秦长城其从临洮向南延伸到岷县是极为可能的。

还有的学者不同意临洮说,但也不认为在岷县。

何钰认为秦始皇长城西起岷县之说不妥,岷州有崆峒山,"秦长城首起岷州西十二里,或二十里,乃唐初李泰《括地志》之言。他们考察的岷县境内迄今并未发现长城遗迹。秦始皇统一后的万里长城西部首起何在?作者认为:司马迁

---

① 史念海:《黄河中游战国及秦时诸长城遗迹的探索》,载于《中国长城遗迹调查报告集》,文物出版社1981年版,第65页;《论西北地区诸长城的分布》,载于《长城国际学术研讨会论文集》,吉林人民出版社1995年版,第172~174页。
② 吴礽骧:《战国秦长城与秦始皇长城》,载于《西北史地》1990年第2期。
③ 彭曦:《战国秦长城考察与研究》,西北大学出版社1990年版,第258~259页。
④ 李琳:《对秦长城西起临洮即今岷县的再认识》,载于《丝绸之路》1999年第2期;《甘肃境内秦长城考察记略》,载于《丝绸之路》1996年第6期。
⑤ 范学勇:《秦始皇长城西端起点临洮地望与洮州边墙考》,载于《西北民族学院学报》2003年第1期。

《史记》中的'起临洮至辽东'是广意言之。临洮即指陇西郡滨临洮河的地带，非具体实指临洮县而言"[1]。

景生魁认为，"秦长城起点应在岷县城西十里乡的大沟寨一带。往东北，岷州古城西南角有关口，原有古城墙，即《太平寰宇记》提到的溢乐城南一里的秦长城遗址。西魏置溢乐县，即今岷县治。往北，茶埠乡隔河有秦长城遗迹。其下，经将台、脚步城、石咀等地，皆能通马道。至红城，有完整的城墙遗址。维新乡红莲寺右侧有一段城墙遗址。长城从维新乡的元山铁城出岷县境，经边墙河、石门等地，一直到康乐县的安龙河口，就可和现今临洮县的长城遗址连接在一起。以下长城走向我们和临洮学者的看法基本一致。"[2]

巩如旭认为，史籍之所以将《史记》中的始皇长城首起"临洮"，解释为岷州（今岷县），并认定长城首起于岷州，应该是当时岷州境内确有这条长城首起处遗迹的存在。我们至今没有找到秦始皇长城首起处遗迹的原因也许在于我们至今没有找到它真实的地理方位。比较可行的方案是，实地考察今甘肃省临夏市暨积石山、和政、康乐、卓尼四县境内的明代河洮长城遗址，首先是考察其中的河州卫二十四关。如果二十四关确与始皇长城又关联并得到证实，那么就可以自二十四关东南端的安龙关起，向东南方穿临潭县境入岷县境，逆向寻找始皇长城首起处遗迹[3]。

司马迁的《史记》是在进行了对资料的分析和实际考察的基础上写成的，其可靠性是不容置疑的，而且他是第一个对秦长城进行描述的。尽管目前我们还没有找到当时城墙的存留遗迹，但不能随意就否定它的存在。因为当时长城的修建并不是一种模式，利用河流、峡谷、天险等自然地形，"因边山险，堑溪谷，可缮者治之"。而这一段长城正是采用了这样的修筑方式，以防御西羌对秦的袭扰。因此"秦昭王和秦始皇长城都是从岷县开始的"这种说法也得到广大学者的认可。

（2）临洮说。

这个说法的代表性人物主要是甘肃学者，例如，孙益民、王楷认为，秦始皇长城的西端起点"临洮"不是秦汉临洮，即今岷县，而是今临洮即秦汉狄道县。"临洮说"一个最主要的论据就是今岷县—秦临洮一带，并无长城遗迹，而今临洮—秦狄道北则有明显的秦长城村子。秦始皇长城西段的起点就是原来秦昭王长城的西端起点，在今临洮县城北约15千米的新添乡三十里墩村附近，村东即为城墙岭，从此向东都是丘陵地带，长城在此向东南连绵。城墙岭附近有杀王坡的

---

[1] 何钰：《秦长城西部起首崆峒山刍议》，载于《社科纵横》1994年第1期。
[2] 景生魁：《岷县秦长城遗址考察》，载于《中国长城博物馆刊》2001年第3期。
[3] 巩如旭：《秦始皇万里长城首起处遗迹求索》，载于《西北史地》1984年第2期。

地名，孙、王二认为此处就是秦始皇长城的起首地①。

陈守忠、王宗元两位也持相同的观点。王宗元、齐有科也撰文，专门对于"临洮"问题加以讨论，观点与上述学者的大同小异②。

对于"临洮"说，史党社、田静认为：有值得肯定之处。他们认为，今临洮一带的长城，是秦昭王先筑，而蒙恬后有修缮的。另外，他们还认为秦统一后所修筑的沿今兰州一带向东的黄河岸边的"城河上为塞"的那条防线，不是长城，而是与秦始皇长城不同的北边防线。

有的学者将西端起点问题分为秦昭王和秦始皇两个不同的阶段。从而主张首起今临洮的长城是秦昭王长城遗迹，而秦始皇长城起于岷县西③。

3. 关于修建时间的考证

秦始皇长城修建的时间尚未达成一致，或认为从秦统一当年就开始修建长城了，或认为开始于秦始皇三十年（公元前217年）④，或认为开始的时间是秦始皇三十三年（公元前214年）⑤，即蒙恬击败匈奴、收复河南地以后；

持同意当年就建造长城者认为，长城的修建分为前后两个阶段，共12年之久。

第一阶段，由秦始皇二十六年至三十二年（公元前221～公元前215年）。这时刚刚平灭六国，对匈奴采取的是战略防御方针。重点维修了原秦、赵、燕三国的边地长城，并新筑若干部分，以使其互相连接。《史记·秦始皇本纪》二十六年（公元前221年）载："地东至海暨朝鲜，西至临洮、羌中，南至北向户，北据河为塞，并阴山至辽东。"自战国中后期起，中原各诸侯国与北方游牧民族相邻，无不筑长城以为界，秦代更是如此。所谓"并阴山至辽东"，这里维修的是原赵国的阴山南长城（阴山北长城此时尚为匈奴所控制）和燕国的边地长城，并新筑二者之间的段落，使其互相连接。所谓"北据河北塞"，指的是原秦国边地长城的东端和赵国阴山南长城西端之间的一段黄河，这一段从前无人筑城，现在通过筑城立塞，从而把秦、赵长城连接起来。所谓"西至临洮、羌中"，就是指在维修原秦国边地长城的基础上，进一步将其延伸到羌中。羌中指的是羌人聚居地，这里所指为今甘肃永靖、兰州一带，亦即新筑自狄道沿洮水向西北与黄河相连的长城。所谓"东至海暨朝鲜"，就是指秦界东临大海，其东北边境把原燕国的边地长城加以延伸，直到秦代辽东郡的东南端。《水经·河水注》："始皇令太子扶苏与蒙恬筑长城，起临洮，至于碣石。"《晋书·地理志》："秦长城起乐

---

① 孙益民、王楷：《万里长城西部起首于今临洮辩》，载于《兰州学刊》1982年第1期。
② 王宗元、齐有科：《秦长城起首地——"临洮"考》，载于《西北师大学报》1992年第3期。
③ 巩如旭：《秦始皇万里长城首起处遗迹求索》，载于《西北史地》1984年第2期。
④ 罗哲文：《长城》，北京出版社1982年版，第27页。
⑤ 马非百：《秦集史·国防志》，中华书局1982年版。

浪遂城县。"《地理韵编今释》:"遂城在今朝鲜平壤南。"《通典》:"碣石山在汉乐浪郡遂成县。长城起于此山,东截辽水而入高丽,遗址犹存。"这就是秦初第一阶段维修和新筑长城的全部工程。

上述史料表明开始修建长城的时间是秦始皇二十六年(公元前221年),而且《史记·蒙恬列传》记载表明,修建万里长城的工作是在蒙恬的主持领导下进行的,前后共"暴师于外十余年"。而蒙恬开始反击匈奴的时间是秦始皇三十二年(公元前215年),到秦始皇三十七年(公元前210年)蒙恬被秦二世赐死,首尾不过六年,是远不足"十余年"的。事实是,蒙恬自秦始皇二十六年(公元前221年)破齐之后,随即开始率兵屯边、防御匈奴,兼筑长城,击败匈奴后又进一步修筑长城,所以才"暴师于外十余年"。

第二阶段,自秦始皇三十三年至三十七年(公元前214~公元前210年)。这时形势已发生巨大变化,秦始皇巩固内部的工作已经完成,边地长城的修缮已基本结束,边防已经巩固,对匈奴作战的各项准备皆已就绪,已由战略防御转入战略进攻。秦始皇三十二年(公元前215年),蒙恬大败匈奴军,一举收复河南;次年又渡过黄河,攻占高阙,控制了阳山、北假一带,从而使秦代的边境向北推进很远。为了巩固新占领的地区,于是开始第二阶段修建长城的工作。第二阶段的任务共有两项。一是"自榆中(今甘肃榆中)并河以东,属之阴山,以为(四)十四县,城河上为塞"①。也就是从今天的甘肃省兰州市、榆中县一带开始,同第一阶段由狄道沿洮水向西北延伸的长城相连,沿黄河而东,直到与阴山相连,即与原赵国阴山南长城的西端相连,并在沿河岸边修建44座城塞,建立44县,从而加强沿河的防御。二是在高阙、阳山、北假一带"筑亭障以逐戎人"②。也就是重新修复赵武灵王时所建的阴山北长城,并自高阙向西南延伸很长一段,直至与当时的流沙(今巴丹吉林沙漠、腾格里沙漠、乌兰布和沙漠的总称)连接;向东与原赵国阴山南长城会合后,于今内蒙古卓资一带转向东北,逶迤于今内蒙古商都县北、化德县南、河北康保县南,在今内蒙古太仆寺旗一带与原燕国的长城相连。这两项任务都是以新筑为主,包括修复赵武灵王的阴山北长城,由于匈奴的长期破坏,亦和新筑相仿。加之地形复杂,多行于崇山峻岭之中,因而任务十分艰巨,仅靠蒙恬所率部队和沿边郡县的军民是难以完成的,遂大规模地动用了内地的人力和物力。司马迁在《史记·蒙恬列传》的结语中说:"吾适北边,自直道归,行观蒙恬为秦筑长城亭障,堑山堙谷,通直道,固轻百姓力矣。"可知,秦代为了修建万里长城,付出了巨大的代价。

①② 〔汉〕司马迁:《史记》卷六《秦始皇本纪》,中华书局1959年版,第253页。

关于秦始皇长城修建的人数也有不同的说法。《淮南子·人间》"因发卒五十万，使蒙公、杨翁子将筑长城，西属流沙，北击辽水，东结朝鲜。中国内地，挽车而饷之。"所谓三十万、五十万者，仅指卒而言。另一种观点认为，当时动用劳动力多达100万①。

4. 关于修筑方法与结构的研究

长城不是一道单纯孤立的城墙，而是以城墙为主体，同大量的城、障、亭、燧相结合的防御体系。城墙是一道高大、坚固而连绵不断的长垣，用以阻隔敌骑的行动。一般修建在险峻的山梁岭脊之上或大河深谷之侧。

与长城城墙相结合的是沿边的大量城、障。所谓"城"，本指都邑四周用作防御的城垣，里面的称城，外面的称郭，即《管子·度地》中所说的"内为之城，城外为之郭"。而这里与长城紧密相连的城，是指在长城沿线所修筑的军事要塞，主要用以驻军，也用于住民，以利军民结合，共同守卫边防，开发边疆。所谓"障"，即边塞险要处用作防御的城堡。颜师古注《汉书·武帝纪》："汉制，每塞要处，别筑为城，置人镇守，谓之候城，此即障也。"秦制亦当如此，秦始皇三十三年（公元前214年）命蒙恬在阳山、北假中"筑亭障以逐戎人"，就是在修建长城的同时修建大量障塞的明证。在考古和调查中也发现秦始皇长城沿线有不少的障城。

障与城的区别在于大小不一和作用不同。城比障大，既住军又住民，用来加强重点地段的防御；障比城小，只住官兵，不住居民，用来加强险要之处的扼守。城和障都是长城的重要组成部分，有了这两项设施，长城的防御作用才能得到充分的发挥和加强。

与长城相配套的辅助设施还有大量的亭、燧。亭，本指古代边境上监视敌情的岗亭，有守望、战斗、通信等作用，往往与障、燧相结合，所以经常将亭障、亭燧并称。燧，本指古代报警的烽烟，实际设施为一高台，上面有卒瞭望，下面有人守卫，发现敌情则白日燃烟，夜间点火，因而也称作烽火台或狼烟台。亭、燧一般都设在高处，根据地形条件，相距十里左右一个。

秦长城的筑城方法采用在平地者由墙外取土，自然形成沟壕，相对增加了墙体的高度。在河沟者，利用河沟陡立的崖壁，削壁而成，也就是"堑"。在长城内侧，还有墩台、城障和较大的城址。墩台是传递军情的建筑，设在视野宽广的"四顾险要之处"。城址是驻兵储粮之所，是前沿的指挥中心，建在交通要道和险要山口之处。长城、烟障、城址构成一个完整的军事建筑体系，显示了古代劳动

---

① 罗琨、张永山：《秦代的长城与国防》，载于《中国军事通史·第四卷·秦代军事史》，军事科学出版社1998年版，第86页。

人民的聪明智慧。

　　总而言之，秦长城有两个特点，一是秦长城建筑的总原则是"因险制塞"，就地取材。然而，由于各段的自然险阻不同，制塞的方法各异。二是长城沿线烽燧设置稠密。由于秦长城北段筑于山地，为了适应步兵作战，沿长城线设置的烽火台很密，一般筑于视野开阔、便于瞭望的山顶。烽燧与长城之间筑有石砌通道。说明这些烽燧不仅是瞭望侦察、举烽传讯的处所，也是守兵作战的堡垒，但障城设置较少，这与西汉筑于蒙古草原和河西戈壁中的长城不同。汉武帝时随着反击匈奴战争的胜利，把"塞垣"推进到草原大漠之中，主要利用骑兵防守。骑兵长于驰驱，故可减少烽燧，为了屯驻马队，故多设障城。[①]

　　秦始皇长城在上述结构体系的基础上，其总体布局具有鲜明的战略特点，即根据敌情和地形的不同，在西北段、北段和东北段分别建立不同纵深和不同层次的防御体系。西北段由三道边防线构成。第一道边防线即秦昭王时所建的长城，西起临洮东至今内蒙古托克托附近的黄河之滨，这是秦国的西北外边，后因边境的开拓，遂转为内边。第二道防线即西起狄道、榆中东至秦昭王长城东端的长城，此为蒙恬所新筑，以河为守，以堤为城，沿河修筑大量要塞并建44县，从而屏蔽北地、陇西、九原三郡，这是秦代西北最重要的一道防线。第三道防线即蒙恬在高阙、阳山、北假一带所筑亭障、修复赵武灵王阴山北长城并与燕长城相连，这是秦代最北、最长的一道长城，该长城的西段即构成秦代西北的外边，用以掩护河南地区和沿河所置列塞。

（四）历史意义及评价

　　秦始皇统一中国时，原战国燕、赵等国的北部地区虽已设郡，但人口稀少，生产亦相对落后，为促进这些地区经济文化的发展，秦始皇三十三年（公元前214年），沿长城置陇西、北地、上郡、九原、云中、雁门、代、上谷、渔阳、右北平、辽西、辽东12郡，分段防御。除陇西、北地、上郡外，其余9郡均在燕赵地域。同时徙民实边，开发长城沿线的农牧业生产。还沿着12郡长城沿线修了宽大的驰道，以便利交通，活跃贸易关市。

　　对于此段长城，司马迁还借用贾谊的话："乃使蒙恬北筑长城而守藩篱，却匈奴七百余里，胡人不敢南下而牧马，士不敢弯弓而报怨。""秦王之心，自以为关中之固，金城千里，子孙帝王万世之业也。"[②]

[①] 何清谷：《秦始皇北段长城的考察》，载于《人文杂志》1989年第4期。
[②] [汉]司马迁：《史记》卷六《秦始皇本纪》，中华书局1959年版，第281页。

孙中山对万里长城评价很高，他在《建国方略》中指出，秦始皇这个人虽然不怎么样，但修筑长城的功劳堪与大禹治水相提并论。如果没有长城捍卫中原，中国可能等不到宋、明，在楚汉时代就已亡于北狄了，更谈不上汉唐时代的兴盛。

秦代之所以大修万里长城，并不是因为秦军怯战，而是由于古代中原农业经济民族同北方游牧经济民族的矛盾特殊性所致。农业生产需要和平、统一、安定的环境，而游牧民族则逐水草而居，飘忽无定，由于自然环境的影响，会不时的造成对中原民族的进犯。中原以大军出击，匈奴则远走他适；大军一撤，掳掠如故。这就是自战国中期以来秦、赵、燕大修边地长城的根本原因。①

秦始皇深知自己军事力量强大，能够东灭六国，南平百越，可一举击败匈奴。但是，击败匈奴却不能改变其生活条件、环境和习性，也无法根除其飘忽无定、出没无常的侵扰之患。正是从一劳永逸的百年大计出发，秦始皇才决定对匈奴采取积极防御的战略方针，一方面从军事上给匈奴以严厉的打击，另一方面大修万里长城，确保边防的巩固和国家的安全。从秦代的历史看，万里长城的作用和意义主要有以下四个方面：

一是化短为长，巩固边防。秦军同匈奴军相比，组织严密，装备精良，长于大规模集团作战，但灵活性和机动性差，受地形条件的限制较多，后勤保障亦十分困难。匈奴军同秦军相比则恰恰相反，没有严格的组织、训练，武器装备比较简单而落后，也没有多兵种的配合，但人人习于骑射，勇于战斗，长于奔驰突袭，因而能灵活机动，无须后勤保障。而攻城克坚则是其一大弱点。正因为秦代边防有万里长城作屏障，使匈奴骑兵的活动受到限制，化长为短，难以轻易地出入边塞；而秦军则化短为长，守御有余。故终秦之世，未闻有匈奴犯境之害。

二是保障进攻，巩固胜利。蒙恬之所以能够顺利地击败匈奴，这固然要归因于秦军的强大和作战指导的正确，但和他第一阶段认真维修长城是密切相关的。秦匈边界长至万里，倘无长城屏蔽，秦军处处分兵守卫，就难以集中兵力发动战略进攻。正因为长城有效地巩固了边防，保障了秦军侧翼的安全，蒙恬才得以集中数十万大军，在主要战略方向上发动猛烈进攻，迅速取得胜利，一举收复河南，夺得阴山，给了匈奴以很大的打击。匈奴一则由于军事上吃了败仗，二则由于秦边界处处有长城掩护，无隙可乘，遂被迫退往阴山以北。蒙恬取得军事上的胜利，进而又第二阶段大修长城，巩固了自己

---

① 罗琨、张永山：《秦代的长城与国防》，载于《中国军事通史》第4卷《秦代军事史》，军事科学出版社1998年版，第89页。

的胜利。由此可见，万里长城不仅是防御手段，也是保障进攻、巩固胜利的重要手段。

三是促进边疆地区的开发和建设。万里长城不仅保护了中原地区的经济文化免遭匈奴之破坏，而且对边疆地区的开发建设做出了巨大的贡献。秦代在长城沿线设置陇西、北地、辽东等12郡，有些郡的辖境远出长城之外。这些地区在长城的庇护之下，人民得以安居乐业，农业生产得到发展。特别是河南地区和黄河沿岸，经秦始皇大批移民和设置44县之后，很快成为新的经济繁荣地区。①

四是加强了文化交流。长城是定居农业和游牧经济的分界线。农耕与游牧这两种经济类型间的交互关系，冲突、战争只是一个侧面，另一侧面是文化互补、民族融合。农耕人与游牧人相往来，常常发生互摄性的交流，而这种交流也大体沿着长城一线展开，进而向更广阔的地域伸延。总之，东亚大陆上农耕和游牧两大经济区绝非自我禁锢的系统。以迁徙、聚合、战争、互市等形态为中介，相互融合，历数千年，方汇成今日气象恢宏的中华文化。农耕与游牧作为东亚大陆两种基本的经济类型，是中华文化的两个彼此不断交流的源泉。在一定意义上可以说，中华文化是农耕人与游牧人的共同创造，中华文化是农耕人与游牧人在长期既相冲突又相融会的过程中整合而成的。而长城正是实现这个整合过程的交汇线，迁徙、聚合、战争、互市都在这条交汇线上波澜起伏地展开。②

长城沿线，在古代大多是生产比较落后的地区，人烟稀少，土地荒凉，曾被称之为"积阴之处""不毛之地"等。为了发展长城沿线的生产，以解决驻军的供应问题，自秦、汉以来即采取了驻军自力更生的办法，采取了"屯田"这一行之有效的政策，移民前往开垦。秦始皇在长城沿线设立了陇西、北地、辽东等十二郡来开发和管理长城内外的地区，也产生了积极的效果。

秦长城对于抵御匈奴的骚扰，保障中原生产和生活的安定，促进边境地区的开发和建设起了重要的作用。秦始皇为了修筑长城动用了上百万人，创造了人类建筑史上的奇迹。这一繁重的修筑工程，也给当时的人们带来了极大的痛苦。

自秦代以后，万里长城被许多封建王朝的统治者所重用，经过2000多年的不断修缮和扩筑，规模越来越宏伟壮观，是我国军事筑城史上的奇迹之一，至今仍为中华民族的骄傲。

---

① 罗琨、张永山：《秦代的长城与国防》，载于《中国军事通史》第4卷《秦代军事史》，军事科学出版社1998年版，第91页。

② 冯天瑜：《长城的文化意义》，载于《湖北社会科学》1990年第10期。

二、汉长城

秦亡汉兴，汉朝的统治者对于长城的修建于维护也从未停止。汉朝与北方少数民族的关系决定了长城在抵御外敌以及维护统治方面的必要性，而西汉长城修建的重点从地域上看，集中于西北、北部地区，包括修缮部分和新建部分。

（一）相关历史文献

1. 历史沿革

"汉长城的修建，不仅为汉代军事防御及战略保障起着尽人皆知的作用，至晋、魏、隋、唐时期，它仍是军事战略的运输线、边疆安全的保障线、祖国疆界的奠基石。"[1] 从目前的考古发现来看，"战国长城哈德门沟障城内还发现有一种素面板瓦，瓦沿有手指压印纹，边墙壕障城除发现压印手指纹的板瓦外，另有压印网纹的砖，这些都是北魏时的遗物。战国赵长城在汉、北魏时都曾沿用"[2]；"北魏泰常长城的走向，与战国赵武灵王长城、燕北长城、秦代长城、汉代长城大体一致，可知北魏泰常长城是沿用了赵、燕、秦、汉长城，在局部地区略有增损变化。"[3] 虽然其后的北齐虽有修建，由于疆域已与汉代有明显的区别，故对汉长城的沿用也较小了。从隋代修筑长城情况观之，它一方面继续利用了北齐、北周的旧底，一方面又添筑了河套南和阴山长城两大段，它的线路和前代长城不完全相同。因此"修建于秦汉时期的长城，至魏晋以后已失去了标志疆界和防御外敌的作用。到了元朝，长城建筑已破败不堪。"[4] 只是一些烽墩被后世修改利用，如河西长城永昌县段中的河西堡东南、头墩西北5.5千米的明代边墙线上，发现一座烽燧遗址，根据遗址的结构、形制，及残留的大量遗存等判断，"此墩台应始建于汉代，历经五凉、唐代，至明、清仍在使用。"[5] 总体上来说东汉王朝实力不比西汉王朝，长城修缮也大不如西汉，而且长城位置相对南移。西晋以后，北方民族壮大，经过长期战乱，直至隋才得到统一。在此期间，各国修筑长城的位置规模则各有不同。东汉以后，大部分北方长城无法使用，所以后朝只得

---

[1] 甘肃省文物局：《疏勒河流域汉代长城考察报告》，文物出版社2001年版，第84页。
[2] 包头市文物管理处、达茂旗文物管理所：《包头境内的战国秦汉长城与古城》，载于《内蒙古文物考古》2000年第1期。
[3] 景爱：《长城》，学苑出版社2008年版，第204页。
[4] 黄时鉴、龚缨晏：《马可·波罗与万里长城——兼评〈马可·波罗到过中国吗?〉》，载于《中国社会科学》1998年第4期。
[5] 吴礽骧：《河西汉塞调查与研究》，文物出版社2005年版，第33页。

另行修筑长城或其他防御工事。

2. 修筑背景和原因

关于汉代长城的修建背景，学术界的观点基本一致。[1] 大多数学者认为汉与北方、西北游牧民族关系冲突与战争是长城修建的根本原因。

当游牧民族获得粮食、衣物和手工业品比较容易时，和平就成为可能，然而当交换的机制无法维持时，战争就经常会出现。游牧民族需要依赖定居的农耕民族获得必要的商品，通常又在武力上较农耕民族占优势，所以他们时常骚扰边境，发动战争来攫取必需品，这样就迫使定居的民族建立的政权作出反应。[2]

秦末中原内部战争不断，匈奴趁机得以发展，如"诸侯畔秦，中国扰乱，诸秦所徙適戍边者皆散，于是匈奴得宽，复稍度河南与中原界于故塞。"[3] 特别是冒顿时期，"悉复收秦所使蒙恬所夺匈奴地者，与汉关故河南塞，至朝那、肤施，遂侵燕、代。"[4] 面对冒顿的强势，"（高祖二年）置陇西、北地、上郡、渭南、河上、中地郡，关外置河南郡。更立韩太尉信为韩王。诸将以万人若以一郡降者，封万户，缮治河上塞。"[5] 公元前 200 年，冒顿出兵四十万攻打太原，汉朝出兵迎战，但最终战争失利，惨遭"白登之围"。此后汉与匈奴的关系便以"和亲"的方式来维持，但汉匈关系并没有因此而改善，冲突与短暂缓和交替进行，因此汉初基本上没有修筑新的长城[6]，而是以"故塞"即战国秦昭襄王长城为

---

[1] 中国长城学会：《长城百科全书》，吉林人民出版社 1994 年版；金开诚、于元：《历代长城》，吉林文史出版社 2010 年版；董耀会：《长城》，中国水利水电出版社 2004 年版；杨宗、温志宏：《长城》百花洲文艺出版社 2009 年版；朱耀廷、郭引强、刘曙光：《战争与和平的纽带——古代长城》，辽宁师范大学出版社 1996 年版，第 43 页；张荣芳、王川：《西汉长城的修缮及其意义》，载于《长城国际学术研讨会论文集》，吉林人民出版社 1995 年版；白音查干：《长城与汉匈关系》，载于《内蒙古师大学报》（哲学社会科学版）1998 年第 6 期；舒振邦：《前汉时期长城内外的民族关系》，载于《内蒙古师大学报》1988 年第 4 期；李凤山：《长城与民族》，中央民族大学出版社 2006 年版；罗哲文：《长城》，清华大学出版社 2008 年版；薛长年：《西塞雄风：陇右长城文化》，甘肃教育出版社 1999 年版；白音查干：《汉长城考察与研究》，载于《内蒙古师大学报》（汉文哲学社会科学版）1987 年第 1 期；罗庆康：《战国及秦汉长城修建原因浅析》，载于《内蒙古社会科学》1988 年第 6 期；瓯燕：《我国早期的长城》，载于《北方文物》1987 年第 2 期；曹大为：《评长城的历史作用》，载于《长城学刊》1991 年第 1 期；唐晓峰：《长城内外是故乡》，载于《读书》1998 年第 4 期；王守业、窦步青：《嘉峪关外新发现之汉代长城遗址》，载于《西北史地》1984 年第 2 期。

[2] Jagchid, Sechin, Symons, V. Jay, *Peace, War, and Trade along the Great Wall*. Bloomington and Indianapolis, Indiand University Press, 1989.

[3] ［汉］司马迁：《史记》卷一百十《匈奴列传》，中华书局 1959 年版，第 2887 ~ 2888 页。

[4] ［汉］司马迁：《史记》卷一百十《匈奴列传》，中华书局 1959 年版，第 2890 页。

[5] ［汉］司马迁：《史记》卷八《高祖本纪》，中华书局 1959 年版，第 369 页。

[6] 张荣芳、王川：《西汉长城的修缮及其意义》，载于《长城国际学术研讨会论文集》，吉林人民出版社 1995 年版，第 105 ~ 115 页。

据，消极防御匈奴①。然而和亲政策下的汉初至武帝时期并没有换来长期的和平。虽然西汉政府宣称"匈奴小盗边，并未形成大寇"②。对于匈奴的扰边，汉初只是针对性的出兵还击，而"匈奴的不断南侵，给西汉政府造成了很大的危害。"③当然东汉时期也不例外，《后汉书·王霸传》："（建武十三年）是时，卢芳与匈奴、乌桓连兵，寇盗尤数，缘边愁苦。诏霸将弛刑徒六千余人，与杜茂治飞狐道，堆石布土，筑起亭障，自代至平城三百余里。"因此面对匈奴、羌等为首的游牧民族的不断扰边，汉政府出于自身实力不足不得不采取防御措施。

除此之外，汉长城的修筑也是出于巩固西汉政权的需要。

西汉初年，匈奴不断南侵，对西汉王朝造成了很大的威胁。当时北部的陇西、北地、上郡、云中、上谷、辽东等郡，常受匈奴侵扰，匈奴所到之处，不仅毁坏庄稼、抢劫财物，而且抢掠人口、贼杀吏民，给当地社会生产带来很大的危害。而且匈奴曾以河西为根据地，在汉初三次入寇陇西，处处威胁着西汉王朝的关陇地区，使西汉处于十分不利的境地。但由于实力的限制，西汉初期只是防御为主，且当匈奴撤兵后也未有长途追击，更没有主动出击的情况。武帝时期用兵匈奴，首先夺得河套地区，不仅解除匈奴对长安的威胁，而且扭转了高帝七年（公元前 200 年）"白登之围"以来的态势。而后的长途袭击战争胜利后，在新的疆域新筑长城，巩固已经取得的疆域的安全。因此"长城对西汉王朝而言，具有维护其封建专制统治的工具"④ 的作用，同时也是维护西汉政权的工具。"东汉光武帝为保卫都城洛阳，防御匈奴侵犯，于建武十四年修筑了四条长城……然东汉修筑长城大多已被历史湮没，直到今天，考古专家仍然没有发现并且能够真正地证明它的存在。"⑤

其次，汉长城的修建也有一定的经济原因。

匈奴的不断南侵给西汉王朝带来了巨大的损失。汉初和亲实施后，"匈奴奴隶主贵族还是经常侵夺西汉的北部边境，给北部边境人民的生命、财产造成损失。"⑥ 到武帝时期，"随着对匈奴大规模的反击以及丝绸之路的开拓，汉政府为保证丝路的安全畅通，将其战略重点放在河西地区，甘肃河西地区的汉长城就是

---

① 段清波、于春雷：《布纹瓦在秦地的传播》，载于《考古与文物》2013 年第 3 期。
② 舒振邦：《前汉时期长城内外的民族关系》，载于《内蒙古师大学报》（哲学社会科学版）1988 年第 4 期。
③ 张荣芳、王川：《西汉长城的修缮及其意义》，载于《长城国际学术研讨会论文集》，吉林人民出版社 1995 年版，第 105~115 页。
④ 白音查干：《长城与汉匈关系》，载于《内蒙古师大学报》（哲学社会科学版）1998 年第 6 期。
⑤ 《中华文明史话》编委会：《长城史话》，中国大百科全书出版社 2008 年版，第 43 页。
⑥ 罗庆康：《战国及秦汉长城修建原因浅析》，载于《内蒙古社会科学》1988 年第 6 期。

这样分段筑成的。"① 因此"西汉政府之所以修缮长城，保护丝绸之路就是其中的一个目的"②，所以"除了军事上的防御之外，汉长城的西部还起着开发西域屯田、保护通往中亚的交通大道丝绸之路的作用。"③ 东汉时期，由于匈奴、羌的不断扰边，损失严重，故不断内缩，但是也有修建新的防线。

3. 修建年代和过程

有关汉长城修建时间和建造过程，已有较多著作进行了较为全面的考证④，此处从略。

文献中对修缮部分段落的长城也有相关记载。如《史记·高祖本纪》："高祖二年（公元前205年）置陇西、北地、上郡、渭南、河上、中地郡，关外置河南郡。更立韩太尉信为韩王。诸将以万人若以一郡降者，封万户，缮治河上塞。"《汉书·武帝纪》："元光五年（公元前128年）发卒万人，治雁门险阻。"《史记·匈奴列传》："元朔二年（公元前127年）汉遂取河南地，筑朔方（新设的朔方郡城），复缮故秦时蒙恬所为塞，因河为固，汉亦弃上谷之什辟县造阳地以予胡。"

《史记·大宛列传》："元狩二年（公元前121年），始筑令居以西，初置酒泉郡，以通西北国"。《汉书·张骞传》："元狩二年（公元前121年），令居，县名也，属金城，筑塞西至酒泉……元鼎六年（公元前111年），遣从骠侯破奴，将属国骑兵数万以击胡，胡皆去。明年（公元前110年），击破姑师，虏楼兰王。酒泉列亭鄣至玉门矣。"汉长城修建时间是元狩二年（公元前121年），建立

---

① 唐晓军：《甘肃境内的长城与烽燧分布》，载于《丝绸之路》1996年第5期。
② 张荣芳、王川：《西汉长城的修缮及其意义》，载于《长城国际学术研讨会论文集》，吉林人民出版社1995年版，第105～115页。
③ 罗哲文：《长城》，北京美术摄影出版社2000年版，第35页。
④ 白音查干：《长城与汉匈关系》，载于《内蒙古师大学报》（哲学社会科学版）1998年第6期；董耀会：《长城》，中国水利水电出版社2004年版；刘金柱：《万里长城》，黑龙江科学技术出版社1985年版；陆平：《长城在汉代的历史作用》，载于《郑州大学学报》（哲学社会科学版）1992年第6期；唐晓军：《甘肃境内的长城与烽燧分布》，载于《丝绸之路》1996年第5期；白音查干：《汉长城考察与研究》，载于《内蒙古大学报》（汉文哲学社会科学版）1987年第1期；伏俊连：《陇上长城说略》，载于《中国典籍与文化》1997年第3期；田瞳：《汉长城与明长城》，载于《丝绸之路》1999年第5期；江枫：《包头与阴山赵秦汉长城的关系初探》，载于《阴山学刊》（社会科学版）1988年第2期；吴礽骧：《河西的汉代长城》，载于《文博》1991年第1期；舒顺林：《论东汉时期长城内外各族的经济文化交流》，载于《内蒙古师范大学学报哲学社会科学版》1989年第2期；《中华文明史话》编委会：《长城史话》中国大百科全书出版社2008年版；李文信：《中国北部长城沿革考（上）》，载于《社会科学辑刊》1979年第1期；李文信：《中国北部长城沿革考（下）》，载于《社会科学辑刊》1979年第2期；瓯燕：《我国早期的长城》，载于《北方文物》1987年2期；中国长城学会：《长城百科全书》，吉林人民出版社1994年版；金开诚、于元：《历代长城》，吉林文史出版社2010年版；罗哲文：《长城》，北京美术摄影出版社2000年版；刘光华：《西汉西北边塞》，载于《西北民族大学学报》（哲学社会科学版）2005年第1期；李正宇：《敦煌郡的边塞长城及烽警系统》，载于《敦煌研究》1995年第2期。

"令居塞"，元封元年（公元前110年）修建疏勒河长城。武帝元狩二年（公元前121年）开始了汉代第二次较大规模地修筑河西四城。武帝元鼎六年（公元前111年）至元封元年（公元前110年），汉武帝又修筑了酒泉至玉门关段的疏勒河长城，这是第三次修筑长城。武帝第四次修筑长城，是在太初元年（公元前104年）至太初四年（公元前101年），《汉书·武帝本纪》"太初元年（公元前104年），五月，遣因杅将军公孙敖筑塞外受降城。太初三年（公元前102年），遣光禄勋徐自为筑五原塞外列城，西北至卢朐，游击将军韩说将兵屯之。强弩都尉路博德筑居延"。这次修的是玉门关至新疆罗布泊段的长城。汉宣帝即位后，又设西域都护府，治乌垒城（今新疆轮台县境内）。汉河西长城的亭燧建筑再向西延伸至库车西北，从罗布泊向西直到今库尔勒修建的是烽燧线。东汉时期汉匈关系缓和，多为修缮西汉长城，仅在光武帝初年，采取前代建立初年的惯用措施，继续利用故塞新建了城障列亭等，主要位于山西中北部、陕北等地。

公元前107年或之前，修建眩雷塞。《汉书·匈奴传》："是时，汉东拔濊貊、朝鲜以为郡，而西置酒泉郡以隔绝胡与羌通之路。又西通月氏、大夏，以翁主妻乌孙王，以分匈奴西方之援国。又北益广田至眩雷为塞，（服虔曰：眩雷，地在乌孙北也……）而匈奴终不敢以为言。"

东段长城的修建见于《汉书·昭帝纪》："（元凤）六年（公元前75年）春正月，募郡国徒筑辽东、玄菟城"。

东汉长城的修建部分见诸记载的有，《后汉书·王霸列传》："（建武）十三年（37年），是时，卢芳与匈奴、乌桓连兵，寇盗尤数，缘边愁苦。诏霸将弛刑徒六千余人，与杜茂治飞狐道，堆石布土，筑起亭障，自代至平城三百余里。"《后汉书·马成列传》："（建武）十四年（38年），屯常山、中山以备北边，并领建义大将军朱营。又代骠骑大将军杜茂缮治障塞，自西河至渭桥，河上至安邑，太原至井陉，中山至邺，皆筑城堡，起烽燧，十里一堠。"又《后汉书·南匈奴列传》："朔方以西障塞多不修复，鲜卑因此数寇南部，杀渐将王。单于忧恐，上言求复障塞。汉诏黎阳营兵出屯中山北界，令缘边郡增置步兵，列屯塞下，教习战射。"《后汉书·马成传》："十四年，屯常山、中山以备北边，并领建义大将军朱祐营。又代骠骑大将军杜茂缮治障塞，自西河至渭桥，河上至安邑，太原至井陉，中山至邺，皆筑保壁，起烽燧，十里一候。""（建武）二十一年（45年），伏波将军马援平定峤南，而匈奴、乌桓犹扰北边。是年秋，马援乃将三千骑出高柳，行雁门、代郡、上谷障塞，将东汉的障塞即长城与高柳、雁门、代郡、上谷西北的居延、胪朐等地的烽堠、障塞连接起来，构成一个较完整的防御体系。"① 《长城史话》："东汉光武帝为保卫都城洛阳，防御匈奴侵犯，于建武十四年（38年）修筑了四条长城：其一位于今山西离石县至陕西咸阳东南之间；其二位于今陕西高陵县东至山西安邑县之间；其三位于今山西太原至河北井陉县之间；其四位于今河北定州市南至临漳县之间。然东汉修筑长城大多已被历史湮没，直到今天，考古专家仍然没有发现并且能够真正地证明它的存在。"②

《史记·朝鲜列传》："自始全燕时，尝略属真番、朝鲜，为置吏筑障塞，秦灭燕，属辽东外徼。汉兴，为其远难守，复修辽东故塞，至浿水为界。"而后关于朝鲜地区的修筑就较少了。

4. 管理与维护

汉长城的日常管理上，"中央政府未设统一的管理机构，而是由各边郡分段管理。郡的长官是郡太守，负责本郡的全面工作，不过边郡不同于内郡，如西北边郡人口少，民族复杂，还与匈奴、羌和其他少数民族相邻，在军事防御上有着特别的任务，所以在管理上与内郡稍有不同。就与汉塞有关的来说，内郡一郡只有一个郡都尉，而边郡就不止一个了，除了与内郡相同的郡都尉外，还设置两个或两个以上的部都尉。凡有汉塞的边郡，具体的管理者就是部都尉。汉塞上的部都尉（府）辖若干候官。候官的长官称候，又称障候、塞候。每一候官所辖的百里汉塞，又被分割为若干部，部的长官就是候长。燧是汉塞防御组织中最基层的单位，坞即燧，坞长即燧长。"同时汉长城的管理既包括对军防设施和军防器具的管理，又包括对吏卒的管理，"对戍守长城边防的吏卒，有严密的管理制度，定期检查吏卒是否忠于职守，是否完成了所承担的责任。候长属于边防基层组织长官，他必须定期对管辖区内的各种守备情况进行巡查，将结果记录下来，报给上级官长。巡查对象包括人和物两个方面"。但"最初守护管理很严，到汉宣帝时一度放松管理，汉元帝时经候应的论争，又恢复了对外长城的管理"。③

（二）考古调查与发现

1. 调查研究史

对汉长城的研究最初集中在文献资料研究上，实地调查多为个人考察，而且是个别地段的调查。如1907年和1914年，斯坦因分别进行了第二次及第三次的中亚考察，对甘肃敦煌境内汉代长城进行了调查。1930年4月~1931年，由中

---

① 舒顺林：《论东汉时期长城内外各族的经济文化交流》，载于《内蒙古师范大学学报（哲学社会科学版）》1989年第2期。
② 《中华文明史话》编委会：《长城史话》，中国大百科全书出版社2008年版，第43页。
③ 景爱：《长城》，学苑出版社2008年版，第273~283页。

国、瑞典组成的中国西北科学考察团，在今内蒙古自治区额济纳旗和甘肃省金塔县境内的额济纳河流域进行考古调查，发现了汉代塞防和障坞亭燧遗址。1944年中央研究院、中央博物院、北京大学文科研究所，联合组织西北科学考察团历史考古组，赴河西地区进行考古调查。1956年11月6日，中央要求开展文物普查，文物行政管理部门随即制定了文物建筑普查方案。① 从1965年开始，昭乌达盟文物考古工作人员，结合文物普查，对保存在昭盟南境及北部草原地区的战国以来的长城、边堡界壕遗址陆续进行了实地考察。②

但目前关于第一次文物普查中长城的资料较少，20世纪70年代以后，调查资料逐渐增加。1972年秋，甘肃省文博机构组织居延调查组，沿额济纳河，南起甘肃金塔县双城乡，北至古居延海进行勘察。1973年甘肃组织居延考古队，对"肩水金关""居延甲渠侯官"和"甲渠第四燧"三处遗址进行试掘。③ 1975年辽宁也开始对境内的汉长城进行调查。④ 1976年甘肃省文博机构共同组织调查组对居延北部进行调查。⑤ 1977年对承德、张家口地区的长城调查。⑥ 唐晓峰等人在20世纪70年代对内蒙古西北部秦汉长城进行了调查。⑦ 1979年，甘肃省文博机构对敦煌境内的汉塞和烽燧遗址进行调查，并在小方盘城以西的马圈湾烽燧进行了试掘。⑧ 宁夏文博机构对宁夏境内战国、秦、汉长城遗迹进行了调查。⑨ 同时也有一些由个人主导的调查，如从1965年以来马杰英多次考察甘肃永靖县境内的秦汉长城、烽燧遗址。

1981~1985年，相继开展了第二次全国文物普查，并在调查结束后相继出版了《文物地图集》。⑩ 而且从20世纪80年代开始对汉长城的调查研究逐渐增多起来，成果也丰富起来，除甘肃、内蒙古、嘉峪关外、新疆哈密等地的汉长城的

---

① 吴礽骧：《河西汉塞调查与研究》，文物出版社2005年版，第47、132页。

② 内蒙古自治区原昭乌达盟文物工作站：《昭乌达盟汉代长城遗址调查报告》，载于《文物》1985年第4期。

③ 吴礽骧：《河西汉塞调查与研究》，文物出版社2005年版，第132页。

④ 李庆发、张克举：《辽宁西部汉代长城调查报告》，载于《北方文物》1987年第2期。

⑤ 甘肃省文物工作队：《额济纳河下游汉代烽燧遗址调查报告》，甘肃文物工作队、甘肃省博物馆编《汉简研究文集》，甘肃人民出版社1984年版，第62~84页。

⑥ 郑绍宗：《河北省战国、秦、汉时期古长城和城障遗址》，载于《中国长城遗迹调查报告集》，文物出版社1981年版，第35页。

⑦ 唐晓峰：《内蒙古西北部秦汉长城调查记》，载于《内蒙古大学学报（人文社会科学版）》1977年第3期。

⑧ 吴礽骧：《河西汉塞调查与研究》，文物出版社2005年版，第48页；吴礽骧：《玉门关与玉门候》，载于《文物》1981年第10期。

⑨ 宁夏回族自治区博物馆、固原县文物工作站：《宁夏境内战国秦汉长城遗迹》，载于《中国长城遗迹调查报告集》，文物出版社1981年版，第45~51页。

⑩ 马杰英：《甘肃永靖县境的秦汉长城烽燧遗址》，载于《文博》1989年第6期。

分布与保持现状都有介绍。代表性的成果有甘肃省文物局编纂的《疏勒河流域汉代长城考察报告》、甘肃省文物局和甘肃省文物考古研究所共同编纂的《临洮战国秦长城山丹汉、明长城调查报告》、景爱的《长城》、中国长城学会编纂的《长城百科全书》、冯永谦、何溥滢合撰的《辽宁古长城》、许成的《宁夏古长城》、罗哲文的《长城》《中华文明史话》、编委会编纂的《长城史话》、董耀会的《长城》等。① 此外也涌现出大量期刊论文,如白音查干的《汉长城考察与研究》、马杰英的《甘肃永靖县境的秦汉长城烽燧遗址》、陈守忠的《甘肃境内秦长城遗迹调查及考证》《神木县窟野河上游秦长城调查记》等。② 此外,也有一些单位组织的小规模调查,如1985年8、9月间,中国秦汉史研究会长城考察队对战国、秦、汉长城部分地段进行了考察。③ 1988年,包头市有关部门组织进行考察,自呼和浩特市经武川、固阳、乌拉特前旗、乌拉特中旗、乌拉特后旗,西至磴口县的狼山西端的汉长城遗迹。④ 还有个人爱好者自己前往调查研究的,如孙文韬等人自驾车哈密寻找汉长城⑤、高旺徒步考察长城的纪实⑥。

在第二次文物普查的基础上,2007年6月我国展开第三次文物普查。但第三次文物普查的资料尚未出版,可以预见的是,该次文物普查将对我们进一步了解汉长城分布范围、汉长城建制及保存状况等问题提供更多的信息。

2. 墙体的走向分布、修筑形制和保存现状

(1) 墙体走向和保存状况。

有学者通过调查认为汉长城"原来的墙身不会是十分高大的,上面的宽度也容不得兵士们做剧烈的战斗。因此,它的作用主要是遮挡敌兵的视线,使其疑惑

---

① 甘肃省文物局:《疏勒河流域汉代长城考察报告》,文物出版社2001年版;肃省文物局、甘肃省文物考古研究所:《临洮战国秦长城山丹汉、明长城调查报告》,甘肃人民出版社2007年版;景爱《长城》,学苑出版社2008年版;中国长城学会:《长城百科全书》,吉林人民出版社1994年版;冯永谦、何溥滢:《辽宁古长城》,辽宁人民出版社1986年版;许成《宁夏古长城》,宁夏人民出版社1988年版;罗哲文:《长城》,清华大学出版社2008年版;《中华文明史话》编委会:《长城史话》,中国大百科全书出版社2008年版;董耀会:《长城》,中国水利水电出版社2004年版。

② 白音查干:《汉长城考察与研究》,载于《内蒙古师大学报》(哲学社会科学版)1987年第1期;马杰英:《甘肃永靖县境的秦汉长城烽燧遗址》,载于《文博》1989年第6期;陈守忠:《甘肃境内秦长城遗迹调查及考证》,载于《西北史地》1984年第2期;陕西省考古研究所陕北考古队、榆林地区文物管理委员会:《神木县窟野河上游秦长城调查记》,载于《考古与文物》1988年第2期;内蒙古自治区原昭乌达盟文物工作站:《昭乌达盟汉代长城遗址调查报告》,载于《文物》1985年第4期;甘肃省永登县文物馆:《永登县汉代长城遗迹考察》,载于《文物》1990年第12期;李并成:《汉令居县及其附近汉长城遗迹的调查与考证》,载于《长城学刊》1991年第1期;朝克:《呼和浩特地区长城遗存》,载于《内蒙古文物考古》1994年第2期。

③ 余华清等:《战国、秦、汉长城调查(笔谈)》,载于《文物天地》1986年第2期。

④ 李逸友:《中国北方长城考述》,载于《内蒙古文物考古》2001年第1期。

⑤ 孙文韬:《戈壁、雪野、烽火台—驾车哈密寻找汉长城》,载于《商业时代》2004年第1期。

⑥ 高旺:《长城访古万里行》,中国广播电视出版社1991年版。

畏进,并能阻绝敌人骑兵的突击。"[1]

汉长城自东向西的走向如下。[2]

汉长城东段自内蒙古商都以东至辽东半岛。东自内蒙古宁城县进入河北省承德县、隆化县牌岔子,分西、南两路。沿线墙体连绵性不好,有些区段以烽燧构成警讯线。辽宁境内遗迹自阜新市往东,经彰武、法库、开原,然后折而向南,经新宾、宽甸,进入朝鲜境内。

汉长城中段遗迹自内蒙古商都以西至额济纳旗。由南北两条平行的长城组成,南侧一条起自武川县境内,西越固阳县、乌拉特中后旗、新忽热和潮格旗,伸入蒙古国境内。靠北的一条,东起达茂联合旗西南,西经乌拉特中后旗和潮格旗的桑根达来、乌兰、巴彦前达门、宝音图、乌力吉等乡,进入蒙古国境内,再转而向南,进入内蒙古自治区境内,至额济纳旗苏古诺尔湖东北,与西段的汉长城相连接。

汉长城西段遗迹自内蒙古额济纳旗苏古诺尔湖畔起,沿额济纳河南下,至甘肃金塔县境循北大河向西折转,再沿北山山地南麓和疏勒河畔,直至敦煌县西北小方盘城,再向西经罗布泊、孔雀河畔。此时不再筑城墙,而是建造绵延的烽燧。

也有以省为单位对汉长城开展调查研究,计有甘肃汉长城[3]、宁夏汉长城[4]、内蒙古汉长城[5]、河北汉长城[6]、辽宁汉长城[7]。

（2）墙体建造形制。

关于汉长城的建筑形制,《汉书·匈奴列传》有所描述,郎中侯总结"起塞

---

[1] 唐晓峰:《内蒙古西北部秦汉长城调查记》,载于《内蒙古大学学报（哲学社会科学版）》1977年第3期。

[2] 中国长城学会:《长城百科全书》,吉林人民出版社1994年版,第77~79页。

[3] 景爱:《长城》,学苑出版社2008年版,第152~158页;景爱:《中国长城史》,上海人民出版社2006年版,第193~212页;薛长年:《西塞雄风:陇右长城文化》,甘肃教育出版社1999年版;李并成:《河西走廊西部汉长城遗迹及其相关问题考》,载于《敦煌研究》1995年第2期;李并成《河西走廊东部汉长城遗迹考》,载于《西北史地》1994年第3期;吴礽骧:《河西汉塞调查与研究》,文物出版社2005年版;甘肃省文物局:《疏勒河流域汉代长城考察报告》,文物出版社2001年版;甘肃省文物考古研究所:《临洮战国秦长城山丹汉、明长城调查报告》,甘肃人民出版社2007年版。

[4] 周兴华、周晓宇:《从宁夏寻找长城源流》,宁夏人民出版社2008年版,第177、182页。

[5] 景爱:《长城》,学苑出版社2008年版,第147~152页;景爱:《中国长城史》,上海人民出版社2006年版,第183~192页;罗庆庚:《汉武帝长城复线刍议》,载于《考古与文物》1989年第3期;盖山林、陆思贤:《潮格旗朝鲁库伦汉代石城及其附近的长城》,载于《中国长城遗迹调查报告集》,文物出版社1981年版,第32~33页。

[6] 郑绍宗、郑立新:《河北古代长城沿革考略（上）》,载于《文物春秋》2009年第3期;田淑华、赵晓光、王月华:《承德地区汉代长城与烽燧调查》,载于《文物春秋》2006年第3期。

[7] 冯永谦、何溥滢:《辽宁古长城》,辽宁人民出版社1986年版,第53~54页;《中华文明史话》编委会:《长城史话》,中国大百科全书出版社2008年版,第33~34页;中国长城学会:《长城百科全书》,吉林人民出版社1994年版,第78页。

以来百有余年，非皆以土垣也，或因山岩石，木柴僵落，溪谷水门，稍稍平之，卒徒筑治，功费久远，不可胜计。"多数学者认为其体现了就地取材、因地制宜的特点。① 河西走廊地区调查中发现的汉长城建造方法有七种。②

第一种：多用当地生长的芨芨草编成长方形筐槽，铺在长城基础之上，然后再用芨芨草层层叠砌，其上填以黄土或砂砾夯筑，至顶部用芨芨草覆盖夯筑。

第二种：用当地生长的芦苇与黄土或砂石逐层夯筑。

第三种：当地林木多的地段，则用粗壮的木头排列整齐，横铺在地，作为长城基础，再用黄土或砂砾逐层夯筑而成。

第四种：当地无草木时，就用黄土夯筑。

第五种：有的地段用黄土做成土墼，然后用土墼垒砌。

第六种：有的地段用土墼、芦苇或芨芨草逐层垒砌。

第七种：在盐碱地段，则用盐碱土与草木搅拌，层层叠砌，用这种方法修筑的烽燧极其坚固。

承德境内汉代长城的构筑形制主要有三种："一是沿用燕秦长城并对重点地段加以修缮，或筑起墙体，沿线设置城堡，有的地段予以增修；二是以烽燧、亭、障等防御工事构成，以烽燧居多，城体较少，有的烽燧以墙相连，多数地段没有墙体；三是采取堑壕和内外墙结合的筑法"。③

3. 烽燧

长城除了采取依靠墙体进行防御外，还有辅助的防御工事——烽燧。烽燧又称亭燧、烽台，以侦察眺望、燃火举烟示警而得名。一般而言，汉代烽燧一般由墩台望楼、套间小屋、厕所畜圈以及坞院四部分组成，其相互间的位置组合关系基本形成定制，墩台多为方形，底边长 5~8 米，高数米，收分明显，平顶，上

---

① 张荣芳、王川：《西汉长城的修缮及其意义》，中国长城学会编《长城国际学术研讨会论文集》，吉林人民出版社 1995 年版，第 105~115 页；甘肃省文物局：《疏勒河流域汉代长城考察报告》，文物出版社 2001 年版，第 83 页；甘肃省文物局、甘肃省文物考古研究所：《临洮战国秦长城山丹汉、明长城调查报告》，甘肃人民出版社 2007 年版，第 36 页；罗哲文：《长城》，清华大学出版社 2008 年版，第 97~99、177 页；中国长城学会：《长城百科全书》，吉林人民出版社 1994 年版，第 77~79 页；董耀会：《长城》，中国水利水电出版社 2004 年版，第 31~32 页；《中华文明史话》编委会：《长城史话》，中国大百科全书出版社 2008 年版，第 33~34 页；杨宗、温志宏：《长城》，百花洲文，第 50 页；薛长年：《西塞雄风：陇右长城文化》，甘肃教育出版社 1999 年版，第 23、158 页；唐晓峰：《内蒙古西北部秦汉长城调查记》，载于《内蒙古大学学报（人文社会科学版）》1977 年第 3 期；罗庆庚：《战国及秦汉长城修建原因浅析》，载于《内蒙古社会科学》1988 年第 6 期；吴礽骧：《河西的汉代长城》，载于《文博》1991 年第 1 期；内蒙古自治区原昭乌达盟文物工作站：《昭乌达盟汉代长城遗址调查报告》，载于《文物》1985 年第 4 期；甘肃省永登县文物馆：《永登县汉代长城遗迹考察》，载于《文物》1990 年第 12 期；瓯燕：《我国早期的长城》，载于《北方文物》1987 年第 2 期。

② 甘肃省文物局：《疏勒河流域汉代长城考察报告》，文物出版社 2001 年版，第 83 页。

③ 田淑华、赵晓光、王月华：《承德地区汉代长城与烽燧调查》，载于《文物春秋》2006 年第 3 期。

建有小屋一间，即望楼，汉简中又称作"堠""候楼"等。望楼周围以土墼筑女墙，高1.5米左右，厚约80厘米，女墙顶无雉堞或望孔等设施。上下墩台或借助于墩台侧面砌筑的阶梯，或是凭借软梯、脚窝攀登而上。①

（1）甘肃境内的烽燧。

"目前甘肃省境内保存汉代烽燧351座，主要分布于河西各地，计酒泉地区237座、张掖地区55座、武威地区40座、金昌市6座，另在额济纳河流域汉代屯田区（即居延屯田区）有烽燧165座。"②

吴礽骧的调查显示，"永登县烽燧1座已毁，古浪县烽燧1座已毁，永昌县烽燧5座，临泽县烽燧4座，高台县烽燧26座，酒泉市烽燧9座，敦煌市遗址119座，安西县遗址105座，玉门市遗址36座，金塔县遗址25座，肃北自治县遗址14座。"③ 高台县境内汉代烽燧残存自西向东有：界牌墩、营儿墩、天城烽燧、苦水泉墩、磨房墩、八棱墩、荒墩、苦水墩、红寺墩、大板山墩。④

安西、敦煌二县交界处至哈拉湖东岸段烽燧大多尚存。玉门关西的当谷燧、后坑和湾窑等处，还有不少烽燧遗址，全建在高高的台子上。有几处烽火台地上还摆放着数堆芦苇，每堆长2米，高1米多，每层厚约30厘米，经纬交叠，整齐垛起，成棕色或灰色。⑤

（2）宁夏境内的烽燧。

宁夏地区烽燧发现的不多，头道墩，东西残长约5米，南北残宽约4米，残高约40厘米。二道墩墩基黄土夯筑，东西残长约9米，南北残宽约4米，残高约3米，隐约可见7~8厘米夯层。在小红山北面的双墩梁上，有两座烽火台，呈馒头形，东西相距21米，外砌石块与木构残迹。东边烽燧残基座周长约119米，残顶直径约10米，残高约8米；西边烽燧残基座周长约92米，残顶直径约6米，残高约5米。⑥ 近年来的田野调查资料表明，宁夏地区并不存在汉长城。

（3）内蒙古境内的烽燧。

20世纪80年代第二次文物普查时，武川段长城沿线山岭上发现多处烽燧遗址。赤峰市喀喇沁旗有烽燧16处，宁城段汉长城沿线有61座烽燧。察哈尔右翼前旗汉长城沿线烽燧自口子村东北行经的小山顶分布。乌兰察布盟卓资段发现泉子沟烽燧址。乌兰察布盟兴和段，南部自三瑞里乡经张皋镇、大同夭乡至高庙子

---

① 陈菁：《两汉时期河西地区烽燧亭障规划营建刍议》，载于《甘肃社会科学》2006年第2期。
② 唐晓军：《甘肃境内的长城与烽燧分布》，载于《丝绸之路》1996年第5期。
③ 吴礽骧：《河西汉塞调查与研究》，文物出版社2005年版，第191~202页。
④ 张涛：《大漠长河—河西长城》，甘肃人民出版社2008年版，第77~78页。
⑤ 朱耀廷、郭引强、刘曙光：《战争与和平的纽带—古代长城》，辽宁师范大学出版社1996年版，第223页。
⑥ 周兴华、周晓宇：《从宁夏寻找长城源流》，宁夏人民出版社2008年版，第181~182页。

乡西部均未见明显的长城遗迹,只在东西横亘的山顶或孤立的小山顶见有烽燧,间距5~10千米。燧址残宽5~10米,高2~3米。巴彦淖尔盟磴口县段发现哈隆格乃烽燧遗址。巴彦淖尔盟乌拉特前期发现哈拉盖烽燧遗址。阿拉善盟额济纳旗内居延塞沿线的烽燧遗址130余座。①

此外,近年在个人论著中也有对烽燧调查情况的描述,如"汉长城中段沿线修建了许多烽火台。设在草原上的烽火台多以黄土夯筑而成,一般基宽7~8米,高3~4米,也有筑围墙的。"②

"河西走廊东段以北的内蒙古阿拉善右旗境内,烽台已查明56座,沿山而筑,居高临下,两台间相距1.5~5千米;就地取材,大多垒石为墩,墩高3~5米,基宽5~6米;也有夯土筑的,有的墩台中间呈空穴状。"③

"汉长城沿线烽燧多座,其中以今乌拉特后旗境内保存较好,有石筑和土筑两种,土筑直径约8米、残高约3米,石筑呈正方形,每边宽5米、残高4米至5米。"④

在昭乌达盟和辽西一段长城,沿线发现烽台120多座,也有塞墙相连。这道长城最突出的特点是烽台密布,一般隔1.5千米左右,远的约2千米余,烽火台用夯土筑成,现为圆丘形,原应为梯形,底宽10米多、顶宽7米多。⑤

在包头境内,"新宝力格苏木境内东南相邻的5座烽燧均筑在丘陵草原的丘陵之巅,为黄土夹砂石夯打而筑,现存圆锥形,直径15米,高1.5米。5座烽燧均距长城较近,为30~150米。新宝力格苏木境内最西北的一座烽燧以及巴音珠儒和苏木境内的2座烽燧,均用石块垒砌,现呈圆锥形,直径10米,高1.5~2米。"⑥

(4)河北境内的烽燧。

在今河北承德、隆化、丰宁、滦平、北京密云一带,于汉长城附近发现的墩台不下百余座,多设在两河交汇之处的三角地带或交通要冲的山口。墩台多为方形,下大上小,一般边长8~12米,残存高度1.5~3米。当地群众称之为"炮台山""馒头包"。⑦

---

① 国家文物局主编:《中国文物地图集·内蒙古自治区分册(下)》,西安地图出版社2003年版,第50、192、207、509、538、558、616、622、636~640页。
② 中国长城学会:《长城百科全书》,吉林人民出版社1994年版,第78页。
③ 李并成:《河西走廊东部汉长城遗迹考》,载于《西北史地》1994年第3期。
④ 景爱:《中国长城史》,上海人民出版社2006年版,第361页。
⑤ 赵化成:《中国早期长城的考古调查与研究》,中国长城学会编《长城国际学术研讨会论文集》,吉林人民出版社1995年版,第238~250页。
⑥ 包头市文物管理处、达茂旗文物管理所:《包头境内的战国秦汉长城与古城》,载于《内蒙古文物考古》2000年第1期。
⑦ 朱耀廷、郭引强、刘曙光:《战争与和平的纽带——古代长城》,辽宁师范大学出版社1996年版,第48页。

承德境内的汉代长城以烽燧居多,其分布有四个特点,较少建于高山巅峰,多建于临近河流的黄土丘陵上,沿河流走向设置;河流交汇处的三角地带分布密集;重要交通路口、关口,往往设置两个并立的烽燧,一般相距 30~50 米;烽燧之间多有古代道路遗迹。所见烽燧的建筑结构大体相同,外观多为土丘状,下大上小,顶部较平。有的中间出现凹面,底径在 7~20 米,现存高度不一,最高者 8 米,最低的 1 米左右,一般在 5~7 米。有的烽燧顶部平坦,横断面呈不规则梯形。所有烽燧向阳一侧的坡度缓长,背阴一侧的坡度则较陡。其建筑形式有三种:夯土构筑、石砌墙基以及用土夯筑或黄土掺砂砾构筑相结合。1997 年,承德市文物局与隆化县文物保护管理所的工作人员共同对隆化镇内漠海沟东烽燧进行部分试掘。此烽燧为黄土夯筑,土质纯净,极少夹杂物。夯层厚度 6~10 厘米,夯窝呈圆形,密集排列在每一夯层上,夯具为直径 6 厘米的坚硬圆木。[1]

(5)辽宁境内的烽燧。

辽宁西部汉长城是以墩台为主体而连接起来的一道防御工事,一般间隔 1.5 千米左右就设置一个墩台,墩台为夯土筑成,现为圆丘状。一般高 2~4 米,直径 15~30 米。从敖汉营子的 43 号台址断面观察可清楚看到夯层,每层厚 8~10 厘米,残存达 28 层。[2]

在辽东境内,烽燧计 125 座,间距 1.5 千米左右,夯土筑,现多呈圆丘形,高 1.5~5 米,径 10~30 米。[3]

在第二次文物普查中,辽宁省在辽西建平县中部有发现一道以烽燧建筑为主、烽燧间有墙壕相连构成的长城。这道长城从内蒙古喀喇沁旗进入辽宁建平县昌隆镇山根村,在建平县境内发现 52 座烽燧遗址,烽燧线全长 75 千米。烽燧一般间隔 1.5 千米,皆为夯土筑成,圆丘状,底径 15~30 米,存高 2~4 米。在辽东的沈阳东陵区、抚顺、新宾方向也发现有一线烽燧址,即"列燧"遗址,应为汉长城。这一线烽燧有 70 余座,长达 170 千米,分布在浑河及其支流苏子河两岸矮山岗上。烽燧均为夯土筑,圆丘状,底径 15 米左右,存高 3~4 米。[4]边

4. 障城(坞附内)

障城是秦汉边塞上起防御作用的城堡,该遗存有如下特点,其一,障城构筑的险要性。其二,障城构筑的地质局限性。其三,障城与长城关系的紧密性。其四,障城修建与使用时间的集中性。具体说来,障城一般位于长城的里侧,比边

---

[1] 田淑华、赵晓光、王月华:《承德地区汉代长城与烽燧调查》,载于《文物春秋》2006 年第 3 期。
[2] 李庆发、张克举:《辽宁西部汉代长城调查报告》,载于《北方文物》1987 年第 2 期。
[3] 瓯燕:《我国长城的考古发现与研究》,载于《长城国际学术研讨会论文集》,吉林人民出版社 1995 年版,第 250~263 页。
[4] 国家文物局主编:《中国文物地图集·辽宁分册(上)》,西安地图出版社 2009 年版,第 84 页。

城更近于长城。就规模来讲，障城一般边长在 200 米以内。就平面形状来讲，障城以方形居多。就结构来讲，大致可分为墙身、马面、登城道、瓮城、城门等几个部分，个别的还修了敌楼。

候官所驻之障，平面多呈方形，边长 23 米左右，墙厚 4~5 米，墙体高大且收分明显，障顶外缘筑有女墙，障外附有坞院，坞墙厚度 2 米左右，稍有收分，墙内侧沿边布置许多房间，供起居、储藏之用。①

障城的历史作用是不可低估的，它是战争中的防御工程设施，也是中国这个多民族国家从分裂走向统一的历史见证；还是中国各族人民光辉的艺术成就之一。②

（1）甘肃境内的障城。

疏勒河长城线上发现大小城障约 50 处，城障多是都尉、塞候的驻地。如小方盘城是玉门都尉治地，又称玉门关，北距长城约 3 千米，周长 62 米。宜禾都尉昆仑塞城周长 92.3 米，塞城之南还有坞堡。西部都尉的治所在玉门市十二墩以西，周长 33.7 米。③玉门关关城呈方形，四周城垣保存完好，为黄胶土夯筑，开西北两门。城墙高达 10 米，上宽 3 米，下宽 5 米，上有女墙，下有马道，人马可直达顶部。④

小方盘城位于敦煌县西北，距县城约 90 千米，城为方形，四垣保存较为完整，全部为黄土夯筑⑤。"城顶四周有宽 1.3 米的走道，内女墙厚 85 厘米，外女墙厚 1.5 米；城内东南角有一条宽 83 厘米的马道遗迹，靠东墙向南转上，直达城顶。"⑥

从小方盘城往西北行约 20 千米，就到大方盘城，即古代的河仓城，建于西汉，位于东西走向的疏勒河南岸，平面呈长方形，黄土夯墙。内城分为面积相等的 3 个房间，即 3 个仓库，向南各开一门，四壁多已颓塌，只有北壁较为完整。南北壁上留有不少规则的三角形小洞，上三下五，间隔距离相交错等，可能是通风设施。外围的东、西、北三面加筑有两重围墙，第一重尚存有断墙，四角有土墩建筑痕迹，第二重仅存北面土墩痕迹。⑦

甘肃省障城主要分布于金塔县东部、玉门关市十二墩西、安西县境内、敦煌市东部、武威、民勤县、山丹县等地。

---

① 陈菁：《两汉时期河西地区烽燧亭障规划营建刍议》，载于《甘肃社会科学》2006 年第 2 期。
② 罗庆康：《论阴山障城的特点及其它》，载于《河南大学学报》1987 年第 1 期。
③ 景爱：《长城》，学苑出版社 2008 年版，第 155 页。
④ 赵星铁等：《沧桑长城》，上海科学技术文献出版社 2009 年版，第 105 页。
⑤ 中国长城学会：《长城百科全书》，吉林人民出版社 1994 年版，第 791 页。
⑥ 薛长年：《西塞雄风：陇右长城文化》，甘肃教育出版社 1999 年版，第 46~47 页。
⑦ 薛长年：《西塞雄风：陇右长城文化》，甘肃教育出版社 1999 年版，第 48 页。

（2）内蒙古境内的城障。

汉代居延地区现存遗址三十余处，包括塞墙、烽燧、都尉治所和侯官的治所。甲渠侯官治所由鄣、坞两部分组成，鄣在西北部，是一个平面为 23×23 米的方形小城堡。墙厚 4~4.5 米，用土坯垒城。坞堡位于鄣城南侧，平面为 47.5×45.5 米，墙厚 1.8~2 米，夯土筑成。坞墙外约 3 米内地带埋有 4 排尖木桩。高出地面 0.33 米。鄣坞城堡内建有营房、牲畜圈等。肩水侯官治所的西北侧保存着一处关门遗址。①

20 世纪 70 年代对内蒙古西北部秦汉时期的四座障城进行了调查，它们是巴音诺洛遗址、苏亥遗址、阿尔乎热遗址和沃博尔乎热遗址，大小相似，形制相同，平面皆呈正方形，周长约 450 米。城墙用料有土有石。这些方形障城有一个共同的特点，即在四个城角都筑有斜向外方的类似"马面"的建筑。在潮格旗西北部的巴音诺洛附近，有一座很小的石城遗址，为边长 15 米左右的正方形，墙为石垒，现有 2 米多高，在城的四角也有类似"马面"的建筑，为半圆形。城门开在南墙正中。这座小城坐落在长城外面的山头上，那里正是方圆几十里内的制高点，所以石城当是长城守军的前沿哨所，汉代叫做"斥候"。②

第二次文物普查时，在武川、赤峰市喀喇沁旗、赤峰市宁城、乌兰察布盟卓资、巴彦淖尔盟磴口县、巴彦淖尔盟乌拉特后旗、巴彦淖尔盟乌拉特等地皆发现大量城障遗址。

此外，1985 年在阴山秦汉长城附近发现十四个障城。其中以鸡鹿塞保存较好，残高 8.7 米，基宽约 7 米，顶宽 3.7~3.8 米，且砌筑的技术较高，城垣的里外两面，均用块石砌修。

80 年代中期对达茂旗和固阳县东北角的秦汉长城调查时，发现分内外两条长城线。外线长城附近内侧发现三座古城，与长城相距均在 3 千米左右，分别是宝力罕嘎拉丹山障城、苏木图障城、圐圙苏木障城。内线长城发现 2 座较大的障城，另有 17 座边长 20 米以下的小城。③

阴山南麓赵武灵王长城附近重要的汉代城障有哈德门沟口障城、昆都仑河西岸孟家梁古城、昆都仑河西岸孟家梁古城、昆都仑河沟口东南麻池古城、麻池古城以东 30 千米的古城湾古城，这些城障均在赵武灵王长城内侧。④

巴彦淖尔市乌拉特后旗在第三次文物普查中，新发现 6 座汉长城城障遗址，

---

① 中国长城学会：《长城百科全书》，吉林人民出版社 1994 年版，第 77~79 页。
② 唐晓峰：《内蒙古西北部秦汉长城调查记》，载于《内蒙古大学学报（人文社会科学版）》1977 年第 3 期。
③ 包头市文物管理处、达茂旗文物管理所：《包头境内的战国秦汉长城与古城》，载于《内蒙古文物考古》2000 年第 1 期。
④ 景爱：《长城》，学苑出版社 2008 年版，第 149 页。

位于乌拉特后期朝格温都尔镇，沿后旗境内的汉长城向西延伸，分别是德格都毛赖古城、呼勒生西城、呼勒生东城、苏亥古城、哈登扎德盖古城和哈日敖包古城，其中最大的城址面积达到 25 000 平方米，最小的有 13 000 平方米。

（3）河北境内的城障。

承德秦汉长城沿线发现大小不等的城、障遗址 10 余处，其中两处古城与汉长城密切相关，一是滦平县小城子古城，二是丰宁县凤山土城子。小城子古城位于兴洲河右岸，墙垣黄土夯筑，夯窝清晰可见。凤山土城子位于凤山镇北，古城东西约 500、南北约 550 米，城墙残存 210 米，残高 4.08 米，城基宽约 8.5 米，夯筑而成，夯层厚 8~11 厘米，夹杠眼 10 厘米，间距 75 厘米。[①]

（4）辽宁境内的城障。

汉长城沿线发现城址、瞭望城址八座，其中有二座为瞭望城。城均位于长城线以南，夯土筑成。边长多在 200~250 米，小一点的 150~170 米。较为重要的就是宁城县甸子乡黑城子大队黑城子城址，位于黑里河入老哈河的交汇处北岸，宁城与河北平泉县交界处；夯筑城，长方形，东西 1 800 米、南北 800 米；规模较大，轮廓清楚，但门址不清。[②]

第二次文物普查中，在建平张家营子发现一座西汉长城戍守边防的重要城址。凌源安杖子城址，发现有战国晚期、西汉早期大型房址和多数为右北平郡属县的封泥 18 方。靠近辽东汉长城的城址较多，沈阳宫后里战国晚期城墙上压有汉代城垣遗址，一般认为是西汉辽东郡中部都尉治所的候城县。新宾县永陵镇南汉城址，有学者认为玄菟郡即高句丽县，或玄菟郡一迁治所。凤城刘家堡城址，可能是辽东郡武次县城址。[③] 铁岭祈台子年台大型战国晚期至汉代遗址可能是汉代望平县址。[④]

5. 关和关城

在长城墙体上，必须留下可以出入车马的豁口。出于安全的考虑，城墙上的豁口不能只设城门而已，通常建造一座具有各种军防设施的城堡，这种城堡被称作关或者关城。关、关城要有严格的管理制度，必须持有证件方可以出入。古代对关的管理非常严格，设有重兵把守，汉代的阳关、玉门关都是以此得名。[⑤]

汉代著名的玉门关在疏勒河南岸交通要道上，控制东西交通；阳关在阿尔金山红山口中，控制南北交通。玉门关关城呈方形，四周城垣保存完好，为黄胶土

---

① 田淑华、赵晓光、王月华：《承德地区汉代长城与烽燧调查》，载于《文物春秋》2006 年第 3 期。
② 李庆发、张克举：《辽宁西部汉代长城调查报告》，载于《北方文物》1987 年第 2 期；赵化成：《中国早期长城的考古调查与研究》，载于《长城国际学术研讨会论文集》，吉林人民出版社 1995 年版，第 238～250 页。
③ 国家文物局主编：《中国文物地图集·辽宁分册（上）》，西安地图出版社 2009 年版，第 85 页。
④ 许志国：《辽北境内燕秦汉长城及相关遗迹遗物的发现和研究》，载于《博物馆研究》2007 年第 2 期。
⑤ 景爱：《长城》，学苑出版社 2008 年版，第 44 页。

夯筑，开西北两门。城墙高达10米，上宽3、下宽5米，上有女墙，下有马道，人马可直达顶部。[①]

关于玉门关的位置问题。一种观点认为小方盘城即为玉门关，较早的有斯坦因、阎文儒、向达等；[②] 另一种观点认为小方盘城不是玉门关所在地，较早持这一观点的有劳干、陈梦家等。[③] 近年有学者认为玉门关的关门位于小方盘城以西。还有一种说法，认为小方盘城只是玉门关防御系统的一部分，支持这一观点的有吴礽骧和李永良。

古阳关遗址于1972年发现开经发掘，房屋排列整齐而清晰，并有断断续续宽厚不一的夯土城墙基址。此外还发现肩水金关遗址，"肩水金关有障坞、烽台、住室、仓库、马厩等建筑。"[④] "汉长城从肩水金关南边过来与烽燧相接，然后向北边一直延伸"。[⑤] "主体建筑关门，是两座对峙如阙的长方形夯土楼橹，各方6.5×5米，残壁最高处1.12米，最厚处1.2米，收分很不明显，基部砌一层大土坯。楼橹中间的门道宽5米。"[⑥]

6. 堑壕

汉代除修筑长城防御匈奴外，还采取开挖壕堑的方式来防御匈奴骑兵的侵袭。从甘肃永登到酒泉的令居塞，沿线的永登县、天祝县、山丹县、临泽县、高台县、酒泉县境内的汉塞以堑壕为主，永昌县境内东段遗迹消失，推测仍为堑壕，武威市境内从其东段和西段的结构推测，当为堑壕。

7. 其他遗存

在长城沿线及相关建筑遗址里，能发现大量的生活用具，尤其是各种陶片，如"千秋万岁"瓦当[⑦]、汉代灰陶片[⑧]、建筑用的瓦与瓦当[⑨]、红陶片[⑩]；丰宁县

[①] 赵星铁等：《沧桑长城》，上海科学技术文献出版社2009年版，第105页。

[②] 阎文儒：《敦煌史地杂考》，载于《敦煌阳关、玉门关论文选萃》，甘肃人民出版社2003年版，第122~137页；向达：《两关杂考》，载于《敦煌阳关、玉门关论文选萃》，甘肃人民出版社2003年版，第98~107页。

[③] 劳干：《两关遗址考》，载于《敦煌阳关、玉门关论文选萃》，甘肃人民出版社2003年版，第91~97页；陈梦家：《玉门关与玉门县》，载于《敦煌阳关、玉门关论文选萃》，甘肃人民出版社2003年版，第138~146页。

[④] 董耀会：《长城》，中国水利水电出版社2004年版，第118~119页。

[⑤] 张涛：《大漠长河——河西长城》，甘肃人民出版社2008年版，第145页。

[⑥] 甘肃居延考古队：《居延汉代遗址的发掘和新出土的简册文物》，载于《汉简研究文集》，甘肃人民出版社1984年版，第476~498页。

[⑦] 景爱：《长城》，学苑出版社2008年版，第150页。

[⑧] 董耀会：《长城》，中国水利水电出版社2004年版，第118~119页；田淑华、赵晓光、王月华：《承德地区汉代长城与烽燧调查》，载于《文物春秋》2006年第3期。

[⑨] 冯永谦、何溥滢：《辽宁古长城》，辽宁人民出版社1986年版，第45页。

[⑩] 薛长年：《西塞雄风：陇右长城文化》，甘肃教育出版社1999年版，第219页。

凤山土城子城内外遗物丰富，主要有弦断纹灰陶片、泥质灰陶片和弦纹、绳纹、布纹及网格纹瓦片等[①]；黑城子发现弦纹灰陶碎片[②]；此外还在纺子城内发现有灰绳纹板、筒瓦[③]；丰宁县境内的老虎沟汉长城及附近烽燧采集到绳纹、织器、木制器、草器、武器、文化用品等[④]，其他遗址里还发现生活用具[⑤]、汉代官印[⑥]、五铢钱[⑦]、铁制农具工具[⑧]、兵器[⑨]、作坊遗址[⑩]、山崖石壁[⑪]等。

（三）已有研究成果

1. 关于汉长城修筑原因的考证

多数学者认为汉长城修筑的原因在于汉与北方、西北游牧民族的冲突与战争及其衍生出的政权巩固和保障经济贸易畅通的需要。除此以外，还有个别学者[⑫]

---

① 田淑华、赵晓光、王月华：《承德地区汉代长城与烽燧调查》，载于《文物春秋》2006 年第 3 期。

② 张汉英：《河北丰宁境内的古长城和金代界壕》，载于《文物春秋》1993 年第 1 期。

③ 李庆发、张克举：《辽宁西部汉代长城调查报告》，载于《北方文物》1987 年第 2 期。

④ 李永平：《从考古发掘和简牍材料看河西汉塞》，载于《中国（香港）长城历史文化研讨会论文集》，长城（香港）文化出版社公司 2002 年版，第 194~202 页。

⑤ 冯永谦、何溥滢：《辽宁古长城》，辽宁人民出版社 1986 年版，第 45 页；甘肃省博物馆、敦煌县文化馆：《敦煌马圈湾汉代烽燧遗址发掘简报》，载于《汉简研究文集》，甘肃人民出版社 1984 年版，第 499~512 页；李庆发、张克举：《辽宁西部汉代长城调查报告》，载于《北方文物》1987 年第 2 期；张汉英：《河北丰宁境内的古长城和金代界壕》，载于《文物春秋》1993 年第 1 期。

⑥ 景爱：《长城》，学苑出版社 2008 年版，第 149 页；冯永谦、何溥滢：《辽宁古长城》，辽宁人民出版社 1986 年版，第 45 页；甘肃省博物馆、敦煌县文化馆：《敦煌马圈湾汉代烽燧遗址发掘简报》，载于《汉简研究文集》，甘肃人民出版社 1984 年版，第 499~512 页。

⑦ 景爱：《长城》，学苑出版社 2008 年版，第 149 页；董耀会：《长城》，中国水利水电出版社 2004 年版，第 118~119 页；甘肃省博物馆、敦煌县文化馆：《敦煌马圈湾汉代烽燧遗址发掘简报》，载于《汉简研究文集》，甘肃人民出版社 1984 年版，第 499~512 页；田淑华、赵晓光、王月华：《承德地区汉代长城与烽燧调查》，载于《文物春秋》2006 年第 3 期。

⑧ 中国长城学会：《长城百科全书》，吉林人民出版社 1994 年版，第 78 页；冯永谦、何溥滢：《辽宁古长城》，辽宁人民出版社 1986 年版，第 45 页；甘肃省博物馆、敦煌县文化馆：《敦煌马圈湾汉代烽燧遗址发掘简报》，载于《汉简研究文集》，甘肃人民出版社 1984 年版，第 499~512 页；田淑华、赵晓光、王月华：《承德地区汉代长城与烽燧调查》，载于《文物春秋》2006 年第 3 期；李庆发、张克举：《辽宁西部汉代长城调查报告》，载于《北方文物》1987 年第 2 期；张汉英：《河北丰宁境内的古长城和金代界壕》，载于《文物春秋》1993 年第 1 期。

⑨ 董耀会：《长城》，中国水利水电出版社 2004 年版，第 118~119 页；冯永谦、何溥滢：《辽宁古长城》，辽宁人民出版社 1986 年版，第 45 页；甘肃省博物馆、敦煌县文化馆：《敦煌马圈湾汉代烽燧遗址发掘简报》，载于《汉简研究文集》，甘肃人民出版社 1984 年版，第 499~512 页；李庆发、张克举：《辽宁西部汉代长城调查报告》，载于《北方文物》1987 年第 2 期；张汉英：《河北丰宁境内的古长城和金代界壕》，载于《文物春秋》1993 年第 1 期。

⑩ 李庆发、张克举：《辽宁西部汉代长城调查报告》，载于《北方文物》1987 年第 2 期。

⑪ 周兴华、周晓宇：《从宁夏寻找长城源流》，宁夏人民出版社 2008 年版，第 184 页。

⑫ 高凯军：《论中华民族——从地域特点和长城的兴废看中华民族的起源、形成与发展》，文物出版社 2010 年版，第 137~152 页。

认为，汉长城的修建原因与汉族蔑视、排斥周边少数民族的"华夷之辨"和防御北方少数民族南下有关，是心理防线华夷之辨与"内诸夏外夷狄"和实体防线相结合的结果。还有学者认为"汉长城是防御技术发展的产物"。①

2. 关于河西长城修建过程和令居塞修筑时间的研究

关于河西长城的修建过程目前有四段论和五段论两说。

四段论：公元前 121 年设置武威、酒泉二郡，并开始建造东起今永登县境内的黄河西岸，沿河西走廊，西达酒泉北部金塔县的"令居塞"长城，这是第一段。公元前 111 年（元鼎六年）汉武帝在河西走廊增设张掖、敦煌二郡，又建造了东接酒泉长城，中经敦煌，西至玉门的长城，这是第二段。公元前 110 年（元封元年）西汉攻破楼兰、车师两国之后修建了东起敦煌，西至盐泽（今罗布泊）的长城，这是第三段。汉宣帝时期修建了河西长城的第四段，楼兰至渠犁的长城，这样河西长城最终全线形成。而将居延塞长城算入汉外长城，汉外长城由徐自为修建的"光禄塞"和路博德修建的"居延塞"两部分组成。②

五段论：第一次，武帝元鼎六年（公元前年 111 年），筑令居塞。在初置酒泉郡的同时，武帝开始修筑东起令居，西至酒泉的防御工程。第二次，元封四年（公元前 108 年），筑酒泉塞。由酒泉至玉门关，修筑防御工程。第三次，太初三年（公元前 102 年），筑居延塞和休屠塞。于酒泉、张掖北之居延泽、休屠泽，筑塞设防，屯田驻守。第四次，天汉初（公元前 100）筑敦煌以西之烽燧线。汉自敦煌西至盐泽（即罗布淖尔），设置烽燧线，传送文书，接待使节，保护交通安全。第五次，宣帝地节三年（公元前 67 年），由于长安至河西的北驿道开辟，于是在张掖郡东段分置武威郡。③

对西汉王朝来说，河西长城不仅起到隔绝匈奴和西域的联系，也起到对内防御的作用。

关于令居塞修筑的时间，人们多以为令居塞是汉武帝元狩二年（公元前 121 年）由霍去病所筑，而文献记载或直接或间接都说汉武帝元鼎六年（公元前 111 年）开始筑令居塞，且西汉开始逐步在湟水流域筑亭、筑城、设县，不可能是元狩二年（公元前 121），而最早也应是元鼎六年（公元前 111 年）李息、徐自为平羌以后的事了。④

---

① 罗庆康：《战国及秦汉长城修建原因浅析》，载于《内蒙古社会科学》1988 年第 6 期。
② 白音查干：《长城与汉匈关系》，载于《内蒙古师大学报（哲学社会科学版）》1998 年第 6 期。
③ 吴礽骧：《河西的汉代长城》，载于《文博》1991 年第 1 期；吴礽骧：《河西汉塞调查与研究》，文物出版社 2005 年版，第 17 页。
④ 王昱、崔永红：《令居塞建立时间考辨》，载于《青海社会科学》1987 年第 4 期。

《史记·匈奴列传》记载，（元狩四年，公元前119年）"是后匈奴远遁，而幕南无王庭。汉度河自朔方以西至令居，往往通渠置田，官吏卒五六万人，稍蚕食，地接匈奴以北。"① 说明漠北之战后，汉朝新收复了朔方以西至令居这一带区域。而此处文献中说的"朔方至令居间"的"令居"应当是指令居县，应该是元狩二年（公元前121年）霍去病打通河西之后汉朝渡河修筑的第一座边堡。"令居，县名也，属金城、筑塞西至酒泉也。"这里所说的并不是修筑令居塞这段工事，而是指先通渠置田，建立令居县等边城，在加强开发的同时开辟新的经济区这一措施。令居塞的建设晚于令居县，应与西羌有关。令居县建立之后，环境并不安定，主要是因为羌人居于南部三河地区②，与北部匈奴处于交关状态，使汉朝西部边界处于他们南北夹击的合围态势，如"元鼎五年，羌与匈奴通，合兵十余万，共攻令居、安故，遂围袍罕。"③ 可见令居县是汉代的西部边界，也是汉羌格力交界矛盾多发的地区。元鼎六年（公元前111年）"南越反，西羌侵边为莱……数万人发三河以西骑出西羌，又数万人渡河筑令居"。此处的"令居"则指的是令居塞而不是令居县。《后汉书·西羌传》中也说"汉遣将军李息、郎中令徐自为将兵十万人击平之。始置护羌校尉，持节统领焉。羌乃去徨中，依西海、盐池左右。汉遂因山为塞，河西地空，稍徙人以实之。"④ 可见令居塞的建立，的确与西羌势力退出河西有关。而这一对羌战争则是在元鼎六年发生的，所以令居塞的修建当在元鼎六年。⑤

3. 关于汉长城的相关概念

第一，关于长城。多数学者⑥并没有特意界定长城的概念，但是多将墙体、关塞、烽燧、壕堑等统称为长城。有学者定义长城概念为：长城是人工修筑的以土、石、砖为墙体的连续性高墙，系古代边境御敌的军事建筑工程。⑦ 依此长城定义，则使得"山险墙""当路塞""城障""壕堑""令居塞"等应属于长城的组成部分被排除于长城的概念范围之外。

第二，关于障城、烽燧。虽然界定概念出发点不一致，但并不冲突。如"所谓障，就是塞边的小城，一般被建造在特别险要的地方，既可自我防护也可观察

---

① 司马迁：《史记·卷一百一十》，中华书局1982年版，第2911页。
② 三河地区是羌人的活动腹地，《续汉书》注曰："今此言三河，即黄河、赐支河、湟河也。"见于班固：《汉书·卷八十七》，中华书局，第2875页。
③ 范晔：《后汉书·卷八十七》，中华书局1965年版，第2876页。
④ 范晔：《后汉书·卷八十七》，中华书局1965年版，第2877页。
⑤ 樊凡：《西汉拓边与长城修建》，载于《秦汉研究（第五辑）》，陕西人民出版社2011年版。
⑥ 罗哲文：《长城》，清华大学出版社2008年版；《中华文明史话》编委会：《长城史话》，中国大百科全书出版社2008年版；金开诚、于元：《历代长城》，吉林文史出版社2010年版；董耀会：《沧桑长城》，东方出版社2007年版；甘肃省文物局：《疏勒河流域汉代长城考察报告》，文物出版社2001年版。
⑦ 景爱：《长城》，学苑出版社2008年版，第4页。

敌人"①。"障与城的区别大要是'城'的大小不一,城内有居民,居民数目也不一致。而'障'只住官兵,不住居民。障的尺度差别不大,形式也较划一。也有城和障结合在一起的,既住官兵,又住居民。"②"烽火台也称作烽燧、烽堠、烽台、烟墩、墩台、狼烟台、亭、燧等等。汉代称作亭、燧,有时亭燧并称。是利用烽火、烟气以传递军情的建筑。烽火台的形式是一个独立的高台子。台子上有守望房屋和燃烟放火的设备,台子下面有士卒居住守卫的房屋和羊马圈、仓房等建筑。"③"燧,或叫做烽燧,它的平面呈方形或圆形,边长或直径为10米左右,高数米甚至十几米,汉代称这种土筑的高台为亭,所以也命名为亭燧。"④

第三,关于天田。天田是汉塞防御体系的组成部分,根据敌人的足迹,来判断敌情并及时采取对应策略。天田的形式多样,"从汉简中提到的'沙中天田''水中天田''河水中天田'等名称,也可见天田之形制随地形而变的特点。"

第四,关于光禄塞。多数学者认为徐自为修建了"光禄塞"长城,称为外城⑤,除此外还有"中城"和"内城"⑥;但也有学者认为"这条光禄塞,长千余里,系自塞外起程,不是从塞内算的,因此一二千里即达卢朐山,基本上是南北走向,与东西走向的长城接近垂直状态,因此不是长城外的又一道长城,而是为进军需用的一条行军道路,过去史学家认为是复线长城的结论是错误的。光禄塞不是长城,是武帝时所筑的一条进军道路。"⑦

4. 关于汉代烽燧报警方法的研究

关于汉代的烽燧报警方法的争议主要是烟、火运用的时间。

第一种意见认为白天放烟,夜间放火。"如遇敌情,白天燃烟,夜间放火。"⑧"古代报警制度十分复杂,极为严格,须弄清真相发出不同信号。汉简对此有介绍:'望见虏一人以上入塞,燔一积薪,举二烽,夜二苣火,见十人以上

---

① 《中华文明史话》编委会:《长城史话》,中国大百科全书出版社2008年版,第36页。
② 罗哲文:《长城》,清华大学出版社2008年版,第90页。
③ 罗哲文:《长城》,北京美术摄影出版社2000年版,第63页。
④ 《中华文明史话》编委会:《长城史话》,中国大百科全书出版社2008年版,第36页。
⑤ 盖山林、陆思贤:《内蒙古境内战国秦汉长城遗迹》,载于《中国考古学会第一次年会论文集》,文物出版社1979年版,第212～224页;罗庆庚:《汉武帝长城复线刍议》,载于《考古与文物》1989年第3期;盖山林、陆思贤:《潮格旗朝鲁库伦汉代石城及其附近的长城》,载于《中国长城遗迹调查报告集》,文物出版社1981年版,第25～33页;唐晓峰:《内蒙古西北部秦汉长城调查记》,载于《内蒙古大学学报(人文社会科学版)》1977年第3期;吴礽骧:《河西的汉代长城》,载于《文博》1991年第1期。
⑥ 盖山林、陆思贤:《内蒙古境内战国秦汉长城遗迹》,载于《中国考古学会第一次年会论文集》,文物出版社1979年版,第212～224页。
⑦ 李文信:《中国北部长城沿革考(上)》,载于《社会科学辑刊》1979年第1期。
⑧ 罗哲文:《长城》,北京美术摄影出版社2000年版,第63页;朱耀廷、郭引强、刘曙光:《战争与和平的纽带——古代长城》,辽宁师范大学出版社1996年版,第68～69页;韩若春:《烽燧考辨》,载于《咸阳师范学院学报》2001年第4期。

在塞外，播举如一人，须扬。望见虏五百人以上，若攻亭障，燔一积薪，举三烽，夜三苣火。''不满二千人以上，播举如五百人同品。虏守亭障，播举昼举亭上烽，夜举离合火，次亭遂和，播举如品'。"①

第二种意见认为烽火是昼夜皆举。"烽作为一种工具，传递敌情信息 24 小时不能间断，昼夜皆举，只是根据昼夜不同特点所举之烽不同罢了。烽火品约规定了信息器具的置用方法，它可根据敌人的数量及入侵程度，施示不同组合的视听信号来传递不同的敌情信息。"②

5. 有关长城沿线发现的汉代简牍的研究

《汉简研究文集》③ 共收集论文 15 篇，均属关于出土简牍的研究成果，其中与长城或长城系统有关的有 9 篇，涉及烽火台现状、关堡坞等情况。还有用于防御的烽火品约、防御警报的方法及传递、烽燧设置、防御工具等，同时伴随长城防御系统而形成的长城防御官职设置、与长城有关的政策法令等情况。

第一，依据简文对烽燧防御系统及其戍卒工作方法的研究。"据获新简看，酒泉郡北塞既有专名燧，也有序数燧的设置。从简文内容看，酒泉北塞与居延、敦煌一样，塞防的基层组织烽燧也可称'亭'，故亭长也即燧长，而燧以上也有部候长一级组织。由此推及，酒泉郡西、北、东三部分都尉所属，也当有一套完整的防御体系。"④"戍边官吏、士卒担负着亭燧候望、通烽火的职责，现根据居延、敦煌等地出土的屯戍简牍，表明汉代边塞建立了严格的徼巡制度。各亭燧吏卒轮流值勤，每天沿着边塞巡察，检视天田，防止有人非法穿越边塞天田外逃。吏卒巡视边塞的情况详细记录于日迹簿，每个月逐级上报、汇总，是保证徼巡制度有效执行的重要手段。遇有逃亡事件，戍边吏卒需要搜索所管辖地段，协助搜捕。"⑤ 因此"举蓬"和"塞天田"是戍卒分内的事情。"蓬火制度是汉代边塞防御制度的核心，为了确保严格执行，在汉代边塞防御体系中，形成了一整套严密的制度。"⑥

---

① 陆拂为：《汉长城和烽燧》，载于《瞭望》1990 年第 45 期。
② 上官绪智、黄今言：《汉代烽燧中的信息器具与烽火品约置用考论》，载于《社会科学辑刊》2004 年第 5 期。
③ 甘肃省文物工作队：《汉简研究文集》，甘肃人民出版社 1984 年版。
④ 嘉峪关市文物保管所：《玉门花海汉代烽燧遗址出土的简牍》，载于《汉简研究文集》，甘肃人民出版社 1984 年版，第 15~33 页；徐乐尧：《居延汉简所见的边亭》，载于《汉简研究文集》，甘肃人民出版社 1984 年版，第 298~334 页；陈梦家：《汉简所见居延边塞与防御组织》，载于《考古学报》1964 年第 1 期；李正宇：《敦煌郡的边塞长城及烽警系统》，载于《敦煌研究》1995 年第 2 期。
⑤ 汪桂海：《简牍所见汉代边塞徼巡制度》，载于《中国边疆史地研究》2006 年第 3 期。
⑥ 吴礽骧：《汉代蓬火制度探索》，甘肃文物工作队、甘肃省博物馆编《汉简研究文集》，甘肃人民出版社 1984 年版，第 223~257 页；初师宾：《居延烽火考述——兼论古代烽号的演变》，载于《汉简研究文集》，甘肃人民出版社 1984 年版，第 142~222 页。

第二，关于烽火用品。"汉代边塞蓬火制度由中央、郡、部都尉三级逐级颁发，中央颁发者，称《品》，郡、部都尉颁发者，称《品约》。"① "汉代边塞不仅烽火有品，而且守御器也有品。守御器品系汉代边塞各级防御机构关于守御器装备的种类、数量、使用等不同规格的条例规定。自亭燧、候官、部都尉直至郡一级的守御器配备，均有相应的规定。"②

东汉时期的烽火用品仍然是举烽、扬表、燃燧、燃苣火等③。虽然不同地方不同时期有所变化，且"都尉府和时代都不相同，但是根据入塞的人数和敌情的不同而发出的信号，大体上是相同的。特别值得注意的是，入塞的人数是以是否满一千人为界限，凡不满一千者只燔一积薪，超过一千者则燔二积薪，若一千人以上攻亭障者则燔三积薪。"④

第三，关于"塞天田"的研究。据河西地区出土的汉简记载，天田有以下几种制度：鉏治与耕画天田；迹、日迹与举蓬日迹簿及封移；不日迹和对失职吏卒的处罚。另外，在古代敦煌、居延等边境地区，还有一些与'天田'相关的御敌设施。如用以阻遏敌人的虎落、虎路与疆落；用于警示敌人的枪柱、县索以及用于通水和戍边吏卒出入长城的水门。按规定在每日的白天巡视本燧、部辖区内天田，主要察看在前一天夜间，是否有入侵塞下之敌人留在天田上的足迹，借以判断敌情，以便采取御敌措施。⑤

第四，汉简所见长城后勤供给系统。"汉代河西边塞防御组织中的军需系统，即汉代长城的后勤供给系统，主要设置了仓、库、阁三种机构。同时由于这三种机构的合理配置，各司其职，使长城的防御获得了可靠的后勤保障，这也是汉王朝之所以能够凭籍其强盛的国力，长期维护当时世界上最漫长的军事防线——长城的原因。"⑥

（四）历史意义及评价

汉长城的修建，有如下重要意义。

---

① 吴礽骧：《汉代蓬火制度探索》，载于《汉简研究文集》，甘肃人民出版社1984年版，第223～257页。

② 敦煌县文化馆：《敦煌酥油土汉代烽燧遗址出土的木简》，载于《汉简研究文集》，甘肃人民出版社1984年版，第1～14页。

③ 傅振伦：《东汉建武塞上烽火品约考释》，载于《考古与文物》1980年第2期。

④ 徐苹芳：《居延、敦煌发现的〈塞上蓬火品约〉册——兼释汉代的蓬火制度》，载于《考古》1979年第5期。

⑤ 侯丕勋：《"天田"义源及具体制度——简牍研究的一点初步想法》，载于《西北师大学报（社会科学版）》1996年第1期。魏燕利：《汉"塞天田"新探》，载于《池州师专学报》2003年第6期。

⑥ 徐乐尧：《汉简所见长城的后勤供给系统》，载于《长城国际学术研讨会论文集》，吉林人民出版社1995年版，第116～122页。

第一，汉长城的修缮，对抗击匈奴及防备羌、氐等侵扰起了重要的作用。[1]

由于西汉长城及西汉在河西地区经营措施的开展，匈奴南下掠夺越来越困难，占据的地盘越来越小。如《汉书·匈奴传》："郎中侯应习边事，以为不可许。上问状，应曰：'周秦以来，匈奴暴桀，寇侵边境，汉兴，尤被其害。臣闻北边塞至辽东，外有阴山，东西千余里，草木茂盛，多禽兽，本冒顿单于依阻其中，治作弓矢，来出为寇，是其苑囿也。至孝武世，出师征伐，斥夺此地，攘之于幕北。建塞徼，起亭燧，筑外城，设屯戍，以守之，然后边境得用少安'。"

第二，汉长城的修建，对西汉政权的巩固起到了重要作用。[2]

西汉长城的修建不但解除了匈奴入侵对西汉政权的威胁，而且也阻止了汉地"犯法"的"盗贼"等辈出塞。"对于'越塞'的'亡人'予以'逐捕搜索'，曾经是汉代长城体系戍守部队的防务内容之一。有汉王朝官员明确指出，当时长城防卫系统的作用'非独为匈奴而已'。"[3]既稳定了边疆，同时保证了内部的巩固。

第三，民族关系上，客观上促进了各民族的融合和往来。[4]

"从长远的观点看，阻遏和限制，只能是一时的、次要的；而往来和交流，不仅是持久的、主要的，而且是源远流长、与时俱进的。"[5]另外也促进了统一

---

[1] 张荣芳、王川：《西汉长城的修缮及其意义》，载于《长城国际学术研讨会论文集》，吉林人民出版社1995年版，第105~115页；罗哲文：《罗哲文谈长城》，湖南少年儿童出版社2010年版；中国长城学会：《长城百科全书》，吉林人民出版社1994年版，第76~79页；金开诚、于元：《历代长城》，吉林文史出版社2010年版；董耀立：《沧桑长城》，东方出版社2007年版，第80~83页；《中华文明史话》编委会：《长城史话》，中国大百科全书出版社2008年版；陆平：《长城在汉代的历史作用》，载于《郑州大学学报（哲学社会科学版）》1992年第6期；朝克：《呼和浩特地区长城遗存》，载于《内蒙古文物考古》1994年第2期。

[2] 张荣芳、王川：《西汉长城的修缮及其意义》，载于《长城国际学术研讨会论文集》，吉林人民出版社1995年版，第105~115页；白音查干：《长城与汉匈关系》，载于《内蒙古师大学报（哲学社会科学版）》1998年第6期；陆平：《长城在汉代的历史作用》，载于《郑州大学学报》（哲学社会科学版）1992年第6期；王子今：《汉代北边"亡人"：民族立场与文化表现》，载于《南都学坛》（人文社会科学学报）2008年第2期。

[3] 王子今：《汉代北边"亡人"：民族立场与文化表现》，载于《南都学坛》（人文社会科学学报）2008年第2期。

[4] 甘肃省文物局：《疏勒河流域汉代长城考察报告》，文物出版社2001年版，第76~77页；薛长年：《西塞雄风：陇右长城文化》，甘肃教育出版社1999年版；唐晓峰：《内蒙古西北部秦汉长城调查记》，载于《内蒙古大学学报（人文社会科学版）》1977年第3期；江枫：《包头与阴山赵秦汉长城的关系初探》，载于《阴山学刊（社会科学版）》1988年第2期；舒顺林：《论东汉时期长城内外各族的经济文化交流》，载于《内蒙古师范大学学报（哲学社会科学版）》1989年第2期；盖山林、陆思贤：《内蒙古境内战国秦汉长城遗迹》，载于《中国考古学会第一次年会论文集》，文物出版社1979年版，第212~224页；曹大为：《评长城的历史作用》，载于《长城学刊》1991年第1期。

[5] 舒振邦：《前汉时期长城内外的民族关系》，载于《内蒙古师大学报（汉文哲学社会科学版）》1988年第4期；盖山林、陆思贤：《内蒙古境内战国秦汉长城遗迹》，载于《中国考古学会第一次年会论文集》，文物出版社1979年版，第212~224页；黄雪寅：《内蒙古草原民族与北方长城地带各民族的关系》，载于《内蒙古考古》1998年第2期。

的多民族国家的形成与发展,"秦汉长城的建置,就是汉民族形成的标志。我们把秦汉长城一线作为汉民族与北方游牧民族的分界线,并不意味着也把长城看成是秦汉之北边疆域,自秦汉始,我国就是一个统一的多民族的中央封建集权国家,秦汉之际的北疆,均已远远超出长城一线。"①

第四,汉长城的修建促进了长城沿线地区与西域诸国政治、经济、文化的发展。②

西汉中央与居延、敦煌的联系空前频繁,"西汉开发长城边区以有组织地开发农业为根本,河套地区主要采用筑城屯垦的民屯方式,规模宏大,成就显著,在水利建设、粮食生产和人口增长中均有反映。河西地区主要方式是戍军的军屯,也有循序渐进式的移民屯垦。农业经济的开发带动和促进了这一地区的工商经济的发展,工商经济活动主要集中于城市之中,随着边塞、边城之间经济交流的频繁,边区工商经济开发也渗入到乡村和边塞。"③ 因此长城沿线一系列的屯田、通关市的措施,促进了长城内外经济的发展。

第五,汉长城的修缮,有力地保护了"丝绸之路"的畅通,保证了中西贸易的畅通。④

当时的丝绸之路分为南北二道,二道经过基本上就是长城或者关亭、障、烽

---

① 陈江:《秦汉长城的建筑与汉民族的形成》,载于《东南文化》1995年第1期。

② 张荣芳、王川:《西汉长城的修缮及其意义》,载于《长城国际学术研讨会论文集》,吉林人民出版社1995年版,第105~115页;李凤山:《长城与民族》,中央民族大学出版社2006年版,第51~78页;甘肃省文物局:《疏勒河流域汉代长城考察报告》,文物出版社2001年版,第76~77页;中国长城学会:《长城百科全书》,吉林人民出版社1994年版,第12~14页;罗哲文:《罗哲文谈长城》,湖南少年儿童出版社2010年版;金开诚、于元:《历代长城》吉林文史出版社2010年版;董耀会:《沧桑长城》,东方出版社2007年版,第80~81页;《中华文明史话》编委会:《长城史话》,中国大百科全书出版社2008年版,第35~36页;舒顺林:《论东汉时期长城内外各族的经济文化交流》,载于《内蒙古师范大学学报(哲学社会科学版)》1989年第2期;张南:《论西汉长城边区的经济开发》,载于《内蒙古社会科学(汉文版)》1989年第3期;曹大为:《评长城的历史作用》,载于《长城学刊》1991年第1期;王子今:《汉代北边"亡人":民族立场与文化表现》,载于《南都学坛(人文社会科学版)》2008年第2期;唐晓峰:《长城内外是故乡》,载于《读书》1998年第4期;黄雪寅:《内蒙古草原民族与北方长城地带名民族的关系》,载于《内蒙古考古》1998年第2期;江枫:《包头与阴山赵秦汉长城的关系初探》,载于《阴山学刊(社会科学版)》1988年第2期。

③ 张南:《论西汉长城边区的经济开发》,载于《内蒙古社会科学(汉文版)》1989年第3期。

④ 张荣芳、王川:《西汉长城的修缮及其意义》,载于《长城国际学术研讨会论文集》,吉林人民出版社1995年版,第105~115页;甘肃省文物局:《疏勒河流域汉代长城考察报告》,文物出版社2001年版;罗哲文:《长城》,清华大学出版社2008年版,第58页;中国长城学会:《长城百科全书》,吉林人民出版社1994年版,第12~14页;罗哲文:《罗哲文谈长城》,湖南少年儿童出版社2010年版;金开诚、于元:《历代长城》,吉林文史出版社2010年版;《中华文明史话》编委会:《长城史话》,中国大百科全书出版社2008年版,第35~36页;王子今:《汉代河西长城与西北边贸易》,载于《长城国际学术研讨会论文集》,吉林人民出版社1995年版,第133页;江枫:《包头与阴山赵秦汉长城的关系初探》,载于《阴山学刊(社会科学版)》1988年第2期。

燧修筑处。因此汉长城为往来的使者、商人等提供了粮食和饮水供应,保证了他们的安全,为中西贸易的畅通提供了方便。

第六,西汉长城对此后的军事布局、建筑史等方面有一定的影响。①

两汉时期河西地区的边塞建筑无论平面布局手法、构造形式选择还是防御设施配置均显现出鲜明的中原建筑文化特征。以边塞防御工事的兴筑为契机,河西地区开始全面吸收中原的城市规划理论和建筑营造技术方面的经验。拿来主义加速了中原建筑文化在河西地区的传播,由此而引发的建筑变革并不仅限于边塞建筑一隅,我们注意到河西地区的居住模式、城市规划以及建筑技术均发生了质的飞跃,自此该地区的建筑发展迈入了新的历史阶段。②

---

① 张荣芳、王川:《西汉长城的修缮及其意义》,载于《长城国际学术研讨会论文集》,吉林人民出版社1995年版,第105~115页;陈菁:《两汉时期河西地区烽燧亭障规划营建刍议》,载于《甘肃社会科学》2006年第2期。

② 陈菁:《两汉时期河西地区烽燧亭障规划营建刍议》,载于《甘肃社会科学》2006年第2期。

第二章

中国历代长城体系研究（下）

第一节 魏晋南北朝长城

一、北魏长城

南北朝时群雄逐鹿，中原鼎沸。天兴元年（398年），北魏王朝正式建立，并于439年统一北方，其地域范围根据《续通典》："魏道武都平城，东至上谷军都关，西至河，南至中山隘门，北至五原，地方千里，以为甸服。"① 鲜卑首领拓跋珪在创建北魏王朝时，位于蒙古高原上的柔然亦崛起，北魏道武帝天兴五年（402年），柔然首领社仑自称丘豆伐可汗，建立了政权和军队，并逐渐成为北魏王朝的北方劲敌，常举兵南下侵扰，北魏的南征、西讨都要受到柔然的牵制。直到477年，柔然汗国遣使议和归附，双方才停止敌对行动。鉴于此，北魏王朝在北方边境地带兴建了长城和镇戍，其中"六镇"便是最重要的屯兵戍守的城池，同时先后三次在北方边境及都城附近修筑长城。

---

① ［清］康基田：《晋乘搜略》，郭春梅、王灵善等点校，山西古籍出版社2006年版，第831页。

（一）相关历史文献

1. 泰常长城

北魏定都平城（今山西大同）后，由于京城处在农业与牧业的交汇地带，游牧于北方的柔然诸部不时越过大漠南掠，影响着王朝心脏的安全和统一北方的步伐。泰常七年（422年）十月，魏太宗拓跋嗣挥师南下，同南朝的刘宋争夺青、兖、豫诸州。与此同时，为确保后方无虞，太宗命皇太子拓跋焘统率六军出镇北疆，预防柔然奔袭。泰常八年（423年）"蠕蠕犯塞。二月戊辰，筑长城于长川之南，起自赤城，西至五原，延袤二千余里，备置戍卫"。[①]

2. 畿上塞围

太武帝拓跋焘太平真君七年（446年）六月，北魏王朝又修筑了一道长城——"畿上塞围"："（六月）丙戌，发司、幽、定、冀四州十万人筑畿上塞围，起上谷，西至于河，广袤皆千里。"[②] 到了"九年二月，罢塞围作"[③]。这条长城的施工历时一年九个月。《说文解字》云："畿，天子千里地。以逮近言之则曰畿也。"也就是说，畿是指都的远近郊区而言的，而"畿上塞围"就是指保卫国都的"塞围"，那么，理解其为长城是合情合理的。那么北魏的"畿"的范围是多大呢？《晋乘搜略》云："……东至代郡。西及善无，南极阴馆，北尽参合，皆为畿内"[④]。由此长城的分布应该在其外面。再据文献"起于上谷"，说明长城的东端点在上谷。上谷，北魏时为上谷郡，领居庸、平舒二县，治居庸县。"《魏书·地形志》云：'上谷郡，天平中置……后魏时上谷郡移治居庸县'，《水经·㶟余水注》云：'沧河又西经居庸县故城南，魏上谷郡治'。后魏居庸县即今北京延庆县，则后魏时上谷郡治已东移。"[⑤]"西至于河"，说明长城向西到达黄河岸边。

3. 六镇长城

居住于北方草原的柔然，一直是北魏王朝的心腹大患。虽然在泰常八年（423年）修筑阴山南麓长城，但此举并不能从根本上阻止柔然南下的侵扰。因此，到了太和八年（484年）大臣高闾向孝文帝上表曰"今故宜于六镇之北筑长城，以御北虏，虽有暂劳之勤，乃有永逸之益。即于要害，往往开门，造小城于

---

① [北齐]魏收：《魏书》卷三《太宗纪》，中华书局1974年版，第63页。
② [北齐]魏收：《魏书》卷四《世祖纪》，中华书局1974年版，第101页。
③ [北齐]魏收：《魏书》卷四《世祖纪》，中华书局1974年版，第102页。
④ [清]康基田：《晋乘搜略》，郭春梅、王灵善等点校，山西古籍出版社2006年版，第831页。
⑤ 施和金：《北齐地理志》，中华书局2008年版，第136页。

其侧，因施却敌。"①

（二）考古调查与发现

1. 泰常长城

关于泰常长城的起点，文献中说的很明确，即长川。长川，为一镇戍名称，位于内蒙古兴和县西北15公里处。城垣呈正方形，周长约2 000米。城墙以黑沙土为主夯成。土质坚硬，土块结构紧密，夯窝不明显，夯层5~8厘米。东墙、北墙保存较好；西城墙被洪水冲塌；南城墙被土城村村民建房所破坏；东垣残存200米，北垣残存300米；东北角墙遗迹明显。城垣顶面农民挖了多处土豆窖，从窖壁观察，包含少数灰陶片和多处椴木残迹及架眼，分析可能是城墙加厚和修补痕迹。经探查发现有城门门址两处，为东城门与北城门。② 并且在城内出土有鲜卑特征的陶壶、盆、罐等。除此之外，还有较多北魏晚期的黑色厚瓦。③ 关于这条长城目前还没有明确的发现，只是停留在文献考述上。

2. 畿上塞围

关于畿上塞围长城目前还没有明确的考古发现，而且学界大部分认为北魏之后的东魏、北齐所修的一部分长城是利用了畿上塞围长城。这三朝相距时间很近，若再加上彼此互相重修和利用，要想从中区分出来是比较困难的。

3. 六镇长城

北方六镇的名称以《资治通鉴·齐纪》胡三省注最为明确"魏世祖破蠕蠕，列置降人于汉南，东至濡源，西暨五原阴山，竟三千里，分为六镇，今武川、抚明、怀朔、怀荒、柔玄、御夷也。"六镇的设立是北魏王朝把阴山以北的大部分地区完全纳入其版图，进而统一北方最重大的成果。而考古工作的开展，使六镇的地理位置及其形制规模得以确认。六镇东西一线，分布在阴山山脉以北。

目前遗址保存有怀朔镇城址、武川镇城址、抚冥镇城址、柔玄镇城址、怀荒镇城址、御夷镇城址等。

六镇长城西段的西南端起自武川县水泉村北，先向北延伸至达尔罕茂明安联合旗南境，再折向东北方向，至四子王旗东部等地折向东南行，经察哈尔右翼中旗，至察哈尔右翼后旗西北部折向东行。至商都县二吉淖尔村西中断；其中段被改筑为金界壕南线，经化德县等地至正蓝旗黑城子种畜场南再现；东段

---

① [唐]李延寿：《北史》卷三十四《高闾传》，中华书局1974年版，第1257页。
② 常谦：《北魏长川古城遗址考略》，载于《内蒙古文物考古》1998年第1期。
③ 索秀芬：《内蒙古地区北魏城址》，载于《内蒙古文物考古》2002年第1期。

经多伦县,最终到达至河北丰宁先乌孙吐鲁坝西麓终止,全长305公里。墙体用土堆积为主,少数地段经夯筑,基宽2.5~3米,残高0.3~1米,形似一条土垄。①

(三)已有研究成果

1. 泰常长城

文献中关于长城的记载很明确,要想搞清其分布和走向,需要解析三个地名,即长川、赤城、五原。长川的位置前文已述。赤城,即今河北赤城县,是这段长城的东端所在之地,长城具体的起始点是今赤城县北境的独石口,《水经注》对此有明确记载。今独石口处在白河与滦河的分水岭上,是古往今来的交通要冲,长城东端起点应在独石口侧近的山岭上。② 董耀会则认为,长城西起内蒙古乌拉特前旗乌加河东岸。③ 从实地勘察可知,文献中长城所经过的五原县应指汉代五原郡旧治的五原县,在今内蒙古包头市西北约20公里处的西孟家梁古城,这一带是魏朝前期的主要农业区。④ 对此,郭建中有不同的看法,他认为五原县位于包头市以西15公里的哈德门沟古城遗址,并通过考古发掘与文献相结合的办法加以证明。⑤ 董耀会认为长城的东端在辽宁台安的辽河西岸。⑥ 此二地地理位置的确定,划定了这条长城的范围就在阴山山脉。阴山脉东西长一千余公里,南北宽五十余公里,有两条东西走向的长城,一条是于阴山中部的秦汉长城,另一条是阴山南麓的战国赵长城。经过实地调查和比较我们认为,泰常八年(423年)的长城是利用了战国赵长城。⑦ 由此,我们可以勾画出这条长城的大致走向:东端起自今河北赤城县独石口附近、白河与滦河的分水岭,循山西去,历经崇礼等地止于乌拉特前旗境乌加河东岸,大部利用了战国赵长城旧迹。⑧ 对此,李逸友有不同的认识,他认为北魏王朝第一次修筑的长城,应是将赤城至五原间的秦汉长城加以修葺而成。⑨

2. 畿上塞围

有关这条长城的走向,现有三说。第一,由山西省广灵县西部向北到天镇县附近,折向西直到黄河东岸。第二,自今昌平县境向西南经灵丘县到宁武

---

① 国家文物局:《中国文物地图集·内蒙古分册·上册》,西安地图出版社2003年版,第95页。
② 艾冲:《北朝拓跋魏、高齐、宇文周诸国长城再探索——兼与朱大渭商榷》,载于《社会科学评论》2007年第3期。
③⑥ 董耀会:《万里长城纵横谈》,人民教育出版社2004年版,第25页。
④⑧ 艾冲:《北朝诸国长城新考》,载于《长城国际学术研讨会论文集》,吉林人民出版社1994年版,第134~143页。
⑤⑦ 郭建中:《北魏泰常八年长城寻踪》,载于《内蒙古文物考古》2006年第1期。
⑨ 李逸友:《中国北方长城考述》,载于《内蒙古文物考古》2001年第1期。

县，转西北抵河曲县，并强调明代内边墙遵循其迹。多数研究者持此说。第三，环绕平城四面的说法。艾冲[①]和董耀会[②]都认为，这道长城起于今延庆县南的八达岭，但并没有实地调查资料加以证实，故这条长城起于八达岭南侧的今北京昌平区北西岭、白羊沟一带的大山，因为在这里发现有早期长城的遗迹。[③]长城从昌平西南行至怀来县，折回门头沟之后西行进入河北涿鹿、蔚县、山西广灵县等地，沿着县南边的太行山进入蔚县境内，过小五台山后西南行，穿过蔚县南部的大山（即太行山）后进入山西广灵县，之后沿着恒山山脉的主脉西南行，经过广灵等地到达黄河岸边。在上述山西境内的县中，均发现了早期长城的遗迹。[④]关于这段长城的止点，董耀会认为"止于偏关黄河东岸"[⑤]；罗哲文认为在山西河曲县[⑥]；据《保德州志·卷之二·形胜·古迹》云："长城，在州南偏桥村，西抵黄河，南接兴县八十里。"从地形图上看，这条长城所经过的地方几乎全是崇山峻岭，因此最适合修建长城以据守。长城平面布局大致呈向东南凸出的弧形，从东、南、西三面形成屏障围绕北魏都城——平城。魏朝构筑这条长城的用意，显然与之前不同，其意在抵御起义民众进犯京畿。

3. 六镇长城

艾冲认为"六镇长城是指魏北长城的西段，当时已存在，高闾之请，充其量不过是重建而已。而施工的重点应是赤城以东的地段，即长堑工程。"[⑦]水经注对这段"长堑"工程进行的考证，最后得出结论："魏北长城的东段，自今赤城和沽源两县交界的分水岭同西段衔接，循山岭东延于丰宁县北部，至滦平县北境跨过兴州河、滦河，经过隆化县南部和承德北部；长城在内蒙古境内趋东北历喀喇沁旗东部、赤峰县南隅，东入辽宁建平县北境，再入内蒙古敖汉旗南部，又回到辽宁北票县境，历经阜新等地，止于辽水西岸"[⑧]。对此，景爱也认为所谓六镇长城其实只是壕堑[⑨]。

由此产生一个问题：泰常八年（423年）修筑的长城和太和八年（484年）修筑的长城之间的位置关系是什么样的。艾冲认为二者是相连的，并且把这条长

[①] 艾冲：《北朝拓跋魏、高齐、宇文周诸国长城再探索——兼与朱大渭商榷》，载于《社会科学评论》2007年第3期。
[②⑤] 董耀会：《万里长城纵横谈》，人民教育出版社2004年版，第25页。
[③] 唐晓峰：《北京北部山区的古长城遗址》，载于《文物》2007年第2期。
[④] 国家文物局：《中国文物地图集·山西分册》，中国地图出版社2007年版。
[⑥] 罗哲文：《长城》，清华大学出版社2008年版，第59页。
[⑦⑧] 艾冲：《北朝诸国长城新考》，载于《长城国际学术研讨会论文集》，吉林人民出版社1994年版，第134~143页。
[⑨] 景爱：《长城》，学苑出版社2008年版，第160页。

城分为北线东段、西段两段长城进行考证①。史念海则指出："六镇的设置乃在筑长城之后，也是用以补长城之不足的。"② 并且，泰常八年（423年）长城与北魏六镇的南北问题，高间在太和八年（484年）已经给出了肯定的回答。六镇设置在泰常八年（423年）长城以北，六镇的设置减弱了泰常长城的防御作用。高间建议于六镇之北新筑长城的思路，目的是把六镇聚散灵活之兵力与千里长城防线组合成一种新的防御优势。如果泰常长城与六镇之间处在相距较近，沟通便利的范围内，"势分"的被动局面就可以转化为优势互补的条件，那也就不会提出于六镇之北筑长城的建议了③。并且泰常八年（423年）的长城的关键地望等内容前文已考述，"六镇"的位置通过一系列的考古发现也已基本确定，其北也有长城的遗迹④，并且与文献记载相符合，因此二者南北并列更符合实际情况。

北朝时期长城的兴建和发展，时刻反映着历史风云的变幻和当时政治、军事实力、格局的演变。北魏三次营建长城，其分布地域已退缩到秦汉长城以南，其新的空间格局又被东魏、北齐、隋以及明朝所借鉴。另外，它们是在鲜卑贵族当政的历史环境中出现的，无疑是历史上各族人民参与长城活动的实例之一，在长城史上占有重要位置。

二、东魏长城

（一）相关历史文献

1. 肆州长城

东魏统治者第一次修筑长城是武定元年（543年）秋八月，由丞相高欢策划，召夫五万修筑长城。《魏书》云："（武定元年）秋八月……是月，齐献武王（即高欢）召夫五万，于肆州北山筑长城，西自马陵戍，东至土隥。四十日罢。"⑤另外，《北史·齐本纪》和《北齐书·神武纪》对肆州长城的修筑亦有

---

① 艾冲：《北朝拓跋魏、高齐、宇文周诸国长城再探索——兼与朱大渭商榷》，载于《社会科学评论》2007年第3期。

② 史念海：《西北地区诸长城的分布及其历史军事地理》，载于《河山集》（第七集），陕西师范大学出版社1999年版，第432页。

③ 郭建中：《北魏泰常八年长城寻踪》，载于《内蒙古文物考古》2006年第1期。

④ 国家文物局：《中国文物地图集：内蒙古分册》，西安地图出版社2003年版。

⑤ [北齐] 魏收：《魏书》卷十二《孝静帝纪》，中华书局1974年版，第306页；[唐] 李百药：《北齐书》卷二《神武帝纪下》，中华书局1972年版，第22页。

相同的记载，说明确实修筑过该段长城。

2. 武定三年长城

东魏王朝第二次修筑长城是在武定三年。武定三年（545年），高欢又部署太行山一线的防务。《北齐书》："武定三年……十月丁卯，神武上言，幽、安、定三州北接奚、蠕蠕，请于险要修立城戍以防之。躬自临履，莫不严固。"① 高欢仍是修筑长城的总策划者，并且亲临实地踏勘、检查，工程相当严固。

（二）考古调查与发现

1. 肆州长城

忻州文管处的李隽认为肆州长城"东起忻州，西至静乐县北，长75公里的一段长城，现已无迹可觅"②。但是至2000年夏，在国家文物局文物地图总编委的指导下，山西省文物局长城考察组对该段长城进行了实地勘察，首次搞清了其位置、走向和长度，即东魏肆州长城分布与宁武县、原平市境内的6个乡内，大体呈东西走向，现存遗迹的实际长度约为60余公里。③ 2002年，为编写《中国文物地图集》，考古工作者对这道长城再次进行普查，最终得以确认。④

2. 武定三年长城

从整个长城防御体系上观察，武定三年（545年）修筑的长城应该与武定元年修筑的肆州长城相连接才能构成完整的防御体系，即西面与肆州长城相接，并向东继续延伸，实际田野调查的情况也是如此⑤，长城进入河北省后又沿着太行山进入蔚县、涿鹿县，最后进入北京门头沟地区。在门头沟王平镇河北村河边台地上，发现一块武定三年（545年）的刻石，刻石文字清晰，字体古朴，字距因石形呈不规则排列。文曰"大魏武定三年十月十五日平远将军安太守筑城都使元勒又用夫一千五百人，乡豪督都三十一人，十日讫工"。从修筑这道长城的时间和长度上看，其基本上是在北魏长城基础上修建的。

（三）已有研究成果

1. 肆州长城

关于史料记载的这道长城起始位置的地望以及长城走向。艾冲认为"肆州故治，即今山西忻州市。北山，位于肆州北境，指今汾河与桑干河的分水岭，在今

---

① ［唐］李百药：《北齐书》卷二《神武帝纪下》，中华书局1972年版，第22页。
② 李隽：《忻州长城小考》，载于《文物世界》1998年第1期。
③ 山西省文物局长城调查组：《东魏肆州长城》，载于《文物世界》2001年第3期。
④⑤ 国家文物局：《中国文物地图集·山西分册·上册》，中国地图出版社2007年版。

宁武县南部。这个分水岭是恒山、管涔山、芦芽山和吕梁山的交结之地，具有重要的军事交通地位。桑干河上游恢河源头附近山上，北朝时期有一天然的高山湖泊，名叫天池，亦名祁连池。高欢所筑北山长城只能从天池北侧穿过，包天池于长城内。马陵戍，在今五寨县东部山上。土隥戍，据《读史方舆纪要》位于今原平市西北的土隥镇。这段长城的走向是：西起今五寨县东部，横穿今宁武县南部——汾河源头、马营海子北侧，东达原平县北方的恒山山脉，同北魏"塞围"长城衔接。长约70余公里。[①] 董耀会、罗哲文也有相似的认识[②]。只是对于马陵戍的地望，罗哲文认为在山西静乐县。[③]

朱大渭则有不同的认识，他根据文献记载认为这次筑长城，其东西走向为，起于今山西平原市北，止于今山西静乐县北，长约300华里，以佐卫高欢老巢晋阳西北面的屏障。"[④] 同时，魏会阁也有相似的认识。[⑤]

对于朱大渭的认识，艾冲撰文表示反对，他认为"朱大渭在未能考定长城起讫地点的情况下，轻率地勾勒出该道长城的走向，甚欠妥当。"我们以为，文献中所说的肆州，即今山西忻州。《魏书》《隋书》《元和郡县志》《太平寰宇记·忻州下》著者所处的时代不同，各人皆据当时行政建制及名称而言，故给人一种言人人殊之感觉，实际所言皆一肆州也。

关于这道长城的用途，景爱认为，这道长城防御的敌人应是西魏，并提出了理由。[⑥] 但是我们认为，从这段长城的走向上看，其防御对象应该是北面。除了运用和亲等外交手段外，采取筑长城来防御袭扰是非常有效的军事措施。

2. 武定三年长城

关于史料记载的这道长城起始位置的地望以及长城走向，学界有着不同的认识。艾冲认为武定三年（545年）所筑防御奚、柔然的城戍散布在太行、军都山脉，实际上沿用着一百年前的"塞围"长城，配置城戍，并从今八达岭继续向东北延伸到今密云县古北口附近（即安州北境）。高欢虽然利用了"塞围"旧墙，但防御方向已转向北面，不再是向南了。对此，魏会阁、董耀会也有相似的认识。[⑦] 朱大渭则认为按照幽、安、定三州辖区，发其北境军民在险要处"修

---

① 艾冲：《北朝诸国长城新考》，载于《长城国际学术研讨会论文集》，吉林人民出版社1994年版，第134~143页。
② 董耀会：《万里长城纵横谈》，人民教育出版社2004年版，第25页。
③ 罗哲文：《长城》，清华大学出版社2008年版，第59页。
④ 朱大渭：《北朝历代建置长城及其军事战略地位》，载于《中国史研究》2006年第2期。
⑤ 魏会阁：《北朝长城和北部防御问题研究》，兰州大学硕士论文，2009年。
⑥ 景爱：《中国长城史》，上海人民出版社2006年版，第225页。
⑦ 魏会阁：《北朝长城和北部防御问题研究》，兰州大学硕士论文，2009年版；董耀会：《万里长城纵横谈》，人民教育出版社2004年版，第25页。

立城戍"。所谓"修"指修补原先守城,"立"乃是根据需要新立守城,以阻遏胡寇①。

对此,艾冲亦撰文予以质疑,他认为"本是循拓跋魏的'畿上塞围'东段构建驻防城堡。而朱文已将'畿上塞围'移至今大同市北,也不清楚三州北境在何处,无法表达其分布及走向,只好不了了之。"②

我们以为,东魏统治者这次修筑的长城主要分布于今太行山、军都山一线。依史书记载幽州,治蓟城。后汉置幽州,晋及后魏、北齐因之安州,治方城。北魏皇兴中置安州,东魏天平中陷,元象中寄治幽州北界。北齐因之。定州,治安喜县。后魏置安州,又改为定州,北齐因之。

高氏家族对三州北境的城戍极为重视。武定六年(548年),相国高澄(高欢长子)从晋阳出发,巡查北边城戍,对守军分别予以赈济或赏赐。从中可以看出东魏是多么希望稳定北方局势。此时距高氏篡魏权仅有两年,定、幽、安三州北境的城戍与长城实际是北齐长城的前奏曲。

三、北齐长城

"北齐天保元年夏五月,高洋称皇帝,废东魏主为中山王,东魏亡,夏五月,即帝位于南郊,改武定八年为天保元年,国号齐,是为北齐"③。北齐建都邺城(今河北临漳县)历六帝,共二十八年(550~577年)。北齐是一个地方性政权,有来自各个方面的威胁,蠕蠕(即柔然)寇其北,后周伺其西,一不小心便有国破家亡之患,处于这种环境,想要争霸中原,耀威华夏,不先巩固国防,断绝后忧,是不可能的,所以北齐不惜巨资,屡兴长城之役,北筑以拒胡,西筑以防周、山胡,先后兴工7次,修筑了5道长城。纵横数千里,工程之大,在秦汉之后,明以前,总算推此为第一。同时高齐也是北朝时构建长城次数最多、调动人力最众、长城分布最复杂、长度最长的王朝。但由于时代相对久远,地名变更、行政区划混乱也为后世考其长城分布制造了不少麻烦。北齐长城从西向东分为西线、外线西段、内线、南线、外线东段等。

(一) 西线长城

"(天保三年)九月辛卯,帝自并州幸离石。冬十月已未,至黄栌岭,仍起

---

① 朱大渭:《北朝历代建置长城及其军事战略地位》,载于《中国史研究》2006年第2期。
② 艾冲:《北朝拓跋魏、高齐、宇文周诸国长城再探索——兼与朱大渭商榷》,载于《社会科学评论》2007年第3期。
③ [清]康基田:《晋乘搜略》,山西古籍出版社2006年版,第955页。

长城，北至社干戍（《北史》中为社于戍，引者注），四百余里，立三十六戍。"①文中说得很明确，这道长城南起黄栌岭北达社干（于）戍，因此考黄栌岭与社干（于）戍的地望成为关键所在。

黄栌岭，在今山西汾阳市西端，与离石市交接，主峰海拔1 872米。②《嘉庆重修一统志·汾州府》"黄栌岭，在汾阳县西北六十里，接永宁州界"③。明弘治《黄栌岭碑》云："黄栌岭，高峻莫及，岩石险阻，其路通宁夏三边，紧接四川之径，凡羁邮传命，商贾往来，舍此路概无他通也。"艾冲则认为黄栌岭在离石市西北40公里④，在今山西五寨县治附近⑤，对此，景爱也有相同的认识⑥，但两者在文中均未说明理由。后者应更贴近实际。忻州的文物工作者在进行文物普查的时候，在五寨县城南1千米处的山上发现有长城墙体，砂石垒砌，残长约1 500米，基宽约2~5米，存高约1~4米⑦。这条长城就应是北齐天保三年修建的长城。

由此可知，北齐的西线长城南起汾阳西北的黄栌岭，沿着汾河西岸的吕梁山主脉逶迤向北，至五寨县城南面而止，呈南北走向。吕梁山的西侧便是黄河，是北周和山胡的势力范围；东侧是平坦的太原盆地，这条长城的修建旨在拱卫北齐的陪都——并州的西翼，用来防御北周和山胡的进攻。

（二）外线西段长城

北齐文宣帝时，先前北方的失地又渐次收复，如天保三年（552年），文宣帝亲讨库莫奚于代郡，大破之；天保六年文宣帝再讨蠕蠕，及于怀朔镇，至沃野，蠕蠕俟利率部人数百降。此一系列军事事件的促使下，天保六年（555年）"是岁，高丽、库莫奚并遣使朝贡。诏发夫一百八十万人筑长城，自幽州北夏口，西至恒州，九百余里"⑧。兴工之前，首先勘察了地形，天保五年（554年）"十二月庚申，车驾北巡，至达速岭，亲览山川险要，将起长城"⑨。

幽州，北魏、北齐均设有幽州，治在蓟城（今北京），幽州的西北方的军都山有"太行八陉"的第八陉——军都陉，又称关沟，自古便是兵家必争之地，关

---

① ［唐］李百药：《北齐书》卷四《文宣》，中华书局1972年版，第56页。
② 刘纬毅：《山西历史地名词典》，山西古籍出版社2004年版，第224页。
③ ［清］清仁宗敕撰：《嘉庆重修一统志》第八册，上海书店印行1984年版。
④ 艾冲：《北朝诸国长城新考》，载于《长城国际学术研讨会论文集》1994年版，第134页。
⑤ 艾冲：《北朝诸国长城新考》，载于《长城国际学术研讨会论文集》1994年版，第140页。
⑥ 景爱：《中国长城史》，上海人民出版社2006年版，第226页。
⑦ 国家文物局：《中国文物地图集·山西分册》上册，中国地图出版社2007年版，第109页。
⑧ ［唐］李延寿：《北史》卷六《齐本纪》，中华书局1974年版，第253页。
⑨ ［唐］李延寿：《北史》卷六《齐本纪》，中华书局1974年版，第252页。

沟全长约20公里，其北端称北口，亦称上口，即今八达岭长城所在地；其南端称南口，亦称下口，即今南口镇。此"下口"即北齐时的"夏口"，因其地处幽州之北，故称北夏口①。恒州，有恒州和北恒州之分。此恒州当即置于后魏之平城，北齐之恒安镇，因此文献所提到长城的西端应该是指恒州。

这条长城东起北京昌平南口附近山岭，顺山势西北而去，经过北京延庆等地进入内蒙古乌兰察布盟化德、呼和浩特武川县等地区②，大体上沿用了北魏太常八年修筑的赤城到五原的长城以及太和八年时高闾修筑的"六镇长城"的旧基③，长城在天保六年（555年）动工兴建，经过一年的创建、补修，到了天保七年（556年）完工，并置恒州以镇守。历史地图表明④，此地为北齐的西北部边界，加之又有前朝旧基，在此修建长城是顺理成章的，不过至今在北京、河北西北部地区还没有发现早期长城的遗址，只是在内蒙古有所发现。修建此段长城在于保卫之前作战的成果，事实上也达到了此目的，《北史》云："……天保初……天保四年（553年）时初筑长城，镇戍未立，诏景安与诸将缘塞以备守……"⑤ 同时也巩固了都城西北部的防御。

（三）内线长城

为了进一步加强陪都晋阳北部的防御，天保七年（556年）"先是，自西河总秦戍筑长城东至海，前后所筑，东西凡三千余里，六十里一戍，其要害置州镇凡二十五所。"⑥ 此段长城的修筑也是在天保五年（554年）皇帝勘察完"山川险要"之后兴工修建的，并且根据上述史料中"前后所筑，东西凡三千余里"可知，这段长城并不是一次修建完毕，而是分时、分段修筑的。

"西河总秦戍"是这段长城的西端起点，其地望在学术界争论很大，艾冲认为西河，指的是今内蒙古托克托县和陕西潼关县之间的黄河河段。"总秦戍"，作为长城的起始地，当然位于达速岭西方的黄河东岸，即今内蒙古清水河县王桂窑乡二道塔村黄河东岸⑦。

北朝时期的"西河"有三："其一，《魏书·地形志》云：'西河郡，汉武帝置，晋乱罢。太和八年复，治兹氏城……'其二，《读史方舆纪要》云：'西河废县，在洪洞县西南三十里。后魏孝昌三年侨置西河郡，治永安县……

---

①⑦ 艾冲：《北朝拓跋魏、高齐、宇文周诸国长城再探索——兼与朱大渭商榷》，载于《社会科学评论》2007年第3期。
② 国家文物局：《中国文物地图集·内蒙古分册》上册，西安地图出版社2003年版，第64~65页。
③ 景爱：《中国长城史》，上海人民出版社2006年版，第226页。
④ 谭其骧：《中国历史地图集》，中国地图出版社1996年版，第23~24页。
⑤ [唐]李延寿：《北史》卷五十三《元景安》，中华书局1974年版，第1928页。
⑥ [唐]李延寿：《北史》卷六《齐本纪》，中华书局1974年版，第253页。

永安县，今山西洪洞县西南。'"① 其三，"《魏书·地形志》云：'西河，孝昌中置。'王仲荦《北周地理志》云：'有旧置西河县，在今山西沁水县西，北齐废入永宁县。'"②

"西河总秦戍"一词中"总秦戍"为一城堡名，其具体地望单凭文献已不可考③，关键在于"西河"之理解，根据史料记载，应在今汾阳市，所以总秦戍应在西河郡之内，此"西河"当属今山西汾阳之"西河"无疑，而"海"则是渤海湾。

天保七年（公元556年）修建的长城，首先利用了北魏时"畿上塞围"的西段，之后又利用了东魏的长城——马陵戍，在今五寨县东部山上④。"土墱"现为土墱寨，故地在今原平市崞阳镇北12.5公里土屯寨，《宋史·地理志》："崞县有土墱寨⑤。"这次修建的长城主要是今原平等地境内的长城。到了天保八年，"是岁……初于长城内筑重城，库洛拔而东，至于坞纥戍。凡四百余里"⑥。库洛拔、坞纥戍两城堡已失考，不知其具体位置。⑦ 所谓的"重城"应是相对此段长城而言，即在这段长城的南部又修建了一条大致东西走向的长城。并且，此段长城也应是天保七年西河总秦戍至海这段长城的一部分，这恰好符合文献中"前后所筑"的说法，结合文献和历史地图发现这条长城应该是沿用北魏时"畿上塞围"的东段，即今代县等地境内的长城。这些地区正好位于大同以南，与"重城"相吻合。同时再次利用了东魏长城，并且，出于对防御设施完整性的要求，这道长城应该与天保六年的北夏口至恒州的长城相接方才完备。⑧ 由于有"旧基"可用，这条长城修建速度很快，竣工后也发挥了其应有的作用，北齐正是以新建的长城为依托，出师北伐并取得了胜利。

北齐的这条内线长城直到明代还有大量遗迹，在尹耕的《九宫私记》中有详细记载。这些长城遗迹正是北齐建造的内线长城，其中也包含有北魏"畿上塞围"的旧基，不过尹耕却把上述长城判定为战国赵肃侯长城，实误。

文物部门经过实地调查发现了北齐内线长城。长城西起山西兴县的魏家滩，沿着吕梁山、云中山北麓，进入河北省后又沿着太行山向东北方向延伸进入北

---

① 施和金：《北齐地理志》，中华书局2008年版，第241页。
② 施和金：《北齐地理志》，中华书局2008年版，第253页。
③ 景爱：《中国长城史》第227页认为：西河总秦戍应在汾阳境内，距汾阳城不会太远。汾阳西北有黄护岭，疑总秦戍应在汾阳境内。
④⑧ 艾冲：《北朝诸国长城新考》，载于《长城国际学术研讨会论文集》1994年版，第137页。
⑤ 刘纬毅：《山西历史地名词典》，山西古籍出版社2004年版，第10页。
⑥ [唐]李延寿：《北史》卷六《齐本纪》，中华书局1974年版，第254页。
⑦ 艾冲：《北朝诸国长城新考》一文中认为："库洛拔，或误作库洛枝。其地当在土墱戍以东，相当今代县与朔县交界。坞纥戍，位于今山西灵丘县西南境、平型关东北。"由于其并没有给出相关依据使人难以信服。

京，沿途经过山西的岢岚等地进入河北省蔚县、涿鹿县最后进入北京门头沟、昌平地区。现存墙体比较连贯，大致残高 1~3 米，底宽 1~12 米，顶宽 0.4~7 米，大部分为片石垒砌，个别地段黄土夯筑，夯层厚 0.07~0.1 米。并且通过长城的分布，我们也可大致推断总秦戍的位置，即在山西兴县西北、保德西南附近的黄河岸边。据《保德州志·卷之二·形胜·古迹》云："长城，在州南偏桥村，西抵黄河，南接兴县八十里。"偏桥村位于保德县南境与兴县交接处，其东南便是兴县的魏家滩镇，两者距离十分接近，因此长城完全可以与兴县长城接上再西去黄河到达总秦戍。

长城进入河北蔚县后，又沿着县南面的大山逶迤而东到达飞狐陉的北口，飞狐陉为"太行八陉"之一，北起蔚县，南至涞源，陉北为平坦的高原，南为华北平原，两者之间太行山拔地而起，自古为南北交通要道，在这附近修建长城，其作用是不言而喻的。长城入涿鹿过西灵山、东灵山后进入北京地界。在北京门头沟、昌平地区也发现了北齐长城和戍所的遗迹。① 并且这条长城应与先前修建的"幽州北夏口至恒州"的长城相接，从而构成完整的防线。

（四）南线长城

北齐南线长城共由两部分组成，一段长城始建于河清二年（563 年）。《北齐书》曰："河清二年四月，（斛律）光率步骑二万筑勋掌城于轵关西，仍筑长城二百里，置十三戍。"② 这段长城大致为东西走向，逶迤于今河南济源市与山西泽州县交界的太行山区③，每隔 15 里左右立一戍堡。经过实地调查发现了北齐的轵关长城遗址，现存长城遗址起自泽州县晋庙铺镇斑鸠岭村南约 1 千米处，止于满安岭断崖上，大体呈东西走向，全长约 9 千米。墙体两侧均以石灰岩块石砌成，中间用碎石填充。大口村段位于北齐都城和陪都的南侧，显然不是用来防御北方之敌的，由于长城所在的轵关陉为河南进入山西的交通孔道，自古便是兵家必争之地，因此这段长城的修建是用来抵御北周军队的进攻。

需要说明的是，这一时期修筑的轵关长城并非创筑，在北齐建国之初就已修筑，《北史》云："文襄辅政，封西平县伯，迁怀州刺史。鉴奏请于州西故轵关道筑城，以防西军，从之。"④ 由此，这道轵关长城在北齐初年就已建设，当时用于防御西魏的进攻，后西魏为北周所灭，故北齐的后继者们又重修、加固用以

---

① 唐晓峰：《北京北部山区的古长城遗址》，载于《文物》2007 年第 2 期。
② ［唐］李百药：《北齐书》卷十七《斛律金》，中华书局 1972 年版，第 223 页。
③ 艾冲《北朝诸国长城新考》一文中认为"这段长城略呈东西走向，起伏于今河南济源县与山西阳城县交界的太行山区"。
④ ［唐］李延寿：《北史》卷五十五《平鉴》，中华书局 1974 年版，第 2000 页。

防御北周。

另一段长城建于皇建年间（560～561年），即"皇建中，诏于洛州西界掘长堑三百里，置城戍以防间谍。"①"长堑"乃长城的特殊形态，也是带状防御工程。"洛州，治洛阳，北齐时，洛阳以西已为周有……由此可见，北齐、北周界域即在洛阳之西也。"② 由此可知王峻督建的三百里长堑，大致呈南北走向，纵贯于洛州（治今河南洛阳市东、汉魏洛阳城遗址）西境，文献记录阙如，俟今后通过实地考察和考古调查来确定位置。

（五）外线东段长城

天保、河清年间修筑的长城已经巩固了北齐的西、西北、南部的军事防御设施，唯北方边境的防御设施尚未巩固，此时北齐王朝已是无力再向北进行大规模的军事进攻，只能被动地采取防御措施。即天统元年（565年），构筑的库堆戍至海的长城。据《北齐书》记载，斛律羡于河清三年（564年）出任幽州刺史，都督幽、安、平、南营、北营、东燕六州诸军事。"其年秋，突厥众十余万来寇州境，羡总率诸将御之……（突厥）于是退走。天统元年夏五月。羡以北虏屡犯边，须备不虞，自库堆戍东拒于海，随山屈曲二千余里，其间二百里凡有险要，或斩山筑城，或断谷起障，并置立戍逻五十余所。"③ 其中"随山屈曲二千余里"说明长城自此向东，沿着燕山山脉主脉的走势逶迤而东到达海边，但并不是今天的山海关，由于在辽宁东起墙子里村，西达河北抚宁县张赵庄西山一线，发现了北朝长城遗迹④，说明这条长城入海处是在辽宁省绥中县万家乡墙子里村附近的海滨，此地西距山海关约5公里。这条长城位于北齐的北部边境，也是天保七年"前后所筑"的"西河总秦戍至海"长城的一部分，是为外线长城的东段。从地图上看，此段长城与天保六年修筑的"幽州北夏口至恒州"的长城之间并不连贯，缺少今北京怀柔地区的长城，缺少的这段也为"西河总秦戍至海"的长城的一部分，从整个外线长城防御体系上讲此两段长城应该是连贯在一起的，这样似乎更合乎情理。经过实地调查，在延庆、怀柔和密云的确都发现有北齐长城的遗址⑤。长城出北京后，再次进入河北地界，沿着燕山主脉向东，其中大部分墙体被明朝修建长城时所利用，只有个别地段位于明长城内侧或外侧，这也是我们难寻其踪迹的主要原因之一。不过在今秦皇岛的山海关、抚宁县地区，还是保存有

---

① ［唐］李百药：《北齐书》卷二十五《王峻》，中华书局1972年版，第364页。
② 施和金：《北齐地理志》，中华书局2008年版，第408页。
③ ［唐］李百药：《北齐书》卷十七《斛律金》，中华书局1972年版，第227页。
④ 康群：《秦皇岛市境内古长城考》，载于《辽海文物学刊》1990年第2期。
⑤ 唐晓峰：《北京北部山区的古长城遗址》，载于《文物》2007年第2期。

一大段北齐长城的遗址可以证明其大致走向①。

至此,北齐的长城全线竣工。北齐立国仅28年便为北周所灭,修建长城却贯穿整始终,北齐为地方性割据政权,人力、物力、财力均有限,并且这28年并不太平,处于三面作战的不利境地,因此要想完成如此巨大的军事工程不借助前朝已有的设施是很难完成的。本文开篇已说过,北齐的疆域大致与北魏、东魏相当,其与周边敌对国、少数民族军事集团之间的形势与前朝相比也大致相同,并且与前朝相隔的时间也并不很久,原先的军事要塞、重镇此时仍为重点地区。鉴于上述原因,北齐统治者完全有必要,也可以利用前朝的防御设施进行重修、加固和再利用。并且,北齐内线、外线长城所经过的地区也被后世的北周、隋朝所利用。到了明朝,在修建蓟镇、宣府镇、大同镇、山西镇的长城时也有所利用。

四、历史意义及评价

一是魏晋南北朝长城的修缮,对防御柔然、山胡等少数民族侵扰起了重要的作用。无论是北魏南征西讨的时期或是齐文宣帝高洋在位北齐国力鼎盛的时期,柔然等少数民族一直是存在于北方的劲敌,要想争霸中原,必须先巩固国防,断绝后患。如太和八年(484年)大臣高闾向孝文帝上表曰"今故宜于六镇之北筑长城,以御北虏,虽有暂劳之勤,乃有永逸之益。即于要害,往往开门,造小城于其侧,因施却敌。"

二是魏晋南北朝长城的修建,对地方政权的巩固起到了重要作用,不仅抵御了外敌,长城的沿线常经过当时的交通要塞,在一定程度上控制了长城内外的人员往来。在政权之间建立了有效的防线,一定程度上也防止了人员流窜。景爱认为东魏时期建筑的肆州长城其是用来防御西魏。

三是长城的修建时刻反映着历史风云的变幻和当时政治、军事实力、格局的演变。如北魏三次营建长城,其分布地域已退缩到秦汉长城以南,其新的空间格局又被东魏、北齐、隋以及明朝所借鉴,在长城史上占有重要的地位。

第二节 隋唐长城

北周柱国大将军杨坚代周而立,建立隋王朝,随后扫灭了中原割据势力,结

---

① 张立敏:《秦皇岛市境内的古长城》,载于《文物春秋》2001年第3期。

束了南北朝对立的局面。当时北方仍然有一些势力强大的少数民族,如突厥、契丹、库莫奚、吐谷浑等,尤其是突厥,成为中原王朝的主要威胁。为了防御突厥等游牧民族的侵扰,隋王朝在其北部边境修建了长城进行抵御。隋长城主要由两部分组成,一是利用前朝长城,二是自己兴修长城。隋代长城整体分布在北部边境,向东达河北省山海关附近海滨,向西至宁夏区灵武黄河东岸。总体长度有数千里,但保存下来的遗迹却少之又少。由于隋朝延续时间很短,当时的长城亦非唯一的边防设施,所以相关的记载与研究也不多。

而唐代是我国历史上的盛世王朝,不仅经济繁盛,军事实力也不遑多让,但盛世之下也存在各种隐忧。其中,周边少数民族的侵扰一直为朝廷的心腹之患,为了维护边防安全,抵御突厥、回鹘、吐蕃等民族的侵犯,唐在其边境修筑了长城以防御。唐长城的综合研究与其他时代的长城研究类似,经历了一个从文献研究到田野考古调查再到文献与考古资料相结合的过程。

一、隋长城

(一) 相关历史文献

正史中关于隋朝修建长城的初始记载如下,均见于《隋书》,但有两条没有纪年,按《资治通鉴》纪年排序如下:

开皇元年四月,"是月,发稽胡修长城,二旬而罢。"①

开皇五年,隋主"令发丁三万,于朔方、灵武筑长城,东至黄河,西拒绥州,南至勃出岭,绵亘七百里。"②

开皇六年二月,"丁亥,发丁男十一万修筑长城,二旬而罢。"③

开皇七年二月,"是月,发丁男十万余修筑长城,二旬而罢。"④

大业三年秋七月,"发丁男百余万筑长城,西距榆林,东至紫河,一旬而罢,死者十五六。"⑤

---

① [唐] 魏徵等:《隋书》卷一《高祖纪上》,中华书局2010年版,第15页。
② [唐] 魏徵等:《隋书》卷六〇《崔仲方传》,中华书局2010年版,第1448页。《资治通鉴》卷176陈纪至德三年记:开皇五年,隋主使司农少卿崔仲方发丁三万,于朔方、灵武筑长城,东距河,西至绥州,绵历七百里,以遏胡寇。
③ [唐] 魏徵等:《隋书》卷一《高祖纪上》,中华书局2010年版,第23页。《资治通鉴》卷176陈纪至德四年二月丁亥记:隋复令崔仲方发丁十五万,于朔方以东,缘边险要,筑数十城。《隋书》卷六〇《崔仲方传》记:令发丁三万,于朔方、灵武筑长城,东至黄河,西拒绥州,南至勃出岭,绵亘七百里。明年,上复令仲方发丁十五万,于朔方已东缘边险要筑数十城,以遏胡寇。但未有纪年。
④ [唐] 魏徵等:《隋书》卷一《高祖纪上》,中华书局2010年版,第25页。
⑤ [唐] 魏徵等:《隋书》卷三《炀帝纪上》,中华书局2010年版,第70页。

大业四年,"秋七月辛巳,发丁男二十余万筑长城,自榆林谷而东。"[①]

见于《元和郡县图志》的记载如下:

"隋长城,起县北四十里,东经幽州,沿袤千余里,开皇十六年因古迹修筑。"[②]

"开皇长城,西至繁畤县,经县北七十里,东入飞狐县界。"[③]

另外,《太平寰宇记》:"废怀远县本汉富平(今宁夏吴忠市)县地……隋长城隋炀帝大业中筑在县西北大河外,灵武县东北隔河一百里……"[④]

(二)考古调查与发现

由于隋长城的几次修建都是在很短的时间内进行,工程质量很差,遗留下的迹象非常少,对隋长城的考古调查与发掘也仅有如下几次。

1997年9、10月间,宁夏文物考古研究所在盐池县博物馆的配合下,对石油天然气管道所穿过盐池县境内的古长城进行了钻探和试掘,同时对长城沿线进行了考古调查。

为配合敖银公路建设,切实保护好古长城,2004年夏,在灵武市文管所的配合下,对公路所穿过灵武市境内的古长城地点进行了试掘,同时对长城沿线进行考古调查。[⑤]

甄自明等在鄂尔多斯南部发现有隋长城遗迹并进行调查,总结了隋长城的建筑特点,并分析了遗存较少而不易被发现的原因[⑥]。

2009年西北大学文化遗产学院对陕北地区的隋长城资源进行调查后发现,该地区隋长城与同时代其他地区的隋长城建筑技法相同,均为堆筑而成,现存状况较差。[⑦]

历次调查与发掘活动均显示隋长城是堆筑而成,多与明长城接近、并行或被明长城沿用。

(三)已有研究成果

由于隋代短祚,隋长城保存的遗迹又较少,对隋长城的研究与关注也就不

---

① [唐]魏徵等:《隋书》卷三《炀帝纪上》,中华书局2010年版,第71页。
② [唐]李吉甫:《元和郡县图志》卷一四《河东道三·合河县》,中华书局1983年版,第397页。
③ [唐]李吉甫:《元和郡县图志》卷一四《河东道三·灵丘县》,中华书局1983年版,第406页。
④ [宋]乐史:《太平寰宇记》卷三六《灵州条》,光绪八年五月,金陵书局本,第13页。
⑤ 宁夏文物考古研究所、内蒙古鄂托克前旗文化局、灵武市文物管理所:《宁夏灵武市古长城调查与试掘》,载于《考古与文物》2006年第2期。
⑥ 甄自明:《鄂尔多斯南部发现隋长城遗迹》,载于《鄂尔多斯文化》2008年第2期。
⑦ 陕西省考古研究院、西北大学文化遗产学院:《陕西省早期长城资源调查报告》,文物出版社2015年版。

多。但也有一些研究和调查补充了文献对隋长城记载的不足，使我们对隋长城有了一定的认识。

艾冲的《隋代万里长城述论》一文对隋长城的修建情况作了分析①，主要涉及隋长城的走向分布与修建时间，也对秦汉长城的沿用情况作了介绍。认为隋长城东起碣石（今山海关东五公里姜女坟礁石附近海岸），历经卢龙寨（今喜峰口）到紫河（今兴和县西部东洋河上游），再分为两条支线，北线长城由紫河循阴山西达丰州（五原郡）西境的榆谷（今内蒙古乌后旗南面狼山西段）；南线长城历达速岭（今凉城县南境）、总秦戍（今清水河县西境）等地，西达灵州北境的黄河东岸。隋长城东段基本上是在北齐长城的基础上进行修缮利用，西段北线长城是沿用秦汉长城，西段南线长城的东段（朔方或曰夏州以东）是沿用秦长城。只有夏州至灵州段，即史籍中所记的司农少卿崔仲方发丁三万，于朔方、灵武筑长城，东距河，西至绥州这一段才是隋朝完全新修的长城。

李文信在《中国北部长城沿革考》一文中对中国北部各个时代的长城作了考证②，对隋长城的考察主要是基于史料记载。认为隋长城一方面继续利用了北齐、北周的长城，一方面又在河套南和阴山添筑了两大段长城。文中还引用《九宫私记》和《癸辛杂识》的相关记载，判断隋长城的修筑也有堑削山险和夯土夹棍的方法。

史念海在《隋唐时期黄河上中游的农牧业地区》一文中也提到隋长城，认为当时所修筑的长城有两条，一是由朔方（治所在今陕西靖边县北）、灵武（治所在今宁夏灵武县）修起，东至黄河，西拒绥州（治所在今陕西绥德县），南至勃出岭（在今绥德县东南），绵亘七百里。③ 另一条是由蔚汾县（今山西兴县西）北修起，东经幽州（治所在今北京市），延袤千余里。④

李鸿宾在《隋朝的北部防务与长城问题》一文中认为，隋长城多沿承前朝旧有的基础，其目的是防御突厥的进攻。之所以如此，是因为长城的建设只是隋朝处理北方关系的一个手段，隋很重视军队的建设和将领的选拔任用，以综合措施防守北方边地。⑤

此外，还有一些有关隋长城的研究成果，如范文澜的《隋炀帝修清水河长

---

① 艾冲：《隋代万里长城述论》，载于《艾冲文集第一卷·中国古长城探析——古代长城的历史地理学研究》，西安地图出版社 2006 年版。
② 李文信：《中国北部长城沿革考》（下），载于《社会科学辑刊》1979 年第 2 期。
③ 史念海：《隋唐时期黄河上中游的农牧业地区》，载于《唐史论丛》1987 年第 1 期。
④ [唐] 李吉甫：《元和郡县图志》卷十四《岚州》，载于《中国古代地理总志丛刊》，中华书局 1983 年版。
⑤ 李鸿宾：《隋朝的北部防务与长城问题》，载于《中国边疆史地研究》2006 年第 4 期。

城》、高旺的《隋长城》①、康群《秦皇岛市境内古长城考》②、张立敏《秦皇岛市境内的古长城》③、朱大渭《北朝历代建置长城及其军事战略地位》④，以及史念海《论西北地区诸长城的分布及其历史军事地理（下篇）》⑤，都或多或少对隋长城有所讨论。

隋长城东段沿用了北齐长城，对北齐长城比较详细的调查活动见于晓磊《北朝长城现状调查》⑥，文中对北齐长城的走向、分布及建筑方式进行了详细的介绍与说明。此外，明代修建长城时记载是"修缮塞垣"⑦，有研究者认为这说明明长城大边是以隋长城为填心而后营造的⑧。

（四）历史意义及评价

隋长城部分采用前朝的基础修筑而成，整体分布在北部边境，目的是防御突厥的进攻。长城濒临黄河岸边，居住其地的稽胡部落部分生活在平川地带的也从事农耕生产。长城的修建保护了农业文明并提供了和平的生产环境。推动了北方长城沿线的经济开发，为解决长城守城将士军备给养而实施的军屯、民屯和徙民实边等措施，均刺激了北方地区经济的发展。

二、唐长城

东汉王朝解体后，中原势力分裂而割据，受中原政治影响而走上王朝道路的族群更多地来源于北方，他们南下后亦纷纷在中原建立王朝，进而衍生出统辖全国的隋和跨越长城南北的唐。唐向西域开拓所形成的东西交往实际是要解决南北的问题，以东突厥降附为标志的唐朝统辖长城南北，凸显了这种关系的性质，即农耕与游牧的联系。突厥复兴后对唐的骚扰导致节度使防边格局的形成以及后期王朝管辖的萎缩、地方势力的抬头，直至晚唐朝廷的不振和边地势

---

① 高旺：《隋长城》，载于《内蒙古社会科学（汉文版）》1982年第2期。
② 康群：《秦皇岛市境内古长城考》，载于《辽海文物学刊》1990年第2期。
③ 张立敏：《秦皇岛市境内的古长城》，载于《文物春秋》2001年第3期。
④ 朱大渭：《北朝历代建置长城及其军事战略地位》，载于《中国史研究》2006年第2期。
⑤ 史念海：《论西北地区诸长城的分布及其历史军事地理（下篇）》，载于《中国历史地理论丛》1994年第3期。
⑥ 于晓磊：《北朝长城现状调查》，载于《中国文化遗产》2009年第1期。
⑦ 《明实录》卷131：成化十年秋七月己未"巡抚都御史余子俊等奏近奉敕旨令修缮塞垣及区画屯田等事俱已完备"。
⑧ 艾冲：《中国的万里长城》，三秦出版社1994年版，第193页。

力的崛起……这一切事变的背后，隐藏的都是围绕着长城而发生的南北关系这根主轴。①

（一）相关历史文献

1. 香山壕堑

《旧唐书·元载传》关于唐代香山壕堑的话："[元]载尝为西州刺史，知河西、陇右之要害，指划于上前曰：……原州当西塞之口，接陇山之固，草肥水甘，旧垒存焉。吐蕃比毁其埠，弃之不居。其西则监牧故地，皆有长壕巨堑，重复深固……子仪大军居泾以为根本，分兵守石门、木峡、陇山之关，北低于河，皆连山峻岭，寇不可越。"②这段话记述的是唐代宗大历八年的事，说明这段壕堑在唐之前就已经存在，唐时被重修利用。

2. 三受降城

唐代初期，并未新筑长城，而是对早期的长城加以修缮利用。在《资治通鉴·唐纪九》中记载，唐太宗贞观二年（628年）九月"乙未，突厥寇边。朝臣或请修古长城，发民承堡障，上曰突厥灾异相仍，颉利不惧而修德，暴虐滋甚，骨肉相功，亡在朝夕。朕方为公扫清沙漠，安用劳民远修障塞乎！"虽然太宗不主张劳资耗力修筑新的长城，但前朝在这一带所修筑的长城、障塞仍被唐朝所沿用。到了景龙年间，张仁愿在担任朔方道行军大总管期间为防止复兴的东突厥势力南下而修建了防御工程——三受降城。

《新唐书》《旧唐书》《唐会要》《通典》《元和郡县图志》中均有关于三受降城的记载，内容相近，仅在修筑时间上有所差异。王亚勇认为，三受降城建于景龙二年。此观点得到李鸿宾的肯定，并且李还就三受降城的军事防御作用进行讨论，认为它与长城的功能相同，且三受降城并非是独立存在，而是与其北边的烽堠共同构建了一套防御体系。③

3. 赤城长城

到唐中期，唐王朝与周边少数民族之间的关系逐渐恶化，边事逐渐增多。《新唐书·地理志》妫州条载："怀戎……妫水贯中。北九十里有长城，开元中张说筑。"④《通典》中对此亦有记载。宋国焘在《历代长城》中认为，"由于北

---

① 李鸿宾：《唐朝胡汉关系研究中若干概（观）念问题》，载于《北方民族大学学报（哲学社会科学版）》2013年第1期。
② 周兴华、周晓宇：《从宁夏寻找长城源流》，宁夏人民出版社2008年版，第370页。
③ 李鸿宾：《唐朝三受降城与北部防务问题》，载于《长城国际学术研讨会论文集》，吉林人民出版社1995年版，第143～145页。
④ [宋]欧阳修、宋祁：《新唐书》卷三九《地理志·妫州》，中华书局2006年版，第1022页。

方契丹的崛起，唐玄宗开元六年至八年（718～720年）修长城。西起宣化、崇礼、赤城三县交界处的大尖山，东到万泉寺的古字房止，全长70公里，横贯赤城县中部，是张家口地区建在平川上的长城。"①

另外，当时唐朝的附属国高丽、渤海以及西北的吐谷浑，为了防止周边民族对自己的侵扰，也修建了一些防御设施。关于这三处长城的内容将在后文进行说明。

（二）考古调查与发现

虽然文献中关于唐代修筑长城的记载甚少，但通过研读史料、开展考古调查，唐代的长城调查研究也取得了一些成果，学术界对其有了一定的认识。目前可以确认的唐代边防体系有两处，一是三受降城及其以北的烽堠；二是河北张家口赤城长城。

1. 三受降城

三受降城分布于今天内蒙古的托克托县、包头九原区以及杭锦后旗，依次分别是东受降城、中受降城和西受降城。东受降城被后代沿用并扩建，在调查时，依据当地最小地名被命名为"东沙岗城址"，东受降城则为其西城。中受降城与东受降城情况相似，亦有后代沿用情况，且现在名称为"敖陶窑城址"。西受降城情况不明，主要城址有东沙岗城址和敖陶窑城址两处。

2. 赤城长城

张家口市赤城唐长城的具体情况，在《张家口历史文化论丛——现存的古长城》中明确写道，赤城县南部，有一条长城横贯全境，它西接宣化、崇礼、赤城三县交界的大尖山，向东经窑湾、前所、周村、龙关、八里庄至三岔口开始偏东南行，经上虎村、下虎村到康庄，约20公里长。夯筑墙体，最高有6米，底宽4～5米，顶宽2～3米。有的地段残破成高高低低的牙形，每隔一公里设一骑墙墩台，墩台底面为10米见方的正方形结构，现大部分塌成土石堆。这段长城在明朝后期被翁万达修缮利用，作为宣府镇下北路内边长城。但细看，墙体和敌台、烽火台，都有明显区别于明朝的遗迹。②

（三）已有研究成果

历来学者对于唐代是否修有长城的问题，争议较大。除了开元九年张说所筑

---

① 金开诚、于元：《历代长城》，吉林文史出版社2009年版，第68页。
② 王晓轩：《张家口现存的古长城》，载于《张家口历史文化丛书》编委会：《张家口历史文化丛书》，党建读物出版社2006年版，第23～25页。

长城受到学术界肯定外,三受降城是否可以算作长城体系备受争议。而宁夏的香山界壕,也是唐代沿用了前代的防御体系,对其重新修葺利用。

关于三受降城的问题,学术界存在两种意见。一是认为三受降城属于长城体系。李鸿宾在《唐朝三受降城与北部防务问题》中认为,三受降城从其军事角度来看,它与在其北的烽堠线构成南北互动的防御体系。二是认为三受降城不属于长城防御体系。景爱、宋国熹在其著作《中国长城史》中,对三受降城未做探讨,表明他们并未将三受降城列入长城体系之中。

在2006年国务院颁布的《长城保护条例》中,对长城体系做了重新的界定,将长城本体以及其附属设施全部纳入长城体系之中。按照这种说法,三受降城及其北边的烽堠线也属于这一时期的防御设施,其所构成的体系应列入长城体系之中。从前文所引的史料可以看出,三受降城及其北边烽堠线建立是为了防御北边突厥的南掠,其结果也达到了这一目的,致使"自是突厥不敢渡山畋牧,朔方无复寇掠。"[①] 从其修筑的出发点以及最终达到的效果而言,三受降城及其以北的烽堠线都应列入长城体系之中。

对三受降城及其北边烽堠线,张说所筑长城以及唐代对前人防御体系沿用情况的研究,有助于我们对唐军事防御体系以及唐代军事防御思想的了解。但是,目前学术界关于唐代的长城本体及防御体系及其对前代防御体系的沿用情况并不明朗,还需要做进一步的工作。

(四)历史意义及评价

唐长城的修缮,对抗击匈奴及防突厥,回鹘,吐蕃等少数民族的侵扰起了重要的作用。其次对于附属于唐王朝的高句丽、吐谷浑等国也有战略防御的功效。民族关系上,一方面防御了北方少数民族的侵扰,然而并不阻碍民族间的正常的交往,客观上促进了各民族的融合和往来。在唐代,唐太宗大破突厥军后,使数十万降众居住在边境长城沿线一带,设置六个都督府,任命突厥人为都督。突厥人接受了汉族先进的经济和文化,加强了文化交流。长城是定居农业和游牧经济的分界线,农耕与游牧这两种经济类型间的交互关系,冲突、战争只是一个侧面,对于一个开放且包容的唐王朝来说,文化的互补、民族的融合也同时出现在长城沿线。农耕民族与游牧民族相往来,常常发生互摄性的交流,而这种交流也大体沿着长城一线展开,进而向更广阔的地域伸延。

[①] 李鸿宾:《唐朝三受降城与北部防务问题》,载于《长城国际学术研讨会论文集》,吉林人民出版社1995年版,第144页。

附 录

（一）高句丽长城

1. 高句丽沿革及相关历史文献

（1）高句丽沿革史。

从文献记载可知，高句丽的沿革时间较长。从公元前 37 年扶余王子朱蒙建立高句丽，至 668 年被唐覆灭止，前后延续七百年，在这段时间内，高句丽的疆域在不停地变动，高句丽的发展过程，如同其他民族的发展一般，同样经历了诸多的战争。既然有战争的存在，那么与战争相关的防御设施的修筑也就成为必然。

（2）相关文献。

本文所提及的文献资料包括两个部分：一是历史文献资料，二是现代研究资料及考古、调查资料。

唐贞观五年到二十一年（631～647 年），高句丽容留王高建武倾全国之力修筑一段长城，目的是防御唐朝以及北边的黑水靺鞨的攻伐。《旧唐书·高丽传》："贞观二年，破突厥颉利可汗，建武遣使奉贺，并上封域图。五年，诏遣广州都督府司马长孙师往收瘗隋时战亡骸骨，毁高丽所立京观。建武惧伐其国，乃筑长城，东北自扶余城，西南之海，千有余里。十四年，遣其太子桓权来朝，并贡方物，太宗优劳甚至。"[①] 对此，《新唐书·高丽传》中亦有记载，"太宗已禽突厥颉利，建武遣使者贺，并上封域图。帝诏广州司马长孙师临瘗隋士战胔，毁高丽所立京观。建武惧，乃筑长城千里，东北首扶余，西南属之海。久之，遣太子桓权入朝贡方物，帝厚赐赉，诏使者陈大德持节答劳，且观釁。"[②] 这两条史料反映同一件事情，即高句丽在贞观五年～二十一年所修筑的千里长城，是受到当时局势的影响。唐朝对周边民族的攻伐以及 "毁高丽所立京观" 使当时高句丽统治者感受到威胁，因此修筑长城，以防御唐朝攻伐。

现代学者对于高句丽长城的研究较少。冯永谦在《高句丽千里长城建置辨》一文中，对学界存在的对高句丽长城走向和结构形式的不同见解做了总结，并对高句丽长城研究中的相关问题进行分析研究，李建才的《唐代高丽长城和扶余城》中，对唐代高丽长城的东北端起点、扶余城的位置进行探讨，并对长城的部

---

① ［后晋］刘昫等：《旧唐书》卷一九九《东夷传·高丽》，中华书局 2011 年版，第 5321 页。
② ［宋］欧阳修等：《新唐书》卷二二〇《东夷传·高丽》，中华书局 2011 年版，第 6187 页。

分段落做了实地调查①。除此之外，王建群于 1987 年发表的《高句丽千里长城》②、陈大为于 1989 年发表的《辽宁境内的高句丽遗迹》③、梁振晶于 1994 年发表的《高句丽千里长城考》④等著作，分别从修建时间、防御思想、防御结构及实地调查等方面做了研究。

2. 高句丽长城的调查及保存现状

（1）高句丽长城的调查。

高句丽长城的考古调查研究起步较早，但连续性不强。1971～2009 年，相关部门及有关学者对高句丽长城进行了数次的实地调查，并在其基础上出版了《高句丽千里长城西南至海段考古调查报告》及《高句丽千里长城》等。另外，吉林、辽宁两省在编写《中国文物地图集》时，对高句丽长城的部分段落也做了调查。

（2）高句丽长城的保存现状。

张福有、孙仁杰、迟勇所编的《高句丽千里长城》和《高句丽千里长城调查要报》，对高句丽千里长城的走向、长度、建筑结构等方面均有论述。

高句丽长城为东北—西南走向，总长 587 千米。构筑方法为从西侧挖土，形成边壕，在东侧夯打筑墙，形成既有边壕，又有边墙的防御模式。在长城沿线上还修建有山城。高句丽山城的修筑时间普遍早于长城的修筑，在长城修筑好后，这些山城则作为长城的一种补充防御设施，与长城互为依靠⑤。目前发现的能确定和高句丽长城相关的遗存有白菜地遗址、"老边岗"遗址、马鹿沟古战壕、北沟关隘址、马家寨山城、小城沟关隘遗址、二道沟门关隘遗址、望波岭关隘址、七个顶子关隘遗址、"老边墙"关隘遗址、大川城址、高丽城子关隘遗址、十二道弯关隘遗址等。

3. 研究总结

对高句丽长城的研究主要集中于长城东北端起点的讨论和长城防御结构等问题上。

李建才的《唐代高丽长城和扶余城》中，就唐代高丽长城东北端起点问题讨论的最为深入和彻底，并得到学界的认可。作者敏锐地察觉到现在地名与高句丽长城之间的关系，并通过实地调查证实了边岗等现代地名与高句丽长城之间的联系。依据调查资料对唐代高丽长城的东北端起点做了讨论，并得出边岗的东北

---

① 李建才:《唐代高丽长城和扶余城》，载于《民族研究》1991 年第 4 期。
② 王建群:《高句丽千里长城》，载于《博物馆研究》1987 年第 3 期。
③ 陈大为:《辽宁境内的高句丽遗迹》，载于《辽海文物学刊》1989 年第 1 期。
④ 梁振晶:《高句丽千里长城考》，载于《辽宁省高句丽文化研讨会论文集》1993 年版。
⑤ 张福有、孙仁杰、迟勇:《高句丽千里长城》，吉林人民出版社 2010 年版，第 293 页。

端,即唐代高丽长城的东北端,且位于第二松花江南岸的结论。作者通过对文献和考古资料的分析,对唐代扶余城的性质做出了讨论。认为"高丽即高句丽的扶余城(即北扶余城),亦即夫余初居鹿山的前期王城,在粟末靺鞨的东南,与粟末靺鞨临近,是高句丽防御勿吉亦,即后来粟末靺鞨南下的北部边防重镇,今吉林市龙潭山山城,而东团山山城和九站南山城则为其卫城"的结论[1]。对于这一观点,学术界虽有不同的声音,但多数人还是认为这种说法是比较合理的。

另外,冯永谦的《高句丽千里长城建置辨》中,将前人对高句丽长城的走向及结构的不同意见总结为三种:一是山城联防说;二是山城防御族群说;三是高句丽山城实有线路说。在文中,冯认为高句丽千里长城就是一道独立防线,并对此做了分析。进而又论证了高句丽长城不可能是山城联防线,否认了山城联防的说法。另外,还讨论了高句丽长城的北端起点、走向及线路问题,肯定了李建才对高句丽长城的研究成果。

经过 2008~2009 年,吉林、辽宁两省对唐代高句丽长城进行的调查并总结研究后,学界对唐代高句丽长城情况的了解进一步加深了。在《高句丽千里长城》一文中,与唐长城相关的内容,文中均有涉及,且依据调查资料进行讨论的也较为清楚。同时,书中还收录了前人代表性的研究文章,对一些问题做了深入的讨论,包括:"边"的含义;边岗的建筑结构;千里长城的起止点、走向与性质;千里长城的历史作用以及保护千里长城的重要意义等问题。

(二) 渤海国长城

渤海国(698~926 年),是唐朝时期以粟末靺鞨族为主体建立地方民族政权。713 年始成为唐朝版图内的一个羁縻州。926 年渤海国为辽国所灭,传国十五世,历时 229 年,从渤海国的地图可以看出,其国北接黑水靺鞨,西边从北向南依次为室韦、契丹、唐,南连新罗,东到海。渤海国长城的情况一直以来并不清楚,一是由于史籍中并无记载,二是调查资料的匮乏,导致研究不够深入。

在《牡丹江边墙》一文中,作者提到 1932 年俄国学者鲍诺索夫曾对其进行过记载。1979~1984 年,牡丹江文物管理站进行了 5 次调查,发现边墙遗迹约 50 公里[2]。由于文献资料、田野调查较少的缘故,长期以来对该长城的研究开展得并不深入,研究成果较少。《牡丹江边墙》一文的作者依据考古调查,断定边墙是古代的一条军事防线,与长城的性质一样,属长城型山城,并且引用牡丹江

---

[1] 李建才:《唐代高丽长城和扶余城》,载于《民族研究》1994 年第 4 期。
[2] 《牡丹江边墙》,载于中国长城网,http://www.51766.com/wenzhang/11000/1100046802.html,2005 年 1 月 15 日。

文物部门研究者的观点,认为这道边墙与当地渤海国早期山城和金代沿用并修筑的山城相似,认为边墙是渤海国为防止黑水靺鞨而建。金宣宗贞柏三年（1215年）,金将蒲鲜万奴叛金自立,建东真国。为防止蒙古东侵,对边墙进行修筑加固,出土文物对此有间接证实。在后一段长城的描述中,作者直接用"唐渤海国长城"一词,表明对牡丹江边墙时代确定在了唐渤海时期。对于这一观点,还有待更多学者对其进行验证。此处不做过多的评论。

经过21世纪初全国性的长城资源调查,基本上探查清楚了渤海国长城的分布与走向、结构等基本状况。该长城又称牡丹江边墙,"是唐朝渤海国时期为防御北方黑水靺鞨而修筑的一条防御体系,是和中国长城具有同等性质的军事防御工程。经过调查发现的牡丹江边墙共长约100公里,由三段构成。边墙一段长50公里,位于三道关一线,东起江西村西沟北山主峰,蜿蜒起伏向西北伸展,经过的主要山峰有新峰南岭、蛤蟆塘砬子、三道关、岱王砬子、二人石南岭等,终止于西大砬子北坡;边墙二段长30公里,位于宁安江东段,起自宁安镇牡丹江向北转弯处右岸,向老虎洞沟转向东南继续发展,调查止于宁安良种场东侧;边墙三段长20公里,位于镜泊湖,起自城墙砬子对岸湖边,越过湖边山,穿过201国道,在江山娇林场东南侧山上向东南发展。"①

"牡丹江古边墙基本上是石、土混合建筑。石筑墙以中部居多,两边则为土筑。边墙中部山势险峻,沟谷纵横,石筑墙均用自然石块和人工劈凿石块以干插石的方法砌筑,并依地势而形成高低长宽各异形状。其中,比较典型的有馒头砬子和蛤蟆塘砬于两处城墙。前者东南部的山梁在5个岩石豁口上砌筑了4段石墙,将豁口堵住。其北侧长墙则从山坡下部筑到峭壁之下,高4米,顶宽约1米,基宽5米左右。后者东侧有一排长约百米的绝壁,两处陡峭险不可攀,石墙上行人巡守,形成一道极难逾越的屏障。土墙部分多筑在山梁外缘,与山梁融为一体,还有分布于沟谷中与山坡之上,大多不见夯层。山梁上的土墙较宽,墙体内侧3~7米,内侧坡缓,上下方便。沟谷中的土墙墙底宽5~7米,顶宽0.5~1.5米,沟谷深处土墙则较高。山坡土墙则筑在沟缓平滑之处,借以与沟谷中土墙连接。

此外,土墙地段还有距离不等的大小圆形土坑,大者直径约5米,小者直径约3米,深不足1米,距墙体4.5米,按规则排列。据推测,这些地方可能是守兵驻地,土坑为住房,石坑为蓄水池。边墙的附属设施有马面和射洞等。据不完全统计,从三道关至城墙砬子约10公里地段中,共有马面13个,其中土筑4

---

① 《中国长城遗址牡丹江边墙列入世界文化遗产名录》,载于黑龙江新闻网,http://news.qq.com/a/20080623/001099.htm,2008年06月23日。

个、山头式6个、石砌3个。射洞即箭眼，比较完整的仅存一个。边墙附近发现的遗物有铜钱、铁箭头、铜镜、印鉴等，数量很少。"①

（三）吐谷浑长城

吐谷浑（约329~663年），是西晋至唐朝时期位于祁连山脉和黄河上游谷地（今青海）的一个古代国家。因其统治地区位于黄河以南，统治者又被封为"河南王"，因此被南朝称为河南国或河南，后不复见。东晋十六国时期控制了青海、甘肃等地，隋朝与之联姻。被唐朝征服，加封青海王。唐朝中期，被吐蕃驱赶至河东，唐后期称之为退浑、吐浑。五代时期开始受统治。文献上对该支鲜卑后裔的历史有清楚的记述。《新唐书·西域（上）》载："吐谷浑自晋永嘉时有国，至龙朔三年吐蕃取其地，凡三百五十年，及此封嗣绝矣。"②

在吐谷浑存在的350年中，疆域处于不断变化之中。至唐代贞观时，吐谷浑称臣内附，后又以弘化公主和亲于吐谷浑。到高宗时，以金城郡主、金明郡主和亲于吐谷浑。随着吐蕃的不断强大，吐谷浑的领土逐步缩减，直至灭国。《新唐书·西域（上）》吐谷浑条，关于吐蕃与吐谷浑之间战争记载的比较详细，但并未提到吐谷浑修建长城的事情。

由于资料所限，学术界对吐谷浑长城的研究相对较少，专门对此的研究成果仅有高东陆、赵生琛合著的《青海地区的古代城池与边墙》③。《中国长城史》对吐谷浑长城的描述是这样的：

"在青海门源县、民和县发现有古长城，当地人称之为边墙。门源县边墙起始于门源县城关浩门镇，沿大通河北岸向西北，至祁连山下的老虎口，长约5公里。墙体宽8米，残高2~4米，以北改作乡间大道。民和县的边墙，沿湟水南岸向西宁走向，其长度不详。其中以民和县马厂源乡边墙村的一段墙体保存最好。"④虽然仅此一段长城，但仍存在争议。景爱认为"青海门源、民和境内的边墙，应是唐朝为防止吐蕃内侵所建，其修筑的时间应在显庆三年至咸亨元年（658~670年）或稍后。"⑤

---

① 《牡丹江边墙》，载于中国长城网，http://www.51766.com/wenzhang/11000/1100046802.html，2005年1月15日。
② [宋]欧阳修等：《新唐书》卷二二一《西域（上）》，中华书局2011年版，第6228页。
③ 高东陆、赵生琛：《青海地区的古代城池与边墙》，载于《中国考古学会第五次会论文集》，文物出版社1988年版，第153~157页。
④ 景爱：《中国长城史》，上海人民出版社2006年版，第234页。
⑤ 景爱：《中国长城史》，上海人民出版社2006年版，第235页。

第三节　辽长城及界壕

916年，契丹族在中国东北部建立政权，947年建国号辽，与中原的宋王朝形成南北对峙的态势。辽王朝存在的二百多年间不断征战以扩大自己的国土范围，周边的高丽、北宋、西夏等政权在辽王朝鼎盛时期均以缴纳"岁币"亦或称藩受封的形式臣服于辽。根据文献记载和考古调查资料，为维护帝国的统治，防御渤海国、女真和乌古敌烈等部，辽王朝曾在今辽宁、吉林、黑龙江以及呼伦贝尔草原建立大规模防御工事，即辽镇东海口长城、松花江和第二松花江间的防御工事和辽漠北边壕。

辽长城的相关问题是近几十年来学术界讨论的热点之一，学者们的讨论集中于辽镇东海口长城的地点、呼伦贝尔边壕的年代与路线以及松花江到第二松花江间的长城存在与否等问题。随着考古调查工作的广泛开展和几代研究者的共同努力，学者们在这些问题上已经取得了一定的成果。

一、镇东海口长城

（一）相关历史文献

关于辽代的镇东海口长城，史籍记载十分有限。《辽史·太祖本纪》"（太祖二年，908年）冬十月己亥朔，建明王楼。筑长城於镇东海口。遣轻兵取吐浑叛入室韦者"[1]，说明辽在镇东海口曾修筑过一段长城，但关于镇东海口长城所指何地，学者们有不同说法。

金毓黻在20世纪40年代，通过考证文献资料指出，辽镇东海口长城位于今辽宁盖县以南金、复二县。他认为镇东海口可能是指《辽志》中记载的镇海府，具体地点在今盖平以南；此外据《旧唐书·高丽传》中的记载："其王建武惧伐其国，乃筑长城，东北自扶余城西南至海，千有余里"，认为该长城可能是在高句丽长城旧址上修建加固的[2]，后冯永谦据高句丽长城的调查成果[3]，对文献中

---

[1]　［元］脱脱等：《辽史》卷一《太祖本纪》，中华书局1974年版，第3页。
[2]　金毓黻：《东北通史》，五十年代出版社1941年版，第313～314页。
[3]　冯永谦：《高句丽千里长城建制辨》，载于《社会科学战线》2001年第1期。

的相关记载予以否定①。

20世纪80年代，张博泉在《东北地方史稿》中指出，"镇东海口即镇海府，地在今盖县以南"②，亦认为镇东海口长城就在镇海府。金殿士从阿保机在未征服渤海前所作的"唯渤海世仇未雪，岂宜安驻"③的誓言中推断，辽镇东海口长城的防御对象应为渤海国，目的是防御邻敌渤海以及阻断渤海与中原的联系，进而推断该长城应以镇东海口（金殿士亦称镇东海口亦为镇海府，其应该位于今鸭绿江入海口附近的娘娘城）为起点，沿当时契丹的势力范围边缘向东北延伸④。

冯永谦对镇东海口即《辽志》中记载的镇海府的观点提出质疑。他认为辽太祖二年冬十月修建长城时，契丹人尚未建置政权机构，居无定所，不太可能建立"镇海府"这样的行政机关。并考证"镇东海口"是由于地理位置命名而与"镇海府"无关，进一步指出其应在今辽宁省大连市金州区（原金县）南面的黄渤二海地岬处的南关岭。这里是渤海地区由水路经山东半岛去中原的交通要道，在此修筑长城事半功倍；从"冬十月"修筑时间看，从气候条件、长城规模等角度考虑，都以南关岭最为适宜。此外，冯永谦曾在南关岭山上发现有城墙遗迹并采集到辽代铁镞⑤。景爱亦认为南关岭即为辽镇东海口长城所在。在该观点被提出之前，学者们大多认为该处遗址为辽代的苏州关和金代的化成关或哈斯罕关⑥，而冯永谦和景爱两位学者更认为该关仅为长城墙体的附属结构，整段墙体的性质应是长城⑦。

（二）考古调查与发现

冯永谦早在1958年就对此段墙体进行了实地调查，然而资料在"文革"期

---

① 冯永谦：《辽代"镇东海口"长城调查考略》，引自《阜新辽金史研究》第五辑，中国社会出版社2002年版，第72页。
② 张博泉：《东北地方史稿》，吉林大学出版社1985年版，第228页。
③ 景爱：《中国长城史》，上海人民出版社2006年版，第235页。
④ 金殿士：《试论辽太祖耶律阿保机经略辽东》，载于《沈阳师范学院学报》1984年第1期。
⑤ 冯永谦：《东北古代长城考辨》，张志立、王宏刚：《东北亚历史与文化》，辽沈书社1991年版。
⑥ 辽代在南关岭设立苏州关，以辽代苏州所在地命名，金代沿用此关，并称哈斯罕关，有栅类构筑物的含义。相关资料如陈钟远：《试述哈斯罕关址的若干问题》，载于《大连文物》1986年第2期；《金县哈斯罕关址》，载于《旅大乡土历史教材资料》1978年第2、3期；孙进己：《中国考古集成》，载于东北卷辽（一、二、三），中州古籍出版社1999年版，第2345页；董志正：《旅大史话》，辽宁人民出版社1984年版，第36页；陈钟远、刘肃勇：《〈鸭江行部志〉沿途记事杂考》，载于《北方文物》2003年第3期。
⑦ 冯永谦：《东北古代长城考辨》，张志立、王宏刚：《东北亚历史与文化》，辽沈书社1991年版；景爱、苗天娥：《辽金界壕与长城》，载于《东北史地研究》2008年第6期。

间毁失①；第二次文物普查中该墙体一般被人们当作"哈斯罕关"或"苏州关"来予以调查和研究②；2001年冯永谦等在大连再次对该段墙体进行了较为详细的考古调查③。

目前发现的镇东海口长城位于大连市区之北、金州古城之南，整体呈东北—西南走向，具体路线为从渤海岸南行至土城子村的烟筒山一线，而后折向东南过沈大高速公路，经后关屯村等达黄海的大连湾边止，全长约12华里（6公里）。

从渤海岸至土城子村西的这一部分长城虽受到耕地开垦等活动的破坏，但保存状况尚好，保存较好者长1里余，存宽3米，存高1米。城墙断面可见夯打痕迹，筑墙用土为红色土，略含小颗粒石块。长城从土城子西至土城子南，墙体从一座工厂的院落中南北通过；向东南抵达沈大高速公路，该段墙体位于地势较高的岗地，受风雨侵蚀和当地居民开垦耕地的影响颓圮严重，墙体坍宽21米，存高1.2米，长1里余；墙体在公路以南200余米的墙体已被开垦耕地毁坏殆尽，之后向南可见虽已颓圮但仍"高大明确"、保存较好的一段墙体，底部宽16米，顶宽12米，存高2.5米，墙体顶部立有3通文物保护碑。

第二次全国文物普查资料对该墙体的建筑形制进行了较为细致的描述。墙体的建筑形制为土木混筑（"外植以木，内实以土"），较完整的一段可见墙基呈高低不一的土垄状，以大石掺合白灰浆加固，纵剖面呈梯形，底宽6.3米，高1~2米。墙内排列一行大圆木，间距1.5米，底层横牵小圆木。关门位于墙体中间，宽5.8米。墙东侧有瞭望台，残高8.4米，宽20.5米；马面存长19米，宽30米；炮台长32米，宽13.2米；瓮城长约600米④。

《大连日报》曾报道，大连市的辽代长城遗址已因当地居民及砖窑场取土而遭到了严重的破坏，仅残存残垣断壁。现存长城南面仅有1米多高的土石结合的城墙墙体留存，而哈斯罕关也因村民开垦耕地、取土等原因被严重损坏⑤。

二、呼伦贝尔边壕

（一）调查研究史及年代争议

关于呼伦贝尔边壕的建造年代及走向分布等问题，学术界一直存在争议，相

---

①③ 冯永谦：《辽代"镇东海口"长城调查考略》，李品清：《阜新辽金史研究》第五辑，中国社会出版社2002年版，第69页。

② 国家文物局：《中国文物地图集·辽宁分册（上、下）》，西安地图出版社2009年版，第64页。

④ 冯永谦：《大连辽代长城调查考略》，载于《大连文物》2001年第1期；国家文物局：《中国文物地图集：辽宁分册（上、下）》，西安地图出版社2009年版，第64页。

⑤ 《大连唯一的辽代长城遗址已是残垣断壁，亟待保护》，载于《大连日报》，2009年4月23日。

关研究成果也较少。

1864 年俄国学者波·克鲁泡特金最早调查这道界壕后称其为"成吉思汗"边墙，1897 年屠寄绘制的《黑龙江舆图》中附图称其为"金源边堡"，1922 年张家《呼伦贝尔志略》称这条边墙为"兀术长城"，俄国学者阔尔马左夫所著《呼伦贝尔》称它为"拓跋鲜卑的国界"，1941 年出版的《历代长城考》认为其为"成吉思汗城"。

中华人民共和国成立以来，呼伦贝尔边壕建造年代的问题成为学术界的热点之一。1975 年黑龙江省博物馆和哈尔滨师范学院历史系联合对呼伦贝尔草原进行大规模的文物普查，调查者称在边墙附近常见到一些辽代典型文物认为这道边墙为辽代建立用以防御黑车子室韦的[①]。景爱对其建造时代进行过考证[②]。

此后，孙秀仁依据《辽史·地理志》所载关于辽代北部边界的描述以及 1975 年呼伦贝尔西部文物普查中的发现，认为这段界壕应该是辽为防御属部羽厥、室韦、北阻卜等族而修建的，而非金、元。20 世纪 90 年代前后，冯永谦全面踏查这条边墙在中国境内分布的地段并结合文献记载进行深入考证，认为漠北界壕为金代所筑岭北长城[③]。

景爱结合考古资料和文献记载，批驳漠北边壕为蒙古或金代所建的观点认为俄国波·克鲁泡特金等学者并没有对漠北边壕开展过实际考察，漠北边壕早在成吉思汗以前就已经存在，而且在此边壕以北，有三座属于成吉思汗长弟的城池，成吉思汗不可能将其划在界壕之外。其亦指出边壕也不是金代所建的。他认为金代东北边界是外兴安岭、外贝加尔等地，均不在金朝的版图之内；金代的女真人属于农业民族，不可能到境域之外的漠北草原地区去修建工程浩大的边壕。在此基础上，景爱也指出漠北边壕为辽朝在辽圣宗耶律绪和兴宗耶律宗真时为防御乌古敌烈部的侵扰所建的防御工事。辽为防御乌古敌烈的侵扰修建该边壕，且在边壕内侧（南部）修筑许多比较大的城镇作为官府驻地。[④]

（二）路线

据景爱 1973 年和 1980 年的两次考察，该边壕始于额尔古纳市（旧称额尔古纳右旗）库力河（为根河左岸支流）上库力乡（地理坐标为北纬 50°15′、东经 120°24′），最后终止于鄂嫩河源与乌勒吉河源之间的沼泽地（北纬 48°27′、东经 111°29′）。边壕跨中国、蒙古及俄罗斯三国，在中国境内全长 155 公里，在俄国

[①] 张泰湘、郝思德：《呼伦贝尔草原考古研究的新收获》，载于《北方论丛》1979 年第 5 期。
[②] 景爱：《关于呼伦贝尔古边壕的时代》，载于《社会科学战线》1982 年第 1 期。
[③] 冯永谦、米文平：《岭北长城考》，载于《辽海文物学刊》1990 年第 1 期。
[④] 景爱：《中国长城史》，上海人民出版社 2006 年版，第 252~253 页。

境内长 120 公里，在蒙古国境内长 400 公里，全长 675 公里，近 700 公里。[①]

边壕因大部分位于草原地带，均系土筑。大兴安岭西北遗留一段遗迹，外挖长壕，内侧垒筑墙体，外侧从底至顶一般高 1.5 米，底宽 8 米左右。景爱在其著作《中国长城史》中记述了各段边壕的测量结果（见表 2-1）。同时，他也认为沟堑宽度在 7~8 米比较接近于原貌。较宽者可能是由于雨水冲刷所致，较窄的可能是风沙和淤土掩埋的结果。沟堑的深度可能达 2 米以上。壕壁原应比 5 米宽，从残存高度多在 0.3~0.5 米推测，原壕壁当初亦不会太高。

表 2-1　　　　　　　呼伦贝尔边壕遗址一览表　　　　　　单位：米

测量地点	沟壕 宽	沟壕 深	壕壁 宽	壕壁 高	说明
拉布达林牧场七队北	7.5	1.0	5	0.5	拉布达林牧场七队位上库力与拉布达林间，壕壁已成为乡大道
拉布达林镇	6	0.2	5	0.3	沟壕已近于平地，壕壁依然存在
小孤山南二千米处	7	0.1~0.5	5	0.3	小孤山在黑山头以东约 7 公里处
黑山头南郊	10~14	2~2.5	5	0.3~0.5	山坡处，雨水冲刷作用较为严重
满洲里西南小山包	13	2.3	5~6	0.2~0.3	山坡处，雨水冲刷较为严重
满洲里六十号界堆西	8	1.55	9	0.85	为地势较为低洼的草原地区
满洲里西 820·6 高地南	7~8	1.0	5~6	0.45	
新巴尔虎右旗哈拉诺尔北	5~6	0.1~0.3	5	0.4	

资料来源：景爱：《中国长城史》，上海人民出版社 2006 年版，第 243~244 页。

（三）边壕附近的城堡及古城遗址

为增强边壕的防御能力，对边壕进行维护，漠北边壕修筑有城堡及古城两种辅助防御建筑。[②] 城堡在边壕内侧较近的地方，每隔一定距离修建一座城堡，规模较小、形制略同，用于驻扎维护边壕的士兵。边壕从根河而来，北以根河作为河险，其后每隔 20~30 公里均建有城堡。四卡以南，以额尔古纳河作为河险，不修筑城堡。过了额尔古纳河后，边壕穿行在草原上，每隔一段建一组双城，以增强防御。

---

① 景爱：《关于呼伦贝尔古边壕的时代》，载于《社会科学战线》1982 年第 1 期；《关于呼伦贝尔古边壕的探索》，载于《历史地理》第 3 辑，上海人民出版社 1983 年版；《关于呼伦贝尔边壕的考察》，载于《博物馆研究》1986 年第 3 期。

② 景爱：《中国长城史》，上海人民出版社 2006 年版，第 244~245、第 253~254 页。

可确认的有以下 7 座,其中包括上库力城堡、拉布达林城堡、小孤山南城堡、俄罗斯阿巴该图城堡、萨尔奇图城堡、绰罗图城堡为一组双城。

在漠北边壕南侧,曾发现多处辽代古城遗址。其中包括祖赫雷姆城、巴伦·赫雷姆城、蒙古国东方省的巴尔斯浩特城、陈巴尔虎旗浩特陶海城址。景爱指出以上这些古城规模都比较大,防御能力强,表明边壕是用来防御乌古敌烈侵扰的目的比较明确。

三、第二松花江辽边壕

(一) 相关历史文献

《辽史·圣宗本纪》,太平六年(1026 年)"黄龙府请建堡障三、烽台十,诏以农隙筑之。"① 说明辽在"黄龙府"管辖范围内建造过和长城或界壕有关的防御工事。此外,不少学者援引文献资料对此处有无修建过长城进行考证。

罗哲文在《长城》中称,《宏简录·李俨传》辽道宗清宁四年(1058 年)从鸭子河(今松花江)到混同江(今第二松花江)之间修了一段长城,长 24 里②。又有学者结合《辽史·地理志》"统和十七年(909 年),迁兀惹户,置刺史于鸭子、混同二水之间"的记载,认为这段长城可能是用兀惹人戍守,以防女真的③。

冯永谦认为辽圣宗太平六年所建烽火台等应在第二松花江,这些军事工程规模不大,应当是为防御女真向南侵扰而设的,以便观察和传报边情,应该设于当时的交通道路上④。

(二) 考古调查与发现

1984 年春夏的第二次全国文物普查中,吉林地区文物普查队舒兰分队在舒兰县西部地区发现古界壕一条、烽火台两个、堡寨三座、城址两座。据景爱和董学增的考证,认为其正是文献中记载的辽代黄龙府所建筑的防御工事。⑤

---

① [元] 脱脱等:《辽史》卷一七《圣宗纪》,中华书局 1974 年版,第 199 页。
② 罗哲文:《长城》,清华大学出版社 2008 年版,第 62 页。
③ 张量著:《战争与和平的纽带——古代长城》,辽宁师范大学出版社 1996 年版,第 67 页。
④ 冯永谦:《东北古代长城考辨》,张志立、王宏刚:《东北亚历史与文化》,辽沈书社 1991 年版;景爱、苗天娥:《辽金界壕与长城》,载于《东北史地研究》2008 年第 6 期。
⑤ 景爱、董学增:《吉林舒兰县古界壕、烽台与城堡》,载于《考古》1987 年第 2 期;国家文物局:《中国文物地图集:吉林分册》,中国地图出版社 1993 年版,第 76 页。

溪河乡辽金界壕起于溪河乡双印通城址止于西河乡与交界处（敖华山主峰），土石堆筑，长12千米。大致沿山脊呈东南—西北走向。两座烽台位于界壕附近，即敖花烽台和敖花东山头烽台。堡寨共有3处，即五台山、黄鱼圈珠山和小城子山。发现城址共有两座，即双印通古城和嘎呀河古城。

除舒兰县辽界壕外，还发现了新站辽界壕。新站辽界壕为吉林省蛟河市新站镇六家子村南约1千米。1985年发现时已被严重破坏。存长1千米，分沟、垣两部分，总宽8.4，残高0.3米。与舒兰县内界壕走向、筑法相同，推测其亦应为防御女真而建。①

（三）历史意义及评价

1. 研究总结

辽代军事形势复杂，统治者比较注重对防御工事的布局和兴建。根据现有的研究成果，我们可以总结出辽长城从布局到修筑的一系列特点。从布局上看，辽代的防御工事基本位于其相对变动频繁的疆域边界地带。辽长城的建筑整体上体现了因地制宜的特点，如黑龙江北部长城地处草木繁盛的淡水流域，故多为土木混筑；镇东海口为山地地形，故以土石堆筑；漠北边壕位于广袤的荒漠和草原地带，则采用取土为壕、堆土为堤的方式。从长城的修建长度和防范范围看，漠北边壕地处广袤草原，防御难度大，故而选择修建难度小、耗时相对较少的土壕方式，但是土壕需要经常维护和修补，是以土壕沿途设有不少供士兵驻扎的城堡和古城址；另一方面，辽代又有相对较短的长城，镇东海口长城地处狭窄险要之地，故而短小坚固，只设有一关（见表2-2）。

表2-2　　　　　辽代长城及界壕一览表　　　　　单位：千米

地段	黑龙江北部辽界壕	镇东海口辽长城	漠北辽边壕
修筑时间	辽道宗清宁四年（1058年）、辽统和十七年（999年）、辽太平六年（1026年）	太祖二年（908年）	辽圣宗统和十五年（997年）及辽兴宗时期
起止点	鸭子河（今松花江）到混同江（今第二松花江）	南起盐岛村，北至土城子村的烟筒山一线	始于额尔古纳市（旧称额尔古纳右旗）东部库力河西岸一座古城，终于蒙古境内

---

① 国家文物局：《中国文物地图集：吉林分册》，中国地图出版社1993年版，第65页。

续表

地段	黑龙江北部辽界壕	镇东海口辽长城	漠北辽边壕
走向	东南—西北	南北	东西
残存长度	12	6	700
建筑方法	土木混筑	木土石堆筑（关）	取土为壕，以所取土堆积成壕壁
附属结构	烽燧、关	关	古城、城堡
文献资料	《宏简录·李俨传》《辽史·圣宗本纪》	《辽史·太祖本纪》金代王寂《鸭江行部志》	《黑龙江舆图》《蒙几儿史记》《呼伦贝尔志略》《呼伦贝尔》
考古遗迹	溪河乡辽金界壕、新站辽界壕	哈斯罕关遗址	上库力城堡、拉布达林城堡、小孤山南城堡、阿巴该图城堡、绰诺西巴尔达呼泊城堡、萨尔奇图城堡、绰罗图城堡；祖赫雷姆城、巴伦·赫雷姆城、巴尔斯浩特城、陈巴尔虎旗浩特陶海城址
目的	防御女真	防御渤海	防御乌古敌烈

资料来源：段清波、徐卫民：《中国历代长城发现与研究》，科学出版社2014年版。

2. 历史意义及评价

辽长城及界壕的修建为维护统治，防御渤海国、女真等起到重要作用。辽东海口长城的修建是为了防御临敌渤海以及阻断渤海与中原的联系。辽在二百多年间一直不断征战来扩大自己的领土，长城基本位于其相对动荡的疆域边界地带，它也正是其统治范围的划定标志。

四、金界壕

金王朝（1115~1234年），是当时华北地区的一个强大政权。全盛时期其统治范围东北到日本海、黑龙江流域一带；西北到河套地区；西边接壤西夏；南边以秦岭—淮河一线与南宋交界。当时北方及西北方与金共存的政权有蒙古、西夏以及并未与金接壤的西辽；南方及西南有大理和吐蕃诸部。金界壕是金王朝统治者在南迁之后，为防御北方民族对自己边境的侵袭而修建的防御性工事，尤其是防御北方及西北方蒙古族的侵入。金界壕主要分布在今黑龙江、吉林、内蒙古、河北地区，在吉林省内的部分段落沿用辽界壕。

(一) 相关历史文献

1. 文献中的记载

金界壕的产生并不偶然，作为一种防御手段，它的产生与其所处的大环境密切相关。金王朝南迁之后，为保证后方安全，统治者沿用前代王朝的军事手段——修筑界壕。由内蒙古大学蒙古史研究室编著的《长城文献资料辑略》一文将《金史》中记载金界壕、边堡修筑的材料全部收录，大致可以分为两个时期。

(1) 金世宗年间。

金世宗大定年间，为防止北边民族的侵扰，两次修筑边堡、界壕及墙体。

《金史·世宗纪》有"(大定) 五年正月辛亥朔，高丽、夏遣使来贺。己卯，诏泰州，临潢接境设边堡七十，驻兵万三千"[①]；"(大定二十一年) 四月戊申，以右丞相徒单克宁为左丞相……增筑泰州、临潢府等路边堡及屋宇。"[②] "时惩北边不宁，议筑壕垒以备守戍，廷臣多异同。平章政事张万公力言其不可，宗浩独谓便，乃命宗浩行省事，以督其役。功毕，上赐诏褒赉甚重。"[③] "会韩国大长公主薨，揆来赴，上谕之曰：'北边之事，非卿不能办。'乃赐战马二，即日遣还。揆沿徼筑垒穿堑，连亘九百里，营栅相望，烽候相应，人得恣田牧，北边遂宁。"[④]

(2) 金章宗年间。

《金史·内族襄传》："(明昌年间) 北部复叛……时议北讨……因请就用步卒穿壕筑障，起临潢左界北京路以为阻塞。言者多异同，诏问方略。襄曰：'今兹之费虽百万贯，然功一成则边防固而戍兵可减半，岁省三百万贯，且宽民转输之力，实为永利。'诏可。"[⑤]《金史·张万公传》："初，明昌间，有司建议，自西南、西北路，沿临潢达泰州，开筑壕堑以备大兵，役者三万人，连年未就。……后丞相襄师还，卒为开筑，民甚苦之……"[⑥]

章宗明昌年间，金政权也讨论过有关是否修筑界壕的问题，但并未付诸实践。《金史》："(承安五年九月) 己未，尚书省奏：'西北路招讨使独吉思忠言，各路边堡墙隍，西自坦舌，东至胡烈公，几六百里，向以起筑忽遽，并无女墙副堤。近令修完，计工七十五万，止役戍军，未尝动民，今已毕功。'"[⑦] 表明此段

---

① [元] 脱脱等:《金史》卷八《世宗纪》，中华书局 1975 年版，第 135 页。
② [元] 脱脱等:《金史》卷八《世宗纪》，中华书局 1975 年版，第 181 页。
③ [元] 脱脱等:《金史》卷九十三《宗浩传》，中华书局 1975 年版，第 2074 页。
④ [元] 脱脱等:《金史》卷一一三《僕散揆传》，中华书局 1975 年版，第 2068 页。
⑤ [元] 脱脱等:《金史》卷九四《内族襄传》，中华书局 1975 年版，第 2090 页。
⑥ [元] 脱脱等:《金史》卷九五《张万公传》，中华书局 1975 年版，第 2103 ~ 2104 页。
⑦ [元] 脱脱等:《金史》卷一一《章宗纪》，中华书局 1975 年版，第 254 页。

长城的线路、长度和结构以及动用的人力。同时指出，金代防御体系不仅有界壕，还有墙体。

2. 研究文献资料

金界壕研究起始较早，孙文政认为金界壕的研究可能始于清以前，但是文献记载并不丰富。到民国时期，金界壕研究逐渐步入正轨，研究方法开始发生转变，有关金界壕的考古调查也开始展开。当代金界壕研究则更加倚重于考古调查和发掘资料，研究范围越加广泛，讨论的内容越加深入和细致。①

（1）清及清以前。

元、明两朝，关于金界壕的记载以及研究并不丰富。到了清代，随着金史研究的进展，先后有人涉猎金长城的研究。孙引用黄彭年主编的《畿辅通志》②中记述的乾隆皇帝关于金长城的诗文及《古长城记》所记载的金漠南长城黑龙江；光绪年间，主政黑龙江银库的西清依据乾隆帝御制文集的古长城说，考察后写成《外记》③等。另外，光绪年间屠寄主修的《黑龙江舆图》，对金长城的走向、位置，进行过详细标注④。屠寄在写《蒙兀儿史记》时，根据《金史》记载，对金东北路长城的大致分布情况、走向、分段进行考证，特别指出金长城"加女墙、附堤当在明昌间。"⑤《金长城概述》中，孙提出："元明清时期对金长城只是睹物所记，或是传抄历史文献，到清代后期，西清、屠寄开始有目的地对金长城进行调查研究，为后世研究金长城提供基本史料。"⑥

（2）民国建立至1949年。

这一时期是我国史学研究的转变期，由于西方考古学的传入以及顾颉刚发起的古史辨运动，促使考古学在我国生根发芽。这一时期又可以分为两段，前一段主要依靠文献资料对金界壕进行研究，以寿鹏飞的《历代长城考》⑦和王国维的《金界壕考》⑧为代表。这两篇文章对《金史》中相关资料的使用受到后代研究金代界壕学者的推崇；后一段则是将考古资料引入，结合文献资料对金界壕进行研究，如李文信的《金临潢路界壕边堡址》。⑨

这一时期对金长城研究还有吴廷燮《东北三省沿革表》、张伯英《黑龙江志

---

① 孙文政：《金长城概述》，载于《中国边疆史地研究》2010年第1期。
② 黄彭年主编：《畿辅通志》，河北人民出版社1985年版，第165页。
③ 西清：《黑龙江外记》，商务印书馆，中华民国二十五年（1936年）十二月初版，第16页。
④ 屠寄：《黑龙江舆图》（辽海丛书本），辽沈书社1985年版，第1028页。
⑤ 屠寄：《蒙兀儿史记》，上海古籍出版社1989年版，第16、17页。
⑥ 孙文政：《金长城概述》，载于《中国边疆史地研究》2010年第1期，第141页。
⑦ 王国良、寿鹏飞：《长城研究资料两种：中国长城沿革考、历代长城考》，明文书局1982年版。
⑧ 王国维：《金界壕考》，载于《观堂集林》，中华书局1959年版。
⑨ 李文信：《金临潢路界壕边堡址》，辽海引年集编纂委员会编：《辽海引年集》，和记印书馆1947年版。

稿》等。此外，金毓黻依据历史文献也对金长城进行了研究，并于1920～1921年去考察齐齐哈尔段金长城，通过实地考察提出："盖金筑界壕边堡，本为防御蒙古诸族之侵侮，当与战国秦汉以来之长城障塞，明之边墙，合并论之"[①]的结论。

（3）1949年以后。

1949年以后的金界壕研究主要有《巴林左旗金代临潢路边堡界壕踏查记》[②]《尼尔基水利枢纽工程区内金代界壕发掘简报》[③]《牡丹江边墙调查简报》[④]《齐齐哈尔市辖区内的金界壕》[⑤]等；相关研究类的有《也谈黑龙江省境内的金东北路界壕边堡》[⑥]《金代长城初议》[⑦]《金东北路界壕（长城）的屯戍》[⑧]《辽金边壕与长城》[⑨]《金长城概述》[⑩]《中国北方长城考述》[⑪]《河北长城概况》[⑫]《中国北部长城沿革考（下）》[⑬]等。这些成果有的是对单一金长城的调查与研究情况的综述，有的是将金长城作为整个中国长城的一部分做介绍。

3. 外国学者的著述（见表2－3）

表2－3　　　　　　　关于金界壕研究外国文献一览表

编号	作者	国别	时间	文章题名	内容概要
1	克鲁泡特金	俄国	1852年		调查俄、中、蒙三国的金代岭北长城
2	包诺索夫	苏联	20世纪30年代	《成吉思汗边墙初步调查》[⑭]	调查了金长城的边堡、马面、走向、建筑材料及结构等，确认成吉思汗边墙是金代的边墙

---

① 金毓黻：《东北通史》，载于《社会科学战线》1981年版，第429页。
② 项春松：《巴林左旗金代临潢路边堡界壕踏查记》，载于《北方文物》1987年第2期。
③ 杨星宇、冯吉祥、敖卫东、奥奇：《尼尔基水利枢纽工程区内金代界壕发掘简报》，载于《内蒙古文物考古》2002年第1期。
④ 樊万象：《牡丹江边墙调查简报》，载于《北方文物》1986年第3期。
⑤ 谭彦翘：《齐齐哈尔市辖区内的金界壕》，载于《黑龙江史志》2004年第6期。
⑥ 金铸：《也谈黑龙江省境内的金东北路界壕边堡》，载于《黑河学刊》1991年第4期。
⑦ 贾洲杰：《金代长城初议》，载于《内蒙古大学学报》（人文社会科学版）1979年第2期。
⑧ 吉艳华：《金东北路界壕（长城）的屯戍》，载于《理论观察》2006年第3期。
⑨ 景爱、苗天娥：《辽金边壕与长城》，载于《东北史地》2008年第6期。
⑩ 孙文政：《金代长城概述》，载于《中国边疆史地研究》2010年第1期。
⑪ 李逸友：《中国北方长城考述》，载于《内蒙古文物考古》2001年第1期。
⑫ 李建丽、李文龙：《河北长城概况》，载于《文物春秋》2006年第5期。
⑬ 李文信：《中国北部长城沿革考（下）》，载于《社会科学辑刊》1979年第2期。
⑭ （苏）包诺索夫著，胡秀杰译：《成吉思汗边墙初步调查》，载于《黑龙江考古民族资料译文集》第1辑，1991年版，第71页。

续表

编号	作者	国别	时间	文章题名	内容概要
3	包诺索夫	苏联		《北部乌尔科古代边墙》①	将金东长城与岭北长城进行比较研究，确认成吉思汗边墙是金代的边墙
4	津田左右吉	日本	20世纪初	《金代北边考》②	
5	长谷川兼太郎	日本	20世纪初	《柳条边墙与金边堡》③	
6	鸟居龙藏	日本		《辽代文化之再访》④	
7	三上次男	日本		《金代女真史研究》	
8	外山军治	日本		《金朝史研究》⑤	考证金长城的筑造年代与建筑者
9	闵宣化	法国		《东蒙古辽代旧城探考记》⑥	简述了金长城，认为临潢十九堡疑为金建国时防御突厥所筑

资料来源：孙文政：《金长城概述》，载于《中国边疆史地研究》第1期，2010年3月，第141页。

（二）考古调查及发现

随着我国考古学的诞生及发展，金界壕的研究摆脱了单纯研究文献的宿命，开始运用考古学方法开展调查与研究金界壕。金界壕考古调查最早可追溯到20世纪40年代，李文信对金临潢路界壕边堡址的调查。到1949年以后金界壕的发现及调查次数增多。随着长城遗迹受到国家重视以及全国性文物普查，金界壕的调查、发掘规模范围越来越大。

1939~1944年，李文信对赤峰地区（原昭乌达盟）前后三次调查金临潢路境内的长城。⑦

---

① （苏）包诺索夫著，胡秀杰译：《北部乌尔科古代边墙》，载于《黑龙江考古民族资料译文集》第1辑，1991年版，第75页。
② ［日］津田左右吉：《金代北边考》，引自《满蒙地理历史研究报告》4册，1918年。参见刘蒲江：《二十世纪辽金史论著目录》，上海辞书出版社2003年版，第329页。
③ ［日］长谷川兼太郎：《柳条边墙与金边堡》，载于《同仁》第12卷5、7号，1938年。参见刘蒲江：《二十世纪辽金史论著目录》，第329页。
④ 李文信：《李文信考古文集》，辽宁人民出版社1992年版，第259页。
⑤ ［日］外山军治著，李东源译：《金朝史研究》，黑龙江朝鲜民族出版社1988年版，第345、347页。
⑥ （法）闵宣化著，冯承钧译：《东蒙古辽代旧城探考记》，中华书局2004年版，第56页。
⑦ 冯永谦：《金长城的考古与发现》，载于《东北史地》2007年第3期。

1959~1960年，黑龙江省博物馆孙秀仁、干志耿等前后三次调查了金东北路起点段400余里的长城，弄清长城起点情况。为此后研究金岭南长城提供了考古学依据。[1]

1975年4~6月，哲里木盟文物普查队对经行科右前旗、突泉县、科右中旗和扎鲁特旗的金东北路（南段）、临潢路（北段）界壕总长480千米的范围进行了考古调查，考察并记录边堡64座、关隘1处。[2]

1978年、1982年，河北省对其境内的金代长城做调查。基本摸清金长城在河北省的分布情况、长度、走向、建筑结构、形制等。[3]

1979年7月~1984年4月，牡丹江市对牡丹江边墙进行了五次调查，踏查边墙约50千米，清楚了边墙的地理位置、结构特点、附属设施情况。[4]

1981年6~8月，哲里木盟博物馆邵清隆等7人，调查了霍林河矿区境内（今霍林高勒市）长12.5千米的界壕，并边堡2座、接壕堡3座。[5]

1988年8~9月，克什克腾旗博物馆调查境内金界壕，历时月余。界壕（属西北路）全长179千米，附设墩台（即马面）3 200座；有大小堡城17座，关隘1处。其中大型屯军城一，即"一棵树"堡城，周长3 360米。[6]

1996年、1997年，李逸友对内蒙古境内的各时代的长城进行了复查。[7]

（三）已有研究成果

目前发现的金界壕位于我国的东北、北方地区，分布在黑龙江、吉林、内蒙古和河北四省区。

1. 黑龙江省境内

有关金界壕调查的资料主要有《金东北路界壕边堡调查》《牡丹江边墙调查简报》和《齐齐哈尔市辖区内的金界壕》。东北路界壕长度近二百余千米，有边堡14座、边关隘口2处、古城址3处，基本上搞清楚了金东北路界壕北段起点、界壕、边堡、古城及其配置情况。[8] 分布在牡丹江市的金界壕约50千米，通过调

---

[1][3][7] 冯永谦：《金长城的考古与发现》，载于《东北史地》2007年第3期。

[2] 孙秀仁：《关于金长城（界壕边堡）的研究与相关问题》，载于《北方文物》2007年第2期，转引自庞志国：《金东北路、临潢路吉林省段界壕边堡调查》，文物编辑委员会：《中国长城遗迹调查报告集》，文物出版社，第84~92页。

[4] 樊万象：《牡丹江边墙调查简报》，载于《北方文物》1986年第3期。

[5] 孙秀仁：《关于金长城（界壕边堡）的研究与相关问题》，载于《北方文物》2007年第2期，转引自哲里木盟博物馆：《内蒙古霍林河矿区金界壕边堡发掘报告》，载于《考古》1984年第2期。

[6] 孙秀仁：《关于金长城（界壕边堡）的研究与相关问题》，载于《北方文物》2007年第2期，转引自克什克腾旗博物馆：《克什克腾旗金代界壕边堡调查》，载于《内蒙古文物考古》1991年第5期。

[8] 黑龙江省博物馆：《金东北路界壕边堡调查》，载于《考古》1961年第5期。

查搞清了分布的地理位置、结构特点和附属设施特点。① 对分布在齐齐哈尔市境内金界壕的分布、长度通过调查也基本清楚。②

（1）建筑及走向。

金东北路界壕。自嫩江右岸开始，由东北向西南伸延开去，无论地势如何，始终依南偏西的方向沿着岭内麓修建。循大兴安岭支脉向西 17.5 千米至冷家沟后，向西南折，横切大兴安岭诸脉，在后乌尔科附近越诺敏河后，成为甘南县和阿荣旗的分界线，穿过阿伦河、肯河，进入龙江县和布特哈镇交界处，继续向西南直行穿越雅鲁河等之后，又经行一小段，伸入内蒙古自治区。东北路界壕的兴建多半是沿着山根和山腰。界壕北段从其本身看可分为单线和复线两种。在麒麟河至济沁河间的南端，墙壕与上述有所不同，由一道主墙和两道副墙构成。此外，麒麟河至济沁河间的南段墙壕是由一道主墙和二道副墙构成的。它的排列顺序（由内而外）为：主墙、壕、副墙、壕、副墙。土堞一律紧附主墙的外缘，一般高出主墙的顶部 0.5 米以下，从外观上看似一土丘，其中的不少土堞由顶部向内凹陷，或塌落成坑，能看见内部为土石结构，想必土堞原来应是中空、为一定结构所支撑。

牡丹江边墙③。位于牡丹江市与海林县东北之间。墙体一般在海拔 500～600 米的峰岭之上和沟谷之间，东西两端随山体呈东西走向，中间跨沟越谷，为东南—西北走向，基本位置在东经 130°北纬 45°之间。边墙就地取土采石修筑，两端多为土筑墙，而石筑墙较少；中部石筑墙多，而土筑墙较少。土墙，墙体断面中不见夯层。石墙，是用自然石块和人工劈凿石块，用插石的方法砌筑的，一般都是可搬动的中小石块。沟谷中的墙体均向内侧凸出一个较大的弧形，呈反弓形，使两端形成两个类似马面的弯度。山坡上的土墙大多已经消失，仅在地势比较险要的土墙内侧，地面比较平坦或有缓坡的地方，均有距离不等的圆形土坑。土坑距墙体 4～5 米不等。

（2）附属设施。

金界壕的附属设施有边堡、关隘、古城以及马面。边堡，均为正方形，每面长平均 150 米左右。发现的边堡为后宜卧奇边堡、冷家沟边堡、诺敏河边堡、后向阳山和后山湾边堡。关隘遗址有诺敏河关以及阿伦河关。在界壕的内侧，距界壕较远，遥遥牵制边堡的大型古城址发现 3 处，即诺敏河古城④，阿伦河古城⑤，雅鲁、济沁两河会流处古城⑥。牡丹江边墙的附属设施除了射洞（箭眼）外，主

---

①③　樊万象：《牡丹江边墙调查简报》，载于《北方文物》1986 年第 3 期。
②　谭彦翘：《齐齐哈尔市辖区内的金界壕》，载于《黑龙江史志》2004 年第 6 期。
④⑤⑥　黑龙江省博物馆：《金东北路界壕边堡调查》，载于《考古》1961 年第 5 期。

要是马面。马面的形制和布局也有区别，可分为四类①，即土筑马面、山头式马面、山包式马面、石砌马面。

2. 吉林省境内

吉林省是女真族早期活动的重要地区，也是金王朝的腹地，属于金东北路、临潢路管辖的范围。金界壕分布在吉林市舒兰县和延边朝鲜族自治州的延吉市、龙井市、珲春市和龙县。

（1）建筑及走向。

舒兰县金界壕。起于溪河乡双印通城址，止于溪河乡与二道乡交界处，大致呈东西走向，长12千米。为土石堆筑的三道墙与两条沟构成，总宽7.6米。中墙高1.3米，侧墙高0.8米。沿山脊走向修筑，在东山头有烽燧址一座。有人考其为契丹与女真之界墙。②

延边自治州边墙。位于延边朝鲜族自治州③，呈东西走向，长约35千米。龙井市段④呈西南东北走向，长约50千米。珲春市段⑤长约25千米。和龙县段⑥长20余千米。各段墙体均土筑和石砌结合而建，土筑为主。延边朝鲜族自治州边墙考为东夏政权所筑的边墙。龙井市段边墙考为金代遗迹。和龙县段边墙考其为金代遗存，亦有认为是东夏国遗迹。

青龙边壕位于和龙县龙门乡青龙村至西城镇獐项村北，俗称"土长城""边壕岭"，是一道南北走向的墙垣，多土筑，部分地段土石混筑，全长约5千米，沿线山顶有烽火台两处。边壕残高1.5~2米，与古边墙平行，且相距不远，破坏较为严重。⑦

（2）附属设施。

《金史》中有"筑女墙""筑边堡"的说法，表明界壕附近建有与防御相关的附属设施。经调查，这些附属设施有马面、关堡、关隘、城址、墩台、烽燧等。但不是每一段都有完整的附属设施，金界壕的附属设施视情况而建。

3. 内蒙古自治区境内

内蒙古自治区境内的金界壕大致分布在中部和东部地区。在金统治时期，这一地区属于和蒙古族交界的地带，金界壕所防范的主要对象为蒙古族。金界壕在此分布广泛且情况复杂，以大兴安岭为界，分为岭北线、北线和南线。

---

① 樊万象：《牡丹江边墙调查简报》，载于《北方文物》1986年第3期。
② 国家文物局主编：《中国文物地图集·吉林分册》，中国地图出版社1993年版，第76页。
③ 国家文物局主编：《中国文物地图集·吉林分册》，中国地图出版社1993年版，第190页。
④ 国家文物局主编：《中国文物地图集·吉林分册》，中国地图出版社1993年版，第200页。
⑤ 国家文物局主编：《中国文物地图集·吉林分册》，中国地图出版社1993年版，第205页。
⑥⑦ 国家文物局主编：《中国文物地图集·吉林分册》，中国地图出版社1993年版，第216页。

（1）修建与走向。

金界壕岭北线。兴建于金熙宗皇统年间，东起额尔古纳市上库力村，终于乌勒吉河与鄂嫩河发源地，全长约700千米。在中国境内长约256千米。

金界壕北线。兴筑于金世宗大定年间，东北端起自莫力达斡尔族自治旗七家子村附近，至武川县上庙沟为终点，长约235千米的地段已改筑为金界壕南线。金界壕北线在中国境内全长约1 545千米。金界壕北线自扎赉特旗分为分成西、东两支线。西支线，东端自扎赉特旗额尔吐北面从主线上分出，西行经科尔沁右翼前旗北部，至东乌珠穆沁旗东北部伸入蒙古国境内，消失在贝尔湖西南方，全长约500千米，中国境内长约270千米。东支线，东北端自扎赉特旗吉日根从主线上分出，西南行径科尔沁右翼前旗，至突泉县北岗村与金界壕南线主线相合，全长125千米。

金界壕南线。兴筑于金章宗明昌—承安年间，东北端起点在莫力达瓦达斡尔族自治旗七家子村南，自此西南行至科尔沁右翼前旗满族屯乡，长约500千米地段全部利用金界壕北线补筑，只将部分地段改造为双壕和双墙。南线自满族屯西南行，经突泉县、科尔沁右翼中旗、扎鲁特旗、巴林右旗等至林西县凌家营子，长约480千米的地段为明昌年间修筑。再西南行，经克什克腾旗、翁牛特旗、赤峰市、松山区，伸入河北省围场和丰宁县境内，再入多伦县西南部，经正蓝旗、太仆寺旗、康保县（河北省）、化德县，至商都县冯家村，之间长约705千米的地段为承安年间兴筑，其中内蒙古境内长405千米。自商都县冯家村西行，经苏尼特右旗察哈尔右翼后旗折向西北行，至四子王旗鲁其根与北线会合，折向西南行，经达尔罕茂明安联合旗至武川县上庙沟村终止，长约365千米，这段界壕是承安年间在原北线和南线基础上改建补筑而成。合计全长945千米。

（2）附属设施。

该地金界壕沿线的附属设施有戍堡、障、寨等几类。

所有的戍堡保存都较好，戍堡地表有的保留有一圆形石基，用自然石块垒砌。有的戍堡地表还发现有辽、金布纹瓦片及少许瓷片，估计当时堡顶有瓦梁建筑，便于戍守者避寒暑。戍堡的设置相当密集，在巴林左旗境内不少于一千五百座。"① 在内蒙古霍林河矿区也存在两个边堡，一号边堡位于矿区西缘，西望界壕，东接草原，南北两侧为浅山。城堡略呈方形，遗迹保存较好。建筑遗迹清晰，包含物仅为金代。城墙轮廓清楚，北墙东面断面呈梯形，外壁较陡，内壁稍缓，筑有副墙。夯土版筑，起筑于生土。墙外2.4米处形成护城壕。城门辟于东墙中部，仅一门。门枢石内有木削，推测为木质城门。墙根底有大量残砖，可推

---

① 项春松：《巴林左旗金代临潢路边堡界壕踏查记》，载于《北方文物》1987年第2期。

知原城垛上应有砖筑防护设施。南、西、北墙中段建有长方形马面，其下部系夯土筑成，顶部有砖筑防御设施。内城呈正方形，附于城西南角；东、北两墙，于城中另外夯筑。城内居址台基多作长方形或方形，少为圆形，约十八组，排列较有规律。①

障（小土城），为屯戍设施，这些土城建于边堡沿线山谷、草地中。全系土筑，但规模、布局、结构多有不同，情况比较复杂。其中，单障平面呈长方形或（近）方形，三面墙上设门。城内有建筑遗迹，个别城外有壕堑。遗物有布纹瓦片，少许白瓷片，从瓷胎、质地、器形看，均为辽、金时期遗物。双连障城址或呈方形，或长方形。多在南墙设门，城内有建筑遗迹。

寨（关城），功能应为调遣、转运、指挥设施，一般可称为"关城"，规模比障稍大，多筑于距"前线"不远、交通较险要的隘口或通道上，既便于指挥，也利于戍守。巴林左旗境内共有两座寨，其中一座为好尔吐寨，位于乌兰坝乡好尔吐村所在地，筑于乌尔吉伦河上游支流西岸。城垣夯土板筑，平面方形，南北广300米，东西长280米，墙宽12米，现存高2~3米。现存墙垣上发现马面建筑十一座。西墙无门，南、北二墙正中对辟一门，瓮城方形，两门正控南北通道。城内建筑遗迹密集、清晰。在西、北护城河外另筑有围墙。城内地表遗物以建筑材料为主，尤以长方形灰砖为习见，多散布于建筑台基附近。瓦多布纹瓦，色灰，体厚，质坚。所见瓷片几乎为仿定白瓷。另一座为新浩特寨，位于乌兰坝公社新浩特大队所在地，筑于山谷草地上。城址方形，边长各200米，四垣保存完整，大体作南北向，墙宽6~8米，现存高3米左右。城墙四角各有角楼，圆形。东、西二墙对称筑有马面各三座，墙上无门；南北二墙对称筑马面各四座，墙正中部对辟一门，并筑有方形瓮城。西墙外有显明的护城河。城内建筑遗迹较密，布局依稀可辨。地表遗物较多，与好尔吐寨出土者大体相近②。

可以看出内蒙古金界壕的防御结构并非是单一的界壕，而是界壕、墙、边堡、戍堡、关城等构成的一个完整的立体式防御设施。另外，内蒙古的金界壕是金代界壕修筑长度最长的一段，结构也最为复杂。因此，搞清楚内蒙古金界壕的分布及走向对于研究金代的防御方向及防御设施有重要的意义。

4. 河北省境内

河北省境内的金代长城分布在康保、沽源、丰宁三县境内。1978年和1982年曾对金代长城进行过实地调查，基本弄清了金界壕的分布、走向、结构形制、附属设施等。

---

① 邵清隆：《内蒙古霍林河矿区金代界壕边堡发掘报告》，载于《考古》1984年第2期。
② 项春松：《巴林左旗金代临潢路边堡界壕踏查记》，载于《北方文物》1987年第2期。

（1）修建与走向。

金界壕在河北省分布在康保、沽源、丰宁三县，金长城（界壕）总长为88千米，走向为"金代长城横贯康保县中部，穿过沽源县东北部和丰宁县北部。长城（界壕）由墙体、壕堑、马面三部分组成。现存墙体多略高出地面，似一道土埂。"①

康保段，西由内蒙古化德县特布乌拉进入康保县境内胡毛庆村北，由二喇嘛村出境，入内蒙古太仆寺旗贾家地村西北，长约65千米②；沽源段，由黑城子牧场向南进入沽源县马点村北，又从东米地沟村北出境，进入内蒙古多伦县境内，长约15千米③；丰宁段，呈东南—西北走向，东起骆驼场风水山，向西经边墙沟，过一小山梁入内蒙古多伦县境，全长7.5千米。当地群众称之为头道边或边墙。边墙遗迹保存较好，一般采用因地制宜就地取材的方法构造。每250米筑有一座马面，西边墙里则密度增加，间隔减至50米。在东边墙沟处，采用深挖壕堑的方法，目前保存有长600米的一段。山坡上复用筑墙之法，墙至山顶，筑斥堠一座，均用小块石垒砌。④

（2）附属设施。

河北省界壕（长城）由马面、城址和边堡构成。

康保县境内主要存在两座与金界壕有关的城址，其中一座为小兰城址，位于康保县郝车倌乡小兰城村西。平面呈正方形，边长200米，城墙夯土筑成。城的东、西、南3面有城门。暴露遗物有白瓷片、泥质灰陶片等；另一座为大土城址，位于康保县阎油坊乡大土城村西南约500米，为正方形，边长200米。城门在南面中央。暴露遗物与小兰城址内遗物相同。康保县境内相关边堡有5座，分别为西土城址、十大股城址、土城址、兰城址及平原城址。城址平面或呈拱形，或长方形，或正方形。城址长150～1 100米，宽150～500米。从个别城址现存情况看，城墙外侧四周设有马面，城址四隅有角楼基址，城址内遗物有白瓷片、泥质灰陶片等。曾出土铁刀、铁斧、白釉瓷瓮、大量矿渣、咸丰元宝和北宋铜钱等。

沽源县境内的附属建筑主要是边堡，分别为九连城、李大美城、小城址、马神庙城址。城址平面或呈长方形，或呈（近）方形。城址长177～920米，宽170～760米，城墙残高0.2～3米。城内遗物有泥质灰陶片、白瓷片、三彩器残片等。

丰宁县境内存在1处相关城址，即骆驼场城址，位于丰宁县草原乡东0.5千

---

①②③ 刘建华：《河北省金代长城》，载于《北方文物》1990年第4期。
④ 张汉英：《河北丰宁境内的古长城和金代界壕》，载于《文物春秋》1993年第1期。

米处，北距长城约200米。城墙正方形，夯土筑成，边长196.4米。城四隅均有角楼遗址。四面城墙中部各设1个马面。城内西北角有1个小城，边长40米。此县金界壕沿线共有马面4座，与墙体连筑，为一次施工筑成，总体保存现状：宽5~6米，北面突出墙体约2米，间距为250米左右。有的马面高出墙体1米，疑为烽火台。

（四）研究总结

金界壕从20世纪初开始研究、调查。经历了文献研究，文献研究与考古调查并行，再到文献研究与考古调查资料相结合的研究发展阶段。研究深入金界壕的各个方面，获得了一批研究成果，已经取得如下进展。

第一，基本上明确金界壕的分布及走向情况。

第二，关于金界壕的定名定性问题，多数学者认为金界壕为我国长城家族的一员。通过对古代长城称呼的多样性和《金史》中阐释界壕称呼的分析讨论，通过对其功能作用的分析，认为金界壕即为金代的一种防御措施，和长城的作用比较一致，故而将其定性为长城类防御设施。

第三，关于金界壕的长度问题，目前尚无准确的数据，这与金界壕的分布情况有关。金界壕多分布在草原地区，经长时间风沙掩埋，致使无法调查。另外，各省对金界壕调查的情况不均衡致使数据无法累加。另外还由于界壕深入俄罗斯、蒙古境内的长度无法进行准确测量。

第四，关于金界壕各段的定名问题。不同的调查者、研究者对于界壕命名不同，致使同一段界壕在不同的文章中存在不同的名称，影响了学术界对金界壕做整体研究。

第五，关于金界壕在金代的管辖问题，即"三路说"和"四路说"。这两种说法最大的争议在临潢路是否管理金界壕。冯永谦认为临潢路并非金界壕的管理机构，而以王国维为代表的多数学者认为临潢路是管理金界壕的机构之一。

第六，金界壕对于辽界壕的沿用问题，主要存在于金、辽界壕的共存之地以及学者对于同一段界壕的年代判断上。在金界壕的边堡、城址、关寨等遗迹中，经常会同时发现辽、金的遗物共存现象。因此，要真正的说清楚金代是否沿用的辽代界壕的问题，还有待进一步的研究。

第七，金界壕所过地区的地名问题，如辽金泰州、乌迪古烈等。金在占据原属辽的国土时，地名多不会更改。但因为种种原因而迁移的一些城镇，在迁徙之后，仍保留了原先的城镇名字。由于短时间内，文化遗物的面貌是相对稳定的，导致在一些城址的判断时会出现失误。金界壕所过地区的地名问题也多是这样产生。

第八，金界壕的建筑形制、结构特点问题，单壕说和壕、墙共存说。随着考古资料和调查资料的逐步翔实，这个问题已经解决。现在学界已经达成一致，认为金界壕的结构一般为墙、壕共存，至于是只有壕还是壕墙共存，抑或是只有墙，这些均因地制宜。墙体的建筑材料也是就地取材，土筑和石筑两种。界壕在一般情况下，由墙体、界壕构成，但在有些地方会出现双墙双壕的情况。

第九，金界壕修筑时间的讨论。由于金界壕修筑时间较长，且在《金史》中对于金界壕的修筑时间并没有详细的记载，因此，对于金界壕的修葺和新筑情况并不清楚。但就目前的研究情况而言，在一些地段的金界壕的修筑情况还是很明显的，学者们的观点也普遍相似。

第十，金界壕境外段的资料问题。这一问题是目前金界壕研究中的盲点。要清楚地知道界壕的分布情况，就必须对这部分的资料有全面而清楚的了解。同时，这也是研究金王朝军事防御情况所不可或缺的一部分资料。

第十一，金界壕是否为金朝边境的问题。王国维在《金界壕考》中做出明确的论证。他认为金界壕并非是金王朝的边境线，而是一条位于边境线内的防御设施。在这一问题的认识上，国内学者普遍赞同王国维的看法。

（五）历史意义及评价

金界壕处于我国长城建设的成熟阶段，在一定程度上对前人建造的长城有所继承，但同时也对明代长城的建设有一定的启发性，具有承上启下的作用。作为我国古代少数民族建设的伟大工程，金长城是民族文化融合的体现。长城最早的建立，除国内的分地治之、互相攻守之外，一个重要的作用的就是对北方游牧民族的战争需要。作为游牧民族出身的金王朝统治者而言，他们采取这样的防御措施表明他们对中原文化的认同与采纳。因此，无论是哪个时代的长城，它都具有双重的含义，一是战争防御的需要，一是民族融合的符号。金长城也不例外，反而是更加明确了这两种功能的统一。

第四节　明清长城

一、明长城

明长城东起鸭绿江畔的辽宁虎山，西至祁连山东麓的甘肃嘉峪关，所处地域辽阔，东西跨度巨大，从沿海一直延伸至内陆，是明代为防御北方游牧民族而修建的军事防御工事。明长城分为不同的段落，分别归属不同军镇管辖，最先设置有辽东、蓟镇、宣府、大同、山西、延绥、宁夏、固原、甘肃等九个军镇，俗称"九边"，后来增置真保镇，又从蓟镇分出山海、昌平二镇，从固原分出临洮镇，总计设有十三个军镇。明长城在明朝政权所辖北侧分布，截断沿线各处通道，但在东段的辽西走廊和西段的河西走廊，却是通过修筑长城来保障这两条通道的通畅，以防蒙古部族的侵扰，从而保证明朝与东北少数民族以及西域各国之间的正常交往。

中外学术界对明长城的相关问题有过比较详细的讨论。

姚有志在其文中指出古长城自公元前五世纪前后萌生，经历了20多个世纪，反映了历代中原王朝在组织防务上所遵循的共同指导思想：第一安内与攘外，主要是安内；第二防御与进攻，主要是防御；第三文治与武功，主要是文治。[①]

冯嘉苹、程连生、徐振甫认为长城，不仅是中华民族古老文化的象征，而且是一条实际存在的重要地理界线。长城在地理上的许多界限指标意义仍然存在，它依然是许多地理事物的敏感地带。[②]

郭德政、杨姝影通过对中国历代长城位置的变迁、长城沿线生态环境的演化以及此地区农牧业生产方式更替的分析，来研究长城位置变迁与生态环境演化的互动关系，从生态学的角度探讨长城对环境的特殊意义，为中国北方生态环境恢复建设提供理论依据。[③]

华夏子《明长城考实》[④] 全面介绍了明朝以前历代修筑长城概况、明朝修建长城的历史背景，明长城的建置沿革之后，分省市地区，逐县逐段详细考察记述所见长城遗址的形制、结构、位置、布局、走向及有关遗物；并结合正史、方志等历史文献和当地居民口碑回忆，记述该地曾经发生的战事、故事。

赵现海《明长城的兴起——14至15世纪西北中国军事格局研究》[⑤] 一文对明前期西北地区军事格局进行研究，探讨了明长城兴起的原因和方式。

美国普林斯顿大学林霨（Arthur Waldron）所著《长城：从历史到神话》(The Great Wall of China: From History to Myth)[⑥] 一书是美国影响最大的长城史研究专著。全书主体内容分为三个部分：第一部分主要探讨了秦长城及其战略思想根

---

① 姚有志：《从古长城看中原王朝的防务特征》，载于《军事历史研究》1995年第1期。
② 冯嘉苹等：《万里长城的地理界线意义》，载于《人文地理》1995年第1期。
③ 郭德政、杨姝影：《中国北方长城的生态学考察》，载于《环境保护》2005年第1期。
④ 华夏子：《明长城考实》，档案出版社1988年版。
⑤ 赵现海：《明长城的兴起——14至15世纪西北中国军事格局研究》，载于《中国长城博物馆》2007年第4期。
⑥ ［美］阿瑟·沃尔德隆（Arthur Waldon）：《长城：从历史到神话》，江苏教育出版社2008年版。

源；第二部分首先探讨了河套地区的地理位置、战略地位，指出河套平原适合农耕，是蒙古威胁明朝的三个最重要的战略要地之一，而明朝也只有加强河套防御，才能够保护其"心脏地带"，还指出了明朝永乐、宣德年间北边防线呈现了内缩的趋势，并揭示出了这一趋势的经济原因是明朝屯田的破坏造成北边军队承受了很大的后勤压力，战略原因是明朝沿边防御观念的兴起使明朝逐渐丧失了进攻的兴趣；第三部分探讨了"土木之变"后，蒙古进入河套的过程与明朝"搜套"防御方案和修筑边墙"静止防御"方案的先后出台，指出经济问题是明朝考虑修筑榆林长城的原因。

倪晶结合九边十一镇其他地区的长城堡寨研究，挖掘北方防御性堡寨的内在魅力，从整体上厘清了历史上长城军事防御工事作为防御性聚落的产生、建设与发展变迁过程，并将其纳入我国北方聚落发展史的框架中。这对于历史文化遗产的保护、历史考古发掘研究及聚落发展史的研究都具有重要的意义。①

吕志毅详细地介绍了明长城河北境内的主要长城要险。②

王剑英对明长城的起讫地点、辽东边墙、柳条边并不是辽东边墙等三部分做了阐述。③

李爱民介绍了明朝民族斗争和长城修建的必要性、昌镇边墙修筑的基本情况、怀来县长城修建和基本情况等。④

史念海认为明代九边镇大抵皆倚长城建置，西北各边镇中唯陕西一镇与他镇不同。陕西镇总兵始设于宣宗宣德年间，旧驻会城（今西安），后移驻于固原，因而也称固原镇，显示出固原在当时的军事上的重要性。明代延绥镇的守卫和鞑靼冲破延绥镇的长城对于都城北京威胁之间有密切的关系。延绥镇于西北四镇中所受的抄掠独为严重的原因，就是邻迩河套，无险可守，仅依赖一条长城以资屏蔽。而这里的长城又皆以土建筑，土中含沙量较多，故并非十分坚固，鞑靼南侵时往往就毁城而入。⑤

艾冲将宁夏长城的修筑分为四个阶段，明初到天顺是始建阶段，成化到正德年间为边墙的主要修筑时期，经过这段时期，宁夏镇的边墙全面建成。嘉靖年间对边墙进行了加固。隆庆到万历年间主要是对地震中被毁的边墙进行修补。艾冲在介绍明长城修葺过程的同时，还对边墙的修筑概况做了评述，延绥长城的建设大致经历四个时期。第一期，成化九年、十年（1473年、1474年），余子俊始筑

---

① 倪晶：《明宣府镇长城军事堡寨聚落研究》，天津大学硕士学位论文，2005年。
② 吕志毅：《河北境内的长城要险》，载于《河北学刊》1987年第1期。
③ 王剑英：《明长城的起讫和长度》，载于《历史教学》1983年第3期。
④ 李爱民：《怀来明长城》选自《张家口文史资料》第十一辑，文史资料研究委员会，1987年版。
⑤ 史念海：《论西北地区诸长城的分布及其历史军事地理（下篇）》，载于《中国历史地理论丛》1994年第3期。

长城大边、二边；第二期，正德、嘉靖年间定边及西段长城的重建；第三期，隆庆至万历初期，东段及中段长城的修缮；第四期，万历元年后对长城的修葺。对延绥镇长城研究的论文相对较多，对延绥镇的设立时间、边墙修建情况、建筑分布特点、社会情况及与环境的互动关系等问题均有深入的讨论。①

余同元认为，文化带是指具有相似地理单位的文化区域、文化类型及文化模式。明代构筑了中国历史上最后一道长城，它位于历代长城的最南边，沿着这道长城，以辽东、蓟镇、宣府、大同、山西（又称三关镇或太原镇）、延绥（又称榆林镇）、宁夏、固原、甘肃等九大军事重镇为中心的九边地区是明代长城文化带的大致范围。②

田瞳在《汉长城与明长城》③一文中对明长城的修筑时间、过程及修筑情况进行了评述。

黄雪寅认为历代草原民族的发展始终与长城有着密不可分的关联，与汉文化及周边文化也始终处于相互渗透和共同发展之中。长城带地区形成了各具特色但又密不可分的北方文化大系，这是对历史的奉献。④

刘景纯探讨了蒙古诸部侵扰的时间、分布特点、侵扰地域的差异，以及主要部族侵扰的时空变迁特征，可以从侧面反映各镇边墙修筑、加强的原因。⑤

胡凡、徐淑惠认为成化年间，退回漠北又南下的蒙古族已将河套作为其永久的根据地，又鉴于此明廷内部出现了两种主张，一为"搜套"，一为修长城。⑥

毛雨辰介绍了西北四镇的边备情况，认为整个北部边备政策是在明初奠定其雏形的，虽然因时因势在不断地发生转变，但总体是以"固守封疆"的御敌方略为出发点，以朱元璋提出的"谨备"政策为中心，即"略荒裔之地，不如守边"。明代西北的延绥、宁夏、甘肃、固原四大军政重镇的设置，便是边备政策中的重要举措之一，也成为明代北部防御体系的重要组成部分。⑦

何平立认为明代马政是政府经营西北、巩固边防的重要举措，然而明代中后期马政的衰败是导致明王朝覆没的一个重要历史原因。⑧

---

① 艾冲：《明代陕西四镇长城考》，陕西师范大学出版社1990年版。
② 余同元：《明代长城文化带的形成与演变》，载于《烟台大学学报》1990年第3期。
③ 田瞳：《汉长城与明长城》，载于《丝绸之路》1999年第5期。
④ 黄雪寅：《内蒙古草原民族与北方长城地带各民族的关系》，载于《内蒙古文物考古》1998年第2期。
⑤ 刘景纯：《宣德至万历年间蒙古诸部侵扰九边的时间分布与地域变迁》，载于《中国边疆史地研究》2009年第2期。
⑥ 胡凡、徐淑惠：《论明代成化时期对河套蒙古的防御措施》，载于《大同职业技术学院学报》2002年第1期。
⑦ 毛雨辰：《明代西北边镇边备及其得失研究》，西北师范大学硕士学位论文，2005年。
⑧ 何平立：《略论明代马政衰败及对国防的影响》，载于《军事历史研究》2005年第1期。

此外，还有一些对长城进行总体介绍的论著。

高旺所著《博览长城风采》[1]，朱耀廷、郭引强、刘曙光所著的《战争和和平的纽带——古代长城》[2]，罗哲文所著《长城》[3]，刘金柱著《万里长城》[4]，文物编辑委员会编《中国长城遗迹调查报告集》[5]，王国良著《中国长城沿革考》[6]，寿鹏飞著《历代长城考》[7]，景爱著《中国长城史》[8]，中国长城学会编《长城百科全书》[9]，董耀会著《瓦合集长城研究文化论》[10]，丁新豹、董耀会主编《中国（香港）长城历史文化研讨会论文集》[11]，香港历史博物馆编制《长城历史与文物》[12]，顾颉刚、史念海的《中国疆域沿革史》[13]，伊修良主编《中国古代筑城述要》[14]。发表在期刊上和论文集上的文章有魏保信《明代长城考略》[15]，穆远、学君《明长城建筑构件》[16]，晚学、王兴明《浅谈明长城墙台的几种类型》[17]，赵现海的《明代九边军镇体制研究》[18]，艾冲的《明长城十三镇考述》[19]，河北省文物局长城资源调查队编著《河北省明代长城碑刻辑录》[20]，吕志毅《河北境内的长城要隘》[21]，韩光辉、李新峰的《明长城东段沿线聚落的形成和发展》[22]，张洪印、孙钢著《畿南第一雄关——紫荆关》[23]，孙钢、赵春明《涞源明

---

[1] 高旺：《博览长城风采》，中国广播电视出版社1991年版。
[2] 朱耀廷等：《战争和平的纽带——古代长城》，辽宁师范大学出版社1996年版。
[3] 罗哲文：《长城》，北京出版社1982年版。
[4] 刘金柱著：《万里长城》，黑龙江科学技术出版社1985年版。
[5] 文物编辑委员会编：《中国长城遗迹调查报告集》，文物出版社1981年版。
[6] 王国良著：《中国长城沿革考》，商务印书馆1930年版。
[7] 寿鹏飞著：《历代长城考》，自刊得天庐存稿之二，1941年版。
[8] 景爱著：《中国长城史》，上海人民出版社2006年版。
[9] 中国长城学会：《长城百科全书》，吉林人民出版社1994年版。
[10] 董耀会：《瓦合集长城研究文化论》，科学出版社2004年版。
[11] 丁新豹、董耀会：《中国（香港）长城历史文化研讨会论文集》，长城（香港）文化出版公司2002年版。
[12] 香港历史博物馆：《长城历史与文物》，2002年版。
[13] 顾颉刚、史念海：《中国疆域沿革史》，商务印书馆2000年版。
[14] 伊修良：《中国古代筑城述要》，中国人民解放军工程兵学院研究室1985年版。
[15] 魏保信：《明代长城考略》，载于《文物春秋》1997年第2期。
[16] 穆远、学君：《明长城建筑构件》，载于《文物春秋》1998年第2期。
[17] 晚学、王兴明：《浅谈明长城墙台的几种类型》，载于《文物春秋》1998年第2期。
[18] 赵现海：《明代九边军镇体制研究》，东北师范大学博士学位论文，2005年。
[19] 艾冲：《明长城十三镇考述》，载于《陕西师范大学历史系学术论文集》，陕西人民教育出版社1994年版。
[20] 河北省文物局长城资源调查队编著：《河北省明代长城碑刻辑录》，北京科学技术出版社2009年版。
[21] 吕志毅：《河北境内的长城要隘》，载于《河北学刊》1987年第1期。
[22] 韩光辉、李新峰：《明长城东段沿线聚落的形成和发展》，载于《文史知识》1995年第3期。
[23] 张洪印、孙钢：《畿南第一雄关——紫荆关》，载于《文物春秋》1996年第1期。

长城调查报告》①，冀金刚、刘龙启、赵建坤《邢台明长城述略》②，张平一《河北境内长城的历史价值和作用》③，李建丽、李文龙《河北长城概况》④，郑绍宗、郑立新《河北古代长城沿革考略（上）》和《河北古代长城沿革考略（下）》⑤以及《灵寿县古长城》摘自《灵寿县文史资料第一辑》⑥，韩光辉、李新峰的《明代长城考略》⑦等。

（一）辽东镇长城

1. 修建

1368年，朱元璋建立明朝后，元朝的残余势力虽退守漠北，却仍不断地南下侵扰明朝的边境地区。尔后女真在东北兴起，其中建州女真一支势力强劲，不时地骚扰明朝边界。因此，修建长城，对游牧民族的防御就显得尤为重要。

明长城辽东段具有重要的地位和作用。此段始建于明正统年间，其后不断地拓展延伸，最终形成了西与山海关长城相接，东至丹东市鸭绿江口的明长城辽东段。终明之世，从未停止维修、维护，增设营堡等活动。

明代辽东镇地域约相当于现在辽宁省大部，辽东镇边墙全部在今辽宁省境内。

辽东镇设立于永乐三年（1405年），是明成祖以北京为都城，为加强北京的防御，而在东北方向设立的军镇，目的是防御北方蒙古势力，兼防生活在东北的少数民族政权，主要是女真各部。

辽东镇边墙的修建主要分为两部分，以辽河为界，一部分在辽河以西，即河西边墙，另一部分为河东边墙。河西边墙为防御辽西走廊北方的蒙古部族，维护这条通道而修建；河东边墙则是在建州女真日渐强大之后，明朝势力退守一隅，为防御女真势力而修建。

有关辽东镇边墙的文献记载主要见于《明史、明实录》《皇明九边考》《边镇考》《明经世文编》《读史方舆纪要》《九边图说》《全边略记》以及方志性的史书《四镇三关志》《全辽志》《辽东志》《三朝辽事实录》等。

根据文献资料记载，辽东镇长城于正统七年（1442年）开始修建，历时39

---

① 孙钢、赵春明：《涞源明长城调查报告》，载于《文物春秋》1999年第3期。
② 冀金刚等：《邢台明长城述略》，载于《邢台师范高专学报》2000年第1期。
③ 张平一：《河北境内长城的历史价值和作用》，载于《文物春秋》2003年第1期。
④ 李建丽、李文龙：《河北长城概况》，载于《文物春秋》2006年第5期。
⑤ 郑绍宗、郑立新：《河北古代长城沿革考略（上）》和《河北古代长城沿革考略（下）》，载于《文物春秋》2009年第3期、第4期。
⑥ 《灵寿县古长城》摘自《灵寿县文史资料第一辑》，河北人民出版社1989年版。
⑦ 魏保信：《明代长城考略》，载于《文物春秋》1997年第2期。

年才初步修成"延袤二千三百余里"的边墙。据《读史方舆纪要》载,"永乐时,筑边墙于辽河内,自广宁东抵开原,七百余里。"①《明宪宗实录》中对这次修建长城的前提有明确的说法,即"自永乐中罢海运后,筑边墙于辽河之内,自广宁东抵开原七百余里。"② 广宁即锦州,该段长城位于辽西走廊东端至辽河上游区域。《明史·王翱列传》记载王翱于正统"七年冬,提督辽东军务。翱以军令久弛,寇至,将士不力战,因诸将庭谒,责以失律罪,命左右曳出斩之。皆惶恐叩头,愿效死赎。翱乃躬行边,起山海关抵开原,缮城垣,浚沟堑。五里为堡,十里为屯,使烽燧相接。"③ 后来毕恭守辽东时又对这段长城进行修葺,《开原县志》对这段长城的维修情况进行了记载。④ 以上是关于辽东镇西部分长城的修建情况。

据《明宪宗实录》记载,成化十五年(1479年)修建东段长城:"辽东边墙,正统二年始立。自后,三卫夷人,假以放牧,潜入河套。且边墙阻辽河为固,濒河之地,延袤八百余里。"⑤ 这段长城是为了防御建州三卫而修建。原来开原以东段有一系列的营堡,成化十五年修建墙体,万历二年又重新修葺,即"先修台工,计地百丈建台一座,加昌平镇之制,空心实下,庶可经久。两台之间,止用砖与石为墙。"⑥ 万历三十七年,熊廷弼又曾重修东端长城,"通计挑筑过壕墙六百八十五里。"⑦

据《明孝宗实录》记载,"辽东边墙自山海关抵开原,延亘二千余里,河西一带随山起筑多用石砌。"⑧ 可知西段长城墙体是以石块垒砌为主。

据《四镇三关志·形胜·辽镇形胜》记载,整个辽东镇长城全长787.5千米。据《辽东志·兵食·武备》记载,这沿线共有边墩1 067座,平均间隔约为一里稍短。

2. 相关历史文献

有关辽东镇边墙的文献记载主要见于《明史》《明实录》《皇明九边考》《边镇考》《明经世文编》《读史方舆纪要》《九边图说》《全边略记》,方志性的史书有《四镇三关志》《全辽志》《辽东志》《三朝辽事实录》等。

---

① [清]顾祖禹:《读史方舆纪要》卷三十七,中华书局2005年版,第1569页。
② 《明宪宗实录》卷290,江苏国学图书馆1940年印本,第3页。
③ 《明史·王翱列传》卷一七七,中华书局1974年版,第4700页。
④ 《开原县志》卷7,1930年纂修本,第45页。
⑤ 《明孝宗实录》卷72,江苏国学图书馆1940年印本,第6页。
⑥ 《明神宗实录》卷22,江苏国学图书馆1940年印本,第11页。
⑦ [明]熊廷弼:《修完沿边城堡台墙疏》,万历三十七年六月十三日。
⑧ 《明孝宗实录》卷195,江苏国学图书馆1940年印本,第10页。

《明史·张鼎列传》:"筑边墙自山海关迄开原叆阳堡凡千余里。"①

《明宪宗实录》:"自永乐中罢海运后,筑边墙于辽河之内,自广宁东抵开原七百余里。"②

《读史方舆纪要》:"永乐时,筑边墙于辽河内,自广宁东抵开原,七百余里。"③

《全辽志·宦业志》:"巡抚王公翱,荐毕有文武才,由百户举升流官指挥佥事。图上方略,开设迤西边堡墙壕,增著烽堠,兵威大振,虏人畏服,进署都指挥佥事。"④

王翱于正统"七年冬,提督辽东军务。翱以军令久弛,寇至,将士不力战,因诸将庭谒,责以失律罪,命左右曳出斩之。皆惶恐叩头,愿效死赎。翱乃躬行边,起山海关抵开原,缮城垣,浚沟堑。五里为堡,十里为屯,使烽燧相接。"⑤

《明孝宗实录》:"辽东边墙,正统二年始立。自后,三卫夷人,假以放牧,潜入河套。且边墙阻辽河为固,濒河之地,延亘八百余里。"⑥

《明孝宗实录》:"辽东边墙自山海关抵开原,延亘二千余里,河西一带随山起筑多用石砌。"⑦

《全辽志·边防志》:"毕恭守辽东,始践山因河,编木为垣,久之乃易以版墙,而墩台城堡,稍稍添置。"⑧

《辽东志·巡按御史李善奏复辽东边事疏》:"宣德年间,本镇初无边时,仅严于瞭望,烽堠甚远……至毕恭立边后,将辽河套置于境内。"⑨

《全辽志·宦业志》:"边垣圮废,夷虏猖獗,题请修筑边墙,自辽阳三岔河北,直抵开原,延亘五百余里。崇墉深壕,虏莫敢犯。"⑩

《开原县志》:"嘉靖二十八年(1549年)巡抚蒋应奎自山海关直抵开原,每五里设台一座,历任巡抚吉澄、王之浩于险要处增设加密,每台上盖更楼一座,黄旗一面,器械俱全,台下有圈,设军夫五名常川瞭望以便趋避。"⑪

---

① 《明史·张鼎列传》卷一百八十六,中华书局1974年版,第4942页。
② 《明宪宗实录》卷290,江苏国学图书馆1940年印本,第3页。
③ [清] 顾祖禹:《读史方舆纪要》卷三十七,洪氏出版社1981年版,第1569页。
④ 《全辽志·宦业志》卷四,辽海书社1934年版,第17页。
⑤ 《明史·王翱列传》卷一百七十七,中华书局1974年版,第4700页。
⑥ 《明孝宗实录》卷72,江苏国学图书馆1940年印本,第6页。
⑦ 《明孝宗实录》卷195,江苏国学图书馆1940年印本,第10页。
⑧ 《全辽志·边防志》卷二,辽海书社1934年版,第25页。
⑨ 《辽东志·巡按御史李善奏复辽东边事疏》卷七,辽海书社1934年版,第5页。
⑩ 《全辽志·宦业志》卷四,辽海书社1934年版,第8页。
⑪ 《开原县志》卷7,1930年纂修本,第45页。

《明神宗实录》:"自锦州迤东抵三岔河,又自三岔直抵旧辽阳。"① 拨银"四千一百二十两"。万历二年,兵部又复蓟辽总都刘应节继续修筑辽东长城所请,"先修台工,计地百丈建台一座,加昌平镇之制,空心实下,庶可经久。两台之间,止用砖与石为墙。"②

《明史·职官志》:"镇守辽东总兵官一人,旧设,驻广宁。隆庆元年(1567年)令冬月移驻河东辽阳适中之地,调度防御,应援海州、沈阳。协守副总兵一人,辽阳副总兵旧为分守,嘉靖四十五年改为协守,驻辽阳城,节制开原、海州、险山、沈阳等处。分守参将五人,曰开原参将,曰锦义右参将,曰海盖右参将,曰宁远参将,曰宽奠堡参将,游击将军八人,守备五人,坐营中军官一人,备御十九人。"③

成化三年(1467年),"自抚顺而南四十里,设东州堡;东州之南三十里,设马根单堡,马根之南九十里设清河堡;清河之南七十里,设碱场堡;碱场之南一百二十里,设叆阳堡,烽堠相望,远近应接,拓地千里焉。"④

《九边图说·辽东》:"辽东镇原额马步官军九万四千六百九十三员名,除节年逃故外,实在官军八万一千九百九十四员名。原额马六万七千零一匹,除节年例失外,实在马四万三千八百七十五匹。""本镇年例主兵银一十六万三千九百九十八两五钱二分八厘二毫五丝,客兵银四万外。"⑤

3. 考古调查与考察

(1)全国文物普查中的发现。

1981年开始的第二次全国文物普查是对文物资源的一次全国性大规模的调查,普查结束后辽宁省整理出版的《中国文物地图集·辽宁分册》⑥ 对分布在沈阳市、鞍山市、抚顺市、本溪市、丹东市等地的辽宁明长城遗迹做了详细的记录。

(2)其他调查及成果。

辽宁省长城学会的陈德辉,从1979年开始就调查本溪地区的明长城遗址,其后和同事一起对长城进行实地调查测绘,搞清了本溪市境内近70千米的长城分布走向。⑦ 中国长城学会理事刘谦从1979年开始对辽东长城做了全面详细的调查。调查工作从辽东镇长城西段与蓟镇长城交界的山海关东北锥子山起,行

---

① 《明神宗实录》卷16,江苏国学图书馆1940年印本,第9页。
② 《明神宗实录》卷二十二,江苏国学图书馆1940年印本,第11页。
③ 《明史·职官志》卷七十六,中华书局1974年版,第1867页。
④ 《辽东志·韩斌辽东防守规画》卷七,辽海书社1934年版,第4页。
⑤ [明]霍冀:《九边图说·辽东》,明隆庆三年刻本,第9页。
⑥ 国家文物局:《中国文物地图集·辽宁分册(上、下)》,西安地图出版社2009年版。
⑦ 辽宁省长城学会编:《辽宁长城》,辽宁人民出版社2010年版。

经 23 个县市，全部历程 1 000 多千米，调查成果体现在《明辽东镇长城及防御考》中。①

1986 年，为配合辽宁省各界赞助修复明万里长城九门口工程，经国家文物局批准，由冯永谦任领队主持对九门口长城遗址进行考古发掘。通过发掘，不仅清理出土大量遗物，而且还发现了前所未见的长城建筑结构。1986 年辽宁省文物考古研究所对绥中县李家乡新堡子村新台子屯九江河明代长城城桥遗址进行发掘时，先后发现了墓碑、庙碑，以及明万历四十三年（1615 年）和天启六年（1626 年）修筑长城记事碑的文字资料，令人惊讶的是，这些碑记的内容竟然都涉及一片石。②

鞍山市文物工作者先后对分布在台安县、海城县、鞍山市区大部分地区的辽东长城进行了考察，通过考查基本探明了明代辽东长城在鞍境的走向，基本探明明代长城在鞍山境内的防御系统与设施③。

1990 年 5 月，丹东市文化局考察了沿宽甸县和凤城县交界山脊上的长城，确认了明长城东端起点虎山段的具体位置与行经路线。

4. 已有研究成果

冯永谦的《辽宁古长城》④、艾冲的《明长城十三镇考述》⑤ 及《论明十三镇长城的起止点和结合部》⑥ 等文章都有涉及明代辽东镇长城的部分。薛作标在其《辽东边墙今昔》⑦ 中根据史书记载，踏勘了明代辽东边墙的遗迹。

（二）蓟镇长城

1. 修建

蓟镇管辖范围主要包括今天河北、天津北部、北京等地。因地处北边，北与蒙古兀良哈部接，为极冲之地，为九边之一。其后在蓟镇之西部又设昌平镇，虽然并不临边，不在九边之数，但也是京师西北门户所在，颇为重要，其辖区因比宣府长城靠内，所以称为"内长城"。

昌平镇设立后又在蓟镇东部设山海镇，虽然无名口以西部分也是临边，但防

---

① 刘谦：《明辽东镇长城及防御考》，文物出版社 1989 年版。
② 薛景平：《辽宁境内明长城考察发掘的重大成果》，载于《辽宁大学学报》1995 年第 6 期。
③ 辽宁省长城学会编：《辽宁长城》，辽宁人民出版社 2010 年版。
④ 冯永谦：《辽宁古长城》，辽宁人民出版社 1986 年版。
⑤ 艾冲：《明长城十三镇考述》，载于《陕西师范大学历史系学术论文集》，陕西人民教育出版社 1994 年版。
⑥ 艾冲：《论明十三镇长城的起止点和结合部》，载于《陕西师大学报（哲学社会科学版）》1993 年第 2 期。
⑦ 薛作标：《辽东边墙今昔》，载于《社会科学辑刊》1983 年第 5 期。

御重点不是直接对外,是针对来自辽西走廊山海关一线的攻击,是作为辽东镇的第二防线而建构的,不在九边之数。女真首领努尔哈赤于1616年建后金,并以"七大恨"为由宣布对明朝作战,山海镇的分设就是为加强北京的防御,而防御对象就是女真族。

蓟州边墙的修筑由来较早,洪武年间,主要沿燕山山脉设置关隘进行防守,没有形成连续性的边墙,"自永平、蓟州、密云迤西二千余里,关隘百二十有九,皆置戍守。"① 弘治十一年(1498年),顺天巡抚洪钟整饬蓟州边备时,曾增修塞垣墩台,直到嘉靖年间,才在燕山山脉上大规模地修建了连绵的长城。蓟镇长城东至海滨山海关,西部在火焰山墩与宣府长城相接。

蓟镇作为守卫京师的重镇,地理位置异常重要,京师之北和东北、西北和西面都设有内外两重防线,俗谚谓"蓟镇的城墙,宣府的校场",可见蓟镇边墙修建的是何等的牢固。时至今日,边墙中保存最好的段落依然是当年蓟镇辖区段落。

据《明史》记载:"蓟之称镇,自(嘉靖)二十七年始。时镇兵未练,因诏各边入卫兵往戍。既而兵部言:'大同之三边,陕西之固原,宣府之长安岭,延绥之夹墙,皆据重险,惟蓟独无。渤海所南,山陵东,有苏家口,至寨篱村七十里,地形平漫,宜筑墙建台,设兵守,与京军相夹制。'"② 在此之前,蓟镇地区的防守主要是依凭燕山山脉的险要山势,只需以重兵守住几个关口,在兵部右侍郎范鏓上书"奉诏总理边关阨隘。……又蓟镇五里垛、划车、开连口、慕田谷等地,宜设墩台。恶谷、红生谷、香炉石等地,宜斩崖堑。居庸关外诸口,在宣府为内地,在居庸则为边藩,宜敕东中路文武臣修筑"③ 之后,才开始增修墩台和墙体。《明世宗实录》中对这次长城的修建有详细的记载,"嘉靖三十二年六月甲午,经略边务侍郎杨博言:阅过蓟镇平山营起,至昌平居庸关沿河口止,修完边墙墩台已逾大半,冷口关外极冲,边墙亦已增筑,其未完边墙万四千三百五十六丈,墩台九十二座,附墙敌台一百三座,房二百一十三间。"④

隆庆中,谭纶与戚继光协商修建墩台,"遂与继光图上方略,筑敌台三千,起居庸至山海,控守要害。"⑤《明史·戚继光传》记载:"自嘉靖以来,边墙虽修,墩台未建。继光巡行塞上,议建敌台。略言'边垣,延袤二千里,一瑕则百

---

① 《明史·兵志》卷九十一,中华书局1974年版,第2235页。
② [清]张廷玉等:《明史》卷九十一,吉林人民出版社1995年版,第1432页。
③ [清]张廷玉等:《明史》卷一百九十九,岳麓书社1996年版,第2899页。
④ 中央研究院历史语言研究所:《明实录·世宗嘉靖实录》卷三百九十九,第7页。
⑤ [清]张廷玉等:《明史》卷二百二十二,岳麓书社1996年版,第3241页。

坚皆瑕。比来岁修岁圮，徒费无益。请跨墙为台，睥睨四达。台高五丈，虚中为三层，台宿百人，铠仗糗粮具备。令戍卒画地受工，先建千二百座。然边卒木强，律以军法将不堪，请募浙人为一军，用倡勇敢。'督抚上其议，许之。浙兵三千至，陈郊外。天大雨，自朝至日昃，植立不动。边军大骇，自是始知军令。五年秋，台功成。精坚雄壮，二千里声势联接。"①

关于蓟镇长城的长度，史籍也有记载，《明史·戚继光传》记载"边垣，延袤二千里。"② 根据上引《明世宗实录》杨博的查阅结果推算也是约两千里，墩台前后修建共有1 600多座③。

《四镇三关志·形胜·蓟镇形胜》记载划出昌平镇后的蓟镇长城"延袤一千七百六十五里"，昌平镇长城"延袤四百六十里"，总计长度是1 112.5千米④。

2. 相关历史文献

史籍中修筑蓟镇段长城的记载，主要见于《明史》和《明实录》。

《明史》卷九一《兵三》记载："蓟之称镇，自（嘉靖）二十七年（1548年）始。时镇兵未练，因诏各边入卫兵往戍。既而兵部言：'大同之三边，陕西之固原，宣府之长安岭，延绥之夹墙，皆据重险，惟蓟独无。渤海所南，山陵东，有苏家口，至寨篱村七十里，地形平漫，宜筑墙建台，设兵守，与京军相夹制。'报可。时兵力孱弱，有警征召四集，而议者惟以据险为事，无敢言战者。其后入卫兵，俱听宣、大督抚调遣，防御益疏，朵颜遂乘虚岁入。"⑤

《明史·洪钟列传》卷一百八十七载：弘治十一年（1498年），洪钟"擢右副都御史，巡抚顺天。整饬蓟州边备，建议增筑塞垣。自山海关西北至密云古北口、黄花镇直抵居庸，延亘千余里，缮复城堡二百七十所。"⑥

《明史》卷二百一十二、列传第一一〇载："纶相度边隘冲缓，道里远近，分蓟镇为十二路，路置一小将，总立三营：东驻建昌备燕河以东，中驻三屯备马兰、松、太，西驻石匣备曹墙、古石……遂与继光图上方略，筑敌台三千，起居庸至山海，控守要害。纶召入为右都御史兼兵部左侍郎，协理戎政。会台工成，益募浙兵九千余守之。边备大饬，敌不敢入犯。"⑦

《大明世宗肃皇帝实录》卷399："（嘉靖三十二年六月甲午）经略边务侍郎杨博言：'阅过蓟镇平山营起，至昌平居庸关沿河口止，修完边墙墩台已逾大半，

---

①② ［清］张廷玉等：《明史·戚继光传》卷二百一十二，中华书局1974年版，第5614页。
③ 中央研究院历史语言研究所编：《明实录·明世宗实录》，名和美术印刷厂1965年版。
④ 刘效祖：《四镇三关志》卷二《形势考》，四库禁毁史第10册，第52~54页。
⑤ ［清］张廷玉等：《明史》卷九十一，吉林人民出版社1995年版，第1432页。
⑥ ［清］张廷玉等：《明史》卷一百八十七，岳麓书社1996年版，第2707页。
⑦ ［清］张廷玉等：《明史》卷二百二十二，岳麓书社1996年版，第3241页。

冷口关外极冲边墙亦已增筑,其未完边城万四千三百五十六丈,墩台九十二座,附墙敌台一百三座,房二百一十三间.'乞命总督镇巡官严督所司,及时修治以固保障."①

《武备志》:"东起山海关,西至大水峪抵昌镇慕田峪界,边长一千余里."②

《永平府志·关隘》记载:"洪武十四年,徐达镇守北平,翌年修山海关,发燕山等卫屯兵万五千一百人修永平,界岭等三十二关."③

另外,在《四镇三关志》《皇明九边考》《边政考》《皇明经世文编》《九边图考》《崇祯朝野纪》《典故纪闻》《谷山笔麈》《广志绎》《皇明异典述·勋臣总省府台》《黄漳浦文选·救钱龙锡疏(凡三章)》《甲申传信录·睿谟留憾》等史书中对蓟镇长城的情况也有相关记载。

3. 考古调查与考察

新中国成立前虽然已经开始了对北京市境内长城的实地调查研究,但总体还停留在文献之间相互考证的范围内。新中国成立后到"文革"以前,实地调查研究逐渐增多,十一届三中全会后,长城研究进入了较快的发展时期,对长城实地考察的力度大大加强,不同的部门、团体和个人都对长城进行过不同程度的考察,也形成一些考察成果。

1907~1908年,美国摄影师威廉·盖尔曾经独自走过长城,于1909年出版了《中国长城》④一书,这是第一部外国人创作的关于长城的著作。

1979年,成大林从山海关开始,实施全面拍摄长城的计划,他拍摄了数千张长城照片,1980年,文物出版社出版了他拍摄的《长城》画册⑤,这是中国第一部用中、英文对照,反映长城面貌最全面的画册。

1984年4月~1985年3月,地质矿产部、城乡建设环境保护部和北京市人民政府联合对北京地区长城采用航空遥感技术进行了调查。查明了长城的空间分布格局,它呈半环状分布在北京地区的北部山区,从东到西横跨平谷、密云、怀柔、延庆、昌平等五个区县及门头沟区。北京地区长城全长为629千米,全线共有城台(包括墙台、敌台或战台)827座,关口71座,发现圆台5座,地顶城1座,营盘及古遗址8座。记录了长城的墙体、城台、关城的保存及损坏程度,以及城墙的外形结构、特点、质量、材料等情况,并对北京长城保存状况进行了等

---

① [明]徐阶等纂修,李峰等:《大明世宗肃皇帝实录》卷399,北京燕山出版社2008年版。
② [明]茅元仪辑:《武备志》,华世出版社1984年版。
③ 董耀会:《秦皇岛历代志书校注·永平府志·关隘》(清光绪五年),中国审计出版社2001年版,第1609~1610页。
④ 威廉·埃德加·盖洛:《中国长城》,山东画报出版社2006年版。
⑤ 成大林:《长城》,文物出版社1980年版。

级划分[1]，还发现了"北京结。"[2]

1981~1985 年，全国进行第二次文物普查，北京市、天津市也相应组织了普查工作，对境内长城遗迹进行了详细地调查，并出版了《中国文物地图集》[3]（北京分册、天津分册）。

1995 年 2~6 月，唐山市文物部门再次组织专业人员对唐山境内的长城进行全面考察，获得了翔实的资料。[4]

2002 年 8 月 3 日~9 月 17 日，由中国长城学会主办的中国长城万里考察活动，自辽宁省东虎山长城开始，到甘肃嘉峪关结束，共计考察了 101 处长城遗存，举办了 15 次长城学术座谈会议，发布了《中国长城万里行考察报告》。[5]

2006 年，中国长城学会联合国家测绘局等部门制定了"明长城航空遥感综合调查项目"。项目利用航空遥感技术准确地测量出明长城的长度，确定长城的空间分布格局以及追踪已淹没的长城位置，获取具有权威性的有关现存长城的分布、长度、高程等的地理数据。[6]

从 2006 年起，北京市文物局开始对境内长城进行踏勘和保护区划定工作。[7]

4. 已有研究成果

《北京志·长城志》是新中国后详细记述北京长城的第一部志书，分三部分分别介绍了北京长城和关于长城的文化，以及对长城的相关保护。[8]

《山海关长城》是作者在实地勘察测绘并详考史籍的基础上，全面系统研究山海关长城的一部学术专著。[9]

《秦皇岛长城》一书全面介绍了秦皇岛市境内的明长城，分为长城营建、长城军事、长城人物、长城文化、长城保护和研究等 5 编[10]。

《山海关首届中国长城学术研讨会论文集》[11] 一书汇集了 1990 年 10 月 "山

---

[1] 曾朝铭、顾巍：《北京地区长城航空遥感调查》，载于《文物》1987 年第 7 期。

[2] 王宝骏：《关于"北京结"长城》，载于《怀柔文史资料选编》第 2 辑，北京市怀柔县政协学习文史资料委员会，1996 年版。

[3] 国家文物局：《中国文物地图集·天津分册》，中国大百科全书出版社 2002 年版；梅宁华、孔繁峙：《中国文物地图集·北京分册》，科学出版社 2008 年版。

[4] 张殿仁：《唐山境内的明代长城》，载于《文物春秋》1998 年第 2 期。

[5] 《中国长城万里行考察报告》，引自《守望长城：董耀会谈长城保护》，文物出版社 2008 年版。

[6] 《长城到底多长·中国将重测长城长度》，载于《人民网》2006 年 2 月 16 日，http://culture.people.com.cn/GB/22219/4111462.html。

[7] 蒋彦鑫：《北京设管护队进行专职照看》，载于《中国长城网》转引《新闻晚报》，http://cc.51766.com/detail/news_detail.jsp?info_id=1100143251&cust_id=greatwall。

[8] 张明义等：《北京志·世界文化遗产卷·长城志》，北京出版社 2008 年版。

[9] 张立辉：《山海关长城》，文物出版社 1990 年版。

[10] 沈朝阳：《秦皇岛长城》，方志出版社 2002 年版。

[11] 政协河北省秦皇岛市委员会：《山海关首届中国长城学术研讨会论文集》，1992 年版。

海关中国长城学术研讨会"收到的学术论文 27 篇，除调查考证长城遗址、遗迹外，还广泛涉及政治、经济、民族、军事、地理、建筑以及长城的修复、保护和开发长城旅游资源等诸多领域，反映长城研究不断深入并且向更加整体综合的方向发展，达到了一个新的高度。

沧萍《天下第一关——万里长城的最东起点》[①] 一文对闻名遐迩的山海关的位置及它在明长城中的重要作用做了阐释。

白羊峪口长城碑刻是迁安市明长城的重要关口——白羊峪口的碑刻。碑文记录了防御工程的修造情况，为研究当时的政治、军事提供了珍贵的实物资料。[②]

张殿仁的《唐山境内的明代长城》[③] 对唐山境内的明长城修筑的阶段和每段长城修筑的时间进行了讨论，分析了明长城修筑的原因。

孟昭永的《简述唐山境内明代长城的走向及保存现状》[④] 主要介绍了唐山境内的明长城走向和保存现状。

孟昭永的《明长城敌台建筑形制分类》[⑤] 一文对唐山境内敌台做了分类介绍。

鲁杰的《唐山境内明长城城墙的建筑规制》[⑥] 一文通过对唐山境内明长城的实地调查，了解到城墙多建在山脊稍偏外侧部位，使墙体外侧稍高，内侧略低，以加强墙体的防御功能。

紫西、关真付的《唐山段长城的关隘与关城》[⑦] 对唐山境内的关隘和关城做了分析。

曹淑梅的《戚继光〈三屯营重建镇府碑记〉考释》[⑧] 描述了戚继光在唐山三屯营镇守边关，留下的《三屯营重建镇府碑记》，考释其文对于研究明代蓟镇重建三屯营镇府的原因和过程。

吴克贤的《抚宁境内明长城敌台的建筑形制》[⑨] 一文依据多次长城考察获得的第一手资料，选取了具有代表性且保存较好的 10 座敌台，就其建筑形制、内部结构及保存现状等分别做了介绍。

国家文物局主编的《中国文物地图集·天津卷》[⑩] 以图文并茂的形式，介绍

---

① 沧萍：《天下第一关——万里长城的最东起点》，载于《环渤海经济瞭望》1995 年第 2 期。
② 尹小燕：《白羊峪口长城碑刻简析》，载于《文物春秋》1998 年第 2 期。
③ 张殿仁：《唐山境内的明代长城》，载于《文物春秋》1998 年第 2 期。
④ 孟昭永：《简述唐山境内明代长城的走向及保存现状》，载于《文物春秋》1998 年第 2 期。
⑤ 孟昭永：《明长城敌台建筑形制分类》，载于《文物春秋》1998 年第 2 期。
⑥ 鲁杰：《唐山境内明长城城墙的建筑规制》，载于《文物春秋》1998 年第 2 期。
⑦ 紫西、关真付：《唐山段长城的关隘与关城》，载于《文物春秋》1998 年第 2 期。
⑧ 曹淑梅：《戚继光〈三屯营重建镇府碑记〉考释》，载于《中国地名》2002 年第 2 期。
⑨ 吴克贤：《抚宁境内明长城敌台的建筑形制》，载于《文物春秋》2005 年第 3 期。
⑩ 国家文物局：《中国文物地图集·天津卷》，中国大百科全书出版社 2002 年版。

了天津市蓟县境内明长城遗存的分布概况，以及长城沿线相关的墩台、烽燧等遗址，是研究天津市明长城的重要参考资料。

（三）真保镇长城

1. 修建

真保镇，也称保定镇，是明代设在保定地区的军镇。保定长城是明代保定镇辖区边墙，本镇虽称重镇，但并非临边，亦不在九边之数，却是京畿西屏，这是为巩固京师防务在西侧设保定镇，用来防御元蒙突破大同、山西防区从太行山一侧的进攻。本镇所辖紫荆关、倒马关与蓟镇（昌平镇）所辖之居庸关合称内三关。保定镇相当于今天北京西南部、河北保定市、石家庄市、邢台市、邯郸市等地，本镇边墙北接蓟镇（后分设为昌平镇）边墙，沿太行山晋冀分界南下，重点加强京师太行山的防御性能。

因为保定镇并未直接与蒙元接壤，相对宣大蓟辽等镇，保定镇处于内地，故其边墙也称为内边或次边。保定设镇始于弘治十八年，初设副总兵，到嘉靖三十年，才改设镇守总兵官。真保镇长城与蓟镇长城一样是嘉靖二十七年（1548年）由兵部右侍郎范鏓主持修建的，《明史·范鏓传》记载"又议紫荆、倒马、龙泉等关及山海关、古北口经略事宜，请于紫荆之桑谷，倒马之中窑关峪，龙泉之陡石岭诸要害，创筑城垣，增设敌楼营舍。"[①]

《明史·温万达传》对真保镇长城有这样的记载，"又转南而东，为保定界，历龙泉、倒马、紫荆、吴王口、插箭岭、浮图峪至沿河口，约一千七十余里。"[②]但《四镇三关志》中对真保镇长城长度的记载是"东自紫荆关沿河口连昌镇边城界，西抵故关鹿路口，接山西平定州界，延袤七百八十里。"[③]而据艾冲《论明十三镇长城的起止点和结合部》[④]研究认为，真保镇长城北起京冀界永定河南岸沿河口，南至数道岩口（河北省邢台市沙河县），全长850千米。

2. 相关历史文献

史籍中关于保定镇长城的修建的记载多见于《明史》《明实录》《皇明九边考》《四镇三关志》《畿辅通志》《九边图论》等书籍之中，另外《钦定文献通考》《皇明经世文编》《故关志》等书中也有记载。

《明史·兵志》三记载："先是翁万达之总督宣、大也，筹边事甚悉。其言

[①] ［清］张廷玉等：《明史》卷一百九十九，岳麓书社1996年版，第2899页。
[②] ［清］张廷玉等：《明史》卷九十一，岳麓书社1996年版，第1325页。
[③] ［明］刘效祖：《四镇三关志》之《建制沿革》。
[④] 艾冲：《论明十三镇长城的起止点和结合部》，载于《陕西师大学报（哲学社会科学版）》1993年第2期。

曰：……至平刑关尽境，约八百里。又转南而东，为保定界，历龙泉、倒马、紫荆、吴王口、插箭岭、浮图峪至沿河口，约一千七十余里。又东北为顺天界，历高崖、白羊，抵居庸关，约一百八十余里。皆峻岭层冈，险在内者，所谓次边也。"①

《大清一统志》："明正统二年修筑关城，分兵防戍。正德九年（1514年）设管官通判，嘉靖二十二年（1543年）营新城，增设兵备副使，二十三年设参将。"②

3. 考古调查与考察

关于真保镇长城的调查活动，主要是华夏子一行三人对该长城进行的调查，其具体成果见《明长城考实》③一书中相关部分。

（四）宣府镇长城

1. 修建

宣府镇的边墙，分布于今天北京北部和河北张家口市，本镇北临蒙元，为九边之一。本镇边墙东接蓟镇边墙，沿燕山山脉向西延伸，接大同镇边墙；宣府镇长城连同其西端连接的大同镇长城，由于距离京师相对靠外，被称为"外长城"，昌平镇、保定镇长城则由于居处靠内而被称为"内长城"。宣府镇与大同镇位置尤为重要，被称为"极边"。宣府镇长城东起永宁四海冶（今北京市延庆东北四海）与蓟镇长城相接，结点处被称为是"北京结"，是内长城与外长城的结合点。宣府长城东西横呈，在燕山之中沿洋河北岸分布，与昌平（蓟镇）、保定长城互为表里，它们一起拱卫京师。

宣府镇长城是永乐年间开始初创的，《明史·兵志》卷九十一载：明成祖"于边备甚谨。自宣府迤西迄山西，缘边皆峻垣深壕，烽堠相接。隘口通车骑者百户守之，通樵牧者甲士十人守之。武安侯郑亨充总兵官，其敕书云：'各处烟墩，务增筑高厚，上贮五月粮及柴薪药弩，墩傍开井，井外围墙与墩平，外望如一。'"④大规模的修建是在嘉靖年间，据《宣化府志·塞垣》卷十四载："嘉靖二十三年（1544年）都御史王仪请筑宣府北路之龙门许家冲，中路之大小白阳，西路之膳房、新开、新河口、洗马林诸要冲垣墩，配兵乘守，从之。"⑤万历初年，又对宣府镇长城进行了一次修补，该次修补是由总督方逢时主持的，据《明

---

① ［清］张廷玉等：《明史》卷九十一，岳麓书社1996年版，第1325页。
② 《大清统一志》，引自《文渊阁四库全书》卷18，台湾商务印书馆1986年版，第36页。
③ 华夏子：《明长城考实》，档案出版社1988年版。
④ ［清］张廷玉等：《明史》卷九十一，岳麓书社1996年版，第1322页。
⑤ 《宣化府志·塞垣》卷14，清乾隆八年刻本，第28页。

神宗显皇帝实录》记载:"宣镇修完五年,分城堡三处,土石墩台六十一座,瓮城营城十座,敌楼六座,墩营房二百七十六间,铁裹石境门五十二座,边墙界墙五千零七丈三尺,铲削偏坡八百三十七丈一尺,挑浚濠一百六丈六尺甋包堡墙一十五丈六尺,水道石漕一千一百七十七丈三尺,井一十七眼,帮修堡台四十四座,工成赏总督方逢时吴兑等银各有差。"① 后来在天启、崇祯年间也有修补,只是规模稍小而已。

宣府镇长城从永乐年间开始修建,直到明末,一直都有大小不同的修缮工程在进行,这是一笔巨大的花费,从明末卢象升经过实地考察后的奏疏中可以看出,长城的修建花费甚巨。"勿论宣府一镇一千三百里之边,即就陵后一带言,东至火焰山,西至合河口,凡二百二十余里。筹其经费,每筑边墙一丈,虽甚省,约须工料食米等银五十两。其中或有旧墙并乱石土垣可固,通融计算,每丈必须银三十两。通计三百里,总该银一百六十万两。加以三里一墩,五里一台,计墩一百,台六十。墩以土为之,每座约二百金,台以砖石为主,每座约六百金,并墩台守御等具,壕堑等类又约该十余万两。"②

关于宣府镇长城长度问题,《宣大山西三镇图说》③ 中记载其总长度为650多千米。

2. 相关历史文献

史籍中关于宣府镇长城的修建的记载多见于《明史》《明实录》《钦定文献通考》《皇明九边考》《宣大山西三镇图说》《皇明经世文编》《畿辅通志》等。

《明史·成祖本纪》载,永乐十年"敕边将自长安岭迤西迄洗马林筑石垣,深壕堑。"④

《明史·余子俊传》:"初,子俊巡历宣、大,请以延绥边墙法行之两镇,因岁歉而止。比复出,锐欲行之。言东起四海冶,西抵黄河,延袤千三百余里,旧有墩百七十,应增筑四百四十,墩高广皆三丈,计役夫八万六千,数月可成。诏明年四月即工。然是时,岁比不登,公私耗敝,骤兴大役,上下难之……然为银百五十万,米菽二百三十万,耗财烦民,不得无罪。遂落太子太保,致仕去,时二十二年二月也。"⑤

《明史·兵志三》:"先是翁万达之总督宣、大也,筹边事甚悉。其言曰:'山西保德州河岸,东尽老营堡,凡二百五十四里。西路丫角山迤北而东,历中

---

① 中央研究院历史语言研究所:《明实录·明太祖实录》卷79。
② 卢象升:《确议修筑宣边疏》卷8《卢象升疏牍》,浙江古籍出版社1984年版,第177~179页。
③ [明]杨时宁:《宣大山西三镇图说》,上海古籍出版社1995年版。
④ [清]张廷玉等:《明史》卷六,中华书局1974年版,第90页。
⑤ [清]张廷玉等:《明史》卷一百七十八,中华书局1974年版,第4737页。

北路，抵东路之东阳河镇口台，凡六百四十七里。宣府西路，西阳河迤东，历中北路，抵东路之永宁四海冶，凡一千二十三里。皆逼临巨寇，险在外者，所谓极边也……敌犯山西必自大同，入紫荆必自宣府，未有不经外边能入内边者。'乃请修筑宣、大边墙千余里，烽堠三百六十三所。后以通市故，不复防，遂半为敌毁。至是，兵部请敕边将修补。"①

顾祖禹在《读史方舆纪要》②卷十八中论宣府镇长城地理形势时，说宣府"南屏京师，后控沙漠，左扼居庸之险，右拥云中之固"。不仅指出宣府地区重要的地理位置，也谈到了宣府镇长城修筑的必要性。

《宣化府志·塞垣》："嘉靖二十五年（1546 年）总督侍郎翁万达以王仪所筑塞垣半已溃圮，诸要冲垣墙亦多未备，请先于西路急冲张家口、洗马林、西洋河为垣七十五里有奇，削垣崖二十二里有奇，堑加之。次冲渡口柴沟、中路葛岭、青边、羊房、赵川，东路永宁、四海冶为坦九十二里有奇，堑十之二，敌台月城，嘉靖二十六年（1547 年），万达又请自西阳河镇西界台起，东至龙门所灭胡墩止，为垣七百一十九里，堑如之，敌台七百一十九，铺屋如之，暗门六十，水口九。"③

"明穆宗隆庆元年（1567 年），兵部请浚边壕，从之。隆庆二年（1568 年）总督方逢时请筑北路龙门所外边，起龙门所之盘道墩，迄靖虏堡之大衙口，俾北路之兵，由此以入援南山，东路之兵由此以出援独石，从之。"又载："神宗万历元年（1573 年）从宣大督抚所请，修南山及中北二路诸边墩营寨。"④

3. 考古调查与考察

1984 年，董耀会、吴德玉从山海关老龙头出发徒步考察长城，后来张元华加入，历时 508 天，于 1985 年 9 月 24 日到达嘉峪关，这次考察记录了 300 多万字的笔记，拍摄了 6 000 多幅有关长城的照片，收集了 100 多幅碑帖和碑文记录。1988 年，3 人以华夏子为笔名，由档案出版社出版了《明长城考实》一书。

4. 已有研究成果

王云瑞通过对青龙境内 184 千米的长城的三次全面考察，对长城及相关遗存进行了报告。⑤

彭书正对青龙县境内的长城与关口进行了描述。⑥

---

① [清] 张廷玉等：《明史》卷九十一，岳麓书社 1996 年版，第 1325 页。
② [清] 顾祖禹：《读史方舆纪要》，中华书局 2005 年版。
③④ 《宣化府志·塞垣》卷 14，清乾隆八年刻本，第 27 页。
⑤ 王云瑞：《青龙境内长城考实》摘自《青龙文史资料》第四辑，政协青龙县委员会文史资料研究委员会，1988 年版。
⑥ 彭书正：《青龙县境内长城与关口概述》，载于《文史资料选编（第 2 辑）》1985 年版。

庞瑞祥通过《尚义县边界上的长城》①对尚义县边界中的长城走向和城墙构造中的各种墩台做了描述，并对尚义县的长城走向和城墙建筑等进行了分析。

苗济田、成长福对金山岭长城的位置、走向及军事地位的重要性做了分析②。苗济田、苗楠对金山岭长城的位置、沿线设置、军事设计思想和历史作用进行了阐述。③

刘建华在调查的基础上，运用考古类型学基本原理，对明代长城的建筑用材、结构形式等进行讨论分析。④

周云万全明长城的走向和主要的城堡等进行了介绍。⑤

张平一通过对相关古籍的介绍，对河北省境内长城的历史价值和作用等做了阐述。⑥

李建丽依据文献记载及实地考察资料，对河北境内明长城的城墙敌台、墙台、烽火台、关、城、堡等各种不同类型的建筑及其功能作一介绍。⑦

（五）大同镇长城

1. 修建

大同镇长城是大同镇辖区的边墙，分布于山西省大同市和朔州市境内的北部及内蒙古呼和浩特市和乌兰察布盟南部。大同镇边墙主要修建在阴山山脉上，东接宣府镇，西南接山西镇。因为大同镇边墙位置处于北部外侧，属于外长城，被称为"极边"，东端起于大同市天镇县新平堡镇平远头村，向西经阳高、大同新荣区、左云、右玉、平鲁，止于忻州市偏关县老营镇柏杨岭。

大同镇因所处为极边，外侧就是蒙古之地，故为九边之一，总兵官治大同府（今山西大同），管辖长城东起天成卫（今山西天镇）平远堡与宣府镇接界，西至丫角山（今内蒙古清水河县口子上村东山）与山西镇接界，自东至西分八路镇守。大同镇长城遗迹砖石已被拆毁，只剩下夯土城墙保存尚完整。

大同镇长城最早于永乐初年开始修建，《明史·兵志三》载："帝于边备甚

---

① 庞瑞祥：《尚义县边界上的长城》，载于《尚义文史资料（第1辑）》1986年版。
② 苗济田、成长福：《金山岭长城》，载于《河北文史集粹·风物卷》，石家庄市：河北人民出版社1991年版。
③ 苗济田、苗楠：《明代长城的精萃——金山岭》，载于《文物春秋》1993年第4期。
④ 刘建华：《张家口地区明代长城调查综述与分析》，载于《文物春秋》1990年第1期。
⑤ 周云：《万全明长城简介》摘自《万全文史资料》第一辑，政协万全县委员会文史资料研究委员会，1987年版。
⑥ 张平一：《河北境内长城的历史价值和作用》，载于《文物春秋》2003年第1期。
⑦ 李建丽：《河北明长城建筑概说》，载于《文物春秋》2003年第5期。

谨，自宣府迤西迄山西，缘边皆峻垣深壕。一各处烟墩，务增筑高厚，上贮五月粮及柴薪药弩，墩傍开井，井外围墙与墩平，外望如一。"① 此时修建的还不是连绵的边墙，而是沿边界分布的一系列城堡和墩台。到余子俊总督宣大军务时将延绥镇的经验推广到大同，大同镇长城才修建了绵延的墙体，《大同县志》中记载，成化二十一年（1485年）余子俊以户部尚书兼左副部御史，总督大同、宣府军务时，由"大同中路起，西至偏关接界去处止，东西地远六百余里，地势平坦无险可据，应调集中、西二路征操马步官军并屯种宦舍余人等做与墩样，从中路起随小边故址，每二里立墩台一座，每座四面根脚各阔三丈，高三丈，对角做悬楼二座，长阔各六尺。空内挑壕堑，阔一丈五尺，深一丈许。"② 对于这次修筑长城的长度，《明宪宗实录》中记载有更精确的数据，"巡抚大同右副都御史李敏等奏报，大同三路计修边墙壕堑墩台共九万三千七百七十九丈。"③

大同镇的边墙有内外大小之分，于弘治年间进行过颇具规模的整修，《明孝宗录》卷一三二载："经略边务兵部左侍郎，李介奏：'大同屏蔽京师，逼临虏境，川原夷旷，戎马易于驰突，所赖以捍御者惟在边墙，往时外有大边内有小边设险严密，易为保障，岁久颓圮，守臣不能修复，弘治三年止修小边，大边未及，用力大边，东自宣府界西至偏头关，其间旧墙坚固尚堪防御者，百五十余里，今欲补葺者半之，改筑者倍之，并欲斩崖挑壕增墩益堡，大约不过五百余里，止用卒四万，本镇三路并山西河南两班备御，官军足以差拨，每岁春用工不过三四十日，二三年可完其冬班，备御官军下班时借留两月，应役至上班时存恤两月，免其差遣资粮，则应役月日俱于本边支给计兹役之费，不当兴师万分之一，况频年屡稔，询谋佥同乞敕守臣，候来年春和边围无警，即督所部兴工事竣，具奏遣官阅视行赏。'从之。"④

嘉靖年间，大同镇长城再次进行了大规模的修整工作，主持这段时期内的修整工作的是先后任宣大总督的翟鹏和翁万达。据《大同县志》记载："壬寅六月（嘉靖二十一年，1542年），廷推（翟鹏）总督宣、大、偏、保并节制山东、河南，公乃挑修大同壕墙一道，深广各二丈，且垒土为墙，高复倍之，延袤二百九十余里，添筑新墩二百九十二座，护墩堡一十四座。""嘉靖二十三年（1544年），巡抚詹荣以大同无险，乃筑东路边墙百三十八里，堡七，墩台百五十四。"万历初年，大同镇又对该镇长城进行了一次修补，《中国历史大事年表》中载：

---

① ［清］张廷玉：《明史》卷九十一，岳麓书社1996年版，第1322页。
② 《大同县志》卷15，清道光十年刻本，第13页。
③ 李峰等：《明实录大同史料汇编（上）》，北京燕山出版社2008年版，第409页。
④ 李峰等：《明实录大同史料汇编（上）》，北京燕山出版社2008年版，第522页。

"明万历二年（1574年）四月户部发二十六万二千余金修大同边墙，岁费五万。"①《宣大山西三镇图说·大同镇图说》载："万历八年，总督郑公洛筑大边五百六十余里，又筑三屯、马营、桦门等堡。嗣是柄事之臣相继修守而绸缪，益犁然周备矣。"②

大同镇长城的总长度据翁万达《修筑边墙疏》中所称："大同起西路丫角山，迤逦而北，东历中北二路，抵东路之东阳河镇口台，实六百四十七里。"③大同镇长城由平行的几道边墙组成，这些边墙分别被称为大边、次边、三边等，而对整个大同镇长城也称为"三边"。

2. 相关历史文献

对大同镇长城记载的历史文献较多，最主要就是《明史》《明实录》，专门记载边防的文献内容更详细，有《九边图说》《九边图考》《边政考》《皇明九边考》《宣大山西三镇图说》《道光大同县志》《明经世文编》《大同县志》等。

3. 已有研究成果

张国勇的《明代大同镇述略》④认为大同一镇沿长城驻兵，驻兵单位，计其兵力多寡，依次为堡、城、标营、路、营。

李海林、马志强的《明大同镇内五堡探讨》⑤一文探讨了属于大同镇的镇边、镇川、宏赐、镇虏、镇河五堡修建的目的和过程。建成之后，随着历史变迁及环境的变化，五堡也发生了很大的变化，五堡建成之后也在一定程度上确实有效地保障了镇城的安全，同时也带动了镇城周围其他防御体系的修建。

康秋岩的《明大同镇军马来源考述》⑥一文论述了在整个明代，由于战事频繁，大同镇军马供应的多渠道来源。

张永江的《明大同镇长城、边堡兴筑考》⑦一文探讨了明代山西境内边墙的概况，重点是大同地区的边墙、城堡的兴筑过程，并特别辨析了"大边""二边"的概念。该文认为，明代不同时期分别存在着位置、走向均不同的大边和二边，明初的大边、二边应在今内蒙古境内，现存的晋蒙交界处的长城是明嘉靖后形成的新"大边"，其位置在明初的二边之内。后代资料中之所以出现这种大边、二边颠倒错位的情况，其原因之一是正统以后明蒙双方攻防形势的改变，造成明

---

① 冯君实：《中国历史大事年表》，辽宁人民出版社1984年版，第544~545页。
② [明]杨时宁：《宣大山西三镇图说·大同镇图说》。
③ [清]张廷玉等：《明史》卷九十一，岳麓书社1996年版，第1325页。
④ 张国勇：《明代大同镇述略》，载于《鞍山师范学院学报》2005年第3期。
⑤ 李海林、马志强：《明大同镇内五堡探讨》，载于《晋阳学刊》2012年第1期。
⑥ 康秋岩：《明大同镇军马来源考述》，载于《黑龙江史志》2010年第19期。
⑦ 张永江：《明大同镇长城、边堡兴筑考》，载于《鲁东大学学报（哲学社会科学版）》2010年第5期。

朝防区的大幅收缩；二是成化以后的屡次异地重修边堡造成的现象。

山西大学尚珩的硕士学位论文《明大同镇长城防御体系研究》[①]中提到，自明朝建立后，北部边防问题始终是关乎着明廷盛衰的关键性问题，因此，明廷沿北部边境设置了一系列军镇，其中，大同镇的战略地位在"九边"中尤为重要，其特殊的地理位置决定了它在以京师防御为中心的北边防御体系中有着重要的政治和军事地位。大同"北捍胡虏以控带幽燕，南总三关以招徕晋魏，翼卫陵寝，屏捍神京，屹然甲九塞"。并且，随着明蒙实力的此消彼长而不断变化，逐渐成为明蒙对抗的主要地区。随着大同镇战略地位的逐渐上升，其防御设施也从无到有，从有到多，逐渐完善，日益科学，最终形成了一整套完整的以长城为中心的防御体系。该文以洪武至万历期间的大同镇为时空背景，具体来说以"土木之变"和"俺答封贡"为限，分为前、中、后三期论述大同镇长城防御体系的发展变化，即：大同镇长城防御体系的建设经过了洪武的肇建；永乐年间形成基础框架；洪熙、宣德、正统的加强；景泰、天顺的初步发展；成化、弘治、正德的进一步发展，到嘉靖、隆庆的巅峰时期，最后到万历年间的最终形成，共7个阶段。通过对史料的梳理、分析，结合田野调查的收获，对其修建背景和防御体系进行整体的、动态的、立体的研究，以长城墙体和城堡的变迁和现存状况为线索，勾勒出大同镇长城防御体系建设、发展、变化的历史轨迹。

此外还有杜春梅、王杰瑜的《明代大同镇城堡考》[②]以及王力《明长城大同镇军事聚落整体性研究》[③]等论文。

（六）山西镇长城

1. 修建

山西镇也称太原镇，或三关镇。管辖的长城西起河曲（今山西河曲旧县城）黄河东岸，经偏关、老营堡、宁武关、雁门关、平型关，东接太行山岭之蓟镇长城，全长近800千米。因其在宣、大二镇长城之南，故又称为内长城。山西镇长城倚山而筑，多为夯土墙体，也有不少区段为石墙，并置几重，由北楼口、东路代州左、太原左（指宁武关）、中路利民堡、西路偏头关左、河曲县六参将分守。

山西镇长城是为防止游牧民族骑兵绕出太行山东、危及京师畿辅而修建的。弘治年间（1488~1505年），蒙古鞑靼诸部常驻黄河套中，偏头关一带黄河曲流

[①] 尚珩：《明大同镇长城防御体系研究》，山西大学硕士学位论文，2010年。
[②] 杜春梅、王杰瑜：《明代大同镇城堡考》，载于《文物世界》2007年第4期。
[③] 王力：《明长城大同镇军事聚落整体性研究》，天津大学硕士学位论文，2012年。

多滩，向为渡口，明中叶在这一带增修数重长城，形成一至四边。大边在关北60千米，东接大同镇平房卫崖头墩，西抵黄河；二边在关北30千米，东接平房卫白草坪；三边在关东北15千米，东起老营石庙儿（今偏关县东北老营乡），西抵白道坡石梯墩；四边在关南1千米，东起长林鹰窝山崖，西抵偏关教军场。嘉靖年间增修紫荆关以南沿太行山而下的内长城，土石相拦，筑敌台铺屋、关城。使今山西、河北交界的内三关长城始完备。

明程道生《九边图考》中论及山西镇三关军事地理位置之重要时说："偏头、宁武、雁门，向西迤东三关并列，西尽黄河东岸，东抵大同。虽太原北境要害之地，与真定相为唇齿，非唯山西重镇，面畿辅之地安危系焉。"①

明代对山西镇防务的经营是从洪武间开始的，据《明史·兵志》洪武六年（1373年），朱元璋命大将军徐达筹备山西、北平边时，"诏山西都卫于雁门关、太和岭，并武、朔诸山谷间，凡七十三隘，俱设戍兵。"②但并没有修筑长城，只是修建营堡分守各个隘口，直到宣德年间仍没有修建长城墙体，《偏关志·关隘》③记宣德九年（1434年），都督李谦于红门口外六十里，自窑子头墩起，至小口子墩止，建边墩十六座。

成化二年开始修建墙体，据《山西通志》载："此关北六十里，起老营角墩至老牛湾，筑墙二百四十里，号为二边。"④后来弘治年间也有修建，《明孝宗实录》记载"山西镇守刘政、按察司兵备副使胡汉、守备署都指挥王儒、刘淮，修筑偏头关边墙一百二十五里，补黄河边墙二千六百余丈，添筑宁武墩堡十座，挑浚横山壕堑长二里、添筑鴈关墙及铲削壕堑共五十八处，奏上，得旨以政等修筑有功，赐彩段有差。"⑤以上所记修建长城都是山西镇西段临边一段，是在丫角山以西部分。

东段长城的修建是在嘉靖年间，《明孝宗实录》记载："今并力以守要，益兵以防秋，要皆事势之不得不然者矣，山西防秋，先年止守外边偏、老一带，岁发班军四千五百人，备御大同而内边宁、雁一带仍有官兵防守隘口，以为大同声援及与宣大各路守兵，旧皆屯驻城堡但遇警报，相机访巢□戈原无分地摆守，以因虏越大同入山西。当时地方诸臣误以大同为不足共事，乃独筑宁、鴈以东至平刑边墙八百里，掣回大同备御之兵以守之，以非建置边防守御之，意继因守兵不敷，添设太原等处参游兵马七营，招募新军及佥调新旧民壮屯夫弓兵，率已六万余人。"⑥

---

① ② ［清］张廷玉等：《明史》卷九十一《兵志》，中华书局1974年版，第2235页。
③ ［明］卢承业原编：《偏关志·关隘》卷上，1915年铅印本，第3页。
④ 《山西通志》，引自《文渊阁四库全书》卷15，台湾商务印书馆，第40页。
⑤ 张梅秀：《明实录山西史料汇编》，三晋出版社2009年版，第378页。
⑥ 张梅秀：《明实录山西史料汇编》，三晋出版社2009年版，第575页。

西段长城因为地处极边,所以修建标准较高,不仅有大边、二边、三边、四边等数道间距 15 千米的平行防御边墙,形成纵深防线,就是沿线墩台也颇密致,间距仅约 250 米。

山西镇长城的总长度据《宣大山西三镇图说·山西镇图说》所记为 450 千米,"由平刑而偏宁,而河保,绵亘九百余里。堑山堙谷,增高益深,一金汤之险也。"①

而根据翁万达对宣大山西保定等镇长城的叙述看是 527 千米,《明史·兵志》"先是翁万达之总督宣、大也,筹边事甚悉。其言曰:山西保德州河岸,东尽老营堡,凡二百五十四里(极边)……老营堡转南而东,历宁武、雁门、北楼至平刑关尽境,约八百里(次边)。"② 二者略有出入。

2. 相关历史文献

对山西镇长城记载的文献有《明史》《明实录》,专门记载边防的文献则内容更加详细,有《九边图说》《九边图考》《宣大山西三镇图说》《读史方舆纪要》《明经世文编》《山西通志》《偏关志》《宁武府志》《代州志》《万历应州志》《浑源州志》等。

《皇明九边考·三关镇疆域考》中载:"偏头宁武雁门自西迤东,三关并列,西尽黄河东岸,东抵大同西路,虽太原北境要害之地,与真定相为唇齿,非惟山西重镇,而畿辅之地安危系焉,况达官达舍多安置真保河间等府,子孙世受国恩,臣服效力,固无他志,但同本源性习尚在,势终与合,故三关疆域所系非轻,与宣大并称重镇。"③

据《偏关志·边隘》④记载,大边在关北 60 千米,东接大同镇平鲁卫崖头墩界,西抵黄河长约 145 千米。二边在关北 30 千米,正北为草垛山,边迤东为水泉红门口,边极东为老营好汉山,边东接大同镇平鲁卫百草坪,边东南折向内边,接利民朔州界,西折至神池大水口宁武阳方口,迤南复东折盘道梁抵雁门关。成化二年(1466 年),总兵王玺建东起老营丁角墩抵内边,西抵黄河老牛湾,南折河厓,抵河曲县石梯隘口的长城,延袤 120 多千米。三边在关东北 15 千米,为嘉靖八年(1529 年)总兵李瑾所建。东起老营石庙儿,西抵白道坡石梯墩,沿山削崖,平地筑墙,长 45 千米多。此边专为内地重隘而设,不系华夷限界。四边在关南 1 千米,东起长林鹰窝山厓,西抵偏关教军场,随山据险,长 60 千米。又于关南五里筑堡一座,名罗汉坪堡,为明正德十年(1515 年)兵宪

---

① [明]杨时宁:《宣大山西三镇图说·大同镇图说》。
② [清]张廷玉等:《明史》卷九十一《兵志》,中华书局 1974 年版,第 2235 页。
③ [明]魏焕:《皇明九边考》卷六《三关镇·疆域考》。
④ 卢承业等:《偏关志·边隘》,成文出版社 1968 年版。

张凤翊建。今与三边并废。

3. 考古调查与考察

对山西镇长城进行的调查活动主要是第二次全国文物普查、全国长城资源调查以及华夏子对明长城的实地踏查三次，前者成果汇集在《中国文物地图集·山西分册》中的相关部分，全国长城资源调查成果尚未出版发行，华夏子的调查成果为《明长城考实》中的相关部分。

4. 已有研究成果

山西镇长城长城进行研究的论著有李贞娥的《长城山西镇段沿线明代城堡建筑研究》[1]、翟禹的《明代万历年间山西镇〈创修滑石涧堡砖城记〉考释》[2]、翟禹的《明代山西镇之滑石涧堡研究》[3] 等。

（七）延绥镇长城

1. 修建

延绥镇是明代在河套南部设立的一个边防军镇，以延安卫和绥德卫为主进行防御，故称延绥镇，因为后来镇治迁至榆林，所以也叫榆林镇。延绥镇辖区相当于现在陕西北部和内蒙古准格尔旗东南一隅，东濒黄河与山西镇相接，西与宁夏镇相接，西南接固原镇。本区地形以黄土沟壑山地和沙漠荒滩为主，所修边墙就地取材，因地制宜，以夯土墙和利用自然山险为主，只在营堡和敌台、马面外侧包以砖石。延绥镇的设立主要是为了控制北方南下中原的河套通道，防御北方的蒙古部落通过河套南下到达关中进行侵扰。

延绥镇边墙由大边、二边两道边墙组成，史称"夹墙"，整个防御系统还包括敌台、营堡等，"东起清水营，西抵花马池，延袤千七百七十里。"[4]

延绥镇边墙因为地处黄土高原北部，经山区和沙漠区，故修筑时采用"铲削山崖，及筑垣掘堑，定边营平地仍筑小墩，其余二三里之上修筑对角敌台，崖砦接连，巡警险如墩台，及于崖砦空内适中险处筑墙三堵，横一斜二，如箕状，以为了空避箭"[5] 的方法，现存大部分为夯土墙，其铲削山崖的部分多已圮毁消失，不可考究。

延绥镇长城是成化年间由余子俊主持修建的。成化六年，王锐提出修建边墙

---

[1] 李贞娥：《长城山西镇段沿线明代城堡建筑研究》，清华大学工学硕士学位论文，2005 年。
[2] 翟禹：《明代万历年间山西镇〈创修滑石涧堡砖城记〉考释》，载于《内蒙古社会科学（汉文版）》2012 年第 3 期。
[3] 翟禹：《明代山西镇之滑石涧堡研究》，内蒙古大学硕士学位论文，2010 年。
[4] ［清］张廷玉等：《明史》卷一一四《余子俊传》，中华书局 1974 年版，第 4736 页。
[5] 《明宪宗实录》卷 130，成化十年闰六月。

的计划，《明宪宗实录》记载，"谓榆林一带营堡其空隙之地，宜筑为边墙以为拒守，其墙于墩外修筑，址广一丈杀，其上为七尺，上为垛口五尺，共高丈八尺，上积礧石，于墩下各筑小堡，可容官军护守。"① 此建议未被朝廷认可。三年后（1473年），余子俊主持开始大规模地修建长城工程，历时两年。延绥镇长城由大边和二边两道防线构成。后来于弘治年间，抚臣文贵曾在延绥镇修建了一百四十七座新式包砖的空心墩台，这些墩台的形制"易以砖木，中空外坚，多留箭窗铳眼，谓可伏兵御房。"嘉靖二十五年（1546年）起，总督曾铣、王以旂等相继对延绥镇长城进行了维修，但因各种原因，工程进展并不明显。万历后期以后，由于国家矛盾中心的转移，对延绥镇长城只进行过一次扒沙的工程和营堡包砖的工程，是由巡抚涂宗浚主持进行的，自此以后，再无对延绥镇长城进行过修缮增补的工程。

2. 相关历史文献

对延绥镇明长城记载的主要文献是《明史》《明实录》《延绥镇志》等史籍。另外在《秦边纪略》《皇明九边考》《边政考》《九边图说》《九边图考》等史籍中也有记载。

成化九年（1473年）三月开始修建长城，在五万民工的劳作下，至六月已完成东、西两路铲山为墙的工作；六月，工程因故暂停。与此同时，当年九月还将延绥镇的治所从绥德迁往榆林卫城。十年（1474年）春，再次开工，四万军队士兵在不到三个月的时间内，完成边墙的建设。据《延绥镇志》记载，"边墙起自黄甫川，抵双山十二营堡，为东路神木道，领葭州暨府谷、神木、吴堡三县。起常乐，抵清平十营堡，为中路榆林道，领绥德州，米脂、清涧两县。起龙州抵盐场十五营堡，为西路靖边道，领保安、安定、安塞三县。辖卫四，城堡三十六……"。②

巡抚延绥都御史余子俊奏："修筑边墙之数，东自清水营紫城砦，西至宁夏花马池营界牌止，铲削山崖，及筑垣掘堑，定边营平地仍筑小墩，其余二三里之上修筑对角敌台，崖砦接连，巡警险如墩台……及三山、石涝池、把都河俱添筑一堡，凡事计能经久者始为之。役兵四万余人，不三月功成八九……又移镇靖堡出白塔润口，绝快滩河之流，环镇靖堡之城，阻塞要害……凡修城堡一十二座，榆林城南一截，旧有北一截，创修安边营，及建安、常乐、把都河、永济、安边、新兴、石涝池、三山、马跑泉八堡俱创置，响水、镇靖二堡俱移置，凡修边墙东西长一千七百七十里一百二十三步，守护壕墙崖砦八百一十九座，守护壕墙

---

① 《明宪宗实录》卷77，成化六年三月辛卯条。
② 谭吉璁等，刘汉腾、纪玉莲校注：《延绥镇志》第22页。

小墩七十八座，边墩一十五座。"①

据《皇明九边考》卷七《榆林镇》，嘉靖二十年（1541年）榆林镇守军情况：总兵力44 984（名）。镇城总兵官正兵11 413名，协守副总兵与东西两路游击将军各统骑兵、游兵3 000，凡9 000名。西路参将部兵1 193名，屯驻新安边营；西路其他12城堡守军共7 738名。中路11城堡戍兵7 956名。东路参将部兵1 780名，屯驻神木堡；其他8城堡守军共4 972名。②

据清康熙十二年《延绥镇志》转引《明会典》所载延绥军数如下：全镇总兵力为49 039名（包括客兵总数量则为55 379名），其中东路12城堡戍军14 496名，中路11城堡戍军（包括镇城官军）17 850名，西路16城堡戍军16 698名。

3. 考古调查与考察

最早对陕西境内明长城进行考察的应该是美国人威廉·埃德加·盖洛博士，在1907年或1908年，他对中国的长城进行了实地考察，并在考察之后发表《中国长城》（1909年）向西方系统介绍了中国的长城。其中关于陕西长城的部分是书中第十一章"陕西书简"。③

1987年第二次文物普查过程中，陕西省文物工作者对明长城进行了调查，成果收录在《中国文物地图集》④陕西分册中。2007年开始的全国长城资源调查，陕西文物考古工作者对境内的历代长城进行了全方位的调查，调查成果《陕西省明长城资源调查报告》（营堡卷）已由文物出版社出版发行，《陕西省明长城资源调查报告》（本体卷）即将由文物出版社出版发行。

4. 已有研究成果

艾冲对余子俊所督造的延绥边墙的督修时间、大边墙与隋长城的沿革、边墙的长度进行了讨论。肖立军认为都御史余子俊修造的榆林边墙长"一千七百七十里"。⑤

松本隆晴著，南炳文译《试论余子俊修筑的万里长城》⑥一文对余子俊修筑边墙的相关问题进行研究，作者对修筑边墙产生的经济效果做了研究，认为修筑边墙后可以减少守备官军约3万、军马约5万。再加上其他效益，那么每年能够

---

① 《明宪宗实录》卷130，成化十年闰六月。
② ［明］魏焕：《皇明九边考》卷七《榆林镇》。
③ ［美］威廉·埃德加·盖洛：《中国长城》，山东画报出版社2006年版。
④ 国家文物局：《中国文物地图集·陕西分册》，西安地图出版社2003年版。
⑤ 肖立军：《九边重镇与明之国运——兼析明末大起义首发于陕的原因》，载于《天津师大学报》1994年第2期。
⑥ ［日］松本隆晴著，南炳文译：《试论余子俊修筑的万里长城》，载于《大同高等专科学校学报》1994年第1期。

在军饷上节减619万石。

毛雨辰认为余子俊所修的延绥边墙是以"缮塞为垣",也就是沿长城路线帮筑而成。①

《长城遗存》②一文中认为大边长城长约600千米,基本沿毛乌素沙漠南缘分布,其中神木、榆林、横山三县的大部分墙体可能是利用旧秦长城修葺而成。全线墙体均为黄土夯筑……二边长城修筑于大边长城内侧数公里至40千米一线的山区地带,走向基本与大边平行。其构筑方式基本为"依山凿削",堑山成墙,保存情况较差。该文还详细介绍了定边县长城的保存现状。

李严的对榆林地区明的长城修筑过程进行了讨论。③

张萍认为明对蒙古的战争贯穿明王朝始终,在双方边界形成绵长的军事争战地带,影响到这一地区正常的行政建置与经济发展。陕西北部地区正处于这一地带之内,为加强防御,明王朝在这一地区修筑边墙,扩大驻军规模,构建军事交通线,布设营堡。明代中期以后,这些营堡,即军事城镇扩大之后,军事消费增多,加速了该区域商品流通,形成商业化的发展趋势。④

李大伟的《明代榆林镇沿边屯田与环境变化关系研究》⑤一文中介绍明初毛乌素沙地已经侵入现在的长城沿线,当时长城的部分地段确实存在流沙,只是并未大规模侵入边内。边墙修筑地点的选择在沙地的南缘,这样既可以阻敌,客观上又起到了阻挡流沙南移的作用。长城以南地区环境也比较好,当时毛乌素沙地流沙确实已逼近了现在的长城沿线,虽然有的地区多砂土,不适宜耕种,但仍有很多环境优美,适宜耕牧的区域。故当时榆林镇沿边军屯对环境变化的影响力度不强。

(八)宁夏镇长城

1. 修建

宁夏镇位于今天宁夏回族自治区境内,宁夏地处西北内陆,它的北、西北、东北三面与内蒙古相邻,而南、西南、东南则与甘肃接壤,东与陕西省相连。

宁夏镇形成于洪武四年(1371年),定设于建文四年(1402年),该镇所管辖的边墙,东起花马池(今宁夏盐池县县城),西至中卫(今宁夏中卫县县城),全长830千米。根据地理形势和分布走向,学界多将宁夏镇的边墙分为东、北、

---

① 毛雨辰:《明代西北边镇边备及其得失研究》,西北师范大学硕士学位论文,2005年。
② 张廷皓:《长城遗存》,载于《文博》1997年第3期。
③ 李严:《榆林地区明长城军事堡寨聚落研究》,天津大学硕士学位论文,2004年。
④ 张萍:《明代陕北蒙汉边界区军事城镇的商业化》,载于《民族研究》2003年第6期。
⑤ 李大伟:《明代榆林镇沿边屯田与环境变化关系研究》,陕西师范大学硕士学位论文,2006年。

西三部分，这三部分的边墙因地理环境的不同而各具特色。

东边墙在宁夏河东地区，东起花马池，西至黄河东岸的横城堡（今宁夏灵武县临河乡境内），有两道，即河东墙与"深沟高垒"；北边墙就是指宁夏平原北端石嘴山附近东西走向的长城；西边墙就是沿贺兰山东麓修建的南北向接甘肃镇的边墙。

宁夏镇东接延绥镇，西南接甘肃镇，东南接固原镇。设立宁夏镇的目的就是护卫宁夏平原这一农耕区，宁夏镇长城主要分布在宁夏平原的东、北、西边缘，该镇长城的修筑与延绥镇长城的修筑是同时期的，也是由于蒙古诸部不断南下造成巨大的压力而被动防御的产物。宁夏平原东北部、北部就是沙漠区，西部是贺兰山，成化以前，对宁夏一带主要的威胁来自于贺兰山以西，而成化以后，河套内部逐渐被蒙古诸部占领，对宁夏一带的威胁就转至东北方，所以其河东有平行的两道长城。

根据相关文献记载，最早开始修建宁夏长城防御体系的是史钊，后来又经徐廷璋、王琼、杨一清等相继增修。宁夏镇长城的修建开始于宣德年间，当时史钊任总兵官，也在这个时期创建了宁夏镇长城的雏形，这次修建的长城主要就是沿贺兰山东麓南北分布的一线长城，正统初年，由于河套内部开始有蒙古部落进入并进行掠扰，所以，史钊又主持修建了河东长城，但仅有一线烽火台和营堡。[①]

成化年间，蒙古诸部驻牧河套，宁夏镇边防形势逐渐严峻，巡抚徐廷璋、总兵范瑾仿照延绥镇余子俊修建长城的方法，在河东修建了连绵墙体组成的长城，但这道墙体并不高大，极易被破坏，三边总制杨一清就在旧墙体的基础上又重新加高加厚。嘉靖年中，继任的三边总制王琼针对原有长城的优缺点进行修整，放弃了原来的河东长城，采取"沿营划堑"的方案修筑新的长城，史称"深沟高垒"。并重修跨越黄河抵达贺兰山脚的北关门长城，这段长城是在嘉靖九年（1530年）由副使齐之鸾督理。嘉靖十七年至十九年，巡抚吴铠、杨守礼又对贺兰山东麓的一线山口的长城进行维修。

嘉靖四十年（1561年）六月，发生了以宁夏为震中的大地震，宁夏镇长城倾圮殆尽。第二年就开始对毁坏的长城进行维修，一直到万历初年（1573年），维修工作仍在进行。贺兰山口留有众多的重修长城的石刻文献，记录的年代有嘉靖万历二年、万历十一年、万历三十七年等。

2. 相关历史文献

关于明代宁夏镇长城的文献记载主要见于《明史》《明实录》《皇明经世

[①] 艾冲：《明代陕西四镇长城》，陕西师范大学出版社1990年版。

文编》《九边图考》《九边图说》《皇明九边考》《边政考》《嘉靖宁夏新志》等史籍。

《明英宗实录》卷二十二记载:"正统元年九月乙巳,宁夏总兵官都督同知史昭奏:宁夏城池、屯堡、营墩俱在黄河之外,备御西北一带。其河道迤东至察罕脑儿直抵绥德沙漠,旷远并无守备,拟于来春相地于花马池筑立哨马营,增设烟墩直接哈剌兀速马营。从之。"①《明史·杨一清列传》记载:"大夏请即命一清总制三镇军务。寻进右都御史。一清遂建议修边,其略曰:……成化初,宁夏巡抚徐廷璋筑边墙绵亘二百余里,在延绥者,余子俊修之甚固,由是,寇不入套二十余年。"②

《明史·贾应春传》(贾应春)在(宁夏)镇数载:"筑边垣万一千八百余丈,以花马池闲田二万顷给军屯垦,边人赖之。"③

《明经世文编·巡边总论》载成化十年宁夏巡抚徐廷璋修筑河东边墙,从"黄河嘴起,到花马池止,长三百八十七里。"④

正德元年,三边总制杨一清"修筑徐廷璋所筑外边墙,高厚各二丈,墙上修暖铺九百间,墙外浚壕,亦深阔各二丈。"⑤嘉靖九年,三边总制王琼又"自黄河东岸横城起,迤东转南抵定边营南山口,开堑一道,长二百一十里,筑墙十八里。后总制唐龙改修壕墙四十里,总制王接修壕墙一百三十四里。总制杨一清初修筑墙四十里,皆依前壕堑,止于定边营北。嘉靖十五年,总制刘天和因都督梁震奏,筑定边营南至山口一带壕墙,长六十里,亦依前壕堑。十六年,总制刘天和奏(筑)垒堤一道,亦西自横城,南抵南山口,并壕墙为二道。"⑥

《边政考》卷三和《嘉靖宁夏新志·宁夏总镇·边防》记载:"自黄沙嘴起、至花马池止,长三百八十七里。成化十年……巡抚都御史徐廷璋、总兵官范瑾力举而成之者。"⑦

这道长城的形制,杨一清在其奏疏中反映的很清楚,"查得应筑边墙,自延绥定边营迤东石涝池地界起,至宁夏地方横城止,共三百里。沿边旧有墩台七十一座。旧筑边墙高一丈,连垛墙三尺,共一丈三尺;底阔一丈,收顶三尺五寸,内除垛墙根砖一尺五寸,止剩二尺,官军难以摆列拒敌。墙外壕堑一道,深八尺,口阔一丈,底阔四尺,中间多有填塞乎漫,止存形迹。墙内除兴武营、清水营、毛卜剌、红山儿四堡切近边,易于守护,其余大小城堡俱各离边极远,声势隔绝。"⑧

---

① 中央研究院历史语言研究所:《明实录·明英宗实录》卷22。
②⑤ [清]张廷玉等:《明史》卷一百九十八,岳麓书社1996年版,第2872页。
③ [清]张廷玉等:《明史》卷二百二十,岳麓书社1996年版,第2492页。
④⑥ [明]陈子龙等:《明经世文编》卷250《巡边总论》,中华书局缩印本,第2629页。
⑦ 《嘉靖宁夏新志》卷3,宁夏人民出版社1982年版,第249页。
⑧ 杨一清:《为经理要害边防保固疆场事》,载于《明经世文编》卷116。

这道边墙比较低矮、单薄（和后来王琼的"深沟高垒"相比较）。嘉靖年间王琼修筑"深沟高垒"后，这段边墙清水营以东的部分被称为"二道边"。

嘉靖十年（1531年），西北至红山堡之黑水沟、东南至延绥定边营之南山口，全面构筑"深沟高垒"。由兴武营向东南另筑新墙，经安定、高平诸堡接东门关墙，再经盐场堡而达定边营。齐之鸾督理宁夏境内工程，共役分为五小段，其中红山堡至兴武营仍帮筑旧"河东墙"。①

天启七年（1627年），宁夏各卫营屯堡，自正月己巳至二月己亥，凡百余震，大如雷，小如鼓如风，城垣、房屋、边墙、墩台悉圮。大地震对宁夏的防御工事造成了极大的破坏，此后的隆庆、万历两朝基本上都在进行着修复工作，不再有新长城的修建。直至隆庆六年（1572年）才将河东墙修复完毕。②

宁夏境内的西长城从今甘肃靖远芦沟界入境，进入今宁夏中卫县，逾河东北上接贺兰山，长约100多千米。③《乾隆宁夏府志》曰："西长城，自靖远卢沟界，迤北接贺兰山。山西四百一十一里，迤北接北长城。自西而东三十里，接黄河。"④

西长城的修筑始于宁夏巡抚贾俊任内，他除了修筑上文提到的沿河十八墩边墙外，还主持构筑了"城西南墙"，这段长城"自双南山起，至广武界至，长一百余里"。

3. 考古调查与考察

最早对宁夏明长城进行考察的人是美国人威廉·埃德加·盖洛博士，他发表《中国长城》⑤（1909年）向西方系统介绍了中国的长城。其中关于宁夏长城的部分是书中第十一章"宁夏书简"。

李少文和梁嵘曾走过长城的全部重要地段，并在2008年出版《图文长城——陕西、宁夏、甘肃卷》⑥以图文并茂的方式介绍了当地的明长城情况。

华夏子的考察及其作品《明长城考实》⑦考察了盐池县、灵武县、陶乐县、石嘴山市、平罗县、贺兰县、银川市、永宁县、青铜峡市、中宁县、中卫县辖长城。

---

① 许成：《宁夏境内明长城遗迹》，载于《宁夏社会科学》1983年第4期；艾冲：《明代陕西四镇长城》，陕西师范大学出版社1990年版，第73页。
② 《明神宗实录》卷5"隆庆六年九月丙戌"。
③ 许成：《宁夏境内明长城遗迹》，载于《宁夏社会科学》1983年第4期。
④ ［清］张金城修、［清］杨浣雨纂、陈明猷点校：《乾隆宁夏府志》，宁夏人民出版社1992年版。
⑤ ［美］威廉·埃德加·盖洛：《中国长城》，山东画报出版社2006年版。
⑥ 李少文、梁嵘：《图文长城——陕西、宁夏、甘肃卷》，中国旅游出版社2008年版。
⑦ 华夏子：《明长城考实》，档案出版社1988年版。

许成的《明长城建筑结构与沿线设施》①及《宁夏境内万里长城的遗迹》②对宁夏境内的墙体、墩台、城堡遗迹进行了实地考察。

黎风、顾巍、曹灿霞的《宁夏长城航空遥感调查研究》③重点介绍采用以航空遥感图像解译为主的综合方法,对宁夏的长城、墩台进行了全面调查。

宁夏考古文物研究所、盐池县博物馆对盐池县的明长城进行了调查。④

2007年开始的全国长城资源调查取得前所未有的收获,相关成果正在按计划编写中。

4. 已有研究成果

关于宁夏镇的设置时间,有六种观点。

第一,宁夏镇形成于洪武四年(1371年),定设于建文四年(1402年)。⑤

第二,宁夏镇属初设边镇,设置时间应为建文四年(1402年)。⑥

第三,宁夏称镇,始于永乐六年(1408年)。⑦

第四,宁夏建文四年(1402年)建镇,宣德元年(1426年)正式确立。⑧

第五,宁夏镇始建于建文四年(1402年),完成于正统元年(1436年)。⑨

第六,宁夏卫的设立是宁夏设镇之始,建文四年(1402年),设镇守总兵官,宁夏正式称镇。⑩

杨建林《明代宁夏镇防御体系述略》⑪一文中论及了学界的这几种不同的看法,并分析了不同意见产生的原因。

冯晓多将河东边墙的设置分为四个阶段:第一,明初到天顺年间烽堠的设置;第二,成化至正德年间边墙的设置;第三,嘉靖年间的修筑;第四,隆庆及万历年间的重修。并考察了宁夏河东主要沿边屯堡的变迁。⑫

---

① 许成:《明长城建筑结构与沿线设施》,引自《宁夏考古史地研究论集》,宁夏人民出版社1989年版。
② 许成:《宁夏境内明代万里长城遗迹》,载于《宁夏社会科学》1983年第4期。
③ 黎风等:《宁夏长城航空遥感调查研究》,载于《国土资源遥感》1994年第3期。
④ 宁夏考古文物研究所、盐池县博物馆:《宁夏盐池县古长城调查与试掘》,载于《考古与文物》2000年第3期。
⑤ 艾冲:《明代陕西四镇长城》,陕西师范大学出版社1990年版,第6页。
⑥ 韦占彬:《明代"九边"设置时间辨析》,载于《石家庄师范专科学校学报》2002年第3期。
⑦ 尹钧科:《宁夏成为明代"九边"重镇之一的军事地理因素试析》,载于《大同高等专科学校学报(社科版)》1994年第2期。
⑧ 赵现海:《明代九边军镇体制研究》,东北师范大学历史学博士学位论文,2005年。
⑨ 范中义:《明代九边形成的时间》,载于《大同高等专科学校学报(社科版)》1995年第4期。
⑩ 于默颖:《明蒙关系研究——以明蒙双边政策及明朝对蒙古的防御为中心》,内蒙古大学博士学位论文,2004年。
⑪ 杨建林:《明代宁夏镇防御体系述略》,内蒙古大学硕士学位论文,2009年。
⑫ 冯晓多:《宁夏河东地区明代边墙与屯堡的变迁》,载于《兰州教育学院学报》2006年第3期。

尹钧科认为明代宁夏镇长城的特点是，设镇时间较早，边防线最长，至明代后期拥有优于他镇的防御实力。在明代九边之中，虽非最紧要者，但其重要性是不容忽视的。①

路虹论述了宁夏镇的这种防御系统，考证了各卫所设置年代，及所辖营堡的数量等。②

肖立军对九镇边兵的管理系统，兵员的组成结构及饷银花费开支等方面进行过论述。③

（九）固原镇长城

1. 修建

明代陆续设置九边重镇，固原镇虽是最后设置的，但其地理位置却十分重要，朝廷设三边总制府于固原，足见其固原对西北边防的重要性，"固原为关中门户，地处延绥、宁夏、甘肃三镇的中间。"④ 陕西镇总兵始设于宣宗宣德年间，旧驻会城（今西安），后于弘治十四年始移驻于固原，因而也称固原镇。明时于贺兰山下设宁夏镇，使南下掠夺者受到阻遏，可是并未因此而降低清水河谷的重要性。若西北来的进攻者企图东入关中，固原一途也是其必经之路，为极冲之地，属九边之一。

固原镇始设于弘治十四年（1501年），本镇边墙也于此时兴修，北接宁夏，东接延绥，西接甘肃，总制三边。固原镇边墙东北接延绥镇的饶阳水堡，约相当于现在陕甘宁三省区交界地，向西南沿白于山、陇山西侧延伸至黄河，向南延伸至洮州卫峪口，在今卓尼县，全长达1 500千米，包括后来分出的临洮镇部分全长达670余千米。⑤ 固原镇长城大部分属于内长城，只有280千米，后来松山收复后，防线北移缩短，只有224千米。⑥

固原明长城倡筑于成化年间。弘治中，三边总制秦纮奏筑固原内边长城，据《九边图考》记载："弘治十五年，秦纮总制三边，筑内边一条，自饶阳界起西至徐斌水三百里，自徐斌水起至靖虏花儿岔止，长六百余里。"⑦《皇明九边考·镇戍通考》亦云："弘治十五年，总制尚书秦纮奏筑固原边墙，自徐斌水起，迤

---

① 尹钧科：《宁夏成为明代九边重镇之一的军事地理因素试析》，载于《大同高等专科学校学报》1994年第2期。
② 路虹：《明代宁夏镇研究》，西北民族大学硕士学位论文，2005年。
③ 肖立军：《明代边兵与外卫兵制初探》，载于《天津师大学报》1998年第2期。
④ 陈育宁：《宁夏通史（古代卷）》，宁夏人民出版社1993年版。
⑤ 艾冲：《中国的万里长城》，三秦出版社1994年版，第142页。
⑥ 艾冲：《论明长城十三镇的起止点和结合部》，载于《陕西师大学报》1993年第5期。
⑦ [明]程道生：《九边图考·固原》，1919年石印本，第49～50页。

西至靖虏花儿岔长六百余里,迤东至饶阳界长三百余里。以上即固原(即今固原)以北内边墙也。"万历二十七年二月,三边总督李汶召集固、甘二镇巡抚,会勘松山新边长城走向,随后征调军夫,大兴长城工役,起于凉州泗水,止于靖虏之锁桥,筑边 185 千米。① 松山长城建起之后,固原镇长城的分布格局发生了重大变化,旧边长城军事地位急剧衰落,防守重心转移到裴家川长城北段与松山长城东端一线。

此后固原镇再无大规模修筑长城。

2. 相关历史文献

关于固原镇长城的文献主要有《明史》《固原州志》《兰州府志》《明实录》《秦边纪略》《天府广记》,还有《边政考》《九边图考》《皇明九边考》《九边图说》《明经世文编》《国榷》《盐池县志》《武备志》等史籍。

固原镇明长城修建始末在文献中记载的比较详细。

"武宗初立,寇数万骑抵固原,总兵曹雄军隔绝不相闻……大夏请即命一清总制三镇军务。寻进右都御史。一清遂建议修边,其略曰:陕西各边,延绥据险,宁夏、甘肃扼河山,惟花马池至灵州地宽延,城堡复疏。寇毁墙入,则固原、庆阳、平凉、巩昌皆受患。成化初,宁夏巡抚徐廷璋筑边墙绵亘二百余里,在延绥者,余子俊修之甚固,由是,寇不入套二十余年……是纮所修不足捍敌……因条具便宜:延绥安边营石涝池至横城三百里,宜设墩台九百座,暖谯九百间,守军四千五百人;石涝池至定边营百六十三里,平衍宜墙者百三十一里,险崖峻阜可铲削者三十二里,宜为墩台,连接宁夏东路;花马池无险,敌至仰客兵,宜置卫,兴武营守御所兵不足,宜召募;自环庆以西至宁州,宜增兵备一人;横城以北,黄河南岸有墩三十六,宜修复。帝可其议。大发帑金数十万,使一清筑墙。"②

"弘治十五年,总制尚书秦纮奏筑固原边墙,自徐斌水起,迤西至靖虏花儿岔止(长)六百余里,迤东至饶阳界长三百余里。以上即固原以北内边墙也。"卷十又载:"固原在宁夏之南,实番胡要害之地。弘治间,总制秦纮筑内边一条,自饶阳界起、西至徐斌水三百余里,系固原地界;自徐斌水起、西至靖虏花儿岔止,长六百余里,亦各修筑。至今于二、八月各修理一次,屹然为关中重险。东向可以顾榆林,西向可以顾甘肃,总兵、游击、守备官皆驻扎于此,犹家室之有堂奥也。"③

文献上对其管理模式有简单的记载。

---

① [清]梁份著,赵盛世等校准:《秦边纪略》卷一《庄浪卫》,青海人民出版社 1987 年版。
② [清]张廷玉等:《明史》卷一百九十八,岳麓书社 1996 年版,第 2873 页。
③ [明]魏焕:《皇明九边考》卷一《镇戍通考》,兰州古籍书店 1990 年版。

据嘉靖《固原州志》，元朝"开城县在固原之南四十里。洪武初，固原止设巡检司……景泰元年，始筑固原城……三年，调平凉卫右千户所全伍官军于固原，立为守御千户所……成化四年……奏改固原守御千户所为固原卫。立左、中、右三千户所"。《明史·职官二》："总督陕西三边军务一员。弘治十年，火筛入寇，议遣重臣总督陕西、甘肃、延绥、宁夏军务，乃起左都御史王越任之。十五年以后，或设或罢。至嘉靖四年，始定设，初称提督军务。七年改为总制。十九年避制字，改为总督，开府固原，防秋驻花马池。"①

关于固原镇长城的规模，"在固原靖房、临、巩、洮、岷各道创修过边垣、隘口、水洞、堤岸一百四十六处，堤坝石砌马头城垣共二千四百八十七丈，城堡楼台一百六十七座，城院马墙木柞一百三十二道，番厂营房七百三十五间。又河西关西、平凉各道创修过台堡铺房天棚楼洞共一百五十七座间所，城墙四十余丈。"② 开城县设在固原之南四十里。洪武初，固原止设巡检司……景泰元年，始筑固原城……三年，调平凉卫右千户所全伍官军于固原，立为守御千户所……成化四年……奏改固原守御千户所为固原卫。立左、中、右三千户所。③

嘉靖四十年的地震对固原镇的长城造成很大的毁坏，"陕西榆林、宁夏、固原等各处地震有声，宁、固尤甚，城垣、墩台、房屋皆摇塌，地裂涌出黑黄沙水，压死军人无算，坏广武红寺等城。"④

随着敌我抗争态势的变化，嘉靖十六年时总督陕西三边都察院左都御史刘天和曾经建议将防线内缩，新建长城防御，"固原一镇为套房深入之冲，前尚书秦纮修筑边墙，延袤千里，然虏每大举入寇，尚不能支……总兵任杰议于此地修筑新边一道，迁红寺堡于边内，彻旧墩军士使守新边，舍六百里平漫之地，守百二十里易据之险，又占水泉数十处，断胡马饮牧之区，而召军佃种可省馈饷，计无便于此矣。"但这一建议没有得到皇帝的认可，"移筑边墙，往者总抚大臣屡尝举行，劳民费财，迄无成效。天和何以蹈袭故辙，无事生扰，姑贳不问。杰擅兴妄议，弃捐旧边"，还受到"夺俸半年"的处罚。⑤

固原镇驻军人数万历中最多，隆庆中固原镇兵员增到 7.1918 万名，万历中却降为 5.52 万名，末年再度上升到 9.0412 万人。但至崇祯年间，固原守军仅有 5.983 万名⑥。

---

① ［清］张廷玉等：《明史》卷七十三，岳麓书社 1996 年版，第 1036 页。
② 《明神宗实录》卷 176，江苏国学图书馆 1940 年印本。
③ ［明］刘敏宽纂次，牛达生、牛春生校勘：《嘉靖固原州志》，宁夏人民出版社 1985 年版。
④ 中央研究院历史语言研究所编：《明实录·明世宗实录》卷 498，名和美术印刷厂 1965 年版。
⑤ 中央研究院历史语言研究所编：《明实录·明世宗实录》卷 230，名和美术印刷厂 1965 年版。
⑥ ［清］孙承泽：《天府广记》卷一八《兵部》，北京古籍出版社 1984 年版。

3. 考古调查与考察

最早对宁夏明长城进行考察的人应该是美国人威廉·埃德加·盖洛博士。[①]

华夏子对盐池县、灵武县、陶乐县、石嘴山市、平罗县、贺兰县、银川市、永宁县、青铜峡市、中宁县、中卫县等地明长城进行过详细的考察。[②] 许成[③]也多次对宁夏境内的墙体、墩台、城堡遗迹进行了考察。

黎风、顾巍、曹灿霞[④]采用以航空遥感图像解译为主的综合方法，对宁夏的长城、墩台进行了全面调查。宁夏考古文物研究所、盐池县博物馆对盐池县的明长城进行了调查。[⑤]

4. 已有研究成果

罗丰认为，洪武年间在固原地置巡检司，属平凉右卫辖。景泰三年为固原守御千户所。成化四年，升为固原卫。成化六年置固原兵备道。成化十年置三边总制府于固原。弘治十四年设固原镇（又称陕西镇）。弘治十五年升固原卫为固原州，隶属平凉府[⑥]。华夏子认为固原镇为弘治十四年（1501年）始设。[⑦]艾冲认为固原镇防区成立于弘治十五年（1502年）。[⑧]范中义的《明代九边形成的时间》[⑨]认为宁夏设镇时间是弘治十四年。于默颖认为弘治十八年，陕西镇守总兵官移驻固原。三边总制再次开府固原，标志固原镇正式称镇。[⑩]

关于固原镇边墙修筑背景及过程，安志平通过对历代在固原发生战争的考察，论证了固原镇军事地理位置的重要性。[⑪]胡凡认为宪宗成化时期，蒙古族开始大规模地进入河套，明廷内部亦屡有"搜套""复套""筑墙"之争，固原长城的修建也正始于这一时期。[⑫]

刘景纯从蒙古诸部对内地侵扰的时间分布和地域变迁两个方面，探讨了这一时期蒙古诸部侵扰的时空分布特点及变迁特征，可以从侧面反映各镇边墙修筑、

---

① ［美］威廉·埃德加·盖洛：《中国长城》，山东画报出版社 2006 年版。
②⑦ 华夏子：《明长城考实》，档案出版社 1988 年版。
③ 许成：《明长城建筑结构与沿线设施》，引自《宁夏考古史地研究论集》，宁夏人民出版社 1989 年版；《宁夏境内明代万里长城遗迹》，载于《宁夏社会科学》1983 年第 4 期。
④ 黎风等：《宁夏长城航空遥感调查研究》，载于《国土资源遥感》1994 年第 3 期。
⑤ 宁夏考古文物研究所、盐池县博物馆：《宁夏盐池县古长城调查与拭掘》，载于《考古与文物》2000 年第 3 期。
⑥ 罗丰：《固原地区历代建置沿革考述》，载于《固原师专学报》1986 年第 3 期。
⑧ 艾冲：《明代陕西四镇长城考》，陕西师范大学出版社 1990 年版，第 9 页。
⑨ 范中义：《明代九边形成的时间》，载于《大同高等专科学校学报》1995 年第 4 期。
⑩ 于默颖：《明蒙关系研究——以明蒙双边政策及明朝对蒙古的防御为中心》，内蒙古大学博士学位论文，2004 年。
⑪ 安志平：《固原历代军事史述略》，载于《固原师专学报》2002 年第 2 期。
⑫ 胡凡：《论明代蒙古族进入河套与明代北部边防》，载于《西南师范大学学报》2002 年第 3 期。

加强的原因。①

对固原镇组织结构及军事布局也有研究成果呈现。

余贵校对固原卫、所、镇、总制的规模、堡寨、马步及其隶属关系等作了详细论述。②苏银梅对固原的防御工事进行了描述。③孙卫春论证了固原镇在西北国防中的重要地位。④董耀会认为"九边各镇不仅是明朝统治者同蒙古统治集团进行对抗的战场,也是中原农耕民族同北方游牧民族互市贸易的场所。"⑤

(十) 甘肃镇长城

1. 修建

甘肃镇长城是指分布在现在甘肃省大部分和青海省的长城,属于陕西都司管辖,后于甘肃镇设陕西行都司。甘肃镇东短最初接固原,万历二十三年(1595年)从固原镇析出部分设置临洮镇后,甘肃镇即在庄浪路沙井驿东境东接临洮镇,万历二十七年(1599年)修筑松山新边后,两镇接点北移至小松山双墩子。明代甘肃镇与固原镇(临洮)基本就是以兰州—黄河为界分列东西,长城西至嘉峪关南红泉墩,嘉峪关处有一道南北向分布的长城截断河西走廊的通道,主干线从嘉峪关沿河西走廊北侧向东北至武威县,境循洪水河至黄羊镇以东的东滩。明长城在此分为两条:一条由二站向东南,过黄河进入靖远县境,沿黄河南岸向东,进入宁夏境;另一条复线则由武威黄羊镇的东滩分出,过乌鞘岭,沿庄浪河至河口,沿黄河南岸进入兰州市,沿黄河至靖远县城(明代的靖虏卫),再向东经打腊池(现改为共和乡)进入宁夏境。甘肃镇长城是为了护卫河西走廊不受蒙古部落侵犯而修建,大部分是沿着河西走廊北侧山前地带修建,有一小部分是位于河西走廊南侧,在西宁卫的北侧和西侧。

甘肃镇边墙于弘治元年(1488年)开始修筑,主要分布在河西走廊地区,东接固原镇,西止于嘉峪关。本镇分庄浪路、凉州路、甘州路、肃州路和大靖路等五路分守,其中西宁卫在今青海省境内。今甘肃省境内分布在兰州市安宁区、天祝县、永登县、武威市、张掖市、酒泉市、嘉峪关市、肃南县等地。

明初,蒙元势力向北退守,元朝驻守山西的扩阔帖木儿退至甘肃,并继续向西退去,朝廷的防务压力主要集中在东部,甘肃、固原一带压力较小。后来随着

---

① 刘景纯:《宣德至万历年间蒙古诸部侵扰九边的时间分布与地域变迁》,载于《中国边疆史地研究》2009年第1期。
② 余贵孝:《明代固原的军事设置》,载于《固原师专学报》1993年第1期。
③ 苏银梅:《明朝经营固原概述》,载于《西北民族学院学报》1991年第2期。
④ 孙卫春:《明代西北战争与国防布局的互动关系研究》,陕西师范大学硕士学位论文,2008年。
⑤ 董耀会:《明长城九边马市分布与作用》,载于《瓦合集——长城研究文论》,科学出版社2004年版。

蒙古赤不剌部西迁，本地边防压力逐渐加大。弘治年间开始修筑长城，最西端的嘉峪关初建于洪武五年（1372年），它扼守河西走廊。弘治年间开始沿河西走廊修筑长城，由于甘肃镇与宁夏镇之间此前较少遭到侵扰，故多利用黄河及附近山险进行防守，后来西迁的蒙古部族常利用冬天河水结冰渡河掠扰，便增设固原镇，并修建了固原内边墙，后又修建新内边。嘉靖二十年（1541年）又修建了嘉峪关处南北走向的长城，横亘于河西走廊之中。再后来征服蒙古松山部后，又修建了松山新边，甘肃省境内的明长城基本修建成型，再后来仅有一些零星的修补。

甘肃省长城长度较长，所经地形复杂，有黄土山区、沙漠区、岩石山区、戈壁区等，所修长城因地制宜，种类较多，形制不一，约略有墙、壕、崖栅等种类。本地长城基本以土筑为主，只有在岩石山区少土的地方才采用其他的建筑材料，如石块等。长城的防御包括一些附属建筑，附属建筑的主要组成部分就是墩台。墩台又分为兵墩与田墩两种，田墩又叫屯庄墩。兵墩多随边墙而建，田墩则为另建。

甘肃镇长城沿河西走廊部分的长度约是两千里，《崇祯长编》卷二记："甘肃巡抚张三杰疏，本镇二千里长边，处处临外。"①

西宁卫长城长225千米多，西宁边墙的总长度在《西宁志》中有所记载。隆庆末年到万历二年兴建的长度为四万六千九百六十二丈。如果加上隆庆元年兴建的哈喇直沟边壕五百丈，达四万七千四百六十二丈，约合137.5千米。再加上嘉靖二十五年初始阶段所修的三段边墙45千米多，其长度已达182.5千米以上。至于第三阶段最后增修的娘娘山麓到西石峡口这段边墙，《西宁志》《西宁府新志》都没有记载其长度，根据其遗迹估计，其长度当在25千米以上，如果考虑在今贵德河西、化隆塔加、乐都冰沟等地都还有一些关隘性质的长城遗存，那么，青海长城的总长度应该不少于225千米左右。②

2. 相关历史文献

关于甘肃明长城修建维护的历史记载散见于《明史》《明实录》《秦边纪略》《边政考》《九边图考》《皇明九边考》《九边图说》《明经世文编》《国榷》等史籍中。

在一些地方志中也有较为详细的记载，如《肃镇志》《甘州府志》《兰州府志》《西宁卫志·西宁志》《西宁府新志》和《大通县志》《循化志》等，这些方志中保存有较为充实的资料。《重修肃州新志》载，"东、西、南、北四路，

---

① ［清］邓凯、瞿玄锡等：《崇祯长编》卷2，北京古籍出版社2002年版。
② 李汉才：《青海长城考略》，载于《青海师专学报（教育科学）》2008年第5期。

嘉峪关起镇夷千户所止,边墙、崖榨一万三千六百三十丈,计七十五里二百六十步,都御史廖逢节议题,隆庆六年(1572年)修完。"①

《肃镇志》记载在一些关口设壕堑、榨垒的情况,"自东大乐口,于迤北人祖山至破山等口十三处,虏骑出没无常,尤为要害,嘉靖二十七年(1548年),巡抚都御史杨博,巡历诸险,于诸口各设壕堑、榨垒以扼寇害。"②《肃州新志校注》:"嘉靖初,有虏由讨来河之南或文殊山口出没,大学士翟銮巡边至此,与兵备李涵议筑长城以限之。斩断山口,堵塞间道……并浚城濠、外濠各一道,又于长城外添筑外墙、远墙各一道。"③在兰州地区修建长城过程中,因地制宜,"红水河以东三十里,具石,山无土,不堪挑筑,应砌石墙。自滩墩至永安堡索桥三十里,川险间断,或筑墙、或挑浚,各相便宜。新边自靖虏卫县黄河索桥起至庄浪县界土门川,共长四百里,而兰靖、庄浪千四百里之冲边始安。第芦塘、三眼井等处,土疏易圮,时费修筑,仍按明初旧址,自镇番直接宁夏中卫。"④

《西宁卫志·西宁志》:"娘娘山沙尔岭起,札板山下止,边墙、水关、山崖共四千四百三十三丈。内墙底阔一丈五尺,顶阔七尺,实台高一丈五尺,朵墙四尺,共高一丈九尺。斩山崖高二丈,随墙墩五座。随墙壕一道,口阔一丈,底阔七尺,深一丈八尺。"⑤

对于大通境内的明长城,除《西宁卫志·西宁志》《西宁府新志》的记载之外,在《西宁府续志》和《大通县志》中也有这方面的文字记载。《西宁府续志·古迹》记载:"长城,县东四十里有土城,高丈余。自阁门起,至甘凉界止,俗传系秦时万里长城。"⑥

对于长城的日常管理,也有很详细的记载。《甘州府志》:"兵墩司守望,田墩守备清野。""故以屯种附近之乡或二、三十家,或四、五十家,督令共筑一墩,每墩设一总甲提调,如警报一至大城,四路各发柴烽、信炮传示各乡,即敛。"⑦

3. 考古调查与考察

1950~1958年,全国开展第一次全国文物普查,对甘肃明长城进行了调查。

1987年,又进行了第二次文物普查,成果编入《中国文物地图集·甘肃分册》⑧《中国文物地图集·青海分册》⑨和各县县志。

---

①③ 《重修肃州新志》,甘肃酒泉县博物馆1984年影印本,第215页。
② 《肃镇志》卷3,成文出版社影印,清顺治十四年本,第77~79页。
④ 《兰州府志》卷1,清道光十三年刻本,第21页。
⑤ [明]刘敏宽、龙膺纂修;王继光辑注:《西宁卫志·西宁志》,青海人民出版社1993年版。
⑥ 《西宁府续志·古迹》,青海人民出版社1985年版。
⑦ 《甘州府志》卷8,清乾隆四十四年刻本,第41~42页。
⑧ 国家文物局:《中国文物地图集·甘肃分册》,测绘出版社2011年版。
⑨ 国家文物局:《中国文物地图集·青海分册》,中国地图出版社1996年版。

在进行全国长城资源调查开始之前，先在甘肃省进行试点调查以总结经验，由甘肃省文物局和甘肃文物考古研究所组织，在2006年5月开始对山丹县汉、明长城进行调查，并将调查成果出版公布。①

王元林对河西地区的长城进行了考察，成果《西望长城——河西长城考察漫记》②他在文中主要涉及山丹、永昌金川县、民勤、银武威、古浪峡与马鞘岭、景泰及兰州境内的明长城路线及现状。

美国威廉·盖洛最早对甘肃镇长城青海段发现并介绍③，他在书中"快马加鞭进入西藏"一部分兴奋地写道要为中国长城家族再加上200里的新成员，就是介绍新发现的青海长城。

4. 已有研究成果

对甘肃明长城的研究主要集中在分布线路、长度、修建时代和对前代长城的沿用及建筑特征等方面。

艾冲《明代陕西四镇长城研究》④对甘肃镇长城的兴筑与分布、起止和走向、沿线诸城堡及相关兵力配置和交通状况进行了介绍研究。

韩建成《甘肃山丹境内明长城遗存及勘察保护》⑤提到山丹新河段明长城墙体基宽2~4米，顶宽0.5~3米，夯层厚度0.14~0.3米，高2~5.5米。

唐晓军对甘肃各市烽燧情况进行了总结。⑥

姚连学介绍了甘肃长城的路线。⑦

李瑛、周德广在《秦汉明三代长城起点都在甘肃境内》文中认为，嘉峪关是明长城的起点而非山海关，原因是从修筑时间上来看，修嘉峪关在前，山海关在后。⑧

《甘肃境内长城遗址主要病害及保护研究》⑨分析了对长城的保护，提出土坯砌筑托换加固地基、静压注浆加固地基、锚杆锚固、裂缝注浆、表面渗透注浆、小锚钉锚固注浆。墙体自然破坏可分表面风化、基础掏蚀、裂缝、崩塌和坍塌几类。人为破坏种类有挖墙造田、挖墙开路、其他人为破坏

---

① 甘肃省文物局、甘肃省文物考古研究所：《临洮战国秦长城山丹汉、明长城调查报告》，甘肃人民出版社2007年版。
② 王元林：《西望长城——河西长城考察漫记》，载于《西部论丛》2002年第12期。
③ ［美］威廉·埃德加·盖洛：《中国长城》，山东画报出版社2006年版。
④ 艾冲：《明代陕西四镇长城研究》，陕西师范大学出版社1990年版。
⑤ 韩建成：《甘肃山丹境内明长城遗存及勘察保护》，载于《丝绸之路》2009年第12期。
⑥ 唐晓军：《甘肃境内的长城与烽燧分布》，载于《丝绸之路》1996年第5期。
⑦ 姚连学：《甘肃的古长城》，载于《丝绸之路》2001年第2期。
⑧ 李瑛、周德广：《秦汉明三代长城起点都在甘肃境内》，载于《丝绸之路》1994年第2期。
⑨ 赵海英等：《甘肃境内长城遗址主要病害及保护研究》，载于《文物保护与考古科学》2007年第1期。

三种。

嘉峪关还建成了长城博物馆，对长城进行有规划的保护、修复和展示。

二、清代柳条边

1644年清军入关，并在随后的二十余年里逐步剿灭明朝的残余势力，再一次统一中国。清朝的统治逐渐稳定下来后，统治者认为明朝耗费巨大的人力物力修建的长城并没有发挥计划中的作用，要想维护长远统治，在德不在险，不应再行修筑长城，以德安民乃上策。[①] 然而清代并非完全没有修筑长城之类的防御工事，而是部分地修缮了明代的长城，在清末期为镇压反政府起义组织更是修建了较多类似长城的防御工事，因为这类防御工事和历代长城从性质、形制等方面呈现出较多的一致性，所以我们将它们视为长城来进行讨论。

柳条边是清朝在建立初期为保护其在肇迹兴王之地——东北的特殊利益，于崇德三年（1638年）至康熙二十六年（1697年）间，在长达59年的时间里，陆续修建的一道北起法特哈（今吉林舒兰县西）、东至凤凰城（今辽宁凤城）、西至山海关的长达二千六百四十余里的"人"字形特殊防御工事，主要功能是防止内地居民出关垦殖。该工事的建筑方法为掘土为壕，壕内引水，以壕内之土堆为堤，堤上植柳并以绳结之，故称之为柳条边。

中华人民共和国成立以来，学者们对柳条边的研究是在中苏东北边界之争的背景下开始的，故而带有较浓重的政治色彩且多基于文献考证缺乏考古调查资料；随着上世纪80年代之后第二次及第三次文物普查的展开，学者们结合考古资料和文献资料对柳条边的实体、建制和分布有了更深入的认识。

（一）相关历史文献

1. 修筑背景与原因

（1）保护龙脉，固守根本，拱卫盛京和皇陵。

清朝建立之初，政权尚不稳定。辽河流域和当时的吉林地区有盛京皇宫，昭陵、福陵和其祖坟永陵等，是清王朝的"祖宗肇迹兴王之所""龙兴重地"，被予以特殊的保护。乾隆五年（1740年）上谕便说："盛京为满洲根本之地，所关甚重……"[②] 并在《老边》诗中写道："征战纵图进，根本亦须防。"清王朝一方

[①] 张量著：《战争与和平的纽带——古代长城》，辽宁师范大学出版社1996年版，第67页。

[②] 孔昭明：《台湾文献史料丛刊（第4辑）·清高宗实录选辑》（上），台湾大通书局1984年版，第18页。

面将这个区域以盛京为留都,设六部中央级机构及内大臣(后改为镇守盛京等处将军)进行管辖①,并在此设立训练八旗军的军事基地②,另一方面建造柳条边对该区域实行封禁政策,以固守根本。

(2) 禁止与其他民族混居,保持本民族的纯洁性。

满族原为游牧民族,鉴于当年金人被汉族同化的历史教训,清朝统治者需要柳条边进行民族隔离,意图达到维持本民族纯洁性的目的。《清太宗全传》中记载皇太极即位之后即传谕说:"(金)世宗即位,奋图祖法,勤求治理,惟恐子孙仿效汉俗,预为禁约,屡以无忘祖宗为戒。衣服、语言,悉遵旧制……后世之君,渐至懒废……朕发此言,为子孙万世计也,在朕身岂有变更之理。"③《吉林通志》:"雍正二年(1721年)七月,办理船厂(吉林)给事中赵殿最奏,船厂地方应建造文庙,设立学校,令满汉子弟读书考试。"雍正皇帝斥责说:"本朝龙兴,混一区宇,惟恃实行与武略耳,并未尝恃虚文以粉饰,……观此可知实行之胜于虚文矣。我满洲人等纯一笃实、忠孝廉节之行,岂不胜于汉人之文艺、蒙古之经典欤?"④乾隆皇帝对大量汉民流入东北,致使东北满族汉化趋势严重也极为担忧,感叹:"东三省乃满洲根本地方,诸宜恪守满洲淳朴旧俗,并力挽渐染汉人习气。近见吉林风气亦似盛京,日趋于下,而流民日见加增,致失满洲旧俗……吉林风气至于如此,若不亟为整顿,则黑龙江亦必染汉人习气,所关甚钜。"⑤嘉庆帝曾说东北:"为王迹肇基之地,必当再三周历勤思开创艰难,而骑射为国家根本重务,秋狝岁举讲武习劳,即藉以倡率戎行不忘旧俗。"⑥这都十分清楚地表明,维护本民族语言和骑射尚武习俗,是清统治者通过修建柳条边对东北实行封禁的重要原因之一。

(3) 保护经济稳定发展。

满族原为农耕兼事渔猎的民族,较为保守,对于东北的封禁也多从保护自身经济利益的角度出发。首先,修建柳条边是为了保护东北地区专供皇室的特产和维护皇家御用的打猎围场。东北地区盛产皇室贵族所需要的人参、貂皮、珍珠、鹿茸等珍贵物产,为了禁止外族民众私自采挖人参、围捕鹿、貂等,清政府一年四季都要派官兵巡查边之内外,"查拿偷砍木植、私挖人参、偷打鹿

---

① 孟庆远:《中国古代史常识·历史地理部分》,中国青年出版社1981年版,第104页。
② 吉林市博物馆:《吉林史迹》,吉林人民出版社1984年版,第60页。
③ 《清太宗实录》卷一百一十五,转引自薛洪波、肖钢:《浅谈清代柳条边》,载于《吉林师范大学学报(人文社会科学版)》2004年第5期。
④ 王炜编校:《〈清实录〉科举史料汇编》,武汉大学出版社2009年版,第155页。
⑤ 孔昭明:《台湾文献史料丛刊(第4辑)·清高宗实录选辑》(上),台湾大通书局1984年版,第234页。
⑥ [清]刘锦藻:《清朝续文献通考》卷一百八十一,浙江古籍出版社1988年版。

茸贼犯。"① 对于蒙古族,则主要是防止他们在此从事游猎活动,"清起东北,蒙古内附,修边示限,使畜牧游猎之民,知所止境,设门置守,以资镇慑。"②

其次,惧怕"根本"之地的经济地位受外族经济发展的冲击。乾隆帝曾说:"今彼处聚集民人甚多,悉将地亩占种……与其徒令伊等占种,孰若令旗人耕种乎?即旗人不行耕种,将地亩空闲,以备操兵围猎,亦无不可。"③

(4)行政区划分界线,分而治之。

柳条边也可作为行政区划分界线。《清高宗实录》记载:"山海关迤东一带设七边门,边门外系各蒙古部落。七边之东南直接凤凰城,为六边(门),乃奉天、宁古塔分界。"④《盛京通志》亦提到清代"结柳为边,以界内外。"⑤ 乾隆皇帝在《柳条边》诗中写道:"盛京、吉林各分界,蒙古执役严谁何。"⑥《柳边纪略》在记述宁古塔将军所辖范围中说:"宁古塔将军所属……西至威远堡盛京界。"⑦ 高士奇《扈从东巡日录》卷下载:"柳条边插柳结绳,以界蒙古。"⑧ 可见,柳条边是盛京、蒙古和宁古塔的分界线。

具体而言,"人"字形的柳条边以开原威远堡边门为中心,由此折向西南至山海关外明水塘边门为盛京将军与蒙古各部落的分界线;由此折向东南至凤凰城边门,为盛京将军与宁古塔将军的分界线;由此折向东北至吉林法特哈边门,为宁古塔将军与蒙古各部落的分界线。⑨ 清政权意图以柳条边将各民族划界,限制民族融合,以达到分而治之的目的。⑩

2. 建筑形制、修建时间和过程

(1)建筑形制。

《柳边纪略》中写道:"今辽东皆插柳条为边,高者三、四尺,低者一、二尺,若中土之竹篱,而掘壕于其外,呼为柳条边,又曰条子边。"⑪ 彰武台边门在修理时向上级呈报的计划书较为精确:"边壕深八尺,底宽五尺,口宽八尺,

---

① 昆冈、李鸿章等:《钦定大清会典事例》卷722,光绪二十五年八月石印本。转引自刘长江:《从沈阳地区的保存现状看清代柳条边》,载于《满族研究》2008年第2期。
② 金毓黻:《奉天通志影印本》卷七八,辽海出版社2003年版,第1834页。
③ 《清高宗实录》卷115,中华书局1986年版。
④ 《清高宗实录》卷243,中华书局1986年版,第100页。
⑤ 阿桂:《盛京通志》卷十六,辽海出版社1997年版。
⑥ 阿桂:《盛京通志》卷十三,辽海出版社1997年版。
⑦ 杨宾:《柳边纪略》卷一,吉林文史出版社1993年版。
⑧ 高士奇:《扈从东巡日录》卷下,转引自景爱:《中国长城史》,上海人民出版社2006年版,第335页。
⑨ 张杰:《柳条边、印票与清朝东北封禁新论》,载于《中国边疆史地研究》1999年第1期。
⑩ 刘智文:《清代东北封禁政策刍议》,载于《学习与探索》2003年第6期。
⑪ [清]杨宾:《柳边纪略》,中华书局1986年版,第1页。

边柳一步三棵，粗应四寸，高应六尺，涂土埋二尺，降剩四尺，边外大路，二丈六尺宽，区内马道，一丈一尺宽。"① 关于植柳的密度，《满洲发达史》记载的是"一步五棵。"② 柳条边也有不植柳的情况，如《义县志》：自"九官台东至白土厂门，一名柳条城，明创制，清因之，皆系掘土为之，并无一柳置于其间。"③ 等文献记载表明，清时将柳条边沿途的柳树以绳相互接连，一定程度上起到阻止来往行人随意逾越的效果。这都说明柳条边的建筑形制是挖土为壕，堆土为堤，堤上植柳，结柳以绳。

（2）修建时间及过程。

有关柳条边修建时间和建造过程的文献资料，杨树森作了较为全面的考证。④

辽河流域的柳条边分东西两段，因修建时间较早，被称为"老边"，因盛京在其内，也叫"盛京边墙"。老边东段自凤凰城（今辽宁凤城）东南海滨，向东北行经兴京（今辽宁新宾），折转西北至开原威远堡（今开原县城东北）。

西段自威远堡向西南至山海关。西段的修筑，始于顺治五年（1648年）划分盛京省与喀尔喀蒙古牧区的游牧疆界，西段大体沿袭明代辽西长城的走向。自威远堡向西南穿过辽河东岸明代辽东旧边墙，跨越辽河，经今法库彰武县境，至白土厂门（今黑山县西北）同明代辽西旧边墙相接，沿明边墙内侧向西南至山海关北接长城。柳条边在顺治十一年已具备了规模，至晚到顺治末年约（1661年）已全部完成。

努尔哈赤统一乌拉部之后，为维护发祥之地并与蒙古科尔沁等诸部牧区划清界限，康熙九年至二十年（1670~1681年）自威远堡到吉林市北法特东亮子山止修筑了柳条边北段，因其兴筑时间晚于盛京边墙，故称为新边。据《盛京通志》记载：新边"东自吉林北界，西抵开原县威远堡边门，长六百九十余里，遮罗奉天北境……亦名新边。"

此外，由于清立国后户口滋生，柳条边内族田不够分配，粮不足支⑤。并且

---

① 辽宁省博物馆：《辽宁史迹资料》1962年，第138页。转引自景爱：《中国长城史》，上海人民出版社2006年版，第334页。
② 据《满洲发达史》的记载：墙深八尺，底宽五尺、上口八尺；边柳一步五棵，粗应四寸，高应六尺，深二尺，降剩四尺；边外大路二丈六尺宽，区内马道一丈一尺宽。转引自刘谦、刘鲡：《阜新境内的柳条边遗址考》，李品清：《阜新辽金史研究》第三辑，中国社会出版社第177页。
③ 凤凰出版社编：《中国地方志集成·辽宁府县志辑17民国义县志（一）》卷1，凤凰出版社2006年版。
④ 杨树森：《清代柳条边》，辽宁人民出版社1978年版，第43~46页。
⑤ 《大清会典事例》卷137记载：清初以来"归附益众……粮不足支，展边开垦"。卷842记载：顺治十八年题准："辽阳、铁岭至山海关，八旗庄地多有在边外者，相沿已久，不必迁移，令照旧种住，惟酌量边界开门，勿误耕获。"可见此时八旗庄田已拓展至边外。本段文献均转引杨树森：《清代柳条边》，辽宁人民出版社1978年版，第43~45页，下同。

由于康熙十四年三月义州（今义县）察哈尔王"兴兵造反"[1]后对柳条边进行了三次扩展，史称"三皇展边"。[2]

康熙十四年（1675年）展边废水口边门，向西外展至商台堡（今绥中西北高台堡乡），名高台边门，废芹菜沟边门，向西北外展至二道河，名新台边门（今兴城市旧门乡）。康熙二十五年（1686年）展边废高台边门，向西北外展至宽邦（今绥中北25公里宽邦乡），名宽邦边门，废干川营边门，向西北外展至鸣水堂（今绥中西40公里明水乡），名鸣水堂边门。康熙二十六年（1697年）展边废宽邦边门，再向西北外展至白石咀（今绥中西北西门村），名白石咀边门；裁大黑山口边门，开梨树沟边门（今兴城市西50公里东门村），新台边门再向北展至女儿河（今锦西市新台门乡）；裁长岭山边门、松岭边门，开松岭新边门于小凌河流域松岭山（今朝阳县东南松门岭乡）；新开九宫台边门（今义县西北）。经过三次展边，老边西段平均向外拓展约40里，至康熙末年，展边后的盛京边墙共开20座门，均设在主要交通要道上。

柳条边主要是由流徙罪犯修建而成的，据《清圣祖实录》，奉天府尹张尚贤奏称："近有流徙人犯、修造工程赎罪之例，有力者已认工程。"[3] 此处的"工程"即指柳条边的兴建工程。[4]

3. 管理和维护

柳条边作为一道"高可逾越疏可通[5]"的松散防线，为达到封禁目的需要投入更多的防卫力量。

道光以前柳条边的管制较为严格。柳条边的每座边门都设有防御衙门，每个边门设防御（武将）和笔帖式（文官）各一员，下有披甲兵（八旗饶骑营之兵）二十至三四十人。平时披甲兵分班守备，掌管边门的启闭，稽察行人出入。康熙年间，对边门出入规定："内外人出入，必登籍以记"。后来又规定：凡进出边门，均需持有当地官厅发给的印票，从指定的边门验票出入，否则就以私入"禁地"论罪。此外，对于出入边门的人还有种种限制，如不仅要有官厅的印票而且要求"写上名姓、年貌、脸色"以便核对。对出边挖人参的人还严格规定了往、返的路线。

---

[1] 《八旗通志》卷149《图海传》。经过这次叛乱，在同年，加强各边门的驻防，于松岭子边门、新台边门、白石嘴边门各添设防御一人，兵各十一名。

[2] 《清圣祖实录》卷5记载顺治十八年（1661年）十二月谕兵部："盛京边外居住庄村，俱著移居边内。其锦州以内、山海关以外，应展边界。"不过还未及执行。

[3] 李澍田：《清实录东北史料全辑（三）》，吉林文史出版社1990年版，第110页。

[4] 程兆申：《绿色长城——清代柳条边》，载于辽宁档案信息网，http://www.lndangan.gov.cn/News_Show3.asp?NewsID=588，2006年11月2日。

[5] 乾隆：《柳条边》诗。

因柳条边易受暴雨、大风等自然条件的影响，维护柳条边亦十分重要。因此柳条边在边门间沿边壕设有数百座边台和封堆用于看守、瞭望及对边墙进行维护。边台分首台、中台和西台，每边台设千总三到四员，下辖台丁 150～200 名，政府对把守边门、边台的官兵也定有严格的要求和处罚的规定（见表 2-4）。边台台丁的职责是"但供补篱濬壑"①，即：修补柳条边，修补时间多在易于挖掘壕沟的每年农历的二月和八月。

表 2-4　　　　　　　　柳条边各边门兵备和统属表

边门名称（名称）	防御员数	笔帖式员数	领催员数	满汉八旗兵数	统属		备考
鸣水堂边门	1	1	1	29	属锦州副都统	统于盛京（奉天）将军	各边门驻防兵额，自康熙以后各代续有增设。此表据《清文献通考》卷一八二《兵四》制成。参以《清会典》卷八四《八旗都统》，驻防兵数基本和此表相符。
白石嘴边门	1	1	1	39			
梨树沟边门	1	1	1	29			
新台边门	1	1	1	39			
松岭子边门	1	1	1	39			
九官台边门	1	1	1	39	属义州城守尉统于锦州副都统		
清河边门	1	1	1	39			
白土厂边门	1	1	1	29			
彰武台边门	1	1	1	39	属广宁城守尉		
法库边门	1	1	1	37	属开原城守尉		
威远堡边门	1	1	5	45	属盛京兵部		
英额（俄）边门	1	1	5	45			
兴京（旺清）边门	1	1	5	45			
碱厂边门	1	1	5	45			
叆阳边门	1	1	5	45			
凤凰城边门	1	1	5	45			
布尔图库边门	1	1	1	20	宁古塔将军（吉林）统辖		
克尔素边门	1	1	1	20			
伊通边门	1	1	1	20			
法特哈边门	1	1	1	20			

资料来源：杨树森：《清代柳条边》，辽宁人民出版社 1978 年版，第 54～55 页。

① 《宁远州志》卷 5，《武备志》，载于《辽海丛书》，辽沈书社 1984 年版，第 2425 页。

4. 封禁制度和柳条边的废弃

柳条边的修建与封禁制度密切相关，前者是为实现后者的物质表现和重要外在辅助工具。在整个清代，柳条边的封禁制度时紧时弛，这与统治者的政策、频发的自然灾害、人口的滋长以及受到外来侵略等要素密切相关。

清初柳条边的封禁制度相对严格。康熙时尽管修筑了新边，但统治者曾大量移民实边开发东北。雍正帝时期对柳条边的管理亦比较宽松，甚至对违禁者表示理解和同情的态度。乾隆在位期间则一再严禁，乾隆五年（1740年）提出的严格限制流民进入盛京地区的8条建策，使乾隆时期成为柳条边厉行全面封禁的典范。然乾隆五十七年（1792年）直隶、山东大旱，大批灾民聚集于山海关，乾隆皇帝火速传谕放行，这成为柳条边弛禁的开端。嘉庆及其以后各帝则严禁无效，再加之中原自然灾害频发、边患日紧，便彻底解禁，甚至开始大规模移民实边。至道光二十年（1840年），由于沙俄入侵，国家财政困难，清政府只得同意移民实边，柳条边最终废弛。[①]

（二）考古调查与发现

1. 调查研究史

清人杨宾在康熙己巳、庚午间（1689~1690年）对柳条边进行了一番考察（时柳条边已经建成），归后作《柳边纪略》[②] 一书，简单介绍了柳条边的建造方法、边门名称、管理机构和官员、周边自然环境及物产等内容。

20世纪60年代末至70年代，中苏关系从分歧走向分裂，中苏在中国东北产生边界之争，苏联政府1969年6月13日的声明中宣称柳条边是中国东北的"国界"[③]，为澄清事实，这个时期对于柳条边的研究多是为了通过考证文献资料来驳斥苏联观点，带有浓厚的政治色彩，且没有展开相关的考古调查。这个时期主要的研究性著作有今人杨树森主编、于1978年出版《清代柳条边》[④] 一书。此外，纪实[⑤]、景爱[⑥]也发表过相关研究。

---

① 李喜林：《清代的柳条边》，载于《兰台世界》1999年第4期；程兆申：《绿色长城——清代柳条边》，载于辽宁档案信息网，http://www.lndangan.gov.cn/News_Show3.asp? NewsID=588，2006年11月2日；张杰：《柳条边、印票与清朝东北封禁新论》，载于《中国边疆史地研究》1999年第1期。
② [清] 杨宾：《柳边纪略》，中华书局1986年版，第1页。
③ 法学教材编辑部、《国际关系史资料选编》编选组：《高等学校参考教材 国际关系史资料选编（下）》，武汉大学出版社1983年版，第479页。
④ 杨树森：《清代柳条边》，辽宁人民出版社1978年版。
⑤ 纪实：《柳条边的历史和苏修的谎言》，载于《东北师大学报》（哲学社会科学版）1975年第3期。
⑥ 景爱：《关于近三十年东北史地研究中几个问题的简述》，载于《学习与思考》1979年版。

1981~1985年，第二次全国文物普查结束后吉林省和辽宁省的文物地图集对本省的柳条边遗迹做了较为全面的介绍。在此前后也有一些单位组织了小规模调查，如1982~1983年，沈阳故宫博物馆曾先后三次派人前往新民县西北部，对该地的清代柳条边及彰武台边门遗址进行了实地踏查和清理工作，随后安万明等又对新民县境内的柳条边遗迹进行了一次踏查[①]；2010年4月起，吉林省四平市文物管理委员会办公室开展了柳条新边遗迹勘测调查工作。[②]

2007年6月我国展开了第三次文物普查，由于第三次文物普查的资料尚未出版，可以预见的是该次文物普查将对我们进一步摸清柳条边的分布范围、了解柳条边建制及保存状况等问题提供更多的信息。

2. 保存现状、走向分布和建筑形制

清代柳条边因为其工程的特殊性：松散的柳树篱笆、未经过除轻微夯打以外的特殊高质加固工程的土堤，再加上柳条边大部分处于土壤肥沃、人员往来流动频繁的交通要道或是贸易发达的地区，且位于雨水相对丰沛的温带季风性气候地带，导致其在不到四百年的时间里遭到自然和人为两方面严重的破坏。柳条边整体的建造路线尚且有迹可循，然而大部分保存较差，保存较好的地段较少，如辽宁本溪市桓仁县、抚顺清原县段、阜新彰武县段、沈阳新民市段，吉林省梨树县石岭乡、蔡家镇、孟家岭，舒兰县法特乡、莲花乡等地，均有几公里至数十公里保存相对较好的柳条边遗迹。

（1）老边。

老边从黄海之滨的东港市段长山镇窟窿山村南侧，经凤城、宽甸交界处，本溪县之东、新宾县、清原县折向西北到达开原县威远堡边门，然后沿法库县之南、新民市之北再经黑山县转向西南，经白土厂边门到达义县北部清河边门折向西，然后沿着锦州之西部锦西县、兴城市到达绥中县渤海西岸。老边全部在辽宁境内，大致可分为9段，穿过了辽宁西部、北部、东部，全长1950里，为936里（清代1里为480米）。[③]

（2）新边。

新边均在吉林境内，由威远堡边门到法特哈边门的边门，经过了铁岭市昌图县、四平市、公主岭市、伊通满族自治县、长春市、九台市，到达舒兰县，全长

[①] 安万明：《辽宁省新民县境内清代柳条边遗迹踏查纪略》，载于《北方文物》1986年第1期。

[②] 吉林省长城资源调查工作领导小组办公室：《吉林省柳条新边遗迹调查工作取得初步成果》，载于中华人民共和国国家文物局，http://www.sach.gov.cn/tabid/297/InfoID/24307/Default.aspx，2010年5月12日。

[③] 景爱：《中国长城史》，上海人民出版社2006年版，第332页。

清制 690 里。①

从铁岭市建国新边、四平市部分、公主岭市部分、长春市部分、九台市部分、舒兰县部分等保存较好的柳条边遗址看，墙宽 1~15 米（墙基、墙、墙顶），高 0.6~3.2 米，壕宽 2.5~8 米，深 1~2 米。个别段可以看出构筑方式为土筑城垣，外挖壕沟。

文献中记载了较为精确的柳条边的建造尺寸，说明柳条边和金界壕的形制大略相同，只是壕壁上有着均匀分布、人工种植的柳树。此外，柳条边边壕内外同时修筑了供人行走的道路。考古调查中所见的柳条边均遭到不同程度的损坏，无法辨知其原始尺寸，但可以看到柳条边的建造体现了就地取材、因地制宜的特点，因沙丘、河流等自然地理条件的差别，柳条边的取材及修筑的尺寸也不尽相同。

（3）边门。

关于柳条边沿途的边门，景爱和杨树森均做过较为详细的考证。② 老边西段自西向东有 11 个边门：鸣水堂边门，白石嘴边门，梨树沟边门，新台边门，松岭子边门，九关台边门，清河边门，白土厂边门，彰武台边门，法库边门，威远堡边门；老边东段边墙除威远堡外，设边门 5 座，自北向南依次为：英额边门，兴京边门，碱厂边门，叆阳边门，凤凰城边门。上述 16 个边门为老边上主要的边门。此外还有建立在彰武台边门与法库门之间的叶茂台边门，在法库边门与威远堡之间的马千总边门，在威远堡边门与英额边门之间的土口子边门等。③ 新边设门四座，从南至北依次为布尔图库边门，克尔素边门，伊通边门，法特哈边门。

柳条边沿途每隔一定距离都要设置有利于政府稽查出入人员、控制东北要道的边门，然而文献大部分只记录了边门的名称、位置、功用、变更等信息，对于边门的建筑形制却极少提及。现柳条边的大部分边门保存较差，我们可以根据残存的几座边门来复原当时边门的建筑情况：边门建有门楼一座，边门中部为供人通行的门洞，门洞上还挂有匾额；门洞两侧为供士兵居住的耳房，耳房内设有东北地区传统的、冬季用于取暖的土炕；耳房外侧建有呈"八"字形的边墙，应与柳条边相接。整体为硬山式砖木结构，建筑材料多为砖、石、木、青瓦等④。此外，我们一般认为边门和柳条边是在一条直

---

① 景爱：《中国长城史》，上海人民出版社 2006 年版，第 333 页。
② 景爱：《中国长城史》，上海人民出版社 2006 年版，第 328~338 页；杨树森：《清代柳条边》，辽宁人民出版社 1978 年版，第 48~54 页。
③ 景爱：《中国长城史》，上海人民出版社 2006 年版，第 331 页。
④ 安万：《辽宁省新民县境内清代柳条边遗迹踏查纪略》，载于《北方文物》1986 年第 1 期，第 47~48 页。

线上的，但是经过考古调查发现有些边门并非如此，如彰武台边门就向外延展了 2 公里左右。①

（4）封堆和边台。

为守卫和维护柳条边，修建者还沿边先后修建了数百座用于驻守台丁的边台和用于守卫柳条边的封堆。②

边台分首台、中台和西台，每台设有台丁 150 人至 200 人不等，今边台多已不存，但我们可以从受柳条边影响而命名的地名及文献资料寻找证据。如九台市就是当时的一个重要边台。即从柳条边最东边一门舒兰市法特哈乡东 12 里数起，12 里为头台，法特哈门是第二台，往东每隔数里一台，一直排到十台，然后再从一台排至九台，称上十台，下九台。以松花江为天然屏障，江东二台，过江后九台市境内接有三台（今九台市三台乡三台村）、四台（今上河湾镇四台村）、五台（今上河湾镇五台村）、六台（今六台乡六台村）、七台（今城子镇七台村）、八台（今苇子沟乡腰八台屯附近）、九台（今九台镇）、饮马河台（今放牛沟乡黑林村西南屯）。出县境后为长春市郊区和双阳分界，境内柳条边全长 262 华里，设边台九处，多为水陆交通之要冲。九台市因边而名的乡、镇、村、屯就达四十五处之多。③

至于封堆，主要起瞭望的作用。白土厂柳条边经边门东南起至头台再至二台，有砖石建筑的封堆一座，较为完整。它的平面形状为圆形，基座为石条垒筑，高 2 米，石座之上建有墙身，高 4 米。顶部有瞭望的垛口墙一周，高 1 米。用砖形制类于明砖但规格比明砖小。④

（三）已有研究成果

1. 关于修建性质和作用研究

柳条边除堤上植柳，设有边门外，基本形制结构与辽金界壕类似，但辽金界壕均处于政权边界，是具有国防性质的军事防御工程，某种程度上也表明了政权势力的分界。柳条边则是位于国家领土内部，为保卫个别统治阶层中占主导地位民族的利益所修建的界标。

关于柳条边的性质，20 世纪 60 年代末苏联出于政治目的将柳条边的性质定

---

① 安万明：《辽宁省新民县境内清代柳条边遗迹踏查纪略》，载于《北方文物》1986 年第 3 期，第 47 页。

② 程兆申：《绿色长城——清代柳条边》，载于辽宁档案信息网 http://www.lndangan.gov.cn/News_Show3.asp? NewsID = 588，2006 年 11 月 2 日。

③ 施立学：《柳条边伊通边门》，载于《满族研究》2006 年第 1 期。

④ 《阜新境内的柳条边》，载于阜新档案，http://www.fxda.com/show.asp? sid = 330857。

为国界，中国的学者对该观点予以驳斥并指出柳条边为东北几个行政区的分界线。①

20世纪80年代以来，学者们又从不同的角度对柳条边作出了性质界定。如景爱从边壕与长城的区别出发认为柳条边以沟堑为主体，沟侧堆土为矮墙，植柳以护墙，设边门以通行人，其结构、形态与金界壕相同而与长城不同，故而柳条边是边壕而不是长城。②更多的学者认为柳条边为一道保护清朝发祥地不受内地百姓破坏、军事意义较小的特殊隔离工程，边门一方面是稽查收税的封建关卡，同时又是联系广大东北地区的交通孔道，柳条边实质只是一条标示禁区的界线。③

2. 关于清代柳条边对前代长城的沿用的研究

清代柳条边大体沿用了明辽东边墙，但细部多有不同。

景爱与杨树森等据文献记载均认为盛京边墙大体沿袭了明代辽东边墙的走向和范围，局部有所扩展。据《奉天通志》："清因明时障塞，加以扩展，修浚边壕，沿壕植柳，谓之柳条边。"④大致来说，"自义县西北九官台门迤逦西南，经松岭门至新台门，较明边外展六十里"。"自义县西南至长城，亦有宽展明置障塞，用拹以夷虏之内犯，并展明边广宁（今辽宁北镇）迤东沿古塞旧址，经彰武、法库以至开原城西前双楼台穿过明边，经威远堡东南又穿明边，展至兴京以接凤凰城。"⑤且顺治时的官方文献几乎见不到有修建柳条边的记载，这说明清初曾在明辽东边墙的基础上修建柳条边。有些初设的柳条边边门就是明边墙上的城堡。如平川营边门是明代的平川堡，高台堡边门为明代的高台堡，长岭山边门为明代的长岭堡，白土厂边门为明代的镇宁堡，碱厂边门为明代的碱厂堡，叆阳边门是叆阳堡等。⑥

当然柳条边也并不与明辽东镇长城完全重合，细部多有变化。

张杰认为清柳条边在明长城的基础上有3点突出的变化。第一，从广宁东部向东北扩张，经彰武、法库直抵开原县威远堡，把明朝"U"字形辽河流域边墙之外的辽河河套所在的辽宁台安、辽中、黑山、新民4县地区，全部圈在了边

---

① 杨树森：《再论柳条边的历史——驳齐赫文斯基的〈中国历史学中的大汉族霸权主义〉》，载于《中国教育报》2002年12月16日，第5版。该类文章还有杨树森：《清代柳条边》；纪实：《柳条边的历史和苏修的谎言》，载于《东北师大学报（哲学社会科学版）》1975年第3期等。
② 中国社会科学院考古研究所编：《二十一世纪的中国考古学：庆祝佟柱臣八十五华诞学术文集》，文物出版社2006年版，第57~63页。
③ 李孝聪：《清柳条边》；载于中国长城网：http://www.chinagreatwall.org/detail/news_detail.jsp?info_id=1100046804，2005年1月15日。
④ 金毓黻：《奉天通志》卷78，辽海出版社2003年版，第1833页。
⑤ 金毓黻：《奉天通志》卷78，辽海出版社2003年版，第1834页。
⑥ 景爱：《中国长城史》，上海人民出版社2006年版，第326~327页。

内；第二，盛京柳条边东北部从开原威远堡向西北展至兴京（今属辽宁新宾满族自治县）以东，把明辽东边墙以外的今抚顺市全部和清原、新宾县绝大部分地区圈入边内；第三，将明辽东东部边墙起点西移，从宽甸虎山鸭绿江边移至黄海海岸（今辽宁省东港市窟窿山）。这3处较大的变动，将清政权在关外时期陆续修筑的"三京"（今新宾兴京城、辽阳东京城与盛京城）和"三陵"（今新宾永陵、沈阳福陵及昭陵）全部圈入柳条边内。这样做的结果是缩短了防线，加强了对蒙古和朝鲜的防范。①

景爱指出展边主要是在今锦州市、锦西县、兴城市、绥中县，一般都向外拓展了10至15公里以上。辽宁东部地区基本沿用明辽东边墙。并且指出个别地段的不同。如兴京原在明辽东边墙外，清则圈入边内，并设有兴京边门；明代辽东边墙东段抵达鸭绿江边，清代盛京边墙是从叆阳经凤凰城（今凤城）走向西南，到达东港市（旧称东沟县）的黄海之滨，这段边墙相较明辽东边墙向内收缩。②

3. 有关起止点等问题的讨论

关于柳条边的起止点，一般认为其东起凤凰城（今辽宁凤城）东南海滨，西至山海关。李孝聪认为柳条边西端实起于绥中县永安堡乡康家房子村北山麓沿山脚平地向北转至明水塘门村，其东端止于东沟县西窟窿山之海滨。③ 景爱据《东沟县志》亦认为柳条边的起点位于窟窿山。④

关于柳条边"人"字形结合部的位置学界暂有所争议，大部分学者认为在威远堡边门。但亦有学者依据民国年间的"奉天全省舆图"中柳条边的位置认为其"人"字形结合部已不再是威远堡，而是早在清代乾隆年间就已经从威远堡展移到西部开原城北的杨堡（现名大杨堡）。⑤ 亦有学者指出松花江与黑龙江是柳条边功能的天然延续部分，并指出柳条边不仅是政区界线，亦为自然保护区的界限。⑥

（四）历史意义及评价

1. 柳条边的特殊性

柳条边作为清代比较重要的防御工事，相较前代之长城，有着诸多的特

---

① 张杰：《柳条边、印票与清朝东北封禁新论》，载于《中国边疆史地研究》1999年第1期。
② 景爱：《中国长城史》，上海人民出版社2006年版，第326~327页。
③ 冯永谦：《东北古代长城考辨》，张志立、王宏刚：《东北亚历史与文化》，辽沈书社1991年版。
④ 景爱：《中国长城史》，上海人民出版社2006年版，第331页。
⑤ 姜应贵：《清代柳条边"人字"形结合部的位置》，载于《辽宁师院学报》1983年第4期。
⑥ 吕患成：《对柳条边性质的再认识》，载于《松辽学刊》（自然科学版）1990年第4期。

殊性。

首先，从性质上看，柳条边不是应用于国家与国家之间的防御工事，而是用于民族内部、为了保护本朝统治阶级主导民族利益的特殊隔离区，因而不能作为国家势力的标志和分界线。其次，柳条边的建造形制具有一定特殊性，它与辽金界壕最具相似之处，不同的是柳条边的土堤上植有可以起到类似栅栏一般挡防作用的柳树带，这与柳条边所经过地区温带湿润、半湿润大陆性季风气候以及易于生长植物的土壤有着密切的关系。

此外，与其他时代长城的一个显著不同点是柳条边设置了很多边门，更加表明了柳条边的主要作用是封禁和控制，而不是防御。

柳条边从开始兴建到最后的废弛，受到统治者意志、民族关系演变、国家兴衰、自然灾害等多种要素的综合影响，清初民族关系严峻，统治者采取了较为严厉的封禁措施，其后几度的松弛是民族关系融合的真实写照，清末清王朝江河日下，柳条边亦几乎完全废弛。

总之，柳条边作为清代重要的历史文化遗产，需要我们给予新的认识和更多的重视，更需要相关部门加强对柳条边的管理和保护。

2. 历史意义及评价

一是柳条边对东北经济的影响。柳条边是农业区和游牧射猎区的分界线，清代柳条边的封禁限制了关内和关外的商业交流，导致了东北的经济落后。东北土地开发与农业发展相对全国同期水平来说严重滞后，东北垦区长期局限于少数八旗驻防地点和流民安置区，大片沃野长期处于荒废状态。①

二是柳条边对后世地名以及现今行政区域划的影响。柳条边的设置可以从现在存留的一些地名名称中找到证据，如经过沈阳地区的柳条边沿线有许多以某某"台子"命名的乡村，诸如"大四台子""五台子""头台子""双台子"等②。辽宁省与吉林省的分界线基本在柳条为基础略有变动。如吉林省公主岭市（原怀德县）与伊通县之间，辽宁省绥中县、兴城市、锦西县与建昌县（旧称凌源县）之间的分界线等均以柳条边为界。③

三是民族关系上，柳条边的修筑本是为了限制关内外的交往活动，但在客观上起到了加速各民族相互融合的作用。沿柳条边设立的边门大部分都在后期成为了重要的贸易关口。④

四是清代柳条边客观上起到了绿化作用，被封禁的柳条边边内的吉林、辽宁

---

① 刘智文：《清代东北封禁政策刍议》，载于《学习与探索》2003 年第 6 期。
② 刘长江：《从沈阳地区的保存现状看清代柳条边》，载于《满族研究》2008 年第 2 期。
③ 赵九义、周俊奇：《葫芦岛境内的柳条边》，载于《葫芦岛日报》2008 年 1 月 4 日。
④ 刘长江：《从沈阳地区的保存状况看清代柳条边》，载于《满族研究》2008 年第 2 期。

等地自然环境在柳条边封禁较严格的期间受到了相对周密的保护，为今天当地的自然环境保护奠定了基础。①

　　另外，王景泽认为柳条边的封禁削弱了边防力量，在客观上导致了清后期在俄、日帝国主义侵略时无法组织足够的边防力量，最终被其强占了中国东北100余万平方公里领土的后果。②

---

　　① 施立学：《柳条边伊通边门》，载于《满族研究》2006年第1期；刘智文：《清代东北封禁政策刍议》，载于《学习与探索》2003年第6期。
　　② 王景泽：《清前期经营东北的军事战略失误》，载于《北方文物》1997年第2期。

第三章

长城工艺研究

第一节 文献梳理与研究综述

一、文献梳理

古代涉及长城建造工艺方面的文献并不是很多，大多数都是关于城址、宫殿的施工记载。由于不同类型建筑在建造工艺方面存在着相通性，这使得大型建筑基址与长城墙体在建造工艺上存在着一定的相似性，因此对于古代建筑方面的工艺梳理也能进一步辅助证明长城墙体建造工艺在不同时期的发展状况，而对墙体建造工艺的文献梳理可以为长城墙体建造工艺提供相关证据。

（一）筑城制度

古代关于墙体建造记载的文献中，有部分文献在记录墙体建造工艺的同时，对墙体建造背后的用人制度、组织形式等进行了详细的描述，在这里将其单独罗列，以研究其最基本的发展变化。

《考工记·匠人》对建筑工艺的描述内容较为丰富，其中关于城址的选择原因以及墙体的建造方式等都做了详细的介绍。"匠人建国,水地以县,置槷以县,眡以景。为规,识日出之景与日入之景。昼参诸日中之景,夜考之极星,以正朝夕……葺屋参分,瓦屋四分。囷、窌、仓、城,逆墙,六分。堂涂十有二分。窦,其崇三尺,墙厚三尺,崇三之。"①

此段对于墙体建筑的记载非常全面,反映了春秋战国时墙体建造工艺的基本流程以及严格的建造制度,说明其在建筑形式上已经形成了一定的规范。另外其对国家组织基本建设的制度设置、人员选择等也进行了说明,对于我们研究早期建造制度有着非常重要的意义。

春秋时期,筑城即成为防守的一项重要措施,筑城技术与组织水平也有很大提高。《左传》中有多处诸国筑城以及春秋时期的城市等级制度的记载。如"(宣公十一年)……令尹蒍艾猎城沂,使封人虑事,以授司徒,量功命日,分财用,平板幹,称畚筑,程土物,议远迩,略基趾,具糇粮,度有司,事三旬而成,不愆于素……"。②

另:"(昭公三十二年)……己丑,士弥牟营成周,计丈数,揣高卑,度厚薄,仞沟洫,物土方,议远迩,量事期,计徒庸,虑材用,书糇粮,以令役于诸侯,属役赋丈,书以授帅,而效诸刘子。韩简子临之,以为成命。"③

以上文献对早期筑城工艺进行记录的同时,还细致描述了筑城过程中的人员构成以及组织形式。通过从技术到社会组织逐层深入的记载,反映出早期筑城技术已经相当成熟,形成了从地基修建到城墙建造的一套完整体系。同时,关于筑城的社会组织形式,也几近完善,充分说明在春秋战国时期筑城制度就已经形成较为完备的理论体系。

(二) 建筑名词阐释

《尔雅·释宫》主要是对建筑名称进行了详细说明。

"宫谓之室,室谓之宫……牖户之间谓之扆,其内谓之家。东西墙谓之序。西南隅谓之奥,西北隅谓之屋漏,东北隅谓之宧,东南隅谓之窔。枨谓之闑,枨谓之楔,楣谓之梁,枢谓之椳。枢达北方谓之落时,落时谓之戹。垝谓之坫,墙谓之墉,镘谓之杇,椹谓之榩。地谓之黝,墙谓之垩。樴谓之杙,在墙者谓之楎,在地者谓之臬,大者谓之栱,长者谓之阁。阁谓之台,有木者谓之榭。鸡栖于弋为榤。凿垣而栖为埘。植谓之传,传谓之突。杗廇谓之梁,其上楹谓之棁。

---

① 徐正英、常佩雨译注:《周礼》,中华书局 1980 年版,第 987~1006 页。
② 杨伯峻:《春秋左传注》卷二,中华书局 2009 年版,第 711~713 页。
③ 杨伯峻:《春秋左传注》卷四,中华书局 2009 年版,第 1518~1519 页。

牟谓之椽，桷谓之棨，栋谓之桴，桷谓之榱，桷直而遂谓之阅，直不受檐谓之交，檐谓之楠。"① 通过设计房屋建筑以及对细部名词的阐释，可以明确当时建筑的各个部分的指向和界定。

古代文献中还出现对建筑名词的定义和解释。《尚书》曰："既勤垣墉"②，《诗》说："崇墉仡仡""天子贲墉，诸侯疏杼"。③《释名》载："墙，障也，所以自障蔽也。""垣，援也，人所依止以为援卫也。""墉，容也，所以隐蔽形容也。""壁，辟也，辟御风寒也。"④ "廦，音壁，又即壁切。墙垣也。"⑤《义训》提道："庀，音毛。楼墙也。""穿垣谓之腔。""为垣谓之厽。音累，周谓之燎。音了。燎谓之奂。"⑥ 这些内容充分说明了古代建筑过程工序清晰、环节明确，各个建筑部分作用分明。

（三）筑墙工艺

古代文献中对于墙体建造工艺的描述相对较多，反映出当时墙体建造工艺的形式与特点。

柱础及地基取平是建筑的根本，《义训》以及《淮南子》中都有对柱础的说明。如《义训》载："础谓之碱，碱谓之柅，柅谓之碣，碣谓之磔。"⑦《淮南子》中的"山云蒸，柱础润。"⑧

此外，有部分内容是关于建筑建造过程中的水平问题。如《考工记·匠人》"水地以县，置槷以县。"⑨《庄子》中记载"水静则平中准，大匠取法焉。"⑩《管子》："夫准，坏险以为平。"⑪ 其中所谈的借助水准仪和线坠来测量场地、定测平直的方法至今仍在使用，充分说明了当时建筑技术方面的高超之处。

《大雅·绵》是周部族史诗之一，叙述太王古公亶父迁居岐周的伟大业绩。

---

① 陈铁民译：《十三经》，三秦出版社2004年版，第1070页。
② 顾颉刚、刘起釪：《尚书校释译论》，中华书局2005年版，第1424页。
③ 周振甫：《诗经译注》卷七，中华书局2002年版，第416页。
④⑤⑥ ［宋］李诫撰，王海燕译注：《营造法式译解》（卷一），华中科技大学出版社2015年版，第11页。
⑦ 转引自［宋］李诫撰，梁思成注《营造法式注释》，载于《梁思成全集》（第七卷），中国建筑工业出版社2001年版，第32页。
⑧ ［汉］刘安著，何宁集撰：《淮南子集释》卷17《说林训》，载于《新编诸子集成》本，中华书局1998年版，第1220页。
⑨ 徐正英、常佩雨译注：《周礼·考工记》，中华书局1980年版，第988页。
⑩ 庄子撰，陈鼓应注译：《庄子今注今译》（最新修订重排本），中华书局2009年版，第364页。《营造法式》中稍有不同，"水静则平中准，大匠取法焉。"
⑪ 管子撰，黎翔凤校注，梁运华整理：《管子校注》卷4《宙合》，引自《新编诸子集成》本，中华书局2004年版，第213页。李诫《营造法式》化用为"夫准，坏险以为平。"

其中"乃召司空，乃召司徒，俾立室家。其绳则直，缩版以载，作庙翼翼。捄之陾陾，度之薨薨。筑之登登，削屡冯冯。百堵皆兴，鼛鼓弗胜。"① 生动地刻画了筑墙的动作和场面，这为研究筑墙人员配置及夯筑方式提供了直接证据。

《小雅·斯干》是周天子宫室落成的颂歌，其中"约之阁阁，椓之橐橐。风雨攸除，鸟鼠攸去，君子攸芋。如跂斯翼，如矢斯棘，如鸟斯革，如翚斯飞，君子攸跻。殖殖其庭，有觉其楹。哙哙其正，哕哕其冥，君子攸宁。"② 通过鸟虫都不能穿入的表述，反映出墙体的坚固程度。很多早期建筑遗址的墙体都异常坚固，但现代模拟夯筑实验却很难达到古代墙体夯筑的密度，目前没有确切的方法可以探明这种差异的主要原因，但文献记载的内容确实为古代墙体的质量提供了确凿的注解。

春秋之际，王室衰微，在建筑方面也是如此。《公羊传》中记载"（定公十二年）……子行乎季孙，三月不违，曰：'家不藏甲，邑无百雉之城。'"于是"帅师堕郈，帅师堕费。雉者何？五板而堵，五堵而雉，百雉而城。"③ 其引言中对晋灵公住宅基本结构以及规模的描述从侧面反映出春秋时期贵族住宅的大体布局及建筑结构相对于前朝的简陋性。

《淮南子》中关于筑墙是这样描述的，"舜作室，筑墙茨屋，令人皆知去岩穴，各有室家，此其始也。"④ 人们在筑墙时对墙基的重要性以及夯筑的坚实性都有了很清楚的认识。

《说文》中记载："堵，垣也；五版为一堵。橑，周垣也。㘽，卑垣也。壁，垣也。垣壁曰墙。栽，筑墙端木也。""柅，之日切。柎也。""柎，阑足也。""楶，章移切。柱砥也。古用木，今以石。"⑤ 详细地描述了墙体建造工艺中有关夯筑时墙体的长度问题，以及在夯筑时墙体内部要加入木头等材料。通过对典型墙体建造工艺的介绍，反映出当时一般墙体建造的基本情况。

（四）《营造法式》

《营造法式》是北宋时期由官方颁行的一部建筑设计学著作，内容丰富、涵盖面广，是中国古籍中最完整、最具有理论体系的建筑设计学经典，融人文与技术为一体，代表了中国古代建筑新的水准，是中国建筑史上的里程碑，并对后世产生了深远影响。

---

① 周振甫：《诗经译注》卷七，中华书局 2002 年版，第 403～404 页。
② 周振甫：《诗经译注》卷五，中华书局 2002 年版，第 285～286 页。
③ 刘尚慈：《春秋公羊传译注》，中华书局 2010 年版，第 609 页。
④ 顾迁译：《淮南子》，中华书局 2009 年版，第 263 页。
⑤ 段玉裁：《说文解字注》，上海古籍出版社 1988 年版，第 684～685 页。

《营造法式》全书 34 卷 357 篇，分为 5 个部分，分别是释名、各作制度、功限、料例和图样。由北宋李诫收集实际施工中的做法并与工匠们仔细研究之后形成的，加之李诫本人在编书之前已在"将作监"工作了八年，曾以将作监丞的身份负责五王府等重大工程的督造，有较丰富的工程管理经验。

《营造法式》中有专卷介绍壕寨、泥作、砖作，详细描述了古代城址墙体建造中取正、定平、立基筑基的方法和用料，对城、墙的大小、长短都有明确规定。如墙基取平方面记载："……用水定平，令日景两边不出刻线，以池版所指及立表心为南，则四方正。安置令立表在南，池版在北。其景夏至顺线长三尺，冬至长一丈二尺，其立表内向池版处，用曲尺较令方正。"在建筑柱础取平方面其记载为："……凡定柱础取平，须更用真尺较之。其真尺长一丈八尺，广四寸，厚二寸五分；当心上立表，高四尺，广厚同上，于立表当心，自上至下施墨线一道，垂绳坠下，令绳对墨线心，则其下地面自平，其真尺身上平处，与立表上墨线两边，亦用曲尺校令方正。"在地基取平之后立基方面的记载为："立基之制：其高与材五倍。材分。在'大木作制度'内。如东西广者，又加五分至十分。若殿堂中庭修广者，量其位置，随宜加高。所加虽高，不过与材六倍。"此书中关于基础建造有着详细的工艺记载，"筑基之制：每方一尺。用土二檐；隔层用碎砖瓦及石札等，亦二檐。每次布土厚五寸，先打六杵，二人相对，每窝子内各打三杵。次打四杵，一（二）人相对，每窝子内各打二杵。次打两杵。二人相对，每窝子内各打一杵。"

地基的平整性对于墙体的建造至关重要，在墙体地基取平之后，墙体的建造才能顺利安全地开展。

《营造法式》中关于墙体建造的工序与工艺有详细的记录，如"……筑墙之制：每墙厚三尺，则高九尺；其上斜收，比厚减半，若高增三尺，则厚加一尺，减亦如之。凡露墙：每墙高一丈，则厚减高之半；其上收面之广，比高五分之一。若高增一尺，其厚加三寸；减亦如之。其用萎、橛，并准住筑城制度……"其中关于垒砌墙体的记载如下："垒墙之制：高广随间。每墙高四尺，则厚一尺。每高一尺，其上斜收六分。每面斜收白上各三分。每用坯墼三重，铺襻竹一重。若高增一尺，则厚加二尺五寸；减亦如之。"

除此之外，对筑墙所用材料也有极为详尽的介绍，充分反映出当时建筑工程中严格的操作要求和用材管理。如砌筑过程中用泥工序以及用泥数量等情况进行了详细的记载："其名有四：一曰规，二曰墐，三曰涂，四曰泥。用行灰等泥涂之制：先用粗泥搭络不平处，候稍干，次用中泥趁平；又候稍干，次用细泥为衬；上施石灰泥毕，候水脉定，收压五遍，令泥面光泽。干厚一分三厘，其破灰泥不用中泥合红灰：每石灰一十五斤。用土朱五斤，非殿阁者用石灰一十七斤，土朱三斤。赤土一十一斤八两。"

《营造法式》的全面之处还体现在它对各个工序的用人及业绩的考评，即"杂功"也进行了明确的要求，也就是我们今天所说的管理制度层面。在总杂功中这样记载："诸土干重六十斤一担。诸物准此。如粗重物用八人以上。石段用五人以上可举者，或琉璃瓦名件等，每重五十斤为一担。诸石每方一尺，重一百四十三斤七两五钱。方一寸，二两三钱。砖，八十七斤八两。方一寸，一两四钱。瓦，九十斤六两二钱五分。方一寸，一两四钱五分……"筑基方面也进行了详细的说明："诸殿、阁、堂、廊等基址开掘，出土在内，若去岸一丈以上，即别计般土功。方八十尺，谓每长、广、方、深各一尺为计。就土铺填打筑六十尺，各一功。若用碎砖瓦、石札者，其功加倍。"这不仅说明了当时建筑工艺水平的精湛以及制度的完善，同时通过《营造法式》中关于墙体建造工艺中人员、取材、筑造过程的细微描述可以看出当时的建造技术从工序到工艺都已经非常成熟。在此后历代长城墙体修建过程中，所依据的基本建造方式与《营造法式》中所阐述的建造方式基本相似。

二、研究综述

目前学术界对于长城的研究主要涉及文明互动、历史地理以及基础资料整理等方面，关于长城本体建造工艺的研究涉及较少。

长城地带的历史地理研究开展的相对较多，有较为成熟的研究理念、方式和研究成果。如李鸿宾发表的"古今中外之衔接—疆域观察的一个视角""金界壕与长城"等都是以长城地带为学术视角，对长城内外的民族交融、文化互动等进行研究。长城研究方面的资深学者为罗哲文。在其《画说长城》这本书里，清楚地梳理了长城发展简史，并对现存重要的长城关口做了详细的描述。从整本书的结构框架来讲主要是对长城基本知识的梳理和普及，应该属于长城研究中的基础部分。董耀会、李庚也属于长城研究的资深学者，他们的著作《长城》，对于长城的历史以及保存现状等都做了详细的阐述，是我们研究长城的第一手资料。大多数学者对于长城研究的主要内容集中在历史地理、文化风俗等方面，相对于从长城文化的研究相对较少。

在与建造工艺相关的研究方面，古代建筑的研究著作中有所涉及，但研究对象大多为汉长安城、洛阳城等建筑领域具有代表性的大型城址，研究角度和内容主要集中在建筑技术方面，没有结合考古学理论进行研究。长城本体虽然属于大型建筑遗存，但从建筑学角度讲，其建筑形式单一，分布范围广，构成复杂，所以并没有成为建筑学研究的主要对象。因此，大多数建筑方面的著作涉及长城内容，只是其著作中证据链的一环，并没有很多针对长城本体建造工艺做深入研究。

中国科学院自然科学室研究所主编的《中国古代建筑技术史》一书，是一部关于古代建筑工程技术历史发展的专门著作。书中对我国古代建筑工程技术的发展进行了阐述，按历史发展顺序，对建筑工程做法、技术经验和成就进行了整理和总结。书中涉及古代夯筑遗址的内容较多，并对其进行了详细的阐述。如第二章奴隶社会时期的建筑技术中对史前城址如澧县城头山屈家岭文化城址、东海峪遗址、半坡遗址等都在工艺上做了详细的论述与研究。第三章封建社会建筑技术发展概论中对各时期长城以及大型宫殿建筑如咸阳城、汉长安城等都进行了建造工艺方面的科学描述与研究。但是关于长城建造工艺的研究，主要将其置于中国土遗址的建造发展历程中，涉及的只是对长城本体内容介绍。

在所有长城研究的书籍中，由中国长城学会编著的《长城百科全书》是目前为止关于长城地带地理、历史、民族文化以及经济、艺术等方面收集最齐全的一部著作。该书几乎涉及长城研究领域的所有范围，包括长城本体以及相关历史文献等。该书最具创新处为系统地总结了长城附近的军事设施以及因长城防御而兴起的边疆城市。同时该书对长城附近的自然景观、风土民情等也做了详细的介绍。如上所述，该书几乎包含了关于长城研究的所有内容，但在涉及长城建造工艺时，也只是简单地进行了常识性的描述，并没有深入研究。

目前出版的关于长城研究方面的学术著作中，对长城本体建造工艺有较深研究的应属景爱编写的《长城》。本书系统地从长城本体入手，针对不同类型的长城本体建筑工艺进行阐述，同时对长城背后的管理制度等也进行了详细的论述。此书从长城基本概念入手，介绍了长城各个部分的定义以及其附属设施；通过对不同时期长城相关信息的梳理，分析阐述了长城的历史发展沿革以及长城军事管理和日常管理的制度；作为该书一大亮点的就是长城墙体的建造工艺部分，该书对历代长城夯筑墙体的建造工艺做了梳理，总结了长城夯筑墙体工艺的历史发展特点，作者对不同类型的长城墙体，包括夯土墙、石墙、草墙以及砖墙等建造工艺、发展历史和夯筑方法都进行了充分的论述。本书是目前学术界关于长城本体建筑研究中最完善的成果论述。

近年来，长城研究发展较快，与长城研究相关的著作相继出版，西北大学、天津大学也都形成了方向明确的研究团队，但如前所述这些研究依然以文明互动、历史地理以及基础资料整理为主，更多地关注于长城地带的历史文献、自然地理、本体描述、文明互动以及民俗文化等，对长城本体建造工艺的研究仍然缺乏。

长城承载了数百上千年的历史变迁，不断遭遇着战争、气候、环境变迁等因素的侵扰，至今屹立不倒，除了政治军事需要的原因之外，长城墙体建造的坚固耐久也是重要原因之一，因地制宜的选材、结合地形的设计以及严格的建造工艺都为长城更好地发挥重要作用奠定了基础。同时，长城墙体以夯土建造为主，研究分析其建造工艺、气候环境影响对研究类型相同或相近的土遗址类文物遗存和建筑遗存，更好地开展文物保护工作也具有重要意义。

第二节 墙体类型与环境因素

长城将我国北方中西部地区连接了起来，但因环境的不同，墙体的构造以及结构也会因地而异。我国北方地区地形复杂，山地、丘陵、平原等相间分布，长城墙体在修建时就会根据当地实际情况因地制宜地进行建造。在长城单体建筑中，烽火台、敌台、马面的建造方式和长城墙体的建造方式基本相同，因此对长城墙体的建造方式的研究也代表了对长城单体建造方式的讨论。目前，国内所发现的长城墙体主要有六种类型，即版筑夯土墙体、砖砌墙、石砌墙、土坯墙、草墙以及砖石混砌墙。

一、版筑夯土墙体

版筑夯土墙体是指对木质模具进行固定后，将经过筛选的土壤或混入一定量的料礓石等其他物质的自然土壤填入模具内，经过人工夯打增加土壤密度而形成的独立墙体。

版筑夯土墙体是我国人工建造墙体中历史最为悠久的墙体之一，可追溯到龙山文化前期。我国历代修建的长城墙体中版筑夯土墙体是最主要的组成部分，集中分布在黄河中下游，包括河套平原、黄土高原、内蒙古高原以及华北平原等地区。这些地区大多属于半湿润半干旱的大陆性季风气候，如河套平原位于中国内蒙古自治区和宁夏回族自治区境内，是黄河沿岸的冲积平原，雨热同期。

版筑夯土墙体对土壤有明确的要求。一是质的要求，要求土壤直立性强，土壤的可塑性强。同时土壤的纯净性也要高，这有利于夯筑墙体的建造。河套平原、黄土高原、内蒙古高原等地区受气候因素影响，当地的土壤含水少、直立性强，符合版筑夯土墙体对土壤的要求。另一方面就是量的要求，河套平原、黄土高原等地区土壤资源丰富，也能够满足长城夯筑墙体建造对土壤数量的要求。（见图3-1）

图 3-1　神木县乔岔滩乡水掌村长城 1 段（西—东）

  影响版筑夯土墙体质量的另一个重要自然因素就是降水。北方地区，特别是版筑墙体分布较多的中西部地区，降水量相对较少，气候干燥；南方地区气候湿润，降水丰富。这两种气候的不同导致了土壤性质的明显差异，南方土壤含水量较高，凝固性较差，夯筑难度大，不适于夯筑墙体；北方土壤含水量较少，利于在夯筑过程中对于土壤黏性的控制。

  除土壤、降水条件外，版筑夯土墙体在建造时对于地形地势也有一定的要求，平原地区地势平坦，利于墙基的修建，而且在版筑时，模具的捆绑也相对方便。古代历史上长城墙体在平原地区的主要建造方式就是夯筑。对于黄土高原地势稍微陡峭的地段，考古调查中也发现有大量版筑夯土墙体的分布，它们被建造成依山势起伏而起伏的形态，这类长城墙体的建造就会更多地受到环境因素的影响。地质构造的稳定性就是影响因素之一，基于此，黄土高原地区的长城墙体还同时出现有石质墙体和土石混筑墙体，这都是长城墙体建造受自然因素影响产生的不同形式。

二、砖砌墙

  砖砌墙指长城墙体经过夯筑后，在外侧包砖。"砖"字本作"甎"，《集韵》对它的解释是"烧墼也"。墼是土坯，将土坯焙烧以后，就变成了坚硬的砖。"甎"字又可以写作"塼"，以表明它是以泥土为原料，属于土器。烧砖的前身是土坯，今人又有称之为土砖者。土坯用于建筑材料，从目前考古资料显示以陕西岐山县凤雏遗址为最早[①]。（见图 3-2）

---

① 景爱：《长城》，学苑出版社 2008 年版，第 256~257 页。

图 3-2　砖墙示意图（嘉峪关附近）

战国后期出现了陶砖和空心砖，陶砖多作大块正方形，也有呈矩形者。砖面具有各种不同的花纹。由于砖体太薄，不适于作墙体承重砖，只能作为室内铺地使用。用于砌筑墙体的小砖，在战国时期虽已发现，但是数量很少，只见于河南新郑一例。[1] 烧砖比较多地应用于城市建筑，是从秦代开始的。在秦故都栎阳城的发掘中，西城墙的城门处有比较多的砖瓦堆积，这说明城门处砌砖。不过，由于考古资料的缺乏，目前无法确定金元时期大型城址周围的城墙是否加砌了砖墙。但在明代重要的城市如北京城、南京城、西安城等，都采取了砖墙。[2] 明朝万历年间，在长城九镇大量的关卡、军堡、重要的墙体段都发现外包砖的情况，明朝也是我国长城建造历史上使用砖墙最多的朝代。

砖墙与地理环境并没有必然的联系，更多是受其他方面因素的影响，比如军事防御位置、经济贸易据点等。东西向穿行在不同地理环境下的明代长城，虽处在不同的环境条件下，但都发现砖墙的现象，在甘肃嘉峪关段、陕西镇北台段、北京嘉峪关段、秦皇岛山海关段等地的长城、附属建筑上都有砖墙的分布。砖墙的分布特点主要有两点，一方面是长城沿线重要的关卡、军堡，其目的是加强地域性的防御能力，而对军堡、墙体等进行包砖；另一方面，包砖墙体则主要集中在政治经济重镇，如南京城、西安城等。

三、石砌墙

石砌墙为用人工加工过的石块或天然石块垒砌形成的长城墙体，一般分布在山脊或山腰上。

---

[1] 刘叙杰：《中国古代建筑史》，中国建筑工业出版社 2003 年版，第 303 页。
[2] 景爱：《长城》，学苑出版社 2008 年版，第 257 页。

因石头分布广泛，开采容易，成本低廉，质地坚硬，使用寿命较长。所以，在长城的修筑过程中，在条件具备的区域大量地使用了石头。在各个时期不同地域都会有石砌墙的分布，如陕西省神木县明长城等地就有石砌墙的存在。

中国北方山岭多，如阴山、大兴安岭、长白山等。战国燕北长城和秦、明长城，大体都沿阴山东段走向，许多长城都是在山区修筑的，因此使用石头作为建筑材料的较多。在内蒙古东部赤峰市境内，燕北、秦、汉长城累计长度约350公里，其中石砌墙长城约占总体的百分之五十。在阴山北坡修筑的秦始皇长城，墙体大部分采用石墙。明代的九边长城，大部分在山区修筑，墙体亦多用石砌。辽东镇边墙的河西段，沿燕山余脉松岭山走向，许多段落都采用石墙方式构建。蓟镇边墙是在燕山中修筑的，边墙墙体多用石筑。明代宣府镇边墙，也多为石筑（见图3-3）。

图3-3　神木县神木镇泥河村长城1段（西—东）

石砌墙主要分布在黄土高原及其以东地区，黄土高原以西地区很少见到，主要是由于两方面的原因所导致的，一方面是宁夏、甘肃地区主要地形为平原、高原与戈壁，石质山较少，用于长城垒砌的石料资源缺乏；另一方面，两省地处内陆，属于大陆性季风气候，四季变化明显，昼夜温差大，常年受西北风影响，年降水量较少且不均匀。昼夜温差大容易造成石块从内到外的岩体开裂，常年受西北风影响则容易引起石块的风化。因此，在大陆性季风气候地域建造石质墙体，不利于保存。

所以石墙的修建主要依据当地地貌环境，山地越多的地区修建石墙的概率就越大。一方面因为石头这种资源丰富，另一方面受地形限制，因地制宜，使用石头作为建筑材料为最合适的选择。

四、土坯墙

土坯墙是指直接将土坯晾晒成型后不经过烧制直接使用在长城墙体上。

长城墙体中使用土坯墙主要集中在甘肃宁夏地区，多用于烽火台的建造，使用土坯进行垒砌。著名的甘肃破城子就是用土坯砌筑的，目前保存状况依然非常完好。疏勒河长城沿线上的许多烽燧、城郭，也是用土坯砌筑的。在吴礽骧撰写的《河西汉塞调查与研究》中，有大量关于坯筑长城的记载（见图3-4）。

图3-4 土坯墙示意图（甘肃境内）

土坯墙的分布主要集中在西北干旱地区，因为土坯在制作过程中没有经过焙烧，质地疏脆，在多雨水的地区土坯墙体很容易坍塌毁坏。在西北地区，土坯墙体主要集中在汉代疏勒河长城沿线。疏勒河流域属于温带大陆性气候，夏季炎热，冬季寒冷，全年降水量较少，属于干旱地区。因此，在此地区使用土坯进行墙体垒砌，是适应于当地气候环境的。

五、草墙

草墙主要用芦苇、红柳、芨芨草与粗砂、砾石构筑而成。[①]

长城中的草墙主要分布在疏勒河沿岸，例如河西走廊最西部敦煌县境内，多为戈壁沙漠，既缺乏石头，又缺失土源，然而出于军事防御的需要，必须修筑长城。在缺石、缺土的条件下，即以疏勒河盛长的芦苇、红柳夹上粗砂、砾石构筑

---

① 景爱：《长城》，学苑出版社2008年版，第254页。

长城墙体（见图3-5）。

图3-5 草墙示意图（敦煌市西北当谷隧附近的汉代塞墙）

疏勒河沿岸属于准平原化的基岩戈壁，遍地皆为粗砂、砾石。由于疏勒河古代河道宽阔，沿岸形成了许多沼泽，芦苇、红柳、芨芨草生长非常繁茂。这种自然条件决定了草墙的应运而生。同时该地区降水量稀少，常年干旱，草墙也容易保存，不易被破坏。

六、砖石混砌墙

砖石混砌墙是由砖与石头互相结合使用砌筑的墙体，一般墙体上部为砖砌，墙基及底部为石条砌筑。

这种墙体的砌筑主要依据地形特点，一般修建于地形平坦或坡度较缓的平原与山丘地段。石条主要用于地基修建，所以对地形要求较高，对环境气候并没有太强的依赖性，如陕北地区的明长城（见图3-6）。

图3-6 镇北台敌台（东—西）

综上，六类长城墙体的形成主要受自然环境和地理条件的影响。从战国到明代，长城墙体的修建主要遵循的原则就是"因地制宜"，即根据长城经过区域自然环境的情况决定采用什么样的形式和工艺进行修建。目前长城墙体的保存状况因墙体类型不同而有所差异，对环境及气候条件依赖小的砖墙和石墙的保存状况相对较好。

长城墙体的差异是我国劳动人民智慧结晶的体现，丰富了长城的建筑文化。但不同类型的墙体在长城防御过程中表现出的作用是相似的，对维护中原地区的农业文明起着重要的作用。

第三节 长城墙体建造工艺研究

长城是我国历史上规模最大的军事防御体系，连绵不断的墙体修建无疑是最重要的工程项目了，长城墙体所在的地带，从西向东经过了沙漠、戈壁、黄土高原、山地等地貌，差异明显。因此，针对不同地貌下的墙体，其工艺也会有差异，而这往往体现在建筑材料、建筑技法等方面。

一、夯筑墙体建筑工艺研究

（一）夯筑历史

夯筑技术伴随着人类发展而逐步成熟，是人类文明进程中重要的标志，预示着人类改造自身居住环境的能力逐渐加强。

受制于生产力的发展程度，人们在最初进行夯筑时所使用的工具主要是来自自然界的卵石，特别是长柱形，两头椭圆的卵石，很适合作为夯筑工具。澧县城头山屈家岭文化城址墙基采用平夯法叠筑而成，表面铺一层白灰，然后用一端突出，长约30~40厘米的大而重的河卵石作夯锤，密集夯筑，夯层约厚20厘米[①]。东海峪遗址在发掘时，曾在其发掘台基的层面上，发现过不规则的夯窝，有圆形、梯形和不规则形等，显然，这些凹窝就是人们夯筑时所留下来的夯窝。从这些夯窝的形状来看当时人们所使用的夯具还是天然石块。打夯的办法可能是人们手握石

[①] 湖南省文物考古研究所、湖南省澧县文物管理所：《澧县城头山屈家岭文化城址调查与试掘》，载于《文物》1993年第12期。

块，逐层夯打填土，使之紧密，这表明现阶段的夯筑技术正处在萌芽阶段。[①]

龙山文化以前，我国境内已经出现夯筑遗存，在半坡遗址就发现了带有夯层迹象的建筑，这种建筑的功能应该属于厨灶之类。从夯筑工艺发展的情况判断，半坡遗址可能是使用了天然的长条石块作为夯筑工具。在王城岗遗址发掘中，其西城墙、东城墙基础槽与两座城堡基础筑法相同，都是在建造墙体之前，先挖好基槽，基槽底部一般较为平整。在基槽内逐层填土，进行夯打。由于各条探沟中基础槽的残存情况不同，所以各面城墙基础槽的残存口宽、底宽及深浅也不一致。基础槽内夯土层的表面一般较平，部分基础槽内两侧夯土层略高于中部。夯层的厚度多为10~20厘米，也有厚6~8厘米的。可能为防止夯具与黏土黏结，在每夯层表面铺垫厚约1厘米的细砂层，每层细砂面上多保留夯痕。夯痕的形制和大小极不一致，有圆口圈底、椭圆形圈底和不规则形数种。有少数夯痕相邻近或数个夯痕重叠的现象。从探沟T23内所见到的夯痕看，口径为4~10厘米，窝深1~2.5厘米。根据夯痕形制和部分夯层上堆放直径8~18厘米河卵石的现象，可以推知当时可能是利用就地拣来的河卵石作夯具的。这显然是较原始的做法。[②]

自然石块作为夯筑工具的使用，是人类改变自然环境的一种本能反应。在龙山文化以前，很多大型考古遗址中都会有夯土建筑的存在。这种技术的运用应该可以看作后来夯筑技术的雏形，甚至是起源。学者们根据夯层的情况，推测当时的人们使用何种工具进行夯筑。通过对部分夯层夯窝形状与大小的研究，发现其与使用石头进行夯筑的特征吻合，而自然界最简单可取的工具是石头，因此，根据目前的考古证据，应该可以说使用石块进行夯筑是我国境内最早的夯筑形式，也是后期使用木夯和石夯的起源阶段。

随着生产力的发展，夯筑技术水平得到不断的提升，在城址等建筑中夯筑技术使用的频率也越来越高。夯筑工具从天然卵石到经过人工加工的夯具的转变，这一过程大约发生在龙山文化前后，此时夯筑建筑中夯窝形状已经从不规则逐渐向小而密集的圆形转变。在6500年前北辛文化晚期，就发现有经过夯筑的柱坑，表明夯筑技术已经在住房建筑中应用。[③] 大汶口文化时期，夯土的应用范围逐渐扩大，到了大汶口文化晚期，不仅有一些墓葬填土经过夯打，还出现了规模较大的夯土台基，比如在呈子遗址发现一座20平方米许的方形地面房基，门向南，

[①] 山东省博物馆、日照县文化馆、东海峪发掘小组：《一九七五年东海峪遗址的发掘》，载于《考古》1976年第6期。

[②] 河南省文物研究所、中国历史博物馆考古部：《登封王城岗遗址的发掘》，载于《文物》1983年第4期。

[③] 李振光、于忠胜、姚秀华：《早期长城的判定—以山东省齐长城为例》，载于《长城资源调查工作文集》2012年第315页。

平地挖槽筑基，槽内竖柱，填土后锤打，夯层的厚度在0.1~0.4之间，夯窝痕迹不清晰①。河南淮阳平粮台龙山文化城址夯土墙为棕黄色花夯土和褐色花夯土，土质坚硬，夯层清晰，一般厚0.05~0.25米，夯痕为圆形、圆底。夯土墙现高3.5米。根据土色编为一层至六层，实际是一次夯筑，并无时间早晚关系。主六层是小版筑夯土墙，褐色花夯土，宽0.8~0.85米，高1.2米。夯层厚0.15~0.2米。其上为斜堆夯土或平铺夯土层。② 在汤阴白营龙山文化房址的发掘中，居住面可分涂白灰面、硬土面和烧土面三种，普遍存在着居住面数层相叠压的现象，最多达十层。在叠压的居住面上，我们发现有用圆棒和窄长条形两种工具夯打的印痕。③

夏商周时期，在很多城址建筑中都发现有夯筑痕迹。河南偃师二里头宫殿遗址，是一个大型的夯土台基，由黄土夯筑而成，夯窝小而密，直径在3~5厘米之间，是采用荆条或细木捆绑夯打而成的。④ 郑州二里冈商城城墙，夯窝呈圆形，小而密集，应该也是集束法进行夯筑的。

春秋战国时期夯筑技术属于快速发展的阶段，这一时期很多城址、长城的修建都大规模地运用了夯筑技术。大青山南麓赵武灵王长城夯土层厚度，在乌素图为5~15厘米，在台木阁小瓦窑村为5厘米，其遗址另一处为10~15厘米。⑤ 在卓资县三道营乡，赵长城夯土层厚9~10厘米，最完好的墙体高2.5米，现存夯土层25层。⑥ 战国秦昭王长城，在宁夏南部固原县保存比较完好，根据对平村长城墙体发掘的结果，发现夯层是黄色、褐色之土相间夯筑，夯土层厚度为8~13厘米，夯窝直径3~4厘米。⑦ "秦昭王长城在陕西延安地区遗迹比较多，吴旗县阳台板村锋链夯土层厚9~12厘米。"⑧ 甘肃庆阳地区秦昭王长城遗址丰富，镇原县孟庄村白草狐原畔长城墙体夯土层厚7~11厘米。乔川乡南湾林烽燧夯土层厚15~20厘米，元城林沟梁烽燧夯土层厚15~20厘米。⑨

---

① 中国大百科全书总编辑委员会：《中国大百科全书·考古卷》，中国大百科全书出版社2004年版，第81~83页。
② 河南省文物研究所、周口地区文化局文物科：《河南淮阳平粮台龙山文化城址试掘简报》，载于《文物》1983年第3期。
③ 安阳地区文物管理委员会：《河南汤阴白营龙山文化遗址》，载于《考古》1980年第3期。
④ 景爱：《剖析长城夯土版筑的技术方法》，载于《考古》1976年第6期。
⑤ 盖山林、陆思贤《阴山南麓的赵长城》，载于《中国长城遗迹调查报告图集》，文物出版社1981年版，第22~23页。
⑥ 李兴盛、郝利平：《乌盟卓资县战国赵长城调查》，载于《内蒙古文物考古》1994年第2期。
⑦ 宁夏回族自治区博物馆、固原县文物工作站：《宁夏境内战国秦汉长城遗迹》，载于《中国长城遗迹调查报告集》1981年版第49页。
⑧ 延安地区文物普查队：《延安地区战国秦长城考察简报》，载于《考古与文物》1990年第6期。
⑨ 李红雄：《甘肃庆阳地区境内长城调查与探索》，载于《考古与文物》1990年第6期。

进入东周后夯筑技术进步明显。秦都雍城城址平面略似正方形，城垣一般宽14米左右，城墙基最宽处15米，最窄处7.5米，城墙系用黄土夯筑而成，夯窝较小，夯土密实，西城墙北段发现有人工构筑的城壕。汉长安城的城墙是横断面为梯形的版筑夯土墙，夯层一般厚6～10厘米，底层夯层较厚，每层厚约十几厘米。夯土土质纯净，墙面上涂一层和有麦秸的泥，草泥外再涂一层坚硬的朱红色细沙泥。

秦汉时期的很多遗址中都出现了铁制夯具，标志着我国夯筑技术进入一个新的时代，汉阳陵帝陵东侧11～21号外藏坑中出土一件铁质夯具，圆筒状，底端封闭平底，上部中空。高8.2厘米，底径7.5厘米。①

明代是我国历史上夯筑工艺的集大成时期，特别是明代九边长城的修建，绝大多数的墙体都采用了夯筑技术。甘肃镇古浪县裴家营至大靖龙哨河的边墙墙体使用黄土夯筑，夯土层厚度为11～12厘米，边墙线上从哈家台至黄家墩的烽燧夯土层厚度为11～14厘米。②甘肃镇边墙的西端嘉峪关附近，夯土层稍厚一些。嘉峪关罗城用黄土夯筑，夯土层厚16厘米。嘉峪关城以南的卯来泉城堡，为黄土所筑，夯层厚20厘米。野麻湾堡用黄土夯筑，夯层厚15厘米。横沟村城堡黄土夯筑，夯层厚14厘米。③宁夏镇河东边墙内线墙体分为三部分，基础为灰白色含沙土，夯层厚25～30厘米，夯窝圆形，直径14厘米；其上为浅红色黏土，夯土层厚20～26厘米；再上为红色黏土，夯层厚为12～24厘米，夯窝为圆柱形，直径14～16厘米。④

从春秋战国到明代，长城夯筑都是以泥土夯筑为主，秦汉以后，夯筑方式基本承袭了秦汉时期的特点，只是在细节上稍微进行了改进。同时，长城的修筑依旧遵循着"因地制宜，就地取材"的原则⑤，因此所以夯筑技术也是长城修筑工艺的主要组成部分。

（二）夯具与夯层关系研究

在实地考古调查与发掘中，我们发现不同时期的夯土建筑，例如城址、陵墓、长城墙体等，在夯层的厚度、包含物以及密度等方面都存在着一定的差异。造成这种差异最主要的原因在于夯筑工艺的不同，而其中最重要的区别是使用不

---

① 陕西省考古研究院：《汉阳陵帝陵东侧11～21号外藏坑发掘简报》，载于《考古与文物》2008年第3期。
② 马建华、张力华：《长城》，敦煌文艺出版社2004年版，第107页。
③ 景爱、苗天娥：《剖析长城夯土版筑的技术方法》，载于《中国文物科学研究》2008年第2期。
④ 宁县文物考古研究所、盐池县博物馆：《宁夏盐池县古长城调查与发掘》，载于《考古与文物》2000年第3期。
⑤ 张恺新、张一逢：《兴城境内的万里长城》，世界知识出版社2008年版，第171页。

同的夯具。比如秦汉时期，使用不同夯具夯筑的长城墙体在夯层的厚度、密度上存在着明显的差异。

使用同样类别的夯具，采用版夯的方法所形成的夯土体，在同一地段，其夯层的厚度以及密度基本一致。如通渭县长城坡墙体夯土层厚8～13厘米，长城湾墙体夯土层厚8厘米，夯窝"略呈方形，四角稍圆，似为木夯之印。"① 因为版夯过程中使用的木质夯块，因夯块面比较平整而且体积较大，因此在夯筑时夯层的受力面积较大，夯层受力比较均匀，这样形成的夯层面不会出现夯锤那样的凹凸面，在来回夯打的过程中，整个夯层表面比较平整，夯层密度大小基本形同。同时，在木夯的操作方式上，有单人操作也有多人操作，这种操作方式的差异基于木制夯块的体积大小。

在使用夯锤进行夯打时，由于夯锤底部为圜形，因此会形成很多大小不一的夯窝。夯窝之间的距离也会有差异。由于夯窝中间最深处的地方受力较大，因此此处夯层密度相对于周围来讲也较大。秦汉时期长城墙体夯层的厚度相对后世来讲较薄，大部分墙体的厚度都在5～10厘米之间，少数夯层的厚度在2～4厘米。如吴起县高油房（石柏湾）城郭夯土层一般为6～9厘米，最薄2厘米；周嵯峪村长城墙体夯土层5.5～8.5厘米。② 因此，在使用夯锤夯打时，较薄处夯窝的痕迹比较明显，仔细观察夯层之间的缝隙，会发现夯层表面是不平整的，夯锤夯打过的地方都会凹陷进去。因为使用夯锤进行夯打，在夯层表面上的迹象较为明显，因此在夯土遗存周围没有散落可以判断年代的瓦片时，可以通过夯层的厚度以及夯窝的形制对墙体年代做判断。这种与夯具相关的遗迹现象特点也是判断长城墙体年代的科学方法之一。

平底夯具在夯打墙体时所产生的效果与使用大型夯块产生的效果基本相同，只是夯具的大小略有差异，夯层的受力面积不同。从夯层表面进行判断时，这种平夯的遗迹现象还是非常清晰的，从夯窝的形制差异就可判断出使用的夯具类型。平底夯具中有两种主要类型，一种为铁质夯具，另一种为石质夯具。一般在进行陵墓等高规格建筑建设时，使用的铁夯具较多，而像长城这种大型的防御工程建设时，使用石质夯具较多，因此在无法判断使用那种夯具时，可根据遗址的性质加以辅证。

（三）夯具与夯筑方式

泥土的特点是松散，但是有团聚性、可塑性，泥土夯筑技术主要是将泥土通过夯锤等工具进行夯打，提高土质的密度，增加墙体的坚固性。最初的夯筑方式

---

① 甘肃省定西地区文化局长城考察组：《定西地区战国秦长城遗迹考察记》，载于《文物》1987年第7期。
② 景爱：《长城》，学苑出版社2008年版，第221页。

就是选用长度在 30 厘米左右的卵石，直接用卵石的一端对虚土进行夯打，一般都是单人操作，后来逐渐出现将很多木棍捆绑在一块，进行夯打。周代薛国故城城垣夯筑就采用集束棍夯法，夯窝圆形圜底，直径约 3～4 厘米，深约 0.5 厘米①。郑州商城西城墙的筑法是先将地面整平，继而在地面上直接板筑出宽达 19 米以上的墙体。突出特点是不筑"护城坡"，墙体本身也没有内、外或中间、内、外之分。而是自下而上统体夯筑的。墙的上部已毁，是否板筑不得而知。其下部确系板筑无疑。需要指出的是这里的板筑技术与东、南二墙有一点不同。它是采用直径 0.07 米的木棍代替木板作挡板的"棍筑法"。②而集束夯筑法在操作时，要根据捆绑木棍的多少采用单人操作或多人操作。

石质夯锤为弧度较大的圜形磨制石块，直径一般在 14～16 厘米，中央打磨穿孔，深度为石锤的一半，镶入木柄。进行夯筑时，双手将木柄提及腰间用力向下，依次紧密排列进行夯筑。夯具一般为石制，也有铁制，呈正方形，中间镶入木柄，体积较小者一人就可操作，与夯锤使用方法相似。

秦汉时期石质夯具最具代表性。目前考古发现已知的秦汉时期石夯具主要存在两种形制，一种是平底夯具，另一种是圜形夯具。从目前发掘的秦汉遗址可以判断，秦汉时期的平底夯具外形主要为圆柱形，圆柱状石夯具在顶部中间有一凹槽，然后镶入木柄，现发现的夯具木柄已经腐朽，无迹可寻。在秦汉栎阳宫城中出土的两件石夯具均为圆柱形平地夯，夯头可分为两式，一式为细砂岩。高 21.5 厘米，夯头上部径 13 厘米，中间有径 7 厘米、深 7 厘米的圆柱形窝，夯头下部径 10 厘米。二式为粗砂岩。高 17.5 厘米，夯头上部径 13 厘米，中间有径 4.6、深 12 厘米的圆柱形窝，夯头下部径 10 厘米。③

汉武帝茂陵出土的石夯有两件，其中之一直径 9.5 厘米，长 11 厘米，底部削平磨光，上部留一洞眼，系为安装木柄之需，石料为砂岩。秦阿房宫出土的石夯头，上小下大，安装杆柄的洞眼非常明显，在夯具上有一凹洞，系固定木柄之用。④彭曦在马别梁遗址调查中发现了一件残石夯，质地为红粗砂层岩，残高 7.3 厘米，直径 20.5 厘米，柄孔直径上口 6.0 厘米，下口 4.5 厘米，底部已裂掉。⑤侯家遗址也出土了一件石夯具，长 40 厘米，直径 13 厘米，彭曦将其称为石杵，但从形制上观察，应该为平底石夯具⑥。秦雍城豆腐村制陶作坊遗址中出

---

① 山东省济宁市文物管理局：《薛国故城勘察与墓葬发掘报告》，载于《考古学报》1991 年第 4 期。
② 张锴生《郑州商城城墙结构及筑法探析》，载于《中原文物》1988 年第 3 期。
③ 中国社会科学院考古研究所栎阳发掘队：《秦汉栎阳城遗址的勘探和试掘》，载于《考古学报》1985 年第 3 期。
④ 张驭寰、文集：《中国古代建筑史新著》，中国文史出版社 2008 年第 2 期。
⑤ 彭曦：《战国秦长城考察与研究》，西北大学出版社 1990 年版，第 145 页。
⑥ 彭曦：《战国秦长城考察与研究》，西北大学出版社 1990 年版，第 193 页。

土两件平底石夯具，一件为圆饼状，一面中心有一圆环形凹槽，直径11.5厘米，厚4.4厘米。另一件为不规则矮圆柱形，平底，顶部饰荷花纹，中心有圆形铆孔，直径14.7厘米，厚7.8厘米，铆孔直径4厘米。① 在河南巩县铁生沟汉代冶铁遗址中出土两件平底石夯，用青石刻凿而成，制造工整。状为下圆上方，上部有长方形孔可安木杆两人操作，全长39厘米。②

秦汉时期石质夯具中，最常见为圜形夯具。从出土情况来看，圜形夯具已经被广泛运用于夯筑过程中，圜形夯具在使用过程中相对平底夯具较为方便，因形制的差异，圜形夯具受力面集中，并且受到摩擦力较小，因此，石质圜形夯具在使用过程中相对较为省力、舒适。圜形石夯具在形制上又存在两种差异，一种为半球形，一种为圆柱形、但底部为圜形。秦汉时期半球形石夯具发现较早的在内蒙古卓资县三道营古城址中，谓之夯锤，土城村农民在西城南部建房取土时，共挖出10多个，其形制相同。石质一般，灰白色，平面呈圆形，中部有一小圆坑，夯面作扁圆状，表面有许多小麻点坑。直径10.5厘米、高11厘米。③ 神木西沟秦长城发掘时，在探沟中发现黄土形成的夯窝，夯窝锅底状，直径8～12厘米、高11厘米。④ 秦雍城豆腐村制陶作坊遗址中出土了一件石夯具，近似半圆球形，圆形平面中心有圆形铆孔。高8厘米，直径12.4厘米，铆孔直径2.4厘米。⑤ 东汉时期的汉河南县城中发现一块石质工具，形状为半球形，中间打以窟窿，直径7.8厘米，高5.5厘米。窟窿径高5.5厘米，深1.5厘米。从形制以及汉河南县城的夯窝上判断，应该是用于城墙建造的半球形石夯具。⑥

相对于半球状石夯具，圆柱状但底部为球形的石夯具发现较多一点，秦雍城豆腐村制陶遗址中出土了三件这样的石夯具，一件近似圆柱形，一端平齐，中心有圆形铆孔，另一端呈圆弧形，高21.2厘米，直径13.5厘米，铆孔直径3.2厘米。另一件近似圆柱形，横截面为椭圆形，一端平齐，另一端呈圆弧形，高20.1厘米，直径9.6～12.2厘米。还有一件近似圆柱形，横截面圆形，一端平齐，另一端呈圆弧形，高15.6厘米，直径11.2厘米。⑦

从考古调查中可以发现，有的遗址在夯打时使用的为方形的木夯具，如定西

---

①⑦ 陕西省考古研究院、宝鸡市考古研究所、凤翔县博物馆：《秦雍城豆腐村制陶作坊遗址发掘简报》，载于《考古与文物》2011年第4期。

② 河南省文化局文物工作队：《河南巩县铁生沟汉代冶铁遗址的发掘》，载于《考古》1960年第5期。

③ 李兴盛：《内蒙古卓资县三道营古城调查》，载于《考古》1992年第5期。

④ 陕西省考古研究院、榆林市文物考古勘探工作队、神木县文管办：《神木县西沟秦长城遗址发掘、调查报告》，载于《考古与文物》2011年第3期。

⑤ 陕西省考古研究院、宝鸡市考古研究所、凤翔县博物馆：《雍城豆腐村制陶作坊遗址发掘简报》，载于《考古与文物》2011年第4期。

⑥ 黄展岳：《一九五五年春洛阳汉河南县城东区发掘报告》，载于《考古学报》1956年第4期。

地区战国秦长城遗迹考察过程中,考古工作者发现一段墙体夯层厚8厘米,夯窝略呈方形,四角稍圆;一种是直径30厘米的方形抹角夯窝;另一种是长30厘米、宽22厘米的平底长方形夯窝,似为木夯之印。①

木夯具最早发现于河姆渡文化鲻山遗址中,该木夯具用整段方木加工而成,器体硕大,它与现代木夯形制基本相同。② 郑州西山仰韶时代城址、河南淮阳平粮台龙山文化城址、郑州商城等遗址中都发现过木夯的遗迹。虽然因为时间久远,实物已经很难发现,但是在史前时期木夯也是夯筑过程中重要的工具。随着社会生产力的发展,人们在夯具的选择上逐渐倾向于使用效果更好的石夯,因此在逐渐进入历史时期的过程中,木质夯具使用的频率和范围也在逐渐地缩小。

春秋时期人们发明了铸铁工艺,到了战国,块炼渗碳钢、铸铁、韧性铸铁均已非罕见之物,这就为冶铁手工业在秦汉时期的发展打下了基础。③ 因为金属器物的硬度与耐性,铸铁制品从战国开始就得到人们的热烈追捧。秦汉时期在农业、建筑等领域都出现了铁质工具,因此,此时期的夯筑技术也因为铁质夯具的出现而不断提高。从出土来看,铁质夯具主要发现于秦始皇陵和汉代遗址中。《汉书·贾山传》曰:"秦为驰道于天下,东穷燕、齐,南极吴、楚,江湖之上,滨海之观毕至。道广五十步,三丈而树,厚筑其外,隐以金椎,树以青松。"其中的"隐以金椎"经陈直考证应该是"隐以金碓"④,所以从文献分析秦代在修建驰道时已经使用了金属器具进行路基的修建,秦始皇陵封土北侧的铁夯具即是明证。从汉代出土铁质夯具来看,秦汉时期形制变化较小,基本上都是圆柱状,上部有凹槽,呈方形或圆形,镶入木柄,底部平整光滑。

在长陵邑内考古工作者发现铁夯头数十个,现存于咸阳市博物馆。皆为圆柱形,长8～10厘米,直径70厘米,一端为平光的夯击面,另一端作筒状,装套于夯体上。⑤ 汉阳陵帝陵东侧11～21号外藏坑中出土一件夯具,圆筒状,底端封闭,平底,上部中空。高8.2厘米,底径7.5厘米。⑥ 在渭南市田市镇出土的汉代铁器中,也有一件铁夯具,圆筒形,一端封口,筒高7.8厘米,封口头径8.4厘米,开口头外径8.7厘米,内径6.7厘米,筒深6.2厘米。⑦ 报告中称为筒形

---

① 甘肃省定西地区文化局长城考察组:《定西地区战国秦长城遗迹考察记》,载于《文物》1987年第4期。
② 浙江省文物考古研究所、厦门大学历史系:《浙江余姚市鲻山遗址发掘简报》,载于《考古》2001年第4期。
③ 孙机《汉代物质文化资料图说》,上海古籍出版社2011年版,第59页。
④ 陈直:《汉书新证》,天津人民出版社1959年版,第300页。
⑤ 石兴邦:《长陵建制及其有关问题》,载于《考古与文物》1984年第2期。
⑥ 陕西省考古研究院:《汉阳陵帝陵东侧11～21号外藏坑发掘简报》,载于《考古与文物》2008年第3期。
⑦ 郭世德:《渭南市田市镇出土的铁器》,载于《考古与文物》1986年第3期。

器，实为铁夯具。在江苏徐州也出土过一件铁夯具，平底，直壁，直径10厘米，高7厘米[①]。其具体的使用方式如图3-7所示。

图3-7　夯锤使用示意图（《尔雅》插图）

明清时期，夯具中出现体积较大者，四角有穿孔，多为木质，西夏王陵曾发现过石质的大型夯具。使用这种夯具在夯打时，四人分别将绳索穿入四角向外拉伸，中间另有一人握住木柄掌握方向。四人一起用力向四周拽，抬到一定高度时停止使力，使夯具自行下落，中间握住木柄的人只需掌握好要夯打的方向就行。夯筑方式在沿袭几千年的时间里，都是采用人工夯筑，因此在方式上也是沿袭传统，并没有很大的改变。只是在夯具体积变化的同时，所使用的人力也会有所变化。不过随着生产力的发展，使得夯具在制作工艺上有了很大提升，从而也提高了夯筑效率（见图3-8）。

图3-8　夯块使用示意图

（四）夯筑过程

在讨论夯筑过程时，必须对夯筑过程中使用的夯具进行说明。不同时期不同地域在使用夯具上没有统一的要求，因此在遗址调查过程中会出现情况各异的现象。夯具的直径从史前时期到历史时期的变化没有规律可循，但是在夯层厚度的范围上，却存在一定的规律。河南偃师二里头宫殿遗址，是一个大型的夯土台基，由黄土夯筑而成，夯窝小而密，直径在3~5厘米之间。安阳妇好墓的墓穴

[①] 宜昌地区考古队：《江苏徐州子房山西汉墓清理简报》，载于《文物资料丛刊》1981年第4期。

填土经过了夯打，夯窝直径3~5厘米。① 战国时期秦昭王宁夏长城夯窝直径3~4厘米，而甘肃境内定西地区战国秦长城夯窝直径13.5厘米左右。但战国秦汉时期的夯层厚度总体较薄，大多数范围在7~10厘米，夯窝直径在3~4厘米。宋代已经出现两人合作使用的木夯，在《营造法式》里面已经有了明确的记载。明代长城墙体的夯层厚度有所增加，大部分厚度在10厘米以上。主要是因为明代夯具的体积不断增加，夯层受力增加，夯筑过程中的泥土厚度也会增加。明代长城墙体的夯层厚度一般在10厘米以上，夯窝直径多数在4~7厘米之间，部分夯窝呈方形，可能采用的是平夯的技术。因此从总体上讲夯层厚度、夯窝直径都在变大（见图3-9）。

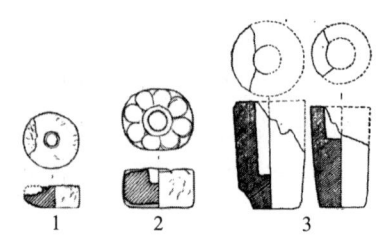

1、2：豆腐村制陶作坊遗址出土
3：秦汉栎阳城遗址出土

图3-9 石质夯具

在进行夯筑之前，首先要进行地基的修建，在平原地区，一般将地面进行平整，或下挖露出生土，然后进行取平夯打，再进行夯筑。"长城的地基在地表面下0.9米起夯筑，基宽约6米，以上逐层内收。"② 地基一定要坚固平整，其表面不能有浮土的存在。以地基为基础，在其上进行架版夯筑。《商城报告》认为南城墙的筑法和东城墙是基本一样的，提出南墙的筑法：先平地面，然后在"主城墙"内壁相应地面处挖一条与城墙走向一致的基槽，从这基槽内开始层层夯筑。当夯土与基槽口平齐时，便开始用横列木板相堵，夯筑出内壁垂直的"主城墙"。③ 为了使墙体更加稳固，一般地基的宽度要比墙体宽出40~50厘米。呼和浩特大青山南麓赵武灵长城，台阁木小瓦窑村的一段在山根下，残高1.5米。"这段长城有的地方还暴露有石块铺好的墙基根脚，包括这根脚的痕迹，其宽为3.5米，而地面上残存的墙宽平均才2米余。据此可知，长城墙体下面有石铺的基础。"④

---

① 景爱：《长城》，北京学苑出版社2008年版，第220页。
② 宁夏自治区博物馆、固原县文物工作站：《宁夏境内战国秦汉长城遗迹》，载于《中国长城遗迹调查报告集》文物出版社1981年版，第48页。
③ 张锴生：《郑州商城城墙结构及筑法探析》，载于《中原文物》1988年第3期。
④ 景爱、苗天娥：《剖析长城夯土版筑的技术方法》，载于《中国文物科学研究》2008年第2期。

在甘肃渭源县秦长城,也发现了类似的现象。"在渭源县高家山有一段长城被现代公路截断,从断层处可清晰地看出现在的长城墙高2.4米,墙基在现在地表土下0.4米处,墙基夯层清晰,夯层厚8厘米~10厘米。"①

在山地或沟壑地带,夯筑墙体一般因地制宜,直接依据地势进行夯筑,沿地势将墙体夯筑平实,墙体高度上一定要保持一致。据记载,宋代夯筑34立方厘米的夯层需要土两担,相当于现在的240斤。②

长城墙体在夯筑时,要先做好外框,然后在框内进行夯打。墙体一般逐渐内收,所以修筑之前,先用木板做好墙体断面的模型,在两个断面模型之间用椽或用板进行固定,称之为椽夯或版夯。我们以椽夯为例予以说明,磨具做好后,然后在向框内填土再逐层夯筑。椽的宽度决定了夯层的厚度,因为工匠们一般以椽的宽度为标准对土层进行夯打,当一层夯打完毕后,再加木椽进行夯打。但在古代墙体夯筑史上没有统一的木椽使用规格,所以墙体的夯层厚度各有不同。我国古代大部分夯筑墙体都逐渐内收断面呈梯形,因此在搭建木椽的时候也会特意内收,一方面是为了降低夯筑的难度,另一方面则是为了防御的必要性(见图3-10)。

图3-10 夯筑模具示意图

由于长城墙体高度的不断增加,墙体建到一定高度时需要搭建脚手架,一般的脚手架都是在墙体两侧搭建木椽,木椽之间横架木板,用绳子固定。部分运输工人站在木板上,向夯筑墙体的工人运送建材,起到周转的作用。在宁夏保存完

---

① 盖山林、陆思贤:《阴山南麓的赵长城》,引自《中国长城遗迹调查报告集》,文物出版社1981年版,第103页。

② [宋]李诫:《营造法式》卷三《壕寨制度筑基》,民国十四年朱启钤刻印本,人民出版社2006年版,第20页。

整的一些长城墙体内部，会发现有插入墙体的椽，这些椽应该起到两方面的作用，一方面是对长城墙体起固定的作用，另一方面是长城墙体夯筑过高时，起到搭建脚手架的作用（见图3-11）。

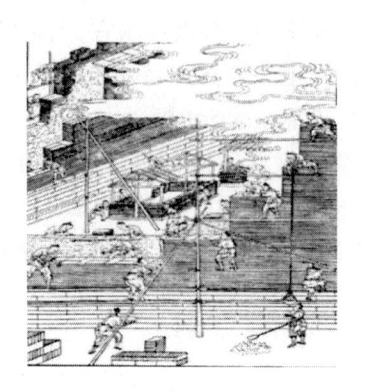

图 3-11　城墙修建示意图（1905 年《钦定书经图说》）

长城一般是分段夯筑。郑州二里冈商城城墙就是采用分段夯筑而成的，每段长 3.8 米左右，经 C14 检测，城墙夯筑的时间为公元前 1620 年前后，距今已 3600 余年。[1] 以版为计量单位进行夯筑，《诗经》记载一丈为一版，五版为一堵。一版的长度大约在 3.3 米，修筑一堵墙应该在 16 米左右。在修筑完一版墙体后，再接着墙体的另一端进行下一版长度的修筑，如此连贯夯筑，就形成现在我们见到的长城墙体。不同历史时期夯筑墙体标准不同，因此一版的长度也不同，从我们实地调查发现陕西明长城一版墙体的长度维持在 3～3.5 米之间。在墙体夯筑完毕之后，墙体顶部会建有渗水设施，一般是撒上石灰、沙子、石子等，形成硬结面。一方面是防止雨水对墙体造成的侵蚀，另一方面则为了保持墙体顶部的完整性，不会因为雨水冲刷影响顶面的平坦，从而保持墙体应战时的稳固性（见图3-12、图3-13）。

图 3-12　夯筑示意图（榆林镇北台博物馆）

---

[1] 夏鼐：《碳 14 测定年代和中国史前考古学》，载于《考古与文物》1977 年第 4 期。

图 3-13　砖墙构筑示意图

（五）"客土"的使用

夯筑长城的墙体建筑，使用的建筑材料以天然土壤为主。但土壤包含物不同，对于建造墙体的结实度影响就不相同。土质黏性大，土壤纯净，夯筑墙体就会比较坚固结实；土质含沙量大，杂质较多，土壤松软，就不适合作为夯筑材料，即使反复夯打，墙体也会比较脆弱。因此，黏性大的黄土是夯筑长城墙体最好的材料。不过在西北沙漠草原地区，黄土比较缺乏，在修筑长城、特别是关城和重要城堡时，常常从外地取土，被称作"客土"。

嘉峪关城是明代著名的军事据点，被称为天下第一雄关，位于甘肃省河西走廊的西端，是明代甘肃镇边墙西端起点，军事地位重要。始建于明洪武五年（公元1372年），现成为万里长城沿线最为壮观的关城。其周长二百二十丈，高二丈。城墙是黄土版筑，非常结实，后来到嘉靖年间，在夯土墙基础上又加砌了土坯墙。[1]

嘉峪关位于西北内陆，气候环境属于典型的戈壁沙漠区，土壤资源稀少且土壤不适于作为建筑材料。据史料记载，建筑用土全部取于嘉峪山。通过实地测量可知，嘉峪关城周长640米，墙基宽6.6米，夯土墙高6米，据计算，筑此关城所需用的黄土25 500立方米。这些黄土都是从数十公里以外的嘉峪山运输。

当时的运输工具为牲畜牵引的木车，每车大概可以运输0.5立方米的土量，根据路程与木车运输速度计算，一辆车一天只能来回运输一次。目前很难计算出具体的用车次数，但可以肯定的是就此一项，消耗的人力物力都是非常巨大的。[2] 为了保证黄土的质量，在施工现场要对黄土进行筛选，除掉砾石、树叶、草茎等杂质，以筛选后的黄土入墙夯筑，夯土层为12~14厘米。

---

[1] 景爱、苗天娥：《剖析长城夯土版筑的技术方法》，载于《中国文物科学研究》2008年第2期。
[2] 高凤山、张军武：《嘉峪关及明长城》，文物出版社1989年版，第20页。

因为嘉峪关城身处战略要地，所以城防建筑必须非常坚固，从别处取土就属于是特殊需要。相对于一般的长城墙体、城堡、烽燧建筑，还是本着"因地制宜"的原则，不会刻意追求建筑材料的质量。在嘉峪关附近常常见到黄土掺沙筑墙，即证明了这一点。取"客土"建城墙，在其他地方也存在。例如额济纳河下游的黑城，也是取"客土"建成，城墙至今完好，只是被流沙埋没而已。[1]

二、砖墙建筑工艺研究

（一）砖墙建筑历史与概念

砖的使用属于长城墙体建造中规格比较高的一种，长城建筑中高密度使用砖作为材料主要集中在明代。

砖的前身为土坯，就是我们现在所说的土砖，龙山文化前后就已经开始出现在高台建筑中，商周时期建筑方面使用的较多。战国时期出现了陶砖和空心砖，而两者在城市建筑中使用的较多，陶砖多为大块，上面刻有花纹，但砖体太薄，不适于作为墙体建筑材料。空心砖表面也刻有花纹，但主要是用于墓室铺地、顶和四壁垒砌。战国时期砌砖墙体，只见于河南新郑一例，[2] 在长城建筑方面几乎没有看到。到了明代，烧砖在长城建造过程中被大量使用，也是我国历史上长城建造材料使用材质最高的一个阶段。这一时期，长城墙体用砖建造现象大量出现，特别是九边重镇中的蓟镇边墙，就大量地使用了砖进行墙体垒砌。

所谓砖墙，是指在泥土夯打后包砖，一般分为外侧包砖和通体包砖，大多数包砖墙体出现在明代长城中，而且主要是外侧包砖。砖墙主要见于蓟镇边墙，其他地区只有在重要的关卡或城楼处才会出现内外通体包砖的墙体，包砖一般出现在距地表4~6米的墙体上部分。著名的甘肃嘉峪关关城，其城墙墙体分为三个不同的层次。6米以下为黄土夯筑，6米以上用土坯加筑，最上部用青砖砌筑城墙马道、垛口墙和敌楼。[3] 通体包砖一般只会在重要的城市墙体上，比如北京城、西安城等。包砖技术运用到夯筑墙体上，一方面是美观的追求，另一方面则是军事防御的需要，但归根结底是社会生产力的提高使得墙体在加工筑造过程中会不

---

[1] 景爱、苗天娥：《剖析长城夯土版筑的技术方法》，载于《中国文物科学研究》2008年第2期。
[2] 刘叙杰：《中国古代建筑史》，中国建筑工业出版社2003年版，第303页。
[3] 高凤山、张军武：《嘉峪关及明长城》，文物出版社1989年版，第16~17页。

断地进步。明代边墙上的砖墙，外侧包砖，墙体的内侧或是夯土，或是石头。它是在前代或前朝土、石墙体的基础上进行改造加砖的结果。在石墙、夯土墙的上面加砌砖墙，于明代而言是一个非常普遍的现象，在很多地方都可以看到。但不是所有的墙体都加砌砖墙。因为烧制青砖成本比较高，在明九边长城中只有特别重要的关口和军城，才能加砌砖墙，以提高其军事防御能力。

对于砖墙的历史应该从土坯论起，土坯应该是砖墙的前身。土坯墙体早在龙山文化时期就已经出现，此阶段很多城址就已经使用了土坯进行垒砌，比如平粮台等。下文将详细介绍土坯墙体的建造过程。

(二) 砖墙建筑过程

砖墙的建筑过程需要经过比较多的复杂的环节，修建时首先要对地基进行处理，砖墙地基修筑与夯土墙相似，除了夯打之外，一般砖墙墙基都会错缝铺长石条，长石条垒砌到露出地表 60 厘米左右。大青山南麓赵武灵王长城，残高 1.5 米。"这段长城有的地方还暴露有石块铺好的墙基根脚，包括这根脚的痕迹，其宽为 3.5 米，而地面上残存的墙宽平均才 2 米余"。[①] 因此砖墙修建时一般都要在底部使用石条修建，以达到坚固稳定的程度。经过实地调查，镇北台长城底部垒砌有六层石条，石条长度在 60 厘米左右，宽 20 厘米，高 16~18 厘米之间。

地基修整完毕后，开始垒砌石条，然后在石条上进行夯筑，夯筑的步骤与前面所提泥土夯筑相似。

夯筑完成后就可进行包砖，明代一般使用的是青砖，青砖用模具成型，六面平齐，规格统一。不同地区长城所用青砖尺寸相差不大，大部分明长城青砖的尺寸一般为长 37~40 厘米，宽 20 厘米，厚 8.5~10 厘米。[②] 在进行包砖的过程中，一般横向砌砖四层到六层，然后纵向砌砖一层，层与层之间留有一定的角度，加大墙体倾斜的角度，如此反复，有利于增加墙体的坚固性与防御性。

砖墙墙体顶部地面用青砖铺筑，有利于士兵的防御。墙体顶部一般都会建有完善的排水设施，一般中间高两边低利于排水，顶部两侧设有排水渠，每隔固定的距离设有排水口，不同地区建造的墙体设置排水口的间距有所差异。大型城墙，如西安明城墙，其墙外排水渠一般沿墙体修建，这样不仅利于排水同时也很好地保护了地基免受侵蚀。但很多关卡一般使用石槽作为排水系统，在墙体外侧直接开口，石槽延伸出墙体，直接排水，如陕西榆林镇

[①] 严宾：《赵武灵王长城考》，载于《中国历史地理论丛》1989 年第 2 期。
[②] 景爱：《长城》，学苑出版社 2008 年版，第 267 页。

北台的排水系统。

三、石墙建筑工艺研究

用石块构筑墙体的现象在中国出现得很早,史前时期就已经出现。在内蒙古境内发现的岱海西南凉城县老虎山石城最具代表性,石墙的基础是夯实的黄土,在此黄土基础上,采用大小不同的石头垒砌,内填碎石或黄泥。石墙墙体外侧平整,内侧不规整,属于"单边墙"。凉城县老虎山石城聚落遗址,距今为 4800 ~ 4300 年,是迄今已知中国最早的石城墙。[①] 赤峰郊区池家营子石城,有的墙体全部用石头垒砌,有的中间充实泥土。该城属于夏家店下层文化遗址,距今约 4300 ~ 3600 年,晚于老虎山石城。

我国长城主要修筑在北方地区,长城经过区域有的山脉石材较多,因此本着就地取材的原则,部分长城墙体是由石块垒砌而成的。战国燕北长城和秦、汉长城以及明代九镇长城中都有相当比例的石墙存在,因此石墙在我国长城修建历史上也占有一定的比例。

(一) 地基修建

石墙修筑使用的材料是石料,因天然石料的不规整,在修筑的过程中必须使墙面平齐如一,除了我们所说的打磨石块外,在构筑技术方法上也要有所不同。

首先是地基的修建,石墙的重量较大,基础不牢靠会引起石墙墙体的错位,导致坍塌。因此,石墙墙体的基础必须坚固牢靠。单面石墙和双面石墙底部均有地基,一般下挖露出生土层,取平夯实,上面平铺打磨规整的长条石,石条厚度在 20 厘米左右。在辽东镇边墙河西段小团山堡城北台子山上的石墙,底基宽 3 ~ 4 米,高度在 60 厘米左右,上顶收至 2 米。[②] 长石条错缝平铺,用石灰抹缝。在一些山区,土壤稀薄,墙体就直接在岩层上修建。

(二) 单面石墙

石质墙体在垒砌过程中会使用很多"毛石",就是没有经过人工打磨的天然石块,因此在垒砌的过程中,很难做到整个墙面是平齐的。因此人们在垒砌的过

[①] 田广金:《内蒙古长城地带石城聚落遗址及相关诸问题》,载于《纪念城子崖遗址发掘60周年国际学术讨论会文集》,齐鲁书社1993年版,第120页。

[②] 路宗元:《齐长城》,友谊出版社1999年版,第87 ~ 213页。

程中一般尽量将石头的平整面朝外，但在墙体的内侧，往往形成凹凸不平。这样一面平齐，另一面不平齐的墙体，被称作"单面墙"。如果墙体两面一样平齐，则被称作"双面墙"。

"单面墙"的采用，与地形有直接的关系。一般沿山建造长城，墙体必须根据山体地形进行修建。有的地形险要，无法修建正规的墙体，因此依靠山势，沿防御面垒砌石块，内侧填土或石块，内部的沙石一般经过夯打。"左右沿用薄层灰岩砌筑单面石墙，再在左侧填沙土夯实；或取沙土夯基，然后在右侧用石护坡而成。"① 垒砌的墙体要平直，因为表面平直才可起到防御的作用，如果凹凸不平，敌人很容易攀爬进攻。单面石墙一般带有一定的坡度，对内部填充的石块、沙土起到支撑的作用。从外部看，单面石墙确实是一堵墙，但从内侧看其只是填充的沙石。

单面石墙出现得很早，在内蒙古凉城县老虎山石城中就有单面石墙。长城单面石墙，以战国齐长城所见比较多。"有的沿山脊砌成宽5~7米的双面城墙，更多的城墙不在山脊，而选在山脊阳侧陡坡上开挖少量土方，垒成宽1~2米的单面石墙，墙阴填土石，形成阳面高六七米，阴侧高仅1~2米居高临下的态势，易守难攻。用料上有块石、条石、片石、花岗石、石灰岩、沉积岩等，就地取材。"② 这段文字就说明了当时齐国根据地形修筑单面墙，表明当时单面石墙依托地形对军事防御有很大的作用。

（三）双面石墙

双面石墙出现得较早，在夏家店下层文化的石城中，就可以看见双面石墙。双面石墙是长城石墙中最常见的一种，在缓坡和平地上一般多修建双面石墙。双面石墙内外两侧都比较平齐，与夯土墙相似，因为双面石墙不必依托土坡而独立存在，所以在构造上稍有区别。

双面石墙有两种工艺形式，一种是直接用自然的石头垒砌形成，因为石头有大有小，形状也很不规则，因此这种直接垒起来的石墙是没有层次的。只有一些盛产石头的地区可以找到厚度相似的石片进行垒砌，外观还是非常精美的。另一种是土石混合垒砌而成。用自然石块垒起来的石墙，也是进行错缝垒砌。外侧选用较为规整的石块进行垒砌，中间填充较小的石块。两外侧石块较大，会有缝隙，就用较小的石块填充。通常人们要将石块进行加工，稍微规整一些，才可进行垒砌。一般经过加工的石块较为规整，垒砌时缝隙较小，减少石片间的空隙，

---

① 路宗元：《齐长城》，友谊出版社1999年版，第21页。
② 路宗元：《齐长城》，友谊出版社1999年版，第232页。

加强墙体的整体性，防止垮塌。明代九镇边墙中，辽东镇、蓟镇、宣府镇至今仍存在大量完整的用石块垒砌的墙体。

在双面石墙建造中除了用石块垒砌之外，还会使用泥土混合石块进行填充。即墙体内填以泥土、碎石，用打夯的办法使填土密实、坚硬。填土的石墙，墙体一般都是向墙体的中心线倾斜，逐渐内收，断面呈梯形[①]。这种石墙也被称为土石混筑墙（见图3-14、图3-15）。

图 3-14　草墙示意图

图 3-15　石墙示意图

四、其他长城墙体建筑工艺研究

（一）草墙

西北干旱地区多是戈壁沙漠，缺乏石料和土源，当地居民因地制宜创造了一

[①] 郁进编、成大林：《长城》，文物出版社1980年版，第78页。

种新的墙体构造技术,即以河边盛长的芦苇、红柳夹上粗砂等构筑长城墙体。这种墙体在宁夏、甘肃部分地区分布较多,比如敦煌市西北当谷隧附近的汉代塞墙遗迹就属于草墙,除了用芦苇进行框架的构造外,还会使用红柳条作为加固的作用,起到支撑框架的作用,这种墙体属于典型的"红柳长城"。①

经过考古实地调查,草墙的构筑技法为一层芦苇夹一层沙砾叠压而筑,先以芦苇束围成一个长6米、宽3米的长方形草框,平置于地上,在草框内每隔25~30厘米,便以一根芦苇拧成的绳索将草框的两边连缀在一起,然后在草框内填入厚约20厘米的粗砂、砾石,将草框填充。在填入沙砾草框的上部,再用横向和斜向的芦苇铺盖,每层芦苇厚约1厘米,共铺5层。② 在汉代,以这种工艺构建的草长城较为多见。比如有的长城墙体,是一层芦苇一层砂砾叠压而筑。先以芦苇束围成一个长6米、宽3米的长方形草框,平置于地上,在草框内每隔25~30厘米,便以一根芦苇拧成的绳索,将草框连缀在一起,防止草框散离。然后在草框内填入厚约20厘米的砂砾,将草框充实。依次实行,共铺5层,每层都会向墙体内收缩一些,使墙有收分,逐层变窄,其横剖面呈梯形。③ 在部分地区,因为地势的原因,墙体的高度会有所差异,因此在西北地区铺3层的草墙以及多于5层的草墙也较为常见。一般平铺在不同层位的芦草都会错开方向,这样纵横交错分布不易使墙体垮塌,而且每一层都会逐渐内收,逐层变窄,其横剖面呈梯形。

(二) 土坯墙

土坯是指经人工加工而成没有经过烧制的矩形土块。

《说文解字》对坯的解释是:"瓦未烧,从土,不声。"段玉裁注曰:"瓦者,土器已烧之总名,然则坏(坯)者,凡土器未烧之总名也。"④ 用土坯筑墙,在龙山时期就已经出现。河南淮阳县平粮台城址中,发现有10余座房址,墙体普遍使用土坯构筑。在《礼记·月令》中有"修宫室,坏(坯)墙垣,补城郭"⑤的记载。

土坯未经烧制质地松软,经不起雨水的冲刷,因西北地区雨水稀少,导致土坯在该地被广泛地使用,在汉代疏勒河长城一线最为集中。土坯一般都是模制成型,里面用泥土和杂草填充,晒干即可使用。土坯因是模制,所以土坯模具在制

---

① 吴礽骧:《河西汉塞调查与研究》,文物出版社2005年版,第325页。
② 景爱:《长城》,学苑出版社2008年版,第254页。
③ 景爱:《长城》,学苑出版社2008年版,第255页。
④ 段玉裁:《说文解字·土部》,中州古籍出版社缩印本,2002年版,第692页。
⑤ 景印阮:《十三经注疏·礼记正义卷16》,江苏广陵古籍刻印社1995年版,第1373页。

作过程中尺寸肯定存在着出入，多数土坯长大约在 37～38 厘米、宽 18～20 厘米、厚 10～12 厘米，土坯在规格上基本一致。①

土坯的使用可以追溯到龙山时期，平粮台遗址中一号房基（F1）位于城内东部偏南。平面呈长方形，东西长 12.54 米、南北宽 4.34 米。房子用土坯垒砌，平地起建。土坯长 0.32 米、宽 0.27～0.29 米、厚 0.08～0.1 米。四号房基原是一座高台建筑，台高 0.72 米，高台上用土坯砌墙。房内距北墙 0.92 米处有一土坯垒的东西向界墙，界墙南有三道南北向的隔墙将房屋隔成四间。房内地面平整。修筑土台时先在北部小版筑墙，逐层夯打，最后水平堆土，夯实，土台上用土坯砌屋墙。②

在构造墙体时，土坯一般采取压缝措施，即第一层平铺之后，第二层土坯压着第一层土坯缝隙进行错向平铺，按此规律依次进行。这种错缝技术在我国出现较晚，有可能是外来技术。错缝技术的使用，使墙体更加坚固，不宜倒塌。在土坯构筑的墙体中，一般每隔三到四层土坯，就会铺有芦苇或红柳条，并在墙体中间插有木棍，这样也是为了起到固定的作用，使墙体保持较高的整体性和坚固性，起到更好的防御作用（见图 3-16）。

图 3-16　内蒙古额济纳旗 K710 城西南沙丘中的
汉代烽燧遗址（《河西汉塞调查与研究》）

上述关于长城墙体修筑技法的研究，主要参照了文献记载以及前人的研究成果。万里长城工程浩大，而长城墙体在修筑过程中因地制宜，工艺上精益求精，体现了我国古代工匠在长城墙体修筑工艺上的不断传承与创新，也为我们研究其修筑工艺提供了宝贵的材料。

---

① 景爱：《长城》，学苑出版社 2008 年版，第 236 页。
② 河南省文物研究所、周口地区文物局文物科：《河南淮阳平粮台龙山文化城址试掘简报》，载于《文物》1983 年第 3 期。

第四节 环境因素对长城墙体的影响
——以陕西明长城为例

一、明长城遗存基本概况

历代长城修建都遵循"因地制宜"的原则，根据当地自然环境特点确定长城墙体的建筑材料、修建方式和工艺。自然环境的差异造就了夯筑墙体、石墙、草墙等多种长城墙体类型的存在，也为我们研究环境因素对长城墙体的影响提供了更多的参考资料。

长城墙体中夯筑墙体的总量及规模最大，约占全国长城墙体总数的百分之七十。而目前国内长城中，夯筑墙体保存最完整、数量最多的为明长城，而明长城中又以陕西明长城最有代表性。因此，通过研究陕西明长城夯筑墙体与环境因素的关系，以小见大，对阐释环境因素对长城墙体的影响具有一定的借鉴性。

明长城是明朝在其北部地区修筑的军事防御工程，在修建的过程中，大量地沿用了前朝遗留下来的长城遗存，是我国历史上修建规模最大，防御体系最完整，修建工艺水平最高的长城遗存。其东起鸭绿江畔的辽宁虎山，西至祁连山东麓的甘肃嘉峪关，从东向西行经辽宁、河北、天津、北京、山西、内蒙古、陕西、宁夏、甘肃、青海十个省（自治区、直辖市）的一百五十六个县域，总长度8 851.8公里。明长城墙体类型包括夯筑墙体、砖墙、石墙、草墙以及土坯墙等。

陕西省境内明长城分布在榆林市府谷县、神木县、榆阳区、横山县、靖边县、延安市吴起县和榆林市定边县境内，东与内蒙古准格尔旗长城相接，向东隔黄河是山西明长城，西与宁夏明长城相接。共有墙体1 170千米，单体建筑1 151座，关堡112座，另外在沿线还有各类相关遗存共53处。

陕西省明长城是明代延绥镇边墙的重要组成部分，是一个完整的防御体系，包括三十六营堡、大边和二边，形成一个立体的有战略纵深的防御带。陕西省明长城分布于陕西北部黄土高原地区，此地区为历史上农业文明与游牧文明碰撞交融地带，是明代防御北方游牧民族的重要军事措施，是延绥镇长城的主要组成部分。其不仅在抵御北方少数民族的侵扰方面贡献巨大，同时在明朝与北方少数民族开展边关贸易方面也起到了积极的促进作用。陕西明长城沿线从东到西分布着三十六营堡，大边位于营堡的北侧，二边位于营堡南侧，大边和二边共同构筑成"夹墙"，形成延绥镇的边防工事，大边修建比较坚固完善，二边只是铲削山险而成。

二、陕西明长城分布区域自然环境分析

陕西省明长城位于鄂尔多斯台地和毛乌素沙漠东南缘、鄂尔多斯西南荒漠草原南缘与黄土高原北部过渡地带。东接黄河东部山西省的偏头关，西南沿鄂尔多斯台地和毛乌素沙漠东南缘到达白于山，又沿白于山北麓向西，然后偏向西北，抵鄂尔多斯西南荒漠草原的宁夏区界。总体走向为东北西南向，沿线地势由西向东倾斜，西南部平均海拔 1 600～1 800 米，其他各地平均海拔 1 000～1 200 米。地貌分为风沙草滩区、黄土丘陵沟壑区、梁状低山丘陵区三大类。其中西段风沙碱滩盆地为温带风沙化干草原—淡栗钙土地带，风力资源丰富，水力侵蚀微弱，盐池分布广泛，气候比较干冷，植被稀疏矮小，以耐旱耐寒的干草原和沙生植被为主；中段流沙草滩地带气候干燥，沙土广布；东段以塬、梁、峁为主体的沟间地和以各种沟壑组成的河沟地。大体以陕西明长城为界，北部是毛乌素沙漠南缘风沙草滩区，南部是黄土高原的腹地，沟壑纵横，丘陵峁梁交错。

陕西明长城以北的毛乌素沙漠是中国四大沙区之一，位于陕西省榆林市和内蒙古自治区鄂尔多斯（伊克昭盟）之间，包括内蒙古自治区的鄂尔多斯南部、陕西省榆林市的北部风沙区和宁夏回族自治区盐池县东北部，总面积为 3.98 万平方公里。毛乌素沙区主要位于鄂尔多斯高原与黄土高原之间的湖积冲积平原凹地上。出露于沙区外围和伸入沙区境内的梁地主要是白垩纪红色和灰色砂岩，岩层基本水平，梁地大部分顶面平坦。各种第四系沉积物均具明显沙性，松散沙层经风力搬运，形成易动流沙。而易动流沙对长城墙体的作用可分为两方面，一方面会对墙体形成较为有利的保护条件，因为流沙会将部分长城墙体侵蚀甚至掩埋，在后期免予受到来自外界的破坏，使长城墙体能够完整的保存下来。但同时流沙也会对长城墙体造成破坏，特别是风沙滩区、沙漠碱滩区。这两种地貌环境常年受西北季风影响，风力较大，风沙对长城墙体的侵蚀时间较长，堆积起来的沙堆会对长城墙体形成承重压力，长时间受力，容易引起墙体的垮塌。

陕西黄土高原河流众多，沟壑纵横，沟壑面积约占总土地面积的 50%。长城一带主要的河流有黄河、黄甫川、清水川、孤山川、窟野河、秃尾河、榆溪河、无定河、芦河。白于山以东部分河流都是东南流向，白于山北麓河流是东北或西北流向。河水主要来源于降水，降水分布的特点是南部多、北部少，山区多、平原谷地少。因此，径流的分布规律是自南向北减少，山区大于原区。降水量的分布不均，使得长城墙体在不同环境下的保存状况有所不同，南部长城墙体受雨水冲刷影响比较大，北部受风沙等因素影响大，总体讲，南部长城墙体保存情况比北部较好。

三、明长城墙体与自然环境关系

陕西明长城所经区域可根据地貌分为黄土梁峁区、沙漠区、风沙滩区、沙漠碱滩区以及荒漠草滩区。各个地貌区的具体特点存在差异，陕西明长城表现出了不同的建造特征。东段府谷县、吴起县以黄土梁峁沟壑为主的环境中长城以夯筑为主，夯土来源是本地黄土，土质比较纯净，并利用自然险共同形成防御体系；单体建筑外侧包砖较多。中段神木县是以山地沟壑为主的环境，比较多的是利用自然悬崖沟壑与夯筑墙体一起形成防御体系；墙体以黄土夯筑为主，但是包含有大量的料礓石，部分墙体用片石或石块垒砌；单体建筑包石多于包砖。西段在榆阳区、横山县、靖边县沙漠区中修建的长城以夯筑为主，夯土中夹杂有大量的沙土；单体建筑以包砖为主，少见或不见包石。同属于西段在定边荒漠草滩地形区修建的长城也均系夯筑而成，夯土中包含有少量细沙，盐碱含量较大；单体建筑外侧多包砖。本节以上述四个区域内的明长城典型遗存为例，分析说明环境因素与长城墙体的关系。

（一）镇北台

镇北台是西北地区明长城要塞之一，是明长城防御体系的重要组成部分，其建造工艺在陕西明长城中最具代表性。

镇北台台体均系夯土筑就，平面呈矩形，共分四层，通高30余米，内夯土筑，外砌砖石，底部大，顶部小，逐层收进，占地5 000多平方米。镇北台的保存情况较好。

镇北台处于风沙滩地区，该区域流沙面积广阔，常年盛行西北风，风力较大。受季节性风力的影响沙漠移动较快，流沙侵蚀严重，因此之故，镇北台长城墙体北侧受流沙侵蚀破坏情况较为严重。

该区域长城为版筑墙体，从现存墙体看，夯土土质细腻，夯层密度较大，含沙量小，与所处地域土壤性质存在差别，这种差异的出现反映了镇北台因其重要军事作用而受到格外的重视，它处在战略要地，防御任务重大，故在其进行墙体夯筑时，对土壤的成分要求较高，所使用的土壤都要经过严格筛选，需求土壤中含沙量要小，来确保镇北台长城墙体具有较高的抗风沙侵蚀能力。

镇北台城墙体外侧都进行了包砖加固，因为该地区气候属大陆性季风性气候，全年降水不均匀，主要集中在春夏季，而陕西北部地区土壤具有直立性特点，短时间内的急促降水容易导致墙体垮塌，该区域墙体外侧包砖的作用就是为了使长城墙体减轻雨水影响，提高坚固度（见图3-17）。

图3-17 镇北台北部

（二）建安堡

建安堡位于榆林榆阳区东部。明朝中期，朝廷为了防御漠北蒙古贵族残余势力南侵，先后在榆林境内长城沿线设立了36座营堡，驻兵把守。建安堡为延绥镇东路神木道最西之营堡，城堡所在地为一处地势较高的梁地，城堡的四面皆有沟涧，其中堡城北临窟野河的支流扎林川，西侧也有较大的V形沟，南、东面连接山梁的开阔地带。堡城平面呈长方形，受自然地形所限，城东北角呈圆弧形。城垣周长1 416米，占地面积110 400平方米。城内中部偏东有中心楼，分别与南门、西门相对。建安堡建筑包括城墙及其附属的马面、角楼、城门等，城垣除西墙北段断续相连外，其余夯土墙保存良好。城门、城内庙宇、民居等建筑保存较差。城内遗存7口水井，为明代营堡内同类遗存之仅见。

建安堡所属地貌类型为黄土梁峁丘陵沟壑区，该地貌在陕西北部地区分布范围广泛，植被覆盖率较高，降水丰富且较均匀，受风沙影响较小，气候相对于其他地区比较湿润。建安堡城遭自然破坏相对较轻，夯墙保存状况良好与当地较为适宜的气候条件有着密切关联。建安堡所处地区土壤呈黄褐色，土质纯净。从现存墙体看夯层较厚，一般都在15厘米，夯层密度较大，含沙量小，其用土应当就是主要从当地直接挖取。建安堡在夯筑同时还采用包砖工艺，但目前外侧包砖已经消失。在当地较好的气候条件下，人为因素应当是建安堡墙体包砖被破坏的主要原因（见图3-18）。

图 3-18　建安堡全景（南—北）

（三）砖井堡

砖井堡位于陕西省榆林市定边县东南，成化十年南迁至东海螺城，嘉靖中又修复旧堡进行防守。砖井堡北距大边长城70~120米，东距安边营20公里。营堡建于开阔的平川内，异常规整，平面呈正方形，边长450米，四角设角楼，垣上有马面8个，北垣正中有高台。城建有东、西、南三座城门，均外筑瓮城。堡城周长1960米，面积239700平方米。该堡墙体为包砖夯筑，但墙体外侧包砖已经被破坏，主要遗存为夯土墙体。目前该堡仍保留有较为完整的城垣设施，附属的马面、角楼、敌台、城门基本完整。墙体除东段断续残存外，其余保存状况良好。

砖井堡所属区域属陕北黄土高原与内蒙古鄂尔多斯荒漠草原（毛乌素沙漠）的过渡地带，属典型的沙漠碱滩区，荒漠草原类型地貌，温带大陆性气候，温差悬殊，气温多变，常年受风沙影响，特别是春季，月最大风竟达15次，平均两天一次。

砖井堡夯筑墙体的土质纯洁，杂质较少，但含沙量较大，与当地土壤特征一致，夯层厚度在10~15厘米之间。当地干旱少雨的气候特点淡化了含沙土质的缺点，较大的夯层厚度提高了墙体的坚固度，但风沙、水土流失等温带大陆性气候特征造成的问题是该段墙体面临的主要影响。同时，砖井堡墙体外侧包砖被破坏的原因主要为人为方面，自然环境本身对包砖等墙体的影响较小（见图3-19）。

图3-19 砖井堡南门瓮城（西—南）

（四）定边县二楼村长城

定边县二楼村长城墙体位于盐场堡乡二楼村北的荒沙盐碱地，地势较平坦。墙体起点至止点总长度为1 830米，现存1 757米，消失73米。整体走向为东南—西北，属于人工夯筑而成的土墙，墙体底宽3~6.5米，顶宽1.5~3.5米，内高2.2~4.2米，外高2.8~5.8米，整体保存状况差。

该段长城所处地势较为平坦，夯土土质以黄沙土为主，包含有少量料礓石，夯层大致厚10~16厘米，质地细密。黄沙土是沙漠碱滩区的典型土质，少量料礓石的存在起到了增加墙体空隙的作用，这对适应当地昼夜温差大的气候特点，提高长城墙体的坚固度具有重要作用。

定边县二楼村长城遭遇的自然破坏比砖井堡要严重很多，气候及环境因素是主要原因。一方面，二楼村长城所处地区属温带大陆性气候，因地势较高，其特征比砖井堡地区更为明显，西北风影响更大，降水更集中，造成长城墙体受风力侵蚀以及雨水冲刷更为严重。另一方面二楼村长城周围植被主要以地表植物为主，缺少树木，风沙的影响比砖井堡所在地区更为明显。再一方面就是所属沙漠碱滩区的土质问题影响，盐碱化现象成为影响该段长城墙体的又一重要原因（见图3-20）。

图 3-20　二楼村长城 1 段（西北—东南）

四、结论

从上述四个区域陕西明长城墙体的建造及保存情况可以看出，长城墙体在选择建筑形式时，一般都会因地制宜，根据当地的自然环境及气候条件选取建造方式与材料，这样不仅可以解决墙体建筑用料的问题，同时可以采取最有利的建造方式，增加墙体建造的效率。随着时间的推移，长城墙体在自然环境中已经存在近千年，其遭遇自然灾害破坏的程度也在增加。因此，了解环境与长城墙体的关系，分析环境因素在长城墙体建造中的影响及作用，对于我们认识长城墙体的建造情况从而制订科学有效的措施保护长城具有重要意义。

第四章

长城地带综合研究

第一节 "长城地带"概念阐释

一、"长城地带"概念的提出与形成

长城地带,即长城分布的地带,作为一个文化地理区域概念,指呈带状分布的长城本体及其周边的文化分布地区。

长城地带的概念肇始于20世纪初西方学者对于长城及其周边区域的考察探险活动。[①]

19世纪末~20世纪30年代,外国探险家对中国甘肃、新疆和内蒙古等地区开展探险考察活动,其中涉及对长城地带的考察。

20世纪初,英国探险家斯坦因对西北地区汉长城遗迹进行了考察,他在1932年所著的《斯坦因西域考古记》中[②],介绍了汉长城沿线的地理概况和文物遗迹保存状况。其后中瑞"西北科学考察团"在额济纳河流域发现了秦汉故长城

---

① 夏明亮、童雪莲:《"长城地带"考古学术语属性探讨》,载于《东北史地》2012年第5期。
② [英]斯坦因:《斯坦因西域考古记》,中华书局1936年版。

遗址和居延汉简，为长城的研究积累了丰富的资料。

1930 年，日本考古学家江上波夫与水野清一考察了内蒙古锡林郭勒盟各旗和绥远等地长城沿线分布的遗存，并于 1935 年合著《内蒙古·长城地带》一书①，该书首次提出并使用了"长城地带"这一概念，具体指内蒙古地区沿长城地带的地理区域。

20 世纪 30 年代初，美国学者欧文·拉铁摩尔对中国整个长城边疆地带进行考察。在其 1939 年写成的《中国的亚洲内陆边疆》一书中，明确提出了"长城边疆地带"的概念，拉氏认为长城不是一个绝对的边界的"线"，而是一种"被历史的起伏推广而成的一个广阔的边缘地带"②，这一地带的形成是自然、社会等多种因素综合作用的结果，进而第一次以"地带"的视角考察长城分布区域的自然、人文、社会之间的关系，深化了长城地带的概念。

至此，基于外国探险家和学者对长城沿线的调查和考察活动，"长城地带"作为一个以长城为主体的遗迹分布带而被提出使用。

20 世纪 70 年代以来，中国学者在长城地带开展调查与研究工作，对于"长城地带"概念及其内涵的认识也更加深入。

1971 年，姚大中所著《古代北西中国》，对古代蒙古、新疆地区的社会、经济、政治、文化进行介绍，从民族史和边疆史的角度对长城开展研究。

1979 年，逯耀东在《从平城到洛阳——拓跋魏文化转变的历程》一书中，指出在长城与游牧民族之间存在着一条半农半牧的中间过渡地带。

1981 年，苏秉琦在《关于考古学文化的区域类型问题》中提出考古学区系类型理论，将全国划分为六大区系，包括"以长城地带为中心的北方地区"，并进一步指出该区域"从东向西主要包括以昭盟为中心的地区、河套地区、以陇东为中心的甘青宁地区三个部分"。③ 从考古学角度对长城地带这一概念进行了规范。

20 世纪 90 年代以来，伴随着学科研究领域的拓展与学科间交叉综合的深入，对于"长城地带"概念的界定逐渐规范，其内涵也不断扩展深化。

90 年代初，李凤山从民族学的角度提出了"长城带"的概念，其范围"以万里长城为中介，范围大致包括今天辽宁、内蒙古、宁夏、甘肃、陕西、山西、河南、河北、北京、天津、山东以及吉林、黑龙江、江苏、安徽和青海、新疆的相当一部分地区。在中国北方民族发展的历史长河中，形成了万里长城南北各数

---

① ［日］水野清一、江上波夫：《内蒙古长城地带》，东方考古学丛刊乙种第一册，新时代社 1935 年版。
② ［美］欧文·拉铁摩尔著、唐晓峰译：《中国的亚洲内陆边疆》，江苏人民出版社 2010 年版。
③ 苏秉琦、殷玮璋：《关于考古学文化的区系类型问题》，载于《文物》1981 年第 5 期。

百公里甚至上千公里，东西数千公里的广阔地带"。①

1995年，冯嘉苹等学者在《万里长城的地理界限意义》一文中，从地理学的角度对长城地带的含义进行阐释，指出长城是基于自然地理环境基础上，不同时期各政治力量选择的结果，"长城地带正是历代各政治集团的统治者，为了地域的扩张或防御，选择并逐步形成的'力'的平衡带"②，并且从政治、经济、文化、自然等角度，对长城地带的特征进行系统分析阐释。

此外，学者们还从生态学和历史地理学角度对长城地带的环境变迁、历史沿革加以研究。

综上可知，"长城地带"最初是作为一个地理区域概念，指沿长城的地理区域。随着拉氏以"地带"的视角考察长城周边区域的人地关系、社会景观和历史功能，"长城地带"延伸为涵盖长城沿线历史、人文、自然等内容，成为一个较为综合的概念。20世纪80年代，伴随着中国考古学者对长城地带的深入研究，苏秉琦提出的作为考古学区系类型中北方地区核心的"长城地带"及其范围的划分获得考古学界普遍认同，对于"长城地带"这一概念的界定与应用也趋于规范化。其后虽然边疆史、人类学、生态学等学科从不同角度对"长城地带"进行研究和阐释，并且出现了"长城带""长城分布地区""长城沿线"等一系列不同称呼，但是考古学所使用的"长城地带"得到普遍认同，成为指代长城沿线区域的规范化名称。

二、长城地带范围的划分

作为长城沿线区域的规范化名称，考古学中所使用的"长城地带"得到普遍认同，而对于其范围，学者们则从地理环境和考古文化两个角度进行了划分。

卜工在《长城地带的考古新进展》一文中指出"长城地带不仅仅指狭长的长城沿线，而是指以北纬40°线为轴心的其南北跨度在北纬42°~38°间的地区，大体上由太行山以东至辽东半岛的东部地区，晋冀陕三北及相对应的南内蒙古为主体的中部地区，贺兰山以西的陇北为中心的西部地区组成"。③

田广金、史培军根据长城地带的自然地理环境将其划分为九个区域，即"西辽河流域丘陵、平原、覆沙地区；张北—宁台地、丘陵、覆沙地区；阴山—贺兰山山地、丘陵区；岱海流域丘陵、台地、平原、覆沙地区；鄂尔多斯西部高原、

---

① 李凤山：《长城带民族融合史略》，载于《中央民族学院学报》1993年第1期。
② 冯嘉苹、程连生、徐振甫：《万里长城的地理界限意义》，载于《人文地理》1995年第1期。
③ 卜工：《长城地带的考古新进展》，载于《百科知识》1991年第6期。

平原、覆沙地区；甘肃宁夏中部平原、丘陵、覆沙地区"。①

冯嘉苹、程连生、徐振甫对长城地带做出如下划分，"中段，包括宁夏、内蒙古、陕西、山西等省区在地质时期由于强烈的地壳运动，在内蒙高原和黄土高原之间形成一系列界山，如贺兰山、狼山、大青山等，山地呈不对称状，北缓南陡；长城带的东段，包括今山西北部、河北、辽宁、内蒙古东部等地段，地处内蒙古高原向东北、华北平原的过渡地带，主要山脉有燕山、太行山、大兴安岭、长白山及辽东、辽西丘陵"。②

苏秉琦在《关于考古学文化的区域类型问题》中将长城地带作为北方地区的核心，并且将其划分为"以昭盟为中心的地区；河套地区；以陇东为中心的甘青宁地区三个部分"③。

林沄在《夏至战国中国北方长城地带游牧文化带的形成过程（论纲）》中，对中国北方长城地带作出界定和划分，即长城地带是指"自古以来中原农业居民与北方游牧人互相接触的地带而言。这个地区东起西辽河流域，经燕山、阴山、贺兰山，到达湟水流域和河西走廊，大体包括了今天的内蒙古东南部、河北北部、山西北部、陕西北部、内蒙古中南部、宁夏、甘肃和青海的东北部"。④

综合以上对长城地带范围的划分，我们对长城地带范围的界定为，以长城本体为核心，沿长城走向，以北纬40°线为轴心，南北跨度在北纬42°～38°间的地区。该地区行政区划上自东向西经内蒙古东南部、河北北部、山西北部、陕西北部、内蒙古中南部、宁夏、甘肃和青海的东北部，地形上跨东北平原、华北平原、内蒙古高原、黄土高原，分为以昭盟为中心的地区、河套地区、以陇东为中心的甘青宁地区三个部分。

三、长城地带的内涵

长城自西向东，沿河西走廊北侧，经黄土高原和沙漠交接处，进入内蒙古高原和冀北山地交错地带，沿燕山和太行山山脉蜿蜒，东至大海，其走向与400毫米等降水量线基本吻合，它不仅是自然地理分界线、农牧区分界线，同时也是农业文化与游牧文化的分界线。因此，长城并非是一条线，而是一个空间区域，即长城地带，其内涵既包括自然地理，又涵盖人文社会方面的内容。

---

① 田广金、郭素新：《北方考古论文集》，科学出版社2004年版，第343页。
② 冯嘉苹、程连生、徐振甫：《万里长城的地理界限意义》，载于《人文地理》1995年第1期。
③ 苏秉琦、殷玮璋：《关于考古学文化的区系类型问题》，载于《文物》1981年第5期。
④ 林沄：《夏至战国中国北方长城地带游牧文化带的形成过程（论纲）》，载于《燕山学报》2003年第14期。

从自然地理角度来看，长城既是自然地理分界线，也是农牧区之间的分界线，长城地带是农牧交错带。

无论是早期战国燕、赵长城，还是秦汉帝国以来修筑的长城，其走向和分布地域大体一致，都位于我国北方山地与平原地形的过渡地带，同时也是半湿润和半干旱气候的过渡地带。基于这样的地形与气候条件，长城就成为我国重要的农牧区分界线，以北为北方草原区，以南为农耕农业区。长城地带正处于农牧交错的过渡地带。

20世纪50年代，赵松乔在对察北、察盟和锡盟进行经济地理调查的基础上，提出"农牧交错带"的概念，"从外长城到已有的集约农业地带向北递变为粗放农业区、定牧区、定牧游牧过渡区，以至游牧区。这里既是自然条件和农业生产的过渡带，也是汉民族和兄弟民族交错居住的地区，研究其有着不容忽视的科学和政治意义"[①]。赵松乔提出的农牧交错带即半农半牧介于农耕区与畜牧区之间的过渡地带，主要分布在吉林、辽宁、河北、内蒙古、山西、陕西、宁夏、甘肃等省区，呈东北—西南走向的带状分布，这与苏秉琦提出的"以长城地带为中心的北方地区"的分布范围重合。

从人文社会角度而言，长城是农业文明与游牧文明的分界线，长城地带也就成为农耕民族与游牧民族扩张或防御的角力场及其二者共同构筑的"内陆边疆"，是农耕与游牧民族间民族、经济、文化的交流融合地带。

长城以南自西周以来，以黄河中下游地区为核心，是以汉民族为主体的农耕民族活动地域，农耕民族在此耕耘发展，建立统一的国家政权。而长城以北则为游牧民族的活动地域，先后有匈奴、氐、羌、东胡、乌桓、鲜卑、突厥和回鹘、党项和契丹、女真、蒙古等游牧民族在此活动生存。这些游牧民族反复汇聚在长城地带，与以汉民族为主体的中原地区政权不断碰撞、融合与发展，共同构成了长城地带多元一体的民族格局。

受所在地域地理环境及气候特征的影响，长城以南的农业民族稼穑而食，桑麻以衣，从事较为固定、可以自给自足的农业经济。而长城以北的游牧民族则居无定所，逐水草而居，从事游动放牧、难以自给自足的游牧经济。游牧与农耕产品的差异导致二者在产品结构上的互补关系，又由于游牧经济的单一性，致使游牧经济对农业经济产生出更多的依赖性。贡赐和商业贸易是农业民族与游牧民族主要的经济交流方式。

北方游牧民族的生产方式受自然因素的影响极大，当气候异常、出现大的自

[①] 赵松乔：《察北、察盟及锡盟——一个农牧过渡地区经济地理调查》，载于《地理学报》1953年第1期。

然灾害时，畜牧产品无法维持稳定的产出，正常的贡赐与贸易又无法进行的时候，游牧民族便以主动战争的方式南下，从农耕民族掠夺所需的产品，双方便爆发战争。可以说，农耕民族与游牧民族之间，既有和平的贡赐、贸易等经济交流方式，也有碰撞与冲突的战争方式，双方在长城地带不断地碰撞与交流，从而在长城地带创造展现出丰富多彩的文化。

史前时期，长城地带就有着灿烂的文化，其东段属于"以燕山南北、长城地带为中心的北方文化区系"，先后经历了兴隆洼文化、赵宝沟文化、红山文化、富河文化、小河沿文化和夏家店下层文化。西段则属于"以黄河中上游以仰韶文化为中心的文化区系"，先后经历了老官台文化、马家窑文化和齐家文化。两大区系古文化直接汇聚于新石器时代晚期的河套至岱海地区。伴随着中原地区进入龙山文化，该地区也出现龙山文化特征，同时齐家文化也在河套地区兴起。[①]

夏商时期，"随着联系的不断加强，长城地带形成了一条以花边鬲为代表的陶器群，和北方系铜器群一起，在长城地带构成一条特征鲜明的文化分布带。这条文化带到周代经历了一次较大的组合，变成以青铜短剑为特征，东部流行曲刃剑，西部流行触角式剑，在长城地带东西对峙，长城亦随之出现"[②]。

春秋战国时期，为了防御北方草原匈奴族南下入侵，燕、赵、秦等诸侯国纷纷在北部边界地区修筑长城。秦统一后，在列国修建的长城基础上，在帝国疆域北部构筑了一条连贯的长城，其后历经两汉、魏晋南北朝、辽金、明等王朝的增建和修筑，最终形成了从内陆一直延伸到沿海的长城防线。

伴随着长城的修建，中原农耕民族与北方游牧民族在长城地带不断冲突斗争、交流融合，从而使长城地带成为中原农耕文化与草原游牧文化民族、经济、文化的交融汇聚的地带。

第二节　长城地带气候与环境变迁

一、长城地带气候与环境演变概述

历代长城东西绵延二万多公里，横跨高原、平原、沙漠等多种地理环境。自

[①②] 韩嘉谷：《论前长城文化带和其形成》，引自《长城国际学术研讨会论文集》，吉林人民出版社1995年版。

东向西受气候影响主要表现为三个较为明显的区域：西北地区属于干旱和半干旱的温带大陆性气候，干燥少雨，地表以荒漠、荒漠草原为主；华北地区属于暖温带半湿润大陆性气候，夏季高温多雨，冬季寒冷干燥，地表以草原、森林草原为主；东北地区则属于温带半湿润、湿润大陆性季风气候，四季分明，地表分布着广袤的森林。但这种明显的区域气候及地理环境特征并不是一成不变的，而是跟随着全球性气候及环境的演变发生了不断的变化。

结合中国北方地区晚更新世晚期以来古生态地质环境分区特征，根据邵时雄、刘海坤的研究[1]，西北地区的柴达木盆地和天山山脉地区在距今约20000～15000年的晚更新世晚期属于干旱寒冷冻土荒漠草原高山高原亚类，平均气温低于0℃，年平均降水量在50～600毫米之间，地表植被为荒漠、半荒漠草原、草甸。距今约7500～5000年，新疆地区及甘肃北部大部分属于干旱温带荒漠草原高原盆地生态地质环境类型，内蒙古高原、河西走廊和柴达木盆地属于半干旱温带草原、森林草原地带地质环境类型的高原山地亚类，平均气温约0～8℃，年平均降水量在200～600毫米之间，地表植被为草原、草甸。至距今3000年，干旱温带荒漠草原高原盆地生态地质环境类型向东扩展到鄂尔多斯西北部。

华北地区中南部的秦岭、太行山、华北平原，在距今约20000～15000年的晚更新世晚期属于半干旱温带草原、森林草原生态地质环境类型，平均气温约0～8℃，年平均降水量在200～600毫米之间，地表植被为森林草原、草原或草甸。距今约7500～5000年，秦岭、太行山、华北平原属于半湿润温带森林、森林草原生态地质环境类型的落叶阔叶林平原亚类，平均气温约8～16℃，年平均降水量在600～1000毫米之间。至距今3000年，华北平原及秦岭已属于半湿润温带森林、森林草原生态地质环境类型的落叶阔叶林平原山地亚类。

东北地区大兴安岭在距今约20000～15000年的晚更新世晚期属于半干旱温带冻土森林低山平原亚类，平均气温低于0℃，年平均降水量在600毫米左右，地表植被为针叶阔叶林。距今约7500～5000年，东北平原已属于半湿润温带森林、森林草原生态地质环境类型的落叶阔叶林平原亚类，平均气温约8～16℃，年平均降水量在600～1000毫米之间。至距今3000年，半干旱温带草原、森林草原生态地质环境类型的草原、草甸草原山地亚类也东移，包括内蒙古高原东部、呼伦贝尔高原、大兴安岭以南、青海东北、陕北高原等地域。

我们将上述研究内容整理形成《长城地带三大区域晚更新世晚期以来古生态地质环境分区特征统计表》（见表4-1），可以清晰地看出长城地带所在主要区

---

[1] 邵时雄、刘海坤：《中国晚更新世以来古生态地质环境分区特征》，引自《中国北方晚更新世以来地质环境演化与未来生存环境变化趋势预测》，地质出版社1999年版，第153～158页。

域气候、气温、降水量和植被之间的变化,这种变化是缓慢的,但依然构成了长城地带气候及地理环境特征的变迁。

表4-1 长城地带三大区域晚更新世晚期以来古生态地质环境分区特征统计

区域	时间	距今 20000~15000 年	距今 7500~5000 年	距今 3000 年
西北地区	气候类型	干旱寒冷冻土荒漠草原高山高原亚类	干旱温带荒漠草原高原盆地生态地质环境类型;半干旱温带草原、森林草原地带地质环境类型的高原山地亚类	干旱温带荒漠草原高原盆地生态地质环境类型
	平均气温	低于0℃	0~8℃	0~8℃
	年降水量	50~600毫米	200~600毫米	200~600毫米
	植被	荒漠、半荒漠草原、草甸	草原、草甸	草原、草甸
华北地区	气候类型	半干旱温带草原、森林草原生态地质环境类型	半湿润温带森林、森林草原生态地质环境类型的落叶阔叶林平原亚类	半湿润温带森林、森林草原生态地质环境类型的落叶阔叶林平原山地亚类
	平均气温	0~8℃	8~16℃	8~16℃
	年降水量	200~600毫米	600~1000毫米	600~1000毫米
	植被	森林草原、草原或草甸	落叶阔叶林	落叶阔叶林
东北地区	气候类型	半干旱温带冻土森林低山平原亚类	半湿润温带森林、森林草原生态地质环境类型的落叶阔叶林平原亚类	半干旱温带草原、森林草原生态地质环境类型的草原、草甸草原山地亚类
	平均气温	低于0℃	8~16℃	0~8℃
	年降水量	600毫米	600~1000毫米	200~600毫米
	植被	针叶阔叶林	落叶阔叶林	森林草原、草原或草甸

资料来源:邵时雄、刘海坤:《中国晚更新世晚期以来古生态地质环境分区特征》,引自《中国北方晚更新世以来地质环境演化与未来生存环境变化趋势预测》,地质出版社1999年版。

二、气候影响下的民族与长城

地球的温度是由太阳辐射照到地球表面的速率和吸热后的地球将红外辐射线散发到空间的速率决定的,太阳的活动现象会对地球造成显著的影响,地球上气候的变化与太阳黑子数目变化的周期是密切相关的,而气候哪怕一丝微小的变化,也会对长城地带生活的民族造成巨大的影响。

根据竺可桢先生的研究成果,我国近五千年来的气候可分为非常明显的四个温暖期和四个寒冷期。[①] 公元前 3000 年~公元前 1000 年,即中原仰韶文化至商末殷墟时期,是第一个温暖期。其后公元前 770 年~公元初的春秋战国、秦汉时期,公元 600 年~公元 960 年的隋唐时期,公元 1200 年~公元 1300 年的元朝,都为温暖期。

温暖期与寒冷期的更替变化影响了长城地带所处的西北(包括陕西、甘肃、宁夏、青海和新疆地区)、华北(包括内蒙古、山西和河北地区)和东北地区(包括黑龙江、吉林和辽宁地区)的自然环境。温暖期降水增多,平均气温比寒冷期温度高 3~5℃,这段时期,长城以南的农业区与长城以北的游牧区的植被及粮食作物都得到了相对充足的水分及养分,因此农牧区均进入了兴起与发展的重要时期。而寒冷期来临时,气温比正常时期低约 1℃,降水区南移,北方草原草场退化,农业区干旱化严重,粮食减产严重。北方游牧民族为获得充足的生存资源而南下侵入农耕区,由此,游牧与农耕民族双方在长城地带产生冲突发生碰撞。

马克思认为:"一切人类生存的第一个前提也就是一切历史的第一个前提是:人们为了能够'创造历史',必须能够生活,但是为了生活,首先就需要衣食、住以及其他东西,因此第一个历史活动就是生产满足这些需要的资料,即生产物质生活本身。"[②] 游牧经济是一种相对脆弱的经济生活方式,气候环境的微小变化甚至都会对其造成毁灭性的打击,相对而言,农耕经济能够更好地抵御气候变化和自然灾害,但却需要稳定的社会环境来保证其生产。当长城以北地区气候变冷或遭受自然灾害,无法满足游牧民族生存需要之时,为了寻求生存资源,拓展生存地域,北方游牧民族便南下侵扰农耕民族,继而双方产生冲突战争,而农耕民族为了抵御游牧民族的侵扰,就在北部边境修建长城工事,长城地带也就成为

---

① 竺可桢:《中国近五千年来气候变迁的初步研究》,载于《考古学报》1972 年第 1 期。
② 中共中央马克思恩格斯列宁斯大林著作编译局:《马克思恩格斯全集(第三卷)》,人民出版社 2006 年版,第 31 页。

了农耕民族和游牧民族相互博弈的地区。气候环境对长城地带民族关系的影响就通过战争这种较为极端的形式表现出来。

通过对中国历史上围绕长城地带发生战争数量的统计，并将其与气候温暖期与寒冷期的更替变化进行比较（图4-1），我们可以看出：从战国到西汉末期，相对而言气候稍微寒冷[①]，农耕民族和游牧民族第一次以集团之间战争方式出现，此时中国的历史进入了一个关键的转折点，秦始皇改变了战国时分裂的小邦林立的状态，建立了大一统的帝国，而在秦国统治疆域的北面，匈奴部族几乎在同一时间也建立起了一个游牧帝国。农耕和游牧，第一次以两个帝国政权对立的方式，在长城地带发生碰撞。长城，作为农耕民族抵御游牧民族的军事防御工程，在这一时期陆续修建与修缮。

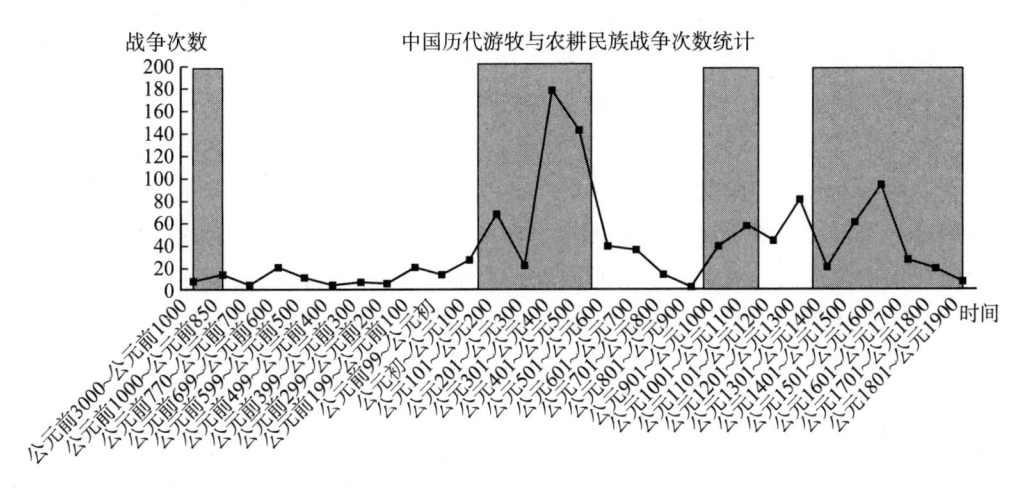

图4-1 中国历代游牧与农耕民族战争次数和气候寒冷期对应图

注：图中蓝色阴影部分表示寒冷期。
资料来源：《中国军事史》编写组：《中国历代战争年表》，解放军出版社2003年版。

但是在公元后的一个世纪里，大量黑子出现在太阳表面，同时，地球上多处发生火山喷发，火山灰飘浮在地球上空，照射到地球表面的太阳光因此变得薄弱，地球由此开始进入漫长的寒冷期，这次寒冷期，持续了将近6个世纪。此时正值我国的东汉至魏晋南北朝时期。现代地理学的研究证明，这段时期的年平均气温比现在低了约1.5~4℃，若年平均气温下降2℃，农作物的分布区位就会南移2~4个纬度，而在其他条件不变的情况下，年平均气温每下降1摄氏度，粮食产量会比常年下降百分之十。此时长城以北的广大草原地区，在寒冷和干旱双重的影响下，变得贫瘠荒凉，导致游牧民族的生存受到极大的威胁。于是在东汉

---

① 据竺可桢《中国近五千年来气候变迁的初步研究》，载于《考古学报》1972年第1期。

初年，匈奴民族为了寻求更广阔的生存地域，在中原社会环境混乱之际，趁机扩大势力，控制了东自乌桓、鲜卑，西至西域各族的广大地区，频繁南下侵扰。为了抵御匈奴南下，东汉在对前代长城修筑的基础上进行修缮，并且频繁增筑长城。根据文献记载，建武十二年（36 年），"段忠镇守北边，因发边卒筑亭堠，修烽火"①。建武十三年（37 年），卢芳"与杜茂治飞狐道，堆石布土，筑起亭障，自代至平城三百余里"②。建武十四年（38 年），"又代骠骑大将军杜茂缮治鄣塞，自西河至渭桥，河上至安邑，太原至井陉，中山至邺，皆筑城堡，起烽燧，十里一堠"③。光武帝为保卫都城洛阳，防御匈奴侵犯，于建武十四年修筑了四条长城：其一位于今山西离石县至陕西咸阳东南之间；其二位于今陕西高陵县东至山西安邑县之间；其三位于今山西太原至河北井陉县之间；其四位于今河北定州市南至临漳县之间④。公元 39 年，匈奴攻扰汉境，汉将北击匈奴，匈奴退走。建武二十一年（45 年），马援将长城与高柳、雁门、代郡、上谷西北的居延、朐朐等地的烽堠、鄣塞链接起来，构成了一个较完整的防御体系⑤。

公元 45 年，鲜卑万余骑兵进攻辽东，汉太守率千人反击，鲜卑战败。建武二十二年（46 年），匈奴大旱，遭受蝗灾，赤地千里，原受匈奴控制的乌桓趁机击破之，匈奴北迁数千里，漠南地空。建武二十四年（48 年），匈奴南北分裂，南匈奴内附汉政权。而在此后的时间里，农耕民族和游牧民族之间的战争一直持续。自汉光武帝刘秀于公元 25 年建立东汉，至公元 220 年东汉灭亡，在近 200 年间，东汉政权与匈奴交战 20 次，与鲜卑交战 34 次，与乌桓交战 5 次，与羌交战 27 次，共计 86 次⑥。

东汉末年，天下大乱，统一的中国由此进入魏晋南北朝长达 300 余年的分裂和动荡之中。北方的匈奴、羌、鲜卑和乌桓相继发展壮大。自西晋泰始六年（270 年）至晋建兴四年（316 年），晋与鲜卑交战 14 次，与北胡交战 2 次，与匈奴交战 1 次，与氐交战 2 次，共计 19 次⑦。东晋时期，北方少数民族纷纷南下，并先后建立政权，形成十六国与东晋政权并立的局面。十六国政权中，包括匈奴族刘渊建立的汉、前赵，赫连勃勃建立的夏，沮渠蒙逊建立的北凉；鲜卑族慕容皝建立的前燕，慕容垂建立的后燕，慕容泓建立的西燕，乞伏国仁建立的西秦，秃发乌孤建立的南凉，慕容德建立的南燕；氐族李雄建立的成汉，

---

① ［南朝］范晔：《后汉书》卷二十二《杜茂列传》，中华书局 2013 年版，第 233 页。
② ［南朝］范晔：《后汉书》卷一〇《王霸列传》，中华书局 2013 年版，第 220 页。
③ ［南朝］范晔：《后汉书》卷二十二《马成列传》，中华书局 2013 年版，第 234 页。
④ 《中华文明史话》编委会：《长城史话》，中国大百科全书出版社 2008 年版，第 43 页。
⑤ 舒顺林：《论东汉时期长城内外各族的经济文化交流》，载于《内蒙古师范大学学报（哲学社会科学版）》1989 年第 2 期。
⑥⑦ 《中国军事史》编写组：《中国历代战争年表》，解放军出版社 2003 年版。

苻洪建立的前秦，吕光建立的后凉；羯族石勒建立的后赵。各个政权相互征伐，爆发272次战争。①长城虽然因为长期的分裂状态而不像秦汉时期大规模修筑，但不论是农耕政权还是游牧政权，为了维护其统治疆域，都曾进行了修建长城的活动。

公元281年，西晋为了减少来自北方游牧民族的压力，修筑了西晋长城。而后，北方鲜卑族趁长城以南地域政权空虚、社会混乱之机南下，于"天兴元年（398年）六月，诏有司定国号……秋七月，迁都于平城，即帝位，改元"②，至此，北魏王朝正式建立。在鲜卑建立北魏王朝的同时，活动于蒙古高原上的柔然人崛起，其首领于公元402年建立政权和军队，成为北魏王朝的北方劲敌，常常南下侵扰。为此，北魏王朝在北方边境地带也兴建长城。北魏泰常八年（423年），"蠕蠕犯塞。二月戊辰，筑长城于长川之南，起自赤城，西至五原，延袤二千余里，备置戍卫"③。公元424年，柔然攻北魏云中，次年，北魏反击柔然。此后，北魏与柔然又11次交战。太平真君七年（446年）六月，"丙戌，发司、幽、定、冀四州十万人筑畿上塞围，起上谷，西至于河，广袤皆千里"④。至太和八年（484年），由于仅依靠泰常长城一条防线，很难有效抵御柔然的入侵，因此大臣高闾向孝文帝上表"今故宜于六镇之北筑长城，以防北虏"⑤。这条长城的修筑具有特殊性，游牧民族统治长城以南地区后，在其北方依旧有深受气候威胁而影响自身生存的其他游牧民族，北魏王朝为了保证自身的生存和发展，效仿农业民族的做法，修筑了一条"游牧民族防御游牧民族"的长城。

北魏政权于公元535年分裂为东魏和西魏政权，其后分别被北周和北齐政权替代。这几个政权是经过"汉化"改革之后的游牧民族政权。出于与北魏类似的目的，这两个政权也在其统治疆域内修筑了长城。东魏武定元年（543年）秋八月，由丞相高欢策划，于肆州北山修筑长城，"西自马陵戍，东至土隥"⑥。武定三年（545年），"神武三年，幽、安、定三洲北接奚、蠕蠕，请于险要修立城戍以防之"⑦，修筑与肆州长城相连的长城防线。北齐天保三年（552年），"冬十月已未，至黄栌岭，仍起长城，北至社干戍，四百余里，立三十六戍"⑧，修筑

---

① 《中国军事史》编写组：《中国历代战争年表》，解放军出版社2003年版。
② [清] 康基田、郭春梅、王灵善、马玉山等：《晋乘蒐略》，山西古籍出版社2006年版，第831页。
③ [北齐] 魏收：《魏书》卷三《太宗纪》，中华书局1974年版，第63页。
④ [北齐] 魏收：《魏书》卷四《世祖纪下》，中华书局1974年版，第101页。
⑤ [唐] 李延寿：《北史》卷三十四《高闾传》，中华书局1974年版，第1257页。
⑥ [宋] 司马光：《资治通鉴》卷一三二《齐纪二》，中华书局1956年版，第154页。
⑦ [唐] 李百药：《北齐书》卷二《神武帝纪下》，中华书局1972年版，第22页。
⑧ [唐] 李百药：《北齐书》卷四《文宣》，中华书局1972年版，第56页。

西线长城。天保六年（555年），"诏发夫一百八十万人筑长城，自幽州北夏口，西至恒州，九百余里"①，修筑外线西段长城。为了加强陪都晋阳北部的防御，天保七年（556年），"自西河总秦戍筑长城东至海，前后所筑，东西凡三千余里，六十里一戍，其要害置州镇凡二十五所"②，修筑内线长城。北齐政权南线长城，由两部分组成，一段长城始建于河清二年（563年），"光率步骑二万筑勋掌城于轵关西，仍筑长城二百里，置十三戍"③。另一段长城建于皇建年间（560～561年），"诏于洛州西界掘长堑三百里，置城戍以防间谍"④。天统元年（565年）修筑库堆戍至海的北齐外线东段长城。

伴随着梁、北周、北齐和陈的覆灭，隋统一全国后进入大发展期。此时处于六世纪末至第十世纪初，是隋唐（589～907年）统一时代，气候在这段时间里变得和暖，"公元650年、669年和678年的冬季，国都长安无雪无冰。"⑤ 此时，长城以北的威胁主要是突厥，到唐太宗时，这个威胁短暂的得到解除，而又因为对待北方游牧民族开明积极的政策，使得这一时期总体趋于和平，战争次数较少。长城的修筑，相较于前代，次数少，范围小，且质量较低。

北宋时，气温又开始转寒，长城以北的契丹族建立政权，称"辽"，与中原的宋王朝形成南北对峙的局面。作为发迹于北方草原的游牧民族政权，辽代不断地通过征战以扩展自己的领土，频繁南下，自公元964年宋辽石州之战至公元1004年宋辽澶州之战，契丹与宋共28次交战。⑥ 为了巩固统治，防御周边渤海国、女真和乌古敌烈等部族的进犯，辽代也修筑有长城及界壕，主要的有三条，即太祖二年（908年），"筑长城于镇东海口"，修筑南起盐岛村、北至土城子村防御渤海的镇东海口长城。辽道宗清宁四年（1058年）、辽统和十七年（999年）、辽圣宗太平六年（1026年）修筑鸭子河至混同江防御女真的界壕。辽圣宗统和十五年（997年）及辽兴宗时期，修筑防御乌古敌烈的漠北辽界壕。

"十二世纪初期，中国气候加剧转寒，这时，金人由东北侵入华北代替了辽人，占据淮河和秦岭以北地方，以现在的北京为国都。宋朝（南宋）国都迁杭州。"⑦女真族建立的金政权频繁南下，双方政权共爆发41次战争。伴随女真金的南迁，北方草原蒙古族兴起并建立政权，蒙古族频繁南下，进攻金政权，自1211年攻金西京、中都之战，至1234年联合南宋灭金政权，双方共交战12次。为防御北方及西北方蒙古族侵袭边境而开始修建防御性工事界壕，金世宗大定年

---

①② ［唐］李延寿：《北史》卷六《齐本纪（中）》，中华书局1974年版，第253页。
③ ［唐］李百药：《北齐书》卷一七《斛律金》，中华书局1972年版，第223页。
④ ［唐］李百药：《北齐书》卷二五《王峻》，中华书局1972年版，第364页。
⑤⑦ 竺可桢：《中国近五千年来气候变迁的初步研究》，载于《考古学报》1972年第1期。
⑥ 《中国军事史》编写组：《中国历代战争年表》，解放军出版社2003年版。

间，两次修筑边堡、界壕和墙体。金章宗明昌年间，修筑界壕、鄣塞等防御建筑。灭金之后，蒙古军队继续南下，进攻南宋政权，双方交战74次。①

历史发展到元明清时期。由于政治、经济、文化逐渐成熟和定型，气候对于战争的影响没有前代那么强烈。但是元明时期仍然处在气候较为寒冷的"小冰期"。元朝虽然持续时间很短便被明朝所取代，但蒙古族重返中原的野心一直没有消失。明建立后，频繁受到北方蒙古族鞑靼、瓦剌、俺答和兀良哈等部的侵扰，有明一代，双方共交战94次。此时气候虽然不是影响双方战争发生的最主要的因素，但明代的气候偏寒冷，温暖期较短，由此蒙古族为了攫取生活所需物资，仍然造成长城地带局部小的冲突和劫掠不断。终明一朝，其对长城的修筑和修缮乃是中国古代政权中规模最大的时期，其主要的防御对象是北方的蒙古族。明朝修建的长城，分属辽东、蓟镇、宣府、大同、山西、延绥、宁夏、固原和甘肃9个军镇。后增设真保镇，又从蓟镇分出山海、昌平二镇，从固原分出临洮镇，共计13个军镇。其中需要说明的是，辽东镇的一部分（辽河以东的河东边墙）主要是为了防御明代中后期女真势力的兴起南下而修建的。

综上可知，南北朝时期长期有过北方游牧民族不断入侵中原的记录，五代、辽金、明代，中原也曾屡次遭到游牧部族的侵扰。根据中国近五千年来气候变迁情况，三国到六朝时代有过长期的低温，隋代开始回暖，唐代是温暖期，五代又开始渐寒，南宋有过骤寒，中间短暂回暖。元明均处于寒冷期，直到清朝中期才开始回暖。在这样的气候变化影响下，处于寒冷期的北方游牧民族赖以生存的环境难以为继，畜牧产品无法维持稳定的产出，正常的贡赐与贸易无法进行，游牧民族便以主动战争的方式南下从农耕民族掠夺所需的产品。为了防御北方游牧民族的侵扰，农耕民族政权便纷纷在北部边境修建长城。长城地带游牧民族与农耕民族战争的高发期、长城修建的高频期与气候的寒冷期三者之间，就产生出"气温的变化与少数民族的入侵及王朝的更迭如此契合，而在历史上气候的寒冷期和长城修建史上的高峰期亦极为吻合，这并不能说只是巧合。"②

第三节　长城地带研究综述

目前学术界有关长城地带的研究主要是以长城为媒介，从考古学、军事学、

---

① 《中国军事史》编写组：《中国历代战争年表》，解放军出版社2003年版。
② 许倬云：《汉末至南北朝气候与民族移动的初步考察》，引自《许倬云自选集》，上海教育出版社2002年版。

历史地理学、民族学、人类学等角度，对相关文化问题进行研究，从而探讨长城地带在中国文化发展过程中所起到的重要作用。

一、考古学研究

以考古学为视角的研究，旨在通过对历代长城的基本踏查，形成对实物资料相对准确地把握，结合相关研究资料形成以考古学为主要研究视角的研究体系。

近年来，以考古学为视角来研究长城地带的文化变迁，主要是在前人研究的基础上对一些资料的再次踏查和补充，从而形成集大成的成果或提出新的观点。段清波和徐卫民编著的《中国历代长城发现与研究》[1]，从考古学的基本理论和研究方法出发，结合历史文献资料，对每一时代的长城进行综合研究，使历代长城研究在考古学研究领域形成了比较完善的体系。

段清波和于春雷合作完成的《布纹瓦及在秦地的传播——来自陕西早期长城沿线的观察》[2] 一文，作者对布纹瓦和麻点纹瓦的来源问题和发展传播做了综合性的梳理，并对陕西早期长城沿线的瓦片进行了分类整理，详细阐述了河西魏长城沿线瓦片特征，同时对战国秦昭王长城和汉故塞沿线瓦片也进行了特征描述。进而通过布纹瓦和麻点纹瓦的分布，清楚地判定长城地带文化传播的途径和传播时间。

于春雷所写《秦简公"堑洛"考》[3] 一文，通过实地调查以及文献梳理后，提出前人所研究的"堑洛"不是有关长城的军事防御设施，也不是水利工程，而是一项缮治津关的工程，这项工程的地理位置应该位于重泉城附近。

而由赵杰执笔的《左权县黄泽关堡的调查与考证》[4]，作者在实地调查研究和翻阅历史文献的基础上，对左权县黄泽关堡的调查予以介绍，然后对调查资料进行分析、考证。

夏明亮和童雪莲共同完成的《"长城地带"考古学术语属性探讨》[5]，梳理了"长城地带"概念的形成过程，即从最初作为一个自然地理概念上的探险考察区域称谓在20世纪30年代提出，到作为学术研究区域概念的界定，再到其作为一个学术研究领域的固定概念，在考古学中广泛应用，同时探索其在考古学中广泛

---

[1] 段清波、徐卫民编著：《中国历代长城发现与研究》，科学出版社2014年版。
[2] 段清波、于春雷：《布纹瓦及在秦地的传播——来自陕西早期长城沿线的观察》，载于《中国文物科学研究》2012年第3期。
[3] 于春雷：《秦简公"堑洛"考》，载于《考古与文物》2012年第5期。
[4] 赵杰：《左权县黄泽关堡的调查与考证》，引自《长城资源调查工作文集》，科学出版社2012年版。
[5] 夏明亮、童雪莲：《"长城地带"考古学术语属性探讨》，载于《东北史地》2012年第5期。

使用的原因及其表现。

二、军事学研究

长城最主要的功能是军事防御，由军事衍生出经济、文化等方面的交流是长城地带文化发展的最基本方式。因此以军事角度作为研究长城本体及其作用的切入点，能够更为直接、科学地展现长城修建选址、建造结构的科学性，进而探讨由军事冲突引发的长城内外的交流。

徐卫民和黄永美完成的《西汉西北地区长城内防功能初探》[1]，从历史地理的角度阐释了西汉时期西北地区长城的内防功能，而内防功能的形成与亡人有关，而亡人除了侯应归纳的"往者从军不还者贫困子孙""边人奴婢愁苦者""盗贼群辈犯法者"之外，还有"败降"者、"诱降"者等特殊亡人。且在特殊亡人影响和匈奴宣传诱惑下，西汉亡人不断，其中以环境恶劣而时有亡出塞的边人最为典型。面对这种情况，西汉政府赋予长城内防功能，并通过边塞吏卒实施这一功能。

陈探戈的《春秋战国时期秦晋（魏）对河西地区的争夺研究——兼论战国时期秦"堑洛"长城》[2]一文由秦初占河西、魏夺秦河西地、魏予河西地、对于秦简公"堑洛"长城的一点认识四部分组成。作者认为秦在与晋（魏）的交锋中处于劣势时在河西筑起了一道依靠洛河天险的天然长城，这条长城没有边墙，只有城池。

于春雷的《从点到面：明代延绥镇长城的形成与演变——兼谈延绥镇的边防理念》[3]一文，从延绥镇地理概况谈起，对延绥镇天险、营堡、墩台、界石、营堡、边墙等分布特点进行描述，进而探讨延绥镇边防理念的产生及其形成过程。

同杨阳的《试论延绥镇长城修建与战争及气候的关系》[4]一文，介绍了延绥镇长城的修建过程，对延绥镇长城修建的背景、战争以及与此阶段气候变化之间的关系进行了分析，认为延绥镇长城的修建和战争与气候变化密切相关，这种现象产生与游牧经济对环境的依赖性有很大关系，长城在一定程度上发挥了融通游牧与农耕文明的功能。

---

[1] 黄永美、徐卫民：《西汉西北地区长城内防功能初探》，载于《社会科学战线》2012年第10期。
[2] 陈探戈：《春秋战国时期秦晋（魏）对河西地区的争夺研究——兼论战国时期秦"堑洛"长城》，引自《秦汉研究》第四辑，2010年。
[3] 于春雷：《从点到面：明代延绥镇长城的形成与演变——兼谈延绥镇的边防理念》，引自《长城资源调查工作文集》，文物出版社2012年版。
[4] 同杨阳：《试论延绥镇长城修建与战争及气候的关系》，引自《遥感技术在长城研究中的新应用国际研讨会论文集》2014年版。

尚珩的硕士学位论文《明大同镇长城防御体系研究》，以洪武至万历期间的大同镇为时空背景，具体来说以"土木之变"和"俺答封贡"为限，分为前、中、后三期，论述大同镇长城防御体系的发展变化。并且通过对史料的梳理、分析，结合田野调查的收获，对其修建背景和防御体系进行整体的、动态的、立体的研究，以长城墙体和城堡的变迁和现存状况为线索，勾勒出大同镇长城防御体系建设、发展、变化的历史轨迹。

樊凡的《西汉拓边与长城修建》一文[1]，从对相关文献和考古资料的梳理入手，进而对西汉长城修建简史、西汉新边建设进行分析研究。作者认为，文献资料和考古调查已经证实西汉修筑了由朝鲜半岛至新疆长达二万余里的长城与烽燧、亭障体系，保障了汉代通往西域的大道畅通无阻，并认为汉朝是中国历史上修筑长城最长的一个朝代。

李毅所写《明后期九边军屯与国家供应政策关系的个案研究——以冀北辽西地带为主》，以冀北辽西地带为代表，对相关问题进行了深入讨论，认为边患始终作为明王朝制定国策、进行军事防御首要考虑的因素，沿边地区组织军队施行屯种的行为在这一时期被制度化。其中，河北、辽东等区域军镇的设置具有抵御少数民族南下进攻和守卫京师的双重目的，且这一区域亦农亦牧，蒙、汉、地方豪强势力交错，争夺激烈。

三、历史地理学研究

历史地理学能够站在历史与地理的双重角度去解读长城地带的环境变迁以及人文活动，通过历史与自然的结合更好地阐释长城在军事防御、文化交流方面的作用，从而促进长城地带相关问题研究的深化。

张宏彦在《河套地区"前长城地带"形成的环境考古学观察》[2]一文中，从环境考古学出发，结合多学科研究成果，论述了"前长城地带"和"长城地带"的区别，从环境考古学的研究角度对长城地域进行了划分。在前人研究的基础上，综合多学科的研究成果，对河套地区史前时期的"前长城地带"的形成过程，进行环境考古学方面的考察。

侯勇坚的《秦汉阴山山脉结构特点的地理学观察》一文，利用不同时代的相关资料，分析判断秦汉时代的边疆策略，以及对部分地理事物的具体认识，讨论

---

[1] 樊凡：《西汉拓边与长城修建》，引自《秦汉研究》第五辑，2011年版。
[2] 张宏彦：《河套地区"前长城地带"形成的环境考古学观察》，载于《西部考古》第八辑，2015年。

了阴山山脉的位置和结构特点；站在夷狄的角度，论述了作为"夷狄之大利"的阴山山脉，说明了秦汉王朝是如何掌控阴山山脉的主动权的。

由黄永美、徐卫民合作完成《汉长城的修建、功能及现代意义》[①]，通过历史地理的基本研究方法，研究了汉长城的修建及功能，作者认为，汉代防御工事以塞、塞垣之名行长城之实。且汉长城的修建对阻止匈奴进犯，开发西域，发展与欧亚各国的经济贸易、文化交流起到了作用。虽然如今汉长城虽然已不再发挥原有功能，但其作为长城文化、长城精神的组成部分，是不可或缺的；对它的保护和旅游开发也是当今经济可持续发展中的一部分，因此现代意义仍尤为深远。

张子宇所写《历史地理学意义上的长城地带划分》[②]，作者通过军事、地理等不同角度阐释了长城地带的不同概念，使长城地带的划分更具有标准性。他还就明代河西走廊长城地带的环境变迁展开研究论述，以期达到充分了解这一地带人类开发活动中产生的历史教训，为该地带今后的开发活动提供借鉴。

夏明亮的《明代陕北长城修建与长城地带环境变迁初步研究》，围绕明代陕北地区长城的修建过程及其修建后的环境问题进行讨论，作者从明以前陕北长城地带的自然和人文状况、明代陕北边防形势及榆林镇长城的修建、明代榆林镇沿边附近沙壅研究等几个方面，论证了明代陕北长城修建与长城地带环境变迁的基本关系。

张子宇撰写的《明代河西走廊长城地带环境变迁研究》，作者从河西走廊长城地带的界定及划分、明代以前河西走廊长城地带的人类活动及环境变迁、明代河西走廊长城地带的人类活动状况、明代河西走廊长城地带的环境变迁及其后果等方面对明代河西走廊长城地带环境的变迁进行研究。

四、民族学研究

历代长城的修建主要集中在北方地区，修建主要是为了防御北方游牧民族的入侵和骚扰，因此在对长城地带的研究中必然会涉及民族学。作为长城研究基本的对象之一，农业民族与北方游牧民族之间的关系是基本的切入点，也是最后落脚点。而从民族学的角度对长城地带农牧关系的研究，掌握当时人们最基本的生活状态，可以使这些隐形文化通过长城地带体现出来。

近年来，有关长城地带民族关系的研究成果丰硕。陈探戈所著《春秋战国时

---

① 黄永美、徐卫民：《汉长城的修建、功能及现代意义》，载于《科学经济社会》2012 年第 3 期。
② 张子宇：《历史地理学意义上的长城地带划分》，载于《西安石油大学学报（社会科学版）》2012 年第 12 期。

期的秦戎关系研究》，以文献上关于春秋战国时期秦人和戎人的史料为基础，再结合近30年来在陇右地区和关中地区发现的早期秦人和戎人的考古资料，论述了秦人起源问题，分析产生争论的原因，说明春秋战国时期秦人周边的戎族是如何分布、秦人如何与戎族交往，秦人在向东发展的过程中又是如何处理与戎族的关系的，以及戎族在秦统一过程中起了什么作用等问题。

李鸿宾从民族学角度对长城地带进行研究，多有论述。在其所写的《阐释南北关系的一个视角——读狄宇宙〈古代中国与其强邻：东亚历史上游牧力量的兴起〉》①，对美国学者狄宇宙的著作进行了延展性评论，作者以长城为视角切入，试图阐释中国历史上存在的南北分隔的情形，特别是北方草原的游牧势力如何崛起的问题。在其所著《古今中国之衔接——疆域观察的一个视角》②中，在古今中国疆域研究的基础上，开展研究。作者认为近代中国疆域面临的基本问题，就是传统二重性的内外制如何转化成为民族国家支配下的领土与主权统一下的二者互动。

唐朝胡汉关系是我国民族发展史上重要的组成部分，对于这一关系的了解与认识将有助于我们更好地研究唐朝民族关系的历史特点。在李鸿宾所著《唐朝胡汉关系研究中若干概（观）念问题》③中，作者首先阐述了"民族"的概念问题；之后说明"王朝国家"的概念及其二元制的建构；最后解释"胡人汉化"即依托于中原核心区，反映的是中心区以外的群体和个人进入华夏儒家文化的地区内承受文化的转型和心理认同变迁的问题。

五、体质人类学研究

以人类学为视角对长城地带进行研究，主要是根据长城地带考古发掘出土的人体骨骼进行的人类学研究。通过人类骨骼遗骸的鉴定与研究，探讨长城地带人口的组成结构以及长城内外的文化交流、判断当时中原与北方少数民族的交往，为长城研究提供了丰富的资料和广泛的研究内容。

陈靓的《武威磨咀子汉代墓地人骨研究》是对河西汉长城沿线武威出土人骨的一项研究成果。通过对磨咀子汉代墓地112例人骨进行了性别、年龄的鉴定，对其中保存较好的58例头骨进行了形态观察和测量值的比较研究，得出了关于当地居民结构的相关认识，为了解汉代河西走廊居民的人种特征、人口构成、营

---

① 李鸿宾：《阐释南北关系的一个视角——读狄宇宙〈古代中国与其强邻：东亚历史上游牧力量的兴起〉》，载于《中国边疆史地研究》2011年第3期。
② 李鸿宾：《古今中国之衔接——疆域观察的一个视角》，载于《中国边疆史地研究》2010年第2期。
③ 李鸿宾：《唐朝胡汉关系研究中若干概（观）念问题》，载于《北方民族大学学报》2013年第1期。

养健康等方面提供重要的参考资料。

由陈靓、孙周勇、邵晶合写的《陕西神木石峁城址后阳湾地点出土人骨研究》，是关于神木石峁城址后阳湾地点出土人骨的研究成果。研究者对神木石峁城址后阳湾地点出土的 7 例人骨遗骸，鉴定了其性别年龄，观察了头骨上的非测量性特征，对可以进行测量的项目进行了测量，初步推测后阳湾人骨种族特征具有较强的一致性，接近蒙古人种的东亚类型。

由陈靓、郭小宁、洪秀媛、王炜林共同完成的《陕西神木木柱柱梁新石器遗址人骨研究》，对木柱柱梁采集的 7 例人骨遗骸进行鉴定研究。从头骨的非测量性特征的观察和测量项目的数据分析看，木柱柱梁头骨种族特征较为一致，接近蒙古人种的东亚类型。

郭辉的《黄陵寨头河战国戎人墓地出土人骨的肢骨研究》，对黄陵寨头河墓地出土人骨进行肢骨的测量与分析，并结合考古学文化对这批古代居民的营养状况、生业模式、劳作强度以及他们所处的自然环境做出一些探讨。

张燕的《陕西省黄陵县寨头河战国戎人墓地人骨病理研究》，以人类学研究方法为基础，采用形态观察法（包括肉眼观察和镜下观察），由浅入深进行相关的病理学研究和分析。同时，结合考古类型学和文化因素分析法，对寨头河遗址墓地人骨进行综合研究，并对该人群物质文化和经济形态等问题做一些探讨。

周金姓的《陕北靖边五庄果墚遗址龙山时代早期人骨及相关考古学问题的研究》，运用体质人类学形态观察、测量以及统计学的方法，从性别、年龄、骨骼的病理与创伤、身高的推算、种族类型等多个方面对五庄果墚遗址龙山时代早期人骨进行体质人类学考察，从中获得了一些重要的信息及结论。在体质人类学研究结果的基础上，结合了相关考古学文化背景资料，对 AH1 的性质及灰坑中埋葬死者的死亡原因进行了合理的推论和阐释。

洪秀媛的《甘谷毛家坪沟东墓葬区出土人骨研究》使用材料来源于 2012 年和 2013 年发掘的毛家坪沟东春秋及战国墓葬，共计 45 个个体，依靠观察、测量、统计等手段，目前对这批材料进行了人口学、人种学、病理学方面的分析与研究，对毛家坪秦人的种系来源与流向也进行了探讨。

总体来看，基于对历代长城和长城地带的实地踏查，从考古学文化和历史地理学角度对长城地带的研究已形成较为完整的资料。在此基础上，以民族学、人类学的视角，从不同侧面对相关文化问题进行研究，拓展了长城地带的研究内容，进而为探讨长城地带在中国文化发展过程中所起到的重要作用提供更为全面的资料。

第四节 "前长城地带"文化演进及其影响

长城的修建虽然始于春秋战国时期，但是事实上早在史前时期，与历史时期"长城地带"地理范围大体重合的区域，就已是新石器文化分布区，即所谓"前长城文化带"①，大致可以分为属于"以燕山南北、长城地带为中心的北方文化区系"的东段和属于"以黄河中上游以仰韶文化为中心的文化区系"西段两段。

"前长城文化带"东段所见最早的是以敖汉旗兴隆洼遗址命名的兴隆洼文化②，经过 ^{14}C 测年，兴隆洼遗址距今 7470±80 年至距今 6895±205 年。兴隆洼文化的分布地域东至西辽河下游一带，南抵渤海岸边，西起潮白河流域，北到大兴安岭南缘。以赤峰市一带为中心地区，有着完整的发展序列。

兴隆洼文化陶器种类主要有筒形罐和钵。陶质均为夹砂陶，陶胎呈灰、红、黄色，陶器内壁呈黑灰色。代表器物筒形罐以泥圈接筑而成，绝大多数为直壁、敞口、平底。钵采用内模贴泥筑成，多数为敞口、弧壁、小平底或圜底。陶器外部施有纹饰，流行压印"之"字纹和戳点纹。石器以打制锄形器和磨制石斧、石铲为主，还有石锛、石凿、石磨盘、磨棒。骨器盛行，有骨匕、骨镞、骨鱼钩等。聚落大多位于靠近河川溪流的坡冈上，有环壕围绕，房屋均为圆角方形或近长方形的半地穴式。

兴隆洼文化之后，在同一地域先后出现赵宝沟文化、红山文化、富河文化，承袭兴隆洼文化，流行筒形罐和"之"字纹。

赵宝沟文化因内蒙古自治区敖汉旗赵宝沟遗址的发掘与研究而命名③，经过 ^{14}C 测年，为距今 6220±85 年，分布地域东至巫闾山，南临渤海，西至滦河上游，北达西拉木伦河上游。

赵宝沟文化继承兴隆洼文化，陶器器类以筒形罐为主，大部分为夹砂陶，采用泥圈叠筑而成，外表呈灰褐色或黄褐色，饰以"之"字纹和几何形压划纹。石器有磨制石斧、石锛、石凿、石磨盘等。骨器有骨锥、骨针、骨铲等。居址是由

---

① 韩嘉谷：《论前长城文化带及其形成》，引自《长城国际学术研讨会论文集》，吉林人民出版社 1995 年版。

② 中国社会科学院考古研究所内蒙古工作队：《内蒙古敖汉旗兴隆洼遗址发掘简报》，载于《考古》1985 年第 10 期。

③ 中国社会科学院考古研究所内蒙古工作队：《内蒙古敖汉旗赵宝沟一号遗址发掘简报》，载于《考古》1988 年第 10 期。

成排房屋构成的单向开放式聚落。

红山文化因内蒙古自治区赤峰市红山后遗址的发掘与研究而命名[①]，分布地域为内蒙古昭乌达盟老哈河流域、辽宁朝阳和锦州地区以及河北北部燕山地区。红山文化被分为三期，早期以兴隆洼遗址 F133 为代表，^{14}C 测年为距今 5865±65 年，晚期以东山嘴、牛河梁遗址为代表，东山嘴遗址 ^{14}C 测年为距今 4975±85 年，牛河梁遗址 ^{14}C 测年为距今 4875±70 年。红山文化陶器分为夹砂和泥质两大系统，还有少量彩陶。夹砂陶陶质坚硬，呈灰褐或黄褐色，多数为筒形罐，采用泥圈叠筑法而成。泥质陶器表面多呈红色，器类以钵最多，还有盆、瓮、小口罐等。除了钵可能为轮制成形以外，多数器类仍以泥圈或泥条接筑而成。夹砂陶和泥质陶器表面饰"之"字纹。石器有磨制石斧、石锛、石刀等。

富河文化因内蒙古自治区巴林左旗富河沟门遗址的发掘与研究而命名[②]，分布于西拉木伦河以北区域，经过 ^{14}C 测年，为距今 4735±110 年。富河文化陶器基本上都为夹砂陶，质地疏松，器表多呈灰褐或黄褐色。器类主要是弧壁筒形罐，筒形罐以泥圈叠筑法制成，外饰"之"字形压印纹。石器有打制的肩锄形器和石锛等。

在距今 4800 年前后，赵宝沟文化和红山文化同归于小河沿文化[③]。小河沿文化分布范围东以医巫闾山为界，南抵大、小凌河之间一带，西至西拉木伦河源头以西地带，北到西拉木伦河。其陶器中的尊形器、雷纹图案源于赵宝沟文化，敛口双耳缸和斜条纹、三角纹等图案来自红山文化。房址主要为椭圆形半地穴式。至距今 4000 年后，被夏家店下层文化代替。

"前长城文化带"西段所见最早的是秦安大地湾一期遗存[④]，^{14}C 测年距今 7800～7300 年，主要分布在甘肃陇东地区和陕西关中地区，以渭河下游地区分布较为密集。大地湾文化陶器均为手制，陶胎较厚，为敷贴模制而成，以夹砂红褐陶和灰褐陶为主，由于烧制火候不均，器表陶色不纯。器型种类较少，以圜底钵、三足钵、三足罐、圈足碗最具代表性，外表饰拍印的交错粗绳纹，此外宽带红彩也是其突出特征，多施于口沿外侧或内侧。石器数量较少，器型简单，以打制石器为主。骨器发达，加工精细，有骨锥、骨针、骨刀、骨镞等。

大地湾文化之后由仰韶文化半坡类型承袭[⑤]，陶器为手制，多夹砂和泥质红

[①] 吕遵谔：《内蒙赤峰红山考古调查报告》，载于《考古学报》1958 年第 2 期。
[②] 中国社会科学院考古研究所内蒙古工作队：《内蒙古巴林左旗富河沟门遗址发掘简报》，载于《考古》1964 年第 1 期。
[③] 辽宁省博物馆、昭乌达盟文物工作站、敖汉旗文化馆：《辽宁敖汉旗小河沿三种原始文化的发现》，载于《考古》1963 年第 12 期。
[④] 甘肃省博物馆等：《甘肃秦安大地湾新石器时代早期遗存》，载于《文物》1981 年第 4 期。
[⑤] 巩启明：《试论仰韶文化》，载于《史前研究》1983 年第 1 期。

陶，器型主要有圜底和小平底钵和盆、深腹盆、小口尖底瓶。器表纹饰有绳纹、弦纹等。石器以磨制为主，器类有石斧、石锛、石刀、磨盘等，以两侧带缺口的石刀最具特色。建有环壕聚落，建筑形式为圆形半地穴式。

至庙底沟类型阶段，分布范围向西扩展。陶器以夹砂和泥质红陶为主，器型有卷沿和敛口曲腹盆、敛口曲腹钵、重唇小口尖底瓶、深腹罐等。纹饰主要有线纹、绳纹等。石器以磨制为主，普遍采用钻孔技术，主要有石斧、石锛、石刀等。居住建筑多为半地穴式，已出现一定数量的地面建筑，平面有方形和圆形。

进入马家窑文化时期，分布范围西至河西走廊，北入清水河流域，文化面貌发生重大变化。马家窑文化早期为石岭下类型，中期为马家窑类型[①]。器型有盆、钵、瓶、壶、罐等，以发达而精美的彩陶为代表，施于泥质陶和夹砂陶之上，不仅施于陶器表面，往往还施于陶器内壁，有的甚至通体施彩。纹饰有漩涡纹、圆圈纹等几何纹，蛙、鸟、鱼纹及人像纹。石器以长方形穿孔刀、凹背刀、齿边刀、两侧缺口刀、铲、斧、磨盘等为主要工具组合。骨器有骨锥、骨针、骨镞等。

马家窑文化进一步发展为半山类型和马厂类型，^{14}C 测年，石岭下类型为距今 4690±130 年，马家窑类型为距今 4675±80 年，半坡类型为距今 4650~4350 年，马厂类型为距今 4350~4050 年。

代替马家窑文化而起的齐家文化，因首次发现于甘肃广河县齐家坪而得名，主要分布在甘肃、青海黄河沿岸及其支流洮河、大夏河、湟水等流域。陶器以红陶为主，多手制。主要器型有单耳罐、双耳罐、三耳罐、鬲、甗、盆、碗等。纹饰有绳纹、篮纹、划纹、附加堆纹等。在青海和甘肃的一些遗址中，发现有铜斧、铜刀、铜锥等小型铜工具，说明该地区已进入青铜文化时期。房屋多为方形或长方形半地穴式。

在长城地带东、西两段交汇的河套地区，目前所见最早的新石器时代遗存是后冈一期文化。后冈一期文化因首次发现于河南安阳后冈遗址第一期而得名[②]，陶器以红陶为主，还有少量的黑陶和灰陶。器型有红顶碗、圜底钵、双耳壶、大口小底罐，纹饰有线纹、弦纹、划纹、锥刺纹和附加堆纹。后冈一期文化存续时间不长，后被仰韶文化半坡类型和庙底沟类型所替代。

新石器时代晚期起，长城地带东、西两大文化在河套至岱海一带接触交融。中原文化进入龙山时代以后，该地区受其影响表现出突出的龙山文化特点。

---

① 谢端琚：《论石岭下类型的文化性质》，载于《文物》1981 年第 4 期。
② 中国科学院考古研究所安阳发掘队：《1971 年安阳后冈发掘简报》，载于《考古》1972 年第 3 期。

"前长城地带"文化的演进及其特点为其后历史时期长城地带的形成,游牧文化与农业文化的碰撞与交融奠定了基础。

夏商时代,长城地带的古文化与中原文化的联系日益密切。

东部地区,小河沿文化演化为夏家店文化[①],分布在辽西、赤峰和河北北部地区,早期年代相当于中原地区商周之际至西周中期。夏家店文化陶器以夹砂灰陶和褐陶为主,器型有鬲、甑、鼎、盆、豆、壶、盘等,以筒腹鬲、罐形鼎、鼓腹罐、鼓腹盆为代表,陶器多泥条盘筑,纹饰有绳纹、划纹、附加堆纹。石器以磨制为主,器类有锄、铲、刀、斧、锛等。

夏家店下层文化晚期,相当于西周晚期至春秋中期,受辽东高台山文化的影响,出现了相当数量的夹砂红褐陶和表面经磨光的红衣陶,绳纹呈现出衰落的迹象,逐渐演变为魏营子文化,陶器中广泛流行花边鬲等器物。与此同时,赤峰北部地区已出现夏家店上层文化的早期形态龙头山类型[②],受魏营子文化因素影响,产生含花边鬲的大泡子类型[③],又受短茎曲刃剑、环首剑等文化因素影响,产生南山根类型[④]。辽东以短茎曲刃剑和"V"形耳宽腹陶壶为特征的双房类型文化向辽西推进[⑤],在辽西地区与魏营子文化相结合,形成和尚沟类型[⑥],又同时产生出十二台营子类型[⑦]。至春秋以后,十二台营子类型取代夏家店上层文化和和尚沟类型,成为长城地带东部主要的考古学文化,直至战国晚期。

西部地区,齐家文化之后为辛店、寺洼文化。

辛店文化分布在黄河上游及其支流渭河、洮河、大夏河、湟水、渭水上游流域,西北至青海大通、湟中县一带,东南达甘肃陇西附近。^{14}C 测年距今 3200 年。该文化可分为山家头、姬家川、张家嘴三个类型。有以双耳彩陶罐、袋足鬲、腹耳壶和单耳杯等为组合的陶器群,其中彩绘双勾纹的双耳彩陶罐和瓮是典型器物。石器有带肩石斧、环状石器、刃侧缺口刀、圆锥形杵和石臼等。骨器有骨锥、骨凿、骨匕等。此外还有铜罐、弧刃带柄刀等铜器。

寺洼文化主要分布在泾水、渭河、西汉水、洮河流域,^{14}C 测年距今 2500 年。该文化陶器独具风格,以马鞍口双耳罐为代表器物,并伴出鼎形三足器、袋足

[①] 中国科学院考古研究所内蒙古工作队:《赤峰药王庙、夏家店试掘报告》,载于《考古学报》1974年第1期。
[②] 内蒙古自治区文物考古研究所:《内蒙古克什克腾旗龙头山遗址第一、二次发掘简报》,载于《考古》1991年第8期。
[③] 贾鸿恩:《翁牛特旗大泡子青铜短剑墓》,载于《文物》1984年第2期。
[④] 中国科学院考古研究所内蒙古工作队:《宁城南山根的石椁墓》,载于《考古学报》1973年第2期。
[⑤] 许明纲、许玉林:《辽宁新金双房石盖石棺墓》,载于《考古》1983年第4期。
[⑥] 辽宁省文物考古研究所:《喀左和尚沟墓地》,载于《辽海文物学刊》1989年第2期。
[⑦] 朱贵:《辽宁朝阳十二台营子青铜短剑墓》,载于《考古学报》1960年第1期。

鬲、腹耳罐、豆和器盖等组合成陶器群。石器有石斧、石锛、石刀等。有铜刀、戈、镞等铜武器以及铜铃、铜泡等装饰品。

西周以后，辛店文化向西扩至大通河流域，寺洼文化则与中原周秦文化交流融合，发展出触角式青铜短剑、鹤嘴锄、管銎斧等铜器群，单耳罐、单把勺等构成的陶器群，因与内蒙古杭锦旗桃红巴拉墓葬[①]文化特征一致，故称之为桃红巴拉类型。

中部河套地区，朱开沟文化继龙山文化之后出现，一方面承袭龙山文化，流行带流斝、双耳罐等，另一方面与中原夏商文化相异，大量流行花边鬲。到春秋时期，流行桃红巴拉类型文化，进入以游牧经济为主的生产方式。

总体而言，夏商时期，以口沿处饰一周锯齿状附加堆纹的花边陶鬲为代表，广泛流行于长城沿线的考古学文化中。至西周时期，花边鬲上较窄的条状花边变成较宽的带状花边，同时出现以造型独特的管銎斧、銎内斧、弓形器、兽首青铜短剑为代表的北方系青铜器，长城地带东部流行曲刃剑，西部流行触角式剑。

战国秦汉时期，北方草原地带主要生活着以东胡、匈奴、鲜卑、乌桓为代表的游牧民族，其遗存集中在内蒙古长城内外至大兴安岭两侧，以鄂尔多斯高原、河套平原、阴山东段、西拉木伦河北翼、科尔沁沙地和呼伦贝尔草原最多。

长城地带中段主要为匈奴遗存，以阴山南麓山前地带和鄂尔多斯高原为中心，包括宁夏北部和陕西北部。在杭锦旗、准格尔旗、和林格尔旗、乌拉特中后联合旗和凉城县等地发现有桃红巴拉、阿鲁柴登、西沟畔、玉隆太、范家窑子、毛庆沟等十余处战国时期少数民族墓地和遗址。在内蒙古伊克昭盟准格尔旗西沟畔[②]、东胜县补洞沟[③]等地发现有两汉时期的匈奴墓地，以长方形土坑墓为主，南北向，仰身直肢单人葬。陶器均为轮制，以小口鼓腹罐和小口鼓肩腹罐为主，肩部往往饰有弦纹和波浪纹。青铜器有刀、镞、铃、带扣和管状饰，铁器有衔、带扣、刀、镞等，其中铜质、金质或鎏金铜质的带饰最具特色，绝大多数为透雕，图案有各种动物、人物和几何图样。

与之相对应，北方长城地带以南的河套平原、鄂尔多斯高原、银川平原和雁代地区，较为集中分布着汉墓。

河套平原在两汉时期属于朔方、五原、云中和定襄郡，是北方边塞的前沿，巴彦淖尔、包头和呼和浩特地区均有汉墓发现。鄂尔多斯高原汉城分布较为密

[①] 田广金：《桃红巴拉的匈奴墓》，载于《考古学报》1976年第1期。
[②] 伊盟文物工作站、内蒙古文物工作队：《西沟畔汉代匈奴墓地调查记》，载于《内蒙古文物考古》1981年第1期。
[③] 伊盟文物工作站：《伊克昭盟补洞沟匈奴墓清理简报》，载于《内蒙古文物考古》1981年第1期。

集，以广衍故城①、杭锦旗乌兰陶勒盖墓地②为代表。银川平原属北地郡，处于汉政权与匈奴的拉锯地带，大都为中小型汉墓，集中于银川至吴忠一线。雁代地区以山西雁北地区为中心，东抵河北张家口，北至内蒙古集宁市，属于雁门郡、代郡和定襄郡。

长城地带汉墓的形制主要包括土坑土椁墓、土洞墓和砖室墓三类。西汉中期至东汉初期流行斜坡或阶梯墓道的直洞室土洞墓，有的墓设置有木椁。西汉晚期，雁代地区和河套平原出现有椁外积炭、积瓦或陶片的土坑土椁墓。西汉末年出现砖室墓，以河套地区最多，规模较为宏大。墓葬多见彩绘陶器，器类主要有陶壶和陶罐，陶壶多平底，陶罐多弧腹罐、鼓腹罐和扁腹罐。雁代地区以陶壶为主，鄂尔多斯高原以陶罐为主，银川平原和鄂尔多斯高原陶仓出现比例较高，西汉中期雁代地区和河套平原常见成组铜器。

长城地带东段呼伦贝尔草原西汉时期主要为匈奴活动地域，遗存有陈巴尔虎旗完工墓地③和鄂温克自治旗伊敏车站墓地④。东汉时期，拓跋鲜卑拓展到呼伦贝尔地区，遗存以今满洲市扎赉诺尔墓地⑤为代表，均为土坑墓，绝大多数平面呈梯形，使用梯形木棺，有些棺外插木柱置椁版形成椁架，多为仰身直肢单人葬。陶器以夹砂粗陶为主，也有泥质灰陶，有侈口弧腹罐、侈口鼓腹罐、敞口壶、双耳罐等。

与此同时，大兴安岭南段东侧的西拉木伦河北翼发现有巴林左旗南杨家营子⑥、林西县苏泗汰⑦等鲜卑遗迹。东汉晚期，以阴山东段为中心，北及乌兰察布高原，南抵大同盆地，东至土默川平原，集中分布着匈奴、鲜卑遗存，包括内蒙古察右后旗三道湾⑧、赵家房墓地⑨、托克托县皮条沟⑩等遗迹。

东汉魏晋时期，科尔沁地区为东部鲜卑活动区域，以内蒙古哲里木盟科左后旗舍根墓地⑪为代表，统称为舍根文化。舍根文化土坑墓数量较大，石棺墓也有

---

① 内蒙古语言历史研究所：《秦汉广衍故城及其附近的墓葬》，载于《文物》1977年第5期。
② 伊盟文物工作站：《杭锦旗乌兰陶勒盖汉墓发掘报告》，载于《内蒙古文物考古》1991年第1期。
③ 内蒙古文物工作队：《内蒙古陈巴尔虎旗完工古墓清理简报》，载于《考古》1965年第6期。
④ 程道宏：《伊敏河地区的鲜卑墓》，载于《内蒙古文物考古》1982年第2期。
⑤ 内蒙古文物工作队：《内蒙古扎赉诺尔古墓群发掘简报》，载于《考古》1961年第12期。
⑥ 内蒙古文物工作队：《内蒙古巴林左旗南杨家营子的遗址和墓葬》，载于《考古》1964年第1期。
⑦ 林西县文物管理所：《林西县苏泗汰鲜卑墓葬》，《内蒙古文物考古文集》第二辑，中国大百科全书出版社1997年版。
⑧ 乌兰察布盟博物馆：《察右后旗三道湾墓地》，《内蒙古文物考古文集》第一辑，中国大百科全书出版社1994年版。
⑨ 盖山林：《内蒙古察右后旗赵家房村发现匈奴墓群》，载于《考古》1977年第2期。
⑩ 金学山：《内蒙古托克托县皮条沟发现三座鲜卑墓》，载于《考古》1991年第5期。
⑪ 张柏忠：《哲里木盟发现的鲜卑遗存》，载于《文物》1981年第2期。

一定数量，墓葬平面多数为长方形，部分有木棺或木质葬具。陶器有侈口弧腹罐、侈口鼓腹罐、展沿舌唇壶、侈口束颈壶等。

综上所述，史前时期，在与历史时期"长城地带"地理范围大体重合的"前长城文化带"，新石器文化不断演进，逐渐形成了具有鲜明文化特征的文化带，东段先后经历了兴隆洼文化、赵宝沟文化、红山文化、富河文化、小河沿文化、夏家店下层文化。西段则经历了老官台文化，马家窑文化，齐家文化。两者汇聚于河套至岱海地区，与中原地区龙山文化交流，出现龙山文化特征[①]。至夏商时期，形成了以花边鬲和北方系铜器为代表的文化分布带。该文化带至周代整合，变成以青铜短剑为特征，东部流行曲刃剑，西部流行触角式剑的文化带。

"前长城文化带"为其后历史时期长城地带的形成奠定了基础。自战国秦汉以来，伴随着长城的修建，在内蒙古长城内外至大兴安岭两侧，西段以甘肃陇东为中心，中段以阴山南麓山前地带和鄂尔多斯高原为中心，东段以呼伦贝尔草原为中心，形成了以土坑墓、鼓腹陶器、金属牌饰和成组铜器为代表的混合文化分布带，"长城地带"开始逐渐形成，游牧文化与农业文化继续在这一区域相互碰撞、交融，延续并不断发展着"前长城地带"农业文化与采集狩猎文化的二元分布格局。

第五节 长城地带体质人类学研究

一、长城地带体质人类学研究综述

长城地带既是农耕文明对抗畜牧文明的军事地带，也是农业经济与畜牧经济的分界岭。鉴于长城的军事防御意义，长城地带也自然具备了政治、经济、军事以及自然地理环境的特征。

对于长城地带古代居民的体质人类学研究，近年来硕果累累，尤其是东北、华北的长城沿线及邻近地区。例如内蒙古中南部的鄂尔多斯高原、乌兰察布草原和锡林郭勒草原，长城沿线的陕北、晋北和冀北等地，燕山南北的赤峰地区、辽西地区，学者们做了大量工作，发表了涉及人种学、古人口学、古病理学、分子

[①] 韩嘉谷：《论前长城文化带和其形成》，引自《长城国际学术研讨会论文集》，吉林人民出版社1995年版。

人类学等领域的研究成果。

种族人类学的研究在国内体质人类学领域一直发挥着重要的作用，占有一席之地。近些年来，一些学者认为种族特征的分析和研究方法是一种具有描述性特征而不是分析性特征的工具，遂招致冷落。事实上，种族类型的区分，在探讨不同人群的生物学距离、体质特征的差异，追寻古代族群的起源、演变、交融上仍旧发挥着不可取代的作用。朱泓将内蒙古长城地带先秦时期居民分为两种类型，他们是高颅窄面、面部较为扁平、伴之中等偏长而狭窄的颅形的古华北类型；以及颅形较高、面型较宽阔而扁平的古东北类型[①]。古华北类型居民是内蒙古长城地带的土著人口，如乌兰察布盟察右前旗的庙子沟居民[②]、伊克昭盟伊金霍洛旗的朱开沟居民[③]、乌兰察布盟凉城县的毛庆沟[④]和饮牛沟居民[⑤]等。古东北类型则是东北地区远古类型。属于古东北类型的居民有大南沟小河沿文化居民[⑥]、大甸子Ⅱ、Ⅲ组居民[⑦]以及水泉墓地部分居民[⑧]。张全超在此基础上又增添了古西伯利亚类型居民，他们是从蒙古高原上南下而来的牧民，这是一群短颅、低颅、阔颅结合高宽面，拥有很大的面部扁平度的人群，他们以和林格尔新店子居民为代表，为该地区带来了发达的畜牧业经济[⑨]。

古人口学研究中，性别、年龄作为进一步研究古代人群的基础所起作用尤为重要。性别结构的组成直接影响婚姻和家庭，也影响到人口的再生产。人口的年龄结构则直接影响人口的发展速度和抚养比例。田宇在《内蒙古中、东部地区先秦时期古代居民性别-年龄比例研究》[⑩]中选取了12处遗址，按照相对年代划

[①] 朱泓：《内蒙古长城地带的古代种族》，引自《边疆考古研究》（第一辑），科学出版社2002年版，第301~313页。
[②] 朱泓：《内蒙古察右前旗庙子沟新石器时代颅骨的人类学特征》，引自《人类学学报》1994年第2期。
[③] 潘其风：《朱开沟墓地人骨的研究》，引自《朱开沟——青铜时代早期遗址发掘报告》，文物出版社2000年版，第340~342页。
[④] 潘其风：《毛庆沟墓葬的人骨研究》，引自《鄂尔多斯式青铜器》，文物出版社1984年版，第316~317页。
[⑤] 何嘉宁：《饮牛沟墓地1997年发掘出土人骨研究》，引自《岱海考古（二）——中日岱海地区考察研究报告集》，科学出版社2001年版，第527页。
[⑥] 潘其风：《大南沟新石器时代墓葬出土人骨的观察鉴定与研究》，引自《大南沟——后红山文化墓地发掘报告》，科学出版社1998年版，第145~150页。
[⑦] 潘其风：《大甸子墓葬出土人骨的研究》，引自《大甸子：夏家店下层文化遗址与墓地发掘报告》，科学出版社1996年版，第224页。
[⑧] 朱泓等：《内蒙古敖汉旗水泉遗址出土的青铜时代人骨》，载于《东北亚先史文化的比较考古学研究》，日本九州大学大学院人文科学研究院，2002年版，第69~93页（日文）。
[⑨] 张全超：《内蒙古和林格尔新店子墓地人骨研究》，科学出版社2010年版。
[⑩] 田宇：《内蒙古中、东部地区先秦时期古代居民性别、年龄比较研究》，吉林大学博士学位论文，2007年。

分为新石器、青铜和铁器时代，通过人口的性别、年龄的分析得出初步结论，认为该地区人口的性别构成在维持高性比的情况下，随着时代的发展呈现曲线变化的趋势。这一地区女性青壮年时期大量死亡，其原因主要归结于当时生产力水平低下，恶劣的医疗、卫生条件使得青壮年女性多死于孕产期。从年龄的构成看，总体上该地区人口的死亡年龄多集中在中年期，存活到老年的人口很少。这篇论文还探讨了自然环境的变迁对人口预期寿命的影响。内蒙古中、东部地区在新石器时代气候环境最佳，青铜时代开始恶化，延续到铁器时代气候环境最为恶劣。人口统计的平均预期寿命同样显示新石器时代处于最高值，青铜时代居中，铁器时代处于最低值。这与气候的变化呈现正相关的事态。由于内蒙古中、东部地区考古工作相对集中，大型墓地的数量较多，为古人口学对于性别、年龄的构成研究提供了便利条件。长城地带其他地区的古人口学研究还有待于基础材料的发现来支撑。

分子人类学研究在多民族、多族属的边疆地区考古工作中作用尤其突出。由于基因是遗传物质 DNA 的核苷酸系列，它具有稳定的遗传性特征。通过古 DNA 的分析技术可以帮助我们梳理边疆地区古代居民遗传学方面的亲疏关系。常娥的博士学位论文《内蒙古长城地带先秦时期人类遗骸的 DNA 研究》[1]，正是将分子生物学的方法与考古学研究相结合，试图理顺长城地带先秦时期人群之间的遗传学关系。这篇论文选择了长城地带先秦时期五个墓地的人类遗骸作为研究对象，它们分别是新石器时代的庙子沟墓地、春秋时代的西园和新店子墓地、崞县窑子墓地、将军沟墓地、井沟子墓地，通过母系线粒体 DNA 的分析，庙子沟居民与朱开沟早期青铜时代居民存在母系序列的遗传关系，反映出"古华北类型"在长城地带具有基因的延续性，他们与"古中原类型"在遗传结构上存在差异。线粒体 DNA 的分析结果还反映出西园和新店子居民与现代北亚人群有较为接近的亲缘关系。崞县窑子居民既与现代北亚类型存在较近的亲缘关系，同时也与长城沿线土著居民之间存在基因上的交流。将军沟居民与现代东亚蒙古人种有着较近的亲缘关系，这是"古中原类型"居民北上开疆拓土在线粒体 DNA 证据上显示的重要线索。井沟子居民的线粒体 DNA 与现代北亚类型存在较近的亲缘关系，他们还与拓跋鲜卑人群存在遗传距离较近的关系。运用分子人类学方法解决考古问题，为解决长城地带人群的迁徙、发展及融合的过程提供了重要的信息。

本节在回顾体质人类学领域长城地带研究工作的基础上，依据新近发现的古代居民遗骸的绝对年代，将历时性时间段划定为进入全新世的新石器时代、

---

[1] 常娥：《内蒙长城地带先秦时期人类遗骸的 DNA 研究》，吉林大学博士学位论文，2008 年。

进入阶级社会的春秋战国时期，大一统的汉代到北方游牧人群南下的五胡十六国时期。共时性的空间框架包括三个区域，陕北地区、泛关中概念下的天水地区和河西走廊的武威地区。陕北史前时期的遗址选择距今 5000 余年仰韶文化晚期~4000 年左右的龙山晚期的陕西榆林地区五庄果墚、神木石峁、木柱柱梁，春秋战国时期延安地区的寨头河遗址、天水地区的毛家坪沟东墓地以及东汉时期武威地区磨嘴子等古代居民遗骸作为研究对象，从人种学、古人口学、古病理学几个方面考察长城地带三千余年的时间跨度下人群的体质差异、疾病状况等变化。

二、陕北地区史前居民的体质人类学研究

陕北地区是黄土高原的中心地区，也是长城地带的有机组成部分，它包括榆林和延安两大地区。随着 2012 年至今，石峁城址的发掘逐步深入，陕北地区成为探寻中华文明起源的重要阵地。

最近十余年间，陕北地区先后发掘了靖边五庄果墚、神木石峁城址、木柱柱梁和神疙瘩梁遗址，出土了数批仰韶晚期和龙山晚期人类遗骸，为我们了解该地区人群的种族类型、健康状况、生计方式提供了重要线索。

（一）五庄果墚居民的体质人类学研究

1. 性别和年龄的分析

五庄果墚遗址位于陕西靖边县黄蒿界乡小界村西北。大的地理范围处于黄土高原北部与鄂尔多斯台地南缘的过渡地带。该遗址出土的人骨全部出自灰坑，共采集 26 例人骨，成年个体 7 例，未成年人 19 例。成年个体死亡年龄集中在中年期，未成年个体死亡年龄集中在婴幼儿期，少年期居次。

2. 病理特征研究

口腔疾病中龋齿的发病率居高。可以统计龋齿罹患率的成年个体头骨 6 例，4 例患轻重程度不一的龋齿，计算出成年个体患龋率为 66.7%。以牙齿的数量可以统计人群的龋齿率。五庄果墚成年个体共观察牙齿的总数为 83 枚，其中患龋的牙齿占 14 枚。患龋率为 16.87%。美国学者 TURNER. C. G 统计龋齿的发病率与人群生计方式的关系指出，以采集—狩猎为主要生计方式的人群龋齿发病率很低，范围在 0~5.3% 之间，平均发病率为 1.3%；以采集—狩猎与农业相结合的混合经济类型为主的居民龋齿发病率居中，范围在 0.44%~10.3% 之间，平均发病率为 4.8%；以定居农业经济为主的人群龋齿发病率最高，范围在 2.1%~

26.9%之间，平均发病率为8.6。[①] 16.87%的患龋率远高于采集—狩猎和介于采集—狩猎与定居农业之间的混合类型人群患龋率，即便在以定居农业经济为主的人群中亦处于中等偏高水平，推测五庄果墚灰坑中的居民很可能是营定居农业的人群。

研究表明，以定居农业为生计模式，某一种特定植物为食物的人群罹患缺铁性贫血的比例较高。缺铁性贫血是一种代谢性疾病，是指全身循环血液中宏细胞总量减少至正常值以下。头骨上可以观察到眼眶顶部（额骨的眶面）有筛状小孔、额骨和顶骨上见有多孔性肥厚现象通常作为判断缺铁性贫血的标准。五庄果墚遗址6例成年头骨中有2例在眼眶顶部形成眼筛窝，属于贫血症状。

3. 身高的推测

身高作为人类一项非常重要的体质特征，在很大程度上决定人的整体形象和其他骨骼的大小。对某一遗址出土人类遗骸，特别是四肢长骨进行测量和推算，了解古代居民的身高水平有助于我们分析判断人群的种族差异、营养层级等信息。应用股骨、胫骨、腓骨、肱骨、尺骨、桡骨的测量值，推测出五庄果墚男性身高约166.4厘米，女性身高约155.95厘米。

4. 种系特征研究

从头骨非测量性形态特征观察，五庄果墚居民的种系特征表现为中长颅，高颅结合狭颅；中额，狭面，中等的垂直颅面指数，平颌，较大的鼻颧角，中等的眼眶，偏阔的鼻型，弱的鼻根，阔腭等。颅顶缝简单，犬齿窝和鼻棘发育较弱，颧颌下缘转折处方折明显，矢状嵴和腭圆枕出现率较高，具有明显的亚洲蒙古人种的性质。（图4-2）

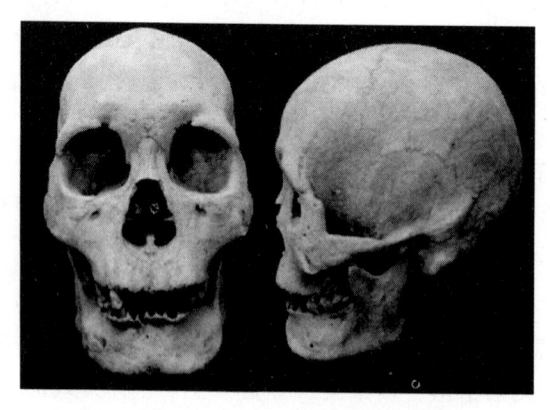

图4-2　BH23：2 正视及侧视图

[①] Turner C. G.：《Dental anthropological indications of agriculture among Jomon people of central Japan》，载于《American Journal of Physical Anthropology》，1979，51（4），pp619~636。

在进行各古代组的比较时发现，在新石器时代颅骨组中，五庄果墚组古代居民与西夏侯组[①]、柳湾合并组[②]、尉迟寺组[③]的关系较为接近，其次是姜家梁组[④]；它与寨峁组[⑤]、庙底沟组[⑥]的关系最为疏远。在青铜时代至铁器时代颅骨组中，五庄果墚古代居民与梁带村组[⑦]、神木新华组[⑧]关系较为密切，且与梁带村组最为接近，其次是上马组[⑨]、瓦窑沟组[⑩]、李家山组[⑪]；它与和林格尔新店子组[⑫]的关系最为疏远，两者在形态学上存在很大差异。这个研究的结果值得关注的地方是，在与新石器时代古代组的比较中，五庄果墚组古代居民并非与黄河中游地区的仰韶合并组[⑬]、庙底沟组[⑭]等古代居民的体质特征最为接近，而是与黄河上游的柳湾合并组[⑮]，黄河下游以及淮河流域的西夏侯组[⑯]、尉迟寺组[⑰]古代居民的特征比较接近。也就是说，埋葬于灰坑中的这批死者很可能不是当地的居民，在种族渊源上他们有可能是来自于黄河上游或者下游的人群。这看似有悖常理，但是当我们联系到这批死者的埋葬方式时，会发现这恰恰是比较合乎常情的结论。五庄果墚26例人骨遗骸葬于3个灰坑，灰坑中死者侧身屈肢，有蹲踞状，有爬行状，灰坑内还伴出有动物骨骼，很可能属于非正常死亡。也许正是由于这批死者异于氏族内部成员的异族身份，所以其地位可能低于或者不同于五庄果墚遗址的一般居民。因而，在埋葬的方式上才会采用这种不同寻常的灰坑葬形式。

---

①⑯ 颜訚：《西夏侯新石器时代人骨的研究报告》，载于《考古学报》1973年第2期。

②⑮ 潘其风，韩康信：《柳湾墓地的人骨研究》，引自《青海柳湾——乐都柳湾原始社会墓地》，文物出版社1984年版，第261~303页。

③⑰ 张君，韩康信：《尉迟寺新石器时代墓地人骨的观察与鉴定》，载于《人类学学报》1998年第1期。

④ 李法军：《河北阳原姜家梁新石器时代人骨研究》，科学出版社2008年版。

⑤ 方启：《陕西神木县寨峁遗址古人骨研究》，引自《边疆考古研究》（第2辑），科学出版社2003年版，第36~336页。

⑥ 韩康信，潘其风：《陕县庙底沟二期文化墓葬人骨的研究》，载于《考古学报》1979年第2期。

⑦ 陈靓，邓普迎：《梁带村墓地出土人骨鉴定报告》，引自《梁带村芮国墓地——二〇〇七年度发掘报告》，文物出版社2010年版，第231~245页。

⑧ 韩康信：《陕西神木新华古代墓地人骨的鉴定》，引自《神木新华》，科学出版社2005年版，第331~354页。

⑨ 潘其风：《上马墓地出土人骨的初步研究》，引自《上马墓地》，文物出版社1994年版，第398~483页。

⑩ 陈靓：《瓦窑沟青铜时代墓地颅骨的人类学特征》，载于《人类学学报》2000年第1期。

⑪ 张君：《青海李家山卡约文化墓地人骨种系研究》，载于《考古学报》1993年第3期。

⑫ 张全超：《内蒙古和林格尔新店子墓地人骨研究》，科学出版社2010年版。

⑬ 颜訚等：《西安半坡人骨的研究》，载于《考古》1960年第9期；颜訚：《宝鸡新石器时代人骨的研究报告》，载于《古脊椎动物与古人类》1960年第1期；颜訚：《华县新石器时代人骨的研究》，载于《考古学报》1962年第2期；考古研究所体质人类学组：《陕西华县横阵的仰韶文化人骨》，载于《考古》1977年第4期。由以上四组合并而成的组即仰韶合并组。

⑭ 韩康信，潘其风：《陕县庙底沟二期文化墓葬人骨的研究》，载于《考古学报》1979年第2期。

（二）石峁城址后阳湾地点居民的体质人类学研究

1. 性别和年龄的分析

后阳湾地点位于石峁城址皇城台东北部，年代大致与石峁城址同时。2013年试掘了4座墓葬和一条沟。共采集7例人骨遗骸，1例为0～6个月的婴儿。其余年龄的分布在青壮年和中年期。包括4例女性，2例男性。

2. 病理特征的观察

后阳湾地点只有3例头骨可以观察，附着于头骨上和游离状态的恒齿共计67颗，没有发现龋齿。推测石峁城居民食物结构中植物类食物所占比例较小。

K1、M1和M2的上下颌第三臼齿均出齐齿列。作为蒙古人种的种族特征之一，其上下颌第三臼齿先天缺率远高于欧罗巴人种，并且早在数十万年的直立人时代，例如蓝田直立人的下颌双侧的第三臼齿均缺失[①]。石峁内城3例个体没有发现第三臼齿缺失现象，不排除有其他地区人群基因混入。

M4墓主人是一位壮年女性，她的第四腰椎乳突、棘突部与横突分离，第五腰椎左侧棘突与横突分离，右侧融合。此病症被称为峡部裂。其病因说法很多，有先天遗传说，也有人认为产伤导致椎板的骨折是主要原因，还有人认为多次外伤或者过度劳累也会导致峡部裂[②]。

M2墓主人颅顶骨前囟段沿矢状缝两侧有4个圆形筛孔，大的直径约9毫米，小的直径约3毫米，出现了缺铁性贫血的症状。

M1墓主人右侧顶骨在矢状缝与冠状缝相交的前囟区有一个边长约8毫米的孔洞，中部保留4.5毫米的结核。颅内面光滑平整。孔洞的周缘骨质已经被吸收，可能是外伤所致。该墓墓主的胸骨柄部成孔。第一腰椎到第四腰椎椎体周缘生有较长的骨赘。第一、二腰椎椎体呈楔形，成因与高处坠落导致的压缩性骨折有关，其第五腰椎骶椎化。

3. 肢骨的研究和身高的推测

后阳湾居民下肢骨中，股骨和胫骨从上部横断指数看，都属于扁形。有的还属于超扁形。已有的研究表明，胫骨和股骨的上端越扁平，该个体的下肢负荷越大，扁平的下肢最适合附着强健有力的肌肉[③]。

根据股骨、胫骨测量值最大长推测后阳湾男性身高约167.1厘米，女性约155.0厘米。

[①] 刘武：《蒙古人种及现代中国人的起源与演化》，载于《人类学学报》1997年第2期。
[②] 梁福民等：《腰椎疾病比较影像学》，第七章 腰椎与脊髓的先天性畸形，山东科技出版社2005年版。
[③] 王明辉：《灵宝西坡墓地》，文物出版社2010年版，第115～177页。

4. 种系特征研究

后阳湾居民有 3 例头骨可以就非测量性特征进行观察。头骨具有中等的颅形，颅骨的后枕部缺少突隆，侧壁较为平直；拥有弱的眉间突度、浅的鼻根凹陷、倾斜程度弱的前额、发育弱的犬齿窝、内外上角都圆钝的眶形、简单的颅顶缝和铲形门齿等颅部特征。

从测量数据看，他们都是中颅、高颅结合略阔的狭颅，中等的面型，中等偏低的眶形，中等偏阔的鼻形，很弱的鼻根、鼻梁突度，水平方向上十分扁平的上面部，矢状方向较为扁平的面部，中等高宽的颧骨等。从小的区域特征看，石峁内城居民比较接近现代蒙古人种的东亚类型。

（三）木柱柱梁居民的体质人类学研究

1. 性别和年龄的分析

木柱柱梁遗址位于陕西省神木县大保当镇野鸡河村南，遗址的年代根据地层叠压和遗迹打破关系以及器物的特征、组合，应是龙山文化晚期。从墓葬中采集了 7 例人骨遗骸，6 例为男性，只有 1 例为女性，男女性比呈现极不平衡的状态。男性年龄段分布在壮年和中年期，唯一的女性则进入了老年期。

2. 病理及一些非测量特征的观察

木柱柱梁居民 4 例头骨上附着 73 枚恒齿，只有 1 例下颌左侧第二臼齿为龋齿，龋蚀部位为远中面齿冠，近一半齿冠被腐蚀。患龋率为 1.37％，处于较低水平。这与石峁内城后阳湾地点居民龋病发生率很低相一致。M5 颅骨内侧沿着矢状缝两侧分布有对称的针眼状孔，为贫血的病兆。

M2、M3 和 M8 中除 M8 下颌右侧第三臼齿未萌出外，其余人上下颌第三臼齿均出齐齿列。M2、M5、M6 和 M8 均未发现明显的矢状嵴。矢状嵴这一概念是由魏敦瑞提出的，他发现周口店直立人的矢状嵴很发达，从额结节部一直延伸到顶孔间部位，这一特征在蒙古人种的出现率较高[①]。很高的第三臼齿出齐率和矢状嵴的缺失在石峁内城居民头骨上也有体现，暗示木柱柱梁居民和石峁内城居民之间可能存在某种程度的遗传联系。

3. 肢骨的研究和身高的推测

木柱柱梁居民的股骨根据上部扁平指数判断，属于扁形和超扁形。胫骨中 1 例上部为超扁平，另 1 例为中胫形。属于超扁形股骨和超扁形胫骨的为同一个体，是 M2 的墓主人。根据股骨、胫骨的最大长推测其身高分别为 160.0 厘米和

---

① Weidenreich F. The skull of Sinanthropus pekinensis: a comparative study on a primitive hominid skull, Palaeontologia Sinica Series N S D.

155.1厘米。表明 M2 墓主人是一个身材矮小，但股骨和胫骨肌肉强健有力的年轻人。

4. 种系特征研究

从非测量性形态观察看，5 例头骨的颅形以中等长度的卵圆形为主，亦有偏长的椭圆形。男性眉弓突度中等居多，范围多小于眶上缘 1/2，眉间突度多属于稍显级，表明该组成员眉弓发育稍弱。额部多中斜。颅顶缝全部为简单型，不见复杂型。鼻棘弱，鼻根凹陷浅，犬齿窝浅，颧骨中等高宽，无矢状嵴和额中缝，腭形多 V 形。下颌颏形多圆形，颏孔位置相对靠前。下颌圆枕出现率高，铲形门齿特征明显，第三臼齿萌出率高。以上观察特征与绝大多数蒙古人种的种族特征相吻合，但在矢状嵴的发育、第三臼齿先天缺失等个别特征上又表现出了某种偏离现象。

测量数据显示木柱柱梁居民属于中颅或接近中颅的长颅、高颅结合狭颅，中等的面宽，中等偏低的眶形，中等的鼻形，中等的鼻根突度，水平方向上中等扁平的上面部，矢状方向较为扁平的面部，中等高宽的颧骨。从小的区域特征看，他们比较接近蒙古人种的东亚类型。

与相邻地区史前居民比较，木柱柱梁居民最接近庙子沟组居民，面宽值除了寨峁组偏窄外，其余各组差距不大。眶指数、鼻指数和鼻颧角值木柱柱梁头骨接近庙子沟组、游邀组、姜家梁组，他们之间的差别体现在游邀组鼻形偏阔，姜家梁组眶形偏高。综合考察，木柱柱梁头骨与庙子沟居民测量特征较为接近。"庙子沟文化的形成是由于中原仰韶文化繁荣时期，部分仰韶时代居民沿着黄河河谷北上垦田，与河套地区原住民融合共存的结果"[①]。推测木柱柱梁人群的来源应该在河套地区寻找线索。

三、陕北地区早期铁器时代居民的体质人类学研究

2011 年在黄陵县阿党镇的寨头河村发现了时代属于战国时期的大型戎人墓地，这是目前发现的最深入"中原腹地"的戎人遗存，也是陕北地区首次全面清理的战国墓地，对于研究战国晚期陕北地区的民族迁徙和融合具有十分重要的意义。

（一）寨头河居民性别和年龄的分析

寨头河墓地共鉴定 43 具人骨，其中 M79 骨骼腐朽程度严重，无法进行性别

[①] 严文明：《内蒙古中南部原始文化的有关问题》，载于《内蒙古中南部原始文化研究论集》，海洋出版社 1991 年版，第 3~12 页。

年龄鉴定，其余42具均可判断性别，鉴定率为97.67%。关于年龄鉴定，M21、M44、M59和M70墓主人因骨骼腐朽严重，只能鉴定为成年个体，具体的年龄分段难以确定，寨头河遗址出土人骨的年龄鉴定率为90.48%。所有42具人骨中，男性占22名，女性20名。男女性别比例为1.1:1。

寨头河出土人骨大多为成年，其死亡年龄主要集中在中年期（占54.76%），壮年次之（占30.96%），不见未成年和老年个体（见表4-2）。图4-3是根据表4-2死亡年龄分布直方图。

表4-2　　　　　寨头河遗址出土人骨死亡年龄分布统计表

年龄分期	男	女	合计
未成年（0~15）	0（0%）	0（0%）	0（0%）
青年期（15~23）	1（2.38%）	1（2.38%）	2（4.76%）
壮年期（24~35）	6（14.29%）	7（16.67%）	13（30.96%）
中年期（36~55）	12（28.57%）	11（26.19%）	23（54.76%）
老年期＞56	0（0%）	0（0%）	0（0%）
不详（成年）	3（7.14%）	1（2.38%）	4（9.52%）
合计	22（52.38%）	20（47.62%）	42（100%）

注：表格括号内的数据差共占比。
资料来源：作者根据资料自行实验与研究结果。

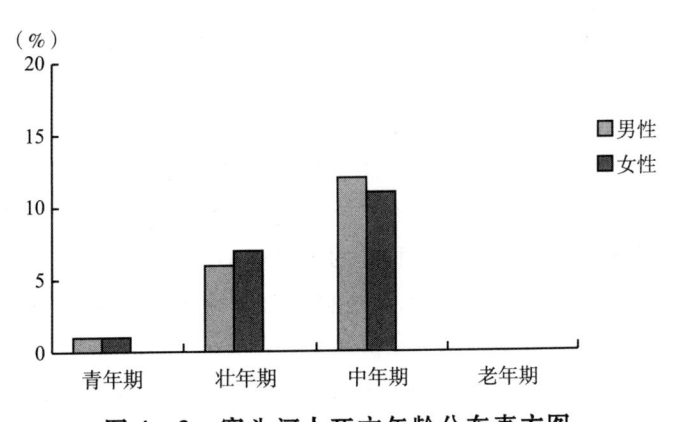

图4-3　寨头河人死亡年龄分布直方图

（二）寨头河居民疾病的分析

1. 口腔疾病

牙齿由于釉质坚硬，在骨骼中最容易保存下来。常见的口腔疾病有龋齿、牙周炎、根尖脓肿、牙结石、牙齿的生前脱离及异常磨耗等。通过口腔疾患的观察，可以帮助了解寨头河戎人的卫生状况、生计方式以及与生态环境之间的互动关系。

（1）龋齿。

我们观察了23例头骨上下颌齿列齿槽窝内的499枚恒齿。其中14例个体的上下颌骨上出现了龋齿。患龋率高达60.9%。从龋齿率统计，观察到33枚牙齿患有龋齿，占总数499的6.61%。从发生龋齿的齿位来看，臼齿位占24枚，约为龋齿总数的72.73%。前臼齿位占5枚，约为龋齿总数15%，剩余的4枚分列在门齿和犬齿上。12枚龋齿位于上颌，21枚龋齿位于下颌。相比之下，下颌（占总数的4.2%）龋齿罹患率比上颌（占总数的2.4%）高。从龋齿的龋化程度来看，不同个体间存在差异。大部分表现为齿根和邻面龋化，而咬合面龋化的情况相对较少。从发生的牙位上看，主要集中在臼齿上。

（2）根尖脓肿。

当牙髓腔遭到破坏后，细菌渗入空腔，微生物聚积滞牙髓腔内，随之引发感染，脓液聚积，便形成了脓肿。脓肿可以发生在牙尖，也可以沿着牙齿发展到齿根及其周围的组织。随着脓液积累越来越多，压力增大，最后在牙床的骨骼表面形成一个洞或者窦，脓液得以外溢。当病症发展到在牙床上出现洞或者窦的时候，我们便可在骨骼上观察到。寨头河墓地的人骨中，患根尖脓肿的个体共计18例，占所观察总数的41.86%。从发生病变的位置来看，大多集中在前臼齿、臼齿和犬齿位，门齿位不多见，以上颌多见。同时，发生根尖脓肿的个体也大多患有其他的齿科疾病，单独出现的几乎没有。根尖脓肿应该是发生在口腔健康被破坏之后，其病灶的产生很可能是由其他齿科疾病变引发而成的。

（3）牙结石。

牙菌斑由口腔中的微生物组成，附着在一个混合而成的基质上，这个基质由唾液中的蛋白质和微生物构成高蛋白或高碳水化合物饮食。在碱性口腔环境下，牙结石会较快形成。矿物质微晶沉积处的菌斑能够逐渐矿化为牙结石。常见的牙结石有牙龈上结石（发生于牙龈上方）和牙龈下结石（位于牙龈下方）两种类型。牙结石多发于靠近唾液腺的牙齿周围。

寨头河居民牙结石罹患率较高，共发现16例个体患牙结石，占观察的总个体数约37.21%。病变出现的部位大多集中在臼齿上，颊侧和舌侧均有发现。由于人死后的埋藏环境不同，牙结石在地下埋藏过程中不易保存，加上发掘过程中牙结石也易脱落，因此可以大胆推测，寨头河居民牙结石实际发病率应该比观察到的情况更为普遍。

（4）牙周病。

牙周病是最常见的口腔疾病之一，病变起初伴有上下颌软组织感染（牙龈炎），之后可能转移到骨组织内（牙周炎），这时骨质吸收、固定牙齿的牙周系带脱落，齿槽骨与牙釉质结合处的距离增大，最终导致牙齿脱落。从生物考古学的观察看，牙周病发生初期在骨骼上并不能留下任何证据，只有当病灶转移到牙床上，即牙周炎时才能在发掘出的骨骼上观察出来。鉴定牙周病患病与否的关键是观察齿根暴露的齿槽周围是否有新骨形成，或者观察其齿槽边缘是否有吸收愈合现象。[1]

寨头河居民中患牙周炎的个体一共 19 例，占统计人群总数的 44.19%。与其他齿科疾病相比，牙周炎发生的齿位分布范围非常广泛，病症遍布整个牙床。

（5）牙齿生前脱离。

严格地说牙齿生前脱离更可能是老年性的退行性变化。但是拔牙和严重的齿科疾病，如牙周病、龋齿、根尖脓肿等，也是最终导致牙齿生前脱离的因素。

寨头河人群出现牙齿生前脱落的个体有 17 例，占观察总数的 39.53%。本文观察的个体全部是成年人，死亡年龄大多数集中在青壮年时期，不见老年个体。因此，寨头河人牙齿脱落的原因显然与其患有严重的齿科疾病关系更大。

（6）牙齿过度磨耗。

当齿冠互相紧靠一起研磨食物的时候，牙齿的咬合面就会产生磨耗，这是一个长期重复动作的结果。牙齿磨耗可以作为成年人年龄鉴定的重要参考指标，但是由于不同人群的生活习惯和饮食结构的差异，易造成不同族群、不同时代、不同地域之间人的牙齿磨耗速率不同。虽然本质上牙齿磨耗并不是一种疾病，但是过度的牙齿磨耗会增加其他牙齿病变的易感性。当牙本质被磨损掉后，齿髓腔暴露，细菌和微生物就会直接进入髓腔，从而引发龋齿和齿槽脓肿。此外，咀嚼食物是因，牙齿磨耗是果，磨耗速率还可以反映出该人群的食物的软硬程度。在同一年龄段，长期食用粗加工食物的人群会比食用精细食物的人群表现出更高的牙齿磨耗度。

寨头河人群牙齿磨耗的程度与同一时期的中原人相比，磨耗程度较深。如 M10，根据耻骨联合的形状判断，死亡年龄应该在 30~40 岁之间，但是该个体的牙齿磨耗却远远超出了这个年龄；M73 绝大部分齿冠磨去一半甚至有个别牙磨至齿根部分。除了这 2 例磨耗速率过快的个体外，寨头河人群普遍存在牙齿异常磨耗的情况，只是程度上的深与浅问题。该人群齿根暴露的现象也很常见，这种暴露有别于牙周炎的病症，应属于机体对牙齿深度磨耗的一种代偿性反应。总之，寨头河人群所表现出来的牙齿过度磨耗的特征，其原因应该与该群人的生业模式和食物结构有一定的联系。

---

[1] 夏洛特·罗伯茨等，张桦翻译：《疾病考古学》，山东画报出版社 2011 年版，第 18 页。

从龋齿、牙周病、根尖脓肿、牙结石、牙齿的生前脱离和牙齿的过度磨耗看，寨头河居民口腔常见疾病的患病率较高。这一现象与他们长期食用粗加工的较硬的食物，口腔卫生习惯较差密切相关。

2. 骨关节疾病

骨关节疾病累及骨骼发生病变通常分为两个过程：即骨的形成和破坏。骨的形成是指新骨样组织沿着关节的表面和周缘向外生长，通常称为骨赘。这表明身体试图将施压在该关节的压力分散出去，产生的代偿反应。骨赘可以在关节的表面生成，也可能在周围或相距较远的位置（如肌腱和韧带的附着点）生成；另外，作为关节本身对病变的反应，新骨也可在骨膜内形成。新骨形成的范围和特征在不同关节上的表现各有不同，而且某种特定的关节疾病也会产生相应特殊的病理特征。

（1）骨关节炎。

也称为增生性、退行性或肥大性关节炎。因其发病年龄多在中年以后，也有人称为"老年性关节炎"。男性稍多于女性。好发生于负重大、活动多的关节，如髋、膝、踝、颈椎、腰椎等关节。

骨关节炎由多种病因导致而成，属于退行性疾病的一种。年龄增长、遗传学方面的易感性、肥胖（使关节面承受的压力增大）、外伤、先天性髋关节脱位、一系列导致关节损伤的疾病、活动或者生活方式，甚至体态以及环境因素如气候等，都可能导致骨关节炎的发生。骨关节炎的早期主要累及关节软骨，发生变性，软骨板出现裂隙、软化或脱落，骨质裸露；此后软骨周围组织增生，骨赘形成，关节面骨质紧密，并可出现囊性病灶，关节缘呈唇样骨质增生。

寨头河发现骨关节炎的病例共有 10 例，病灶以肘关节、髋关节、踝关节、膝关节、肩关节等活动较大的部位多发，肩锁关节、胸锁关节、腕关节、手部和足部处的小关节上也有发现。

（2）脊柱关节疾病。

这种疾病是脊柱受压造成的，其易感性的提高是人类适应直立行走所付出的代价之一。寨头河人群患脊椎关节疾病的病例较常见，其受累骨骼的部位在颈椎、胸椎、腰椎和骶椎上均有发现，多表现为脊椎上下关节突出和椎体边缘骨赘生长，严重的发展为关节结合处发生连桥现象。

寨头河 M7 和 M58 两例个体患颈椎病。其病症主要表现为枢椎与第三颈椎融合，其他颈椎关节连接处骨质增生，产生骨赘。

（3）强直性脊柱炎。

这是一种进行性炎症反应性疾病，常累及中轴骨，病因不明。一般认为该病的发生与遗传因素和感染有关。强直性脊柱炎患者将致病基因遗传给后代的概率是50%，而其后代具有30%的患病概率。统计表明该病"重男轻女"，男性患者明显多于女性，发病年龄在15～35岁的年龄段。病变累及滑液关节、软骨关节和起止点；腐蚀并融合受累关节，特别是骶髂关节。骶髂关节融合是强直性脊柱炎鉴别诊断的重点。病变始于脊柱小关节融合，而后由腰椎椎体向上融合，不仅累及各个关节，还使脊柱内外的韧带骨化融合，形成韧带骨赘（骨外侧竖直生长的薄骨片），使得椎间盘外层纤维骨化。脊柱融合后，椎体重新塑形，整个脊柱的正常外形丧失；最终脊柱表面变得光滑。该病的临床症状主要表现为背部下方疼痛、胸廓扩张受限、活动受限、体重减轻和发热等。

寨头河墓地发现1例强直性脊柱炎患者。M78的墓主人，为男性，年龄在35～39岁。骨骼上的症状表现为第1～3腰椎关节面连接，椎体完全融合形成竹节状。骶髂关节形成骨赘，有融合迹象。

（4）髌骨软化症。

也称为髌骨软骨软化症，属于创伤和退行性关节炎。对其病因的形成有以下三种观点：一是与膝关节反复性小创伤有关；二是与内分泌失调和动脉硬化引起的局部血运不足有关；三是由于局部外伤和劳损，软骨受到重力积压，发生变性，进而发生退行性关节改变。病理表现是在软骨磨损过程中，软骨细胞被挤压，其正常代谢机能紊乱，或不能正常地交换营养物质，造成软骨变性，发生骨化，在关节边缘形成骨赘样骨质增生。寨头河M83的病变部位在右侧髌骨上。

3. 骨骼创伤

创伤可以指身体上的任何损伤或伤口。一般可以分为四种类型：一是骨的部分或全部破碎（骨折），二是骨的位置异常或脱臼，三是神经或血液供应中断，四是人为的形态或轮廓异常（如颅骨人工变形）。第一种类型也包括截肢和环钻术。

骨骼损伤的种类虽然很多，但在实际鉴定工作中，最多见、也最容易被辨认出来的是各种类型的骨折（如四肢骨、肋骨、椎骨的骨折）。除了外力因素，在鉴定中还应考虑到是否存在病理性骨折等因素，比如当被鉴定个体患有骨感染、骨囊肿或良性肿瘤、恶性肿瘤、先天性骨生长缺陷、骨质疏松等疾病时，骨骼就会开始发生病变，由此极小的诱因就可能导致骨折或引发自发性骨折。

寨头河居民的骨骼创伤类型相对而言较为简单，目前观察发现的主要是骨折以及外伤引发的骨骼变异。同时也发现有可能因砍伤或者刮伤所致骨伤证据。肉眼观察多为由外力造成的骨骼创伤。

（1）外因造成的骨折。

寨头河人群中出现骨折的部位主要在长骨和肋骨上，如 M78 右侧股骨近端骨折后错位愈合、肋骨多处骨折。M70 桡骨远端四分之一处骨折后错位愈合。由于股骨近端和桡骨远端均不属于易发生骨折的部位，因此上述部位的骨折应该是由较强大的外力造成的，比如暴力冲突、从高处跌落等。而肋骨骨折较为常见，摔伤或直接打击胸廓都可能导致其骨折。

（2）病理性骨折。

其判断难度相对较大，不同病理所造成的损伤方式亦不甚相同，因此需结合多种研究方法及手段观察后才能辨别，寨头河发现有 2 例疑似病理性骨折的个体。

（3）外伤引发的骨骼变异。

寨头河墓地发现 M78 属于外伤引发的骨骼变异。在 M78 顶骨的左右两侧分别出现线条状新骨隆起，右侧长 1 厘米，左侧长 5 厘米，疑为头部创伤所留，可能为砍伤所致，伤口已经愈合。

4. 人为的颅骨变形

在所有较为完整的头骨中发现 1 例存在枕部变形的颅骨，即 M90 墓主人，女性，年龄在 35～39 岁。从该颅骨顶面观之，头骨由左侧枕部向右侧枕部偏斜，形成右侧后突明显大于左侧，此变形对面部造成的影响较小，但对脑颅骨整体形态的影响较大。根据以往的材料，在大甸子墓地[①]、姜家梁遗址[②]和大汶口居民[③]中均有发现类似的变形颅骨，其变形方式与寨头河 M90 存在一定的相似性，均为枕部变形。

5. 贫血

由于骨髓腔扩大和皮层体积减小等原因，贫血症状在人类头骨上呈现的是一种密集的孔状。这种损伤如果出现在头骨的枕骨、额骨和顶骨上，称为多孔性骨肥厚，如果出现在眼眶顶壁，则称为筛状眶。寨头河人群中发现 3 例贫血病理，分别是 M21、M25 和 M28 墓主人。

（三）肢骨的研究

20 世纪国内体质人类学的研究本着"重头不重脚"的原则，将研究的重心放在头骨所反映出的种族特征差异上，对大规模墓地出土肢骨的研究环节薄弱。

---

① 潘其风：《大甸子墓葬出土人骨的研究》，引自《大甸子：夏家店下层文化遗址与墓地发掘报告》，科学出版社 1996 年版，第 224 页。
② 李法军：《河北阳原姜家梁新石器时代人骨研究》，科学出版社 2008 年版。
③ 尚虹等：《山东鲁中南地区周—汉代人骨研究》，载于《人类学学报》2002 年第 1 期。

进入 21 世纪，肢骨的研究逐渐受到关注。张全超对内蒙古中南部地区东周时期的新店子组、大山前组、将军沟组、井沟子组、平洋（砖厂）组、两醇组、饮牛沟组及水泉组的古代男、女性居民分别做了肱骨粗壮指数、股骨粗壮指数的综合比对，结果发现新店子组古代男性拥有较为粗壮的上肢和较为纤细的下肢，而女性居民则拥有纤细的上肢和中等发育的下肢。并且新店子男、女两性古代居民肱骨的粗壮程度在所有古代组中差距显著，反映出生产活动中的分工有较大不同。由于新店子古代男性居民上、下肢骨骼的发育极不平衡，表现为拥有较为发达、粗壮的上肢，和相对发育较弱的下肢，联系到新店子墓地随葬大量的马、牛、羊骨，他推测新店子组古代男性居民这种上、下肢骨骼发育的不平衡性很可能与长期的骑马放牧有关。[①] 顾玉才运用同样的方法对土城子组、大山前组、将军沟组、井沟子组、新店子组、西村周组、水泉组的古代居民分别进行了肱骨粗壮指数、股骨粗壮指数的对比，结果发现不管是男性还是女性，土城子组古代居民的肱骨粗壮指数都是最大的，表明土城子古代居民拥有十分粗壮的上肢。在股骨粗壮指数一项，土城子男性居民数值偏大，而女性则处于中等，表明土城子古代男性居民拥有十分强壮的下肢，而女性下肢的发达程度则一般。最后作者结合土城子遗址中大量非正常死亡个体及史料，推测土城子古代男性居民应该为战时的士兵。[②] 国外早有学者开始从事肢骨的研究工作，他们通过研究发现不同的生业模式会对肢骨产生不同的影响，如人类从采集、狩猎经济向农业经济过渡时期，肢骨最大长、肢骨骨干扁平度、肱骨下端、股骨下端宽度、上下肢骨比例都会发生相应的改变。[③] 对黄陵寨头河墓地出土人骨进行肢骨的测量与分析，结合考古学文化探讨寨头河居民的营养状况、生业模式、劳作强度以及他们与生态环境的互动模式不失为一种有益的探索。

1. 身高的推算

通过股骨、胫骨最大值的测量，运用皮尔逊[④]、邵象清[⑤]和朱泓[⑥]的公式，推算出寨头河男性居民平均身高值约在 164~166.74 厘米之间，女性居民的身高推

---

① 张全超：《内蒙古和林格尔新店子墓地人骨研究》，科学出版社 2010 年版。
② 顾玉才：《内蒙古和林格尔县土城子遗址战国时期人骨研究》，科学出版社 2010 年版。
③ Stock, J. and Pfeiffer, S：《Long bone robusticity and subsistence behavior among Later Stone Age foragers of the forest and fynbos biomes of South Africa》，《Journal of Archaeology Science》，2004，31（7）：999 – 1013.
④ K. Pearson 身高推算公式为：男性 S = 81.306 + 1.880F，S = 78.664 + 2.376T；女性 S = 72.844 + 1.945F，S = 72.774 + 2.352T；公式中 F 为股骨最大长，T 为胫骨最大长。
⑤ 邵象清推算中国汉族男性身高的公式为：男性 S = 64.362 + 2.30F ± 3.481（左）S = 85.339 + 2.22T ± 3.874（左）；S = 64.484 + 2.31F ± 3.486（右）S = 83.310 + 2.28T ± 3.813（右）；公式中 F 为股骨最大长，T 为胫骨最大长。
⑥ 朱泓推算黄种人身高的公式为：男性 S = 股骨×3.66 + 5 厘米，S = 胫骨×4.53 + 5 厘米；女性 S = 股骨×3.71 + 5 厘米，S = 胫骨×4.61 + 5 厘米。

算公式选择 K. Pearson[①]、张继宗[②]和朱泓[③]的公式。推算出寨头河女性居民平均身高值约在 152.1～157.40 厘米。

2. 肢骨的研究

（1）股骨的研究。

共测量 57 根股骨，男性 41 根，女性 16 根。股骨的研究表明，寨头河居民中，对比女性与男性左右侧股骨的差异，主要体现在股骨骨干中部周长、股骨颈干角、股骨粗壮指数这 3 项指标，其中，男性都是右侧大于左侧，而女性却截然相反，尤其是股骨粗壮指数 1 项，4 个女性个体都是左侧股骨较右侧粗壮。

（2）胫骨的研究。

共测量胫骨 48 根：其中男性 35 根，女性 13 根。在左右侧胫骨粗壮程度对比中，寨头河的男、女性两性保持了较好的一致性。

（3）肱骨的研究。

共测量的肱骨共有 45 根：其中男性 34 根，女性 11 根。对比左右侧肱骨的粗壮程度，其中 3 项指标差异较大：肱骨中部最大径、肱骨中部最小径、肱骨粗壮指数。在这 3 项指标中，女性都是左侧大于右侧。而男性则截然相反。

（4）功能压力导致肢骨形态发生改变。

寨头河 M7 墓主人左右侧股骨、M10 右侧股骨、M28 左右侧股骨头关节面近解剖颈处发现有"骑马人小平面"[④]，为股骨头外缘向股骨颈方向的延伸，位于股骨颈上缘偏腹侧面，多新月形或突形；三墓主均为男性，其髋臼上端外缘较下端外缘圆钝，且内壁有增厚现象。尝试将股骨与髋骨拼接，并上下、左右移动股骨，发现当股骨与冠状面呈 80°～120°夹角，同时左右股骨呈 60°～80°打开，且股骨向内略为扭转，带动胫骨向内倾斜 25°左右时，此平面正好与髋臼关节面接触。当下肢为上述形态时，与骑马且双腿夹紧马腹的姿势较为一致。寨头河男性居民肱骨及胫骨发育极弱，但是股骨却相当粗壮，这极有可能与长期的骑马有关。寨头河战国中晚期戎人墓地出土了大量马骨、马饰及车马器，如 M7 出土马器数件，M10 出土马镳一对、马衔两件，M55 出土铜车軎、铜车辖，M26、M46

[①] K. Pearson 身高推算公式为：男性 S = 81.306 + 1.880F，S = 78.664 + 2.376T；女性 S = 72.844 + 1.945F，S = 72.774 + 2.352T；公式中 F 为股骨最大长，T 为胫骨最大长。

[②] 张继宗推算汉族女性身高的公式为：女性 S = 48.391 + 2.671F（左），S = 59.733 + 2.899T（左）；S = 45.929 + 2.752F（右），S = 60.307 + 2.908T（右），公式中 F 为股骨最大长，T 为胫骨最大长。

[③] 朱泓推算黄种人身高的公式为：男性 S = 股骨×3.66 + 5 厘米，S = 胫骨×4.53 + 5 厘米；女性 S = 股骨×3.71 + 5 厘米，S = 胫骨×4.61 + 5 厘米。

[④] Douglas Owsley, Karin Bruwelheide, Rebecca Kardash：《Recovery and Analysis of Jamestown Rediscovery South Churchyard Burials from the 1999 Field Season》，《The Journal of the Jamestown Rediscovery Center》，2001.

更有马骨随葬,虽然马镫的出现较晚,但是古人很早就掌握了骑马技能。寨头河居民墓葬中大量出土马骨及车马器,其男性个体股骨上的"骑马人小平面"和强壮的股骨,发育极弱的肱骨、胫骨,都说明寨头河居民极有可能"善骑""善驭";再结合墓葬中随葬的大量牛羊骨骼,推测寨头河居民很可能营游牧的生计方式。

四、天水地区青铜——早期铁器时代居民的体质人类学研究

天水地区青铜时代古代居民的体质人类学研究以 2012 年甘谷县毛家坪遗址沟东墓地出土人骨作为研究对象,仍旧从性别、年龄的分析、种族特征的研究、病理现象和创伤的观察以及四肢骨的研究等方面入手,全面考察毛家坪秦人人群之间的交流、融合、生计方式、健康状况等。

(一) 性别、年龄的分析

沟东墓葬区经勘探有 731 座墓葬,目前发掘了其中的小部分区域,共清理墓葬 46 座,采集人类遗骸 45 例,其中 1 例保存较差,其余可进行鉴定。明确性别者达 37 例,鉴定率为 84.09%;明确年龄段者达 42 例,鉴定率为 95.45%。沟东居民中,女男性别比为 1∶1.47。按人口学理论,其理想状态应为 1∶1,但实际情况不太一样。新生男性婴儿一般多于女性婴儿,但由于女性平均寿命高于男性,随着年龄增长,女性比例逐渐上升。但毛家坪材料中的成年男性比例高于女性,可能是发掘区域、保存状况不同等原因导致的,也可能是由于女婴存活率较低。当然,这种情况在古代人群中较为常见。也可能与氏族埋葬制度等因素有关[①]。

沟东居民无论男女,死亡高峰期均集中在壮年期,其次是中年期与青年期。因为女性的平均寿命较男性长,其青年期死亡率低于男性,但中年期却高于男性。由此或者可以猜想,壮年期的男性居民可能从事了某种特别的工作,其对健康和生命的负面影响较大,因此死亡风险较高。而女性在壮年期的死亡原因可能与生育带来的风险有关。

毛家坪遗址所处的地理位置是连接甘青地区与关中地区的重要通道,这里还是戎人秦人混杂之处,战略地位十分重要。毛家坪男性居民死亡率集中在壮年期是否一定与战争相关,就此而下结论似有轻率之嫌,尚需要更多的来自考古学和体质人类学的证据。

---

① 尚虹:《山东广饶新石器时代人骨及其与中国早期全新世人类之间关系的研究》,博士论文,中国科学院研究生院,2002 年。本文转引自注释 25。

（二）颅骨的形态观察及测量数据分析

毛家坪古代居民铲形门齿、矢状嵴、下颌圆枕的出现率较高；梨状孔下缘多属于鼻前窝型，鼻前棘低矮，鼻根凹不明显。从测量数据可以看出其颅形为中颅、高颅结合狭颅，额部中等偏狭，狭面，阔腭，中阔鼻型为主，男性眼眶低于女性，上面部扁平度较大。总的来说，与亚洲蒙古人种东亚类型较为相近。

（三）种族特征的研究

比较毛家坪组与史前组以及东周秦组，可以研究新石器时代、青铜时代、早期铁器时代甘肃东南部其与属秦文化的人群间的联系和交流。

经比较，基本可以认定毛家坪古代居民继承了本地新石器时代以来的体质特征，同时与关中地区的孙家南头、宝鸡建河秦人关系密切（见图4-4），但是与几乎同时代同地域的礼县西山组关系却较疏远。这一方面可以印证青铜时代关中地区与陇东南地区人群间有着频繁的人群之间的交流、融合，文化上也获得了认同，表现在墓葬上，主要是采取了基本一致的葬式；另一方面也说明了遗址中级别更高，可能代表贵族阶层的西山人群与其他人群体质上的交流远远没有达到平民的频繁程度。

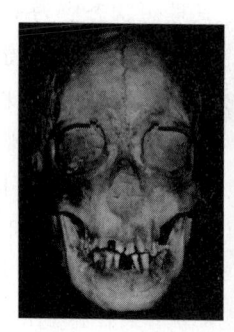

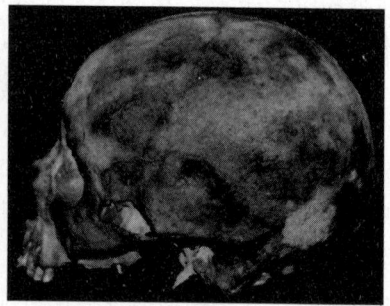

图4-4　M1005正视与侧视图

（四）病理及创伤的观察

1. 口腔疾病

毛家坪秦人的龋齿、牙齿生前脱落、根尖脓肿罹患率较高。牙齿磨耗速率更大。在鉴定毛家坪居民的年龄中，发现据牙齿磨耗等级推断的年龄比据耻骨联合面形状推断的年龄高6~8岁。毛家坪秦人的平均死亡年龄较低。本书观察了40例头骨完整或者部分完整的成年个体，患龋齿的个体有26例，患龋率为65.0%。

罹患牙周病的个体 13 例，罹患率为 32.5%，牙釉质发育不全者 5 例，罹患率为 12.5%。由于一些个体牙齿磨耗严重，齿冠大部分已经磨蚀，因此这一比例实际可能更高。牙结石观察到 5 例。据墓葬形制及陪葬器物等推断，这群秦人应是一般平民。从口腔疾患发病情况看，所有证据支持这一推测。营养状况欠佳导致牙齿发育不良，食物过于粗糙，口腔健康因而较差，所以毛家坪秦人细菌侵入齿根，致使牙齿过早脱落，龋病率极高。

2. 骨关节疾病

毛家坪居民骨关节疾病的发病率高，且病患程度深，骨骼的上下肢与脊柱多处同时可见明显病灶。除了强直性脊柱炎可能因遗传导致，风湿性关节炎因寒冷气候和某些特殊的饮食使得临床症状明显外，一般说来，关节与脊柱的关节炎症状多与繁重的体力劳作有关，从而使得关节相连处持续受压，而为了分散并适应这种压力，关节接触面因而扩大，逐渐产生骨赘甚至融合，最后使得关节处运转不灵活，生涩，关节肿胀变形、肌肉萎缩。

除了少数属于锁骨胸骨端关节面的延伸，关节面延伸的情况大多为跖骨远端关节面的延伸，被称为足骨跪踞面，同属退行性关节病。王明辉在山东滕州前掌大商周时期遗址人骨中就发现了大量个体存在跪踞面的现象，推测可能与当时人们的跪姿有关。[①] 毛家坪秦人骨骼中 18 例个体出现了足骨跪踞面，男性 8 例、女性 9 例，1 例性别不明。在性别方面，足骨跪踞面的出现并无特别的偏好。

3. 创伤

创伤在骨骼上最寻常的是骨折及其修复愈合留下的痕迹。毛家坪秦人骨骼中共发现 6 例骨折或骨折愈合现象，其中两处为骨折愈合痕迹。如 M1005 左侧肋骨 3～10 节近颈部可见明显骨折愈合痕迹。

综上，从口腔疾病的发病情况，到骨关节炎的多发、高发，毛家坪秦人的健康状态处于较低发展水平。因此可以认为，这些秦人的生存环境不佳，食物缺乏或单一，还要承受繁重的劳动。

五、河西走廊铁器时代居民的体质人类学研究

此专题研究以武威市南 15 公里的祁连山脚下磨咀子墓地出土人骨作为研究对象，考察西汉末年—东汉初年长城内河西走廊古代居民的体质特征。

[①] 王明辉：《前掌大墓地人骨研究报告》，引自《滕州前掌大墓地》，文物出版社 2005 年版，第 674～727 页。

（一）性别、年龄的分析

对磨咀子墓地 92 座汉墓中的 112 例个体进行性别和年龄的鉴定，其中性别特征相对明确的个体 97 例，性别的鉴定比率为 86.61%。男性 41 例，女性 56 例，男性与女性的性别比例是 0.73∶1。男性人口明显少于女性，这种现象与当时流行的葬俗有关。磨咀子墓地盛行合葬墓，最常见 1 男 2 女的合葬墓，因此造成墓地性别比统计女性明显高于男性。

从死亡年龄段的分布情况看，青年期男性的死亡率明显高于女性，男女性比例为 1.6∶1；进入壮年期，女性的死亡率又比男性高很多，男女性比例为 0.58∶1；中年期男女性比大体平衡；老年期女性的死亡率略高于男性。

（二）四肢骨的研究和身高的推算

1. 肱骨的研究

可供观察和测量的肱骨男性 22 对，44 根，女性左侧 22 根，右侧 18 根，共计 40 根。从肱骨的粗壮指数看，男女两性左右两侧的粗壮程度大体相同，男性的粗壮程度略强于女性。

2. 股骨的研究

男性 22 根左侧股骨、23 根右侧股骨，女性 25 例左侧股骨、26 例右侧股骨可供测量和观察。从股骨的粗壮指数看，男性左侧为 12.88，右侧为 13.02，右侧股骨比左侧股骨略显粗壮。女性左右两侧股骨的粗壮程度较为一致。从股骨上端扁平程度看，男女两性左右侧差距很小，同属于扁形股骨；从嵴指数看，男性左右侧大体相同，骨间嵴较发达。女性右侧骨嵴明显比左侧骨嵴发育强烈。

3. 胫骨的研究

可测量的胫骨共 44 根，男性 20 根，10 对，女性 24 根，左侧 11 根，右侧 13 根。

从胫骨指数看，男性右侧胫骨稍强于左侧胫骨，两侧都属于宽胫型。女性同样右侧胫骨强于左侧胫骨，属于中胫型。从中部横断面指数看，男女两性胫骨中部发育程度左侧都略强于右侧。从胫骨长厚指数看，男性发达程度明显强于女性。

4. 身高的推算

应用皮尔逊的公式，从股骨和胫骨的长度推算出磨咀子男性居民平均身高约 164.45 厘米；运用邵象清的公式从股骨和胫骨的长度推算出磨咀子男性平均身高约 164.99 厘米，两组公式计算的结果相差无几。这一平均身高值处于中等偏矮的范围。

采用皮尔逊的公式，从股骨和胫骨的长度推算出磨咀子女性平均身高约151.00厘米；运用张继宗的公式从股骨和胫骨的长度推算出磨咀子女性平均身高约156.34厘米，后一组公式计算的结果比前一组公式结果略高。综合分析，磨咀子女性的平均身高在151.00~156.34厘米之间，处于相对低矮的范围。

（三）头骨的形态观察和测量特征

磨咀子居民头骨上连续性形态特征可概括为：颅型以卵圆形为主，眉间突度以中等——弱级为主，眉弓发育男性多显著级，女性多弱级。颅顶缝以简单型为主。额中缝出现比率相对较高，尤其是男性，占16.6%。眶型以椭圆形和斜方形为主，眶角圆钝，梨状孔男性多为梨形，女性多为心型，鼻前棘分布多属于稍显——不显级，上颌中门齿全部为铲型，鼻根凹以浅平为主，有88.9%的男性和69.4%的女性有矢状嵴，腭型以V形为主，颧骨上颌骨下缘转角处明显陡直者多，犬齿窝发育多弱级。

从测量特征看，磨咀子汉代居民可概括为：中–圆颅—正–高颅—中–狭颅结合中–阔额型的颅型，狭–中面型—中鼻型—中眶型—弱的鼻根突度—阔腭型—短齿槽型—面部在矢状方向的中–平颌型—齿槽面角上的中–突颌型—弱的鼻骨突起程度—很大的上面部扁平程度的面型。无论是从连续性形态观察特征看，还是从测量特征数据分析，磨咀子汉代居民都具有亚洲蒙古人种的形态特征。

（四）种系特征分析

磨咀子汉代居民按照颅面部形态特征的不同划分为Ⅰ组和Ⅱ组。Ⅰ组的体质特征与蒙古人种的东亚类型存在较多的一致性。在与古代组的对比中，它与属于卡约文化的上孙家寨卡约组[①]、李家山组[②]和上孙家寨汉代组[③]种系特征最为接近。卡约文化是分布在青海省的一只古代羌人创造的考古学文化。青海卡约文化古代居民的人类学特征可以概括为：中长颅、正–高颅结合狭颅型，狭面型结合中–狭鼻型，中眶型，弱的鼻根突度，较大的垂直颅面比例，水平方向上很大的面部扁平度，垂直方向上的平–中颌型和短宽的腭型。磨咀子Ⅰ组与青海

[①][③] 韩康信等：《青海大通上孙家寨古墓地人骨的研究》，引自《中国西北地区古代居民种族研究》，复旦大学出版社2005年版，第193~393页。

[②] 张君：《青海李家山卡约文化墓地人骨种系研究》，载于《考古学报》1993年第3期。

卡约组的差异主要体现在前者颅型偏狭，上面部和鼻型偏阔，眶型稍低，垂直颅面比例中等，这些差异恰好是磨咀子Ⅰ组与中原地区先秦时期古代居民体质特征上接近之处。两汉时期中央政府在河西地区积极屯田，大量中原人口流入河西，因此地处河西的武威磨咀子Ⅰ组居民体质特征上体现出了本地特征与中原特征融合的现象。磨咀子Ⅱ组的体质特征与蒙古人种的北亚类型最为接近。在与古代组的对比中，它与陕西神木汉代壁画墓人群[①]和宁夏彭堡于家庄青铜时代人群[②]形态特征较为一致。在河西地区青铜时代属于这一类型体质特征的人群还有永昌沙井文化的蛤蟆墩三角城人群。[③] 以上4组古代居民的体质特征表现为中短颅、正颅结合阔颅型，狭上面型结合狭鼻型，中眶型，很大的垂直颅面比例，水平方向上很大的上面部扁平度，垂直方向上的平颌型。彭堡于家庄墓地青铜文化和沙井文化都属于游牧文化，在我国北方长城地带属于这一类群的还有内蒙古林西县的井沟子组、清水河县的阳畔组、凉城县的板城组和和林格尔县的新店子组古代居民。关于它们的渊源，可能与蒙古高原以及外贝加尔石板墓的居民有一定的联系。[④] 磨咀子Ⅱ组种系构成的另一个来源可能与匈奴在河西的活动有关。活跃于欧亚大舞台的匈奴族的人种构成应该区分主体和联盟两个部分，匈奴的主体人群是游牧于蒙古高原的短颅型的西伯利亚（北亚）类型的人群。[⑤] Ⅱ组在形态特征上与蒙古高原的匈奴人较为接近。汉初正是匈奴强大之时，河西走廊一度成为匈奴占领控制之地。在与汉政府和包括羌族在内其他民族的战争中，匈奴不可避免地也会与羌族等发生血缘上的融合。因此磨咀子居民除了包括体质特征接近东亚类型的Ⅰ组外，还包括体质特征与北亚类型比较一致的Ⅱ组。

长城地带古代居民的体质人类学研究这一章节以点带面，选取了长城沿线从新石器时代到东汉初期地跨陕北高原、泛关中平原以及河西走廊6个规模大小不一的墓地出土人骨作为研究对象，从基于性别、年龄鉴定基础上的人口构成、四肢骨的观察、测量、种族特征的分析进而探讨人群之间的迁徙、交流和融合，到对于口腔疾病、骨关节疾病以及创伤的观察和成因的探讨，为今后深入了解以长城为媒介的沿线古代居民体质特征、健康状况，探讨与长城部分重合的丝绸之路人群的交流与融合奠定了坚实的基础。

---

① 韩康信、张君：《陕西神木大保当汉墓人骨鉴定报告》，陕西省考古研究所、榆林市文物管理委员会编著《神木大保当》附录，科学出版社2001年版，第132～159页。
② 韩康信：《宁夏彭堡于家庄墓地人骨种系特点之研究》，载于《考古学报》1995年第1期。
③ 韩康信：《甘肃永昌沙井文化人骨属研究》，引自《永昌西岗柴湾岗——沙井文化墓葬发掘报告》附录，甘肃省文物考古研究所编，甘肃人民出版社2001年版，第235～265页。
④ 张全超：《内蒙古和林格尔新店子墓地人骨研究》，科学出版社2010年版。
⑤ 陈靓：《匈奴、鲜卑和契丹的人种学考察》，吉林大学博士学位论文，2003年。

第六节 长城地带民族融合史略

一、"长城地带"的民族

长城,蜿蜒于我国北方大地上,修建于东起辽河、经燕山、阴山、贺兰山,西达湟水流域和河西走廊的群山之上。大致东西向的连绵的群山形成了一条清晰的地理分界线,它的西北,为内蒙古高原和大兴安岭等高原山地,终年受大陆性气团控制,是干燥多风的非季风区;它的东南,地形以平原、丘陵为主,是温暖湿润的亚热带季风区。

长城地带特殊的地理位置与地形所构成的地理环境、气候特点,决定了长城地带南北的经济布局。长城以北是我国的北方草原区,在这里形成了畜牧业的经济发展带;而在长城以南,则发展为农业经济带。长城,也因此成为一条农牧区的分界线。

长城地带,是以长城本体为核心,沿长城走向,以北纬40°线为轴心,南北跨度在北纬42°~38°间的地区。在这片区域内,"二千多年来,我国北方的农牧界线历经变动,形成一个动荡不定的农牧交错带——农牧过渡区,即长城地带。其形成过渡性的地理环境与交错分布的民族特点有密切的关系。"①

长城地带的民族,由上述的地理特点所影响,一般来说,可以分为两类,一类是以农业为主的农耕民族,另一类是以畜牧业为主的游牧民族。自夏商周以来,长城以南形成了以农耕经济为主的汉民族,主要分布在黄河中下游地区,他们在这里建立了农业文明为基础的统一国家。在不断发展过程中,其逐渐形成了拥有自身特色的农耕文明。

而在长城以北,形成了以畜牧经济为主的游牧民族,其组成相当复杂,在不同的历史时期也是不一样的。从先秦以来,这里先后生活着氐、羌、东胡、乌桓、匈奴、鲜卑、突厥和回鹘、党项和契丹、女真、蒙古等各类游牧民族等。这些民族的主要活动区域,无一例外都位居长城以北的草原林地。

长城地带的自然地理环境,"属于半湿润向干旱气候的过渡区,水热条件优于我国北方草原区,但不如南方传统的农耕区。对于牧业来说,是它扩大优良牧

---

① 冯嘉苹、程连生、徐振甫:《万里长城的地理界线意义》,载于《人文地理》1995年第1期。

场、壮大游牧经济的好场所；对于农耕业来说，这里又是'雨养农业'和'灌溉农业'① 的分界线。"② 以阴山山脉为例，其北面为远离海洋的高海拔地区，山势倾向蒙古高原，夏季酷热，冬季严寒；而阴山南坡，与鄂尔多斯高原之间，拥有与其北面截然不同的地貌，冬季，阴山阻挡了南下的西北方寒潮，夏季，源自太平洋的海洋暖湿气流给这里带来了宝贵的降水，造就了湖泊众多，水草丰美的河套平原，因此，这里既可以成为农耕民族开垦耕种的良田，也是游牧民族理想的冬季牧场。

因此，"长城地带的自然地理环境既宜牧又可扩耕，是农、牧都可争、都想争的地区。这是长城地带成为半农半牧地带的自然基础。更为直接的原因，是随着民族力量的变化，农牧界线呈相应变化，在你进我退，或我进你退的长期对峙、拉锯过程中，使这里成为汉（农耕）民族和少数（游牧）民族杂居的融合带。"③

由此，游牧民族反复汇聚在长城地带，与以汉民族为主体的中原地区政权不断碰撞，在碰撞的过程中，两种类型的民族不断地融合与发展，一些民族实体消失，另外一些新的民族实体诞生，及至元明清时期，终于形成一种较为稳定的格局。

长城地带的民族多种多样，各个民族在不同历史时期中的碰撞和交流，诞生出了长城地带民族不断融合的史诗。长城地带民族融合的历史，是中华民族形成中重要的一部分，长城地带的民族融合史，在某种程度上而言，就是半部中华民族的融合史。

二、"长城地带"民族融合史略

（一）先秦时期

发生在"长城地带"的民族融合现象，从先秦时期起就已经开始出现。在长城出现之前，在"前长城地带"发现的新石器时代晚期的文化遗存，既有以细石器为主的代表北方草原地带渔猎和游牧经济的新石器时代文化，更有出土陶器众多的以粟作农业为代表的如仰韶文化、龙山文化等。"以青铜短剑为代表的鄂尔

---

① "雨养农业"即通常年平均降水量在 250~300 毫米之间，还可以发展"靠天吃饭"的农耕业；"灌溉农业"即当年降水量不足以满足农耕业的最低需求，必须依靠灌溉，只有在具备灌溉条件的地区发展农耕业。长城地带，东部年降水量超过 400 毫米，西部也在 200~400 毫米之间，所以大部分地区可发展"雨养农业"，是农耕民族扩大耕地的主要目标。

②③ 冯嘉苹、程连生、徐振甫：《万里长城的地理界线意义》，载于《人文地理》1995 年第 1 期。

多斯青铜器文化同商周青铜器文化遗物混合伴出,且春秋以来历代文物出土延续不断,它充分表明两种文化的联结和相互影响,体现了两种不同文化类型的民族在这里的交流与融合。"①

新石器时代晚期到夏,基本与我国传说中的三皇五帝时代相吻合,此时,中华大地上生活着"东夷、西戎、南蛮、北狄、中原华夏"五支民族,这五支民族中还包含有一些其他民族。而围绕在长城地带上的,就有东夷、西戎、北狄、中原华夏这四支民族。东夷,一般指山东胶东和胶西的外族莱夷;西戎,位于今甘肃、陕西中部和北部以及甘宁交界处和宁夏六盘山附近;北狄,位于太行山两侧,即今河北、山西两省的中部与北部,有部分位于蒙古高原;西戎与北狄一般并称为戎狄,是当时中原地区对西北地区的游牧民族的统称。各个民族之间交流与冲突不断,比如商帝辛(纣王)时期,东夷叛乱,遂派大军征讨;到了西周,封太公于齐,封周公子于鲁以镇东方。在此过程中,一部分东夷民族逐渐与中原民族进行交流与融合,即以玄鸟为图腾的东夷民族各支同以龙蛇为图腾的中原民族各支,在"前长城地带",经过长期的民族融合,基本上形成了文明较为发达的华夏民族。这支华夏民族,实际上还包括了一部分羌人、夷人、戎人、狄人等在内的各民族。

春秋时期,比较著名的能直接反映民族融合的例子就是晋国长期与戎狄通婚,如晋献公娶二女于戎,大戎狐姬生公子重耳,小戎生夷吾;晋文公重耳娶狄人季隗为妻。上层统治阶级尚且如此,下层百姓与戎狄通婚的现象也就更普遍了。通婚,更是在某种程度上实现了政治和文化的交流与融合。

战国时期,各国之间为了防御他国的入侵,开始修建真正意义上的长城。"战国七雄争霸,楚之外的六国大都处于长城民族融合纽带,它们都是通过局部地区长期民族融合形成的具有一定地域和文化特点的民族共同体。"② 长城地带上的民族融合,也在此时,彻底走向高潮。

中山国(今河北平山)为白狄鲜虞人所建,始建于周威烈王十二年(前414年),东北与燕国相接,其余被赵国所包围,是一个小国。中山国为游牧民族所建,但根据后来考古发掘出土的文化遗存来看,其墓葬制度、器物种类、文字等与华夏民族基本一致,显然是受到了华夏民族的文化、风俗的影响。

同期,赵国羸弱,赵武灵王为了国家的强大,推行"胡服"、教练"骑射",决心取胡人之长补中原之短。"胡服"是指类似于西北戎狄之衣短袖窄的服装,同当时中原的宽衣博带长袖大不相同;"骑射"即指周边游牧民族骑在马上射箭的"马射",区别于中原地区传统的"步射"。赵武灵王的改革顺应了当时战争

---

①② 李凤山:《长城地带民族融合史略》,载于《中央民族学院学报》1993年第1期。

方式由"步战"向"骑战"发展的趋势，实现了其富国强兵的愿望。可以说，经过改革，赵国成为当时除了秦国外，国力最强的国家，而后的中山国也是被赵国所灭。同时，也因为"胡服骑射"的改革，促进了当时中原地区华夏民族与北方游牧民族的经济、文化交流，其不仅使中原华夏民族与北方游牧民族的服饰得以融合，进而推进了民族间的融合，也促进了秦汉时期全国各民族大一统局面的形成。

秦国，周孝王时期被封于秦谷（今甘肃天水），周平王时期始建国，并接收了周朝在关中的领地，秦的地理位置非常特殊，与戎狄接壤，而也因此在国境接壤之地冲突不断，直到战国时期，秦昭王三十五年，秦出兵攻灭义渠，尽占其地，设北地、陇西、上郡，并沿陇西、北地、上郡边境修筑长城，以防匈奴。之后，秦才得以安心向东扩张，避免两线作战。秦灭义渠，使得西戎义渠这一支融入华夏族，成为华夏族的一部分，是中华民族融合历程中重要的组成部分。

先秦时期是我国历史上第一次的民族大融合时期。此时，一个统一的中国尚未出现，盘踞于长城地带上的国家，或出于富国强兵的目的，或出于稳定边境从而安心与中原内陆各国争霸的目的等，而采取与北边游牧民族融合的政策。其方式主要有两种，一种是主动学习游牧民族的优秀之处，比如"胡服骑射"；另外一种是通过军事战争，征服周边的游牧民族，使其融入华夏族中。而这两种方式，也成为以后历代长城地带民族融合的主要范式，不管是农耕民族还是游牧民族，相互的学习与借鉴进而相融从未断绝。

（二）秦汉时期

秦灭六国，在长城以南建立了空前统一强盛的大帝国，而盘桓在长城以北的匈奴，几乎在同一时期也建立起了以游牧经济为主的匈奴帝国。在秦汉统治的两百多年时间里，汉民族和匈奴民族，以及匈奴控制下的其他民族，一直在长城地带争斗不休。这种争斗，带来的也是另外一种意义上的交流，汉匈、汉和其他民族通婚，经济上的交流往来，中原地区的汉族向北方长城地带移民戍边，或者盘踞于西北方的少数民族向内陆迁移。长城地带南北各民族的融合，在秦汉之时，彻底拉开了大幕。

秦汉时期修建长城有一个共同的目的，那就是防止长城地带北部的匈奴南下，保护南部的农耕民族正常的生产生活秩序，同时也维护了中原地区汉民族的统治。

匈奴，自称胡，活动于蒙古高原上，商周时是北狄的一部分，并与鬼方、猃狁（犬戎）有着密切的渊源关系。匈奴是逐水草而居的游牧民族，社会经济以畜牧为主。战国时期，匈奴就已经很强盛了，燕、赵、秦三国为了防止匈奴南下，分别修筑长城以拒之。

秦始皇统一六国之后，派大将蒙恬率三十万大军北击匈奴，迫使匈奴势力撤至今黄河河套以北，从而一举收复了河南地（今内蒙古河套南鄂尔多斯一带），并在燕、赵、秦旧长城的基础上，修筑了横跨东西的万里长城。在修筑长城的同时，始皇迁徙数万农户前往河套等地居住屯戍，使其与当地的居民杂居相处。也正是在此期间，匈奴头领头曼统一了匈奴各部落，建立起游牧民族的国家，又因其最高统治者号称单于，也叫匈奴单于国。

西汉初期，所面临的情况与秦在长城地带所面临的情况是相似的，甚至更严重。秦朝末年，冒顿杀其父头曼自立为单于，其趁楚汉相争之际，东灭东胡，迫使东胡北迁；西击月氏，迫使月氏西走；南并楼烦，进入河套；北服丁零、鬲昆等。其所控地域东尽辽水，西至葱岭，南过长城，北达贝加尔湖，奠定了匈奴单于国疆域的基本规模。

匈奴帝国的强大，军事实力的强悍，与西汉初期国力衰弱形成了鲜明的对比。西汉初期，经过长期战乱，民生凋敝，经济败坏，无法与强大的匈奴抗衡，不止失去了河南地，还被迫采取和亲的怀柔政策向匈奴示好。西汉与匈奴和亲后，即开启了关市，以缯絮、金钱、粮食、酒等换取匈奴的马、牛、名贵毛皮及畜产品等，甚至往后，历代都未曾断过关市的开放。

从蒙恬北驱匈奴，而后匈奴趁楚汉战争之际再侵来看，长城地带两个民族的碰撞从未停止，这种碰撞必然会带来经济、文化上的交流，对两个民族的发展产生新的影响，从而促进民族的不断融合。

到了汉武帝时期，经过文景之治，西汉经济恢复，汉民族势弱的情况得以改变。汉武帝派张骞出使西域，联络西域各国以合击匈奴，后有卫青、霍去病等将领，与匈奴进行了旷日持久的战争。先是卫青收复了河南地，汉在此设朔方、五原郡，并重新修缮秦始皇时所筑的长城。而后，霍去病远击匈奴，夺得祁连山和河西走廊，沉重打击了匈奴右部，汉王朝在此设立了酒泉、武威、张掖、敦煌四郡，从此沟通了中原地区和西域的联系。最后一次的大规模战役，于武帝元狩四年（前119年），卫青和霍去病分别打败匈奴单于军和左贤王军，迫使匈奴迁徙漠北。由于驱逐了匈奴，汉王朝的疆域不断扩大，而这也就导致了汉王朝的移民实边政策得以实施。东自朔方，西至令居，以60万人屯田戍守，如元朔二年（前127年），募民十万口徙朔方；元鼎六年（前111年），移民实河西四郡。从此，使这一区域逐渐发展起来。

一部战争史，其实也就是某种意义上的民族融合史。汉与匈奴的战争，沉重打击了匈奴，同时也起到了沟通汉民族与西域各民族之间关系的作用，而一部分匈奴人也归附于汉民族。元狩四年（前119年），霍去病击破匈奴左地，原依附于匈奴的乌桓请求内属，汉准许其进入上谷等地。元鼎二年（前115年），乌孙使者随张骞来到长安，此后，西域各国的使臣也陆续来到长安，使臣的到来也带来了西域的客商、人民，促进了汉民族和西域各民族的经济、文化交流。汉宣帝时，由于匈奴内讧，呼韩邪单于于甘露三年（前51年）亲到长安觐见汉宣帝，得到西汉的支持而重新统一了匈奴各部。汉元帝时，呼韩邪单于竟宁元年（前33年）再次到长安，向汉朝请求和亲，汉元帝以宫女王嫱（字昭君）下嫁，史称"昭君出塞"。在其后的数十年间，汉匈间一直处于和平共处、友好往来的关系，促进了民族融合的进程。

但是，到了王莽时期，由于其实行的民族政策，比如武力征伐游牧民族，或者诛杀其首领，以杀一儆百的方式来威慑其他游牧民族，使其服从王莽新朝的统治。汉匈关系又开始恶化。西汉末年中原地区战乱，使得匈奴又卷土重来。汉光武帝刘秀在稳定了中原局势，建立东汉之后，对扰边的匈奴进行反击。东汉和匈奴的战争一直持续不断，碰撞日益加深，在此期间，大量汉人投降匈奴，或被匈奴人俘虏。而为了在对匈作战中取得胜利，东汉的统治者也如西汉一般，继续派遣使者通往西域，联合西域的力量对抗匈奴。西域与匈奴接壤，而其诸国不仅受到匈奴侵扰，甚至还被匈奴奴役，时常有倾覆的危险。东汉明帝永平十六年（73年），班超出使西域，其不仅联通了西域各国共同对抗匈奴，甚至组织西域各国反击匈奴，抵挡匈奴的入侵，恢复了东汉在西域的统治，促进了长城地带，中原和西域的经济、文化等交流。

当然，两汉时期，匈奴内部也是纷争不断。东汉初年，匈奴内部因为单于的继承权问题，于汉光武帝建武二十四年（48年），分裂为南北二部，即北匈奴与南匈奴。北匈奴实力强大，占据着匈奴故地，但是，因为其与东汉关系破裂，又时常处于与其北部的丁零、东部的鲜卑、南部的南匈奴和西域诸国的战争中，再加上其内部的贵族争权斗争异常激烈，在这种内忧外患下，北匈奴于东汉和帝永元三年（91年）亡国，其中一部分匈奴人加入鲜卑，逐渐融合于鲜卑人之中。至于南匈奴，其因为仰慕汉民族的文化，主动与汉朝修好。在汉光武帝的准许下，南单于庭迁入西河美稷（今内蒙古准格尔）。此后，大批匈奴人逐渐定居于今河套以南及陕北、晋北地区，逐渐改变了逐水草而居和以游牧为主的生产生活方式，转向定居的农业经济，融入汉民族之中。这种融合，也在墓葬上反映了出来，经过对陕西神木大保当汉墓的考古发掘[①]，发现其墓葬形制与同时期的"汉式墓葬"一致，多数有封土、长斜坡墓道、砖室墓，以双室为主。随葬农耕生产工具，有大量模型明器出现。但经过人骨骨化学分析鉴定，这些墓葬出土的

[①] 《神木大保当：汉代城址与墓葬考古报告》，科学出版社2001年版。

人骨在体质上与匈奴人接近，同时随葬品中有典型的匈奴陶器和具有民族特色的铜、铁、玉石、骨器，并均有殉牲的葬俗。墓葬形制、随葬品和葬俗具备长城地带北部的民族特色，但其中呈现出的汉族元素反映了其达到很高的汉化程度。

除了匈奴，盘桓于长城以北的其他民族，也在东汉时期逐渐迁入长城以南区域，比较有代表性的有乌桓、鲜卑、羌人。汉光武帝建武二十五年（49年）乌桓内迁进入塞内，居于东汉辽东属国、辽西、右北平、渔阳、上谷、代郡、雁门、太原、朔方等郡，即东起今大凌河下游西至鄂尔多斯草原的长城地带都分布有乌桓人。与此同时，乌桓以北的鲜卑人随之向南迁徙，进入乌桓故地。东汉和帝永元三年（91年），北匈奴单于西迁，大批鲜卑人随之进入匈奴故地。再加上加入鲜卑的匈奴人，鲜卑逐渐壮大起来，至东汉末，东起辽东，西至敦煌的长城及周边地区，分布着大量的鲜卑人。至于羌人，其内迁的规模和深度也是非常巨大的。东汉多用兵于西羌，多有"降者""俘生口"的记载。羌人在今甘肃、宁夏、陕西、山西、河南部分地区都有分布。这些民族内迁之后，大多保留了原来的部落形态，但与汉民族的杂居状态逐渐改变了其原本的生产生活方式，开始了定居的农业生活。在改变过程中，他们独具特点的生活习俗、语言等被保存下来。

李凤山将两汉时期的民族融合总结为两个显著特点，一是南方大规模向长城沿线移民，二是北方各民族不断进入长城带，投入民族融合的巨澜。[①]当然，两汉时期的民族融合，不只是单一的迁移定居这么简单。战争必然会引起两个民族甚至多个民族的碰撞，这种碰撞所带来的，就是多个民族不断融合的趋势。汉民族与匈奴、羌人、鲜卑、西域诸族等，在两汉时期，交流方式是多形式、深层次的。迁移定居、通婚、经济上的互市等方式，最终导致整个生活方式的融合。长城地带墓葬中所发现的两汉时期的壁画，也为民族融合提供了充分的证据。"陕北地区墓葬中发现的壁画，'牛耕图''拾粪图''收割图'真实而形象地再现了当时农民从播种到收割的过程。而这其中也有'放牧图''相马图'等代表游牧文明特色的壁画，壁画上所展示出来的内容，有蒸煮、挤牛奶、羊奶、杀牛、羊、猪、挂晾腊肉等具有民族特点的生活方式，也有烤肉串等具有民族风味食物的画面，以及迎宾宴饮中人们礼仪好客，狂饮豪放的民风，这些都是当时社会生活的真实写照。"[②]而具有游牧文明特征的"狩猎"在其中也有大量的反映。这些都体现了各民族间生活方式的融合。

[①] 李凤山：《长城地带民族融合史略》，载于《中央民族学院学报》1993年第1期。
[②] 贺小娜：《从汉画像石墓看陕北地区的民族融合》，载于《延安大学学报（社会科学版）》2012年第4期。

纵观两汉时期长城地带的民族融合，战争带来了碰撞，更带来了交流。军事上的斗争，无法阻止各民族在经济、文化等方面的交流，在一定程度上还促进了这种交流的形成。交流与融合，成为整个长城地带各民族发展的趋势，也是历史发展的必然。

两汉时期长城地带的民族融合，为魏晋南北朝时期长城地带民族融合的又一个高峰期的出现打下了坚实的基础，拉开魏晋南北朝时期长城地带民族融合大幕的序章。

（三）魏晋南北朝时期

魏晋南北朝，若从东汉末年（220年）天下大乱三国鼎立开始算起，到隋文帝重新统一中国建立隋朝（589年）结束，共历369年。这段时期是中国历史上的一次大分裂、大动乱时期，尤其是围绕着长城地带，少数民族政权相继入主中原，并在中原建立了一个又一个政权。在此期间，政权更迭频繁，中原地区长期处于一种乱的状态，但就是这种"乱"的状态，最终导致了此时期的文化、思想的大繁荣，间接带动了长城地带民族融合的繁荣。在这个过程中，各少数民族政权或主动或被动地接受汉民族的经济生产方式、政治制度和文化，其生活方式也与中原汉民族逐渐融合在一起。长城地带民族的融合，不仅是游牧民族融入农耕民族之中，也是农耕民族逐渐接受游牧民族的生活方式、文化要素，并最终演变为长城地带繁荣的多民族交互融合态势。

220年，曹丕称帝，建立魏国，形成魏、蜀、吴三足鼎立的局面。魏国位于长城地带南部的中原地区，直接面对北方游牧民族。魏明帝青龙元年（233年），鲜卑大人轲比能以和亲为名，引诱守卫边塞的鲜卑族将领步度根叛魏。魏刺史毕轨出军鲜卑，派将军苏尚、董弼进攻鲜卑军，与鲜卑在楼烦遭遇。魏军战败，苏董二将战死。

265年，司马炎代魏称帝，史称晋武帝，是为西晋。东汉后期，匈奴西迁，鲜卑占据匈奴旧地，逐渐发展成为长城地带北部最强盛的民族。晋武帝司马炎在位期间，鲜卑一些部落逐渐强大，时降时叛，对西晋王朝造成很大的威胁。为此，西晋与北方的鲜卑秃发、慕容等部进行过多次战争，期间有胜有负，碰撞日益加深。而也正是在这种背景之下，西晋为防御来自北方的游牧民族鲜卑的进攻，修筑了西晋长城。据《晋书·唐彬传》记载，晋武帝太康二年（281年），唐彬奉命训练军士，防御北敌南下，"开拓旧境，劫地千里。复秦长城塞，自温城泊于碣石，绵亘山谷且三千里，分军屯守，烽堠相望。由是国境获安，无犬吠之警，自汉魏征镇莫之比焉。"

西晋一朝并不安稳，太熙元年（290年）晋武帝司马炎驾崩后，西晋爆发了长达 16 年之久的内乱,史称"八王之乱"。之后,中原地区民生凋敝,社会经济被严重破坏,中原汉民族的力量被消耗殆尽,而长城地带北部的游牧民族则不同。东汉末年之后的长期战乱,使得中原地区的人口大量减少,这就给了北方游牧民族向中原地区内迁的有利条件,因此,在三国、西晋时期,北方各游牧民族陆续内迁,其中以匈奴、鲜卑、乌桓、氐、羌、羯最为突出。

西晋前期 20 余年间(265~287 年),由塞外跨越长城进入塞内的匈奴人约 20 万人,分别被安置在今甘肃、陕西、山西等地区,甚至中原腹地也有一部分匈奴人内迁,作为匈奴一部的羯人也随之内迁。东汉后期,鲜卑分布于东起辽东、西至敦煌边缘地带及北方大草原,到了魏晋时期,内迁的鲜卑各部落广泛分布在今辽东、辽西、河北东北部及北京地区、宁夏、甘肃黄河东西两岸、晋北等地区,内迁的人数比匈奴多且分布广。东汉建安十二年(207 年),曹操灭三郡乌桓,将其降者约 10 万人及幽州、并州万余落约 5 万人迁入中原。同时,曹操灭张鲁,迁徙氐羌部落约 5 万口于今渭水流域,此后,氐羌内迁经常发生,西晋末统计关中人口时,氐羌居半。

这些游牧民族内迁的特点非常明显。首先,他们都是中原政权认可的内迁,内迁的游牧民族都编入魏、晋的国家户籍,但保留了原来的部落形态、生活习俗及语言等。他们与中原地区的汉民族交错杂居,学习汉民族的文化,大部分逐渐转变成定居的农业生产方式。但魏晋统治者统治这些内迁的北方游牧民族的方法是从俗而治,即依靠各部落的酋长对其进行统治。这种间接统治的方式为西晋末年的大乱埋下了伏笔。

西晋永嘉五年(311 年),匈奴贵族刘聪遣将攻破洛阳,在洛阳城内烧杀抢掠,并大肆发掘陵墓、焚毁宫殿,史称"永嘉之乱"。之后,长城地带的少数民族相继入主中原,在中原地区先后建立了数十个强弱不等、大小各异的国家,因其中存在时间较长和具有重大影响力的是五个游牧民族,即匈奴、鲜卑、羯、氐、羌五个部落,史称"五胡乱华"。五胡先后在长城地带及中原地区建立了十六个国家,到拓跋鲜卑建立北魏统一北方为止,即从 304 年到 439 年这 135 年间,是所谓的五胡十六国时期。虽然这些政权都持续时间不长,且战乱频繁,但是,从其建立的政治制度可以看出,基本沿袭了魏、晋时期的制度或者受中原先进的政治制度影响颇深。

五胡十六国,多数国家为长城地带北部内迁的各民族所建,随着其统治疆域的扩大,其内迁的广度和深度也在不断扩大,原本居住在塞外(长城外)的北方游牧民族内迁,而原本已经内迁的民族进一步深入融合。比如,匈奴贵族建立前赵后,匈奴五部人民随之广布关东、关中地区;后赵建立后,羯人广布黄河流域;鲜卑慕容氏建立前燕、后燕、西燕,使得原本居于辽东塞内外的鲜卑慕容部人民进入长城地带南北的广大地区；氐人建立的前秦短暂地统一了淮水以北的大半中国，其迁徙的广度和深度不断增加。而到了十六国后期，匈奴赫连部和鲜卑拓跋部分别建立夏和北魏，他们分别由长城内外进入关中和关东广大地区。这些迁徙使得在整个五胡十六国时期，北方游牧民族的足迹遍布长城地带。当然，这其中还包括了几次大规模的人为内迁。前赵石勒迁徙关陇氐、羌 15 万落（按 5 口为一落算，15 万落为 75 万人）于关东地区；石虎迁徙 40 万人于关东，其中氐、羌占一半以上。另外，前秦灭前燕后，迁徙慕容鲜卑 4 万余户于长安附近，4 万余户即约 20 万人。这一时期，匈奴、鲜卑、羯、氐、羌等各族因为各种各样的原因，大批迁徙进入长城以南区域。这种大迁徙，为魏晋以来内迁各族间及其与汉民族之间的不断交融创造了良好的条件，他们接受和适应了汉民族的政治、经济、文化、生活方式等，不断与汉民族趋同。当然这种融合不是单一的而是双向的，各民族之间互相学习对方的文化，汉民族吸收内迁各族的文化，包括衣、食、音乐、舞蹈、语言等各方面。与此同时，内迁的各族也逐渐以秦汉以来形成的长城地带南部的中原疆域为自己的国家，大部分内迁的贵族开始自称为炎黄子孙。这种心理上的逐渐认同，为随之而来的中原地区统一奠定了坚实的基础。

385 年，鲜卑拓跋珪自称代王，定都盛乐（今内蒙古呼和浩特市和林格尔县），次年改国号为"魏"，史称"北魏"。398 年，迁都平城（今山西省大同市）。439 年，北魏太武帝拓跋焘统一整个北方，结束了五胡十六国时期中原地区纷乱的局面，长城地带由战乱逐渐归于平定。

鲜卑是居住在东北地区的少数民族，其社会经济、文化及语言、习俗与乌桓相近，为狩猎民族，兼营畜牧、农业。

拓跋鲜卑入主中原的时间相对较晚，从其社会文化来看，社会发展水平较为落后，文明程度相对较低，虽然与汉民族进行了融合，但是其以往的文化风俗仍在，在很大程度上与中原汉民族的政治、经济、文化、生活方式格格不入。当时各民族之间矛盾尖锐，以强大的军事实力建立起来的政权，要维持它是非常困难的。北方游牧民族进入中原地区，虽然建立了繁多的政权，但要维系住这种政权，最根本的因素还在于北方游牧民族是否从根本上接受了中原地区原有汉民族的政治制度、经济方式、文化风俗。即两个民族之间的融合，是不是彻底的融合。而要进行这种彻底的融合，也需要北方游牧民族政权进行一次深入的、全面的，从上层建筑开始的改革。否则，无论这个游牧民族政权表现的如何强盛，一旦军事失利，立即就会分崩离析，前秦的覆灭，便是最好的例子。

北魏开国君主道武帝拓跋珪和统一北方的太武帝拓跋焘正是认识到这一问题的严峻性，他们先后自觉地大刀阔斧地进行改革，主动融入汉民族的整个文明和文化中。道武帝拓跋珪非常重视使用汉人士大夫，在这些人的辅佐下，在政治上制定了各种礼仪制度；经济上分土定居，计口受田，劝课农耕。太武帝拓跋焘重用汉族门阀，数次下诏辟召贤良，把大批中原人士安插在朝廷内外。除此之外，他还立太学于平城，教授京师贵族子弟，使鲜卑贵族知识化，鲜汉之间打破血缘界限开始通婚。虽然有了这种程度上的民族融合，但是拓跋鲜卑也同时保持着北方游牧民族的习俗，比如政治上奉行先世的"断禄制"，百官无禄，这就迫使文臣靠贪污为生，军人以掳掠为业，使中原地区饱经战乱摧残的百姓依旧不断地遭受苦难。可以说，虽然北魏前期的统治者们做了许多民族融合的尝试，深度和力度也足够，但是依旧不够彻底，华夷之辨仍然存在，与汉民族的矛盾依旧尖锐，直至孝文帝时期，北魏才进行了比较彻底的汉化改革。

北魏孝文帝时期的改革，是从其太皇太后冯氏临朝所进行的政治改革开始的。冯太后的改革继承和发展了道武帝以来联合汉族士大夫的政策，其改革是在汉族文臣的辅佐下进行的。冯氏首先确立了汉族传统的礼仪文教制度，立学校，定乐章，立孔子庙于京师，又认黄帝为拓跋远祖，以华夏苗裔自居。这就相当于鲜卑统治者对中原地区汉民族文明的认同，确定了此次改革的中心是"汉化"。孝文帝太和七年（483 年），冯氏下令禁止拓跋鲜卑同姓通婚的原始习俗，紧接着，其为澄清吏治，于太和八年（484 年）正式颁行俸禄制度。孝文帝太和十四年（490 年），冯太后去世，但拓跋鲜卑融入汉民族的步伐并没有就此停下，反而继续加深。孝文帝为了加强中央集权统治，决心进一步推行改革和汉化。

当时，北魏的都城还在平城（今山西省大同市），僻处边塞，离此时盘踞在长城以北、拥有较强军事实力的柔然和契丹部落较近，非常不利于自身统治的安全。况且，平城是鲜卑旧贵族的集中之地，保守势力较顽固，也不便于推行"汉化"措施。后经孝文帝的努力，终于，于太和十七年（493 年），迁都洛阳。而此后，北魏改革的范围进一步扩大，其力度也在不断加强。

孝文帝征用南朝（东晋之后汉民族于中国南方建立的四个朝代的总称）降臣对官制进行改革，下令禁止穿胡服，改穿汉人服装；并禁断胡语，以汉语为唯一通行的语言；改鲜卑人姓氏，把鲜卑族的复姓改为音近的单音汉姓，皇族拓跋氏改为元氏；并规定随迁洛阳的鲜卑人一律以河南洛阳为原籍，死后不得还葬代北（西晋末年，拓跋猗卢受封为代王。后其曾孙拓跋珪改国号为魏，迁都代郡平城，是为北魏。故后世兼以"代北"称之）；孝文帝又辨别汉族门第高下，恢复门阀制度。此外，孝文帝还选择中原大姓家的女子作为后宫，并为五个皇弟分别聘李、郑、卢姓女子为王妃，很多鲜卑公主也嫁给汉族高门。通过这种门阀制度的确立和婚姻的结合，鲜卑与汉族融合进一步加深。

北魏孝文帝的改革是显著的，一系列的改革措施使得北方中原地区的社会经济、生活得以恢复。迁都洛阳后不久，很快这里又成为北方的政治、经济、文化中心。游历此时洛阳的南朝人将其记载进《洛阳伽蓝记·城东》中："自晋、宋以来，号洛阳为荒土，此中谓长江以北，尽是夷狄，昨至洛阳，始知衣冠士族，并在中原，礼仪富盛，人物殷阜，目所不识，口不能传。"① 由此可知孝文帝时期的改革取得了巨大的成功。

鲜卑部落的崛起，与长城地带多数游牧民族政权的崛起相似，他们拥有强大的军事实力。通过不断内迁进入中原地区，与原本居住在此地的汉民族进行杂居、融合，学习汉民族的风俗文化，在这一过程中，他们也与同样来自长城以北的游牧民族进行融合，使得当时割据在中原地区的游牧民族政权不断地融入汉民族之中。北魏孝文帝的改革，是历史发展的必然产物，也是五胡十六国时期以来游牧民族与汉民族进行民族融合的一次集大成。改革以立法的形式将汉民族的政治制度、经济、文化风俗在游牧民族中确立起来，肯定了各民族融合的成果。与此同时，其反过来又促进了以鲜卑族为中心的北方各民族封建化和以汉民族为主体的民族大融合的发展。

但是，由于门阀制度的重新确立，给北魏带来了严重的隐患。孝文帝死后，汉化的鲜卑门阀在优裕的生活中完全腐化，北魏政治也日益衰败、腐化。这种衰败带来了文明的堕落，使已趋稳定的中原地区又重新动荡起来。终于酿出了各族人民反魏的大起义，使北魏政权走向崩溃。首先起义的是其北方缘边六镇各族戍卒，他们为防备柔然人的南下而长年戍边，大部分已经鲜卑化。六镇起义军又带动了关陇、河北的各族人民，从而使得边境各族数十万人涌入中原地区，使一些部落酋长丧失了对本部落的控制权，客观上成为了推动长城地带各游牧民族同汉民族融合的又一个高潮。

经过六镇起义的动荡，北魏分裂为东魏与西魏，而后其分别被北齐与北周所取代，再之后，北周重新统一了北方地区，中原地区又归于一统。

北周的创立者宇文泰为鲜卑宇文部人，他在位期间进行了一系列的改革，政治上颁布了"六条诏书"，即"先修心，敦教化，尽地制，擢贤良，恤狱讼，均赋役"，并要求州县守宰作为施政准则。其后又仿照《周礼》改革官制朝仪，用六官代替南北朝尚书、中书、门下三省中央政府体制。这就使得鲜卑进一步汉化，加深了民族融合。在军事上，仿周官六军之制，由六柱国率领，形成府兵系统。宇文泰和无实权的西魏宗室元欣都是柱国，合六军的六柱国为八柱国，符合了早期鲜卑的八部大人的部落兵制，这就使得汉人和鲜卑人都很容易接受。而为了在形式上与八部大人制相似，府兵主将都改为鲜卑旧姓，如六柱国之一的李虎

---

① ［北朝］杨炫之：《洛阳伽蓝记》卷二《城东》，中华书局1963年版，第108页。

（唐高祖李渊父）改姓大野，十二大将军之一的杨忠（隋文帝杨坚父）改姓普六茹等，府兵中的一般军人，则改从主将的姓氏。但这一做法，并不能阻止鲜卑族的汉化趋势，府兵制度，一开始便不是一个鲜卑化的集团，而是民族混合的一个缩影。宇文泰又把关陇豪强的私家武装部曲乡兵陆续归并到府兵中，以汉族豪强为将帅，这样，鲜卑贵族和汉族豪强就进一步结合起来了。府兵中民族成分的扩大，有助于以汉族为中心的民族大融合在军队中实现，府兵具有了明显的汉化特征。

北周武成二年（560年），周武帝宇文邕即位，他在宇文泰改革的基础上又实行了多方面的改革。他大量招募汉人去充当府兵，削弱了府兵士兵对主将身份的从属关系，使府兵的部落形式大为减弱，民族差异也因此缩小。武帝建德二年（573年），宇文邕下诏禁断佛、道二教，把僧侣地主的资产全部收回，近百万僧尼编入民籍，使北周不但扩大了征收赋役的对象，还扩大了府兵的来源。建德四年（575年），周武帝东攻北齐，重新统一了北方，扭转了当时华北地区北齐的鲜卑化逆流，而后，他把改革的措施推行于北齐旧境，从而扭转了拓跋鲜卑的统治者给北方带来的消极、落后的影响，使北方社会获得了很大的进步。

北周后期，政治大权落入外戚杨坚的手中。这时，经过魏晋南北朝历时三百多年的民族融合之后，北方的民族关系已经发生了根本性的变化，鲜卑及其他久居内地的游牧民族，在经济生活、语言风俗、文化习惯等方面与汉民族已经没有什么区别，各族的统治阶级，实际上已经浑然一体，统治集团内部的民族差异，比任何时期都要小。杨坚从此恢复了改从鲜卑姓氏的府兵的汉姓，按魏晋制度改变了北周的官制。至此，北方的民族融合最后完成了，一个充满活力的新汉族诞生了。581年，杨坚建立隋朝；589年消灭陈朝，彻底结束了魏晋南北朝大分裂大动荡的局面，整个中国重新归于统一，由此开启了隋唐盛世的第一章。

魏晋南北朝时期长城地带的民族融合，历时绵长，战乱频仍，但是，就是在这种大背景下，北方各游牧民族纷纷越过长城，内迁进入中原地区，在中原地区建立了一个又一个政权，最后通过上层统治阶级的立法，将这种民族融合制度化、法律化，使得游牧民族真正地融入汉民族之中，形成隋唐时期的统治阶级都具有北方游牧民族血统的面貌。当然，各民族之间的融合是相互的，游牧民族在接受了汉民族的文化风俗之后，也将他们原有文化中的优秀成分带进了中原地区，从而对汉民族的文化产生了深远的影响，比如游牧民族尚武之风、粗犷豪放之气，一扫魏晋以来的清淡柔美之风，改为豪迈慷慨、铿锵激越的民族之气，对汉民族自身的发展和完善产生了不可磨灭的作用。

（四）隋唐五代时期

经过魏晋南北朝 369 年的大分裂时期，中国重新归于统一。隋唐时期是统一多民族国家进一步发展的时期，经过魏晋南北朝全国范围的民族大迁徙、大混杂和相互融合，隋时的民族成分和分布已经发生了很大的变化。中原虽然以汉民族为主，但也有许多汉化程度不同的北方游牧民族。在边境地区既有保持本民族特点的北方游牧民族，也有与汉民族杂居并在不同程度上汉化了的游牧民族，更有长期生活在这些区域被游牧民族影响的汉族。中原地区的汉民族本身也发生了非常大的变化，经过魏晋南北朝北方游牧民族自上而下与汉民族进行的融合，汉民族中注入了大量少数民族的新鲜血液，甚至隋唐的统治阶级中，就有不少人是各族混血的结果，尤其是汉化了的鲜卑人对唐朝的建立起到了至关重要的作用。正是在这种形势下，汉民族的统治阶级和北方游牧民族的上层统治者在思想观念上也产生了一些变化。

"中原农耕地区是核心，种植业与定居生活为主体方式，儒家学说成为王朝支配的思想和意识形态。这样的认识在早期的汉文史籍中就不断地重复出现，所谓'九州四海'天下与华夏，戎狄蛮夷五方格局的话语，成为支配中原王朝立国的理论基础。"[①] 魏晋南北朝以前，在汉民族统治阶级中占统治地位的思想是强调所谓的"春秋大义""华夷之辨"，即以华夏（汉民族）的标准进行族群分辨，区分人群以礼仪，而不以种族，合于华夏礼俗并与诸夏亲昵者为华夏，不合者为蛮夷、化外之民，其宗旨便是"春秋大义"。春秋乃东周诸侯列国之春秋，孔子以修订鲁国《春秋》为范本，就历史之事件，言春秋之微言大义。司马迁《史记》中评论道："夫春秋，上明三王之道，下辨人事之纪，别嫌疑，明是非，定犹豫，善善恶恶，贤贤贱不肖，存亡国，继绝世，补敝起废，王道之大者也。"[②] 在这种思想的影响下，认为游牧民族是"非我族类，其心必异"[③]，主张采取封闭政策，"内诸夏而外夷狄"[④]。也正是在这种观念的指导下，为了防止北方游牧民族南下，历代都不同程度地在北部边境上修筑长城。长城在一定程度上，起到"华夷之辨"分界线的作用，是汉民族为了保持民族正统的一道心理防线。但是，民族大融合的趋势却是不可逆的，民族大融合的必然性也是不可逆的。因此，在

[①] 李鸿宾：《唐朝胡汉关系研究中若干概（观）念问题》，载于《北方民族大学学学报（哲学社会科学版）》2013 年第 1 期。引自注释"参见吴松弟：《中国移民史》第三卷《隋唐五代时期》，福建人民出版社 1997 年版"。
[②] ［汉］司马迁：《史记》卷一百三十《太史公自序》，中华书局 1959 年版，第 3297 页。
[③] ［战国］左丘明：《左传》成公四年，岳麓书社 1988 年版，第 151 页。
[④] ［西晋］江统：《徙戎论》，引自李则芬著：《两晋南北朝历史论文集》，台湾商务印书馆 1987 年版，第 35 页。

经历了魏晋南北朝的民族大融合之后,虽然在隋唐的统治阶级中,这种"华夷之辨"思想未彻底改变,但却在很大程度上采取了汉与"胡越一家"①、"爱之如一"②的态度和相应的政策。

隋唐五代时期,生活在长城地带的游牧民族有突厥、回鹘、靺鞨、奚、契丹等。这些民族当时处于社会发展的不同阶段,与隋唐王朝的关系也是斗争与和平友好共存。

突厥。盘踞于北方和西北方的游牧民族,于6世纪到8世纪中叶活跃在金山(今阿尔泰山)南麓、漠北高原等地。突厥是匈奴的别种,是匈奴战败退居迁入新疆准格尔盆地北部或东部某地的旧部。5世纪中叶前后,突厥被柔然所征服,臣属于柔然,以善锻铁为柔然奴隶主政权服役,被称为"锻奴"。突厥人以畜牧射猎为主,过逐水草迁徙的游牧生活。居穹庐毡帐,食肉饮酪,身衣裘褐,披发左衽,其习俗与匈奴大体相同。而且,突厥人当时掌握着较高的冶铁技术,且善于骑射,因此具有很强的军事实力。6世纪中叶,突厥崛起,开始征服、兼并相邻的民族,并建立汗国,直逼中原。

隋唐与突厥之间的战争旷日持久。隋文帝确立了北攻南和、先南后北的战略方针,且发动兵民在与突厥边界交界的边塞增筑亭障、加固长城。隋长城便是在这个时间修筑的,它的主要目的是防御突厥、契丹、吐谷浑等民族的侵扰。根据史料记载,隋王朝前后七次,在山西汾阳、平州临渝(今河北抚宁县)、灵武朔方、榆林(今内蒙古托克托县黄河南岸)至紫河(今内蒙古和林格尔、清水河县之间的浑河)、河西榆谷等地修筑长城。隋朝修筑的长城,尤其是晋、陕、宁夏地区的长城,为以后明代延绥镇长城的选线奠定了基础。此后,隋朝采取远交近攻的方针,孤立、分化、削弱突厥各可汗。

隋文帝开皇三年(583年),因突厥常年侵扰隋北部边境,隋朝随即发起反击,很快挫败了入掠河西以至弘化、上郡、延安的突厥军。这次反击作战,隋军大胜,使突厥各可汗部势力大为削弱,突厥汗国的内部斗争随之激化,于开皇三年,分裂为东、西两汗国。隋的北部边境,就此稳定。

隋文帝开皇四年(584年),突厥沙钵可汗遣使致书,请求和亲归附,隋应沙钵可汗之妻(原北周千金公主)的意愿,赐其姓杨,并改封为大义公主。从此,突厥所辖各族各部,也都随之归附。突厥与隋的关系,进入了以和好为主的新阶段。隋文帝还准许他们在"缘边置市,与中国贸易。"

突厥突利可汗统领的突厥东北部,和隋朝一直保持着非常友好的关系。开

---

① [宋]司马光:《资治通鉴》卷一百九十四《唐纪十》,中华书局1956年版,第6104页。
② [宋]司马光:《资治通鉴》卷一百九十八《唐纪十四》,中华书局1956年版,第6240页。

皇十七年（597年），隋文帝应突利可汗之请，以宗室女为安义公主出嫁。而后突厥又发生内讧，在隋朝的支持下，突厥可汗率众南下，并亲自到长安朝觐，隋文帝册封突利可汗为启民可汗。开皇十九年（599年），隋文帝因安义公主病死，又以宗室女为义成公主出嫁。而后不久，在隋朝的军事支援下，启民可汗重新统一了北方大草原。使得这一区域获得了相对的安定，各族人民得以休养生息，生产得到迅速的恢复和发展，出现了"人民羊马、遍满山谷"的繁荣兴旺景象。

隋朝的强盛和长城北部区域的稳定繁荣，对北方的游牧民族有很强的吸引力。601年，突厥九万口内附；而后，又有十余部部落内附。隋朝将这些内附的突厥语族部众均置于启民可汗的直接管辖之下。同时，奚、契丹、室韦等族众也都由启民可汗兼管。终启民可汗之世，突厥与隋的关系得到了前所未有的发展。

终隋一代，由于和亲关系，使隋与突厥基本处于和平相处的状态，对整个长城地带政治、经济、文化的繁荣起到了非常大的作用，各族人民和平友好相处，对北方游牧民族与中原汉民族的政治、经济、文化的紧密相连起了非常大的影响。

隋末中原战乱，突厥再度崛起，东、西突厥曾再次联合起来，控弦百万，成为雄踞漠北，控制西域，指点中原的强大力量。到了唐建立后，虽然"赐予"突厥财帛，但其统治者依旧不满于此，并且加紧了对唐的武力侵扰。甚至到了626年，突厥颉利可汗率骑兵十余万进扰武功（今陕西武功），时唐都城长安受到严重的威胁。突厥的频繁侵扰成为唐朝恢复和发展经济的一大障碍，不仅使唐北边人民深受其害，甚至影响到唐朝政权的稳固。

624~629年，突厥内部固有的矛盾进一步加剧。突厥可汗对内部各族残暴的奴役和压榨激起了各民族的不断反抗。如627年，阴山以北的薛延陀、回纥、拔也古和东部的奚、契丹等相继反抗，赶走了突厥派驻的欲谷设。629年，薛延陀的首领就自称可汗了。而后颉利可汗派突利征讨，突利大败，颉利可汗遂即囚禁突利，使突利转向唐王朝。加之颉利可汗亲近信任西域胡商，疏远本族的贵族、官员，引起本族贵族的强烈不满。彼时连年大雪，六畜多冻死，人民无法生活，在这种情况下，颉利可汗加重剥削，激起了本族部众的反对。正是在这种众叛亲离的情况下，629年，唐太宗李世民派兵部尚书李靖等率十余万兵马，分六路大举出击，并于630年大败突厥军，生俘颉利可汗，至此，东突厥灭亡。唐王朝把西起阴山东至大漠的广阔区域纳入了版图，解除了北部边境30余年的动荡局面，恢复了和平安定的局面。

"唐朝是第一个兼统长城北部地区的中原王朝。它之前的一统化朝代，从秦朝算起，统辖的范围北上扩展至鄂尔多斯高原，但大体上维持在农耕区的北缘，为维护农耕区，它采取修筑长城的办法阻隔北部草原的游牧势力；汉代到武帝时开始突破了秦朝的防线，进一步北上采取攻势，然而长城北部地区并未纳入汉朝的行政管辖范围。唐朝从太宗贞观四年（630 年）翦灭东突厥势力之后，北部草原铁勒系统诸部尊奉太宗为天可汗的举措，正式标志长城北部同属于中原王朝之下。"①

在安置东突厥降部的问题上，唐太宗李世民采取了"全其部落……又不离其土俗，因而抚之"②的政策，这样就表现了汉民族对突厥降部的真诚、平等的态度，容易得到降部的拥护。此举既充实了边境的虚空之地，又可以用这些降部作为边境的屏障。归附的突厥部众十余万户，其中有 1 万户被安排定居在长安。唐王朝还委任其中部分首领在朝为官。这种对内迁的游牧民族部众与汉人一视同仁的政策，迅速提高了游牧民族的归属感，使其广泛地融入汉民族之中。而唐太宗对内徙和归附的突厥人的妥善安置，加强了中原地区人民和边疆各族人民的联系，极大地提高了唐王朝的威望和边疆各族人民的向心力。

当然，长城地带的和平一直都是相对的和平，在解决了突厥问题之后，其他游牧民族依旧经常侵扰边境。如唐太宗贞观八年至九年（634～635 年），唐军反击扰袭凉州（今甘肃武威）的吐谷浑，后吐谷浑可汗率众降。其次，在贞观年间，唐太宗曾两次对铁勒薛延陀部征战，终致其亡，铁勒诸部皆归附唐朝，北方平定。

而在对待这些归降的北方游牧民族上，唐太宗于贞观二十一年（647 年），提到其"服戎狄"的原因："自古皆贵中华，贱夷狄，朕独爱之如一。"③ 唐太宗对归附的各族采取了以恩惠抚和为主的政策，而且在有唐一代基本上实行了这一政策。通过与长城地带游牧民族的通好、互市、盟誓、和亲以及对其上层首领的册封，在其聚居地区建立羁縻州府等政策的实施，缩短了汉民族和游牧民族之间的距离，消除了互相间的隔阂，密切了汉民族政权和游牧民族之间的关系，增强了各民族之间的向心力，出现了"四夷大小君长遣使入献见"④，争相归附，尊唐太宗为"天可汗"的局面。贞观之治为后世所推崇，各民族聚集在长安，与汉民族一起共同创造了大唐盛世，政治、经济、文化在贞观一朝达到了高峰，为此后的开元盛世奠定了基础。

---

① 李鸿宾：《唐朝胡汉关系研究中若干概（观）念问题》，载于《北方民族大学学报（哲学社会科学版）》2013 年第 1 期。（引自参考文献：吴玉贵：《突厥汗国与隋唐关系史研究》，中国社会科学出版社 1998 年版。朱振宏：《隋唐与东突厥互动关系之研究》，中正大学历史学研究所博士论文，2005。）

② ［唐］吴兢：《贞观政要》卷九《议安边》，岳麓书社 1991 年版，第 324 页。

③④ ［宋］司马光：《资治通鉴》卷一百九十八《唐纪十四》，中华书局 1956 年版，第 6240 页。

唐太宗之后的唐朝君王，在反击游牧民族侵扰的同时，对于归降或者友好的游牧民族，也采取的是类似的政策。比如唐玄宗开元二年（714年），契丹酋长李失活和奚酋长李大酺降唐，唐于其地复置羁縻府州，由于当时契丹和奚的势力都很强盛，号称"两藩"，因此唐玄宗非常重视对契丹和奚的关系。他册封李失活为松漠郡王，并以宗室女为永乐公主妻之；册封李大酺为饶乐郡王，以宗室女为固安公主妻之。其后，唐玄宗先后以宗室女为燕郡公主、东华公主分别妻契丹酋长李郁于、李邵固；以宗室女为东光公主、宜芳公主分别嫁给奚酋长李鲁苏、李延宠为妻。而后，虽然契丹曾又降于第二突厥汗国，于天宝四年（745年）又重新归唐，唐玄宗仍封当时的契丹酋长李怀节为松漠都督，加封为崇顺王，并以宗室女为静乐公主妻之。如此，唐与契丹的关系又密切如初，直至安史之乱爆发才发生变化。唐与契丹和奚的和亲，对改变武则天时期与两族长期兵戎相见及开元盛世的形成都产生了积极的作用。

至于回鹘，与唐也一直保持着良好的关系。唐与回鹘的和亲始于安史之乱。至德元年（756年），唐肃宗即位于灵武，为借回鹘兵平息安史之乱，首次向回鹘请求和亲，回鹘怀仁可汗将女出嫁敦煌王李承寀为妃开始，唐王朝先后出嫁六名公主到回鹘。其中以唐肃宗次女宁国公主、唐德宗第八女咸安公主、唐穆宗第十妹（唐宪宗女）太和公主这三公主出嫁回鹘可汗为可敦（王后），这在唐朝与各民族和亲关系中为独一无二、甚至在中国古代和亲史也很罕见，足以证明回鹘和唐王朝之间亲密且特殊的关系。回鹘称雄于北方大草原近百年，此时也正是唐朝由盛转衰的时期，回鹘却从未在军事上威胁唐朝，这正是和亲结下的硕果。唐朝并未主动修筑过长城，与其前期军事实力强大，平定北方，并且以包容并蓄的心胸接纳各北方游牧民族，使得北方各归降游牧民族融入汉民族这个大家庭中；后期以和亲友好的政策与北方草原上强大的回鹘政权修好关系，维持前朝的政策是分不开的。回鹘西迁后，一直到北宋，回鹘各支仍继承了他们祖先与唐朝建立的和亲关系和政治上的隶属关系。唐与回鹘的和亲也进一步加强了长城南北之间经济、文化的联系，同时也保证了丝绸之路的畅通，进一步形成了隋唐时期的民族大融合的和谐景象。

隋唐王朝进取的精神风貌与开放的社会习俗，对待各北方游牧民族开明的政策，使汉、胡"天下一家"的局面和心理得以长期维持。正是这种宽广的胸怀，使得各民族人士，真正愿意生活在隋唐王朝的统治之下。他们的存在，又反过来加强和佐证了隋唐王朝一统天下、天下一家的宏伟博大的气魄。各民族真心归附，在长城地带和平相处，逐渐融合。政治上他们或直接统属于隋唐，或以不同形式承认隋唐等中央王朝的宗主地位而统一在中央皇朝的版图之中。通过频繁的政治、经济、文化交流，汉民族先进的政治、高度发展的经济、文化，对各族的发展起了很大的推动作用。同时各族人民的发明创造，也给汉族以极大的影响，使其吸收了游牧民族中优秀的文化，并且通过民族融合，逐渐完善中原王朝的文化体系与社会制度。

安史之乱后，唐王朝开始走下坡路，到了唐朝末年藩镇割据，后到五代十国的公开分裂，但人们仍然渴望统一。因为经过隋唐300年来大一统、天下一家的实践，大一统的思想已经深入人心。"唐朝以后南北的再度统合，就不是出自中原的愿望而是北方草原的游牧人统辖了，蒙古和满族贵族集团完成了这一夙愿。"[①] 天下一家，已经被各民族所认同，再次统一是大势所趋。

隋唐五代时期，不仅开发了边疆地区，也进一步加强了各族人民间日益密切、不可分割的联系。统一、天下一家的观念，在隋唐五代时期，逐渐深入每一个人的心中。虽然民族之间的风俗习惯、文化仍存在差别，可是隋唐时期开放、开明的民族政策，使长城以北各民族能自愿融入汉民族之中。这是民族凝聚力逐步加强的象征，更是中华民族形成过程中至关重要的一步。

（五）宋元明清时期

中原地区在历经五代十国之后，在北宋时期重新获得统一。可是，由于契丹在长城以北建立起辽国，使得北宋和辽一直处于相互对立的状态，无法再进一步统一整个北方地区。而后，北宋联合女真族所建立的金国灭掉辽国，北宋政权又败于金。朝廷迁都江南，建立南宋。南宋联合蒙古族灭金后，却被蒙古族所灭，至此，蒙古族统一中国，建立元朝。元朝持续的时间较短，随后朱元璋建立明朝，将蒙古族赶到长城以北的广大区域，此后，明朝修建了明长城以抵御蒙古族的进犯。明末，女真部落崛起，在明末的大乱局中最后统一全中国，建立清朝，这是中国历史上第二个由少数民族建立的大一统王朝，并且与蒙古族一直保持着友好的姻亲关系。从宋到清约1000年的时间，长城以北的游牧民族争相与汉民族逐鹿中原，在经历了隋唐民族融合之后，游牧民族对于入主中原建立政权极为渴望。从宋到清的这一段时期，不论是汉民族政权还是游牧民族政权，其最终的目的都是统一中国，这种思想的形成，是民族大融合最好的证明，而游牧民族政权想要在统一中国之后达到稳定和谐发展，就必须与汉民族的思想文化进行融合，在政治、经济、文化等方方面面与汉民族达到契合，这种契合，正是汉民族继续与各民族不断融合，最后形成多元一体的中华民族的一部分。

由契丹族建立的辽王朝，金和宋朝鼎立对峙，统治时间长达200余年。在这

[①] 李鸿宾：《唐朝胡汉关系研究中若干概（观）念问题》，载于《北方民族大学学学报（哲学社会科学版）》2013年第1期。

段时间内，他们积极学习中原汉民族的文化，并与北方草原文化相结合，呈现出了民族文化的新面貌。北宋宣和七年（1125年），契丹政权被金所灭，而后，契丹人多与汉、女真、蒙古人融合。

西夏，党项羌族所建立的政权，自称"大夏"。1038年建国，定都兴庆府（今宁夏银川东南）。初期疆域"东尽黄河，西界玉门，南极萧关，北据大漠"，辖22州，极盛时期包括今宁夏、陕北、甘肃西北部、青海东北部及内蒙古西南部和新疆部分地区。先与北宋、辽对峙，后与南宋并存，其居民主要有党项、汉、吐蕃、回鹘等族。其政治多仿唐、宋，并且有较完善的法律，且创自己的文字，即"西夏文"。西夏居民主要从事农牧业。后于1227年被蒙古所灭。

由女真族所建立的金政权，1125年与北宋联合灭辽，次年反手又将北宋灭掉，1153年迁都中都（今北京）。女真族最初没有文字，金太祖完颜阿骨打命人参考契丹文、汉字造女真文（女真大字），金熙宗时又命人创制女真小字。其中央建设、官制、地方建制，则从金熙宗起改用辽、宋的汉官制度，从而加强中央集权，推行封建化。其疆域北至外兴安岭的火鲁火疃谋克（今俄罗斯腾丁斯基东南）、东临海，西以"界壕"与蒙古为邻，南达淮河与南宋相接。金朝建立后，将大批汉人迁居东北地区，而女真人则陆续南徙进入长城以南的中原地区。直到1234年被蒙古所灭，又有不少归附蒙古的东北女真人随蒙古军队进入汉地，而入居中原的女真人事实上早已混合于汉人之中。长城以南遂形成一个女真等北方民族杂居的局面，因此，女真族与汉民族在长期的共同生产生活和斗争中，逐渐浸融到中华民族这一多元共同体之中。

1206年，蒙古各部落推举铁木真为大汗，号称成吉思汗，从此形成一个统一的国家。在此后的几十年间，蒙古国通过征战，建立了地跨亚欧的蒙古国。1271年，忽必烈改国号为元，迁都大都（今北京）。1279年灭南宋，统一中国。至此，分裂的中国再次统一。元朝，也是中国历史上第一个由少数民族所建立的全国范围的统一政权。

两宋时期，是宋与辽、西夏、金和蒙古游牧民族政权对峙的时期。同时，这也是一个民族大融合的时期。从这些游牧民族政权逐渐完成的封建化改革（即仿照汉民族的政治制度进行改革）可以看出，其深受汉文化的影响。这一时期，这些民族在心理上虽未完全认同汉民族，但是已经不排斥甚至开始将自己作为中国这个大家庭中的一分子去思考了。长城，作为一道军事和心理防线，保卫着汉民族正常的生产生活不被北方游牧民族所侵扰，但是从隋唐以来，长城的防御阻隔作用开始淡化，生活在长城地带的各民族经过长时期的融合，已与汉民族没有什么本质上的区别，就连曾经为防止游牧民族南下而修建的长城，在这一时期，也被游牧民族所效仿。

据《辽史·太祖本纪》记载，太祖二年（908年）冬十月，"筑长城于镇东海口。"① 不管学术界对其修筑长城的目的有何异议，单讲其修筑长城的行为，就是民族融合的成果。而金所修筑的长城是指其在北方边界地带兴筑的长城、边堡和壕堑等军事防御工程的总称，而且金代长城的防卫体系较历代更为完备和适用，其墙、壕并列，主要是为了防御来自草原地带的骑兵，主、副墙并列及戍堡、烽燧的配置，设计也更为合理，并为明长城所继承。长城本应是阻挡与游牧民族的一道防线，本应被游牧民族所痛恨，而辽、金这两个由游牧民族所建立的政权却反其道而行之，仿照农业民族，将长城作为他们防御其他民族侵扰的屏障，这种现象正是这一时期民族融合最好的表现。

辽、金政权几乎控制了整个长城地带，尤其是金，长期与南宋接壤，每年都要多次互派使臣进行政治、经济和文化上的交流。而长期与汉民族进行杂居融合，受汉文化的影响非常深，他们崇尚汉族的风俗，学习汉族的语言，甚至在服饰、饮食婚姻观念等诸多方面也深受汉族的影响。可以说，这个时候，入主中原的北方游牧民族，依旧在模仿汉民族的方方面面，并对本民族进行着潜移默化的改变，也一步步融入汉民族之中，为创造中华民族多元一体的格局做出了很大的贡献。

元朝于1279年消灭南宋，彻底统一了中国。但是，在对待蒙古族和其他民族上，蒙古族的统治者们实行了带有明显歧视色彩的民族政策。他们把全国划分为了四等人：第一等是蒙古人；第二等是色目人，其中包括西夏、回族等西北各民族；第三等是汉人，即是原来金朝统治下的汉人，也包括战争之后剩余的少量的契丹及投降的女真人；第四等是南人，指长江以南的汉人和西南各少数民族。蒙古族对汉人、南人在政治上实行了多方面的防范和控制，基本不启用这些人为官；在法律方面，这四等人也是不平等的，法律对于汉人和南人来说，非常严苛等。这种民族政策的实施，是蒙古族人不信任汉民族的表现。但是，民族大融合是历史的趋势所在，蒙古族统一了中国，就必须学习中原风俗文化，从而适应历史发展的潮流。

首先，蒙古族制定的各种政治制度，其实是学习汉民族的政治制度，比如蒙古族统治者建立的影响深远的行省制度，加强了中央与地方的联系，客观上促进了民族交流与融合；其次，经济上建立了四通八达的交通网络，推动了各民族在经济上的融合；文化生活上，大量汉人从长城以南地区进入到长城以北地区，迁徙汉族和其他民族进入边疆地区，形成了多民族杂居共处的局面。各民族生活在一起，就会主动或者被动地学习其他民族文化中优秀的部分，融入自己的文化之

---

① ［元］脱脱等撰：《辽史》卷一《本纪第一太祖上》，中华书局1974年版，第3页。

中。许多游牧民族在姓氏上都改从汉姓；并且仰慕汉民族的思想文化，在思想文化上逐渐与汉人一致，以至于最后形成一个稳定统一的文化心理。

但元朝的统治者对待各民族的歧视政策和其实行的过于压迫的统治，终于引起了各民族的反抗。1368年，朱元璋建立明朝，元顺帝北逃，彻底结束了蒙古在中原地区的统治。而后，朱元璋八次派兵深入漠北，大破退居漠北的蒙古族所建立的北元，天下终于至此初定。蒙古族不甘心就此失败，时常南下骚扰抢掠，使得边境人民苦不堪言；而明中叶以后，女真族又兴起于东北地区，也不断威胁边境的安全。为了巩固北方的边防，维持边境的稳定，在明朝统治的200多年中，明朝几乎没有停止过对长城的建筑工程。明王朝为了有效地对长城全线进行防务管理和修筑，将东起鸭绿江、西至嘉峪关的长城全线划分为九个防区，并委派总兵官统辖，亦称镇守，因此，九个防区亦称"九边"或"九镇"。除了与蒙古族的冲突外，明代也有大量的汉人主动或被迫地迁徙到长城以北和河西走廊地区，这些迁徙的汉人自然而然地带去了汉民族的文化，与当地人融合到一起。可以说，明朝，是长城地带民族融合最后形成统一的多元化的中华民族的一个促进时期，统一的大局面下，原本生活在长城地带的各民族对于汉民族的认同感愈发加强，对于中华文化的认同感也不断深入，最终促成了中华民族的形成。

不管是汉人、契丹人、女真人还是蒙古人，虽然各民族的起源、生活区域、风俗等不尽相同，但是，在长城地带这一区域，他们在接受了汉民族的文化之后，先后转变了本民族原本的社会组织结构，迅速从奴隶制的社会转变到封建化的社会，这不得不说是一大进步。而后，他们融合汉民族文化后，以强有力的军事实力，入主中原，甚至最后统一中国。

清朝是中国历史上第二个由北方游牧民族——满族所建立的大一统王朝。金朝被蒙古灭后，当初留在东北及后来陆续回到东北的女真人逐渐发展为后来的满族。

从1644年清军入关，到1912年清帝被迫退位，清朝统治中国长达200多年。清朝政府在对待各民族上，采取了与元朝截然不同的民族政策。

在统一中国之前，满人所处的政治、经济和军事环境是非常恶劣的。他们处在明朝、朝鲜、蒙古的包围之下，清朝的建立者努尔哈赤和皇太极为了改变这种处境，保证自己的政权能稳固下去，选择与蒙古族进行联姻。从清朝（后金）的建立者努尔哈赤开始，统治阶层先后三次娶蒙古部族的女子为妻。著名的孝庄文皇后就是出自蒙古科尔沁部。与此同时，大量的满洲贵族也迎娶蒙古女子为妻，满蒙联姻就此扩大，很多满族皇室公主和上层女子也嫁给蒙古王公贵族。到了康熙至乾隆时期，满蒙联姻被清朝统治集团定为基本国策而趋于完善，这种政策甚至扩大至满蒙两大民族的下层平民。满蒙联姻的形成与发展，促进了两个民族的共同发展，同时也对清朝维护和巩固自身的统治提供了强大的助力，并且对长城地带的民族融合起到巨大的推动作用。

蒙古部族臣服于清朝政权，并且接受了清朝的制度。如皇太极天聪九年（1635年），在建立了满洲八旗的制度之后，蒙古地区也被编入，而蒙古八旗成为当时还是后金的常备军。且皇太极已经基本消除了当时后金的威胁，将周边地区的民族政权纳入后金的统治范围之内。在推行其制度时，后金的统治者们在一定程度上照顾到了各民族的特殊性，在政治统一的基础上，允许他们保持有自己的风俗和生活习惯。

在统一全国后，清政权并没有像元朝那样采取民族歧视的政策，反而是主动融入了汉民族之中。这种融合表现在：首先，清朝继承了大一统的传统思想，各民族都被认为是中国的组成分子，其制度的建立收归清朝所有，从而保证了国家法度的统一。虽然作为满族贵族所建立的王朝，不可避免地要保证满族的特权，但是，清政府也提出各民族形式上是平等的，比起以往北方游牧民族所建立的政权来说，不得不说是一大进步。其次，在清军入关后，大批的满族人融入汉民族之中，迁入长城以南及更深的中原腹地。而在对待汉民族方面，虽然清朝强令男子剃发，但从其各方面的思想和制度来看，满族人早已经融入汉民族的精神和文化之中，他们任用汉族人为官，提倡满汉一家亲，而汉民族，也逐渐接受了满族人为统治者的事实，即使仍有局部的反抗，但是民族融合的事实已不可改变。

在清朝的统治下，长城地带上的各民族在保持自己风俗习惯的前提下，在一个统一的国家制度上，长期和谐相处，最终趋于稳定。

三、长城地带民族融合和中华民族

纵观整个长城地带的民族融合史，从先秦到宋元明清，在漫长的历史长河中，农耕民族和游牧民族在这片区域不断地碰撞和交流，既是历史的事实，也是文明发展大势所趋，因而也是必然的。

长城地带的民族融合，"不是民族学学科严格意义上的民族融合，而是广义或习惯上所说的民族融合，主要指在统一局面下，两个以上的人类群体或民族，在社会、经济、文化艺术、宗教信仰以及社会生活方式等诸多方面的差异性逐步缩小乃至消失，共同性逐渐增加并趋于基本一致，从而演变成为一个新的民族实体的过程和现象。"[1]

---

[1] 李凤山：《长城与民族》，中央民族大学出版社2006年版，第16页。

教育部哲学社会科学研究
重大课题攻关项目

战国时长城开始修建,长城地带的民族融合也在此时达到了历史上的第一个高峰期,此时,群雄逐鹿,七国争霸,各国为了富国强兵尽可能地与周边民族进行融合,汲取精华,完善自身,使其在争霸中能脱颖而出。汉民族通过经济交往、联姻、政治改革等一系列举措,使民族融合在长城地带得以广泛发生。到秦汉时,这里逐渐演变成两个帝国的角逐,汉族和匈奴在长城地带通过战争、通婚、马市、迁徙等措施,一次又一次在这里相互学习、融合,而这同时还促进了汉族和西域诸国的交往。魏晋南北朝时,统一的汉王朝分裂,天下大乱,游牧民族政权趁此逐鹿中原,在长城以南区域建立一个又一个政权,甚至统一了整个北方。在这段时间内,游牧民族学习农耕民族的政治、经济制度,进行"汉化"改革,也给汉民族带来了新的精神面貌,长城地带的民族融合,由此迎来第二个高峰期。隋唐时期国家复又统一,此时采取的开明的民族政策和对待各民族友好的态度,使得民族融合在长城内外持续发生。"唐末至明末,长城带民族融合再次步入一个新时期。"① 辽、西夏、金、蒙古等游牧民族政权相继建立,相互征服,同时也不断与汉民族政权发生碰撞,继而融合,终于出现了中国历史上第一个由游牧民族政权所建立的统一的国家。到了明代,为了防御北方蒙古族入侵,开始了历史上最大规模对长城的修缮和修建活动,但是,民族融合在长城地带的广度和深度不断加深。从唐末至明末的这段时间内,大批汉人或为躲避战乱,或被游牧民族统治者所强迫,不断迁徙并分散到长城以北各处。"700余年的民族人口大对流,造就了各民族大杂居的态势,他们相互交流、相忘相化、相互吸收,经济、文化、风俗习惯相互渗透,趋于一致,经多年叠加积淀,相互融合为一体,终于完成了又一个民族融合的过程。"② 到清时,各民族又进一步融合在一起,最终形成中华民族自在的民族实体。

从秦始皇消灭六国,第一次在中国建立统一帝国开始,经过汉武帝罢黜百家,独尊儒术之后,汉民族逐渐形成了以儒家文化为核心的汉民族文化,这种文化提倡的是大一统的思想,即中央集权不断加强下的全国的统一。统一,逐渐成为生活在长城地带民族不断融合中的共同意识,尤其是经过了魏晋南北朝大分裂到隋唐大一统的这一段时间,在统一制度下的国家的统一、民族的统一、文化的统一逐渐成为游牧民族和农耕民族的主体思想。到了宋代,长城地带上各民族所建立政权之间的征服,其实都是在这种思想影响下进行的,目标旨在统一全国。长城以北的游牧民族,在不断的民族融合中,认同了这种思想。"统一是中国发展的大势所趋"③,统一,使不同民族体会到了巨大的好处,有益于民族自身的

---

①② 李凤山:《长城地带民族融合史略》,载于《中央民族学院学报》1993年第1期。
③ 陈喜波、韩光辉:《中国古代"大一统"思想的演变及其影响》,载于《中共中央党校学报》2005年8月第3期。

发展；而民族融合，文化的相互影响，反过来又促进了一个大一统的国家的形成。终于，至明清时，这种思想，从最初的"华夷之辨"转变为"满汉一家亲"，一个稳定成熟的民族心理形成了。

长城以南的农耕民族是以汉民族为主体的，其政治、经济和文化，都对游牧民族有巨大的吸引力。统一的王朝保证了农业经济的发展，繁荣的政治和经济促进了璀璨文化的形成。汉文化，也因此具有极强的包容性。长城，可以重塑农耕和游牧的秩序，使得民族融合在长城内外得以持续发生。游牧民族融入汉文化，并将自身的文化带入汉人的生活之中，成为汉文化不可分割的一部分。在几千年的相互融合中，两种文化紧紧地缠绕在一起，长城，也因此成为联系两个民族的强有力的纽带，将两种经济方式的民族牢固地捆绑在一起。

长城地带各民族的起源地域均不相同，可是，在几千年的民族融合中，各民族之间相互交流、学习。但是，在这里进行的民族融合，不是简单的"汉化"或者"胡化"，而是更深层次的诸如文化、思想等方面的逐渐交融。各民族在保有自己风俗习惯的同时，又具有其他民族的风俗特征，这才保证了中华民族和文化的多元化，促成了中华民族真正的繁荣，并体现出其特殊性和包容性。各民族在思想文化上你中有我，我中有你，最后成为了一个稳定的多元一体的中华民族和文化中的一部分。

"中华民族作为一个自觉的民族实体，是近百年来中国和西方列强对抗中出现的，但作为一个自在的民族实体则是几千年的历史过程中所形成的。"[①] 自从长城修建以来，长城内外逐渐形成了农牧两大统一体，两千多年来，长城内的汉民族通过屯垦移民和通商等方式在这里形成了一个巨大的网络，把长城内外各民族串联在一起，成为中华民族自在民族实体形成中重要的一部分，并取得了大一统的格局。长城，也因此成为中华民族的象征。

"历史为我们做出的结论是，长城地带是中国北方民族大融合的巨大纽带……由于长城地处北方旱地农业与北方草原交错地区，是农业和畜牧业两大民族胶合地域，因而它像一块巨大的强力磁石般吸引着各民族不断地一个接一个地步入长城带，有时似潮水般涌入长城带，但是，不论哪个民族来到这里，都毫不例外地融于此。"[②] 若没有几千年来长城地带农耕民族和游牧民族相互之间的融合，便不会有后来多元化的中华民族，更不会使中华文化在不断融合中渐趋完善。而长城，也不再是民族的分界，它具备了更深层次的内涵。在长城的南方，不同的民族融合为农耕文明，在它的北方，游牧民族从未消失，农耕与游牧的碰撞与融

---

① 费孝通：《中华民族的多元一体格局》，载于《北京大学学报》1989年第4期。
② 李凤山：《长城地带民族融合史略》，载于《中央民族学院学报》1993年第1期。

合，为灿烂的中华文明，注入了新的活力。

长城地带的民族融合，是中华民族重要的组成部分之一，它不仅促成了中华民族最终的形成，更深刻影响和改变了华夏文明促使其不断向前发展，最后达到百花齐放、百家争鸣的繁荣昌盛的景象。

第七节　长城地带两大文明互动研究

历代长城，是中国古代民族关系变迁、发展的产物，见证了长城南北各民族的形成与此消彼长。长城不仅仅是中国古代王朝疆域的北部军事防御线，也是中华文化圈内农耕与游牧两大文明形态的分界线。两千多年来，生活在长城以南的农业民族和生活在长城以北的游牧民族，因为各种原因彼此间或进或退，上演了一幕幕惊心动魄、绚丽多彩的大戏，其直接的结果就是影响到中华文明的进展历程和进展方式。[1]

说起农耕经济与游牧经济，人们总会认为农耕生产方式先进，游牧生产方式落后；农耕生产方式文明，游牧生产方式野蛮；农耕生产方式处处防御，游牧生产方式节节入侵。其实不然，这种看法的出发点是站在农业民族的角度去认识两种文化，严重受到"中原王朝中心论"的影响。虽然从地理范围方面来讲，早期王朝的产生主要是集中在黄河流域，以此再向周边扩展，在王朝所及的地区内建立统治，周边各地则以其距都城远近，分别被置于王朝安排的五服范畴。自夏、商、周到秦朝，从中原向四周，政权所管辖的地区，由传统的中原扩展到整个农耕地区，建构成强盛的一统性王朝。汉以后的历代再由此延伸，兼纳游牧、半农半牧和其他渔猎文化地区，至清代则统有长城内外、大江南北而纵横广阔的地域。从黄河、长江流域向四周伸张，是古典王朝国家疆土发展的基本特征。[2] 钱穆曾说"……游牧、商业起于内不足，内不足则需向外寻求，因此而为流动的，进取的。农耕可以自给，无事外求，并必继续一地，反复不舍，而为静定的，保守的。"[3] 游牧经济、游牧国家的产生与演化在人类历史发展中也扮演着举足轻重的角色。因此，研究长城和民族，不仅要站在"长城内"用中原民族的视角去看待长城，也要站在"长城外"用游牧民族的角度去认识长城，更要站在"空中"客观公正地去了解长城，从而更加深刻地研究长城地带的民族关系和文明互动。

---

[1] 段清波：《长城研究亟待深化，长城保护刻不容缓》，载于《中国文物报》2012年8月17日。
[2] 李鸿宾：《古今中国之衔接——疆域观察的一个视角》，载于《中国边疆史地研究》2010年第2期。
[3] 钱穆：《中国文化史导论》，生活、读书、新知三联书社1988年版，前言页。

一、农耕经济和游牧经济的特征

游牧经济和农耕经济之间长期冲突，在有历史记载的大部分片段里，留给我们的印象是一种难以平衡的关系。定居的农业社会，从西方哈德良时期的罗马帝国，到东方西汉时期的中国都会筑起城墙和壁垒来区分自己和游牧民族之间的地盘。而游牧民族南下越过这种阻碍从而打破两种文明形态之间的平衡关系，是否是由其性格中固有的"侵略性"所决定的，这值得我们深思。

小农经济的农业生产的特点是将生产对象限定在某一固定的区域，并在一年四季中春耕、夏耘、秋收、冬藏。从投入到产出的周期相对较长，在生产的过程中需要把握住季节性和实效性，错过其中的任意某个环节，都极其有可能导致作物的大量减产。所以，从农业生产者的角度来讲，保持社会环境的相对稳定，保持一年中有规律的生产节奏是首要任务；而游牧经济主要位于大兴安岭以西、阴山以北的内蒙古大草原，不仅日照时间短、有机植被薄，而且降雨量少、蒸发量大。处于这种恶劣自然环境中的游牧民族，在古代生产力发展水平较低的情况下，只能采取"四季轮牧"的方式来取得生产生活资料，从而保证生产方式与生态环境的和谐。游牧经济模式下产品具有单一性与不耐储存性，这使得游牧民族抗击自然灾害的能力较低，对自然环境有着很强的依赖性，需要适时得到农耕民族的援助与产品补充。

游牧民族及游牧经济占统治地位的地区并非千篇一律，其构成及经济特点也有显著的区别，严格意义上的游牧集中在蒙新高原地区；在我国的东北和西北新疆地区均分布有农业民族和游牧民族；而甘青地区居住的氐羌各族虽然也主要以游牧为生，但也种植穄麦。于是在我国北方从东至西沿着长城一线形成了一条两头较宽、中间较窄的农业游牧交错地带。[①] 而汇聚这一区域的经济同样显示了农牧文化间的多元交汇。而本书我们所讨论的游牧，主要指的是严格意义上蒙新高原地区游牧部族的经济。

农业经济基本上能够自给自足，但是游牧经济却不然，当游牧区遇到霜冻、暴雨、气候变冷等自然灾害时，游牧区的草场就会大量减产，继而牲畜数量减少，从而无法用等价值的畜产品和农业民族交换粮食等农产品。于是，迫于生计而入侵农业地区掠夺粮食、财富等，成为游牧民族继续维持生存的选择。[②] 因此，

[①] 李根蟠：《小农经济与游牧经济》，载于中国经济网，2004 年 07 月 30 日：http://www.ce.cn/ztpd/xwzt/guonei/2004/jdzg/tdgm/jdyk/200407/30/t20040730_1368262.shtml。

[②] 王绍东：《碰撞与交融——战国秦汉时期的农耕文化与游牧文化》，内蒙古大学出版社 2011 年版，第 241~242 页。

两种经济文化形态格格不入，矛盾斗争有时十分尖锐。如何解决这样的矛盾就成为农业经济地区统治者必须考虑的核心问题。① 气温的每次下降，每次干旱的发生，每次雪灾的来临，都是草原民族面临的一次生死挑战，在小冰川期，曾经的蒙古人，"一个人口不超过百万的民族，征服了那些总人口加在一起有一亿之多的国家"②，他们对征服的渴望，也许很大程度上，是因为他们身后的干冷气候。

《后汉书·乌桓鲜卑列传》有："天设山河，秦筑长城，汉起塞垣，所以别内外，异殊俗也。"③ 面对行动异常迅猛的游牧民族，当天然的高山、大漠也难以阻挡其对农耕地区的冲击时，控制中原的统治者多数都会利用农业社会强大的组织力量，不断增筑、修缮长城防御工程，以人工屏障的方式把农耕经济区与游牧经济区予以隔离，阻止游牧民族对农业生产的破坏和对农业地区的掠扰，以保护中原地区农业文化中心地位的正常、有序发展，从而达到维护其政权的目的。但往往事与愿违，长城修筑在农耕与游牧的过渡地带，这个区域可耕可牧，是双方在某种条件下均想获得的地域。虽然长城有重要的地理分界线的作用，但由于游牧经济与生俱来的对环境的较强依赖性，使得其在一定程度上需要得到农产品的补充，这就要求游牧民族突破长城的阻碍和农耕民族进行交往，但往往遇到的是农业王朝所修筑的用以军事防卫和文化阻碍的高大屏障——长城，这样，游牧民族南下入侵中原并发动激烈的抢夺的必要性又会加强。于是，在这种情况下出现了"一种内部循环的动力机制，即长城的阻碍强化了农耕经济与游牧经济的地理分异，加深了长城内外的文化差异，而这又必然导致更激烈的军事冲突，长城的重要性又进一步加强，于是又要求加强长城的隔离作用，如此循环下去，直到双方之一彻底赢得边界的胜利，即游牧民族入主中原或者汉族统治范围大大越过长城。"④ 因此，长城南北农业经济和游牧经济之间虽然具有矛盾性，但也具有强烈的互补性，长城不仅没有阻断两者之间的联系，反而在互相冲突、互相碰撞、互相影响、互相交融、互相吸收中造就了长城地带这一特殊的经济、文化、军事区域，长城在客观上发挥了融通游牧与农耕文明的功能。

二、长城地带农牧互动对建立政权性质的影响

长城坐落在草原游牧和中原农耕的自然交汇处，它是一定经济发展下的产

---

① 李凤山：《长城与民族》，中央民族大学出版社 2006 年版，第 129 页。
② [俄] George Vernadsky. The Mongols and Russia. Yale University Press, 1953 年版，第 5 页。
③ [南朝] 范晔：《后汉书·乌桓鲜卑列传》，中华书局 1959 年版，第 2992 页。
④ 邓锋：《长城：文化的界线——兼与英国哈德里安城墙比较研究》，载于《重庆工商大学学报（社会科学版）》1996 年第 3 期。

物。长城既将两种经济、文化隔开，又将两种经济、文化联结在一起。典型的游牧民族和农业民族是两个极端，农业政权的中原王朝并不希望与游牧民族间发生联系，而游牧者们却希望能够从农业区取得财富并且建立政权。于是，依靠长城这一道墙体并不能将这两种不同经济类型下的社会分开，他们之间或主动或被动的接触使得围绕长城形成一个过渡区，在这里居住着在不同程度上受到农业文化影响的草原部落和受到草原风俗影响的汉人。在战争频繁的时期，长城过渡区会变得较为狭窄，因为此时居住在过渡区的部分草原居民会退回大草原深处，同时部分农业居民会退回到中原地区。反之，经过长期社会环境的稳定，农牧过渡区就会扩大。一旦发生战争，长期的稳定被破坏，长城地带混合经济社会不可能迅速归属"严格"的草原社会或"严格"的农业社会。此时就必须用历史的、客观的眼光去把握游牧民族与农业民族之间的关系，去了解长城地带的居民生活及组织结构。

历史上游牧和农业民族多次在长城地带通过战争的方式更迭王朝，但不论是游牧民族还是农业民族在中原地区建立政权后，均无一例外地选择了政权的农业属性，这种现象的出现则通常是多方面条件共同作用的结果。

首先，长城地带是农业经济和游牧经济的过渡区，农牧文化均在这里聚集，长城地带农牧之间的交流和互动为游牧民族了解中原文化和风俗习惯提供了有利的社会环境，也为游牧民族的挥鞭南下提供了契机。纵观我国历史，往往侵入中原的游牧者并非来自草原深处，而是来自农牧过渡区的长城地带。匈奴一直雄踞草原并未征服中原，辽政权的兴起是在长城附近的草原区，金也是在辽的边境逐渐兴起的。成吉思汗率领的蒙古政权兴起于东北边境，努尔哈赤入关率领的将士也是来自邻近东北南部的通古斯族人。

其次，长城地带长期的战争环境更有利于此区域游牧民族势力的积聚壮大。辽、金两朝的建立过程相对比较缓慢，在那个时期中原内部经历了长期的战争，受到破坏的程度极为严重，中原民族几乎达到了筋疲力尽的程度。但是长城地带的长期战争状态，对混合社会中的农业部分造成了极大的破坏，游牧部族却在战争的过程中变得更加强大。定居居民虽然在长期战争的初期可以自保，但是农业本身因长期的战争环境逐渐受到破坏，土地无人耕种。而对于偏向游牧生活的人来说，战争可以促进游牧制度中军事特征的发展，因为其本身日常生活就处于一种准军事化的状态下，他们能够迅速集中人力进行防御并且拥有从敌人要经过的区域迅速撤退居民及牲畜的能力。因此，长期的战争不但使得游牧民族变得更加强大，而且还使游牧民族更加了解农业区的文化及生活习惯，而并不是只去掠夺农业居民的生活物资。也许大草原深处中的游牧者还沉浸在掠夺后的喜悦中，长城过渡地带的游牧民族却已经开始学习如何去了解和治理游牧和农业民族。所以在长期战争之后由游牧民族建立的王朝具有两重性质,因为他们不但知道怎样去充分利用农业经济,而且知道如何恢复被战争破坏的农业经济。同时,在若干年的战争中,其游牧部族的部属也会增加。这种游牧部属不是附庸,而是在长期的服役之后,成为新王朝势力本身的一部分。

再次,位于草原地带的游牧民族因为长期与农业民族发生交流,使得其或多或少认识到农业文化所体现出来的优越性,从而愿意接受"汉化",更改其所建立的政权属性。虽然中原王朝统治者想极力扩大其领土,但他们并不愿意越过长城进入游牧区的范围;游牧民族的首领虽想进入中原但却不敢轻易冒险,因为他们也许能够侵入并掠夺内地物资,但是他们并不了解如何占领并统治农业地区。而长城地带居民处于两种经济形式的过渡区,这里的游牧人具备了丰富的游牧知识并掌握了基本的农业常识。边境征服者的力量是游牧民族还是农业民族,取决于边境区的深浅和当时在此区域混合人数的数量,也取决于真正农业与游牧民族的均势状态。[①] 唐朝就是由生活在农牧过渡区域的具有游牧血统的父子建立起来的,在与隋争夺政权的过程中,突厥骑兵的支持,使其迅速击败隋朝,之后唐朝势力深入草原及中亚,但是其统治中心仍明确地停留在亚洲内陆边疆以内的农业民族一方,并且将政治中心从长城地带迅速转入内地。而成吉思汗的征服路线却是从过渡地带深入草原然后再回师农业民族区域。蒙古人征服中原不是突然的,成吉思汗居住在草原南缘,他统一了草原各部,却没有像冒顿单于那样做草原首领,在他的时代,充斥着两个世纪以来的战争和已经因战争而受到破坏的长城农牧过渡带。在这种松弛的局面中,从小就被放逐到草原的成吉思汗比其他贵族有更好的机动性及战争技能的训练。他所率领的草原民族受到多区域文化的影响,当他返回到长城地带时,其部族便具有很多混合文化的属性,这些属性引导他从事新的征服,并在征服后立即进行新的融合事业,其中包括回鹘部族深知中原边疆和腹地各事的契丹皇室之后耶律楚材。此外蒙古族征服中原是在成吉思汗之孙忽必烈时代,那时征服中原的已经不是一个蒙古部落,而是一个已经成长并十分强大的王朝。

历史上两种经济模式的冲突和矛盾,导致过多次的政权建立及更替,但在长城以内最有利、占主导的经济形式依然是农业经济,进入这个政权服务的农业民族依然可以保存其特点,而游牧民族则不能保持游牧民族原有的特性,他们必须适应农业民族的一切,并接受"汉化"。长城地带亦是如此,居住于此的游牧部族不会也不能完全保持游牧性质,最直接影响游牧民族生活的草原牧场的分配也

[①] 拉铁摩尔:《中国的亚洲内陆边疆》,江苏人民出版社2005年版,第374页。

不能单纯地根据游牧经济的需要来决定，而必须考虑保证一个农业国家固定边疆的需要。因此，即使是游牧统治者建立的政权，整个长城以南区域的社会性质也仍然是农业经济。西晋时期鲜卑拓跋部首领致力于统一、兼并战争，先后灭掉了北方仅存的大夏、北燕和北凉，于439年统一了北方，随之南下建立北魏政权。孝文帝在位时推行政治改革，其主要内容是汉化运动，包括推行均田制和户调制，变革官制和律令，迁都洛阳，改易汉俗等。这次改革促进了北魏的政治、经济的快速发展，也体现了民族融合对少数民族的巨大作用。虽然鲜卑族是用武力的方式征服了中原民族和其他的少数民族，但却被中原地区繁荣发展的文化所折服，并从中吸收精华，从而促进了自身发展，巩固了自身统治。因此，长城地带两种混合文化的属性在长期的战争中即使一开始倾向于游牧，但在一定和平时间之后仍会倾向于农业。

三、农耕民族和游牧民族的互动表现

由前一部分的内容可知，长城南北存在着拥有不同经济属性的两大团体，他们长期以来因为经济利益的冲突而战争不断，但其从另一方面又促进了长城南北的经济、文化交流。长城地带游牧部族和农业民族之间的交流、互动一直是长城地带发展的主旋律。从史前时期开始，农耕和游牧之间就在不同的政治实体中持续着激烈的冲突和战争，也持续着和平的奉贡和互市。西汉时期的西汉都护府的设置和南匈奴呼韩邪单于款塞"事汉"两大历史事件，标志着长城地带农、牧区在政治上开始成为统一体，初步形成了中华民族的格局。其后的时代里虽然有分有合，但是自秦汉至明清，农牧两大文明在政治上的统一使两者间形成相互依存、不可分割的局面。[①]

长城地带南北农耕和游牧经济之间的交流十分频繁，历史上氐族、羌族、匈奴族、乌桓族、鲜卑族、突厥族、回纥族、契丹族、女真族、蒙古族、满族等少数民族均和中原地区的农业民族或多或少地发生过交流与互动，它们之间的联系和交流是多方位的，也逐渐成为了中华民族多元一体格局长期发展的动力，主要体现在以下方面。

（一）频繁的战争

"西周最紧急的外患是西北方戎狄族的入侵。戎狄族散布地域很广，陕西西部北部，山西河北极大部分都是戎狄族居住地。商周人称他们为戎狄，又称

---

① 李凤山：《长城带经济文化交流述略》，载于《中央民族大学学报（社会科学版）》1997年第4期。

为鬼方、混夷、犬戎、犬夷、獯鬻、狁，表示对他们的憎恶（战国以后称胡，又称匈奴）。"① 在商周时期中原的农业民族已经与游牧民族开始了联系。因为西周的都城镐京较为接近戎狄区，因此该地曾多次受到戎狄的骚扰，对农耕区的社会生活造成了严重威胁。"懿王时，西戎侵镐；孝王时，周伐西戎，西戎来献；厉王时，西戎反王室，灭犬邱大骆之族；宣王时，使秦仲伐西戎，为戎所杀；幽王时，申侯联合西戎，犬戎法周，杀幽王于骊山之下，周平王被迫东迁。"② 说明西周中期以来戎狄的势力逐渐发展壮大，多次扰周，是周王朝的主要威胁之一。春秋时期，与西戎发生战争的主要是秦国，如《史记·秦本纪》记载"伐戎王，益国十二，开地千里，遂霸西戎"。战国时戎狄中的义渠经常扰秦并发动战争，且"筑城郭以自守"。

秦始皇一统天下后，面对北方游牧民族的不时南下侵扰，利用中原王朝强大的组织力对北方匈奴生活的区域进行了反击。《史记·蒙恬列传》中对秦始皇北击匈奴与修建长城有所记载："秦已并天下，乃使蒙恬将三十万众北逐戎狄，筑长城，因地形，用制险塞，起临洮，至辽东，延袤万余里。于是渡河，据阳山，逶蛇而北。暴师于外十余年，居上郡。"

秦朝末期中原战乱，匈奴势力得到了恢复和发展。《史记·匈奴列传》记载"诸侯畔秦，中国扰乱，诸秦所徙谪戍边者皆复去，于是匈奴得宽，复稍度河南与中国界于故塞。"③ 西汉王朝建立后，草原地区的匈奴部族依旧是中原民族的最大威胁。但是高、惠、文、景时期因为"休养生息"的国策，西汉政权对匈奴采取的是和亲与防御的政策。"白登之围"后，汉匈间虽然时有冲突但是双方都保持了克制态度，没有形成大规模的战争。与此同时，汉王朝注重对前代长城的修缮和维护，从而达到防御的目的，"缘边亦各坚守以备胡寇"④。之后，汉王朝面临的是"汉兴七十余年之间，国家无事，非遇水旱之灾，民则人给家足，都鄙廪庾皆满，而府库余货财。"⑤ 于是，汉武帝调整了对待匈奴的政策，由防御转向了进攻，发动了连年的战争后，"卫青复出云中以西至陇西，击胡之楼烦、白羊王于河南，得胡首虏数千，牛羊百余万。于是汉遂取河南地，筑朔方，复缮故秦时蒙恬所为塞，因河为固。"⑥ 元狩二年（前121年），汉武帝任命霍去病出陇西，击破匈奴，使得匈奴4万人投降，后在此设酒泉、武威、张掖、敦煌河西四郡。在汉王朝强大的攻势下，匈奴残余势力不得不向西转移，农业生产区不断向

---

① 范文澜：《中国通史（简编）》（修订本），人民出版社1964年版，第153页。
② 《中华文明史》编纂组：《中华文明史（先秦卷）》，河北教育出版社2003年版，第689页。
③ ［汉］司马迁：《史记》卷一百十《匈奴列传》，线装书局2006年版，第455页。
④ ［汉］司马迁：《史记》卷一百十《匈奴列传》，线装书局2006年版，第456页。
⑤ ［汉］司马迁：《史记》卷三十《平准书》，中华书局1959年版，第1420页。
⑥ ［汉］司马迁：《史记》卷一百十《匈奴列传》，线装书局2006年版，第458页。

西向北推进，之后拉开了游牧对农耕世界的又一次大规模入侵的序幕。

581年，原北周国相杨坚建立隋朝，突厥族想趁隋立足未稳之机来掠夺财物。582年突厥杀钵略可汗率40万骑南下，开始入掠，隋北边几乎均未免于灾难，西北区更甚。之后突厥民族南下更为频繁，数次进入凉州、甘州、肃州、原州、会州进行抢掠，并深入至兰州、渭州和秦州。面对如此严峻的形势，隋军顽强抵抗，分兵八道主动出击，在今内蒙古呼和浩特以北大败突厥军。在隋王朝的坚决抗击下，突厥内部矛盾开始显现，分裂为东突厥和西突厥，彼此之间斗争激烈。在内忧外患的局面下，沙钵略可汗主动对隋采取和好的态度，请求和亲归附，并开始称臣。从此，突厥所辖各部也随之归附，这充分显现出了突弱隋强的形势。

但至隋末，中原丧乱，《通典》中记载"及隋末离乱，中国人归之者甚众，又更强盛……控弦百万，戎狄之盛，近代未有也。"突厥趁此再次崛起，东西突厥联合起来雄踞漠北，成为指点中原的强大力量。西北各部纷纷为求得突厥支持，献上子女金帛，向其称臣。唐统一后，东突厥的颉利可汗曾率领15万大军攻并州，掳5000余人，又率10余万骑兵大掠侵入朔州、太原。更甚者，626年东突厥20万骑兵入侵中原并直逼距长安城仅40公里的渭水桥之北，震动京师。迫于形势的危急，唐政权采取了割地、贿赂等政策，与西北诸雄无异。但是突厥仍频繁侵扰，使得唐北边人民深受其害；又加之连年霜冻，突厥内部矛盾四起，怨声载道。正是在这种局面下，629年唐太宗李世民令兵部尚书李靖等率10余万兵马，分六道大举出击。630年正月，李靖在定襄（今内蒙古清水河）大败突厥军，颉利可汗率残部北撤，又遭李靖伏兵堵截，全军覆没。颉利可汗当时虽独骑逃走，但是同年三月又被唐军生俘，东突厥灭亡。

至宋代，蒙古势力逐渐壮大，该部族早期居住在额尔古纳河上游，大约在8世纪时西迁于草原地带的斡难河和怯绿连河间。1206年，铁木真统一了草原上长期处于分散状态下的蒙古族各部，建立了蒙古政权，被尊称为成吉思汗。之后，他开始率领蒙古铁骑向草原其他民族出兵，1215年攻陷了金政权都城燕京，于1222年灭西夏政权，从而建立了以喀剌和林为都城的蒙古帝国。1260年，忽必烈继承蒙古大汗之位并定都北京。1279年蒙古人最终灭掉了奄奄一息的南宋政权，建立元朝。但是，之后西域蒙古各部之间发生了内部的纷争，伊儿汗国和钦察汗国间冲突数次，而至13世纪末孙海都对忽必烈建立元朝政权进行了反叛，从此蒙古政权的军事实力大大削弱。至14世纪时，分裂的蒙古部最终如阳光下的冰雪迅速地融化。直至1368年，明朝建立后，元朝残余势力被肃清并被迁至蒙古草原。

虽然明建立之初，北元王朝退居塞北，但蒙古部族仍然"整复故都，不失旧物"①，希望能重新入主中原王朝。于是分别在明太祖洪武元年冬（1368年）、洪武二年（1369年）、洪武三年（1370年）接连出兵长城地带的山西、通州（今北京通县）、沈儿峪口（今甘肃省定西县北），但都最终以失败告终。北元节节败退，明朝政府于是欲乘胜追击，想要以绝后患。于洪武五年（1372年），十五万明军分东、中、西三路进攻蒙古草原。总地看来，北元损兵折将，山西、陕西、腹里②等地区都归入明朝版图，元顺帝试图入主中原的企图彻底失败。与此同时，明王朝也损失惨重，以至于不敢在短时期再次深入草原进行作战。于是，双方在明北方边境地区开始了拉锯式的冲突。但至洪武二十一年（1388年），明军15万人袭击北元于今呼伦贝尔地区、今内蒙古贝尔湖（明捕鱼儿海）东北，北元方面损失惨重。洪武二十三年（1390年）三月，明朝派兵来征，被迫降明。北元对明战争失败后，蒙古草原便陷入了大动荡、大分裂之中，最有实力的是蒙古本部和瓦剌。永乐年间，蒙古族鞑靼和瓦剌部相继和明王朝发生战争，双方僵持不下。至明成祖时期，明、蒙之间的贸易有着严格的限制，由官方控制严禁私市。宣德以后，明廷允许北元大汗、太师遣使贸易，还给予其丰厚的赏赐。③但蒙古部族使原来局部和分散的贸易变成整个蒙古地区与明朝的贸易，使臣数量达到数千人。明朝政府此时在财政上开始难以承受，多次要求限制入贡人数，而蒙古部使臣有增无减，明廷采取固定赏赐数额的措施，减少赏物，严格控制铁器的出售等。这些措施又引起蒙古对明的不满，便开始扣留明朝使臣，并组织对明朝发动大规模的进攻。如"土木堡之役"和"庚戌之变"主要是因经济原因而发生的大规模战争。至明朝中后期，长城南北的文明互动以和平互市为主要方式，偶间有激烈的战争。互动的对象以明、蒙、金三足鼎立之势的确立代替了之前的明、蒙之间的频繁交流。

经历了明代早、中期明廷和蒙古间激烈的战争后，双方在长城地带建立了一种由经济利益起决定性作用的相对和平双边关系，④但是，万历四十四年（1616年），努尔哈赤在赫图阿拉建立后金政权后，以"七大恨"的理由开始公开向明朝宣战。首先攻陷抚顺、清河，后在"萨尔浒之战"中取得明显优势，从根本上改变了明朝和后金之间的隶属关系，也为后来清军成功入关奠定了基础。乾隆皇

---

① 谷应泰：《明史纪事本末·北元遗兵》后论，转引自《中国北方民族关系史》编写组：《中国北方民族关系》，中国社会科学出版社1987年版，第310页。

② 元对中书省直辖地区的通称。元朝把黄河以北，太行山以东以及以西的这片地区叫作"腹里"，就是现在的河北、山西和河南、山东以及内蒙古的一部分。这个地区由朝廷的中书省直接管理，其余各地分设行中书省（简称行省）管理。

③ 《明英宗实录》卷146，正统十一年十月己未条中记载，瓦剌使臣到边云："即望放进，于大同宴劳，复遣官迎接馆待，从容来京，买卖货物。"《明实录抄·蒙古篇三》，第151页。

④ 王满满：《明、蒙、金三角关系试探》，中南民族大学，2013年硕士学位论文。

帝曾经这样说道："由是一战，而明之国事益削，我之武烈益扬，遂乃克辽，东取沈阳，王基开，帝业定。"① 至天启元年（1621年）三月，后金军队大败明军先后攻下沈阳、辽阳等地区，努尔哈赤迁都辽阳。之后，后金军队节节胜利，占领了广宁，开始了对山海关西南地区的威胁。1644年，李自成农民军推翻明朝统治，明崇祯帝自杀，清军入关。

（二）贡赐

长城地带古代农业民族和游牧民族之间也有相对缓和的互动方式，"贡""赐"就是其中的一种，它是在中原王朝与周边少数民族之间存在的一种礼仪外衣掩盖下的贸易往来。在长城地带，少数民族同中原王朝的贡赐既是经济上的贸易手段，也是政治上的外交手段，通常和与农业民族和游牧民族间的互市贸易并行。②

在中国古代将藩属国或外国使臣入朝、贡献称作"朝"，与他国进行买卖的则为"贡"，而中心王朝对藩属国的赏赐称为"赐"。贡赐最早是以"内外服制度"的形式出现，商朝时期，统治者便已建立了"越在外服，侯甸男卫邦伯"的内外服制度，在内服、外服制度当中，中原农业民族政权是内外服的"共主"。君主在其管辖范围设立相关行政机构，对少数民族进行直接管理，称为"内服"；而超出中原王朝的管辖范围但通过中原王朝册封的地方统治者对少数民族进行管理的方式，称为"外服"，内服和外服制度互相配合。根据《尚书·大禹谟》的记载，九州之内的各地区，也肩负着进贡的责任与义务。

少数民族区向中原王朝进行朝贡的主要目的之一，就是想要获得中原统治者的大量赏赐，因此，从某种意义上讲，朝贡实际上也是不同经济文化类型间产品交换的一种重要方式。在中国历史上，朝贡的形式主要有以下三种模式：

第一种，是政治关系平等的国家或民族之间的友好往来。如西亚地区的一些国家派遣使臣来我国，这种派遣并非政治上的称臣或者依附，只是单纯的礼节性的交往。

第二种，主要是指中原王朝与周边少数民族之间在和平的社会环境下或双方在达成某种一致性协议的状态下，少数民族会向中原政权进贡地方特产并且在通常状况下会得到比进贡产品经济价值大得多的赏赐。这种"贡"与"赐"的关系，反映了两者之间在政治经济上的友好往来关系。

第三种，则是指单方面的朝贡。在中国历史上，一些弱小势力的民族通过战

---

① 《清高宗实录》卷996，华文书局股份有限公司，影印版。
② 翁独健：《中国民族关系史纲要》，中国社会科学出版社1990年版，第501页。

争等方式被迫依附于其他民族时，或为求得生存，或迫于无奈，不求回报地将一些珍稀物品贡献给统治他们的政权。例如，西域大宛对强大的西汉王朝多次进贡"汗血宝马"就是这样的方式。

而长城地带农业民族与游牧民族之间的朝贡关系，主要是通过第二种方式来进行的，这种方式的交往，也体现的是两种不同类型的经济、文化间的交流互补。

这样的贡赐方式，使得农业经济和游牧经济之间得以弥补双方的缺陷和不足，小农经济的封闭性得到突破，融合了部分游牧经济中的因素；而游牧经济对环境有很强的依赖性，生产生活物资不足的现象得以缓解。虽然这种交往是通过农牧双方进行的，但是一般情况下也主要是由长城以北的少数民族对中原王朝的朝贡，除非是中原势力衰落，为了求得和平的局面而向少数民族进贡，如历史上宋王朝与辽、金之间在一定时期的关系。

在春秋战国时期，各国普遍建立骑兵部队，有所谓"万乘之国""千乘之家"，骑兵数目动辄以万计。这些庞大骑兵所需的马匹相当大一部分是由北方游牧民族供给的。这一时期游牧民族在北方获得较大发展，于是大量马匹不断输入中原。《管子·揆度》中"阴山之马具驾者千乘，马之平贾万也，金之平贾万也。吾有伏金千金，为之奈何？"从上述记载中可以看出，在战国时期本是游牧民族牧马之地的阴山地区，已经存在着马匹的交易市场。《史记》中记载赵武灵王二十年（公元前306年），"西略胡地，至榆中，林胡王献马"。可见中原地区的农业民族正是通过贸易或朝贡，从北方游牧民族那里获得大量马匹的。到战国时，中原的官方牧马业也有较大的发展，而官牧马匹的来源也主要靠北方游牧民族的输入。中原的骑术也是从北方游牧民族那里学来的。北方游牧民族善骑且骑术高超，早为时人所称道，《淮南子·齐俗训》就说："胡人便于马，越人便于舟。"《战国策·赵策》说：赵武灵王下令推广"胡服骑射"，就是中原人向北方游牧民族学习骑术的典型事例。

汉代，朝贡开始走向制度化，并主要通过汉匈之间的关系体现出来。公元前60年，匈奴内部开始分裂，汉匈之间的力量对比开始发生变化。呼韩邪单于在公元前53年因为惧惮汉王朝的强大势力，开始向汉称臣并将其子送入汉朝作为质子。公元前51年，呼韩邪单于觐见西汉帝王并入贡。同年，其兄郅支单于也前来西汉王室"遣使奉献，汉遇之甚厚"。从此以后，朝贡制度的内涵逐渐明了，即少数民族朝觐、进贡抑或纳质，中原政权给予相应的赏赐或者册封。①

与此同时，历史上的中原王朝也会采取相应的措施来同北方游牧民族保持友

---

① 李云泉：《汉唐中外朝贡制度述论》，载于《东方论坛》2002年第6期。

好的往来，主要的方式就是派遣使者或者和亲。据《尚书·牧誓》，周武王讨伐商纣王时，就得到庸、蜀、羌、髳、微、卢、彭、濮及戎狄等周边民族的帮助。武王灭商后，这些民族大多宾服于周，并列为"荒服"或"要服"，按规定向周王朝纳贡。又如唐王朝曾经派遣使者出使北方少数民族各地，其中包括"军事联盟使、会盟使、和亲使、吊祭册立使、告哀使、修好使、调解使、访和亲公主使、回访使、联络使等"[①]。出访的同时，唐王朝命使臣带去北方游牧民族日常生活所缺物资"上遣民部尚书唐俭，右领军大将军执失思力赍缯帛赐薛延陀，与谋进取"。个别时期，中原王室也会在派遣使者的同时命王室公主前往游牧区进行和亲，例如《旧唐书》载，"遣品官田务丰领国信十二车使回鹘，赐可汗及太和公主"[②]。虽然中原派使臣带去少数民族区的物资是极为有限的，但是这种交流方式无疑促进了两种经济间的交流和互动。[③]

在历史发展的长河中，不论长城地带处于和平或者战争时期，也不论长城地带的王朝政权强大与否，各个民族的统治者都将"贡""赐"作为与中原王朝进行交往的一种重要手段，而中原王朝也会回馈少数民族而作为"抚绥"的方式，从而达到将长城以北的游牧区纳入统治范围或予以控制的目的。这种方式的交往是封建统治政权下的政治关系在经济方面的反映，也是多民族国家共同生存发展的多元一体格局的体现。当各民族派出使者团向中原王朝进贡时，沿途也会同中原民族进行一定的贸易，在使者返回的途中也会带着中原朝廷的回赠——大量的珠宝或金银，同沿途商人进行贸易，从而获得中原地区的生产生活资料供草原民族日常需要。所以，在长城地带蕃贡继路，"商贾交入""职贡不绝，商旅相继"的繁荣贸易景象常常出现。因此，中原民族与草原民族之间的"贡""赐"或"馈遗"，从根本上来讲是一种民族之间贸易经济往来形式，它在加强长城地带各民族经济往来的同时也体现了长城地带区域经济贸易之中心地位。[④]

（三）商业贸易

长城以北游牧民族和长城以南农业民族在历史交往的过程中逐渐在经济上也形成了紧密的联系。农耕经济和游牧经济与生俱来带有明显的互补性，双方的需要，除了统治阶层对于奢侈品的需求外，绝大多数是两大经济区内居民维持日常生产、生活的必需品，这种互不能缺少的关系推动着长城南北农牧双方进行产品上的不断交换和交流，这种经济上的交流，即使在政治上处于战争状态下也并未

---

①③ 贺卫光：《中国古代游牧民族与农耕民族在经济上的互补与非平衡需求》，载于《西北师大学报（哲学社会科学版）》2003年第1期。
② ［后晋］刘昫：《旧唐书》卷一九五《回纥传》，中华书局1975年版，第5212页。
④ 李凤山：《长城与民族》，中央民族大学出版社2006年版，第33页。

间断。从秦汉至明清时期，长城沿线的许多关口，在历史时期成为农牧两大经济、文化系统的民族交易的场所或中心，加之特殊情况下的抢掠，使农牧产品沿长城一线集散，长城一线也便成为了国内最大的贸易市场和物资供求集散地。可见，在一定程度上，长城既保证了农业经济、文化的正常发展，又为农、牧两种经济的交流和互相补充提供了场所。长城起着调节两种经济关系，使农、牧两种经济有序发展的作用。从这个意义上来讲，长城又是农牧经济的汇聚线，它不只是在空间上将两种类型的经济文化分割开来，更重要的是它负担着将两种经济类型联结在一起的重任。①

农业民族和游牧民族之间经官方许可的互市贸易的经济交流，有确切史料记载应该是西汉政权对匈奴设置的"关市"，"汉遣公主嫁单于，通关市，给遗匈奴"。东汉时期，汉王朝和乌桓、鲜卑、匈奴等少数民族之间的贸易称为"互市"。隋朝在长城沿线设立了专门的管理互市的机构的"交市监"，该机构主要负责的是中原汉族同突厥等民族互市交易马、驼、驴和牛等。隋开皇十四年（594年）"突厥部落大人相率遣使贡马万匹，羊二万口，驼、牛各五百头，寻遣使请缘边置市，与中国贸易"②，得到了隋文帝杨坚的允许。至唐代贞观年间，将"交市监"改为"互市监"，于是在长城沿线形成了具有地域特色的茶马互市贸易点。之后唐王朝又于开元年间和元和年间分别在今青海和陕西北部开设了互市场所，主要贸易对象是居于长城以北的吐蕃族，交易的范围主要是用中原地区的丝绸、茶叶农产品或手工业产品去换取游牧地区的马匹。

宋代王朝也汲取前代王朝的经验，设置相关机构来管理同少数民族之间的贸易。其中"榷署"是来管理中原与南方各民族间的贸易，而"榷场"是专门来负责中原和西北游牧民族的契丹、女真、西夏、吐蕃间的互市。除此之外，宋王朝还设立了"都大提举茶马司"，用以"掌榷茶之利以佐邦用，凡市马于四夷，率以茶易之"③。

明朝时，中原与游牧各民族之间的互市呈现出空前繁荣的景象，明朝政府在西北、西南和南方等邻近少数民族的地区都设立了"茶马司"，同时在长城沿线设立了"马市"与长城以北的蒙古族以及东北部的女真族进行贸易。在明代长城沿线，著名的互市贸易点有：张家口、大同、延绥、宁夏镇、兰州、凉州、甘肃镇、哈密、秦州、洮州、河州、西宁以及东北地区的开原、广宁等地。这些互市点的形成使长城沿线成为了农牧民族间的贸易、物资集散地，也成为了农、牧经济的连结线。

---

① 李凤山：《长城与民族》，中央民族大学出版社2006年版，第5页。
② ［唐］魏征等：《隋书》卷八四《北狄传》，中华书局1973年版，第1871页。
③ ［元］脱脱：《宋史》卷一六七《职官志》，中华书局1985年版，第3969页。

在历史上，农业民族与游牧各民族之间的互市贸易是中原王朝同周边各民族之间进行经济交流与互动的重要方式，这种交流方式不止局限在官方设置机构进行管理或者双方互市，也体现在民间农牧区自发形成的私市。游牧民族在双方的互动中用马、羊、牛、骆驼、珠宝、手工制品等来换取中原民族的粮食、盐、茶叶、药材、丝绸、布匹等日常生活生产资料，由于双方的交流互市通常是在和平稳定的社会环境下进行，这对于中国历史上的民族融合和共同繁荣起到了积极的作用。

第八节　长城地带历史作用探析

作为人类历史上最为宏伟壮观的人工建筑奇迹，万里长城以其"上下两千年，纵横十万里"久远广阔的时空跨度，在我国历史上发挥了重要的作用。游牧与农业民族通过围绕着长城进行互动，使得屹立在中国北疆雄伟壮丽连绵不断的墙体积淀、凝聚了丰富的内涵，不仅鲜明地体现出了构筑者巧妙的设计思想，也熔铸了中华儿女的民族自豪感。[1] 在历史上，长城发挥着抵御北方游牧民族侵扰的防御作用，在一定程度上保卫了中原地区的农耕文化、也推动了沿边经济的发展，更促进了长城南北农业与游牧文化的交流，这些作用的发挥也是推动中国历史发展进程的重要因素。

对长城历史作用的认识，学术界多将其定义为军事防御工程。例如，景爱说到"长城是以土、石、砖垒筑的连续性高城墙，系古代边境御敌的军事工程"[2]。而罗哲文认为"长城这一防御工程……未曾影响过统治者为保护自己国家安定和平的需要而修筑这久经考验的最好的防御工事。"[3] 侯仁之对长城的定义是，"长城是针对相对固定的作战对象，按照统一的战略，以人工筑城的方式加强与改造既定的战场，而形成的一种绵亘万里、点阵结合、纵深梯次的巨型坚固设防体系。"[4] 研究长城的学者持类似观点的不乏其人，但长城修筑延续的时间较长、修建背景复杂，并不能从某个单一的方面对其功能作出定义。[5] 纵观长城修建史

---

[1] 叶圣陶研究会编：《传统文化与现代化：第二届海峡两岸中华传统文化与现代化研讨会论文汇编》，安徽教育出版社2005年版，第72页。
[2] 景爱：《中国长城史》，上海人民出版社2006年版，第25页。
[3] 罗哲文：《长城》，清华大学出版社2008年版，第5页。
[4] 侯仁之：《长城国际学术研讨会论文集》，吉林人民出版社1995年版，第334页。
[5] 本节内容对长城功能的划分方式，主要参考了曹大为的划分标准。中国长城学会：《长城国际学术研讨会论文集》//《凝聚中华民族的历史丰碑——评长城的历史作用》，吉林人民出版社1995年版，第33~39页。

并结合其修建背景，长城的历史作用主要体现在以下方面。

一、军事防御功能

围绕城墙开展的攻防之争是古代军事活动的主要形式之一。围绕着长城，游牧民族和农业民族在中国历史上亦展开了频繁的战争。春秋战国时期，长城是诸侯国在相互征战的过程中为了使自身免遭对方进攻而修建的防御设施，这也是长城最初修建的目的。

而至战国中后期，随着北方游牧势力逐渐发展壮大，中原地区的诸侯国也在其北方边境修筑此类防御设施来抵御少数民族的侵扰。李鸿宾在其《阐释南北关系的视角中》提到"当时南北势力的对比，诸侯国的势力远超北方分散的游牧势力，北部诸侯国征服或融合当地游牧民族的进程使得这些国家向北开拓的时候采取修筑城墙的办法以保护新获得的地区。"[①] 由于在长城以北居住在草原上的游牧民族从小就擅长骑术，在开阔的地带纵横驰骋、锐不可当，但并不擅长成队形排列的步兵攻坚战。因此，修建长城，使城墙横亘在草原骑兵面前，便会将游牧民族在战争中体现出来的优势迅速化解。作为抵御游牧民族南下侵扰的手段，长城的防御作用十分明显。而且，长城这一防御工程，不仅仅是一条简单的城墙排列而成，它是一个由点至线、再由线到面地把墙体、敌台、马面、烽火台及沿线障塞、营堡等相关设施有机组合、联结在一起而构成的军事防御体系。

战国时期秦置陇西郡、上郡，赵置云中、雁门、代郡，燕置上谷、渔阳、右北平、辽西、辽东郡来分管与游牧民族接壤的地区；秦始皇时于长城沿线设十二郡分段防御；北魏在长城沿线设置"六镇"；金代在长城沿线设西北路、西南路、临潢路、东北路四路招讨使；明代则将北方长城边墙划为九个防区，《明史·兵志》载："初设辽东、宣府、大同、延绥四镇，继设宁夏、甘肃、蓟州三镇，又设山西、固原两镇，是为九边。"[②] 从此以后，长城沿线"九边联络，建师屯田"，由朝廷所设的文武大臣镇守提督，并且"设总制大臣或都御史尚书侍郎见宪职，自巡抚以下皆禀受节度。"[③] 为了便于兵马调动及救援，通往长城沿线的道路也时刻通畅。且当时有完备的"烽烟报警"体系，外敌来犯后数小时可将讯息传至千里之外的中原腹地，使得中央朝廷迅速的掌握敌情并派兵

---

① 李鸿宾：《阐释南北关系的一个视角》，载于《中国边疆史地研究》2011年第3期。
② [清]张廷玉：《明史·兵志三》，中华书局1974年版，第2235页。
③ [明]章潢：《图书编》卷四三，广陵书社2011年版，第1382页。

援助。

在冷兵器时代，长城在军事防御方面的作用是十分有成效的。中原王朝北部边境的军队，利用长城防御体系中的城墙、壕沟、亭障、烽燧等工程设施，在被动的作战中迅速获得作战的主动权，并有效的延长进攻时间消耗敌人兵力，从而达到消灭敌人保全自己的目的。其次，长城在防御游牧民族南下抢掠方面能够保障纵深主力兵力的集中，从而粉碎敌军强大骑兵团的迅速作战，秦始皇在战败匈奴后使蒙恬"北驻长城而守藩篱，却匈奴七百余里，胡人不敢南下牧马。"[①] 而汉武帝也拥有远见卓识，"出师征伐，斥夺此地，攘之于幕北。建塞徼，起亭隧，筑外城、设屯戍以守之。然后边境得用少安。"[②] 而后晋时期，石敬瑭割让了燕云十六州，将前代所筑长城的东段部分陷入辽代境内，使得中原地区屡次遭受游牧民族的侵扰，"自是中国非但失其土地人民，乃并其关隘而失之。"[③] 由于长城墙体失去其完整性，使得北方中原的沃野大地暴露在游牧者面前，契丹、女真族纷纷南下，从而使中原王朝陷被动之境。

虽然有些学者认为明代由于将火炮应用于战争中，长城的防御功能随之大大减弱。但是在攻城之矛更加锋利之时，守城之盾也会相应变得更加强大。明代长城重点防御的区段多在修缮前代墙体的基础上进行砖石包砌，内为黄土夯筑，[④] 并且长城上每隔一段均配置有火炮等武器设施，"今之慑虏者火器耳""守险全恃火器"，[⑤] 因此明代长城的防御能力较前代大为加强。长城这一防御体系不仅能够有效杀敌，其形制结构也逐渐趋完备。其中比较典型的是，戚继光在蓟镇修建了约1 300座空心敌楼，"下发火炮，外击敌贼。贼矢不能及，敌骑不敢近"，乃使"官军得以固守无恐，即大举敌贼犯边，攻必难入，亦难出。"[⑥] 又如，在整体布局上，明长城在重点防御区段设置了多重防御设施"大边墩台之间恐缺之处，因其岸险、随其地势筑为城墙以相连缀"[⑦]，从而保障中原农业区在纵深和侧翼方向的安全性，大大提高了长城这一线性防御体系的实力。明代长城防御体系的构建，也充分体现了"分地守御、重点设防"的思想。对易于侵入的要害之地的长城工程，采取多道重层的措施；在主要守备方向上，设有前哨主要防守线和一定的纵深守备，从而实施恰当的兵力部署和火器配备。具体来说主要体现在以下三个方面。

---

① ［汉］贾谊：《新书》卷一《过秦上》，凤凰出版社2011年版，第3页。
② ［东汉］班固：《汉书》卷九四《匈奴传》，中华书局1962年版，第3803页。
③ 邱濬：《大学衍义补》卷一五一《驭夷狄手边固圉之略》，中州古籍出版社1995年版，第1929页。
④ ［英］斯当东：《英使谒见乾隆纪实》，商务书局馆1963年版，第342页。
⑤ 戚继光：《戚少保奏议》卷二《练兵条议疏》，中华书局2001年版，第51页。
⑥ 戚继光：《练兵实纪杂集》卷六《敌台解》，湖南出版社，第429页。
⑦ 邱濬：《大学衍义补》卷一五一《驭夷狄手边固圉之略》，中州古籍出版社1995年版，第1930页。

1. 全面设防，突出重点

明代北部设防，将东起鸭绿江，西迄嘉峪关的长城作为主要防线，这道防线是以长城墙体作为依托，结合内外星罗棋布的卫、所，从而形成了一道连续而严密的防御体系。明代的军制是卫、所制度，卫和所的建立是根据守御地区的地理位置、地形的险要程度和战略、战术价值而定。在一些对防守要求极高的要点或者具有重要战术价值的关隘及堡寨地区，设置所，如偏关所、雁门关所、居庸关所等；而对一些战略价值重要的地区则设置卫，如威远卫、振武卫、开平卫、东胜卫等。① 在某一守御地区，设统辖若干个卫和所的军事指挥官，前期为都指挥使司，后期为总官兵。

2. 关隘要害，多道重层

对重点防守的地区，充分利用有利的地形，因地制宜地以险筑城。守备筑垒中关堡相连，烽燧相望，边寨墩台林立，构成多道重层、设防周密的守备工事。如大同镇地处咽喉，东连上谷，西界黄河，南达并恒，北控沙漠，实京师之幡屏，中原之保障。女真亡辽，蒙古亡金，也先败明军于土木堡，皆先犯山西②，山西与大同镇沦陷则京师必危，所以明代将大同镇视作京师安危之所在。为使重镇稳固，京师安全，大同镇采取点线结合、以点控线、以线制面，多道重层的防御工事。整个防御工事共五道：第一道是以东胜卫、云川卫、镇房卫为前进阵地；第二道是从老营堡的鸦角山至镇口台的大边防线；第三道是大边之内的屯兵关堡，由宏赐堡、镇边堡、镇川堡、镇羌堡等构成；第四道防线是以大同为中心的左、右、中、前、后五卫的大同防线，并包括阳河卫、玉林卫、威远卫、云州卫、高山卫等构成的纵深要点；第五道防线是内边长城，从老营堡的大边起，转南而东，经宁武、雁门、北楼口、平型关，到四海冶又与大边相连。在居庸关方向上的防御也是运用相同的理念，③ 从而构成保卫京师的纵深防线。

3. 结合筑垒，恰当部署兵力

"庚戌之变"发生后，明朝本以为对拱卫京师安全有举足轻重作用的蓟镇守备兵力不足，于是开始筹拨招募，从原来的4万人增至10万，其结果仍无济于事。烽烟告急，守备失利，守卒败散等状况屡有发生。隆庆三年（1569年），明朝政府对长城防线的守御重新明确了兵力配备和火器配备的具体规定，如针对蓟

---

① 赵现海：《明代九边军镇体制研究》，东北师范大学博士学位论文，2005年。
② 《蒙古族简史》编写组：《蒙古族简史》，社会科学文献出版社2007年版，第84~95页。
③ 明大同镇长城，在居庸关方向的防御上，前后边墙有四道之多：守备最前的为开平卫，以卫城和参差错落的所城、屯兵关堡构成大边之外守御的前进阵地；第二道防线是独石口东西的大边长城；第三道防线是在小张家口、四海路；第四道防线是居庸关东西长城，包括岔道城、八达岭、居庸关、南口等四道关隘。

镇，采取"区别冲缓，计垛授兵"的戍守防务制度。"缓、冲"是用来区分明长城地形、地势平缓或陡峭的地段；"计垛授兵"即根据地势的缓、冲，城垛[①]来分配兵力和火器，按照《四镇三关志》中所载，具体如下：

缓、冲：缓，是指在明长城地形相对陡峭的地段，兵力配备可以相对较少，做到"据险省戍"；在明长城地势比较平缓的地段，即冲处，不仅要构筑多层防御，还要加强兵力和火器的配备。墙台：每座墙台（马面）守卒为14人，平时4人守台，台上配备小炮3架，台旁备足大小石块，用以打击城下敌军。每台按月为作战时间备足粮食和饮水等。敌台：每座敌台配官兵60人，每次30人守台，由1名总负责组织和领率。30人守台编为六支队伍，由1名垛长负责指挥作战。每座敌台配备小炮8架，枪12支，每支枪配箭30支，火药150公斤，铁顶棍8根，号旗1面，粮食及饮水等按月备足。每座敌台设总台1人，每五座敌台设1把总，10座敌台设1 000总负责指挥。凡一切起止号令都由千总和把总统一调动指挥。

当然，历史上反对修筑长城者也大有人在。例如明朝嘉靖年间的陈建曾指出修建长城的弊端，如下："工程浩大，所费不赀，一也；劳役军民，怨讟烦兴，二也；逼近寇境，胡骑出没，丁夫惊扰不时，三也；筑之纵成，旷远难守，久益颓废，四也；胡寇倏来，动辄数万，溃墙而入，无异平地，反为所笑，五也。兴此役者，殆所谓运府库之财，以填庐山之壑，百劳而无一益，以此为策，策斯下矣。"[②] 诚然，用长城这一工程来完全阻挡以迅猛见长的游牧骑兵是不现实的，农牧双方的经济、政治状况，社会环境的稳定与否，战争中的战略战术、武器装备、后勤保障等，均是影响战争能否取得胜利的重要因素。所以，对长城的军事防御作用要将其放在各类因素综合作用的整体中去认识，王安石认为"有患而图之无其具，有其具而守之非其人，有其人而治之非其法，能以久存不败者皆未之闻也。"[③] 能够肯定的是，长城在战略战术得当的情况下不但具有军事上的防御功能，而且当中原王朝进攻游牧民族时，能够使中原军队步步为营不断向前挺进，从而为新一轮的进攻进击奠定基础。斯坦因考察西域认为"汉武帝的长城用意是作为大规模的前进政策的工具。"[④] 汉武帝曾讨伐大宛时因后援迟迟未到

[①] 教育部语言文字应用研究所、中华书局编辑部编《中华字典》对"城垛"解释是城墙向外突出的部分，或在城墙顶端后面的平台，可以让防卫者站立作战，以提供防卫者更大的防护。参考国家文物局编《长城资源调查工作手册》中对长城资源调查名称使用规范中的相关描述，此结构的单体应为明长城上依墙而建的马面、敌台。

[②] ［明］陈建：《治安要议》影印版。

[③] ［清］陈梦雷：《古今图书集成·经济汇编·考工典》卷二十六《城池部·艺文一》，中华书局影印版，1934年版。

[④] ［英］奥利·斯坦因：《斯坦因西域考古记》，中华书局、上海书店1987年版，第14页。

"不患战而患饥"①,以致惨败。秦皇汉武均在出战北方游牧民族的军事战略下构筑边墙,说明修建长城不仅是积极防御的一种方式,也是积蓄力量为下一步攻击做准备的战略措施。

从实际战争的结果来看,明代嘉靖十年(1531年)之后,蒙古族瓦剌、鞑靼部屡次犯边"无岁不入寇,前后杀掠吏民剽人畜以亿万计"②,明朝政府对此,命戚继光、王崇古等重修长城,增加防御军备,使长城沿线的蓟镇、宣府镇、大同镇、山西镇之防御面貌焕然一新,长城墙体"精坚雄壮","二千里声势联结","内山林莽丛茂,外墙守布已密,可恃保障……诸酋累犯宣大,亦未敢轻窥关隘。"③ 以至于之后蒙古俺答部意图进攻中原时"约诸部入寇,王崇古隆万年檄诸道兵御之,敌不得利",被迫"使来请命"④。万历年间东北部的朵颜部两次南犯长城沿线喜峰口,均被戚继光率领的明军击败,使得朵颜部"率部长亲族三百人叩关请罪……献还所掠边人,攒刀设誓,永不犯边"⑤。明代末年,在萨尔浒战役中明朝惨败,于是在长城沿线继续补修长城,屯田积粮,实行"坚守渐逼"方针,从而之后多次挫败努尔哈赤的率军进攻,获得"宁锦大捷"。

二、经济功能

长城地带是农、牧民族均十分重视的地区,占据中原的历代统治者为了充分发挥长城御敌功效,解决守城将士军备的供应问题,往往在修筑长城的同时,大规模地向长城沿线移民居住、屯戍,加强对长城农牧过渡区的开发,来将其作为增强长城城防的基础。例如秦始皇命蒙恬在修筑长城的同时也开始对北境之地进行开发,"因河为塞,置四十四县城,临河,徙适戍以充之"⑥,且移民至长城沿线在此垦戍边防"迁北河、榆中三万家"⑦。

西汉时期晁错也向汉文帝提出过徙民实边的建议,他认为"令远方之卒守塞,一岁而更,不知胡人之能,不如选常居者家室田作,且备之"。只有使民众长久地居住在边境地区,对此地进行开发建设,才能达到真正意义上的"塞下之

---

① [东汉]班固:《汉书》卷六一《张骞李广利传》,中华书局1962年版,第2699页。
② [清]谷应泰:《明史纪事本末》卷六十《奄答封贡》,商务印书馆1936年版。
③ 王崇古:《明经世文编》卷三一八《议修边险疏》,中华书局1962年版。
④ [清]夏燮:《明通鉴》卷六五《穆宗庄皇帝》,中华书局1959年版。
⑤ [清]夏燮:《明通鉴》卷六六《神宗籫天合道哲肃敦简光文章武安仁止孝颢皇帝》,中华书局1959年版。
⑥ [汉]司马迁:《史记》卷一百十《匈奴列传》,线装书局2006年版,第456页。
⑦ [汉]司马迁:《史记》卷六《秦始皇本纪》,线装书局2006年版,第29页。

民父子相保，无系虏之患。"① 汉文帝在整修边塞的同时命晁错"徙民实边"，果然达到了"营邑立城"建设边疆的效果，"屯戍之事益省，输将之费益寡。"在之后的汉武帝、汉宣帝时期，依旧仿照文帝的做法，对长城沿线驻军屯田，不仅使"内有亡费之利，外有守御之备"，也使得边疆的经济建设得到改观，"益垦溉田"，"缮乡亭、浚沟渠"②。从《汉书·西域传》《汉书·武帝纪》中的相关内容可知，西汉时期屯田实边的规模极为可观"遣左右大将各万余骑屯田右地"，甚至有一次移民70多万人的记载。据不完全统计，秦汉时期参与实边、军屯、民屯的兵民约千万，遍布长城沿线北境之众多战略要地。而西汉时期赵过推行的以适应北方旱作区的耕作方法——"代田法"大规模波及至北方农耕区及长城沿线的广大边塞之地，当时约百万的人口带去中原先进的农具、耕种技术及经营模式，从而使新秦、河西、辽阳三地成为新的经济区，北假、五原等地则成为"膏壤殖谷"的农业区。以至于至东汉中期，汉王朝下令将长城沿线陇西之地实边人员迁回内地时，因恋土而"万民怨痛"③。

之后的朝代也开始效仿汉武帝推行的屯田政策。北齐时期"开幽州督亢旧陂长城左右营屯，岁收稻粟数十万石，北境得以周赡"④；隋文帝"……长城以北大兴屯田以实塞下"，后"收获岁广，边戍无馈运之忧。"⑤ 而明代的军屯规模更是空前壮大，"终明之世，边防甚重，东起鸭绿江西抵嘉峪，绵亘万里，分地守御"，所谓"分御"除设"九边"之外，便是沿长城大规模屯田，并鼓励商人"自募民耕种塞下，得粟以输边。"⑥

与此同时，草原地区的游牧者也纷纷在开发土地、实行农耕方面提出了有关看法，汉代中原的使者"教单于左右疏计，以计课其人众、畜物"，"穿井筑城，治楼以藏谷"⑦，而且鄯善的首领也认为"国中有伊循城，其地肥美，愿汉遣一将屯田积谷。"⑧ 最终使鄯善之地"皆众五谷，土地，草木、畜产、作兵略与汉同。"⑨ 而且，甘肃、内蒙古鄂尔多斯以及辽阳等地陆续出土的大量文物表明长城沿线地区已经在汉代能够使用铁犁等农具，掌握牛耕技术，并且开始流通中原地区的货币、量器、衡器等。炼铁炉的出土说明冶铁和制铁在秦汉时期的游牧区

---

① ［东汉］班固：《汉书》卷四九《爰盎晁错传》，中华书局1962年版，第2286页。
② ［东汉］班固：《汉书》卷九六《西域传》，中华书局1962年版，第3912页。
③ 中国长城学会：《长城国际学术讨论会论文集》，吉林人民出版社1995年版，第37页。
④ ［唐］魏征：《隋书》卷二十四《食货志》，中华书局1973年版，第677页。
⑤ ［唐］魏征：《隋书》卷七十四《赵仲卿传》，中华书局1973年版，第1696页。
⑥ ［明］陈子龙：《明经世文编》卷四三一《盐政考》，中华书局1962年版。
⑦ ［东汉］班固：《汉书》卷九四《匈奴传》，中华书局1962年版，第3782页。
⑧ ［东汉］班固：《汉书》卷九六《西域传》，中华书局1962年版，第3878页。
⑨ ［东汉］班固：《汉书》卷九六《西域传》，中华书局1962年版，第3879页。

已经逐渐形成了一个独立的手工业部门；而大批的铜质的刀、剑、炊具、勺、壶、鼎、铜镜以及各种铜马具的出土则表明了铜器的制造业在公元前2至1世纪时不仅成为了一个独立的手工业部门，而是具有了一定规模的发展。明代长城沿线的蒙古人不仅发展畜牧业，也对农业建设有了一定的了解"其耕具有耕有犁，其种子有麦有谷有豆有黍"，农产品中的瓜果蔬菜等种类均能够熟练地培育，这样的经济交流逐渐改变了畜牧业经济单一性的缺陷，也使游牧经济对环境的依赖性有所减弱。明代长城沿线的蒙古高原"垦田万顷、连村数百"，"城郭宫室布满丰州川"。在这样的交往中，蒙汉双方彼此间增进了感情，在生活习惯、思想文化等方面也互相影响。

其次，以长城的防卫为依托而实现的农牧互市，使长城地带的经济状态也呈现出繁荣的景象。汉代，草原游牧民族经常"驱牛马万余头来与汉贾客交易"[1]，这种交易不但使游牧地区获得中原地区的生活生产资料，也使得农耕区的社会生产力有所提高，"马牛放纵，蓄积布野"，大量的牲畜投入农业生产中，也解放了一批人力从事工业等其他行业。至明代，"塞上物阜民安，商贾辐辏，无异于中原"，明廷在长城沿线开设了官方性质的贡市、关市、马市以供汉蒙之间交往贸易，除此，长城南北居民自发形成的月市、民市、小市等也大大丰富了双方之间的经济交流。据不完全统计，明代在九边设置的"市"见表4-3。

表4-3　　　　　　　明代长城沿线所设马市一览

所属九边	市名	设立时间	所处位置	市易对象
辽东镇	广宁市	永乐三年（1405）	广宁团山堡	兀良哈三卫各部
	广顺关市	永乐三年（1405）	开原城巧里外东果园	兀良哈三卫
	开原市	永乐三年（1405）	开原城巧里外东果园	兀良哈三卫
	镇北关市	永乐三年（1405）	开原20里外马市堡	女真各部
	新安关市	永乐三年（1405）	开原40里外庆云堡	兀良哈三卫
	抚顺市	天顺八年（1464）	抚顺城东	女真各部
	宽甸市	万历四年（1576）	宽甸县	女真各部
	暖阳市	万历四年（1576）	凤城县	女真各部
	清河市	万历四年（1576）	开原后施家堡	女真各部
	义州木市	万历二十三年（1595）	大康堡、太平堡	兀良哈三卫
	广宁木市	万历末年	镇夷堡	内喀尔喀五部

---

[1] ［宋］范晔：《后汉书》卷八九《南匈奴传》，中华书局1962年版，第2950页。

续表

所属九边	市名	设立时间	所处位置	市易对象
辽东镇	锦州木市	万历末年	大福堡	内喀尔喀五部
	宁远木市	万历末年	前屯卫高台堡	内喀尔喀五部
	辽阳木市	万历末年	长安堡	内喀尔喀五部
蓟镇	喜峰口市	嘉靖二十九年（1550）	市址不详	
	蓟州市	嘉靖二十九年（1550）	市址不详	兀良哈三卫等部
	开平市	永乐四年（1406）	市址不详	兀良哈三卫等部
	遵化市	时间不详	市址不详	兀良哈三卫等部
宣府镇	张家口堡市	隆庆五年（1571）	河北省张家口市下堡	蒙古鞑靼部俺答汗
	来远堡市	万历四十年（1613年）	河北省张家口市上堡	
	新开口市	嘉靖三十年（1551）	河北省张家口市新开口堡	青把都儿、辛爱、伯腰、卜郎台吉、委兀儿慎台吉五部
大同镇	镇羌堡市	隆庆五年（1571）	大同北东路堡子湾乡镇羌堡村中	俺答等部
	宏赐堡市	嘉靖三十年（1551）	大同市堡子湾乡宏赐堡村	俺答等部
	新平堡市	隆庆五年（1571）	山西天镇县北五十二里新平堡	俺答各部
	得胜堡	隆庆五年（1571）	大同市堡子湾乡得胜堡	俺答各部
	守口堡市	隆庆六年（1572）	大同市阳高县龙泉镇守口堡村北300米	俺答各部
	助马堡市	隆庆六年（1572）	大同市郭家窑乡助马堡村	俺答各部
	宁房堡市	隆庆六年（1572）之后，确切时间不详	大同市三屯乡宁房堡村宁房堡以北	俺答各部
	灭胡堡市	隆庆六年（1572）之后，确切时间不详	朔州市平鲁区阻虎乡阻堡村	俺答各部
	云石堡市	隆庆六年（1572）之后，确切时间不详	朔州市右玉县丁家窑乡云堡村西约500米	俺答各部
	迎恩堡市	隆庆六年（1572）之后，确切时间不详	朔州市平鲁区阻虎乡迎恩堡村西南约50米	俺答各部
	杀胡堡市	隆庆六年（1572）之后，确切时间不详	朔州市右玉县右卫镇杀虎口村中	俺答各部

续表

所属九边	市名	设立时间	所处位置	市易对象
山西镇	老营堡市	隆庆六年（1572）	偏关县东北八十里柏杨岭堡以北好汉山	俺答等部
	柏杨岭堡市	万历年间（1573~1619）	偏关县东北八十里老营镇柏杨岭村西700米	俺答等部
	河曲营运市	万历年间（1573~1619）	隶岢岚道何保路，在河曲县东北二十里河曲营	俺答各部
	水泉营市	隆庆五年（1571）	山西岢岚道西路参将，在偏关北六十里水泉营堡以北的红门隘口	俺答各部
延绥镇	红山墩市	隆庆五年（1571）	榆林城北红山边墙暗门之外	
	黄甫川堡市	万历十二年（1584）	榆林市府谷县皇甫乡皇甫村西50米黄甫川堡	
	清水营堡市	万历十二年（1584年）	榆林市府谷县清水乡清水村北500米清水营堡	
	木瓜园堡市	万历十二年（1584）	榆林市府谷县木瓜乡木瓜村内木瓜园堡	
	孤山堡市	万历十二年（1584）	榆林市府谷县孤山乡孤山村中孤山堡	俺答、吉能所部
	神木堡市	万历十二年（1584）	榆林市今神木县城	俺答、吉能所部
宁夏镇	清水营市	隆庆五年（1571）	灵州守御千户所东八十里清水营	俺答、吉能所部
	中卫市	隆庆六年（1572）	宁夏今中卫县城	俺答、吉能所部
	平房市	万历十年（1583）	今宁夏平罗县城	俺答、吉能所部
	赤木口市	临时性市场	宁夏省永宁县西北贺兰山中段	俺答、吉能所部
甘肃镇	甘州市	永乐年间（1403~1424）	甘肃甘州卫	赤斤蒙古、鞑靼蒙古
	凉州市	永乐年间（1403~1424）	甘肃凉州卫	赤斤蒙古、鞑靼蒙古
	兰州市	永乐年间（1403~1424）	甘肃兰州卫	赤斤蒙古、鞑靼蒙古
	洪水扁都市口	隆庆五年（1571）	甘肃省张掖市民乐县东南洪水堡	把都儿等部
	高沟寨市	万历六年（1578）	甘肃凉州卫长城乡前营村西2.5公里	把都儿等部

续表

所属九边	市名	设立时间	所处位置	市易对象
甘肃镇	桦尖墩市	万历三年（1575）	甘肃天祝藏族自治县西北岔口	把都儿等部
	洮州市	不详	甘肃洮州卫	鞑靼蒙古及"西番"等部
	河州市	不详	甘肃河州卫	鞑靼蒙古及"西番"等部
	岷州市	不详	甘肃岷州卫	鞑靼蒙古及"西番"等部
	西宁市	不详	甘肃西宁卫	鞑靼蒙古及"西番"等部
	宁河镇市	弘治年间（1488～1505）	河州南60里	"西番"及土默特蒙古
	定羌镇市	弘治年间（1488～1505）	河州南120里	"西番"及土默特蒙古

资料来源：《明实录》，中华书局2016年版。

从整体上看，构筑长城和屯田实边以及互市贸易相辅相成，长城从军事防御的角度保障着屯田和互市贸易的顺利展开，从而为长城沿线北疆的经济发展提供了一个宽松稳定的环境。而在农牧过渡区实行的屯田和互市贸易，又为长城南北的稳定发展提供了一定的保障，也为北疆地区经济的繁荣提供了契机[①]。

三、文化交流功能

同经济交流相伴而行的是长城地带源远流长、丰富多彩、形式多样的各民族的文化交流。历代长城虽然在地域范围上将游牧地区与农耕地区隔离开来，但却因其处在农牧交汇地带而在客观上起到汇聚农耕文化与游牧文化的作用，并且长城防御作用在某种程度上也促进了农业民族与北方各民族的交流和融合，在我国统一状态下多民族共同发展的历史进程中发挥了极为重要的文化纽带的作用。

长城地带的文化交流，主要体现在各民族多元文化不平衡发展的状态中，汉文化向四周辐射，并且各民族文化的发展以汉文化为核心，共同发展，从而使长城地带的文化丰富多样、各放异彩。其中和亲及互市是农牧文化交流最直接的方式，汉初匈奴"常往来盗边"，西汉政权在处于劣势情况下，被迫"约结和亲、赂遗单于，冀以救安边境"，并且"奉宗室女为单于阏氏，岁奉匈奴絮、缯、酒、实物各有数"[②]。虽然被迫和亲，被迫奉赠，但是这样的缓兵之计还是对当时中

---

① 中国长城学会：《长城国际学术讨论会论文集》，引自《凝聚中华民族的历史丰碑——评长城的历史作用》，吉林人民出版社1995年版，第38页。

② [东汉] 班固：《汉书》卷九四《匈奴传》，中华书局1962年版，第3754页。

原的社会经济之恢复与发展起到了积极的作用。而明代,汉蒙之间于隆庆五年(1571年)开始封贡互市,此后,东起延永西抵嘉峪,"烽火不惊,三军晏眠,边圉之民,室家相保,弄狎于野,商贾夜行"。

农业民族和游牧民族围绕着长城在两千多年的交往互动中,形成了长城地带独特的文化面貌。首先,汉族的语言文字、思想制度、文化艺术深刻地影响着长城地带少数民族的文化发展。《汉书》至今保留着匈奴与秦汉王朝长期书信往来的资料,这也从侧面反映了在秦汉时期还尚无文字的匈奴便已经通晓和使用汉语。党项族则仿照汉字创制了西夏文,契丹族借用汉字笔画创造了契丹文,女真族则参照汉文与契丹文创造出来女真文,而诸如乌桓、鲜卑、满、回、东乡等少数民族直接采用了汉语汉文。其次,中原民族的儒家思想、礼仪及典章制度都对各民族产生过巨大影响。在长城地带的甘肃武威汉墓中出土的包括《仪礼》简、王杖诏令简等,汉代张掖郡的肩水都尉出土的金关汉简,就有记载有关《孝经》的内容。大量的汉文史籍经典被译成少数民族的文字在长城地带广为流传,部分儒家思想还演化成少数民族的民族习俗。再次,中原地区的建筑艺术对各民族有着广泛的影响,长城地带几乎各民族居住区甚至境外周边国家均发现有中原地区的建筑材料,有汉、唐、明、清时期的中原风格的建筑存世,而受到"汉式"建筑影响的民族建筑更是无处不在。

从考古资料看,新疆罗布泊、辽宁西丰县的汉代墓葬出土了中原地区的铁斧、铁刀、铁镞、铁剑,说明冶铁技术在汉代已经流传至长城沿线。除此,蒙古高原和西域地区也都有发现汉代的钱币、铜镜、瓦当、生产工具等。在汉代的龟兹国,从上层王室至平民百姓皆崇尚中原文化,"汉乐衣服制度,归其国,治宫室,作徼道,周卫,出入传呼,撞击钟鼓,如汉家仪"。在蒙古鄂尔德尼昭哈拉和林遗址以北发现"包括城市、堡寨、城堡及农业郊区……瓦当和铺首的纹饰均为唐代晚期的风格。遗留在城堡内宫殿基址上的瓦当上亦存在唐晚期的纹饰。"①

中原文化不仅对长城地带各少数民族的文化发展起着巨大影响,更通过长城地带各少数民族向四方传播。丝绸之路上的历代各少数民族将中原文化传向中亚、西亚等区域,而长城地带的东部历代各民族肩负起将中原文化撒播到整个朝鲜半岛和漂过日本海的重任。

在中原文化向长城地带各少数民族地区传播扩散的同时,各民族文化也向中原汇聚。中原文化在发展中也受到各民族文化的强烈影响,衣、食、住、行无所不包,均体现出长城地带文化的包容性和多样性。从赵武灵王提倡胡服到清代的

---

① 李凤山:《长城带经济文化交流述略》,载于《中央民族大学学报》1997年第4期。

旗袍、马褂，都反映出古代中原民族上衣下裳、宽领褒袖笨重服饰的重大转变。魏晋时期大批北方游牧民族从长城以北的东北地或蒙古草原进入长城地带或其以南的中原腹地，并将"胡床"带入农耕区，它的传入并广泛使用改变了中原民族席地而坐的习惯，引起汉族生活习俗的一场革命。据考证，今天人们熟知的棉花、油菜、芝麻等粮食作物和相关种植技术，都是通过丝绸之路从西域地区传入中原，而大豆和板栗等五谷杂粮则是东北半农半牧经济类型下的产物。随着小麦、大麦以及磨面方法从西域和其他民族地区的传入，中原汉族以五谷为饭的膳食种类得以改变，丰富了中原民族的饮食文化。家用畜力中的马，主要是从蒙古高原引入长城以南，汉代极为有名的"汗血宝马"传入中原后备受珍惜。在新疆阿拉沟、鱼儿沟等地西周至战国末期的墓葬中发现的骡子骨骼，经专家鉴定后认为，其最早应该是蒙古高原地区的游牧者培育出来的。在艺术文化方面，诸如笛、琵琶、箜篌、胡琴等乐器以及音乐音律、歌舞杂技等自南北朝时传入中原后，对中原的戏剧、宋词、元曲均产生了极大影响。现存的玉门昌马、酒泉的文殊山、洛阳的龙门和大同的云冈等石窟艺术，敦煌的壁画艺术等，都是长城地带各民族乃至世界艺术的汇聚，使长城地带成为举世闻名的文化艺术宝库。

总之，整个长城地带自远古时代起，就进行着持续的、规模日益扩大的文化交流。长城地带各民族对中国古代文化的发展做出了突出贡献，充分体现着以汉文化为主导向四周辐射，各族文化呈多元不平衡发展，向汉文化汇聚的特征。农业和游牧文化经过相互交流碰撞、相互借鉴吸收创造出了中华民族绚丽多姿的文化。

第五章

历代长城保护管理研究

长城的保护管理包括技术性保护和管理性保护两个方面。技术性保护是通过科学的技术手段，提取长城所蕴含的信息，延续长城本体的"寿命"。管理性的保护是通过对保护管理过程中体制机制的研究，让长城能够"古为今用"，展现长城的物质、文化和精神价值，让长城在公众心中活起来，使他成为民族文化和精神的象征。无论是技术性保护还是管理性保护，长城赋存的环境、分布特征、分布区域的人文背景、保存管理现状、影响长城保护的病害分析等都是开展工作的基础。已经开展的研究，为长城保护与管理提供了翔实的基础资料与技术支持。本章第一节将从技术保护的角度入手，分析长城面临的各类问题，并提出长城"延年益寿"的主要措施。本章第二节将从管理性保护的角度入手，探讨通过管理制度和措施的加强，该如何展现长城的历史、文化、科学价值。

第一节　西部长城病害调查与保护技术

　　分布在祖国辽阔西部的长城其本体多由夯土构筑，数百乃至一两千年来，在严酷的环境中经历了风霜雨雪等自然因素的考验，也经历了动物、植物肆意的侵扰，近现代以来更经历了战争、人类生产生活活动等多种人为的破坏，历代长城的保存状况已经到了岌岌可危的地步，急需采取一系列的技术性抢救性措施，确保长城本体的安全。

要保护历代长城，首先要搞清楚历代长城保存现状，要研究分析影响长城保护尤其是夯土类长城的病害种类以及影响因素，只有这样才能做到在制定保护方案时有的放矢，在日常的监测中才能做到突出重点，使长城的技术性保护措施落到实处。

一、西部长城病害调查[①]

千百年来，在自然因素与人为因素的共同影响下，长城的各遗址保存状况普遍较差，遗址病害发育普遍，保存状况并不容乐观。尤其是随着社会经济发展步伐的加快，旅游和城市建设活动的侵扰使长城所承受的压力和风险不断增加，因此，开展长城病害调查与保护技术研究势在必行。我们以西部地区历代长城为研究对象，对西部地区长城的病害类型及特点进行总结和分析，确定破坏因素；同时，在归纳现有土遗址保护技术的基础上，依据环境等影响因素，提出适合西部长城保护加固的方法，并对其适用性进行分析研究，这些研究对历代长城保护与管理等工作的开展具有一定的重要意义。

（一）长城遗址的病害调查

我国西部地区保存着自战国经秦汉直至明代的历代长城遗址，在全面调查的基础上，我们通过认真比对与筛选，选择了在分布地域、时代特征、遗址类型等方面具有代表性的五处长城遗址（甘肃临洮战国秦长城、陕西韩城战国魏长城、甘肃瓜州汉长城、陕西榆阳区明长城、陕西明长城建安堡），进行了现场遗址病害调查，并分析病害类型及其特点。

选择这五处遗址主要是基于以下三方面的考虑，一是五处遗址位于我国西部长城分布最为集中的陕西（中部和北部）、甘肃（东部和西部）两个省，从干燥度、年降水量、平均风速、沙暴日数等因素分析，这五处遗址分别处于不同的环境类型，使研究具有全面性；二是五处遗址涵盖了西部长城建造时代最具代表性的战国（秦、魏）、汉、明三个历史时期；三是五处遗址在遗址类型、建筑形制与工艺方面具有代表性。

1. 甘肃临洮战国秦长城

公元前279～前272年，秦灭义渠部族（今甘肃庆阳地区）以后，设置陇西、北地、上郡三郡。秦国为了保护它西部的重镇陇西郡治狄道（今临洮县）和关中通往陇西道路，修筑了穿越陇西、北地两郡的长城。临洮战国秦长城建筑类

---

① 孙满利：《西部长城病害调查及保护技术研究》，调查报告。

型包括长城墙体、单体建筑（敌台和烽火台）、关、壕堑和相关遗存。

该区域以黄土地貌为主要特征，形成多级阶地，属中温带半干旱区，年平均气温7℃（最高气温34.6℃，最低气温-29.5℃），无霜期80～190天，年平均降水量317～760毫米之间，蒸发量1 400毫米以上，70%以上的降水集中在7、8、9三个月。

河流皆属黄河水系，战国秦长城主要分布在洮河以东大碧河、东峪沟等支流两岸台地之上，总体上看，甘肃秦长城虽穿越诸多水系，但由于长城多建于黄土塬上，且地下水位较深，所以遗址受地下水的影响较小。

临洮长城在修筑过程中呈现出如下的特点。墙体多在山梁上绵延而行，墙体多为夯筑，同时，结合山形地势，利用了洮河、大碧河、东峪沟的天险作用，以沟为界、以山为墙。

调查中发现临洮战国秦长城整体保存状况差，残存遗址形态各异，病害发育严重，保存现状不容乐观。由于受降雨侵蚀、生物破坏等自然破坏和临洮战国秦长城病害类型包括片状剥蚀、生物破坏、裂隙（缝）等，其中主要病害为片状剥蚀，人为破坏和生物破坏。

人为破坏。临洮长城穿越村落，遗址本体多分布在农田和村落之中，梯田建设、道路侵占、窖穴开挖等人为破坏的影响，长城墙体大部分已经消失，残存墙体和单体建筑大多保存低矮。

片状剥蚀。位于旷野区域的墙体受风的影响较大，片状剥蚀病害广泛。

裂隙（缝）。裂隙（缝）是指土遗址内由于各种不同原因形成的裂隙或裂缝，它往往是坍塌或冲沟发生的条件。

生物破坏。临洮长城主要是以动物破坏为主，老鼠在长城或长城周边打洞筑窝，破坏了长城遗址本体的结构和稳定性。

2. 陕西韩城战国魏长城

韩城市位于关中盆地与陕北高原的过渡地带，地形复杂，地貌多样，山、原、川、滩兼有。地势呈西北高、东南低。韩城处于暖温带半干旱区域，属大陆性季风气候，四季分明，气候温和，光照充足，雨量较多。年平均气温13.5℃，积温为4 626℃。平均年降水量559.7mm，无霜期208天，日照2 436小时，有利于发展农业生产。但雨量不均，多集中在7、8、9月。春夏季易发生干旱，夏季阵雨多、强度大，水土流失严重。

长城墙体由夯土版筑而成，修筑于生土地面之上，未发现基槽。夯筑方法为交接式，逐步向前推移，部分墙体上可见明显的版接缝。墙体夯层明显，夯层大多细密、均匀。墙体大部分已经消失，残存墙体断续相连，除少数地段墙体高大直立外，其余都较为低矮，遗址整体保存状况较差。

调查中发现其病害类型包括裂隙（缝）、片状剥蚀、冲沟、生物破坏、人为破坏等，其中主要病害为裂隙（缝）、人为破坏和生物破坏。

人为破坏。遗址本体多分布于农田和村落之中，农业耕种，基础设施，如道路水渠的建设、窑穴开挖等人类的生产生活活动，对遗址本体造成了较为严重的破坏，长城墙体大部分已经消失，残存墙体和单体建筑大多保存低矮。

雨蚀和剥蚀。7、8月的暴雨是韩城地区典型的气候特征，暴雨表现为局地性、短历时、降水强度大等特征。大暴雨在遗址顶形成汇水，进而从遗址顶部流下，形成冲沟。冲沟一旦形成，雨水对长城遗址的破坏在历次的暴雨中便会不断加剧。与此同时，降雨还在遗址表面形成一定厚度的泥皮层，其密度、颗粒组成盐分含量等与遗址本体有一定的差异，在温湿度变化条件下表现出与原墙体材料不同的热力学特性，逐渐从墙体上剥离、脱落，形成剥蚀。

生物破坏。主要是以植物和微生物破坏为主，由于雨水较为充沛，在长城遗址的顶部有大量的植物及微生物生长，植物的根系及微生物的分泌物将对长城遗址胶结材料的稳定性造成一定程度的影响，威胁本体安全。

3. 甘肃瓜州汉长城

瓜州县地处安敦盆地内，地形南北高，逐渐向盆地中央疏勒河谷地倾斜。北部最高处的芨芨台子山，海拔2 452米；南部为祁连山北麓山前地带，最高处的朱家大山，海拔3 547米；中部走廊地带东北向的截山子分为两部分；南端为踏实盆地，海拔1 259～1 750米；北部为疏勒河中下游干三角洲，地势平坦开阔，由东北向西南微倾斜，海拔1 060～1 300米，县城所在地渊泉镇，海拔1 177.8米。全县有山区、戈壁、走廊冲积平原三种基本地貌形态，其中瓜州汉长城主要分布在戈壁地貌区。瓜州境内有两条源于祁连山的河流。一条是疏勒河，另一条是榆林河。

该地属大陆性中温带干旱性气候，其主要特点是冬季寒冷，夏季炎热，降雨少、蒸发大、光照长。夏季多暴雨，暴雨后温湿度变化幅度很大。冬季干燥而寒冷，土壤容易出现冻融灾害。年平均降水量45.3mm，蒸发量3 140.6mm，年均气温8.8℃，平均最高气温24.9℃，最低气温-10.4℃。

瓜州汉长城沿线每隔十华里筑有烽燧一座，即古籍所载"十里一大墩，五里一小墩"的烽火台，这与实际调查一致。烽燧多呈底宽上窄的方柱形，主体建筑为一高起的望楼，收分明显。烽燧一般建于长城内侧，与长城走向一致。长城往往在烽燧北侧绕半圈后向前延伸，形成半月形，转折处多以烽燧标记。

我们对保存相对较好的七墩回族东乡族乡、河东乡、布隆吉乡、梁湖乡、西湖乡分布的55座烽燧及小宛破城子、南沙窝长城4段、双塔长城1段进行了病害调查。该区域长城采取了因地制宜、就地取材的方法建造，一些地段夯筑了塞墙，一些地段则开挖了壕沟，一些地段纯粹为自然屏障，而一些地段则是简易的烽火台与栏栅式的防御工事。

瓜州汉长城烽燧夯土版筑者居多，或内夯土外包土坯，后期因风雨侵蚀倒塌后再用土坯加胡杨、红柳、芦苇、芨芨草等修补加固。

瓜州汉长城基本都分布于戈壁荒漠区，整体保存状况差，烽燧多数已经坍塌，墙体部分残段低矮。烽燧大多数已经坍塌成低矮的沙砾堆或土堆，平面呈圆形或椭圆形，四周常被风沙掩埋。

此处长城病害发育普遍，病害类型包括风蚀和雨蚀（缝）。

风蚀。瓜州属于典型的大陆性气候，风沙较大，在唐代就有诗人描述过瓜州的风大楼倒的景象。风沙会对土遗址表面形成的旋蚀和磨蚀破坏作用，如若土体本体坚固性较差，在强风力吹蚀破坏作用下，本体的稳定性变差，会导致墙体或建筑物本体或部分构筑物的倒塌。不仅如此，风沙会不断带走遗址表面的风化层，进一步加大遗址表面的风化破坏作用，直至其完全消失。

雨蚀和剥蚀。瓜州夏季多暴雨，暴雨后温湿度变化幅度很大。暴雨从遗址顶部流下，容易形成冲沟。雨水对长城遗址的破坏在历次的暴雨中便会不断加剧。与此同时，暴雨还在遗址表面形成一定厚度的泥皮层，其密度、颗粒组成盐分含量等与遗址本体有一定的差异，在温度极具变化的过程中，由于与原墙体材料不同的热力学特性，容易从墙体上剥离、脱落，形成剥蚀。由于反复地暴雨剥蚀，使瓜州地区的长城墙体、烽燧多以坍塌，形制和布局不清。

4. 陕西榆阳区明长城

榆阳区长城是陕西明长城的重要组成部分，东起大河塔乡，西至红石桥乡，途经麻黄梁等6个乡镇，全长78 603米，现存有马面97个、敌台74个、烽火台57个。现存遗址共有四种类型：墙体、单体建筑、关堡、相关遗存。调查中重点对保存相对较好的单体建筑进行了调查，其中单体建筑包括马面、敌台和烽火台三类[1]。

榆阳地区处于干旱、半干旱区向亚湿润区的过渡地带，春季干旱多风，夏季炎热短促，秋季暴雨多且集中，冬季干冷漫长。根据气象资料表明，该地区气温特点为季度温差、昼夜温差大，区域温差明显，冬长秋短，日差较大。年平均气温7.9℃～9.1℃，7月气温平均值为23.78℃，最高值为26.12℃，最低值为21.61℃；1月气温平均值为零下7.42℃，最高值为零下3.28℃，最低值为零下32.14℃。

---

[1] 徐路、杨强义、刘炜、王菲、水碧纹：《陕西省榆阳区明长城主要病害及保护对策》，载于《内蒙古文物考古》2010年第2期。

该区属于半干旱区，降水量不足且年际变化大，时空分布不均，从南向北递减，年平均降水量 300～500mm，年最大降水量 695.4mm，年最小降水量 159.6mm，降水少且多集中在 7～9 月，日照时数达 2 740～2 962 小时，全年蒸发量 2 000～2 500mm，是降水量的 4～5 倍。春季多风，具有阵性特点，以 3～5 月多见，风向多西北风。春季风速大于其他季节，年平均风速 2.3 米每秒，最大风速在 23～33 米每秒。

此处长城基本都由夯土版筑而成，以黄土为主，部分遗址土中夹杂有沙土、红胶土、黑垆土等，并有料姜石、碎石、陶片和生活遗物等包含物。遗址建造时表面有些有包砖现象，现仅镇北台包砖保存完好，少数遗址底部也有包砖残留或周围散落有残砖块等建筑构件，大多数马面上部都有灰土做的地幔层。遗址整体保存较差，墙体大部分坍塌消失，部分被公路、房屋、农田等侵占或被沙丘掩埋，少数残存墙体也断续相连。单体建筑保存相对较好，形制大多可见。

长城遗址主要病害为自然破坏和人为破坏，陕西榆阳区明长城的病害种类有裂隙（缝）、片状剥蚀、冲沟、淘蚀、生物破坏和人为破坏等，其中主要病害为裂隙（缝）、片状剥蚀和冲沟等。

裂隙和裂缝。榆林市明长城的裂隙和裂缝主要存在以下几种形式：卸荷裂隙，建筑工艺裂隙和变形裂隙。卸荷裂隙和建筑工艺裂隙的存在较为普遍，部分裂隙已将土块与遗址体脱离，随时可能掉落坍塌，这种应力的重分布以及表而张引力集中于某一区域，对遗址破坏甚为严重，会造成遗址的坍塌。遗址顶部至中部细小裂隙较为密集，部分细小裂隙将土体切割成小土块，使遗址表面糟松，尤以顶部为甚，随之使其处境危险并脱落。

风蚀。风沙的旋蚀和磨蚀破坏作用，再加土体自身抵抗各种破坏能力弱，在强风力吹蚀破坏作用下，导致脆弱夹层掏蚀凹进和裂隙的加宽。部分台体底部掏蚀深度可达半米。不仅如此，风沙会不断带走遗址表面的风化层，进一步加大遗址表面的风化破坏作用，直至其完全消失。

底部酥碱。土体内部盐分在遗址表面富集，在水的作用下，盐分不断地溶解与重结晶，对土体表面产生了一定的应力，结果引起了遗址表面疏松不堪，触之即掉粉脱落，且在外营力作用下底部不断凹进。可溶盐的溶解与重结晶是导致遗址酥碱的根本原因。榆林地区冬季气温极低，可达到零下 30℃ 左右，随着温度的升高与降低，遗址表面冻融作用不断地交替循环，最终也加速了遗址的酥碱过程。

坍塌。榆林地区明长城遗址坍塌形式多样，有倾倒式坍塌、拉裂式坍塌及错断式坍塌三种形式。为各种自然因素和人为因素共同作用下，遗址破坏失稳，最终导致坍塌。裂隙变宽变长，底部酥碱、掏蚀的进一步加剧均为遗址坍塌提供了潜在的可能。

　　生物破坏。生物风化作用是指岩石在生物活动作用下所引起的破坏。这种破坏作用包括机械的作用和化学作用。长城遗址的生物破坏主要表现为部分墩台表面密集的蜂窝、动物洞穴、苔藓在表面的生长及植物根系导致的顶部开裂。

　　人为破坏。榆林地区明长城在历史上受到的人为破坏主要有道路直穿墙体；剥砖盖房；取土烧砖或挪作他用；开采煤矿引发墙体及台体坍塌陷落。

5. 陕北建安堡

　　建安堡是陕北明长城三十六营堡中较为典型的一处，对建安堡的病害调查与成因分析，将有助于我们更好的研究长城保护及相关问题[①]。

　　建安堡所处榆阳区地处毛乌素沙漠东南缘与陕北黄土高原北缘交界地带，西北部为沙漠草滩区，东南部为黄土高原丘陵沟壑区，属于中温带半干旱大陆性季风气候。建安堡位于丘陵沟壑区，西北面紧邻沙漠草滩区，所在地区为一黄土塬边缘。堡城北侧被秃尾河支流扎林川河深切，形成陡崖，西侧为一坡度较缓的深沟，其余两面地势开阔。地势总体东北高，中部、南部低，最高海拔1 413m，最低海拔870m。

　　榆溪河南北贯穿境中部，在境南鱼河镇汇入无定河，形成较宽的河川阶地。建安堡属中温带半干旱大陆性季风气候。春季干旱多风，升温明显，变化不定，夏季炎热，伏旱频发；秋季天气偏凉；冬季干燥寒冷，冰封期长。冬春长，夏秋短，雨热基本同期。季度温差、日温差大，区域温差明显。据榆阳区1951~1990年气象资料显示，年平均气温8.1℃，最低月平均气温零下9.7℃（1月份），最高月平均气温23.3℃（7月份），气温年较差33℃，气温日较差13.5℃。年平均降水量406.9mm，年最大降水量695.4mm（1964年），年最小降水量159.6mm（1965年），降水多集中在7~9月，占全年降水量的62.9%，夏季多发大暴雨。年平均风速2.3m/s，最大风速20.7m/s，春季多阵风，加剧蒸发作用，3~5月多见，秋冬季较少，多西北风，东南风次之。年平均蒸发量1 895.8mm，年平均湿润指数0.45。

　　对建安堡四面墙取样，均为坍塌样，浅黄色到深黄色不等，土质较均匀，无明显裂隙。土样均为粉质黏土，含水率较小，各墙体土的干密度差异较大。土颗粒填充密实性较差，土体耐水性差。土样抗压强度和抗拉强度相对较大，西墙和北墙大于东墙和南墙。易溶盐含量：建安堡各面墙体土中各类易溶盐含量差异显著，需要指出南墙易溶盐总量高达16 162.3米 mg/kg，这与土样取自南墙底部酥

---

　　① 赵凡、姚雪：《陕北建安堡病害调查与成因分析》，载于《延安大学学报》2012年第34卷第4期。

碱掏蚀处坍塌样有关，土均呈弱碱性。

建安堡的病害主要表现在以下几个方面：

第一，人为破坏。建安堡为古代边防重镇，堡城内世代有人居住，数百年来人类活动对遗址破坏明显。

第二，片状剥蚀。墙体表面风化严重，片状剥蚀病害广泛，主要为风蚀剥离和雨蚀剥离，局部也有裂隙剥离。

第三，裂隙（缝）。裂隙（缝）是指土遗址内由于各种不同原因形成的裂隙或裂缝，它往往是坍塌或冲沟发生的条件。

第四，掏蚀。掏蚀在墙体外侧底部和中部较为普遍，主要为酥碱掏蚀和风力掏蚀，酥碱掏蚀在南墙和东墙较为严重，风力掏蚀大多出现在西墙和北墙。

第五，冲沟。冲沟常出现在一些顶部较为宽大，易于形成汇水地形的墙体立面，分径流型冲沟和裂隙型冲沟两类。

第六，生物破坏。生物破坏包括植物破坏和动物破坏两类。植物破坏表现为墙体顶部大多被草本植物覆盖，墙体上部和中部多生长一些低矮的灌木与草本植物。动物破坏主要有土蜂在墙体表面钻孔筑巢，鼠类在墙体根部打洞。

根据现场病害调查结果，对建安堡各面墙体的病害数量和病害程度进行统计，可以看出，建安堡各面墙体上每类病害都有发生，冲沟和植物破坏严重程度在各面墙体上基本相当，其他病害的严重程度在各面墙体上差异较明显。裂隙（缝）在北墙较多，片状剥蚀在西墙和北墙明显多于东墙和南墙，掏蚀病害在南墙较多。

遗址整体保存状况较差，主要病害为裂隙（缝）、片状剥蚀和人为破坏，此外还有掏蚀、冲沟和生物破坏等病害类型。遗址病害是在遗址自身因素与环境影响因素的共同作用下形成的。土遗址的工程性质较差，因建筑工艺形成的裂隙和土中的夹杂物为其薄弱环节。环境影响因素主要为雨蚀、风蚀和人为破坏，其次为温差破坏、酥碱、冻融和生物破坏、病害发育普遍，保存现状不容乐观。

（二）长城遗址的病害分类

经过调查分析，中国西部长城呈现出以下特点：

第一，我国西部长城（陕西以西）以土遗址为主，遗址类型比较多，主要有墙体、烽燧（烽火台）、营堡、城障、关隘等，保存状况差别较大，和所处地域关系密切。

第二，西部长城建筑工艺多样，有夯筑墙、堆筑墙、砌筑墙、山险墙、堑壕等形式，有黄土夯筑、砾石夯筑、木加筋构筑等，土的物理、化学、力学性能差异因地区而不同。

第三，西部长城所处自然环境差异较大，有山区、沙漠、戈壁、黄土塬、梁、峁等地形，降水量由东向西逐渐减少，蒸发强烈，多有风沙，极低温度皆低于0℃。

第四，西部长城从病害可分为两类地区，干旱区长城病害主要为片状剥蚀、裂隙、风力掏蚀，风和雨是主要影响因素；潮湿区长城病害主要为雨蚀剥离、冲沟、植物破坏，降水是主要影响因素，两类地区无明显分界。

第五，干旱区长城保护技术相对成熟，潮湿地区长城表面防风化技术还存在工艺不过关问题，保护方式还有待进一步研究。

通过对上述五处代表性遗址的调查发现，这一区域的长城遗存基本上都是以黄土为主要建筑材料，遗址的布局、形制、建筑技法等相似。同时由于西部长城地处我国西北内陆，遗址区降雨、风、气温等气象环境在一定程度上较为接近，因而西部长城各遗址的病害类型呈现出相对的一致性来。然而由于各遗址自身特征和赋存环境的差异性，西部长城不同遗址的病害也表现出一些不同的特点。

在对西部长城五处代表性遗址病害类型总结的基础上，参考干旱区土遗址病害分类的研究，我们将西部长城的病害类型按照病害表现形式分为片状剥蚀、裂隙（缝）、生物破坏和人为破坏五大类，每大类下又包括若干亚类。

1. 片状剥蚀

片状剥蚀是西部长城上表现最为普遍的一种病害，它是指遗址表面在外营力或内营力的作用下疏松起壳，在外力或重力作用下成片状或小块状脱落，包括三种形式：雨蚀剥离、风蚀剥离、裂隙剥离。

2. 裂隙（缝）

是指遗址内部因各种不同原因形成的裂隙或裂缝，它往往是坍塌或冲沟病害发生的条件。西部长城上卸荷裂隙和建筑工艺裂隙发育较为普遍，少数遗址上局部也有变形裂隙，几种裂隙经常同时出现。部分遗址上裂隙发育密集、相互贯通，将遗址切割形成一些危土体，甚至影响到了遗址的整体稳定性。掏蚀是指遗址局部在风、雨、水、盐类活动等单独或组合作用下不断掏蚀凹进形成的凹槽或凹坑。

3. 冲沟

是指由于降雨产生的地表径流在遗址顶部的汇水地形成汇聚，并沿遗址表面流水通道集中下泄，对遗址土体产生的沟状的侵蚀破坏形式。根据形成条件和形态的不同，冲沟大致可分为径流型冲沟和裂隙型冲沟两类。调查中发现，陕西榆林明长城上冲沟病害较严重，这与遗址自身形貌和遗址区降水特点相关。

4. 生物破坏

是指由于生物作用对土遗址所造成的破坏，它包括植物破坏和动物破坏两类。调查中发现，生物破坏主要发生在降水量相对较大、气候环境较温和的地区，如甘肃西部的干旱地区就少有发生。

5. 人为破坏

是指人类活动对遗址产生的破坏，按破坏发生时期可分为历史破坏和近现代破坏。西部长城部分遗址上人为破坏严重，主要是近现代以来人类的生产、生活等活动所造成的。各遗址上人为破坏的形式各不相同，概括起来主要有修建道路房屋、开垦耕地、开挖煤矿等活动破坏和侵占长城。此外还有长城上取土、截取长城上包砖、长城周围随意堆倒垃圾、长城表面被粉尘煤灰覆盖、长城上随意刻划喷涂等破坏。

（三）西部长城病害成因分析

土遗址的工程性质是其产生各种病害的内因，西部长城不同遗址建筑材料、建造工艺等各不相同，因而各土遗址的工程性质各异，分析测试土遗址的工程性质是进行病害成因分析的基础。在对西部长城五处遗址的现场调查中，分别对每一遗址都采取了代表性土样，并按照《土工试验方法标准》（GB/T 50123 - 1999）和《土工试验规程》（SL237 - 1999）测试了各土样的物理性质、水理性质、力学强度、易溶盐等主要指标。

长城遗址的病害成因是与它的建造的工艺，材料以及所处的自然环境有着直接的关联。墙体上一般为多种病害相互伴生的，虽有主要病害和次要病害之分，但其共同的作用，对墙体或建筑物或构筑物的稳定性均是致命的打击。由于土遗址病害发生较为复杂性，病害形成的原因也是多因素共同作用的结果，因此虽然我们分别讨论影响因素，但并不代表这种因素只会形成一种病害，病害往往是多种因素共同作用的结果。

遗址自身因素：

第一，土的性质。土遗址的性质整体较差，易于在各种环境因素影响下产生病害。

第二，建筑工艺。由黄土分层夯筑而成，因建筑工艺形成的接槎缝、结构缝、施工缝等为墙体的薄弱环节。同时，部分墙体中还夹杂有较多的小砾石、灰渣、料姜石等包含物，有一些还包含了红柳、芨芨草等植物，这些夹杂物，易使墙体表面结构和稳定性不均匀，造成墙体表面变得凹凸不平。由于建筑材料的多元化，从而使得在温湿度变化的过程中，遗迹本体的稳定性和强度的差异，在脆弱的部分易形成病变，而影响整体的稳定性。

环境影响因素主要表现在：

暴雨：虽然榆阳区地处干旱半干旱区，年平均降水量偏少，然而夏季多发大暴雨，这种短时间强降水对土遗址破坏作用很大，加之建安堡土的耐水性差，雨蚀破坏严重，墙体表面多形成雨蚀剥离和冲沟病害。

风：所在地区紧邻沙漠草滩区，风沙灾害频繁，数百年来风沙的吹蚀打磨对遗址破坏较大。

温差：地处内陆，植被覆盖率低，江河湖泊较少，气温变化幅度大，温差作用对遗址破坏较为显著。

毛细水：五处遗址除韩城的长城外，所处的区域多是降水量小于蒸发了的，同时在遗址附近多有河流，地下水通过毛细作用吸收至本体表面，在高温作用下强烈的蒸发，同时不断携带可溶盐向基础和墙体表层运移，并在此富集。再加上温湿度变化较大，由此造成易溶盐随环境温湿度变化不断溶解—结晶，破坏土颗粒间的孔隙结构，使土体疏松，最终形成墙体底部和中部的酥碱掏蚀，加剧墙体表层的片状剥蚀。

生物破坏：墙体上土蜂钻孔筑巢，加速土体风化，降低了墙体强度。灌木根系不断生长产生根劈作用，使遗址土体变得疏松，甚至产生裂隙。植物在生长过程中或是死亡后还会分泌有机酸等物质溶蚀土中的部分矿物，影响土遗址的结构。鼠类打洞等动物活动不停地对土体进行机械破碎。

人为破坏：各个时代的长城当前多位于村落和农田地带，他们的生产、生活活动必然会对遗址产生影响，早期的平整土地、建窑盖房、随意取土，都对遗址的本体造成了致命的伤害。

综上，西部长城整体上病害发育严重，通常各遗址上几种病害相互伴生，有主要病害和次要病害之分。由于遗址病害形成的复杂性，会因多种环境因素综合作用产生同一种病害，或因同一种环境因素作用条件不同而产生不同种病害。文中针对西部长城的病害特点，从遗址自身因素与赋存环境两方面对西部长城的病害成因进行分析。

通过上面的分析我们可以看出，自然的破坏因素是长年累月不断对遗址本体作用，形成了各种病害。而人为破坏是一次性的对遗址本体的毁灭性破坏。因此，对于长城遗址的保护而言，一方面是要治理由自然及内在形成的各类病害，更重要的是通过管理措施控制或遏制人为破坏，才能使遗址延年益寿。

而对于自然的破坏，既然我们已了解破坏的根本原因，可以通过物理、化学和生物的方法对其病害进行处理，以延长脆弱遗产本体的寿命。

二、西部长城保护技术研究

土遗址保护是一项世界性的难题，国内的土遗址保护经过二十余年的探索，逐渐形成一套适合中国土遗址特性方法体系。西部长城大多由粉土或粉质黏土夯筑而成，部分为土坯砌筑或红柳芦苇等枝条加土坯、粉土等垒砌，这些均属土遗址保护技术的范畴。参照土遗址保护理念和技术，可以为探索西部长城保护技术提供有益的借鉴。

对于本体病害的修复，针对不同环境我们分为不同的研究方法。虽然西部地区多属于干旱区域，但其主次的影响因素也会有一定的差别。我们根据病害的类型将这5个遗产分为两大类，主要受风影响的区域和主要受水影响的区域。受到风的影响，会产生地基掏蚀、风蚀等病害，这类遗产稳定性较差，在大风的作用下，极有可能随时坍塌，五个遗址中临洮战国秦长城、陕西榆阳区明长城，建安堡均属于这种类型。而有些区域会形成本体的破坏因素多由水造成，如韩城魏长城和甘肃瓜州长城，都是由于暴雨和地下水对长城本体的稳定性造成了严重的威胁。在保护技术的运用过程中主要是解除水害的侵扰。

（一）半干旱区域的土遗址保护技术

目前，国内土遗址保护的技术方法包括以下几类。

1. 表面防风化加固

表面防风化加固的施工工艺主要有表面涂刷、滴渗和喷洒渗透，在施工过程中一般根据遗址风化程度和施工条件灵活选用。

2. 缺损、掏蚀凹进部位加固

分砌补支顶和构件支顶。对于威胁到遗址墙体稳定的缺损与掏蚀凹进部位，主要采用支顶性砌补来提高遗址的整体稳定性，填补凹进部位。按照文物保护修旧如旧的原则，砌补材料和施工工艺要与遗址建造工艺相似，应当在满足遗址加固效果的前提下尽量减小砌补量，注意砌补后整体形貌与遗址相协调。对于部分遗址高大墙体顶部出现悬空的情况，砌补支顶无持力层的状况，拟采取合适的构件进行支顶加固。

对于存在基础掏蚀的墙体，其缺失部分添加能与其本体紧密贴合支架的方法。即在缺失部位增加一个表面与墙体材质相同的，外形及颜色与遗址相仿的防风化壳。早期多采用土坯垒筑的方法，但由于过分强调可辨识性，垒筑的方式往往对遗址的视觉感官上产生一定的影响。需要在全面了解遗产本体材质和砌补工艺的基础上，不断推陈出新，探寻出最为适合的工艺和贴补材料。

3. 开裂墙体的加固

对裂隙形成的不稳定块体采用锚固措施使其稳定，包括裂隙灌浆和锚杆锚固。若墙体裂隙对于其稳定性无威胁，灌浆加固即可，防止雨水入渗导致土体软化，裂隙增大，最终影响到遗址的稳定性。若墙体裂隙发育严重，直接影响到其稳定性，则应先对墙体危岩体进行锚杆锚固，保证遗址稳定性，之后灌浆封闭裂隙，保证锚固效果。在对遗产实施灌浆加固的时候，灌浆材料可使用干旱地区广泛使用的 PS 材料，但需要根据各个地方的实际情况，对 PS 材料进行改性。

锚杆技术作为解决土遗址危土体的一种有效措施已经逐步得到认可，对楠竹锚杆加固土遗址黏结力的研究有助于对此方法在今后的广泛运用。

对于部分干旱地区，本体中夹杂有植物的长城遗产，锚杆可考虑韧性较好植物性材料。楠竹锚杆[1]野外现场基本试验，研究了锚杆杆体与锚固体之间黏结强度，这有利于锚杆技术在今后土遗址保护中的运用。依次对选取的锚杆施以钻孔、清孔、灌浆、插入锚杆、锚杆养护几个步骤，之后就可以进行抗拔试验了。研究结果表明，采用 PS 系列浆液灌浆，楠竹锚杆杆体与锚固体之间界面是锚杆的薄弱界面，PS 系列浆液的骨料粉煤灰和黏土对杆体和锚固体之间的黏结强度影响不大，其黏结强度标准值可选择 70kPa，特征值在 30kPa，锚杆的极限锚固力标准值可选择 10kN/米，按安全系数 2.2 计算，锚固力特征值可选择为 4.5kN/米。通过上述实验表明，在干旱的区域，可是使用楠木作为锚杆，对裂隙较大的长城遗址实施灌浆加固。

4. 顶部加固

包括新奥法加固和砌衬加固。新奥法是奥地利隧道施工方法的简称，它是以隧道工程经验和岩体力学的理论为基础，将锚杆和喷射混凝土组合在一起作为主要支护手段的一种施工方法，是在软弱破碎围岩地段修筑隧道的一种基本方法。在对长城遗址进行顶部加固的时候需要进行一定的改良，喷射的材料需要从混凝土组合改变为与长城遗址本体材料较为接近的土与 PS 材料相结合。用于喷涂长城的顶部，形成一个与顶部贴合的保护膜，增加顶部的稳定性。

砌筑加固比较简单，容易施工，而且不需要复杂的力学计算，然而在文物保护技术迅速发展的今天，对文物保护维修工程提出了更高的要求。砌筑加固的方法因不能满足文物修复"不改变原状的原则"，只能作为一些局部破坏濒临坍塌的低等级遗址的小洞室所采取的一种临时性加固措施。这些洞室可以通过砌补局部恢复原有形状，恢复原有受力条件，达到保持遗址稳定的目的。

以上四种方法，在半干旱或干旱区域均有使用，多数情况下同时运用，以消除病害，确保遗址本体安全。

（二）潮湿环境下土遗址的保护技术措施

对于由于水影响而形成的病害，比如雨蚀，可溶性盐造成的底部掏蚀。应根

---

[1] 孙满利、王旭东、李最雄、张景科：《楠竹锚杆加固土遗址黏结力研究》，载于《敦煌研究》2011 年第 6 期。

据病害形成的原因，采取具体应对的方法。对于潮湿地区西部长城遗址的保护加固，应重点在抢险加固和环境监测与整治，对于抢险加固而言，干旱区土遗址的成功经验，如表面封护、土坯支顶、锚固等可以借鉴。除此之外，还要采取相应的防御性或管理性措施，降低环境对于土遗址本体的影响。

1. 表面封护

表面封护，即通过在文物表面形成致密的、不受影响的表面膜来对文物表面进行封闭，以减缓自然环境中的各种因素对文物的不利影响，即防风化，属于防护性保护措施。通过喷涂表面封护材料，一方面阻止或减少水的渗透、减少水对遗址本体的破坏；另一方面封护材料会在墙体表面形成一种薄膜，在阻止或减少水渗透的情况下，也防止内部水分的外溢。

在考虑使用表面封护的时候，表面防护剂为憎水材料。好的表面封护剂应具有水蒸气透气性，即对水是"半透膜"。文物内部的水汽又可透过防护剂层蒸发，又阻止流动水的侵入。同时，材料应具有无色透明不反光的效果，通过涂抹或喷涂防护剂，最好不改变或很少改变表面的颜色，而且应使光线透过自身并被物体表面反射，不阻挡光线的传播，达到不改变文物的外貌的要求。在我们所涉及的区域，土遗址的病害往往是温湿度共同作用的结果，因此，此类的保护膜应具有一定的抗温湿度变化、抗紫外线的能力，即使长时间地暴露于室外，不会造成因膜的老化或变色而失去了保护的作用。

目前常用的封护材料包括有机硅材料、硅丙材料、氟碳材料及用纳米改性的各种材料。近年来更多使用有机硅材料，重要在于它的几个特点，如耐老化性能好、老化后与被加固材料性质相近和极好的防水、透气性能。硅丙材料加入了有机硅材料后，其加固性能大大地提高，更保持了它防水透气的优点，因此成为了表面封护常用的材料之一。氟碳材料在耐老化性和憎水性方面也有了新的突破，但仍然较少地运用于土遗址的保护中。

2. 将潮湿环境土遗址保护问题转变为"干燥环境"土遗址的保护问题

由于土遗址容易受雨水的冲刷和地下水的侵蚀，加之遗址土体自身较为脆弱的属性，一旦解决了水的问题，一些在干燥环境下成熟的保护加固措施与施工工艺便可通过改良后，在潮湿环境土遗址保护中推广和应用，从而解决潮湿环境土遗址保护的问题。因此，在不改变遗址本体性质和不添加任何化学试剂的情况下，可以考虑通过非直接干预的方式，改变土遗址所处的小环境，可通过修建保护棚、在遗址周边修建排水设施和隔阻水设施，阻止地下毛细水对于遗址本体的影响，将潮湿环境土遗址保护问题转变为"干燥环境"土遗址保护的问题。

3. 采取综合保护措施，确保遗址保护效果

多年的保护实践表明，土遗址保护是一个复杂的多学科问题，而土遗址病害

及成因的多样性和综合性，决定了对土遗址的保护不能简单地只用一种方法和措施。虽然，潮湿环境土遗址保护可以通过搭建保护棚、采用排水、隔阻水进行环境控制的方式降低水对于遗址本体的破坏，在确保遗址小环境稳定的同时，需要采用锚固、灌浆、支顶等物理化学加固的技术，增加本体自身的稳定性和强度。因此在大环境改善的前提下，运用干燥地区已成熟的保护技术和保护方法，对遗址本体进行加固处理，解决遗址自身和环境所带来的各类负面的影响，使遗产本体处于一个稳定的状态，达到预期的保护效果。理想的土遗址保护项目，应该由多学科的高水平的团队，在全面调查和正确分析病害成因的基础上，遵循文物保护原则和中国文物古迹保护准则，采用综合保护加固措施，才可能达到较好的保护效果。

4. 重视遗址的预防性保护

近年来，随着科学技术的发展和文物保护理念认识的不断深化，预防性保护越来越成为遗址保护主流。文物预防性保护的概念是在 1930 年罗马的国际文物保护会议上提出的。当时是指通过对文物保存环境控制，特别是对温度、湿度的控制，让文物处在一个相对稳定的环境中，从而降低或减少文物病害的产生或发育。现今这一概念已经发展到了遗产保护的各个层面，包括了领导的宏观决策、经费投入、博物馆选址、建筑材料选择、博物馆库房的设计、展厅缓冲空间的设置，单体文物小环境的设计，如保存展示小环境的恒温、恒湿、照明、防尘、防虫害等。甚至还涉及考古现场文物的提取技术、运输、包装、安全保卫设施、对自然灾害和人为灾害的预防性措施和紧急预案等方面。

而预防性保护的核心手段和方式就是监测。所谓监测就是指通过对影响遗址本体稳定性及产生病害因素的代表值的测定，确定遗产本体稳定性或病害程度及其变化趋势。科学监测对了解病害的发生、发展过程，揭示病害机理，评价加固效果，改进保护技术等方面均有十分重要的意义。

因水而造成病害的土遗址多由裸露的自然状态变成了保护大棚内小环境的生存状态。通过一系列的监测，可使我们更好地认识和了解原有环境与当前环境变化的差异对遗址保护所带来的不同影响，对于保护方案的制订和保护措施的选择具有很好的指导意义。另外，由于土遗址文物的脆弱性和不可再生性，保护工作的开展必须慎之又慎，将保护加固带来的不利影响降至最低。因此，通过对已实施保护加固措施本体的监测，可以了解保护材料的适用性，通过长期的监测，可以总结出加固材料或封护材料老化的过程和表面的性状，为改良材料提供了较为完善的基础资料。

同时，在详细调查遗址水环境的基础上，将文物保护理念和岩土工程技术相结合，研发土遗址现场水环境综合实时监测技术，达到实时掌握遗址水环境状况；结合文物保护特殊需求，研发可用于土遗址地表水遮挡，地下水降排、阻隔的综合防治技术，研发考古现场土体水分快速蒸发导致遗址土体干缩开裂的防治技术。通过以上研发，减少降水和地下水对遗址考古的不利影响。

5. 考古调查发掘与保护相结合，及时采取措施，将损失降至最低

我国的考古与保护工作之间还是存在脱节的问题，往往都是考古工作结束后保护人员才介入遗址的保护。我们提倡在考古或考古调查工作开始的同时，保护工作同时介入。提出考古过程遗址稳定性预判方法，也可引入和改进一些岩土加固措施与方法，使之适合遗址开挖前或遗址开挖发生形变之前对遗址的预加固。通过保护人员的提前介入，最大限度地减少遗址开挖后由于保存环境的变化给遗址带来的破坏，强化土遗址暴露出土后的保存能力。

6. 定期监测

对于因为水而引起的破坏我们首先考虑的应该是如何控制水的问题；在水环境得到较好治理后，急需解决遗址本体的力学稳定性问题，因为稳定性问题导致的破坏对遗址本体往往是毁灭性的。由于遗址的小环境发生了一定的变化，需要重新对遗址的病害进行调查，确定主病害与次病害。同时，通过一定时间对于本体的监测，观察病灶的发育和生长情况，综合这些情况，运用物理或化学的方式，如保护加固材料结合锚固、灌浆等综合措施来解决遗址土体表面粉化、剥离等方面的问题；最后，还应通过长期的监测措施，评估和修正加固措施，并及时开展日常保养和维护。

水对土遗址的保护加固技术尚处于发展阶段，未形成一整套合适的保护加固技术方法。由于潮湿地区土遗址表面风化特征差异较大，化学加固施工工艺难度较大，目前加固效果还不能完全满足要求，因此，长城由历史上的军事防御工程转变为现存的文化遗产、大遗址，面临的最迫切的问题就是如何有效地保护这一珍贵的文化遗产，延续其生命。

第二节 陕西明长城保护规划

长城是极为重要的文化遗产资源。1961年3月4日，长城被国务院公布为第一批全国重点文物保护单位，1987年，长城被联合国教科文组织列入《世界文化遗产名录》。作为特大型线性文化遗产，长城的保护和管理目前面临着众多的困境，究其根源：

一是对长城本体的基本情况和保护现状认识不清。长城到底有多长，分布于哪些区域,不同时代的长城具有什么样不同的特点,各段长城的保护管理的基本情况如何?为了解决这一问题,国务院批准了《长城保护工程(2005~2014年)总体工作方案》,旨在通过田野考古调查的专业方法,并充分利用现代科技手段,全面了解长城沿线遗址的分布和保护工作,从而摸清家底,为深入了解长城的价值做准备。

二是目前长城研究是处于各自为政的状态,缺乏系统性和全局观,长城面临着相当严重的自然和人为破坏的威胁,而当下研究机构的缺乏和研究队伍的不足是制约中国长城保护最为关键的因素。这表现在:全国范围内没有一处专职从事长城研究与保护的机构、文博机构体系内外专职从事长城研究的人员屈指可数,能说清楚历代长城基本问题的学者少之又少[①]。

三是长城作为大型的线性文化遗产,管理保护工作难以开展。长城分布空间广,跨省跨市,分布在15个省区市,总长超过两万公里,同时伴随着长城周边区域的经济发展,周边道路建设、采煤采气等活动也成为引发遗址快速消亡的重要原因,管理体制和管理工作难以协调开展,管理上责权不清,管理机构无法完成管理工作,也无法满足遗址周边百姓的生产生活诉求,使得遗产管理举步维艰。

长城分布自然环境复杂,干燥环境、湿润环境等,裸露于自然环境之下,长城饱受自然因素带来的损害,如水土流失、动植物破坏、沙漠侵蚀等,本体保护存在的病害不一,这些问题为合理管理、合理利用带来了困难。

虽然开展了长城资源调查和保护工作,但长城的管理性保护的形势依旧严峻,急需开展系统的全面的长城管理机构和保护管理措施的调查研究工作,为长城价值的保存和保护提出具有建设性的意见和建议。

我们以陕西明长城为例,以全面了解长城资源调查资料为基础,深入研究长城保护管理过程中存在的主要问题,运用国际上先进的管理理念,探寻保护大型线性文化遗产的方式和方法。目前,对于大型遗址的保护多以编制保护规划入手,探寻保护管理过程遇到的问题,并提出管理的对策。因此,我们以陕西明长城保护规划的内容入手,探讨长城遗产保护管理过程中面临的问题并提出解决问题的对策。

明长城作为一项工程量巨大、防御体系完善的伟大古代建筑,在历史上,对于保护国家安全和人民生产生活安定、开发边远地区、保持与西北域外的交流联系等方面都发挥过重要的作用。陕西明长城神木段、横山段、靖边段明长城属陕西省陕西明长城的组成部分,均由大边长城和二边长城组成。陕西明长城经历了

---

① 段清波:《长城研究亟待深化 长城保护刻不容缓》,载于《中国文物报》2012年8月17日。

几百年的风吹雨蚀,留存下来的也正遭受自然和人为的破坏,近年来,随着我国经济的高速增长和城乡建设的全面开展,长城亦不可避免地受到冲击,尤其是现代村落扩张、基础设施建设以及农民生产生活活动等人为因素均对长城资源造成严重威胁。因此陕西明长城的保护与抢救性维修工作既有必要性也非常紧迫。我们在陕西省长城资源调查成果的基础上,对陕西明长城的保护规划进行深入探讨,分析遗产保护过程中存在的问题并编织出科学合理的保护规划。

一、遗产概况与沿革

我们以陕北的神木、横山、靖边三段明长城为例,介绍一下遗产的基本情况。

(一) 陕西明长城遗产概况

1. 明长城神木段

明长城神木段分为大边和二边长城,总长 182 390.7 米。大边长城由府谷县陈家峁村大圪达梁向西南入永兴乡斗峁沟村,其后继续向西南方向经秦家燕湾村,至店塔镇水头沟村后向西南延伸入榆阳区。途经的乡镇主要有店塔镇、神木镇、麻家塔乡、解家堡乡、高家堡镇、乔岔滩等六个乡镇,总长 82 589.7 米;二边长城在神木县内的走向基本也呈东北—西南,途经的乡镇主要有神木镇、解家堡乡、高家堡镇、乔岔滩乡、太和寨等五个乡镇,总长 99 801 米。该段长城遗存本体的类型有长城墙体、附属设施和相关遗存(见表 5-1)。遗存周边环境主要由历史环境、生态环境以及景观环境三方面构成,这三者都会不同程度地影响到遗迹本体保存状况和整体展示效果。

表 5-1　　　　　　　　　明长城神木段概况表

类型	包含内容		数量(长度)
长城本体	墙体	土墙	42 段(3 905.4 米)
		石墙	9 段(6 310.3 米)
		山险墙	5 段(2 489 米)
	天然险	山险	27 段(130 496 米)
		河险	2 段(3 690 米)
	墙体设施	敌台	160 座
		马面	18 座

续表

类型	包含内容	数量（长度）
附属设施	烽火台	93 座
	关	13 座
	堡	10 座
相关遗存	砖窑、陶窑、石窟、烽火台遗存、堡遗存、建筑基址遗存	24 处

资料来源：陕西省考古研究院、西北大学文化遗产学院：《陕西省明长城资源调查报告》，文物出版社 2014 年版。

2. 明长城横山段

明长城横山段分为大边长城和二边长城两条，大边长城为东北—西南走向，二边长城与大边长城走向基本一致。大边长城主要途经的乡镇有波罗镇、横山镇、雷龙湾乡、赵石畔镇、塔湾镇、白界乡、城关镇和响水镇，大边横山段总计75 575 米；二边长城主要途经的乡镇有塔湾镇、波罗镇、响水镇、横山镇、党岔镇和赵石畔镇，共计 99 420 米。主要遗存构成有墙体、山险、河险、敌台、马面、烽火台、关和堡，相关遗存 11 处（见表 5－2）。

表 5－2　　　　　　　　明长城横山段概况表

类型	包含内容			数量
长城本体	墙体			共 29 段
	天然险	山险		共 5 段
		河险		共 2 段
	墙体设施	敌台		现存 13 座
		马面		现存 61 座
附属设施	烽火台			现存 87 座
	关			现存 17 座
	堡			现存 16 座
相关遗存	龙泉墩村遗址　魏强村遗存　白岔峁村遗址 沙界沟村遗址　庙湾村遗址　塔湾村遗址二道峁村遗址 马家梁村 1 号遗址　马家梁村 2 号遗址 边墙壕村遗址　马家梁村 3 号遗址			现存 11 处

资料来源：陕西省考古研究院、西北大学文化遗产学院：《陕西省明长城资源调查报告》，文物出版社 2014 年版。

3. 明长城靖边段

明长城靖边段总长 202 031 米，大边长城和二边长城走向基本一致，都是由东北向西南。大边长城和二边长城经过的地形有风沙滩地区、梁峁涧地区、丘陵沟壑区，共经过十二个乡镇，大边长城总长 90 960 米，由横山县龙口村向西南入靖边县境内，经过十一个乡镇，有乔沟湾乡、杨桥畔镇、高家沟乡、龙洲乡、镇靖乡、新城乡、中山涧乡、杨米涧乡、海则滩乡、旧城乡、席麻湾乡；至此出靖边县境而入吴旗县界。二边长城总长 111 071 米，经过八个乡镇，有杨桥畔、高家沟、龙州、乔沟湾、镇靖、天赐湾、杨米涧、大路沟、新城、石窟沟等十乡。明长城靖边段主要遗存构成有墙体，包括人工墙体、山险、河险；单体，包括敌台、马面、烽火台；关堡以及相关遗存（见表 5-3）。

表 5-3　　　　　　　　　明长城靖边段概况表

类型	包含内容		数量（长度）
长城本体	墙体（全为土墙）		48 段（93 501 米）
	天然险	山险	3 段（108 530 米）
		河险	0 段
	墙体设施	敌台	28 座
		马面	69 座
附属设施	烽火台		98 座
	关		11 座
	堡		7 座
相关遗存	遗址		1 个（杨桥畔宥洲城遗址）

资料来源：陕西省考古研究院、西北大学遗产学院：《陕西省明长城资源调查报告》，文物出版社 2014 年版。

（二）历史沿革

1. 明长城神木段

明代的神木县属于延绥镇防区。

延绥镇防区大体分作东、中、西三路。神木县属于东路防区，分守参将一员，驻于神木营（今神木县城）。明长城神木段属明代"九边"之延绥镇边墙。延绥镇边墙是为抵御据守河套地区的蒙古游牧诸部时常南下侵扰而建的军事体系。

洪武二年（1369 年）五月，明军攻取延安路，改为延安府，辖三州十六县。后又设立延安卫、绥德卫，延绥之名便源于此。

明英宗正统初年（1436 年），北部游牧部落进入河套地区（今鄂尔多斯高原），处于正处年下关中之冲的延绥，其防御重要性开始受到明朝政府的重视。延绥建镇，总兵驻绥德。

正统二年（1437年）起，延绥地区的防御力量得到了加强。

天顺二年（1458年），延绥置镇守官兵与巡抚，并形成固定的守兵制度。

明宪宗成化九年（1473年），迁镇治至榆林，故延绥镇又称榆林镇。自初建边镇至迁治榆林，延绥镇主要以修建营堡墩台作为御边瞭守之手段，但收效甚微。

成化六年（1470年）至八年（1472年），巡抚延绥等处左副都御史王锐、巡抚陕西左副都御史马文升、巡抚延绥右副都御史余子俊等人就从减少每年边备所需庞大的军费开支角度来阐述筑造边墙的必要性，最终修墙建议得到朝廷同意，史载"修筑边墙，乃经久之策，可速令处治。"

成化九年（1473年），余子俊督修"二边"长城，又称"夹墙"或"铲削二边"。

成化十年（1474年），在二边外侧修筑"大边"长城，全线分为东、中、西三路，分段守御。同时，依据军事防御需要对已有营堡进行调整，并新置若干营堡。

弘治十八年（1505年），巡抚延绥都御史文贵修新式墩台。正德、嘉靖间，延绥镇长城的经营中心在西段，东、中段工程虽几经筹划，但未实施。

隆庆万历间，神木兵备（兼分巡）道副使（后升任延绥巡抚）张守中主持延绥镇长城东、中两段重建工作，并对三段长城进行全面整治。

万历后期，延绥镇长城曾进行过城堡包砖、清除积沙等修葺工程。此后直至明朝灭亡，延绥镇长城再无大规模的修建。

（1）明长城神木段"大边"。

明长城神木段的大边长城属延绥镇的东路、中路大边。墙体东北以永兴乡斗峁村与府谷县新民乡交界处边墙相连，西南以乔岔滩乡边家渠村与榆林县大和塔村交界处边墙相接。

正统元年（1436年），都督王祯建沿边墩台卫堡仓城，后又陆续修筑了沿边营堡，并增筑墩台。

成化二年（1466年）整饬边备兵部尚书王复奏议，简易移除一些不便防守的营堡。并增筑若干营堡、墩台，且随其形势以为沟墙，得到朝廷许可。延绥巡抚尚书王锐添设堡墩，巡抚卢详继之。

成化六年（1470年）三月，延绥巡抚王锐建言"榆林一带营堡其空隙之地宜筑为边墙以为拒守，其墙于墩外修筑，址广一丈杀，其上为七尺，上为垛口五尺，共高丈八尺，上积礌石，于墩下各筑小堡，可容官军护守。"但中央以为添筑城堡正系守边急务，没有认可筑墙建议。

成化七年（1471年）延绥巡抚余子俊郑重地向朝廷提出建造边墙的建议，但兵部经过商议，认为民力困顿，延绥土壤环境不佳，修建边墙的时机不成熟，并不赞同修建。

成化八年（1472年），余子俊联合其他将领，就从减少每年边备所需庞大的军费开支角度来阐述筑造边墙的必要性，最终修墙建议终得到朝廷同意，史载"修筑边墙，乃经久之策，可速令处治。"

成化九年（1473年）三月，在延绥巡抚余子俊的主持下开始修建长城，明长城神木段大边便始建于此时，至同年六月已完成东、西两路铲山为墙的工作；六月，工程因故暂停。

成化十年（1474年）春，工程再开，至成化十年（1474年）闰六月，完成边墙的建设。"边墙起自黄甫川，抵双山十二营堡，为东路神木道，领葭州暨府谷、神木、吴堡三县。起常乐，抵清平十营堡，为中路榆林道，领绥德州，米脂、清涧两县。起龙州抵盐场十五营堡，为西路靖边道，领保安、安定、安塞三县。辖卫四，城堡三十六……"

隆庆三年（1569年）朝廷统一东路长城的恢复计划。六年三月，郜光先重申兴工的必要性。同年六月，朝廷指示"陕西三遍及时修筑边墙、城堡、墩台、务期坚固垂久，不旷时糜费用。"同意对神木段长城的修缮。

隆庆四年至隆庆六年（1570~1572年），神木兵备道副使张守中建成神木县域内数百公里长城。

万历元年（1573年），张守中整修细节镇靖堡东抵建安堡的中路300余里大边长城。

至万历二年（1574年）底，中路工程竣工。施工解决了城墙跨河难题。之后开始对神木段长城以及附属设施进行全面的整修，因边为墩，因墩置院，因地筑寨，补修改移，重新配置。

万历三十五年（1607年）四月，延绥巡抚涂宗浚在扩建红山市口的款贡城和款塞台的同时，对中路的各个城堡均用砖石包砌外壁。

至万历三十六年（1608年），中路诸城堡先后包砖完毕。至同年八月，又对东路今神木段的永兴堡、大柏油堡、柏林堡、高家堡完成包砖。

万历年末至今，神木县境内大边长城再无大规模的修建与修缮。

神木长城的建设可分三个阶段：正统年间，延绥镇一带出现边防危急，时任延绥镇都督王祯开始在界石一线修建堡寨、设置墩台，神木长城体系初创；成化年间，迫于蒙古族南下进犯现象的日益加剧，时任延绥镇巡抚余子俊开始修建大边长城；隆庆、万历年间，修缮原有墙体、将各堡城用砖石包砌，对长城进行修复与维护。此后，清代直至现代，神木长城再无大规模的修建与修缮。

（2）明长城神木段"二边"。

明长城神木段的二边长城地处大边长城以南，早于"大边"长城修建。二边在神木县内大略经过了永兴、城关、麻家塔、西沟、解家堡、太和寨、花石崖、乔岔滩等八个乡镇，属于延绥镇二边长城中的东路。明长城神木段"二边"所属的东路二边的修建工程于成化九年（1473年）上半年完工。嘉靖中曾进行过重修，此后明长城神木段的二边长城再无大的修建及维护工程。

2. 明长城横山段

（1）明代。

明长城横山段属明代"九边"之延绥镇边墙。延绥镇边墙军事体系是为抵御据守河套地区的蒙古游牧诸部而建。

①横山段"大边"。

明长城横山段"大边"，始建于成化十年（1474年），属余子俊督修之延绥镇大边长城中段。横山段"大边"大致为东北一西南走向，起自今榆阳区、横山县交界，经波罗镇、横山镇、城关镇、雷龙湾乡、赵石畔镇、塔湾镇等地，此间大边自波罗镇沙界沟以下入榆阳区，至无定河南跨再度进入横山县境。横山段先隶属于镇城直辖，后属延绥镇分守中路地方参将统辖。

横山段大边建成之后又经多次修缮。弘治十八年，文贵修筑新式墩台。隆庆五年（1571年），延绥巡抚郜光先重修保宁堡至波罗堡五十余里。万历元年（1573年）至万历二年（1574年）底，延绥巡抚张守中全力整修包括横山段在内的中路"大边"长城，解决了城墙跨河的难题。接着又对三段"大边"长城进行全面整治，因边为墩，因墩置院，因地住寨，补修改移，重新布防。万历三十八年（1610年），巡抚涂宗浚重修长城，清除横山段积沙，在长城以北沿线遍植等蒿类植物，以图固沙。

②横山段"二边"。

明长城横山段"二边"，成化九年（1473年）余子俊督修，早于"大边"长城修建。横山段"二边"基本上沿无定河南岸陡崖与芦河东山分布，铲山削崖以筑边墙，置有若干墩台、营堡、关隘。横山段二边南侧及东侧分布有响水、波罗、怀远、威武四堡，属延绥镇中路参将统辖。四堡修建早于边墙。正统二年（1437年）置响水堡；成化二年（1466年）移堡城于黑河山，新堡名为平邑堡；成化七年（1471年）迁复旧址，仍称响水堡。正统十年（1445年）置波罗堡。天顺二年（1458年）撤土门堡置怀远堡。成化五年（1469年）建威武堡，堡西长城置威武关。另有"三捷关"，万历三十年（1602年）明军在此反击河套进犯部落，三战三捷，获皇帝赐匾，故名，民间俗称"斩贼关"；大兔鹘堡，成化五年（1469年）被撤；白洛城堡，成化二年（1466年）迁至今靖边县内，更名清平堡。横山段二边及相关墩台、营堡、关隘几经修缮，万历间，官府重修各营堡，加高墙垣，砖砌牌墙垛口。

（2）明代以后。

清袭明制，有所损益，原明代所修边墙逐渐废弃；沿线营堡继续使用，并不断进行修缮。顺治十年（1653年），延绥中协副总兵属衙移驻波罗堡。雍正九年（1731年），以怀远堡为治所，置怀远县，辖怀远、波罗、响水、威武、清平等堡，隶属榆林府。中华民国三年（1914年），因与安徽怀远县重名，遂以境内横山山脉为名，改名"横山县"。

3. 明长城靖边段

明代的靖边县属于延绥镇防区。靖边段明长城所属的延绥镇边墙军事体系是为抵御据守河套地区、时常南下侵扰的蒙古游牧诸部而建。

（1）明长城靖边段"大边"。

"大边"长城东北起自黄河西岸、西南达于今宁夏盐池县东界，绵亘约1200里。是余子俊于成化年间主持兴筑，弘治年间文贵对其沿线墩台进行改造，嘉靖、正德年间，杨一清、王廷相、王琼、唐龙、刘天和先后经营了这段长城。"大边"长城全线划分为三路，分段守御。靖边段跨中路和西路段。其中，靖边段明长城的修筑经营修缮也经过这几个阶段：

成化十年（1474年）七月，余子俊奏："近奉敕旨，令臣等修缮塞垣，及区划屯田等事……每天四月、八月令守备军修葺垣墙墩堡……时加巡查。"所言"修缮塞垣"就是以隋代长城遗存为基础重建明朝"大边"长城。长城由横山县入本县杨桥畔乡，经由龙州乡、镇靖乡、麻湾乡、五梁则乡、新城乡、牛山涧乡，而后出靖边入吴起。

到弘治十七年（1504年）九月，文贵提出改造墩台，"谓旧墩易于颓坏，因以意造砖墩，四面作窗，可以放箭而虏不能近。上从其议，命如是建造，务俾坚久。"到弘治十八年（1505年）完工。其中靖边段墩台亦全在修缮范围内。

正德、嘉靖年间，延绥长城的经营重心放在该镇的西部地段，其东、中地段的工程虽经几任总制筹划，但屡遭挫折，迄无成功。故靖边段的修缮基本没有进行。自嘉靖二十五年（1546年）起，工程才又得以开展，曾铣划分全镇长城为三段，其中靖边段跨西、中二段。但直到嘉靖四十年（1561年）六月，建完的长城才延伸到镇靖堡附近，到隆庆元年才最后告竣，历时20余年。

最后一次较大规模地修筑延绥镇长城是在明神宗万历年间。其中，涉及靖边段的为"三年（1575年）题准延绥，榆林、靖边、定边、靖边四道筑空心敌台，见存城垣六十二座，民寨堡城一百四十九座，寨城五十五座，空心敌台二百三十九座，敌台一百一十六座，墩台一千三百一十六座。"

万历末年直到明末，延绥镇长城再没有大规模的修建。

其中，靖边营堡和镇罗堡同属"大边"长城。靖边营堡又称新城，北宋初为夏州兀剌城，明景泰四年（1453年）巡抚陆炬设筑城垣，由此俗称新城。成化十一年（1475年）余子俊设置为靖边营。同治六年（1867年），回民起义军攻破县城，城内建筑尽毁，八年（1869年）县城移置镇靖堡。民国时期，该城堡曾为苏维埃县政府驻地。目前仅存墙体及其附属设施，堡内为民居。现为乡政府驻地。镇罗堡，明嘉靖二十九年（1550年）筑城，万历二十八年（1600年），在宋代鱼口寨旧址上建堡。

（2）明长城靖边段"二边"。

延绥镇"二边"长城，亦叫"夹墙"，地处"大边"以南，是余子俊于成化九年（1473年）始建，嘉靖中曾重修。成化之前，在延绥镇一带设立的营堡有24座，《明史·兵志》说是25座营堡。这些营堡的连线也就是后来成化年间余子俊修建铲削二边的分布线，其中龙州城、镇靖堡、清平堡属靖边段，与靖边营（新城堡）、镇罗堡共同构成了整个靖边段的营堡体系。

明朝时期，这段长城的北半部分，属清平堡驻兵辖守，南半部分属龙州堡辖守。清平堡，前身是明初所筑白洛城堡，成化初巡抚王复置，移建于今靖边县城东，改名清平堡。龙州堡，宋代为夏州石堡寨，明正统年间（1436~1449年）始筑龙州寨，明成化五年（1469年）巡抚王锐在龙州寨山下涧地筑城堡。镇靖堡，俗称旧城，唐代长庆四年（824年）在此筑乌延城。明成化五年（1469年）巡抚王锐维修加固，现称镇靖堡。

二、明长城遗产价值评估

明长城是人类历史上不朽的建筑奇迹，东西绵延8 851.8公里，作为我国古代一项伟大的军事防御工程，是多元一体的中华民族及其民族精神的伟大象征。明长城的建造，集中国历代长城修筑之大成，从一个侧面反映了统一多民族国家形成发展的过程；宏伟的工程和巧妙的设计显示了中华民族的坚韧刚毅、勤奋智慧以及对和平安定的追求。陕西明长城作为明长城中不可或缺的组成部分，历史悠久、规模宏大、内涵丰富，对明代陕北地区的历史演变、政权变更、文化交流、民族交融、经济发展与人口迁徙等方面都产生过巨大的影响，具有极高的历史价值、艺术价值、科学价值和社会价值、文化价值。

1. 历史价值

（1）陕西明长城全面反映了明代社会发展的轨迹，是明代历史的见证。

陕西明长城最初创制于明代正统年间（1436~1450年），至成化年间（1465~

1480年）长城体系形成，以后历代又对其不断维护增筑，距今有近600年的时间。它丰富的内涵，是历史发展的见证，可以反映明代社会政治、经济、军事、文化等方面历史发展轨迹。陕西明长城的各类遗存，包括单体、墙体及相关遗存，是历史的"档案库"，保存着几百年前的信息，可作为古代历史研究的重要资料。

（2）陕西明长城是民族关系发展的产物，是各民族形成及消长的见证。

在古代长城的演变中，民族形成与消长成为长城地带最重要的文化现象，长城自存在之日起就与民族之间的交流活动结下不解之缘，处在农耕文明与游牧文明交汇地带的陕西明长城更在农牧文明交流中具有典型意义，长城既将两种经济文化隔开，又将两种经济文化紧密连接在一起。陕西明长城是研究明代疆域史、民族交流史和地方史的重要实物。

2. 科学价值

（1）陕西明长城是明代军事防御工程的重要实例，是西北地区军事防御思想、防御理论、防御体系的综合体现。

蒙古人进入河套以后，明朝北边战略形势发生重大变化，明长城变成了防御蒙古的前沿重地，明长城体量壮观、规模巨大，其防御工程技术也远远超过了以前历代所修筑的长城，建筑结构更加完善和坚固。明长城从建筑施工、位置走向的确定到关、堡、敌台、马面、烽火台、道路等军事防御、烽燧预警、后勤补给系统的配备，再到墙体的形制结构、选材用料，都巧妙利用地形地物、因地制宜，所用的砖、石、灰等建筑材料为就地开采或烧制，体现了中国古代建筑工程的高度成就。体现了明代九边重镇的军事防御体系，是研究长城和明代边防军事体系的重要研究实例。

（2）明长城的调查和研究为其他领域的研究提供基础资料。

由于长城修建长度大、分布广、时间长等原因，可以为进一步的跨学科研究提供基础条件。从历史地理的角度出发，可以间接地研究黄河的变迁情况，为治理黄河提供有用的科学资料。可以通过明长城和今天沙漠之间的空间位置关系研究，推断五百多年来沙漠移动的速度和移动面积的大小，从而寻找沙漠发展的规律和原因，为防沙治沙提供参考。

（3）陕西明长城是研究历代长城时空关系的重要实物资料。

延绥镇明长城的修筑，是四万人在不到三个月的时间内完工的，如果不以前代长城为基础，要在这么短时间内完成几乎是不可能的。从所经路线上来看，明长城正好位于战国秦长城的线路上，从所处位置上来看，陕西明长城处于毛乌素沙漠边缘地带，再往西北就是沙漠腹地，因此就不可能再往北修筑，因此秦长城和明长城的位置极为接近。从实地考察可以得到印证：在很多地段秦长城与明长城在相距不远的位置并行，并时有通过交叉后内外关系互换。这种历代长城间的关系对于研究中国历代长城和疆域变化有重要的学术意义。

3. 艺术价值

（1）明长城是民间文学和艺术成就的重要载体和灵感来源。

古往今来，有很多作家、诗人、艺术家以他们生动豪放的笔墨，描写了长城的丰姿，为我们留下了大量的优秀作品，丰富了祖国的文学艺术宝库。同时，那些流传于民间，争说于众口的长城传说故事，同样是我们祖国文学艺术宝库中值得珍视的瑰宝。这些民间传说故事从各个不同的侧面，歌颂了劳动者的智慧，鞭挞了统治者的愚蠢与残暴，是极为丰富、极为珍贵的民间文学遗产。在艺术风格上，它们质朴粗犷，形象鲜明，想象丰富，生活气息浓厚，为广大人民群众喜闻乐见。对于历史、语言、民俗等学科，也具有重要的学术研究价值。

（2）陕西明长城可以构成一个独立的景观系统，是人与自然和谐相处的见证。

陕西明长城跨越山区、荒漠、沙漠和草原等多种自然地理环境，空间布局别具一格，与自然环境的完美融合造就了她独特的魅力，她工程量巨大，气势磅礴，千姿百态，是旅游观光的胜地。

4. 社会价值

（1）陕西明长城是长城文化遗产的重要组成部分，是爱国主义教育的重要基地。

陕西明长城龙盘虎踞，固若金汤，显示着我们古老民族的强大力量，其中所体现的杰出的才能，超群的智慧，奇迹般的凝聚力，永远不可战胜的骄傲，和那热爱和平与自强不息的美德与精神，构成了中华民族心理认同的客观依据。

在人类发展史上的四大文明古国中，都有着这样或那样的人间罕见的建筑奇迹，然而像中国长城这样雄伟壮观，而且始终成为民族背景的却不多见。古往今来，多少神话般的民族传说和真实的历史记载，熔铸在长城那高大而坚实的城墙上；多少可歌可泣的民族英烈的鲜血和汗水，浇灌了长城脚下每一寸土地。长城，是人民经过一砖一石建造的，而且得到不断的巩固与美化，从而使得他成为中国人心目中的神话与现实结合的最完美的国魂形象。

（2）陕西明长城是普及公众文化遗产知识、促进明长城遗产价值公众认知的实体教材。

陕西明长城是我国最具代表性和典型性的历史文化遗产之一，它不仅在我国历史上具有不可替代的地位，而且在世界文明史上也具有极为重要的地位。它是中华民族多元一体统一国家的历史标志与象征，是中华民族历史上的光辉一页，它见证中国历史上多个王朝的发展，是一部活生生的历史教科书。对它的保护和利用，可以促进人们对历史的了解，增强中华民族的民族自尊心和民族凝聚力，对当代社会主义和谐社会和精神文明的建设产生十分重要的社会影响。

长城具有实用价值和精神价值，过去是实用价值发挥作用，现在是精神价值发挥作用。万里长城显示出我们祖先的智慧和毅力，启发我们发奋图强的壮志雄心。

（3）陕西明长城保证了先民生产生活的正常进行，是推动中原和北方地区社会经济发展的主要力量。

陕西明长城的御边效应为中原地区人民的生命财产的安全和社会经济的发展提供了保证，其沿线的关口、集市等对于满足沿线群众生产生活起到了重要的作用。与此同时，互市的开展，商业贸易的有序进行，推动了生产技艺的传播，极大地提高了中原地区的社会生产力。在此后的社会发展进程中，明长城所带来的民族之间的经济联系和交流对各民族的影响极为深刻，成为中华民族一体格局的长期发展动力。

陕西段明长城是明代西北地区连结农耕文明与游牧文明的纽带，北疆交通网络最初也是由于构筑长城防务的军事需要开辟建立起来的，中国古代北疆的开拓发展，大多与以长城为核心的边防建设密切相关。构筑、护卫长城防线刺激了边地经济的发展。畅达无阻的交通网道是运输粮草装备、调集兵马，使长城防线贯通一气的动脉。

5. 文化价值

（1）明长城是人类利用环境的修筑防御工事的典范。

陕西明长城跨越山区、荒漠、沙漠和草原等多种自然地理环境，在不同的自然地理环境中，长城的修筑工艺和建筑方式有所不同，在山势陡峭的区域，利用山体，仅在部分转折区域修建了烽燧，在荒漠区域，则需要通过夯筑城墙和连接烽燧的方式，除此之外，陕西段的明长城还根据地形地貌修建了不同形制的长城。因此，陕西段长城与自然环境的完美融合造就了她具有独特的魅力。自然赋予了陕西明长城独特的形态，而明长城给予了自然环境丰富的内涵。

（2）明长城地带展现了中华民族文化交流，是多民族文化融合的见证。

在历史发展过程中，长城地带是以汉文化为核心的，各民族文化发散区域。呈现出多元不平衡发展，相互吸收的发展轨迹，各民族文化向汉文化汇聚，创造了统一的、共同的、绚丽多姿的中华民族文化。长城史本身就是一部文化史，长城文化是中华文明的重要组成部分，长城文化促进了中国文化的产生和发展。

伴随长城的构筑和使用，将物质文化和精神文化有机地结合起来而形成的长城文化，具有浓郁的民族特色、地域特色。作为军事防御设施，长城堪称人类历史上最为庞大的人工构筑物。因工程之艰巨、存在之长久、功能之显赫、影响之深远，积淀和凝聚了极为丰富深刻的文化内涵。长城作为人类历史上最为宏伟壮观的文化遗存，鲜明地体现出构筑者的思想感情、思维方式、价值取向，寄托了当时人们的向往与追求，体现着民族的心理轨迹，凝聚了当时人们的情感诉求。

6. 小结

陕西明长城遗址是明代社会发展的重要见证，是中国历史上具有代表性和典型性的重大历史文化遗产，在中国历史上具有不可替代的作用。它是我国现存规模宏大、遗迹丰富、保存较为完整的古代长城遗址，具有极高的历史价值、科学价值与艺术价值。

陕西明长城遗址记录和延续着中华民族的历史文脉，它既属于中国，也属于世界。保护靖边段长城，保持其历史的真实性与完整性，是我们这一代人不可推卸的历史责任。陕西明长城的全面保护和合理利用，将对遗址所在区域的社会、文化、经济、环境的可持续性协调发展发挥重大作用，必将对促进社会主义和谐社会和精神文明建设、弘扬爱国主义精神、增强民族自豪感和凝聚力、实现中华民族的伟大复兴产生重大影响。

三、遗产现状评估

遗产现状评估主要是对陕西明长城遗址本体与周边环境、展示现状、管理现状、环境现状四大部分的评估。

（一）遗产本体保存现状评估

陕西明长城遗产本体保存现状评估包括评估标准、遗产本体保存现状评估、破坏因素分析、存在问题、历史环境保存现状分析与真实性、完整性、延续性评估六部分。

1. 评估标准

依据国家文物局《长城资源调查工作手册》中的保存评价标准和陕北长城资源调查的实际情况，将长城墙体列为以下几种情况：

（1）墙体保存程度评价标准。

①由墙基、墙体和墙体设施构成的长城本体评价标准。

较好：墙体设施保存比例为 1/2 以上，墙基、墙体保存比例为 3/4 以上。

一般：墙体设施保存比例为 1/2 以下，墙基、墙体保存比例为 1/4 ~ 3/4 以上。

较差：墙体设施无存，墙基、墙体保存比例为 1/4 以下。

差：墙基、主体仅留地面痕迹，濒临消失。

消失：地面遗迹不存。

②由墙基、墙体构成的长城本体评价标准。

较好：墙基、墙体保存比例为 3/4 以上。

一般：墙基、墙体保存比例为 1/4～3/4。

较差：墙基、墙体保存比例为 1/4 以下。

差：墙基、墙体仅留地面痕迹，濒临消失。

消失：地面遗迹不存。

（2）关堡保存程度评价标准。

较好：格局基本完整，建筑大部分保存，墙体保存 3/4 以上，其他设施保存 1/2 以上。

一般：格局不完整，建筑少量留存，墙体保存比例为 1/4～3/4，其他设施保存 1/2～1/4。

较差：格局尚可辨认，建筑无存，墙体保存比例为 1/4 以下，其他设施保存 1/4 以下。

差：格局不清，建筑无存，墙体濒临消失。

（3）烽火台保存程度评价标准。

①有附属设施的烽火台评价标准。

较好：主体保存比例为 3/4 以上，主体设施保存比例为 1/2 以上，附属设施保存比例为 1/2 以上。

一般：主体保存比例为 1/4～3/4 主体设施保存比例为 1/2 以下，附属设施保存比例为 1/2 以下。

较差：主体保存比例为 1/4 以下，主体设施无存，附属设施无存。

差：仅存遗迹，濒临消失。

②无附属设施的烽火台评价标准。

较好：主体保存比例为 3/4 以上，主体设施保存比例为 1/2 以上。

一般：主体保存比例为 1/4～3/4，主体保存比例为 1/2 以下。

较差：主体保存比例为 1/4，主体设施无存。

差：仅存遗迹，濒临消失。

2. 遗产本体保存现状评估

（1）明长城神木段。

根据保存评价标准，对明长城神木段的遗存保存现状进行等级评估（见表 5-4）。

表 5-4　　　　　　　　　明长城神木段遗存保存现状评估

分类			保存现状	现状评估	
				保存状况	占比(%)
长城本体(258处)	墙体(56段)		墙体分土墙、石墙和山险墙三类。土墙由黄土夯筑而成，夯层大致厚0.12~0.2米，顶部平整或塌陷，多残缺，可见到断续的夯土墙体，长度在15~2910米不等，墙体底宽在0.9~16米之间，以3~8米范围宽度为主，高度在0~9米之间，以0.5~4米的高度为主。石墙用片石垒砌的墙体，现状剖面成下宽上窄或下窄上宽，长度在50~1488米之间不等，部分垛墙消失，墙体内外墙面剥落，墙体顶部基本平整。山险墙，部分地段上有夯土筑墙或人工垒砌的石墙，现存长度在96~1096米之间不等	保存较好	0
				保存一般	52
				保存较差	41
				保存差	7
				地面无存	0
	天然险(25段)	山险(23段)	利用自然山体悬崖峭壁和沟壑形成，现存山险位于山坡或位于山谷沟壑之中，可见长度在453~45500米之间不等，山坡上时有塌陷，上长有杂草及灌木	保存较好	0
				保存一般	91
				保存较差	9
				保存差	0
				地面无存	0
		河险(2段)	利用窟野河、秃尾河宽广的河道，作为天然屏障。石堑子河险现存3400米，玄路塔河险现存290米	保存较好	0
				保存一般	100
				保存较差	0
				保存差	0
				地面无存	0
	墙体设施(177座)	敌台(160座)	大边现存敌台140座，平面以矩形为主，其次是圆形，剖面以梯形为主；敌台主体部分都是黄土夯筑而成，夯层厚0.06~0.18米；二边现存敌台20座，形制均为平面矩形，剖面梯形；现存敌台台体坍塌，围墙消减，台体底部边长多在7~9米，高度在0.5~14米之间，以4~10米范围内高度为主	保存较好	2.5
				保存一般	3.75
				保存较差	67.5
				保存差	25.625
				地面无存	0.625
		马面(17座)	系夯土筑成，就地起建，部分有包砖；目前可见遗存仅有台体，夯土基础不见或者较薄，夯层厚度在0.05~0.2米；台面凹凸不平，底部为方形，底座边长南北长8.3~12米间，东西长在5.1~10.5米间；马面的高度在0.8~12米之间，以4~9米范围内高度为主	保存较好	0
				保存一般	12
				保存较差	82
				保存差	6
				地面无存	0

续表

分类		保存现状	现状评估	
			保存状况	占比(%)
附属设施（112座）	烽火台（89座）	系夯土筑成，夯土土质以黄土为主；残存台座和夯土台体，台体平面呈方形，台基多为矩形，少数为圆形，顶部多塌陷成"凹"形；部分烽火台建有围墙。台体底部边长在5.5~34米之间，直径在6~42米间	保存较好	0
			保存一般	1
			保存较差	84
			保存差	15
			地面无存	0
	关（13座）	平面大多为矩形，围墙夯土筑成，夯层0.1米到0.2米不等。占地面积最大为4 712平方米，最小为360平方米，现仅存部分围墙或墙基，墙体残存高度在0~5.2米不等，关内破坏严重，已无遗存，具体格局不详	保存较好	0
			保存一般	0
			保存较差	0
			保存差	100
			地面无存	0
	堡（10座）	堡的围墙都是夯土筑成，有部分包砖，剥落严重；平面半数为矩形，其余为不规则形和菱形；堡内平整，个别的存有护城墩台、角楼、马面等，且可见轮廓；占地面积从1 200~190 000平方米不等	保存较好	0
			保存一般	20
			保存较差	50
			保存差	30
			地面无存	0
相关遗存（24处）	砖窑、石窟、陶窑等遗址（共24处）	砖窑，窑体多塌陷，窑体残破，内部填土；石窟，窟内塑像残缺不全，壁画大部分脱落，外部石刻损毁；陶窑，仅剩下部窑壁和烟道；还有夯土建筑基址、堡、寨子多只可见部分围墙	保存较好	0
			保存一般	12.5
			保存较差	50
			保存差	37.5
			地面无存	0

资料来源：陕西考古研究院、西北大学文化遗产学院：《陕西省明长城资源调查报告》，文物出版社2014年版。

（2）明长城靖边段。

根据保存评价标准，对明长城靖边段的遗存保存现状进行等级评估（见表5-5）。

表 5-5　　　　　　　　　　明长城靖边段遗存保存现状评估

分类			保存现状	现状评估	
				保存状况	占比(%)
长城本体(51段)	墙体(48段)		全部是在自然基础上人工夯筑。墙体剖面呈锯齿、三角形、梯形。夯土土质以本地黄沙土为主，夹杂有黑垆土等。夯层厚 0.05~0.28 米。部分质地细密、无包含物、不见夯窝，有的夯层中包含有沙石等、有夯窝。夯窝的直径 0.06~0.07 米，深度 0.015~0.02 米，中心间距 0.07~0.15 米。墙体底宽 1.5~10 米，顶宽 0.1~4.5 米；外高 1.8~8.5 米，内高 0.4~6.8 米	保存较好	0
				保存一般	2
				保存较差	73
				保存差	12.5
				地面无存	12.5
	天险(3段)	山险(3段)	利用自然基础上的险要山地，现均已基本消失，构筑方式和建筑体例不详。都顺山势而建，部分段处在较为平整的平缓地带，部分段处在山谷，坡度较缓	保存较好	0
				保存一般	100
				保存较差	0
				保存差	0
				地面无存	0
		河险(0段)	靖边段无河险	保存较好	0
				保存一般	0
				保存较差	0
				保存差	0
				地面无存	0
	墙体设施(102座)	敌台(33座)	指非依墙而建的、以独立防守为主要目的的单体建筑。台体由黄土、黑垆土夯筑而成，包含少量的料礓石，部分台体原有包石包砖，现只可见周围有残砖残石。多数敌台有台座，台座呈方形或已坍塌，台体平面多呈方形、圆形、或不规则形，剖面呈梯形。台体四周还有多处裂缝。登台券洞多已坍塌不可进，大部分台体上原来都有建筑，但是已毁。台体周围也多有围墙，现已不可见。部分台体可见有夯窝，夯窝直径 0.06~0.07 米，夯窝深 0.018~0.02 米，夯窝中心间距 0.11~0.18 米。夯层厚 0.05~0.30 米。台座东西长 12~42 米、南北长 10~30 米。台体底部东西长 2.2~14 米、南北长 10~30 米，顶部东西长 2.5~13 米、南北长 3~10 米。残高 0.5~14 米	保存较好	0
				保存一般	9
				保存较差	67
				保存差	24
				地面无存	0

续表

分类			保存现状	现状评估	
				保存状况	占比（%）
长城本体（51段）	墙体设施（102座）	马面（69座）	指依墙而建的单体建筑，主要目的是为加固墙体并能侧面打击进攻者。台体系夯土筑成，夯土土质以黄土为主，包含物有料礓石、沙砾、小石块等。现存台体平面多呈方形，也有的坍塌呈不规则形状或曲尺形，剖面呈梯形。夯层厚0.03~0.17米，质地细密，少见夯窝。部分台体外层原有包砖包石，现在基本已全部被人为剥去，马面顶部散落大量包石、残砖、白灰渣。部分台体顶部原应有建筑物，现在基本无法看见。个别马面有围墙，现基本无存。底部东西长5~13米（有个别坍塌严重的只有3米左右）、南北长6~14米，顶部东西长2~11米、南北长2~8米，残高2~9米	保存较好	1
				保存一般	20
				保存较差	73
				保存差	6
				地面无存	0
附属设施（111座）	烽火台（93座）		指以传递信息为主要目的的单体建筑。烽火台系黄土夯筑而成，包含物有料礓石、碎石、陶片以及生活遗物等，有的夹杂有大量的石块和片石，夯层厚度在0.05~0.3米之间，厚度以0.1~0.18米范围内为主。底部边长在2.8~38米之间，以5~15米范围内长度为主；顶部边长在0.4~27米之间，以4~13米范围内长度为主。所有单体建筑均受到程度不同的风沙侵蚀，尤其是位于沙漠区和荒漠草滩区的单体建筑，其西侧和北侧都有较深的风蚀窝，最深达1米；大部分单体建筑外侧包砖都被当地居民于20世纪七十年代拆掉，周围散落大量的砖块和石灰渣。经统计，这93座烽火台中，有1座保存一般，53座保存较差，39座保存差	保存较好	0
				保存一般	1.1
				保存较差	57.0
				保存差	41.9
				地面无存	0
	关（11座）		指依托于墙体、筑有城围的屯兵地。关的围墙都是夯土筑成。共11座，所有的平面呈矩形，边长在10~210米之间。关的周围有围墙，关内平整，生长有杂草、柳树、杏树等。其中2座的围墙上各建有1座敌台；有1座关有1个城门。这些依托长城墙体而建造的关面积一般不大，从分布的位置上看一般位于平衍易于交通之处。经统计，这11座关中，有7座保存较差，4座保存差	保存较好	0
				保存一般	0
				保存较差	63.6
				保存差	36.4
				地面无存	0

续表

分类		保存现状	现状评估	
			保存状况	占比（%）
附属设施（111座）	堡（7座）	指不依托于墙体、筑有城围的屯兵、居住地。堡的围墙都是夯土筑成，共7座。其中5座平面呈矩形，2座平面呈不规则形。边长在19～314米之间。共有3座堡有城门。经统计，这7座堡中，有2座保存一般，3座保存较差，2座保存差	保存较好	0
			保存一般	28.6
			保存较差	42.8
			保存差	28.6
			地面无存	0
相关遗存（1处）	遗址（1座）	相关遗存是指长城墙体、单体建筑、关堡遗迹以外的其他与长城有关的遗迹。靖边县仅有杨桥畔宥洲城遗址一处，修建时占700 000平方米，目前可见到仅有北侧部分城墙、西城墙、南城墙及内侧现已被龙眼水库淹没；东城墙全部消失	保存较好	0
			保存一般	0
			保存较差	100
			保存差	0
			地面无存	0

资料来源：陕西省考古研究院、西北大学文化遗产学院：《陕西省明长城资源调查报告》，文物出版社2014年版。

（3）明长城横山段。

根据保存评价标准，对明长城横山段的遗存保存现状进行等级评估（见表5-6）。

表5-6　　　　　　　明长城横山段遗存保存现状评估

分类		保存现状	现状评估	
			保存状况	占比（%）
长城本体（114处）	墙体（30段）	全部都是在自然基础上人工夯筑（版筑）的土墙，夯层厚度在0.08～0.19之间，以0.08～0.13米范围内厚度为主，夯土土质以黄土为主，部分墙体中杂有沙层、红胶土等。包含物主要是料礓石，其他的都非常少见甚至没有。墙体长度在1 000～4 185米之间，底宽1～7米，顶宽0.3～2.7米，高0.3～7.5米	保存较好	0
			保存一般	0
			保存较差	93
			保存差	7
			地面无存	0

续表

分类			保存现状	现状评估	
				保存状况	占比（%）
长城本体（114处）	天然险（7段）	山险（5段）	以自然险要山体为依托御敌，主要是沟壑地区	保存较好	0
				保存一般	80
				保存较差	0
				保存差	20
				地面无存	0
		河险（2段）	依靠自然河流险要之处，御敌于国门之外	保存较好	0
				保存一般	100
				保存较差	0
				保存差	
				地面无存	0
	墙体设施（77座）	敌台（15座）	单体建筑。基座由夯土筑成，也有自然黄土基座（山崞）。主体部分都是由黄土夯筑而成。平面和立面形状各式各样。个别台体有登台土洞，有的顶部原应有建筑物存在，还有的建有围墙但都已残破。夹杂物主要有料礓石、碎石等，周边有陶片、瓷片、瓦片。夯层厚0.07~0.18米。底部长5.5~24米，宽3~24米，顶部长3~22米，宽1.5~21米，通高1~8米	保存较好	0
				保存一般	20
				保存较差	47
				保存差	33
				地面无存	0
		马面（62座）	依墙体而建的单体建筑。现存只剩下夯土台，个别依稀可见外层包砖和底部条石，由黄土夯筑而成，夯层厚0.05~0.24米。夹杂物有料礓石、石灰渣等。基座长18~33米，宽13~22米，高1~4米，底部长4.1~16米，宽3~13.5米，顶部长3.5~11米，宽1.5~8米，通高2~10米	保存较好	0
				保存一般	60
				保存较差	21
				保存差	19
				地面无存	0
附属设施（120座）	烽火台（87座）		单体建筑，以传递信息为主要目的。基座由夯土筑成，也有依自然地势削切而成的。主体大都由黄土夯筑而成，个别掺杂沙子，夯层厚0.05~0.25米。夹杂物有砖、料礓石、石块、碎石屑。基座长7~55米、宽6~44米、高0.5~8米，底部长4.7~28米、宽2.4~26米，顶部长1~21.5米、宽0.3~20米，通高2~11米	保存较好	0
				保存一般	41
				保存较差	36
				保存差	23
				地面无存	0

续表

分类		保存现状	现状评估	
			保存状况	占比(%)
附属设施（120座）	关（17座）	依托于墙体、筑有城围的屯兵地。关的围墙都是夯土建筑。占地面积在304~805平方米之间，周长在70~120米内，高0~11米	保存较好	0
			保存一般	18
			保存较差	70
			保存差	12
			地面无存	0
	堡（16座）	占地面积在1 089~198 000平方米之间，周长在132~1 970米之间，高0~11米	保存较好	13
			保存一般	25
			保存较差	56
			保存差	6
			地面无存	0
相关遗存（11处）	相关遗存（11处）	分布在明长城大边、二边附近的历史遗存，有一定的联系。有秦长城遗址、明代聚落遗址等。遗存分布范围散乱，面积不等，大致在180~40 000平方米内	保存较好	0
			保存一般	0
			保存较差	55
			保存差	45
			地面无存	0

资料来源：陕西省考古研究院、西北大学文化遗产学院：《陕西省明长城资源调查报告》，文物出版社2014年版。

3. 破坏因素分析

（1）自然因素。

①风沙侵蚀：陕西明长城处于毛乌素沙漠边缘，多风沙，风沙具有旋蚀和磨蚀破坏作用，挟沙风使遗址不可避免的遭受到风沙的吹蚀打磨，多数墙体已呈鱼脊状、锯齿形或驼峰形，尤其是风沙草滩区的遗存，临近沙漠，部分已被流沙掩埋，对遗址的延续性造成威胁。

②雨水冲刷：由于陕北地区黄土大都有湿陷性，水是造成夯土长城破坏的重要因素，暴雨或连阴雨过后，夯土疏松容易出现大面积坍塌，处于山坡上的长城墙体两侧或一侧由于雨水冲刷还会形成较深的冲沟，对墙体基础部分破坏严重。

③植物生长：深根系植物在生长过程中根系的发育也会使遗址本体结构遭到破坏，加速长城本体的损毁速度。

④动物洞穴：动物对遗址本体啃噬、打洞，尤其是位于耕地附近的部分长城

段落容易受到鼠类洞穴的破坏。

⑤地质灾害：地面塌陷、水土流失、土地沙漠化的破坏在长城全线普遍存在。此外，石墙所处的地貌都是岩质山坡地，山洪冲击是墙体的主要破坏因素。山险都位于山地，山体滑坡、崩塌对依山而建的山险及山险墙的影响较大。

（2）人为因素。

陕西明长城沿线分布有村落，随着经济建设的发展，当地居民的生产生活对遗址的蚕食一直都是明长城保护面临的紧迫问题。

①生产建设活动：随着经济发展中矿产资源开采步伐的加快，越来越多的企业及人员进入以前很少有人涉及的山区内部，由于一些采油采矿企业缺乏文物保护意识，在部分有长城分布的地区进行地下矿藏的开采，导致地表开裂塌陷，威胁遗址本体安全，有的地表虽未开裂，但使长城遗存的地基承载力下降，对遗址的稳定性形成隐患。此外，在墙体上架设电线、铺设管道的现象在长城沿线也较为普遍。

②修路：多年的踩踏、碾压使墙体上出现豁口，部分乡村土路直接从长城墙体上经过，将长城墙体截断，紧邻墙体也修有较宽的硬化道路。

③取土（石）：在长城周边的村子，农民为了修打谷场、铺路、垫房基地等，铲削墙体或将墙体及烽火台挖断取土（石）、拆砖建房屋，致使土体直接裸露在外，受到风雨侵蚀。

④耕种：一些耕地紧邻长城墙体，逐年的耕种及拓荒使得临近的长城墙体越来越低矮，个别烽火台甚至被耕地包围，已铲削成了小土丘。部分关堡内部或被开辟为耕地种植农作物或树木，或居住着现代居民。河险周边沿河筑堤，部分农田侵占河滩。

⑤开挖窑洞：村民将个别窑洞直接开挖在长城墙体之上，另外搭建的羊棚猪圈有的也以长城墙体为依托，破坏了墙体的整体力学结构，降低了墙体的稳定性。

⑥放牧：村民在遗存本体及周边放牧，动物踩踏危及遗址本体。

4. 主要病害

陕西明长城主要绵延在北部风沙滩区、中部梁峁涧区和南部丘陵沟壑区。在风沙滩区，由于风沙长期的侵蚀，墙体大多成驼峰状，有的甚至已经被黄沙掩埋；梁峁涧区多平地、湖泊、草滩，遗迹多被湖水冲蚀，植物生长破坏；丘陵沟壑区，地形破碎，墙体多被流水淹没、冲沟截断。三个区域普遍存在的问题主要有裂隙、掏蚀、片状剥蚀、裂隙性冲沟、坍塌、动植物病害等。

（1）裂隙。

陕西明长城为夯筑而成，土墙以黄土为主，自身抵抗各种破坏能力弱，在风力、降水、温差等数百年不间断的作用下，版筑缝成了脆弱点，部分竖向版筑缝形成较大张开裂隙。裂隙割裂墙体，降低墙体的整体强度，严重时影响墙体的稳定性。在强风力吹蚀破坏作用下，部分裂隙不断伸长扩大引起土体分离，形成危险块体，随时可能掉落坍塌。在遗址顶部至中部，细小裂隙较为密集，将土体切割成小土块，使遗址表面糟松。若有地震发生，也会在遗址表面形成大的裂隙及危险体。

（2）掏蚀。

长城所处区域受到风蚀、雨蚀影响严重，掏蚀类型有风力掏蚀、坍塌掏蚀，即在墙体表面形成各种凹坑、凹槽，凹进程度深浅不一。坍塌掏蚀常发生在墙基部位，风雨侵蚀使脆弱夹层掏蚀凹进，部分台体底部掏蚀深度可达半米，影响到墙体的稳定性。

（3）片状剥蚀。

在外力或重力作用下遗址表面疏松起壳，成片状或小块状脱落。明长城上常见到风蚀剥离、雨蚀剥离和裂隙剥离。墙体上的片状剥蚀处在不同的发育阶段，有的已经大块掉落，造成遗址本体规模不断地缩减、历史信息逐渐消失。

（4）裂隙性冲沟。

降雨在土遗址顶部汇集，沿已有的裂隙不断冲蚀、扩大裂隙，流水流动时冲刷地表形成沟槽，且规模（长度，宽度、深度）比裂隙更大。敌台和烽火台顶部的裂隙性冲沟，多成上大下小袋状。该类冲沟一旦形成，雨水对长城遗址的破坏在历次的暴雨中便会不断加剧，导致水土流失更加严重。

（5）坍塌。

长城遗址普遍存在坍塌问题。受各种自然因素以及开采煤矿的影响，构成遗址台体的夯土疏松，本体上裂隙变宽变长，墙体及台体结构失稳、底部掏蚀等问题均为遗址坍塌提供了潜在的可能。

（6）动植物病害。

主要表现为部分遗址表面密集的蜂窝、动物洞穴、苔藓在表面的生长形成深色结壳，植物根系发育导致土体结构变得疏松，遗址部分开裂。

5. 历史环境保存现状评估

（1）历史环境保存现状评估。

从自然环境方面讲，遗存地处毛乌素沙漠南缘，走向为东北西南向，所经区域为沙漠区、梁峁涧地区和丘陵沟壑区，历史时期的地形地貌基本保持原有的特征。当地气候干燥，沙土广布。从长城修建至今，当地有很长时期都处于人口剧增、过垦过牧的状态，使得当地水土流失、土地荒漠化愈演愈烈，原本就脆弱的环境遭到了更大的破坏。历史上原有的自然环境较好的"绿洲"也相继消失，河湖萎缩，气候变得更加恶劣，沙尘频发，人们赖以生存的可耕地和宜牧草地减少。新中国成立以后，这种破坏达到顶峰，与长城修建时的历史自然环境条件相比，人为破坏使之更加恶劣，自然、社会、经济等多方面的因素使历史时期的环境景观没有得到很好的保存，但仍然延续了历史时期沙丘起伏、沟壑纵横的景观。从1999年开始，国家在当地实行了退耕还林还草的措施，加上之前大力种植防风固沙的植物，当地的自然环境得到了有效改善。沙尘得到一定程度的控制，植被也得到了部分恢复，不宜耕种和放牧的土地大部分都已退耕、禁牧，生态环境质量提高，气象灾害减少，水土流失、土地沙漠化也得到一定程度的控制。

从人文环境方面讲，明长城是作为政权的边界修建的，同时也是当时汉族与少数民族、农耕文化与游牧文化的分界线。长城筑成之后，南北两边有战争也有交流融合。到清代时，长城以北的蒙古等地已变成中原王朝的领土，长城的防御作用和政权划分作用已经消失，汉民族与北方少数民族也极大地融合，这里变成民族间交流繁盛之地。到新中国时期，民族间更加融合，长城变成了一种历史的精神象征，虽然还有一定程度的农耕与游牧分界的标志性作用，但在工业高度发达的现代社会，这种作用的意义已经明显被削弱。所以，历史上修筑长城时的人文环境已经发生了革命性的变化，从南北对峙的两个民族变成了统一的中华民族。

（2）生态环境保存现状评估。

历史上毛乌素沙漠边缘的生态环境优于明清时期，由于夏商周三代至明清时期的屯垦戍边，大量的内地移民到此开荒放牧，天然植被遭到破坏，沙土广布，气候干燥少雨，自然条件恶化。近几十年来，过垦过牧及油气、采矿工业的迅速发展加速了当地水土流失、土地荒漠化的进程，当地的生态环境进一步恶化。近年来，退耕还林还草、封山禁牧的措施在相当程度上缓解了当地水土流失和风蚀沙化。

（3）景观环境保存现状评估。

陕西明长城所在的地域都是聚落分散、人口稀少的乡村地区，而且大部分都在无人居住的山上和荒漠区，这些遗址点的景观受聚落建设的影响较小。靠近村落和道路的一些墙体和单体景观受居民生活（如乱建民居、开垦农田、垃圾排放、架构电线杆）影响较大，还有一些道路直接穿过遗迹，严重破坏了长城本体及历史环境的安全。长城上有居民取土盖房的破坏痕迹，更甚者直接在墙体或台体上挖洞筑窑，这更是对本体极大地损坏。还有一些遗迹受到人工水库的影响，景观完整性和历史环境被破坏。通往本体的道路多为土路，有些本体周边有公路通过。

陕西明长城周边的聚落建设和不协调构筑物对景观环境有一定影响，也使遗址的视线通廊不够通透，一些道路建设和不合理的取土挖洞已经严重破坏了长城本体。

6. 真实性、完整性、延续性评估

这是对陕西明长城本体及其相关环境的保存现状和所受的人工干扰程度进行的专项分析评价。

（1）真实性评估。

陕西明长城的墙体走向基本保持原有的线性格局，方位没有发生改变，基本可以体现选址及建成时期的形状特征，原有外形及设计特色保存现状一般。马面、敌台、烽火台、关堡等均有损毁，没能完整保留下来，有些墙体和墩台当年在最外层上的包砖现在基本上已经消失殆尽。墙体除局部被居民取土或用作围墙、窑洞等，大部分仍以自然态存在，但其防御功能已经消失。周边村镇建设中的道路修建、输电塔修建、电线杆构架等对长城相关环境造成破坏，但长城周边仍以农田为主，未有大规模开发性项目引入。综上所述，陕西明长城保存的真实性较好。

（2）完整性评估。

陕西明长城墙体上没有包砖，只是在个别墩台上、营堡的墙体上有包砖现象，现在多数包砖已经消失，只剩夯土墙体和夯土墩台。

因陕西明长城地处山地沟壑、沙漠和风沙滩地地带，受风雨侵蚀、山体滑坡和土地沙化的影响，使得有些单体、围墙被黄沙掩埋；有些本体由于地处平缓地带、距乡村公路较近，受到人为铲削和破坏。个别地区受到经济快速发展和城市建设迅速扩张的影响，有些基础设施占用长城墙体的现象并不少见，对墙体造成较大的破坏。

陕西明长城完整性一般。明长城废弃后没有进行过维修，现今大部分遗存保存较差，不能完整地反映其建成时期的建筑格局、技术和艺术特征。

（3）延续性评估。

陕西明长城本体由于受到自然和人为因素的双重破坏，如动物洞穴、昆虫破坏、本体及附近的植物日益生长；伴随社会生产生活的发展，村镇建设对其相关环境造成的破坏也愈演愈烈，修建水库、构架电线及生活生产垃圾的堆放，人为挖掘、人为拆取包砖、取土现象及部分地区地下矿藏的开采，致使长城遗存的地基承载力及结构稳定性下降，地表开裂塌陷，地表的长城遗存遭受严重破坏，面临逐步消亡的危险。

（二）展示现状评估

陕西明长城展示现状评估包括资源特色与展示潜力、展示设施、展示现状、评估结论四部分。

1. 资源特色与展示潜力

陕西明长城遗迹多、分布广，部分建筑上存在夯土包砖现象，经历了长期的自然和人为因素的破坏，外部包砖多已无存，仅存夯土建筑。虽然如此，现存陕西明长城遗址仍有一定建筑特色和历史、军事、文化内涵，具备了对外开放展示的条件，有一定的开放展示潜力。

2. 展示设施

经过改革开放的发展，明长城沿线的区域因城市或乡村的发展，建立了较为完善的基础设施，为明长城展示提供了便捷的外部交通条件。但由于大部分遗迹尚未对公众开放，内部的展示设施尚未建立，急需通过规划逐步完善。除此之外，遗址范围内没有解说系统，展示方式以原状展示为主。

3. 展示现状

陕西明长城遗址除少部分遗址对外开放外，大部分属于自然开放状态，未正式对外开放展示（仅有席麻湾乡木瓜树圪村烽火台、清平堡等个别几处遗迹修缮并立牌标示），也无相应的旅游服务设施，游客均为自行参观。展示资源未得到合理利用。

4. 评估结论

（1）展示方式单一。

由于展示方式单一，也没有完善的解说系统，许多保存情况较好的长城段及其相关遗存没能充分展示出其文化遗产的价值所在。

（2）没有形成展示特色。

虽然各处遗址在建造时有各自的功能和形态，数百年来受到的破坏程度也各有差异，但是现存的大都是夯土基体，其外观区别不大，特色不突出，导致无法突出重点展示。

（3）尚未进行展示设计。

明长城虽有其独特的地域特色，但由于缺乏展示专项设计，真实的文化遗产内涵并没有得到展示。故针对不同区域长城的展示设计则显得十分必要，但目前还没有此类设计，导致展示工作无法开展。

（三）管理现状评估

1. 管理现状

陕西明长城除个别遗存有保护标志碑外，其余地方皆未设立保护标志。陕西明长城当前未划定保护区划和保护级别。目前没有形成完善成熟的管理模式，没有按照世界遗产的要求对陕西明长城遗产本体、环境进行日常管理、维护与监测。

（1）管理机构。

陕西明长城保护管理机构主要为县级文物部门，靖边段明长城由靖边县文管办负责管理，行政隶属于靖边县文化文物局，单位在编人员有13人；横山段明长城由横山县文化馆负责保护管理，单位在编人员有6人，初级职称3人；神木段明长城由神木县文物管理委员会办公室具体管理，该单位为全民事业单位，隶属神木县文化局，共有人员18名。

（2）管理制度。

未建立相应的管理规章制度，导致保护管理责任未能落实，管理不利。

（3）管理经费。

该单位属事业性质，经费由财政提供。但由于经费严重缺乏，导致保护管理工作无法正常运转。

（4）管理措施。

未实施有效管理措施。

2. 管理存在的问题

陕西明长城缺乏明显的保护标志和明确的保护范围，长城遗迹周边出现搭建房屋、架设电线、耕地等人为活动现象，对长城本体和环境风貌造成严重的破坏。

缺乏专门的保护制度，在实际保护工作中难以有针对性的解决问题。

保护档案不健全，日常维护与监测工作处于空白状态，不利于长城整体的持久保护。

由于长城遗址分布在多个乡镇，县级文物部门由于力量薄弱和经费困难等原因无法顾及周全，各个乡镇又缺乏具体的管理机构，很难统一有效管理；文物保护管理机构受管理权限的制约，无法有效制止破坏文物的违法行为。

与长城有关的地方性行政法规不健全，文物执法缺乏有针对性的法规依据；条块分割，多头管理，各管理部门和机构难以协调经济发展和遗址保护之间的关系。

保护经费主要以政府财政拨款为主，没有形成鼓励国内外公益组织和社会各界投入文物保护事业的有效机制，造成管理中经费缺乏，无力开展全面保护管理工作。

管理人员缺乏专业知识、管理措施缺乏针对性。

宣传力度不够，当地村民对于长城价值的认识不足，无参与保护意识，在生产生活活动中有意或无意地对长城进行破坏。

（四）研究现状评估

陕西明长城研究现状评估包括研究现状和研究存在问题两大部分。

1. 研究现状

自 2007 年 4 月陕西省正式启动长城资源调查工作，全面查清境内的明代长城遗存。这次调查的范围为长城及其附属建筑有关的遗迹、遗物和相关文化遗存，就长城的规模、分布、构成、走向、时代及其历史沿革进行全面的调查，了解其保护和管理现状、收集人文与自然环境等基础资料，初步建立起了陕西明长城记录档案和资源信息。陕西明长城的研究尚处在调查资料整理和初步研究阶段。

2. 研究存在的问题

（1）基础研究尚待完善。

陕西明长城目前的基础资料都是由长城资源调查所得，还欠缺较为详细的专项调查资料以及对重点部分的发掘资料，还需要在野外考察工作、考古学发掘与研究中进一步完善。

（2）历史研究有待深入。

现有的陕西明长城研究成果大多是对其发生发展过程的描述和研究，并没有就其进行深层次的专项性的研究，或者虽有研究但进展不够，从文明融合、文化变迁、民族融合的角度开展综合性研究尚未进行。

（3）保护研究缺失。

陕西明长城作为重要的文化遗产，当前的首要任务是加强保护延续其寿命。但由于其超大型线性文化遗产的特性，总体保护存在一定难度，亟须加强保护理念、保护技术、保护方式与方法的研究。

（4）缺乏展示研究。

长城发挥其重要历史教育价值的方式便是展示。陕西明长城大部分是观赏性、可读性较差的土遗址，展示上存在一定的难度，还需要对展示理念、方式进行系统的研究。

（5）加强管理研究。

目前，陕西明长城的管理体制较为薄弱，管理方式也相对落后，还存在缺乏管理规定的情况。需要进一步就管理方式及具有现代化的管理方法展开研究工作。

（6）旅游研究欠缺。

明长城已与所处地域的自然地理、环境景观融为一体，应在保持其真实性、完整性和延续性的基础上，将这项旅游资源合理利用，变成地方的文化名片。因此，需要加强对具有地方特色的旅游发展模式进行研究。

（7）建筑研究不足。

明长城作为伟大的人工构筑物，建筑方面的研究是必不可少的。而目前，关于明长城所处的地形环境、形制构造及材料、当时的修建技术、整体的防御体系设置等方面的研究仍需完善。

以上研究问题的存在，使得明长城靖边段多学科综合研究的启动缺少必要的基础条件，宏观角度的整体研究实施困难。

四、保护管理规划研究

保护管理规划研究是在此前文遗产概况和沿革、价值评估、现状评估的基础上，提出陕西明长城保护管理策略。

（一）规划原则、目标、基本策略

这一部分包括了规划原则、规划目标、规划实施的基本策略三部分内容。

1. 规划原则

（1）依法保护的原则。

全面贯彻《中华人民共和国文物保护法》《中华人民共和国文物保护法实施条例》《陕西省文物保护管理条例》《长城保护条例》等文物保护法规，实行"保护为主、抢救第一、合理利用、加强管理"的文物保护方针。

（2）保护长城本体和环境的真实性、完整性、延续性原则。

实行遗迹本体保护与遗址整体保护相结合、遗迹本体保护与遗址景观保护相结合、全面保护与重点保护相结合、遗址保护与展示相结合、遗址保护管理措施与遗迹保护技术措施相结合、近期保护与远期保护相结合，实现对靖边段明长城遗址的系统保护、科学保护和动态连续性保护。

（3）整体保护与重点保护相结合原则。

通过有效的保护管理措施和保护技术措施，对明长城靖边段实行整体保护，有效控制对遗址造成破坏的各类人为因素和自然因素，确保遗址安全。整体保护长城主体墙体与其附属设施、相关遗存，突出遗产特色，真实地体现其价值。选择有价值、有代表性的重点地段和单体进行优先重点保护，实现遗产的延续性。

（4）因地制宜，合理利用原则。

根据明长城靖边段分布的具体情况，依据自然地形的走向、居民村落分布情况、当地经济发展状况，从实际出发，制订科学合理的规划方案。在确保遗址安全的基础上，进行必要和有效的展示，确保遗址的真实性，使靖边段长城得到合理利用，从而实现可持续发展。

（5）确保遗址安全、合理布局、有效利用的原则。

通过有效的保护管理措施和保护技术措施，对陕西明长城遗址实行整体保护，彻底消除或有效控制对遗址造成破坏的各类人为因素和自然因素，确保遗址安全。遗址展示的布局必须根据陕西明长城遗址的特色和实际情况，实现遗址整体格局展示与重点遗址区域、重点遗迹展示相协调。遗址区内道路交通、环境卫生等基础设施的改造，必须符合遗址保护的要求并满足遗址展示的需求，为遗址的合理利用奠定有利的基础。

2. 规划目标

以真实性和完整性为要求保护靖边段长城遗迹本体及其他相关遗迹和周边环境风貌，保存长城的整体价值和历史信息；以合理利用、科学发展为指导原则，逐步对其进行开发利用展示，最大限度地体现遗址的历史文化价值和科学艺术价值，提升靖边县的文化品位；妥善协调遗址保护与靖边社会经济发展的关系。

3. 规划实施的基本策略

（1）建立完整的长城保护管理体制，明确长城保护责任。

以明长城靖边段为例，明长城靖边段现属靖边县文化（文物）局下设的靖边县文管办管辖，原则上每个村都有文物保管员，但没有起到实际作用。可以参照其他已经成熟的遗址区管理机构的设置来完善长城管理机构的设置和职能配置，分段分点给专人或乡政府分配任务，把责任落实清楚。

（2）划定保护范围及建设控制地带。

依据《中华人民共和国文物保护法》的有关规定，以靖边段长城的完整性和真实性保护为基础，对其划定保护区划，包括保护范围和建设控制地带两个级别，再分别制定这两个保护区划级别范围内的保护管理要求。

（3）制订科学合理的保护修缮计划，完成重点地段维修方案编制和重点部位抢救工程。

利用法律手段、行政手段、经济手段和技术手段，加强对遗址的保护和管理，全面遏制对遗址本体和景观环境风貌造成破坏的各类人为因素和自然因素的蔓延发展。根据遗址本体和周边环境的保存现状，遵从"真实性、完整性、可逆性、最小干预"等一系列文化遗产保护理念，制订科学合理的保护修缮计划，对于破坏程度较重的本体进行重点修缮。明长城保护所面临的问题和矛盾复杂，因此，必须首先抓住重点，进行突破，取得经验，做出示范，进一步推动遗址保护工作的全面开展。

（4）建立合理完善的展示利用体系，补充经费不足。

在保护文物的前提下，对遗址进行一定程度的展示，坚持可持续发展，保护与利用相结合，这样才能实现遗址的社会效益。现阶段，陕西明长城的展示利用极为不足，其中一个原因就是社会文化事业的经费投入不足。要对遗产进行保护，发挥其社会教育及精神激励的作用就必须加大投入去展示出来，也只有这样才能唤起广大群众对文化遗产事业的关注。

（5）开展遗址的保护利用研究，为下一个时期更加完善的保护做准备。

继续开展和深化遗址调查，完善遗址价值、范围、内容等，使遗址展示内容和内涵得到持续补充。继续进行长城保护和管理的科学研究，探究更好的保护利用和管理方式，使遗址发挥出更大的社会、艺术、科学和教育价值。

（6）促进区域社会经济与遗址保护利用协调发展。

在有效保护遗址景观风貌的同时，解决农民就业，提高土地利用效益，优化土地利用结构、合理调整布局。可以在遗址展示的基础上发展与旅游相关的产业，如建设农家生态园、农家生态餐饮等，让遗址促进区域文化事业和经济事业的共同发展。

（7）健全长城遗址保护管理机构。

落实明长城保护管理责任，制定科学有效的管理体制，完善管理规章制度，落实保护经费，配置必要的保护设备和设施，确保遗址日常保护管理工作和各项保护措施落到实处，提高遗址保护工作的成效。

（二）陕西明长城保护区划研究

陕西明长城保护区划包括现有保护区划、区划原则、保护区划研究三部分。

1. 现有保护区划

明长城横山段在横山县分布范围较大，"大边"长城本体沿东北—西南线性分布全长，长城两侧散布烽火台、关、堡等附属设施。大边长城的分布跨越风沙草滩区域、丘陵沟壑区、无定河湿地区，横山镇周围的遗迹部分与城镇建成区相叠压。"二边"长城本体在大边以南、以东，沿无定河南岸陡崖与芦河东山分布。保护区域由于遗迹所处地理环境不同，所以划定范围存在困难，至今没有明确的界限。

2006年颁布的《长城保护条例》对长城的保护工作具体规定如下：任何单位或者个人不得在长城保护总体规划的保护范围内进行工程建设。在建设控制地带或者长城保护总体规划未禁止工程建设的保护范围内进行工程建设，应当遵守文物保护法第十七条、第十八条的规定。同时还规定：在禁止工程建设的长城段落的保护范围内进行工程建设或在长城的保护范围或者建设控制地带内进行工程建设，未依法报批的，依照文物保护法第六十六条的规定责令改正，造成严重后果的，处5万元以上50万元以下的罚款；情节严重的，由原发证机关吊销资质证书。但这一管理规定并没有针对地方具体情况，保护工作难以操作，致使管理上有章难循。

所以本次规划将根据明长城横山段的实地考察情况，结合横山县的社会经济状况、自然地理条件对其划定明确可行的保护区划，并对具体的管理工作作出规定。

2. 区划原则

（1）遗产本体的安全性和完整性。

区划范围应确保遗产本体的安全，确保遗产的形态格局和线性分布得到完整保护。保护范围的划定严格按照长城资源调查资料，结合本次规划现场调查所得的遗迹分布实际情况来划定，以确保保护的实效性。

（2）遗产历史环境的完整性与和谐性。

通过合理区划层次和管理规定，完整保护遗产历史环境风貌，并与景观风貌相和谐。保护区划应充分考虑长城所经地区的地理环境和自然条件的历史以及现状，具体情况具体分析，避免粗暴切割地块，避免破坏地理单元完整性，保持建筑与自然景观的完美结合。

（3）遗产保护管理的有效性和可操作性。

尊重遗产所在地自然、社会等方面实际情况，区划界限应以具体的数字作规定，而且不宜过大，划入不必要的范围。这样才确保管理的有效性和可操作性，避免造成监管控制的困难，提高后续保护管理的效率。

（4）遗产保护管理的实时性与动态性。

随着长城资源的调查工作和发掘工作的推进，为了将今后的新发现和新成果及时地纳入保护体系之中，规划要求对保护范围实施动态管理。凡今后经考古确认、证实的所有与长城有关的遗迹，从确认公布之日起即纳入明长城横山段的保护范围之内，按照规划要求实施保护管理。

3. 保护区划研究

（1）长城本体与附属设施。

保护范围

①长城本体与附属设施所在地为城镇建成区：长城本体与附属设施的底部边缘外延 50 米作为其保护范围。

②长城本体与附属设施所在地为农田、农村建设区：长城本体与附属设施的底部边缘外延 100 米作为其保护范围。

③长城本体与附属设施所在地为荒滩郊野地区：长城本体与附属设施的底部边缘外延 150 米作为其保护范围。

建设控制地带

①长城本体与附属设施所在地为城镇建成区：长城本体与附属设施的保护范围外延 150 米作为其建设控制地带。

②长城本体与附属设施所在地为农田、农村建设区：长城本体与附属设施的

保护范围外延 200 米作为其建设控制地带。

③长城本体与附属设施所在地为荒滩郊野地区：长城本体与附属设施的保护范围外延 300 米作为其建设控制地带。

（2）长城相关遗存。

①保护范围：

长城相关遗存的遗迹所在范围边缘外延 50 米作为其保护范围。

②建设控制地带：

长城相关遗存的保护范围外延 200 米作为其建设控制地带。

（3）重要营堡。

针对本区保存较好，历史价值和利用潜力突出的波罗堡、响水堡、威武堡和怀远堡。

①保护范围：

重要营堡的边缘外延 150 米。

②建设控制地带：

重要营堡的保护范围外延 300 米。

（三）陕西明长城保护管理研究

长城本体、附属设施和相关遗存应按照各自具有的价值特征和其对遗产整体价值的贡献，获得有效维护和保护。

1. 保护范围管理规定

设立保护范围界碑，以确定其范围。

征用遗迹本体范围的土地，对遗迹本体实施有效保护。

对重点保护范围内的各类遗迹应逐步进行考古勘探，为遗址保护提供科学依据。

在不破坏遗迹本体和遗址景观环境的前提下，进行必要和适度的展示，充分实现遗址的社会文化价值，发挥遗址的社会教育功能。

保护范围内只能进行遗址保护、展示和考古工程，所有工程设计和实施方案须按法规规定程序报批后才能实施，严禁与遗址保护、展示和考古无关的建设项目入内。

保护范围内不得进行与保护措施无关的建设工程或爆破、钻探、挖掘等作业。

不得建设有损长城本体和周边环境风貌的设施，不得进行影响长城本体及环境的活动，对已有损害、污染长城的设施，应当限期整治。

保护与展示设施不考虑采用永久性建筑或构筑的方式，保护、展示及辅助设施的位置规模、形式色彩应与长城风貌相协调。

改善道路交通状况，对紧邻长城的道路，有关部门应对机动车实行交通限制。

保护范围内的水体，及具有一定风貌特色的自然和人文名胜，任何单位不得随意填埋，不得擅自改变其原貌。

严格限制保护范围内现有村落规模，现有的住宅房屋建筑不得扩建。现有的村落和居民在不破坏遗址景观的条件下可暂不搬迁，但必须逐步按照遗址景观保护的要求对村落布局进行改造。维修和改建方案必须经文物行政管理部门审查批准。根据遗址保护需要，逐步搬迁影响遗产本体安全的村落和居民。

所有长城资源保护范围内，除了要遵守以上保护管理规定外，不同类型遗迹还应按保护的需求，遵守以下规定：

（1）长城本体保护范围管理规定。

城墙本体地面部分已经或面临全部被毁坏的，应实施技术性保护措施，附属设施无存的不可复建。

禁止在保护范围内进行爆破、开采石油、开挖煤矿、开山取石、挖沙取土、挖建池塘、建造坟墓、捕猎野生动物、擅伐林木等破坏地形地貌和生态环境的活动。

保护范围内不得进行对文物本体及周边环境造成不利影响的商业行为。

保护范围内不允许新增建筑。迁出、拆除或废弃的建筑基地一般不再用于建设，改作为绿化与文物保护用地。

保护范围内可以进行植被的栽种、适宜的绿化、必要的步行道路建设和环境治理。种植林木应以不损害长城本体以及地下遗存为原则。

（2）烽火台保护范围管理规定。

除注重对独立烽火台的保护外，还应注重对烽火台带状分布的保护。烽火台带周围区域禁止种植高大的乔木，并按保护要求实施绿化，以保持水土和环境。

保护范围内禁止新建任何建筑物和构筑物。

（3）营堡保护范围管理规定。

大多营堡具有现代生活功能，需要细化管理，明确管理职责。

营堡保护范围内的建筑在进行风貌评价后，采取区别对待的方法。

严格控制营堡保护范围内新增建筑。按规划要求维修和翻新的建筑应保持原规模、原高度（一层坡顶）。

保持营堡传统街巷的走向和宽度，铺装应尽量古朴，不宜采用水泥沥青等作为道路改造的材料。

应规范商业广告牌，沿街店面应为传统的乡土风格。

（4）相关遗存保护范围管理规定。

控制农业耕作，加强绿化和环境整治。

禁止种植高大的乔木。

2. 建设控制地带管理规定

严格控制建设控制地带内的各项建设工程，在建设控制地带内修建新建（构）筑物，应按规定予以申报审批。

严禁爆破、采矿、开采石油等有可能引起地质塌陷的行为。

建设控制地带不纳入城市发展建设用地范围，建设控制地带范围内一旦发现文物遗存，应立即纳入保护范围。

不得建设污染长城及其环境的设施，不得进行可能影响长城安全及其环境的活动，对已有的污染设施，应当限期治理。

控制建设控制地带内的建筑密度和高度，建筑密度以现有密度为上限，不得增加，建筑檐高不超过10米，形式以当地传统建筑形式为宜，保护背景环境。已有体量过大和超高的建筑应逐步拆除。

控制影响环境的污染源，包括水系污染、噪声、有害气体排放等。

建设控制地带内的非建设和居住用地，应保持植被、耕地、河流以及自然地形地貌。

（四）本体保护措施

陕西明长城本体的保护措施可分为一般性保护措施和技术性保护措施。

1. 一般性保护措施

一般性保护措施是对文物的轻微损害所作的日常性、季节性的养护，及时化解外力侵害可能造成损伤的预防性措施。

第一，建立长期连续监测制度，记录存档，并按照有关的规范实施保养工程。对灾害和损害多发、易发及隐患部位进行长期监测。

第二，制定规范化的日常保养制度，结合监测结果，加强日常巡视检查及维护，做到及时发现险情、及时抢险加固。

第三，记录长城及相关遗迹遗存的保存和维护状况，建立"明长城及其相关遗迹遗存信息管理系统"。

2. 技术性保护措施

（1）基本要求。

保护技术措施应尽量使遗迹本体保持原貌，保持与遗址景观环境、氛围相协调，保持长城遗址的整体风貌。

在对遗迹本体实施各类保护技术措施之前，必须对遗迹本体的原有形态、现有状态及在保护技术措施实施过程中可能出现的情况和预期达到的保护结果，有充分的分析和认识，制订行之有效、针对性强的保护技术措施实施方案。

在确定了遗迹本体保护技术措施方案之后，应先通过试验确定使用的材料，所采用的材料必须具备可再处理性；再选择一般性遗迹的次要部位进行保护技术措施的试验，对试验结果进行综合评估后，方可确定所要实施的最佳保护技术和保护材料。

在对地上遗迹本体实施各类保护技术措施时，应严格控制保护技术措施实施的程度，避免对遗迹本体造成保护性破坏。

文物本体的具体修缮措施在本体规划要求基础上，需另行编制保护修缮工程设计方案。对长城进行修缮，应当依照文物保护法的规定办理审批手续，由依法取得文物保护工程资质证书的单位承担。

（2）保护措施。

加固维修：对裂隙形成的不稳定块体采用锚固措施使其稳定，该区降水量较大，锚杆宜采用耐水、耐腐蚀的材料。对影响遗址稳定性的掏蚀部位可采用土坯砌补加固，砌补材料和施工工艺要与遗址体的建造材料及工艺类同。对于墙体表面的裂隙及裂缝采用灌浆方式阻止其进一步开裂，加固以增强其整体力学强度。

对山险、河险这类以自然地形为依托的山地沟壑区进行山地边坡加固，防治山体滑坡。

场地排水：横山地区的暴雨强度大，雨水渗透对遗址破坏较大。因此，在加固的同时应在周边设计排水系统，以及时排出积水，防止山体滑坡，确保遗址安全。砌留排水通道，对未来的水患宜疏不宜堵。

生物保护：清除有害植被及深根系植物，防止根系破坏夯土层；除去较大的树后应当修补树洞；在遗址本体上可根据需要种植浅根系、能保持水土、需水少的植物进行保护。

隔离保护：遗迹本体或保护范围周围采取围栏、植被等隔离围护措施，尤其是邻近城镇、公路、居民区、生产建设区的遗址，隔离设施的形式应与遗址景观相协调。

（五）环境规划研究

陕西明长城的环境规划包括生态环境规划与景观环境规划两部分。

1. 生态环境规划

着力改善遗址区整体生态环境，全面整治不利于遗址保护与发展的破坏环境的行为。具体说来分三点：

第一，针对明长城横山段整体水土流失严重的现状，大力植树造林，通过大范围种植深根系树木，全面提高保护区内植被覆盖率，从根本上改善保护区内水土流失问题，从而促进遗址区内生态环境的发展。

第二，改善遗址区内经济林与观赏林的种植率，通过这两方面树木的种植，改善遗址区整体林带的结构，调整遗址区内林地视野开阔度，提高土地利用率，并促进遗址保护同区域经济的共同发展。

第三，加大遗址区内道路两旁植被的种植率，提高环境质量，改善保护区内整体视野结构，并可在村落与遗址区之间种植防护林，形成景观隔离，并减低风速，保护遗址安全。

2. 景观环境规划

第一，对遗址区内不利于遗址保护的工程建设、厂房等，应及时彻底地进行整顿，全面协调遗址保护同经济发展各方面关系。

第二，对于遗址区内架设的高压电缆线予以迁埋，保证遗址安全和整体视野的协调程度。

第三，对于遗址区内村落居民向遗址区内随处倾倒垃圾的行为进行管理，并且制定相应的管理规定，以便必要时进行相应的处罚。同时，设立固定的固体废弃物的集散点，同当地有关部门进行协调，定期定时进行生活垃圾的清理工作，以保证遗址区内景观环境的协调发展。

第四，禁止遗址区内一切与开山取土有关的行为，并对遗址区内开展的生产活动进行规模上的限制，以免过度生产对遗址造成破坏。

第五，改善遗址区内的道路交通系统，提高遗址的可达性，促进其长远发展。

（六）防灾减灾措施

坚持"以防为主，准确预报，快速反应，措施有效"为原则，依托地区防灾减灾系统，建立有效防灾、灭灾、救灾机制。

1. 地质灾害防治措施

是指对引起遗存所在区域滑坡、崩塌、泥石流、地面塌陷、水土流失、土地沙漠化的地质灾害进行专项防治措施。长城遗址多位于陡峭的山梁上，容易发生山体崩塌等地质灾害。

坚持预防为主的原则，在地质灾害易发多发地区应重点监控，及时排查安全隐患。

建立对地质灾害的调查、预报、易发区工程建设地质灾害危险性评估。

根据评估等级，采取相应措施，逐级治理。

制定安全应急预案，完善防灾管理的体系，确保遗址安全。

2. 消防措施

制定消防管理制度，加强消防意识，重点区域设置火灾监测及报警系统，并定期检查其安全情况。

在长城两侧的自然林地设置必要的林区火险监控系统，应采取实时监控，以保证遗址和当地居民的安全；长城沿线设置防火宣传牌，加强防火知识的宣传，提高游客和当地居民的防火意识。

在保存有明清木构件建筑的营堡内设置防火警示和提示标志，根据消防安全需要配备足够数量的灭火器材。

3. 安防措施

制定安防保卫组织和安防体系制度，加强保卫人员的岗位培训及技术考核。

加强管理，执行安防规章制度和责任机制，定期进行安全巡查，提高安防能力。

完善文物安全保卫工作的应急抢险计划。

（七）展示规划

陕西明长城的展示规划在有效保护、科学规划的前提下，合理、适度、有层次、有重点地对陕西明长城进行段落展示。

1. 展示原则

（1）保护第一原则。

坚持保护第一原则，以文物保护为前提，遗迹展示必须以不破坏遗迹现状和遗迹周边环境为前提；避免过度的旅游开发和不合理的利用。

（2）真实性与完整性。

展示内容设计、展示设施布置、展示过程进展应充分尊重明长城遗产的真实性和完整性，切实保证陕西明长城遗产安全性和历史信息的延续性，努力维护人文景观与自然景观的和谐性。

（3）包容性与动态性。

尊重政府决策者、遗产专业人员、遗产地社区及其他利益相关方的观点，促进各方在展示全过程中的有效合作；展示运用的设施应可再处理的，以便为未来采取更有效的保护措施以及完善展示方式和内容留有余地。

（4）科学性与可达性。

展示以诠释明长城遗产价值为核心，采用科学、多元的展示措施，在尊重历史、考古研究的基础上，兼顾传统审美的要求和来访者的艺术欣赏及交通、服务等需求，尽可能面向不同层次、不同文化背景的受众。

（5）安全性与舒适性。

展示应以人为本，必须努力保证游客的人身、财产安全，必须努力满足参观者的游览兴趣和需求期望，创造安全、卫生、便利、舒适的参观体验环境。

（6）可持续性。

展示应对长城文化遗产资源进行合理开发，处理好保护与利用、继承与发展的关系，实现长城文化遗产的可持续发展。

2. 展示目标

在有效保护、科学规划的前提下，合理、适度、有层次、有重点地对陕西明长城进行段落展示，结合文化旅游、户外运动等体验方式，诠释和实现明长城突出的普遍价值和重要的区域综合价值，形成人文彰显、山川秀美的"大展示"格局，达到遗产保护、知识普及、人文与自然资源整合，促进区域经济、社会、环境发展的全方位目标。

3. 展示对象

以陕西明长城墙体及其附属设施（包括土墙、山险、河险及烽火台、关堡、营堡、相关遗存）和与陕西明长城相关的自然、人文环境，主要有以下几方面：

第一，长城本体、附属设施和相关遗迹。

第二，整体布局情况（包括长城的走向，空间的分布）。

第三，与长城相关的文物（包括建筑构件，石碑，修建长城时所遗留下的工具或者古代人民生产生活所遗留下各种遗迹遗物）。

4. 展示主题

展示主题以横山段为例分析，本区段展示主题包括"长城大观""大边形胜""行路关山""考古怀远""古堡风云""山水长廊"，以陕西横山段明长城发展历程、建筑类型、营造技艺、整体格局、分布特征、空间环境以及与之相关非物质文化遗产为展示内容。

（1）长城大观。

长城村是明长城横山段的重要组成部分，代表了其突出的普遍价值，并且在整个明长城横山段保护中占有重要位置。对于横山段的展示来说，能够很好地综合其他部分的优势，并辅以波罗镇长城村的特色，是展示的重点所在。"长城大观"欲向人们勾勒出横山段中重要的部分长城村的综合特色，从馆舍展示等多方面方法中集中体现出长城村以及整体横山段的风采。

（2）大边形胜。

"大边"是整个横山段长城最重要的组成部分，反映了明长城横山段整体风貌和构筑特色，是横山段自然风貌和长城文化结合的最为紧密的地区，因此，在展示中也占有十分重要的地位。对"大边"的整体展示，可以充分反映出横山段长城的风采，是整体长城面貌的集中体现。展示"大边"主要是展示出明长城横山段整体的布局走向，分布特征，以及沿路的自然和人文风貌，以便更好地发扬横山段的遗产价值。

（3）行路关山。

该区主要位于赵石畔镇、塔湾镇大边长城一线，因主要处于山区，长城本体及环境受城镇化影响较小，景观风貌保存较原始；并可结合秦直道遗址、响铃塔、红门寺石窟等文物古迹进行游览。在规划内尽可能保持该段长城现状，除部分遗存作简单标识说明外，不设置其他任何展示设施，以长城自然演进状貌吸引探险越野、徒步旅行爱好者，鼓励旅行者拍摄、提供长城近照，支持长城保护。

（4）考古怀远。

考古怀远这一主题重在突出对横山长城遗存的研究。在横山县境内不止有丰富的明长城遗存，还发现有秦长城遗存。横山县近几年在长城调查中发现了秦长城遗址。在横山县芦河西岸、无定河北岸，距明长城约 1.5 公里处，穿越了横山县塔湾、赵石畔、横山、波罗四个乡镇，与明长城遗址呈平行状，全长近 90 公里，部分墙体保存较为完整，走向清晰可见。为横山研究秦汉时期的历史、文化、经济、社会发展提供了很有价值的资料。

（5）古堡风云。

横山县五堡，是横山名胜之一，现状保存较好，分别是波罗堡、响水堡、怀远堡、威武堡、平邑堡，这是明代长城沿线三十六堡在横山境内遗留下的。营堡从过去作为军事要塞到今日只剩下残垣断壁，反映了历史的变迁，营堡遗址的存在同时也证明了这里在过去的辉煌，成为我们了解营堡历史，研究古代军事文化，古代营堡的发展，古代建筑等重要的实物资料。

古堡风云主要以波罗堡为典型进行介绍。波罗堡虽然很多部分都遭到了破坏，但是整体结构、布局等还有保留，尤其是遗留下来了许多古建筑，具有重要的价值。同时以波罗堡展示为示范，对响水堡、怀远堡、威武堡、平邑堡的展示进行探索，形成横山段沿线五堡呼应、特色鲜明的营堡组群。

波罗堡古建筑群为依托，展示营堡历史、营堡建筑形制格局、民俗场景，结合附近的接引寺、横山起义旧址以及无定河湿地风光，形成集长城文化、民俗文化、佛教文化、红色文化、自然风光于一体的展示片区。

（6）山水长廊。

该风光廊道沿 S204 公路横山段分布，两侧分别为明长城横山段二边山险和无定河、芦河湿地。

无定河湿地是榆林第一处被列入省级自然保护区的湿地，位于横山县北部的无定河流域，面积 11 480 公顷。其中，核心区面积为 1 433 公顷，缓冲区面积为 3 166 公顷，实验区面积为 6 881 公顷。无定河是黄河中游较大的一级支流，横山段正是从沙地生态类型向黄土高原生态类型的过渡段，有明显的风沙地貌、河谷阶地地貌和黄土地貌三大地貌特征。区域内滩涂面积大，河流两侧地形开阔，水体污染较轻，水质良好，具有典型沙漠河流湿地的特征。芦河湿地，从靖边县新城乡到横山县横山镇吴家沟村，沿芦河至芦河与无定河交汇处，包括芦河河道、沼泽地、泛洪区及河道两岸 1 千米范围内的人工湿地。

通过将长城遗址与自然生态风光相结合，形成一条生态与文化相结合的风光廊道，让游客在感受历史文化变迁的同时也可以享受绿色生态环境。

5. 展示方式

（1）原状展示。

陕西横山段明长城的展示应以长城建筑历史风貌和整体景观格局为重点，因而露天原状展示即在对展示对象进行有效保护的基础上作直接的展示是最为主要的展示方式。但从陕西横山段明长城体量巨大、分布复杂、结构脆弱、观赏性差等特性以及不容乐观的保存现状看，在现阶段，大规模、直接性的旅游开发并不适合。因此，露天原状展示主要针对长城沿线相关营堡，近期主要对陕西横山段明长城全线进行标识说明。

（2）馆舍展示。

创设"陕西长城博物馆"虚拟概念，将陕西省内明长城（延绥镇长城）及其相关环境视作一个综合的露天博物馆，突出其整体性。在这一博物馆框架内，建立"陕西长城博物馆横山县展示中心"，对陕西横山段明长城遗存及相关信息作综合展示并设置互动参与项目，有效发挥明长城文化遗产的社会教育功能。

（3）标识展示。

对长城地面遗存无法辨识的区段，可在充分的考古研究基础上对部分能够确定走向、体量的遗存采用区别于长城夯土的可识别材料（如沙石、植物等）进行标识，材料选择和标识过程及结果必须符合文物保护的要求。

（4）虚拟展示。

虚拟展示主要依托馆舍展示，根据需要设置虚拟展示设施，利用三维模拟手段展示陕西横山段明长城的建造过程、建筑类型、营造技艺、整体格局、分布特征、空间环境，给参观者以直观的感受和想象的空间。

6. 重要点段展示规划

（1）"长城大观"长城村（芦草梁）综合展示区。

该区位于波罗镇长城村，展示以馆舍展示为主，辅以四台湾至沙界长城遗存远景展示。

本规划期内在该区长城建控地带建设"陕西长城博物馆——横山县展示中心",利用多元的展陈方式对长城进行解读、展示,并展出相关可移动文物,注重参与体验;采用望远设备对四台湾至沙界长城一线进行远景观赏。

(2)"大边形胜"大边长城景观带。

该景观带包括横山镇王圪堵和横山镇张墙村至刘墙村长城一线。

王圪堵长城遗存展示与陕北最大的水利工程——王圪堵水库风光体验游相结合。

张墙村至刘墙村一线长城墙体呈鱼脊状、锯齿形或驼峰形连贯分布,能够体现横山段明长城墙体的现状特征;村村通公路的修建增强了该段的交通可达性,可以结合自行车骑行等户外运动方式。

本期规划内主要在对该区遗存采取必要的保护措施和标识的基础上,建设长城景观带,利用张墙村至刘墙村段已有硬化公路,设计自行车"低碳骑行"路线,令参观者在骑行中领路大边长城风光。

(3)"古堡风云"营堡场景展示区。

该区以波罗堡古建筑群为依托,展示营堡历史、营堡建筑形制格局、民俗场景,结合附近的接引寺、横山起义旧址以及无定河湿地风光,形成融长城文化、民俗文化、佛教文化、红色文化、自然风光于一体的展示片区。

本规划期内在保持波罗堡古建筑群历史风貌的基础上,凸显营堡整体格局,并在依据充分的前提下,对部分建筑进行恢复或重建。设置并完善解说系统和旅游服务系统。远期以波罗堡展示为示范,对响水堡、怀远堡、威武堡、平邑堡的展示进行探索,形成横山段沿线五堡呼应、特色鲜明的营堡组群。

(4)"山水长廊"二边山险、湿地风光廊道。

该风光廊道沿 S204 公路横山段分布,两侧分别为明长城横山段二边山险和无定河、芦河湿地。

本规划期内利用 S204 作为游线组织道路,使参观者在汽车旅途中领略二边山险及无定河、芦河湿地景色,感受陕北少有的山水风光;同时通过对长城二边山险标识说明,了解古人因地制宜、修筑长城的勤劳与智慧。

7. 参观活动组织

(1)活动组织。

东线:主要以波罗堡古建群—接引寺—宝山寺—石寺洼石窟—井湾古城山遗址—银州城遗址,沿途可以欣赏无定河湿地的风光。

波罗堡古建群—接引寺—宝山寺—石寺洼石窟—五龙山—夜猫山庙—S204

西北线:王圪堵和横山镇张墙村至刘墙村长城一线。

南线:赵石畔镇、塔湾镇大边长城一线,主要处于山区,只有乡间小路可以到达 S204。

（2）路线组织。

第一，展示路线尽量利用现有道路，新修道路必须充分考虑遗产安全，进行科学论证，控制道路建设各项指标，与遗产本体及环境风貌保持协调。游客步行道路建设应避免深挖深填，建设生态型道路。

第二，展示路线道路形式应多元化，充分考虑自驾旅游和徒步旅游的需求。

第三，科学安排展示道路网络，合理设置交通工具停放用地，有必要的展示区应在保护范围以外设置停车场。

8. 展示设施

展示设施应规模适当、布局合理、功能完备、外观淡化，尽可能减少对陕西横山段明长城本体及其相关环境的影响，与整体景观风貌相协调。尽可能避免设计、建设永久性设施，展示设施应易于安装、移动或拆卸，为进一步的遗产保护和展示完善留有余地。对展示设施进行统一设计，统一管理。展示设施设计应尽可能就地取材，在追求明长城整体性的前提下适当融入地方元素，体现地方性特色。展示设施设计、利用、管理应充分考虑到不同层次、不同文化背景的参观者的需求，同时为管理者进行有效管理提供便利。

（1）标示解说系统。

在遗址区内各道路路口设置道路指示牌，指示各展示点的方位和距离。

在各展示区设置详细的文字说明和图示。（图示应该包括展示点在整个明长城横山段的位置图、展示点遗迹的布局形制图，有条件的可附复原图等。文字说明应说明展示对象的名称、功能、价值内涵等。）

非展示区内的长城主体的重要地段，应对其做出标识和说明。

各种标志和说明牌，其色调、体量、造型等应当与长城风貌相协调，并有中英文对照。

（2）服务设施。

各个展示区应设置游客服务中心，给游客参观提供指南服务和旅游安全指导。

根据展示区需要，配套修建厕所或设置可移动式公厕，厕所建筑形式和外观应与长城景观协调，厕所数量、面积和内部设施参照旅游区公共卫生间建设标准修建。

根据展示区需要增设路灯和座椅，外形设计尽量符合长城整体环境景观。

（八）管理规划

明长城管理规划分为管理原则、管理目标、管理保护措施三部分。

1. 管理原则

长城应根据《长城保护条例》中"整体保护、分段管理"的原则,加强管理机构的设置,建立健全管理规章制度。加强保护工作的管理力度,将长城周边环境也纳入管理范围。加强管理和监控,防止自然和认为破坏。陕西明长城的日常管理范围包括长城的保护范围和监控地带。

2. 管理目标

通过对陕西明长城进行科学管理要达到的主要目标有保护职责分明,开发利用合理有序的目标;完善法规制度,使长城保护有序进行,做到有法可依;理清管理体制,职责分明;通过宣传教育使长城价值和保护的必要性深入群众内心。

3. 保护管理措施

(1) 管理规章。

榆林市政府应根据《中华人民共和国文物保护法》《长城保护条例》《陕西省文物保护条例》制定和颁布实施《明长城神木段保护管理条例》《明长城横山段保护管理条例》《明长城靖边段保护管理条例》,内容应包括保护范围和建控地带的边界,各项管理要求和环境治理要求;管理体制和经费,各部门职责;根据规划内容制定管理内容及要求;奖惩措施;对旅游管理及其他开发利用的管理措施。横山段明长城的日常管理工作应根据《管理条例》开展。

(2) 管理机构。

陕西明长城所在县级政府及其文物主管部门应该作为陕西明长城的管理主体,具体负责陕西明长城的日常管理工作。三县政府及其文物主管部门应该根据实际工作需要建立健全相应的管理机构或机制,加强对相关工作的领导和支持。由于陕西明长城跨度较长,因此不适合建立统一文管所进行管理。建议县级文物主管部门成立明长城工作组,负责专门的保护和管理工作。可根据实际情况将县境内的明长城划分为若干段,采用层层签订责任书等方式,将长城保护的职责层层分解,一直落实到沿线的乡(镇)政府及村民委员会。同时,应根据不同的遗存类型,对陕西明长城进行分类管理,建立管理档案。

(3) 管理人员。

重点加强长城保护监督执法队伍的建设和完善,明确管理队伍的编制,人员配置,长城管理队伍的人员名单应该报陕西省文物局备案。

(4) 管理经费。

加强陕西明长城的管理工作,明长城的日常维护及办公经费应纳入县级地方财政,并逐年增加。设立榆林市长城保护基金,鼓励公民、法人和其他组织通过捐赠等方式参与境内长城的保护。长城保护基金的募集、使用和管理,依照国家有关法律、行政法规的规定执行。

（5）日常管理措施。

日常管理工作的主要工作内容包括对长城的日常巡查，日常维护和监控，建立保护档案。建立定期巡查制度，及时发现并排除安全隐患，迅速对破坏因素做出反应并及时处理。鉴于陕西明长城延伸较长，应考虑利用护林员，当地居民作为文物保护员，对长城进行巡查和看护。建立对自然灾害，长城文物本体与环境的检测数据，积累数据，建立日志，为以后科学保护提供依据。

（6）宣传教育。

加强对长城价值和保护必要性的宣传，增加当地政府与民众对长城保护的参与度。宣传教育的主要对象应该包括当地政府和文物主管部门，当地居民。通过展览、科普讲座、各种媒体等形式大力开展文物保护法的宣传、教育，提高群众自觉保护文物的意识。对从事管理工作的人员，组织专业知识培训，明确保护的意义、原则与各环节工作；加强专业技术队伍的建设，提高管理人员的专业技术及管理水平。通过多种手段展示、宣传长城的历史信息使相关管理人员和当地村民全面、正确地认识、了解长城遗址的重要价值，提升自豪感，从而能够自觉，持续地支持保护工作的开展。

（九）研究规划

陕西明长城的研究规划坚持多学科互动研究体系，着力分阶段进行长城研究。

1. 研究内容

（1）考古研究。

考古方面的研究对于长城保护有重要意义，通过考古调查、勘探和发掘的方法，以发现、揭露、观察和记载古代长城沿线遗留下来的实物史料，根据考古调查、勘探和发掘资料论述长城遗址的形制、走向以及屯兵城堡、联络体系等分布状况；通过广泛深入的普查，解决如长城的走径、控制范围及其与地理环境的关系等问题；通过勘探和发掘，弄清陕西明长城的始建时代，以及与前代长城基础的层位关系。只有对于考古资料深入研究，将考古技术全面应用与长城调查，才能将长城保护工作继续深入进展。

（2）史料研究。

长城整体在各个历史时期的发展变化历史，都或多或少地在史料中有所记载，因此，对于长城的研究，必然要从史料着手，史料的记载情况也真实地反映了长城的历史变迁。对陕西明长城进行专题研究，就必须系统地收集与之相关的历史文献，将有关史料作出高精度的整理、加工和编纂，使它们分门别类，一贯古今。争取从史料中发现有关长城发展史的资料，将其编纂整理，为长城研究提供根据。

（3）历史地理学研究。

历史地理学研究的是在历史发展中地理环境及其演变规律的学科。基本上历史地理是把地理学加上时间影响的因素，所以它是地理学的分支学科，又与沿革地理研究有密不可分的关系。对于长城保护来说，就是要研究在历史时期内长城本体的发展变化以及相关的破坏因素，为今后的保护工作提供重要的参照标准。

（4）军事研究。

由于汉民族同周边少数民族的常年战争，促使汉民族统治者修筑长城，可以说，长城最重要的作用就在于军事意义。因此，军事方面的深入研究，对长城保护发展有重要作用。对于军事方面的研究应该主要着手于：研究历史时期各个朝代对于长城在战略中的不同作用，长城作为重要的防御工事在战争中的意义，以及相关的军事战略和战役、防御思想、兵役组织、武器装备、军事经济、军事工程、军事运输、军需保障等方面。

（5）民族学研究。

长城的存在一个很重要的推动因素就是汉民族同周边少数民族相互交融或者是战争的产物，因此不论是对于任何一处长城遗址而言，周边所存在的民族都会对长城的走向以及后续发展产生很大的影响。研究长城的同时，应该注重对于周边民族的研究，将两者融合，以促进长城研究的进程。民族学研究中的有关民族分布区域、范围、语言、生活习惯、宗教信仰、社会制度、经济生活等很多方面，都会对长城研究有很大的推动作用。

（6）经济研究。

长城作为人类重要的文化遗产，本身所具有深厚的历史价值，但是研究文化遗产的目的并不仅仅是保护原有的现状，更加重要的在于完整保护的同时能够使文化遗产造福人类，尤其是遗产周边的当地居民。如果对于一项文化遗产仅仅是保护，不开展任何利用的话，文化遗产事业也就没有长远的发展前途。因此，对于陕西明长城遗存来说，应该注重对于此遗产所能够带来的经济利益的研究，因为任何遗产都不是孤立存在的，而是与当地的生产生活紧密相连的。并且，也应重视包括社会制度、社会形态、社会经济结构、屯田、劳动工具、边境民族贸易互市等方面的研究。只有深刻的研究长城同经济发展的关系，才能使长城保护利用有根有据，更有实用性。

（7）建筑史研究。

长城在中国建筑史上占有极其重要的地位，是研究中国建筑史相关内容不可忽略的重要对象。长城的建筑研究内容包括长城建筑的施工技术、建筑结构、建筑材料、建筑艺术的特征、建筑艺术风格和其形式美，长城建筑的民族性和时代性等。

（8）保护维修研究。

陕西明长城的保存现状并不是很好，尤其是长城遗址有些位于自然环境十分恶劣的地区，而且长城的构造复杂，附属设施多，所以怎么样因地制宜地保护好长城应该是研究的一个重点。同时，用什么样的方法去保护长城也应该列入对长城的研究当中，采用化学加固以及新材料新技术的应用等问题都需要加以深入研究。目前对长城的保护维修方面仅限于简单的修缮，修缮方法的科学性还值得继续探讨。

（9）旅游研究。

陕西明长城是榆林市重要的旅游资源。在旅游研究这一方面要探讨怎么样能在保护好长城的同时更好地发掘明长城的旅游资源潜在价值。陕西明长城的旅游研究还应该注重研究长城旅游会带来的经济效益情况、社会文化效益、开拓劳动就业情况、旅游商品的开发、销售情况等，通过细致深入的研究，为长城旅游提供理论依据。

2. 研究计划

陕西明长城的研究工作涉及范围广、内容丰富，具体可以划分为基础研究、分解研究和宏观整体研究三个阶段开展具体工作，以便研究工作有序进行。长城是世界文化遗产，是全人类全社会的财富，在研究过程中要加强各地的学术交流。长城研究的既得成果要及时公布，让公众及时了解长城研究的最新进展，以便于下一步研究工作的顺利进行。各地的长城研究要互相交流，成果要互相借鉴，促进长城研究水平的进一步提高。

（1）基础研究阶段。

研究的初期应该注重通过野外田野考古发掘收集资料，并结合文献资料进行基础资料的整理和研究。通过对基础资料的研究，要全面掌握长城的历史，建筑特色、建造技术，保存情况，作用等基础性的问题，从而为全面了解长城、深入研究做好基础准备。长城的基础研究工作应注重考古学和历史学研究。

（2）分解研究阶段。

在分解研究阶段应该从不同角度不学科方面对长城进行研究。要从历史、地理、经济、民族、社会、文化、旅游、建筑、修缮技术、军事等不同的方面研究长城，同时，也要研究陕北地区不同时期的长城，与明长城做纵向上的比较，从而可以研究陕北地区不同时期长城的变换，以及明代长城的特点。还有将长城与不同区域的长城进行横向的比较，比较出陕北横山地区长城的特点。这一阶段注重对明长城的横向和纵向比较，以及它的军事作用。

（3）宏观整体研究阶段。

这一阶段的研究是在各个方面的研究基础上对长城研究的宏观研究，以上所说的研究都会是明长城研究的一个组成部分，通过对这些阶段性研究的深入和资料的整合，从而以一个宏观的角度研究长城的影响、社会效应、价值、民族精神、构筑的历史依据等。这一阶段重点探讨构筑长城的历史依据、社会效应和历史影响，提取蕴含在长城中的民族性格和文化精神，为弘扬以长城为象征的民族精神提供科学的历史依据。

第三节 陕西明长城保护管理策略研究

一、陕西明长城遗址

陕西省明长城的遗址分布于榆林市府谷县、神木县、榆阳区、横山县、靖边县、定边县、绥德县和延安市吴起县境内，范围在北纬 39°22′～37°17′，东经 111°04′39″～107°41′之间，海拔高程在 700～1 910 米之间；最东和最北点在府谷县，东北接内蒙古自治区明长城交界处，最南点在靖边县长城和吴起县长城交界处，最西点在定边县长城连接宁夏明长城处。

陕西明长城为延绥镇所辖，被列为"九边重镇"之一，是延绥镇防区的重要边防军事工事，主要是为了防御来自河套地区的蒙古骑兵，为保护明代边关发挥了重要的作用。

陕西段长城所处位置多在毛乌素沙漠和黄土高原交界地带，自古以来，这两种地理环境分别适应游牧和农耕两种不同的经济形态。早在战国秦昭王时代，就在该地修建了用来"御胡"的长城，经过秦始皇时期和西汉初年的修缮和沿用，这条长城成为了帝国与北方匈奴之间的分界线。隋代也曾在该地修建长城用作与突厥的分界线。到明代修建长城时，是在汉代、战国时代长城和隋代的长城的基础上进行的整修和扩建。

长城本体是连绵不断的防御性工事，个别地段依据地形地势，如自然天险加以人工整修使其更具防御功能，同时还营建了营堡、马面、敌台、烽火台、关、堡、品字窖、挡马墙、壕堑等相关的辅助防御性设施，由它们和墙体共同构成明朝北部边疆的防御体系。延绥镇长城是在不同时期逐步建造完成的，长城防御体系的建设事实上是随着边界敌我双方进退态势、防御实践的经验教训、建筑理念和实践等方面综合发展的一种结果。

二、保护管理现状与影响明长城管理的因素分析

陕西明长城的走向为东北西南向，所经区域分为三个明显的自然景观单元，即东部黄土沟壑地景观、中部的流沙草滩地景观和西部风沙碱滩盆地景观。黄土区的基本特征表现为，以塬、梁、峁为主体的沟间地和以各种沟壑组成的河沟地；流沙草滩地带是内蒙古鄂尔多斯东部干草原的西延部分；风沙碱滩盆地为温带风沙化干草原—淡栗钙土地带，风力资源丰富，水力侵蚀微弱，盐池分布广泛，气候比较干冷，植被稀疏矮小，以耐旱耐寒的干草原和沙生植被为主。

长城沿线地势由西部向东倾斜，西南部平均海拔1600~1800米，其他各地平均海拔1000~1200米。地貌分为风沙草滩区、黄土丘陵沟壑区、梁状低山丘陵区三大类。大体以长城为界，北部是毛乌素沙漠南缘风沙草滩区，南部是黄土高原的腹地，沟壑纵横，丘陵峁梁交错。长城一线区域雨季短而集中，最大降水出现在每年的7、8月，年降水量400毫米左右，7月降水极差可达195~332毫米，光照充足、水热资源较差，属中温带半干旱气候。极端最低平均气温-23℃，降水量400毫米等雨量线以北，沙丘遍布，气候干旱，雨雪稀少、多风沙，无霜期短，冬季严寒，负积温高达600℃以上。农作物一年一熟，农耕地多集中于沙丘之间的滩地与河谷两岸的滩地，主产耐寒的杂粮，牧业比重大。

由此可以看出，陕西明长城所经地区环境相对恶劣，陕西明长城面临的自然破坏因素包含风沙侵蚀、雨水冲刷、植物生长、动物洞穴、地质灾害。

同时，采油采矿、道路建设、管道电线铺设、取土（石）、农业耕作以及开挖窑洞等人为的生产活动对遗址本体的破坏较大。长城沿线由于自然禀赋的差异，社会经济发展水平具有一定的不均衡性。自然资源丰富的神木地区，虽然人均收入较高，但教育水平较低，对遗产的价值的认识度较差，遗产保护与区域经济发展的矛盾相对较大。而资源禀赋较差的横山靖边区域，由于人为活动较少，遗产本体的保护状况要优于神木地区。

根据国家文物局《长城资源调查手册》和保护规划中对于遗址本体的评估，陕西明长城总体保存状态差，少部分保存一般。

从保护规划管理机构的评估来看，陕西明长城保护仍为属地管理，在县政府的文化部门下设立了专门或兼职的管理机构，负责遗址的管理工作。例如横山段

长城由横山县文化馆负责保护管理。横山县文化馆行政隶属于横山县文体事业局，负责人为孟涛，该单位属正科级事业单位性质，经费由财政全额拨付。单位在编人员有6人，初级职称3人。单位建设占地600平方米。横山县文化局下设有文物缉查队，负责文物缉查，对保护长城等文物遗存起到一定的作用，但人员少，任务多，保护成效不明显。在与当地文化馆负责人座谈时了解到，横山段长城无专门的保护管理机构，且管理制度不健全，不能形成有效管理的态势。没有制定专门的长城管理制度。管理经费严重缺乏，目前主要依靠县财政拨款来维持日常工作的运转。

从明长城的管理级别来看，部分陕西明长城段未成为保护单位，有些为省级或全国重点文物保护单位，保护单位级别的不一致，造成了保护管理措施和实施效果的不一致性。

在管理措施方面，横山县对明长城的保护由定时的巡视和文保员日常巡护两部分组成。其他地段的长城的巡护由于人员的缺乏，尚未开展。

基于上文对于陕西明长城保护影响因素与保护管理现状的研究，我们认为陕西明长城保护面临以下几大问题：

（一）保护机构不健全，保护权责不明，保护经费不足

陕西段明长城分布于10个县市，部分县市虽然设立了专门的管理机构，但由于人员缺乏，特别是专业人员缺失，造成遗产的管理措施难以落实。同时，并非所有的长城点都设有专门的管理机构，部分长城段属于其他单位代管，由于缺乏专业的知识，且其主要的职责也非确保长城本体的安全，责任不明确造成了遗址本体的破坏。同时，管理机构隶属于不同的政府机构，多元化的隶属造成了责权不清、利益不明的情况，为同一管理造成了难度。由于不同段的长城处于不同的保护级别，经费申领的渠道不同，从而造成了不同段保护经费的不足，由于经费不足而造成长城部分遗址点破坏的现象。

（二）长城遗址保护区划划定不合理

陕西明长城遗址分布点多、线长、面广，遗迹点分布纷繁复杂，遗址内涵丰富多样，这些使得长城保护区划在划定的过程中存在着客观的现实难度。而在实际的保护过程中，由于缺乏对长城遗址的细致调查和遗址价值的深入研究，导致长城遗址保护区划的划定存在严重的问题，例如重长城城墙轻视墩台、堡寨等点状遗迹，长城的完整性得不到保证；或者是保护区划划定的过程中忽视对长城历史环境的保护，对城墙及遗迹点之间的历史环境的保护关注度欠缺。以波罗堡为例，波罗堡属于明长城榆林镇重要关堡，1992年4月20日，

陕西省人民政府发文公布波罗堡古建筑群为省级重点文物保护单位并公布了其保护区划，2009 年陕西文化遗产规划设计研究院对波罗堡原有的保护区划进行了调整。两次划定的保护区划均未考虑堡寨与长城本体之间的防御关系，未体现波罗堡的防御格局。①

（三）法律法规难以落实，缺乏针对性

由于长城地处不同自然、人文环境，其面临的具体问题各段仍有不同，即便在《中华人民共和国文物保护法》和《长城保护条例》的指导下开展工作，能解决共性的问题，但却对于部分个性问题却难以处置。同时，对于没有列入保护单位的长城，地方文物部门无力对文物违法犯罪活动进行有效制止。长城不同于其他单体建筑，任何的破坏行为哪怕是最小的也都会对长城造成不同程度的毁损。但任何破坏行为哪怕是最大的，也不可能一次性给万里长城造成毁灭性破坏。所以按照目前的法律规定去惩处破坏行为便很难量刑，有很大的漏洞。②

（四）长城各遗址点文物保护等级混乱

以榆林地区的长城为例，榆林地区长城遗存十分丰富，但目前榆林 88 处（段）长城遗址中仅镇北台为全国重点文物保护单位，榆林城墙和横山波罗堡遗址两处为省级重点文物保护单位，榆阳区建安堡遗址等 14 处为县级文物保护单位外，其余包括战国秦长城遗迹和明长城主体在内均没有保护等级。③ 保护等级的不同预示着在经费支持，保护管理措施实施力度和违法处置上差异性，从而不利于长城遗址的整体保护。

（五）长城研究不足，价值阐述不清

多年来，国内作者对长城的研究缺乏系统性的研究，导致在具体的保护过程中长城遗址价值得不到很好的价值阐述。具体表现在：长城研究的力量分散在不同的机构，研究者的工作多是随性进行，研究课题缺乏整体设计；长期以来的基础研究局限在对一些长城相关遗迹的属性等方面进行讨论，许多空白研究领域尚待开展；前些年一些学者希望建立"长城学"的呼吁仍束之高阁；全

---

① 李柯：《榆林明长城波罗堡保护区划研究》，西安建筑科技大学硕士论文，2013 年。
② 邓大洪：《万里长城在管理缺失中被肢解破坏》，载于《中国商报》2005 年 6 月 7 日。
③ 吴晶晶：《不全是八达岭，长城绝大部分在"自生自灭"》，载于《新华每日电讯》2006 年 6 月 9 日。

国范围内没有形成有效的合力，国家层面没有针对长城研究设计出可操作的研究规划，数十年来的自发研究，几乎没有产生针对长城这一世界文化遗产的核心价值、特点、保护维修、展示、监测和管理方面具有重大影响的学术成果。① 同时在核心价值研究的缺失，导致文物保护过程中文物价值阐释流于形式，没有灵魂。

三、明长城保护策略研究

虽然国家在2006年出台了《长城保护条例》，同时依凭《中国文物保护法》进行保护管理，但因为长城的特殊属性，长城保护管理中仍然存在诸多不可忽视的问题。这也说明单纯依靠国家层面的法律法规约束，缺乏中层和基层的规章制度设计，长城保护仍是难以为继的。

因此，一方面，我们需要认识到长城保护不是一省一区可以独自承担的，需要继续完善顶层的法律法规体系建设；另一方面，我们还要关注到这些顶层法律法规体系在基层运行过程中的可操作性，完善基层的管理机构的规章制度建设和职能建设。顶层法律制度在对基层政府机构的职权映射过程中，针对遗址的保护规划所起到的作用至关重要。保护规划的作用即在于连接顶层法律制度与基层管理机构职能。在实现对长城遗址充分调查研究的基础上，兼顾长城遗址的整体属性与实际管理工作中的可操作性与针对性，保护规划的制定也应该是包含三个层级的设计，既有国家层面的《长城总体保护规划》，也应有省（直辖市、自治区）级与市级的遗址保护规划，而以市级作为长城保护规划的基础单元，也有利于规避目前长城保护等级混乱所带来的保护管理难题。同时，各个层级的保护规划与同一层级的保护规划也应实现对接，借以确保规划的科学性。

（一）深入挖掘长城遗址内涵

在保护规划编制的过程中，结合2015年《中国文物古迹保护准则》中关于遗产文化价值和社会价值的定义描述，如在《中国文物古迹保护准则》中文化价值则主要指以下三个方面的价值："1. 文物古迹因其体现民族文化、地区文化、宗教文化的多样性特征所具有的价值；2. 文物古迹的自然、景观、环境等要素因被赋予了文化内涵所具有的价值；3. 与文物古迹相关的非物质文化遗产所具有的价值。"② 借此深入挖掘长城遗址的文化价值内涵，更充分地关注遗产背后

---

① 段清波：《长城研究亟待深化　长城保护刻不容缓》，载于《中国文物报》2012年8月17日。
② 国际古迹遗址理事会中国国家委员会制定：《中国文物古迹保护准则》，2015年。

所体现出的文化多样性与传统精神。在《中国文物古迹保护准则》中对社会价值解释为："社会价值是指文物古迹在知识的记录和传播、文化精神的传承、社会凝聚力的产生等方面所具有的社会效益和价值。"[①]

长城文化不仅包含农耕民族的文化发展历程，也应包含游牧民族文明演变的一面；以物质载体唤醒和延续长城背后非物质文化遗产的传承；理解长城作为线性文化遗产与周边的自然环境的文化关联。例如长城关堡的修建包含了"山城一体"的特征，这一特征也使得周边自然环境具有了文化内涵。[②] 而在遗产社会价值层面，除对长城在区域经济发展的价值分析之外，还需关注长城对于周边社群情感共鸣、记忆延续的价值，关注长城作为民族文脉与小区域内居民的文化互动，从经济层面和社会情感层面让周边社群认同遗产，方能提升周边社区对遗址的保护意识。

（二）合理确定长城保护区划

在详细调查遗址构成要素的基础上，深入发掘长城遗址的价值内涵。针对长城遗址的遗迹点分布繁复，不仅需关注周边环境的复杂性，还需观照到长城与历史环境间的紧密联系以及遗迹点之间的整体格局、防御体系等文化脉络，因地制宜合理划定保护区划。

（三）健全长城管理制度，提升保护意识

管理制度建设与提升保护意识首先应是建立在对遗产真实性原则认识的基础之上。正如在对遗产价值分析的过程中，我们深刻认识到遗产背后人的重要性，那么在理解作为遗产价值和遗产保护的判断准则—真实性原则时，同样需要深刻理解遗产是祖先的劳动，是祖先的作品。真实性不仅仅意味着遗产信息源与信息途径的真实性，更意味着人的存在。我们的管理人员不应是仅仅在保护一处逝去的历史或者某种象征物，更是在保护切切实实的祖先的劳动。唯有认识到人创造了遗产，遗产背后有祖先的身影，我们才有守护遗产的热情。

管理规章制度建设一方面体现在保护规划中划定合理的保护区划，明确空间范围；一方面编写管理规定，完善管理机构职能与规章制度建设。

（四）重视长城学术研究体系建设

长城遗址内涵丰富，同时又缺乏成体系的深入研究，因此在长城保护规划中

---

① 国际古迹遗址理事会中国国家委员会制定：《中国文物古迹保护准则》，2015年。
② 李柯：《榆林明长城波罗堡保护区划研究》，西安建筑科技大学出版社，2013年版。

需要关注到长城学术研究体系的建设。在对长城进行统一管理的过程中，不仅需要多学科参与长城研究，也要考虑到多学科学术研究的体系建设与研究途径，明确长城研究的领域，构建多学科参与的学术研究体系与平台，深入长城的具体研究体系设计之中。此外，还应注意将长城展示规划的设计思维，研究规划的长城价值阐释研究体系建设思路相协调，以规避前期价值研究与后期展示利用之间的脱节问题。

参 考 文 献

历史文献

[1][清]阿桂：《盛京通志》，辽海出版社1997年版。

[2][汉]班固：《汉书》，中华书局1962年版。

[3][明]程道生：《九边图考》，1919年石印本。

[4][清]陈士桢：《兰州府志》，清道光十三年刻本。

[5][明]陈建：《治安要议》影印版。

[6][清]陈梦雷：《古今图书集成》，中华书局影印版1934年版。

[7][明]陈子龙：《明经世文编》，中华书局1962年版。

[8]《大同县志》，清道光十年刻本。

[9][清]邓凯、瞿玄锡等：《崇祯长编》，北京古籍出版社2002年版。

[10][清]邓承伟、来维礼：《西宁府续志·古迹》，青海人民出版社1985年版。

[11][清]鄂尔泰等修：《八旗通志》，东北师范大学出版社1985年版。

[12][宋]范晔：《后汉书》，中华书局1965年版。

[13][清]冯昌奕、王琨：《宁远州志》，载于《辽海丛书》，辽沈书社1984年版。

[14][清]顾祖禹：《读史方舆纪要》，中华书局2005年版。

[15][清]谷应泰：《明史纪事本末》，商务印书馆1936年版。

[16][汉]桓宽：《盐铁论》，上海人民出版社1974年版。

[17][清]黄彭年等主编：《畿辅通志》，河北人民出版社1985年版。

[18][明]霍冀：《九边图说》，明隆庆三年刻本。

[19][明]胡汝砺：《嘉靖宁夏新志》，宁夏人民出版社1982年版。

[20][清]纪昀：《文渊阁四库全书》，台湾商务印书馆1986年版。

[21][民国]金毓黻：《奉天通志》影印本，辽海出版社2003年版。

[22][西晋]江统：《徙戎论》。

[23] [汉] 贾谊：《新书》，凤凰出版社2011年版。

[24] [清] 康基田：《晋乘搜略》，山西古籍出版社2006年版。

[25] 《开原县志》，1930年纂修本。

[26] [清] 昆冈、李鸿章等：《钦定大清会典事例》，光绪二十五年八月石印本。

[27] [唐] 李百药：《北齐书》，中华书局1972年版。

[28] [汉] 刘向：《战国策（上册）》，上海古籍出版社1978年版。

[29] [北魏] 郦道元：《水经注》，中华书局1991年版。

[30] [唐] 李泰：《括地志辑校》，中华书局1980年版。

[31] [汉] 刘安：《淮南子》，中华书局1985年版。

[32] [唐] 李吉甫撰，贺次君点校：《元和郡县图志》，中华书局1983年版。

[33] [唐] 李延寿：《北史》，中华书局1974年版。

[34] [宋] 乐史：《太平寰宇记》，金陵书局本，光绪八年五月。

[35] [后晋] 刘昫等：《旧唐书》，中华书局2011年版。

[36] [明] 李辅：《全辽志》，辽海书社1934年版。

[37] [明] 刘效祖：《四镇三关志》，明万历四年刻本。

[38] [明] 卢象升：《确议修筑宣边疏》，浙江古籍出版社1984年版。

[39] [明] 卢承业原编：《偏关志》，1915年铅印本。

[40] [清] 梁份撰，赵盛世等校准：《纪略》，青海人民出版社1987年版。

[41] [明] 刘敏宽、龙膺纂修，王继光辑注：《西宁卫志·西宁志》，青海人民出版社1993年版。

[42] [清] 刘锦藻：《清朝续文献通考》，浙江古籍出版社1988年版。

[43] [宋] 李诚撰，王海燕译注：《营造法式译解》，华中科技大学出版社2015年版。

[44] [明] 《明实录》，江苏国学图书馆，1940年印本。

[45] [明] 茅元仪辑：《武备志》，华世出版社1984年版。

[46] [宋] 欧阳修、宋祁：《新唐书》，中华书局2006年版。

[47] [清] 清仁宗敕撰：《嘉庆重修一统志》，上海书店印行1984年版。

[48] 《清实录》，中华书局1986年版。

[49] [清] 乾隆：《柳条边》。

[50] [明] 戚继光：《戚少保奏议》卷二《练兵条议疏》，中华书局2001年版。

[51] [明] 邱浚：《大学衍义补》，中州古籍出版社1995年版。

[52] [明] 任洛等：《辽东志》，辽海书社1934年版。

[53]［汉］司马迁：《史记》，中华书局1982年版。

[54]［清］孙承泽：《天府广记》，北京古籍出版社1984年版。

[55]《肃镇志》，成文出版社影印，清顺治十四年本。

[56]［宋］司马光：《资治通鉴》，中华书局1956年版。

[57]［元］脱脱等：《金史》，中华书局1975年版。

[58]［元］脱脱等：《辽史》，中华书局1974年版。

[59]［元］脱脱等：《宋史》，中华书局1985年版。

[60]［清］屠寄：《黑龙江舆图》，辽沈书社1985年版。

[61]［清］屠寄：《蒙兀儿史记》，上海古籍出版社1989年版。

[62]［清］谭吉璁等撰：《延绥镇志》，上海古籍出版社2012年版。

[63]［北齐］魏收：《魏书》，中华书局1974年版。

[64]［唐］魏征、令狐德棻：《隋书》，中华书局1973年版。

[65]［清］王者辅：《宣化府志》，清乾隆八年刻本。

[66]［民国］王国维：《观堂集林》，中华书局1959年版。

[67]［明］魏焕：《皇明九边考》，明嘉靖刻本。

[68]［唐］吴兢：《贞观政要》，岳麓书社1991年版。

[69]［明］熊廷弼：《修完沿边城堡台墙疏》，万历三十七年六月十三日。

[70]［清］西清：《黑龙江外记》，商务印书馆，中华民国二十五年（1936年）十二月初版。

[71]［明］徐阶等纂修：《大明世宗肃皇帝实录》，北京燕山出版社2008年版。

[72]［东汉］许慎撰，［清］段玉裁注：《说文解字注》，上海古籍出版社1988年版。

[73]［清］夏燮：《明通鉴》，中华书局1959年版。

[74]［明］杨时宁：《宣大山西三镇图说》，上海古籍出版社1995年版。

[75]［清］杨宾：《柳边纪略》，中华书局1986年版。

[76]［明］杨经等撰：《嘉靖固原州志》，宁夏人民出版社1985年版。

[77]［北朝］杨炫之：《洛阳伽蓝记》，中华书局1963年版。

[78]［清］赵尔巽等：《清史稿（九）》，中华书局1976年版。

[79]［清］张廷玉等：《明史》，中华书局1974年版。

[80]［春秋］左丘明：《国语》，上海古籍出版社1998年版。

[81]［春秋］左丘明：《左传》，上海古籍出版社1997年版。

[82]［清］张金城等撰：《乾隆宁夏府志》，宁夏人民出版社1992年版。

[83]［清］钟赓起：《甘州府志》，清乾隆四十四年刻本。

[84][明]章潢:《图书编》,广陵书社2011年版。

研究著作

[1][北魏]郦道元原著,陈桥驿等译注:《水经注全译》,贵州人民出版社1996年版。

[2][法]闵宣化著,冯承钧译:《东蒙古辽代旧城探考记》,中华书局2004年版。

[3][美]阿瑟·沃尔德隆(Arthur Waldon):《长城:从历史到神话》,江苏教育出版社2008年版。

[4][美]欧文·拉铁摩尔著、唐晓峰译:《中国的亚洲内陆边疆》,江苏人民出版社2010年版。

[5][美]威廉·埃德加·盖洛著,沈弘,恽文捷译:《中国长城》,山东画报出版社2006年版。

[6][日]和田清:《东亚史研究·满洲篇》,东洋文库1955年版。

[7][日]和田清:《东亚史研究·蒙古篇》,东洋文库1958年版。

[8][日]津田左右吉:《金代北边考》,载于《满蒙地理历史研究报告》4册,1918年版。参见刘蒲江:《二十世纪辽金史论著目录》,上海辞书出版社2003年版,第329页。

[9][日]荻原淳平:《明代蒙古史研究》,东洋史研究三十二,同朋舍1980年版。

[10][日]水野清一、江上波夫:《内蒙古长城地带》,东方考古学丛刊乙种第一册,新时代社1935年版。

[11][日]松本隆晴:《明代北边卫体制の研究》,汲古书院2001年版。

[12][日]田村实造:《明代の北边防卫体制》,载于《明代满蒙史研究——明代满蒙史料研究篇》,京都大学,1963年版。

[13][日]田村实造:《明代の九边镇》,载于《石滨显古稀纪念东洋学论丛》1958年版。

[14][日]外山军治著,李东源译:《金朝史研究》,黑龙江朝鲜民族出版社1988年版。

[15][日]长谷川兼太郎:《柳条边墙与金边堡》,载于《同仁》第12卷5、7号,1938年版。参见刘蒲江:《二十世纪辽金史论著目录》,第329页。

[16][苏]包诺索夫著、胡秀杰译:《成吉思汗边墙初步调查》,载于《黑龙江考古民族资料译文集》第1辑,1991年版。

[17][英]斯当东:《英使谒见乾隆纪实》,商务书局馆1963年版。

[18][英]斯坦因:《斯坦因西域考古记》,中华书局1936年版。

[19][英]斯坦因著,向达译:《斯坦因西域考古记》,中华书局1936年版。

[20][英]夏洛特·罗伯茨等,张桦译:《疾病考古学》,山东画报出版社2011年版。

[21][战国]管子撰,黎翔凤校注,梁运华整理:《管子校注》,引自《新编诸子集成》本,中华书局2004年版。

[22][战国]庄子撰,陈鼓应注译:《庄子今注今译》(最新修订重排本),中华书局2009年版。

[23]《辞海》(一九六五年新编本):中华书局1965年版。

[24]《辞源》(修订本):商务印书馆1980年版。

[25]《梁思成全集》(第七卷),中国建筑工业出版社2001年版。

[26]《灵寿县古长城》摘自《灵寿县文史资料第一辑》,河北人民出版社1989年版。

[27]《蒙古族简史》编写组:《蒙古族简史》,社会科学文献出版社2007年版。

[28]《神木大保当:汉代城址与墓葬考古报告》,科学出版社2001年版。

[29]《中国北方民族关系史》编写组:《中国北方民族关系》,中国社会科学出版社1987年版。

[30]《中国军事史》编写组:《中国军事史·第六卷:兵垒》,解放军出版社1991年版。

[31]《中国长城万里行考察报告》,载于《守望长城:董耀会谈长城保护》,文物出版社2008年版。

[32]《中华文明史》编纂组:《中华文明史(先秦卷)》,河北教育出版社1992年版。

[33]《中华文明史话》编委会:《长城史话》,中国大百科全书出版社2008年版。

[34] Sechin Jagchid, Van Jay Symons: Peace, War, and Trade along the Great Wall, Bloomington and Indianapolis, Indiana University Press, 1989.(《北亚游牧民族与中原农业民族间的和平、战争、与贸易之关系》)

[35]阿坚:《踏遍北京野长城——山河狂走系列》,中国文联出版公司2005年版。

[36]阿瑟·威尔准(Arthur N. Waldron):《长城:从历史到神话》,Cambridge: Cambridge University Press, 1992年版。

[37]艾冲:《北朝诸国长城新考》,载于《长城国际学术研讨会论文集》,

吉林人民出版社 1994 年版。

[38] 艾冲：《明代陕西四镇长城考》，陕西师范大学出版社 1990 年版。

[39] 北京军区司令部作战部：《古垣沧桑》，北京军区内部刊印，1983 年版。

[40] 布尼河林：《河北省围场县燕秦长城调查报告》，载于《中国长城遗址调查报告集》，文物出版社 1981 年版。

[41] 柴中庆：《楚长城西段考》，载于《楚文化研究论集（第四集）》，河南人民出版社 1994 年版。

[42] 陈可畏：《论战国时期秦、赵、燕北部长城》，载于《长城国际学术研讨会论文集》，吉林人民出版社 1995 年版。

[43] 陈靓，邓普迎：《梁带村墓地出土人骨鉴定报告》，载于《梁带村芮国墓地——二〇〇七年版度发掘报告》，文物出版社 2010 年版。

[44] 陈梦家：《汉简缀述》，中华书局 1980 年版。

[45] 陈梦家：《玉门关与玉门县》，载于《敦煌阳关、玉门关论文选萃》，甘肃人民出版社 2003 年版。

[46] 陈守忠：《陇上战国秦长城调查之一——陇西段》，载于《河陇史地考述》，兰州大学出版社 1993 年版。

[47] 陈铁民译注：《十三经》，三秦出版社 2004 年版。

[48] 陈育宁：《宁夏通史（古代卷）》，宁夏人民出版社 1993 年版。

[49] 陈直：《汉书新证》，天津人民出版社 1959 年版。

[50] 陈直：《居延汉简研究》，天津古籍出版社 1986 年版。

[51] 成大林：《长城》，文物出版社 1980 年版。

[52] 初师宾：《居延烽火考述——兼论古代烽号的演变》，载于《汉简研究文集》，甘肃人民出版社 1984 年版。

[53] 丁新豹、董耀会：《中国（香港）长城历史文化研讨会论文集》，长城（香港）文化出版公司 2002 年版。

[54] 董耀会：《沧桑长城》，东方出版社 2007 年版。

[55] 董耀会：《明长城九边马市分布与作用》，载于《瓦合集　长城研究文论》，科学出版社 2004 年版。

[56] 董耀会：《秦皇岛历代志书校注·永平府志·关隘》（清光绪五年版），中国审计出版社 2001 年版。

[57] 董耀会：《瓦合集　长城研究文论》，科学出版社 2004 年版。

[58] 董耀会：《万里长城纵横谈》，人民教育出版社 2003 年版。

[59] 董耀会：《长城》，中国水利水电出版社 2004 年版。

[60] 董志正：《旅大史话》，辽宁人民出版社1984年版。

[61] 段连勤：《北狄族与中山国》，广西师范大学出版社2007年版。

[62] 段清波、徐卫民编著：《中国历代长城发现与研究》，科学出版社2014年版。

[63] 敦煌县文化馆：《敦煌酥油土汉代烽燧遗址出土的木简》，载于《汉简研究文集》，甘肃人民出版社1984年版。

[64] 法学教材编辑部、《国际关系史资料选编》编选组：《高等学校参考教材 国际关系史资料选编（下）》，武汉大学出版社1983年版。

[65] 樊凡：《西汉拓边与长城修建》，载于《秦汉研究（第五辑）》，陕西人民出版社2011年版。

[66] 范文澜：《中国通史（简编）》（修订本），人民出版社1964年版。

[67] 方放：《天津黄崖关长城志》，天津古籍出版社1988年版。

[68] 方启：《陕西神木县寨峁遗址古人骨研究》，载于《边疆考古研究》（第2辑），科学出版社2003年版。

[69] 冯永谦、何溥滢：《辽宁古长城》，辽宁人民出版社1986年版。

[70] 冯永谦：《东北古代长城考辨》，载于《东北亚历史与文化 庆祝孙进己先生六十诞辰文集》，辽沈书社1991年版。

[71] 冯永谦：《辽代"镇东海口"长城调查考略》，载于《阜新辽金史研究》第五辑，中国社会出版社2002年版。

[72] 凤凰出版社编：《中国地方志集成·辽宁府县志辑17 民国义县志（一）》，凤凰出版社2006年版。

[73] 盖山林、陆思贤：《潮格旗朝鲁库伦汉代石城及其附近的长城》，载于《中国长城遗迹调查报告集》，文物出版社1981年版。

[74] 盖山林、陆思贤：《内蒙古境内战国秦汉长城遗迹》，载于《中国考古学会第一次年版会论文集》，文物出版社1979年版。

[75] 盖山林、陆思贤：《阴山南麓的赵长城》，载于《中国长城遗迹调查报告集》，文物出版社1981年版。

[76] 甘肃居延考古队：《居延汉代遗址的发掘和新出土的简册文物》，载于《汉简研究文集》，甘肃人民出版社1984年版。

[77] 甘肃省博物馆、敦煌县文化馆：《敦煌马圈湾汉代烽燧遗址发掘简报》，载于《汉简研究文集》，甘肃人民出版社1984年版。

[78] 甘肃省文物工作队：《额济纳河下游汉代烽燧遗址调查报告》，甘肃文物工作队、甘肃省博物馆编《汉简研究文集》，甘肃人民出版社1984年版。

[79] 甘肃省文物工作队：《汉简研究文集》，甘肃人民出版社1984年版。

［80］甘肃省文物局、甘肃省文物考古研究所：《临洮战国秦长城山丹汉、明长城调查报告》，甘肃人民出版社2007年版。

［81］甘肃省文物局、西北大学文化遗产学院：《甘肃省战国秦长城资源调查报告》，文物出版社（编辑过程中）。

［82］甘肃省文物局：《疏勒河流域汉代长城考察报告》，文物出版社2001年版。

［83］甘肃文物工作队、甘肃省博物馆：《汉简研究文集》，甘肃人民出版社1984年版。

［84］高东陆、赵生琛：《青海地区的古代城池与边墙》，载于《中国考古学会第五次会论文集》，文物出版社1988年版。

［85］高凤山、张军武：《嘉峪关及明长城》，文物出版社1989年版。

［86］高鸿宾：《张家口战国燕长城辨析》，载于《中国长城年版鉴》，长城出版社2006年版。

［87］高士奇：《扈从东巡日录》卷下，转引自景爱：《中国长城史》，上海人民出版社2006年版。

［88］高旺：《博览长城风采》，中国广播电视出版社1991年版。

［89］高旺：《内蒙古长城史话》，内蒙古人民出版社1991年版。

［90］高旺：《长城访古万里行》，中国广播电视出版社1991年版。

［91］顾颉刚、刘起釪：《尚书校释译论》，中华书局2005年版。

［92］顾颉刚、史念海：《中国疆域沿革史》，商务印书馆2000年版。

［93］顾颉刚：《甘肃秦长城遗迹》，载于《史林杂识初编》，中华书局1963年版。

［94］顾颉刚：《浪口村随笔》，辽宁教育出版社1998年版。

［95］顾迁译：《淮南子》，中华书局2009年版。

［96］顾玉才：《内蒙古和林格尔县土城子遗址战国时期人骨研究》，科学出版社2010年版。

［97］郭沫若：《中国史稿地图集》（上册），地图出版社1985年版。

［98］国家文物局：《中国文物地图集·甘肃分册》，测绘出版社2011年版。

［99］国家文物局：《中国文物地图集·吉林分册》，中国地图出版社1993年版。

［100］国家文物局：《中国文物地图集·辽宁分册》，西安地图出版社2009年版。

［101］国家文物局：《中国文物地图集·内蒙古自治区分册》，西安地图出版社2003年版。

[102] 国家文物局：《中国文物地图集·青海分册》，中国地图出版社 1996 年版。

[103] 国家文物局：《中国文物地图集·山西分册》，中国地图出版社 2007 年版。

[104] 国家文物局：《中国文物地图集·陕西分册》，西安地图出版社 2003 年版。

[105] 国家文物局：《中国文物地图集·天津分册》，中国大百科全书出版社 2002 年版。

[106] 韩嘉谷：《论前长城文化带和其形成》，载于《长城国际学术研讨会论文集》，吉林人民出版社 1995 年版。

[107] 韩康信等：《青海大通上孙家寨古墓地人骨的研究》，载于《中国西北地区古代居民种族研究》，复旦大学出版社 2005 年版。

[108] 韩康信、张君：《陕西神木大保当汉墓人骨鉴定报告》，陕西省考古研究所、榆林市文物管理委员会编著《神木大保当》附录，科学出版社 2001 年版。

[109] 韩康信：《甘肃永昌沙井文化人骨种属研究》，引自《永昌西岗柴湾岗——沙井文化墓葬发掘报告》附录，甘肃省文物考古研究所编，甘肃人民出版社 2001 年版。

[110] 韩康信：《陕西神木新华古代墓地人骨的鉴定》，引自《神木新华》，科学出版社 2005 年版。

[111] 何嘉宁：《饮牛沟墓地 1997 年版发掘出土人骨研究》，载于《岱海考古（二）——中日岱海地区考察研究报告集》2001 年版。

[112] 河北省文物局：《河北省长城保护管理和执法情况调查研究报告》，文物出版社 2009 年版。

[113] 河北省文物局长城资源调查队：《河北省明代长城碑刻辑录（上、下）》，科学出版社 2009 年版。

[114] 河北省文物局长城资源调查队编著：《河北省明代长城碑刻辑录》，北京科学技术出版社 2009 年版。

[115] 侯丕勋、刘再聪：《西北边疆历史地理概论》，甘肃人民出版社 2007 年版。

[116] 侯仁之：《历史地理学的理论与实践》，上海人民出版社 1979 年版。

[117] 侯仁之：《长城国际学术研讨会论文集》，吉林人民出版社 1995 年版。

[118] 湖北省古建筑保护中心、武汉大学考古系、华中师范大学历史文化学

院：《湖北省长城资源调查成果研讨资料》，2010 年版。

［119］华夏子：《明长城考实》，档案出版社 1988 年版。

［120］黄麟书：《边塞研究》，造阳文学社 1972 年版。

［121］黄麟书：《秦皇长城考》，造阳文学社 1972 年版。

［122］黄展岳：《新中国的考古发现和研究——秦汉长城遗址的调查》，文物出版社 1984 年版。

［123］黄展岳：《新中国秦汉长城遗迹的调查》，载于《新中国的考古发现和研究》，文物出版社 1984 年版。

［124］吉林市博物馆：《吉林史迹》，吉林人民出版社 1984 年版。

［125］金开诚、于元：《历代长城》，吉林文史出版社 2010 年版。

［126］金毓黻：《东北通史》，中州古籍出版社 2003 年版。

［127］景爱：《长城》，北京学苑出版社 2008 年版。

［128］景爱：《中国长城史》，上海人民出版社 2006 年版。

［129］景印阮：《十三经注疏》，1995 年版。

［130］孔昭明：《台湾文献史料丛刊（第 4 辑）·清高宗实录选辑》（上），台湾大通书局 1984 年版。

［131］拉铁摩尔：《中国的亚洲内陆边疆》，江苏人民出版社 2005 年版。

［132］劳干：《两关遗址考》，载于《敦煌阳关、玉门关论文选萃》，甘肃人民出版社 2003 年版。

［133］老雷：《拭去尘埃——找寻真实的长城》，东方出版社 2002 年版。

［134］李法军：《河北阳原姜家梁新石器时代人骨研究》，科学出版社 2008 年版。

［135］李峰等：《明实录大同史料汇编（上）》，北京燕山出版社 2008 年版。

［136］李凤山：《长城与民族》，中央民族大学出版社 2006 年版。

［137］李鸿宾：《唐朝三受降城与北部防务问题》，载于《长城国际学术研讨会论文集》，吉林人民出版社 1995 年版。

［138］李民：《古本竹书纪年译注》，中州古籍出版社 1990 年版。

［139］李少文、梁嵘：《图文长城——陕西、宁夏、甘肃卷》，中国旅游出版社 2008 年版。

［140］李少文：《图文长城——河北及天津、北京卷》，中国旅游出版社 2004 年版。

［141］李少文：《图文长城——山西卷》，中国旅游出版社 2006 年版。

［142］李澍田：《清实录东北史料全辑（三）》，吉林文史出版社 1990 年版。

［143］李文信：《金临潢路界壕边堡址》，载于《辽海引年版集》，和记印书

馆 1947 年版。

　　[144] 李文信：《李文信考古文集》，辽宁人民出版社 1992 年版，第 259 页。

　　[145] 李逸友：《内蒙古史迹丛考》，载于《内蒙古文物考古文集》（第 2 辑），中国大百科全书出版社 1997 年版。

　　[146] 李永平：《从考古发掘和简牍材料看河西汉塞》，载于《中国（香港）长城历史文化研讨会论文集》，长城（香港）文化出版社公司 2002 年版。

　　[147] 梁振晶：《高句丽千里长城考》，载于《辽宁省高句丽文化研讨会论文集》1993 年版。

　　[148] 辽宁省长城学会编：《辽宁长城》，辽宁人民出版社 2010 年版。

　　[149] 林西县文物管理所：《林西县苏泗汰鲜卑墓葬》，载于《内蒙古文物考古文集》第二辑，中国大百科全书出版社 1997 年版。

　　[150] 林岩、李益然：《长城词典》，上海文汇出版社 1999 年版。

　　[151] 灵寿县文史委员会：《古长城》，载于《灵寿县文史资料第一辑》，河北人民出版社 1989 年版。

　　[152] 刘金柱：《万里长城》，黑龙江科学技术出版社 1985 年版。

　　[153] 刘谦、刘鲡：《阜新境内的柳条边遗址考》，载于《阜新辽金史研究》第三辑，中国社会出版社 1997 年版。

　　[154] 刘谦：《明辽东镇长城及防御考》，文物出版社 1989 年版。

　　[155] 刘尚慈：《春秋公羊传译注》，中华书局 2010 年版。

　　[156] 刘纬毅：《山西历史地名词典》，山西古籍出版社 2004 年版。

　　[157] 刘叙杰：《中国古代建筑史》，中国建筑工业出版社 2003 年版。

　　[158] 逯耀东：《从平城到洛阳——拓跋魏文化转变的历程》，台北联经出版事业公司 1979 年版。

　　[159] 路宗元：《齐长城》，山东友谊出版社 1999 年版。

　　[160] 罗琨、张永山：《秦代的长城与国防》，见《中国军事通史·第四卷·秦代军事史》，军事科学出版社 1998 年版。

　　[161] 罗哲文、赵所生等：《中国城墙》，江苏教育出版社 2000 年版。

　　[162] 罗哲文：《罗哲文谈长城》，湖南少年版儿童出版社 2010 年版。

　　[163] 罗哲文：《司马台长城》，燕山出版社 1992 年版。

　　[164] 罗哲文：《长城》，北京出版社 1982 年版。

　　[165] 罗哲文：《中国古代长城南北的文化对话与交流》，清华大学出版社 2008 年版。

　　[166] 马非百：《秦集史·国防志》，中华书局 1982 年版。

　　[167] 马建华、张力华：《长城》，敦煌文艺出版社 2004 年版。

[168] 梅宁华、孔繁峙：《中国文物地图集·北京分册》，科学出版社2008年版。

[169] 孟庆远：《中国古代史常识·历史地理部分》，中国青年版出版社1981年版。

[170] 苗济田、成长福：《金山岭长城》，载于《河北文史集粹·风物卷》，河北人民出版社1991年版。

[171] 苗润莲、冯广平：《北京地区长城研究文献名录》，知识出版社2009年版。

[172] 内蒙古大学蒙古史研究室：《长城文献资料辑略》，载于《中国长城遗址调查报告集》，文物出版社1981年版。

[173] 宁夏回族自治区博物馆、固原县文物工作站：《宁夏境内战国、秦、汉长城遗迹》，载于《中国长城遗迹调查报告集》，文物出版社1981年版。

[174] 瓯燕：《我国长城的考古发现与研究》，载于《长城国际学术研讨会论文集》，吉林人民出版社1995年版。

[175] 瓯燕：《中华文明史话》，中国大百科全书出版社1998年版。

[176] 潘其风，韩康信：《柳湾墓地的人骨研究》，载于《青海柳湾——乐都柳湾原始社会墓地》，文物出版社1984年版。

[177] 潘其风：《大甸子墓葬出土人骨的研究》，载于《大甸子：夏家店下层文化遗址与墓地发掘报告》，科学出版社1996年版。

[178] 潘其风：《大南沟新石器时代墓葬出土人骨的观察鉴定与研究》，引自《大南沟——后红山文化墓地发掘报告》，科学出版社1998年版。

[179] 潘其风：《毛庆沟墓葬的人骨研究》，引自《鄂尔多斯式青铜器》，文物出版社1984年版。

[180] 潘其风：《上马墓地出土人骨的初步研究》，引自《上马墓地》，文物出版社1994年版。

[181] 潘其风：《朱开沟墓地人骨的研究》，引自《朱开沟——青铜时代早期遗址发掘报告》，文物出版社2000年版。

[182] 彭曦：《十年版来考察与研究长城的主要发现与思考》，引自《长城国际学术研讨会论文集》，吉林人民出版社1994年版。

[183] 彭曦：《战国秦长城考察与研究》，西北大学出版社1990年版。

[184] 钱穆：《国史大纲》（修订本），商务印书馆1996年版。

[185] 钱穆：《中国文化史导论》，生活、读书、新知三联书店1988年版。

[186] 钱耀鹏：《中国史前城址与文明起源研究》，西北大学出版社2001年版。

[187] 秦皇岛市政协、《长城学刊》编辑部：《山海关首届中国长城学术研

讨会论文集》（内部刊物），1992 年版。

[188] 任相宏：《齐长城源头建制考》，载于《东方考古·第一集》，科学出版社 2005 年版。

[189] 陕西省考古研究院、西北大学文化遗产学院：《陕西省早期长城资源调查报告》，文物出版社 2015 年版。

[190] 邵时雄、刘海坤：《中国晚更新世晚期以来古生态地质环境分区特征》，载于《中国北方晚更新世以来地质环境演化与未来生存环境变化趋势预测》，地质出版社 1999 年版。

[191] 邵台新：《汉代河西四郡的拓展》，台湾商务印书馆 1988 年版。

[192] 沈朝阳主编：《秦皇岛长城》，方志出版社 2002 年版。

[193] 沈长云：《赵国史稿》，中华书局 2000 年版。

[194] 施和金：《北齐地理志》，中华书局 2008 年版。

[195] 史念海：《鄂尔多斯高原东部战国时期秦长城遗迹探索记》，载于《中国长城遗迹调查报告集》，文物出版社 1981 年版。

[196] 史念海：《黄河中游战国及秦时诸长城遗迹的探索》，载于《中国长城遗迹调查报告集》，文物出版社 1981 年版。

[197] 史念海：《论西北地区诸长城的分布》，载于《长城国际学术研讨会论文集》，吉林人民出版社 1995 年版。

[198] 史念海：《洛河右岸战国时期秦长城遗迹的探索》，载于《河山集（三）》，人民出版社 1988 年版。

[199] 史念海：《西北地区诸长城的分布及其历史军事地理》，载于《河山集》（第七集），陕西师范大学出版社 1999 年版。

[200] 苏秉琦：《中国文明起源新探》，三联书店 1999 年版。

[201] 绥中县长城协会：《绥中古长城》，中国文联出版社 2007 年版。

[202] 孙机《汉代物质文化资料图说》，上海古籍出版社 2011 年版。

[203] 孙进己：《中国考古集成》，东北卷辽（一、二、三），中州古籍出版社 1999 年版。

[204] 谭其骧：《中国历史地图集》，中国地图出版社 1996 年版。

[205] 唐小明：《帝国长城寻踪》，甘肃人民美术出版社 2008 年版。

[206] 唐晓峰、陈品祥：《北京北部山区古长城遗址地理踏查报告》，学苑出版社 2009 年版。

[207] 田广金、郭素新：《北方考古论文集》，科学出版社 2004 年版。

[208] 田广金：《内蒙古长城地带石城聚落遗址及相关诸问题》，载于《纪念城子崖遗址发掘 60 周年版国际学术讨论会文集》，齐鲁书社 1993 年版。

[209] 同杨阳:《试论延绥镇长城修建与战争及气候的关系》,载于《遥感技术在长城研究中的新应用国际研讨会论文集》2014年版。

[210] 佟冬:《中国东北史》,吉林文史出版社1987年版。

[211] 王国良、寿鹏飞:《长城研究资料两种:中国长城沿革考、历代长城考》,明文书局1982年版。

[212] 王国良:《中国长城沿革考》,商务印书馆1927年版。

[213] 王明辉:《灵宝西坡墓地》,文物出版社2010年版。

[214] 王明辉:《前掌大墓地人骨研究报告》,载于《滕州前掌大墓地》,文物出版社2005年版。

[215] 王炜编校:《〈清实录〉科举史料汇编》,武汉大学出版社2009年版。

[216] 王晓轩:《张家口现存的古长城》,载于《张家口历史文化丛书》编委会:《张家口历史文化丛书》,党建读物出版社2006年版。

[217] 王雪农、[英] 威廉·林赛:《万里长城百题问答》,五洲传播出版社2010年版。

[218] 王雅馨:《图说长城——图说中国历史》,吉林人民出版社2010年版。

[219] 王育民:《中国历史地理概论》,人民教育出版社1988年版。

[220] 王云瑞:《青龙境内长城考实》,载于《青龙文史资料》第四辑,政协青龙县委员会文史资料研究委员会,1988年版。

[221] 王子今:《汉代河西长城与西北边地贸易》,载于《长城国际学术研讨会论文集》,吉林人民出版社1995年版。

[222] 文物编辑委员会:《中国长城遗迹调查报告集》,文物出版社1981年版。

[223] 翁独健:《中国民族关系史纲要》,中国社会科学出版社1990年版。

[224] 乌兰察布盟博物馆:《察右后旗三道湾墓地》,载于《内蒙古文物考古文集》第一辑,中国大百科全书出版社1994年版。

[225] 吴礽骧:《汉代蓬火制度探索》,载于《汉简研究文集》,甘肃人民出版社1984年版。

[226] 吴礽骧:《河西汉塞调查与研究》,文物出版社2005年版。

[227] 香港历史博物馆:《长城历史与文物》,2002年版。

[228] 向达:《两关杂考》,载于《敦煌阳关、玉门关论文选萃》,甘肃人民出版社2003年版。

[229] 项春松:《昭乌达盟燕秦长城遗址调查报告》,载于《中国长城遗址调查报告集》,文物出版社1981年版。

[230] 徐浩生:《燕国南长城调查报告》,载于《环渤海考古国际学术讨论

会论文集》，知识出版社 1996 年版。

[231] 徐乐尧：《汉简所见长城的后勤供给系统》，载于《长城国际学术研讨会论文集》，吉林人民出版社 1995 年版。

[232] 徐正英、常佩雨译注：《周礼》，中华书局 1980 年版。

[233] 徐子宏等编：《中国兵书十种》，湖南出版社 1994 年版。

[234] 许成：《明长城建筑结构与沿线设施》，载于《宁夏考古史地研究论集》，宁夏人民出版社 1989 年版。

[235] 许成：《宁夏古长城》，宁夏人民出版社 1988 年版。

[236] 许成：《宁夏境内战国、秦汉长城》，载于《宁夏考古史地研究论集》，宁夏人民出版社 1989 年版。

[237] 薛长年版：《西塞雄风：陇右长城文化》，甘肃教育出版社 1999 年版。

[238] 严宾：《高阙考辨》，载于《历史地理》第 2 辑，上海人民出版社 1982 年版。

[239] 严文明：《内蒙古中南部原始文化的有关问题》，载于《内蒙古中南部原始文化研究论集》，海洋出版社 1991 年版。

[240] 阎文儒：《敦煌史地杂考》，载于《敦煌阳关、玉门关论文选萃》，甘肃人民出版社 2003 年版。

[241] 杨伯峻：《春秋左传注》，中华书局 2009 年版。

[242] 杨宽：《战国史》，上海人民出版社 1980 年版。

[243] 杨树森：《清代柳条边》，辽宁人民出版社 1978 年版。

[244] 杨宗、温志宏：《长城》百花洲文艺出版社 2009 年版。

[245] 姚从吾：《东北史论丛（上、下）》，台北正中书局 1959 年版。

[246] 姚大中：《古代北西中国》，台北三民书局股份有限公司 1981 年版。

[247] 叶圣陶研究会编：《传统文化与现代化：第二届海峡两岸中华传统文化与现代化研讨会论文汇编》，安徽教育出版社 2005 年版。

[248] 伊修良：《中国古代筑城述要》，中国人民解放军工程兵学院研究室，1985 年版。

[249] 于春雷：《从点到面：明代延绥镇长城的形成与演变——兼谈延绥镇的边防理念》，载于《长城资源调查工作文集》，文物出版社 2012 年版。

[250] 于希贤、贾向云、于涌：《云南古长城考察记》，云南人民出版社 2001 年版。

[251] 郁进编、成大林：《长城》，文物出版社 1980 年版。

[252] 岳邦湖：《疏勒河流域汉长城考察报告》，文物出版社 2001 年版。

[253] 札奇斯钦：《北亚游牧民族与中原农业民族间的和平战争与贸易之关

系》，台北国立政治大学出版委员会，1973年版。

[254] 札奇斯钦：《蒙古文化与社会》，台湾商务印书馆1987年版。

[255] 张福有、孙仁杰、迟勇：《高句丽千里长城》，吉林人民出版社2010年版。

[256] 张华松：《齐文化与齐长城》，中国戏剧出版社2000年版。

[257] 张华松：《齐长城》，载于《齐鲁历史文化丛书》（第一辑），山东文艺出版社2004年版。

[258] 张恺新、张一逢：《兴城境内的万里长城》，世界知识出版社2008年版。

[259] 张立辉：《山海关长城》，文物出版社1990年版。

[260] 张量著：《战争与和平的纽带——古代长城》，辽宁师范大学出版社1996年版。

[261] 张梅秀：《明实录山西史料汇编》，三晋出版社2009年版。

[262] 张明义等：《北京志·世界文化遗产卷·长城志》，北京出版社2008年版。

[263] 张全超：《内蒙古和林格尔新店子墓地人骨研究》，科学出版社2010年版。

[264] 张荣芳、王川：《西汉长城的修缮及其意义》，中国长城学会编《长城国际学术研讨会论文集》，吉林人民出版社1995年版。

[265] 张涛：《大漠长河—河西长城》，甘肃人民出版社2008年版。

[266] 张维华：《中国长城建置考》，中华书局1979年版。

[267] 张习孔、田珏：《中国历史大事编年》，北京出版社1997年版。

[268] 张驭寰、文集：《中国古代建筑史新著》，中国文史出版社2008年版。

[269] 张卓远：《浅论楚方城》，载于《楚文化研究论集（第四集）》，河南人民出版社1994年版。

[270] 赵杰：《左权县黄泽关堡的调查与考证》，载于《长城资源调查工作文集》，科学出版社2012年版。

[271] 赵所生、顾砚耕等：《中国城墙》，江苏教育出版社2000年版。

[272] 赵星铁等：《沧桑长城》，上海科学技术文献出版社2009年版。

[273] 郑绍宗：《河北省战国、秦、汉时期古长城和城障遗址》，载于《中国长城遗迹调查报告集》，文物出版社1981年版。

[274] 政协河北省秦皇岛市委员会：《山海关首届中国长城学术研讨会论文集》，1992年版。

[275] 中共中央马克思恩格斯列宁斯大林著作编译局：《马克思恩格斯全集

（第三卷）》，人民出版社 2006 年版。

[276] 中国大百科全书总编辑委员会：《中国大百科全书·考古卷》，中国大百科全书出版社 2004 年版。

[277] 中国地图出版社：《长城——北京手绘旅游地图》，中国地图出版社 2009 年版。

[278] 中国社会科学院考古研究所编：《二十一世纪的中国考古学：庆祝佟柱臣八十五华诞学术文集》，文物出版社 2006 年版。

[279] 中国长城学会：《长城百科全书》，吉林人民出版社 1994 年版。

[280] 周兴华、周晓宇：《从宁夏寻找长城源流》，宁夏人民出版社 2008 年版。

[281] 周云：《万全明长城简介》，载于《万全文史资料》第一辑，政协万全县委员会文史资料研究委员会，1987 年版。

[282] 周振甫：《诗经译注》，中华书局 2002 年版。

[283] 朱泓：《内蒙古长城地带的古代种族》，载于《边疆考古研究》（第一辑），科学出版社 2002 年版。

[284] 朱泓等：《内蒙古敖汉旗水泉遗址出土的青铜时代人骨》，载于《东北亚先史文化的比较考古学研究》，日本九州大学大学院人文科学研究院 2002 年版（日文）。

[285] 朱耀廷、郭引强、刘曙光：《战争与和平的纽带——古代长城》，辽宁师范大学出版社 1996 年版。

期刊文献

[1] 阿坚：《历代长城线路笔记》，载于《阳关》2003 年第 1 期。

[2] 艾冲：《北朝拓跋魏、高齐、宇文周诸国长城再探索——兼与朱大渭商榷》，载于《社会科学评论》2007 年第 3 期。

[3] 艾冲：《论明十三镇长城的起止点和结合部》，载于《陕西师大学报（哲学社会科学版）》1993 年第 2 期。

[4] 安万明：《辽宁省新民县境内清代柳条边遗迹踏查纪略》，载于《北方文物》1986 年第 1 期。

[5] 安阳地区文物管理委员会：《河南汤阴白营龙山文化遗址》，载于《考古》1980 年第 3 期。

[6] 安志平：《固原历代军事史述略》，载于《固原师专学报》2002 年第 2 期。

[7] 白音查干：《汉长城考察与研究》，载于《内蒙古师大学报》（汉文哲学社会科学版）1987 年第 1 期。

[8] 白音查干：《战国时期燕、赵、秦长城新论》，载于《内蒙古社会科学

（汉文版）》1999 年第 5 期。

[9] 白音查干：《长城与汉匈关系》，载于《内蒙古师大学报》（哲学社会科学版）1998 年第 6 期。

[10] 包头市文物管理处、达茂旗文物管理所：《包头境内的战国秦汉长城与古城》，载于《内蒙古文物考古》2000 年第 1 期。

[11] 鲍桐：《高阙地望新探》，载于《中国历史地理论丛》1993 年第 2 期。

[12] 卜工：《长城地带的考古新进展》，载于《百科知识》1991 年第 6 期。

[13] 沧萍：《天下第一关——万里长城的最东起点》，载于《环渤海经济瞭望》1995 年第 2 期。

[14] 曹大为：《评长城的历史作用》，载于《长城学刊》1991 年第 1 期。

[15] 曹淑梅：《戚继光〈三屯营重建镇府碑记〉考释》，载于《中国地名》2002 年第 2 期。

[16] 曾朝铭、顾巍：《北京地区长城航空遥感调查》，载于《文物》1987 年第 7 期。

[17] 常谦：《北魏长川古城遗址考略》，载于《内蒙古文物考古》1998 年第 1 期。

[18] 朝克：《呼和浩特地区长城遗存》，载于《内蒙古文物考古》1994 年第 2 期。

[19] 陈大为：《辽宁境内的高句丽遗迹》，载于《辽海文物学刊》1989 年第 1 期。

[20] 陈江：《秦汉长城的建筑与汉民族的形成》，载于《东南文化》1995 年第 1 期。

[21] 陈菁：《两汉时期河西地区烽燧亭障规划营建刍议》，载于《甘肃社会科学》2006 年第 2 期。

[22] 陈靓：《瓦窑沟青铜时代墓地颅骨的人类学特征》，载于《人类学学报》2000 年第 1 期。

[23] 陈梦东、刘合心：《魏国西长城调查》，载于《人文杂志》1983 年第 6 期。

[24] 陈梦家：《汉简所见居延边塞与防御组织》，载于《考古学报》1964 年第 1 期。

[25] 陈守忠：《甘肃境内秦长城遗迹调查及考证》，载于《西北史地》1984 年第 2 期。

[26] 陈守忠：《陇上秦长城调查之二》，载于《西北师院学报》增刊《敦煌学研究》1984 年第 2 期。

[27] 陈守忠：《丝绸之路与长城》，载于《丝绸之路》1992 年试刊号。

[28] 陈喜波、韩光辉：《中国古代"大一统"思想的演变及其影响》，载于《中共中央党校学报》2005 年 8 月第 3 期。

[29] 陈钟远、刘肃勇：《〈鸭江行部志〉沿途记事杂考》，载于《北方文物》2003 年第 3 期。

[30] 陈钟远：《金县哈斯罕关址》，载于《旅大乡土历史教材资料》1978 年第 2、3 期。

[31] 陈钟远：《试述哈斯罕关址的若干问题》，载于《大连文物》1986 年第 2 期。

[32] 程道宏：《伊敏河地区的鲜卑墓》，载于《内蒙古文物考古》1982 年第 2 期。

[33] 程实：《河北唐县发现战国古长城》，载于《历史教学》1997 年第 11 期。

[34] 邓锋：《长城：文化的界线——兼与英国哈德里安城墙比较研究》，载于《重庆工商大学学报（社会科学版）》1996 年第 3 期。

[35] 窦贤：《寻找历史上长城的遗迹》，载于《西部论丛》2005 年第 4 期。

[36] 窦贤：《中国西部长城：无法承受之痛》，载于《生态经济》2007 年第 4 期。

[37] 杜春梅、王杰瑜：《明代大同镇城堡考》，载于《文物世界》2007 年第 4 期。

[38] 段清波、于春雷：《布纹瓦及在秦地的传播——来自陕西早期长城沿线的观察》，载于《考古与文物》2013 年第 3 期。

[39] 段清波、于春雷：《陕西战国秦长城调查与研究》，载于《中国文物科学研究》2012 年第 3 期。

[40] 樊万象：《牡丹江边墙调查简报》，载于《北方文物》1986 年第 3 期。

[41] 范学勇：《秦长城西端走点临洮地望与洮州边墙壁考》，载于《西北民族学院学报》2003 年第 1 期。

[42] 范中义：《明代九边形成的时间》，载于《大同高等专科学校学报（社科版）》1995 年第 4 期。

[43] 费孝通：《中华民族的多元一体格局》，载于《北京大学学报》1989 年第 4 期。

[44] 冯家升：《周秦时代中国经营东北考略》，载于《禹贡》半月刊第二卷第 11 期。

[45] 冯嘉苹、程连生、徐振甫：《万里长城的地理界线意义》，载于《人文

地理》1995 年第 1 期。

　　[46] 冯天瑜：《长城的文化意义》，载于《湖北社会科学》1990 年第 10 期。

　　[47] 冯晓多：《宁夏河东地区明代边墙与屯堡的变迁》，载于《兰州教育学院学报》2006 年第 3 期。

　　[48] 冯永谦、米文平：《岭北长城考》，载于《辽海文物学刊》1990 年第 1 期。

　　[49] 冯永谦：《大连辽代长城调查考略》，载于《大连文物》2001 年第 1 期。

　　[50] 冯永谦：《高句丽千里长城建制辨》，载于《社会科学战线》2001 年第 1 期。

　　[51] 冯永谦：《金长城的考古与发现》，载于《东北史地》2007 年第 3 期。

　　[52] 伏俊连：《陇上长城说略》，载于《中国典籍与文化》1997 年第 3 期。

　　[53] 傅振伦：《东汉建武塞上烽火品约考释》，载于《考古与文物》1980 年第 2 期。

　　[54] 傅振伦：《燕国下都营建考》，载于《河北学刊》1986 年第 1 期。

　　[55] 盖山林：《内蒙古察右后旗赵家房村发现匈奴墓群》，载于《考古》1977 年第 2 期。

　　[56] 甘肃省博物馆等：《甘肃秦安大地湾新石器时代早期遗存》，载于《文物》1981 年第 4 期。

　　[57] 甘肃省定西地区文化局长城考察组：《定西地区战国秦长城遗迹考察记》，载于《文物》1987 年第 7 期。

　　[58] 甘肃省永登县文物馆：《永登县汉代长城遗迹考察》，载于《文物》1990 年第 12 期。

　　[59] 高旺：《隋长城》，载于《内蒙古社会科学（汉文版）》1982 年第 2 期。

　　[60] 巩启明：《试论仰韶文化》，载于《史前研究》1983 年第 1 期。

　　[61] 巩如旭：《秦始皇万里长城首起处遗迹求索》，载于《西北史地》1984 年第 2 期。

　　[62] 郭德政、杨姝影：《中国北方长城的生态学考察》，载于《环境保护》2005 年第 1 期。

　　[63] 郭建中：《北魏泰常八年长城寻踪》，载于《内蒙古文物考古》2006 年第 1 期。

　　[64] 郭世德：《渭南市田市镇出土的铁器》，载于《考古与文物》1986 年第 3 期。

　　[65] 韩光辉、李新峰：《明长城东段沿线聚落的形成和发展》，载于《文史知识》1995 年第 3 期。

[66] 韩建成：《甘肃山丹境内明长城遗存及勘察保护》，载于《丝绸之路》2009年第12期。

[67] 韩康信，潘其风：《陕县庙底沟二期文化墓葬人骨的研究》，载于《考古学报》1979年第2期。

[68] 韩康信：《宁夏彭堡于家庄墓地人骨种系特点之研究》，载于《考古学报》1995年第1期。

[69] 韩若春：《烽燧考辩》，载于《咸阳师范学院学报》2001年第4期。

[70] 何平立：《略论明代马政衰败及对国防的影响》，载于《军事历史研究》2005年第1期。

[71] 何清谷：《高阙地望考》，载于《陕西师大学报》1986年第3期。

[72] 何清谷：《关于高阙地望的反思》，载于《中国历史地理论丛》1993年第2期。

[73] 何清谷：《秦始皇北段长城的考察》，载于《人文杂志》1989年第4期。

[74] 何钰：《秦长城西部起首崆峒山刍议》，载于《社科纵横》1994年第1期。

[75] 河北省文化局文物工作队：《河北徐水解村发现古遗址和古城垣》，载于《考古》1965年第10期。

[76] 河南省文化局文物工作队：《河南巩县铁生沟汉代冶铁遗址的发掘》，载于《考古》1960年第5期。

[77] 河南省文物研究所、中国历史博物馆考古部：《登封王城岗遗址的发掘》，载于《文物》1983年第4期。

[78] 河南省文物研究所、周口地区文化局文物科：《河南淮阳平粮台龙山文化城址试掘简报》，载于《文物》1983年第3期。

[79] 贺金峰：《"方城"是中国历史上最早修筑的长城》，载于《开封大学学报》2002年第3期。

[80] 贺卫光：《中国古代游牧民族与农耕民族在经济上的互补与非平衡需求》，载于《西北师大学报（哲学社会科学版）》2003年第1期。

[81] 黑龙江省博物馆：《金东北路壕边堡调查》，载于《考古》1961年第5期。

[82] 侯丕勋：《"天田"义源及具体制度——简牍研究的一点初步想法》，载于《西北师大学报（社会科学版）》1996年第1期。

[83] 胡凡、徐淑惠：《论明代成化时期对河套蒙古的防御措施》，载于《大同职业技术学院学报》2002年第1期。

[84] 胡凡：《论明代蒙古族进入河套与明代北部边防》，载于《西南师范大

学学报》2002 年第 3 期。

[85] 湖南省文物考古研究所、湖南省澧县文物管理所：《澧县城头山屈家岭文化城址调查与试掘》，载于《文物》1993 年第 12 期。

[86] 华夏子：《明长城考实》，档案出版社 1988 年版，第 7 页。

[87] 黄时鉴、龚缨晏：《马可·波罗与万里长城——兼〈评马可·波罗到过中国吗?〉》，载于《中国社会科学》1998 年第 4 期。

[88] 黄雪寅：《内蒙古草原民族与北方长城地带各民族的关系》，载于《内蒙古考古》1998 年第 2 期。

[89] 黄永美、徐卫民：《西汉西北地区长城内防功能初探》，载于《社会科学战线》2012 年第 10 期。

[90] 黄永美、徐卫民：《中国长城起源探析》，载于《江西社会科学》2013 年第 2 期。

[91] 黄展岳：《一九五五年春洛阳汉河南县城东区发掘报告》，载于《考古学报》1956 年第 4 期。

[92] 姬乃军：《陕西富县秦"上郡塞"长城踏查》，载于《考古》1996 年第 3 期。

[93] 吉艳华：《金东北路界壕（长城）的屯戍》，载于《理论观察》2006 年第 3 期。

[94] 纪实：《柳条边的历史和苏修的谎言》，载于《东北师大学报》（哲学社会科学版）1975 年第 3 期。

[95] 冀金刚等：《邢台明长城述略》，载于《邢台师范高专学报》2000 年第 1 期。

[96] 贾鸿恩：《翁牛特旗大泡子青铜短剑墓》，载于《文物》1984 年第 2 期。

[97] 贾衣肯：《蒙恬所筑长城位置考》，载于《中国史研究》2006 年第 1 期。

[98] 贾洲杰：《金代长城初议》，载于《内蒙古大学学报》（人文社会科学版）1979 年第 2 期。

[99] 江枫：《包头与阴山赵秦汉长城的关系初探》，载于《阴山学刊》（社会科学版）1988 年第 2 期。

[100] 姜应贵：《清代柳条边"人字"形结合部的位置》，载于《辽宁师院学报》1983 年第 4 期。

[101] 蒋波、朱战威：《三十年来楚方城研究述要》，载于《高校社科动态》2010 年第 1 期。

[102] 蒋至静：《长城琐议》，载于《内蒙古师大学报（汉文哲学社会科学版）》1988 年第 4 期。

[103] 金迪:《甘肃省陇西县境内战国秦长城走向调查》,载于《咸阳师范学院学报》2011年第3期。

[104] 金殿士:《试论辽太祖耶律阿保机经略辽东》,载于《沈阳师范学院学报》1984年第1期。

[105] 金学山:《内蒙古托克托县皮条沟发现三座鲜卑墓》,载于《考古》1991年第5期。

[106] 金铸:《也谈黑龙江省境内的金东北路界壕边堡》,载于《黑河学刊》1991年第4期。

[107] 景爱、苗天娥:《辽金界壕与长城》,载于《东北史地研究》2008年第6期。

[108] 景爱、苗天娥:《剖析长城夯土版筑的技术方法》,载于《中国文物科学研究》2008年第2期。

[109] 景爱:《关于呼伦贝尔古边壕的时代》,载于《社会科学战线》1982年第1期。

[110] 景生魁:《岷县秦长城遗址考察》,载于《中国长城博物馆馆刊》2001年第3期。

[111] 康秋岩:《明大同镇军马来源考述》,载于《黑龙江史志》2010年第19期。

[112] 康群:《秦皇岛市境内古长城考》,载于《辽海文物学刊》1990年第2期。

[113] 考古研究所体质人类学组:《陕西华县横阵的仰韶文化人骨》,载于《考古》1977年第4期。

[114] 廊坊市文物管理处:《廊坊市战国燕南长城调查报告》,载于《文物春秋》2001年第2期。

[115] 黎风等:《宁夏长城航空遥感调查研究》,载于《国土资源遥感》1994年第3期。

[116] 李并成:《汉令居城及其附近汉长城遗迹的调查与考证》,载于《长城学刊》1991年第1期。

[117] 李并成:《河西走廊东部汉长城遗迹考》,载于《西北史地》1994年第3期。

[118] 李并成:《河西走廊西部汉长城遗迹及其相关问题考》,载于《敦煌研究》1995年第2期。

[119] 李典芳:《河南省战国魏韩边界长城遗迹的实地考察》,载于《中原文物》2007年第5期。

［120］李殿福：《东北境内燕、秦长城考》，载于《北方文物》1982 年第 1 期。

［121］李殿福：《吉林省西南部的燕秦汉文化》，载于《社会科学战线》1978 年第 3 期。

［122］李丰庆、段清波：《历代长城文化遗产研究方法创新初探》，载于《福建论坛（人文社会科学版）》2013 年第 5 期。

［123］李凤山：《长城带经济文化交流述略》，载于《中央民族大学学报（社会科学版）》1997 年第 4 期。

［124］李凤山：《长城带民族融合史略》，载于《中央民族学院学报》1993 年第 1 期。

［125］李海林、马志强：《明大同镇内五堡探讨》，载于《晋阳学刊》2012 年第 1 期。

［126］李汉才：《青海长城考略》，载于《青海师专学报（教育科学）》2008 年第 5 期。

［127］李红雄：《甘肃庆阳地区境内长城调查与探索》，载于《考古与文物》1990 年第 6 期。

［128］李鸿宾：《阐释南北关系的一个视角》，载于《中国边疆史地研究》2011 年第 3 期。

［129］李鸿宾：《古今中国之衔接——疆域观察的一个视角》，载于《中国边疆史地研究》2010 年第 2 期。

［130］李鸿宾：《隋朝的北部防务与长城问题》，载于《中国边疆史地研究》2006 年第 4 期。

［131］李鸿宾：《唐朝胡汉关系研究中若干概（观）念问题》，载于《北方民族大学学报（哲学社会科学版）》2013 年第 1 期。

［132］李建才：《唐代高丽长城和扶余城》，载于《民族研究》1991 年第 4 期。

［133］李建丽、李文龙：《河北长城概况》，载于《文物春秋》2006 年第 5 期。

［134］李建丽：《河北明长城建筑概说》，载于《文物春秋》2003 年第 5 期。

［135］李隽：《忻州长城小考》，载于《文物世界》1998 年第 1 期。

［136］李琳：《对秦长城西起临洮即今岷县的再认识》，载于《丝绸之路》1999 年第 2 期。

［137］李琳：《甘肃境内秦长城考察记略》，载于《丝绸之路》1996 年第 6 期。

［138］李璘：《甘肃境内秦长城考察纪略》，载于《丝绸之路》1996 年第 6 期。

［139］李庆发、张克举：《辽宁西部汉代长城调查报告》，载于《北方文物》1987 年第 2 期。

[140] 李文龙：《保定境内战国中山长城调查记》，载于《文物春秋》2001年第1期。

[141] 李文信：《中国北部长城沿革考（上）》，载于《社会科学辑刊》1979年创刊号。

[142] 李文信：《中国北部长城沿革考（下）》，载于《社会科学辑刊》1979年第2期。

[143] 李兴盛、郝利平：《乌盟卓资县战国赵长城调查》，载于《内蒙古文物考古》1994年第2期。

[144] 李兴盛：《内蒙古卓资县三道营古城调查》，载于《考古》1992年第5期。

[145] 李逸友：《高阙考辨》，载于《历史地理》第二辑《内蒙古文物考古》1996年第1期。

[146] 李逸友：《中国北方长城考述》，载于《内蒙古文物考古》2001年第1期。

[147] 李瑛、周德广：《秦汉明三代长城起点都在甘肃境内》，载于《丝绸之路》1994年第2期。

[148] 李云泉：《汉唐中外朝贡制度述论》，载于《东方论坛》2002年第6期。

[149] 李正宇：《敦煌郡的边塞长城及烽警系统》，载于《敦煌研究》1995年第2期。

[150] 李最雄、赵海英等：《甘肃境内长城保护研究》，载于《敦煌研究》2006年第6期。

[151] 辽宁省博物馆、昭乌达盟文物工作站、敖汉旗文化馆：《辽宁敖汉旗小河沿三种原始文化的发现》，载于《考古》1963年第12期。

[152] 辽宁省文物考古研究所：《喀左和尚沟墓地》，载于《辽海文物学刊》1989年第2期。

[153] 林沄：《夏至战国中国北方长城地带游牧文化带的形成过程（论纲）》，载于《燕山学报》2003年第14期。

[154] 刘光华：《西汉西北边塞》，载于《西北民族大学学报》（哲学社会科学版）2005年第1期。

[155] 刘建华：《河北省金代长城》，载于《北方文物》1990年第4期。

[156] 刘建华：《张家口地区明代长城调查综述与分析》，载于《文物春秋》1990年第1期。

[157] 刘景纯：《宣德至万历年间蒙古诸部侵扰九边的时间分布与地域变

迁》，载于《中国边疆史地研究》2009 年第 1 期。

[158] 刘武：《蒙古人种及现代中国人的起源与演化》，载于《人类学学报》1997 年第 2 期。

[159] 刘长江：《从沈阳地区的保存现状看清代柳条边》，载于《满族研究》2008 年第 2 期。

[160] 刘志一：《战国燕北长城调查》，载于《内蒙古文物考古》1994 年第 1 期。

[161] 刘智文：《清代东北封禁政策刍议》，载于《学习与探索》2003 年第 6 期。

[162] 刘子敏：《战国秦汉时期辽东郡东部边界考》，载于《社会科学战线》1996 年第 5 期。

[163] 鲁杰：《唐山境内明长城城墙的建筑规制》，载于《文物春秋》1998 年第 2 期。

[164] 陆拂为：《汉长城和烽燧》，载于《瞭望》1990 年第 45 期。

[165] 陆平：《长城在汉代的历史作用》，载于《郑州大学学报（哲学社会科学版）》1992 年第 6 期。

[166] 罗丰：《固原地区历代建置沿革考述》，载于《固原师专学报》1986 年第 3 期。

[167] 罗庆庚：《战国及秦汉长城修建原因浅析》，载于《内蒙古社会科学》1988 年第 6 期。

[168] 罗庆康：《论阴山障城的特点及其它》，载于《河南大学学报》1987 年第 1 期。

[169] 吕恚成：《对柳条边性质的再认识》，载于《松辽学刊》（自然科学版）1990 年第 4 期。

[170] 吕志毅：《河北境内的长城要险》，载于《河北学刊》1987 年第 1 期。

[171] 吕遵谔：《内蒙赤峰红山考古调查报告》，载于《考古学报》1958 年 2 期。

[172] 马杰英：《甘肃永靖县境的秦汉长城烽燧遗址》，载于《文博》1989 年第 6 期。

[173] 孟昭永：《简述唐山境内明代长城的走向及保存现状》，载于《文物春秋》1998 年第 2 期。

[174] 孟昭永：《明长城敌台建筑形制分类》，载于《文物春秋》1998 年第 2 期。

[175] 苗济田、苗楠：《明代长城的精萃——金山岭》，载于《文物春秋》

1993 年第 4 期。

[176] 穆远、学君：《明长城建筑构件》，载于《文物春秋》1998 年第 2 期。

[177] 内蒙古文物工作队：《内蒙古巴林左旗南杨家营子的遗址和墓葬》，载于《考古》1964 年第 1 期。

[178] 内蒙古文物工作队：《内蒙古陈巴尔虎旗完工古墓清理简报》，载于《考古》1965 年第 6 期。

[179] 内蒙古文物工作队：《内蒙古扎赉诺尔古墓群发掘简报》，载于《考古》1961 年第 12 期。

[180] 内蒙古语言历史研究所：《秦汉广衍故城及其附近的墓葬》，载于《文物》1977 年第 5 期。

[181] 内蒙古自治区文物考古研究所：《内蒙古克什克腾旗龙头山遗址第一、二次发掘简报》，载于《考古》1991 年第 8 期。

[182] 内蒙古自治区原昭乌达盟文物工作站：《昭乌达盟汉代长城遗址调查报告》，载于《文物》1985 年第 4 期。

[183] 宁夏考古文物研究所、盐池县博物馆：《宁夏盐池县古长城调查与试掘》，载于《考古与文物》2000 年第 3 期。

[184] 宁夏文物考古研究所、内蒙古鄂托克前旗文化局、灵武市文物管理所：《宁夏灵武市古长城调查与试掘》，载于《考古与文物》2006 年第 2 期。

[185] 瓯燕、叶万松：《"上郡塞"与"堑洛"长城辨》，载于《考古与文物》1997 年第 2 期。

[186] 瓯燕：《我国早期的长城》，载于《北方文物》1987 年第 2 期。

[187] 潘民中：《楚方城地望考》，载于《平顶山师专学报》2000 年 2 月第 1 期。

[188] 彭立平：《河北围场境内的古长城和古城址》，载于《文物春秋》1997 年第 2 期。

[189] 彭曦：《秦简公"堑洛"遗迹考查简报》，载于《文物》1996 年第 4 期。

[190] 齐鸿浩、袁继民：《陕西澄城县、黄龙县交界处战国魏长城》，载于《考古》1991 年第 3 期。

[191] 山东省博物馆、日照县文化馆、东海峪发掘小组：《一九七五年东海峪遗址的发掘》，载于《考古》1976 年第 6 期。

[192] 山东省济宁市文物管理局：《薛国故城勘察与墓葬发掘报告》，载于《考古学报》1991 年第 4 期。

[193] ［日］山根幸夫著，顾铭学译：《日本关于中国东北史的研究》，载于

《社会科学战线》1997年第6期。

［194］山西省文物局长城调查组:《东魏肆州长城》,载于《文物世界》2001年第3期。

［195］陕西省考古研究所陕北考古队、榆林地区文物管理委员会:《神木县窟野河上游秦长城调查记》,载于《考古与文物》1988年第2期。

［196］陕西省考古研究院、宝鸡市考古研究所、凤翔县博物馆:《秦雍城豆腐村制陶作坊遗址发掘简报》,载于《考古与文物》2011年第4期。

［197］陕西省考古研究院、榆林市文物考古勘探工作队、神木县文管办:《神木县西沟秦长城遗址发掘、调查报告》,载于《考古与文物》2011年第3期。

［198］陕西省考古研究院:《汉阳陵帝陵东侧11～21号外藏坑发掘简报》,载于《考古与文物》2008年第3期。

［199］上官绪智、黄今言:《汉代烽燧中的信息器具与烽火品约置用考论》,载于《社会科学辑刊》2004年第5期。

［200］尚虹等:《山东鲁中南地区周—汉代人骨研究》,载于《人类学学报》2002年第1期。

［201］尚景熙:《楚方城及其与楚国的军事关系》,载于《中原文物》1992年第2期。

［202］邵清隆:《内蒙古霍林河矿区金代界壕边堡发掘报告》,载于《考古》1984年第2期。

［203］佘贵孝:《明代固原的军事设置》,载于《固原师专学报》1993年第1期。

［204］佘贵孝:《秦统一前后的固原地区》,载于《固原师专学报》1991年第1期。

［205］施立学:《柳条边伊通边门》,载于《满族研究》2006年第1期。

［206］石兴邦:《长陵建制及其有关问题》,载于《考古与文物》1984年第2期。

［207］史党社、田静:《追寻秦昭王长城》,载于《文博》2004年第6期。

［208］史党社:《陕西渭南地区的秦魏长城及城址考察》,载于《秦文化论丛》2003年第10期。

［209］史念海:《鄂尔多斯高原东部战国时期秦长城遗迹探索记》,载于《考古与文物》1980年第1期。

［210］史念海:《黄河中游战国及秦时诸长城遗迹的探索》,载于《陕西师范大学学报(哲学社会科学版)》1978年第2期。

［211］史念海:《论西北地区诸长城的分布及其历史军事地理(上篇)》,载

于《中国历史地理论丛》1994 年第 2 期。

［212］史念海：《论西北地区诸长城的分布及其历史军事地理（下篇）》，载于《中国历史地理论丛》1994 年第 3 期。

［213］史念海：《洛河右岸战国时期秦长城遗迹的探索》，载于《文物》1985 年第 11 期。

［214］史念海：《秦长城与腾格里沙漠》跋，《中国历史地理论丛》1992 年第 2 期。

［215］史念海：《隋唐时期黄河上中游的农牧业地区》，载于《唐史论丛》1987 年第 1 期。

［216］史念海：《再论关中东部战国时期秦魏诸长城》，载于《中国历史地理论丛》1985 年第 2 期。

［217］舒顺林：《论东汉时期长城内外各族的经济文化交流》，载于《内蒙古师范大学学报（哲学社会科学版）》1989 年第 2 期。

［218］舒振邦：《前汉时期长城内外的民族关系》，载于《内蒙古师大学报（汉文哲学社会科学版）》1988 年第 4 期。

［219］［日］松本隆晴著，南炳文译：《试论余子俊修筑的万里长城》，载于《大同高等专科学校学报》1994 年第 1 期。

［220］苏秉琦、殷玮璋：《关于考古学文化的区系类型问题》，载于《文物》1981 年第 5 期。

［221］苏银梅：《明朝经营固原概述》，载于《西北民族学院学报》1991 年第 2 期。

［222］孙钢、赵春明：《涞源明长城调查报告》，载于《文物春秋》1999 年第 3 期。

［223］孙杰：《阜新地区燕北长城调查》，载于《辽海文物学刊》1997 年第 2 期。

［224］孙敬明：《齐长城在齐国军事防御战略中的地位》，载于《泰山学院学报》2005 年第 4 期。

［225］孙满利、王旭东、李最雄、张景科：《楠竹锚杆加固土遗址黏结力研究》，载于《敦煌研究》2011 年第 6 期。

［226］孙文韬：《戈壁、雪野、烽火台——驾车哈密寻找汉长城》，载于《商业时代》2004 年第 1 期。

［227］孙文政：《金长城概述》，载于《中国边疆史地研究》2010 年第 1 期。

［228］孙秀仁：《关于金长城（界壕边堡）的研究与相关问题》，载于《北方文物》2007 年第 2 期，转引自哲里木盟博物馆：《内蒙古霍林河矿区金代界壕

边堡发掘报告》，载于《考古》1984年第2期。

[229] 孙益民、王楷：《万里长城西部起首于今临洮辩》，载于《兰州学刊》1982年第1期。

[230] [朝鲜]孙永钟著，顾禹宁译：《大宁江长城的调查报告》，载于《博物馆研究》1990年第4期。

[231] [朝鲜]孙永钟著，顾禹宁译：《关于大宁江畔的古长城》，载于《博物馆研究》1990年第1期。

[232] 索秀芬：《内蒙古地区北魏城址》，载于《内蒙古文物考古》2002年第1期。

[233] 谭彦翘：《齐齐哈尔市辖区内的金界壕》，载于《黑龙江史志》2004年第6期。

[234] 唐晓峰：《北京北部山区的古长城遗址》，载于《文物》2007年第2期。

[235] 唐晓峰：《内蒙古西北部秦汉长城调查记》，载于《文物》1977年第5期。

[236] 唐晓峰：《长城内外是故乡》，载于《读书》1998年第4期。

[237] 唐晓军：《甘肃境内的长城与烽燧分布》，载于《丝绸之路》1996年第5期。

[238] 田广金：《桃红巴拉的匈奴墓》，载于《考古学报》1976年第1期。

[239] 田淑华、赵晓光、王月华：《承德地区汉代长城与烽燧调查》，载于《文物春秋》2006年第3期。

[240] 田瞳：《汉长城与明长城》，载于《丝绸之路》1999年第5期。

[241] 佟柱臣：《考古学上汉代及汉代以前的东北疆域》，载于《考古学报》1956年第1期。

[242] 晚学、王兴明：《浅谈明长城墙台的几种类型》，载于《文物春秋》1998年第2期。

[243] 汪桂海：《简牍所见汉代边塞徼巡制度》，载于《中国边疆史地研究》2006年第3期。

[244] 王建群：《高句丽千里长城》，载于《博物馆研究》1987年第3期。

[245] 王剑英：《明长城的起迄和长度》，载于《历史教学》1983年第3期。

[246] 王景泽：《清前期经营东北的军事战略失误》，载于《北方文物》1997年第2期。

[247] 王守业、窦步青：《嘉峪关外新发现之汉代长城遗址》，载于《西北史地》1984年第2期。

[248] 王献唐：《山东周代的齐长城》，载于《社会科学战线》1979年第4期。

[249] 王昱、崔永红:《令居塞建立时间考辨》,载于《青海社会科学》1987年第4期。

[250] 王元林:《西望长城——河西长城考察漫记》,载于《西部论丛》2002年第12期。

[251] 王子今:《汉代北边"亡人":民族立场与文化表现》,载于《南都学坛》(人文社会科学学报)2008年第2期。

[252] 王宗元、齐有科:《秦长城起首地——"临洮"考》,载于《西北师大学报》1992年第3期。

[253] 韦占彬:《明代"九边"设置时间辨析》,载于《石家庄师范专科学校学报》2002年第3期。

[254] 魏保信:《明代长城考略》,载于《文物春秋》1997年第2期。

[255] 魏燕利:《汉"塞天田"新探》,载于《池州师专学报》2003年第6期。

[256] 吴克贤:《抚宁境内明长城敌台的建筑形制》,载于《文物春秋》2005年第3期。

[257] 吴礽骧:《河西的汉代长城》,载于《文博》1991年第1期。

[258] 吴礽骧:《河西汉塞调查与研究》,文物出版社2005年版,第48页;吴礽骧:《玉门关与玉门候》,载于《文物》1981年第10期。

[259] 吴礽骧:《战国秦长城与秦始皇长城》,载于《西北史地》1990年第2期。

[260] 夏明亮、童雪莲:《"长城地带"考古学术语属性探讨》,载于《东北史地》2012年第5期。

[261] 夏鼐:《碳14测定年代和中国史前考古学》,载于《考古与文物》1977年第4期。

[262] 夏振英、呼林贵:《陕西华阴境内秦魏长城考》,载于《文博》1985年第3期。

[263] 鲜明、尚无正:《甘肃永靖县境内秦长城质疑》,载于《文博》1992年第3期。

[264] 项春松:《巴林左旗金代临潢路边堡界壕踏查记》,载于《北方文物》1987年第2期。

[265] 肖华锟、艾廷和:《楚长城的建筑时间和形式考》,载于《江汉考古》2003年第4期。

[266] 肖立军:《九边重镇与明之国运——兼析明末大起义首发于陕的原因》,载于《天津师大学报》1994年第2期。

[267] 肖立军:《明代边兵与外卫兵制初探》,载于《天津师大学报》1998

年第 2 期。

[268] 萧景全：《辽东地区燕秦汉长城障塞的考古学考察研究》，载于《北方文物》2000 年第 3 期。

[269] 谢端琚：《论石岭下类型的文化性质》，载于《文物》1981 年第 4 期。

[270] 辛德勇、李诚：《论魏国西长城的走向——与陈孟冬、刘合心同志商榷》，载于《人文杂志》1985 年第 1 期。

[271] 辛德勇：《阴山高阙与阳山高阙辨析——并论秦始皇万里长城西段走向以及长城之起源诸问题》，载于《文史》2005 年第 3 期。

[272] 辛德勇：《张家山汉简所示汉初西北隅边境解析——附论：秦昭襄王长城北端走向与九原云中两郡战略地位》，载于《历史研究》2006 年第 1 期。

[273] 徐路、杨强义、刘炜、王菲、水碧纹：《陕西省榆阳区明长城主要病害及保护对策》，载于《内蒙古文物考古》2010 年第 2 期。

[274] 徐苹芳：《居延、敦煌发现的〈塞上蓬火品约〉册——兼释汉代的蓬火制度》，载于《考古》1979 年第 5 期。

[275] 许成：《宁夏境内明长城遗迹》，载于《宁夏社会科学》1983 年第 4 期。

[276] 许明纲、许玉林：《辽宁新金双房石盖石棺墓》，载于《考古》1983 年第 4 期。

[277] 许志国：《辽北境内燕秦汉长城及相关遗迹遗物的发现和研究》，载于《博物馆研究》2007 年第 2 期。

[278] 薛作标：《辽东边墙今昔》，载于《社会科学辑刊》1983 年第 5 期。

[279] 延安地区文物普查队：《延安地区战国秦长城考察简报》，载于《考古与文物》1990 年第 6 期。

[280] 严宾：《赵武灵王长城考》，载于《中国历史地理论丛》1989 年第 2 期。

[281] 阎忠：《燕北长城考》，载于《社会科学战线》1995 年第 2 期。

[282] 颜誾：《宝鸡新石器时代人骨的研究报告》，载于《古脊椎动物与古人类》1960 年第 1 期。

[283] 颜誾：《华县新石器时代人骨的研究》，载于《考古学报》1962 年第 2 期。

[284] 颜誾：《西夏侯新石器时代人骨的研究报告》，载于《考古学报》1973 年第 2 期。

[285] 颜誾等：《西安半坡人骨的研究》，载于《考古》1960 年第 9 期。

[286] 杨寰：《明代察哈尔部沿革考》，载于《禹贡半月刊》1935 年第 4 期。

[287] 杨晓宇：《春秋楚长城：中国最早的长城》，载于《许昌学院学报》

2003年第6期。

[288] 杨晓宇：《春秋楚长城五大名关》，载于《平顶山师专学报》2003年第6期。

[289] 杨星宇、冯吉祥、敖卫东、奥奇：《尼尔基水利枢纽工程区内金代界壕发掘简报》，载于《内蒙古文物考古》2002年第1期。

[290] 姚德棠，姚婕：《楚方城》，载于《武当风》2000年第5、6期。

[291] 姚连学：《甘肃的古长城》，载于《丝绸之路》2001年第2期。

[292] 姚双年：《陕西合阳县新发现战国时期秦长城》，载于《考古与文物》1993年第3期。

[293] 姚有志：《从古长城看中原王朝的防务特征》，载于《军事历史研究》1995年第1期。

[294] 叶小燕：《中国早期长城的探索与存疑》，载于《文物》1987年第7期。

[295] 伊盟文物工作站、内蒙古文物工作队：《西沟畔汉代匈奴墓地调查记》，载于《内蒙古文物考古》1981年第1期。

[296] 伊盟文物工作站：《杭锦旗乌兰陶勒盖汉墓发掘报告》，载于《内蒙古文物考古》1991年第1期。

[297] 伊盟文物工作站：《伊克昭盟补洞沟匈奴墓清理简报》，载于《内蒙古文物考古》1981年第1期。

[298] 宜昌地区考古队：《江苏徐州子房山西汉墓清理简报》，载于《文物资料丛刊》1981年第4期。

[299] 尹钧科：《宁夏成为明代"九边"重镇之一的军事地理因素试析》，载于《大同高等专科学校学报（社科版）》1994年第2期。

[300] 尹小燕：《白羊峪口长城碑刻简析》，载于《文物春秋》1998年第2期。

[301] 于春雷：《秦简公"堑洛"考》，载于《考古与文物》2012年第5期。

[302] 于晓磊：《北朝长城现状调查》，载于《中国文化遗产》2009年第1期。

[303] 余华青等：《战国、秦、汉长城调查（笔谈）》，载于《文物天地》1989年第2期。

[304] 余同元：《明代长城文化带的形成与演变》，载于《烟台大学学报》1990年第3期。

[305] 翟禹：《明代万历年间山西镇〈创修滑石涧堡砖城记〉考释》，载于《内蒙古社会科学（汉文版）》2012年第3期。

[306] 张柏忠：《哲里木盟发现的鲜卑遗存》，载于《文物》1981年第2期。

[307] 张殿仁：《唐山境内的明代长城》，载于《文物春秋》1998 年第 2 期。

[308] 张国勇：《明代大同镇述略》，载于《鞍山师范学院学报》2005 年第 3 期。

[309] 张汉英：《河北丰宁境内的古长城和金代界壕》，载于《文物春秋》1993 年第 1 期。

[310] 张洪印、孙钢：《畿南第一雄关——紫荆关》，载于《文物春秋》1996 年第 1 期。

[311] 张华松：《从兵学的角度看齐长城》，载于《泰山学院学报》2005 年第 4 期。

[312] 张杰：《柳条边、印票与清朝东北封禁新论》，载于《中国边疆史地研究》1999 年第 1 期。

[313] 张君，韩康信：《尉迟寺新石器时代墓地人骨的观察与鉴定》，载于《人类学学报》1998 年第 1 期。

[314] 张君：《青海李家山卡约文化墓地人骨种系研究》，载于《考古学报》1993 年第 3 期。

[315] 张锴生：《郑州商城城墙结构及筑法探析》，载于《中原文物》1988 年第 3 期。

[316] 张立敏：《秦皇岛市境内的古长城》，载于《文物春秋》2001 年第 3 期。

[317] 张南：《论西汉长城边区的经济开发》，载于《内蒙古社会科学（汉文版）》1989 年第 3 期。

[318] 张平一：《河北境内长城的历史价值和作用》，载于《文物春秋》2003 年第 1 期。

[319] 张萍：《明代陕北蒙汉边界区军事城镇的商业化》，载于《民族研究》2003 年第 6 期。

[320] 张泰湘、郝思德：《呼伦贝尔草原考古研究的新收获》，载于《北方论丛》1979 年第 5 期。

[321] 张廷皓：《长城遗存》，载于《文博》1997 年第 3 期。

[322] 张文江：《渭南地区秦魏诸长城考辨》，载于《文博》2004 年第 1 期。

[323] 张筱衡：《梁惠王西河长城考》，载于《人文杂志》1958 年第 6 期。

[324] 张耀民：《试论长城文化对甘肃的影响》，载于《西北史地》1998 年第 1 期。

[325] 张耀民：《义渠都城考证琐记》，载于《西北史地》1996 年第 2 期。

[326] 张耀民：《战国魏长城暨在甘肃庆阳遗址的考察》，载于《西北史地》

1997年第3期。

[327] 张永江：《明大同镇长城、边堡兴筑考》，载于《鲁东大学学报（哲学社会科学版）》2010年第5期。

[328] 张玉坤、李哲、李严：《"封"——中国长城起源另说》，载于《天津大学学报（社会科学版）》2009年第4期。

[329] 张驭寰、文集：《中国古代建筑史新著》，中国文史出版社2008年第2期。

[330] 张长海：《从考古材料谈长城的起源》，载于《文物世界》2009年第2期。

[331] 张子宇：《历史地理学意义上的长城地带划分》，载于《西安石油大学学报（社会科学版）》2012年第12期。

[332] 赵凡、姚雪：《陕北建安堡病害调查与成因分析》，载于《延安大学学报》2012年第34卷，第4期。

[333] 赵海英、李最雄等：《甘肃境内长城遗址主要病害及保护研究》，载于《文物保护与考古科学》2007年第1期。

[334] 赵海英、汪稔、李最雄等：《战国秦时期夯土长城加固强度试验研究》，载于《岩土力学》2007年增刊第28卷。

[335] 赵海英：《甘肃境内战国秦长城和汉长城保护研究》，载于《岩石力学与工程学报》2007年第1期。

[336] 赵建朝、李寒梅、孙茹梅：《赵国北长城考察》，载于《邯郸职业技术学院学报》2010年第3期。

[337] 赵松乔：《察北、察盟及锡盟——一个农牧过渡地区经济地理调查》，载于《地理学报》1953年第1期。

[338] 赵现海：《明长城的兴起——14至15世纪西北中国军事格局研究》，载于《中国长城博物馆》2007年第4期。

[339] 浙江省文物考古研究所、厦门大学历史系：《浙江余姚市鲻山遗址发掘简报》，载于《考古》2001年第4期。

[340] 甄自明：《鄂尔多斯南部发现隋长城遗迹》，载于《鄂尔多斯文化》2008年第2期。

[341] 郑君雷：《大宁江长城的相关问题》，载于《史学集刊》1997年第1期。

[342] 郑绍宗、郑立新：《河北古代长城沿革考略（上）》和《河北古代长城沿革考略（下）》，载于《文物春秋》2009年第3期、第4期。

[343] 郑绍宗：《战国秦汉时期古长城的发现与研究》，载于《河北师范学

院学报》1981 年第 1 期。

［344］中国科学院考古研究所安阳发掘队:《1971 年安阳后冈发掘简报》,载于《考古》1972 年第 3 期。

［345］中国科学院考古研究所内蒙古工作队:《赤峰药王庙、夏家店试掘报告》,载于《考古学报》1974 年第 1 期。

［346］中国科学院考古研究所内蒙古工作队:《宁城南山根的石椁墓》,载于《考古学报》1973 年第 2 期。

［347］中国社会科学院考古研究所栎阳发掘队:《秦汉栎阳城遗址的勘探和试掘》,载于《考古学报》1985 年第 3 期。

［348］中国社会科学院考古研究所内蒙古工作队:《内蒙古敖汉旗兴隆洼遗址发掘简报》,载于《考古》1985 年第 10 期。

［349］中国社会科学院考古研究所内蒙古工作队:《内蒙古巴林左旗富河沟门遗址发掘简报》,载于《考古》1964 年第 1 期。

［350］中国社会科学院考古研究所陕西工作队:《陕西华阴、大荔魏长城勘查记》,载于《考古》1980 年第 6 期。

［351］朱大渭:《北朝历代建置长城及其军事战略地位》,载于《中国史研究》2006 年第 2 期。

［352］朱贵:《辽宁朝阳十二台营子青铜短剑墓》,载于《考古学报》1960 年第 1 期。

［353］朱泓:《内蒙古察右前旗庙子沟新石器时代颅骨的人类学特征》,载于《人类学学报》1994 年第 2 期。

［354］竺可桢:《中国近五千年来气候变迁的初步研究》,载于《考古学报》1972 年第 1 期。

［355］紫西、关真付:《唐山段长城的关隘与关城》,载于《文物春秋》1998 年第 2 期。

报纸资料

［1］段清波:《长城研究亟待深化　长城保护刻不容缓》,载于《中国文物报》2012 年 8 月 17 日。

［2］邓大洪:《万里长城在管理缺失中被肢解破坏》,载于《中国商报》2005 年 6 月 7 日。

［3］董耀会:《万里长城纵横谈（四十二）》,载于《西部时报》2006 年 6 月 16 日。

［4］董耀会:《万里长城纵横谈（四十五）》,载于《西部时报》2006 年 7 月 7 日。

［5］方辉、惠夕平、郭晓东等：《莱芜发现鲁长城遗迹》，载于《中国文物报》2009年6月12日，第2版。

［6］姜念思：《长城起源的考古学考察》，载于《中国文物报》2006年8月25日。

［7］王玉平：《华兴时报》，2010年4月5日。

［8］吴晶晶：《不全是八达岭，长城绝大部分在"自生自灭"》，载于《新华每日电讯》2006年6月9日。

［9］杨树森：《再论柳条边的历史——驳齐赫文斯基的〈中国历史学中的大汉族霸权主义〉》，载于《中国教育报》2002年12月16日，第5版。

［10］赵晓林：《齐长城资源调查基本完成多项调查成果揭示齐长城价值》，载于《济南日报》2010年3月16日。

［11］赵实：《宁夏北部秦汉长城的探寻发现》，载于《新消息报》2008年12月21日。

网站资料

［1］程兆申：《绿色长城——清代柳条边》，载于辽宁档案信息网，http：//www. lndangan. gov. cn/News_Show3. asp？NewsID=588，2006年11月2日。

［2］《长城到底多长？中国将重测长城长度》，载于《人民网》2006年2月16日，http：//culture. people. com. cn/GB/22219/4111462. html。

［3］蒋彦鑫：《北京设管护队进行专职照看》，载于《中国长城网》转引《新闻晚报》，http：//cc. 51766. com/detail/news_detail. jsp？info_id=1100143251&cust_id=greatwall。

［4］康宁：《军事筑城体系与长城》，摘自《中国大百科全书·军事（六）军事工程分册》，长城文化网，http：//www. gwculture. net/zhuanzhu/wen/jstx. htm

［5］《牡丹江边墙》，载于中国长城网，http：//www. 51766. com/wenzhang/11000/1100046802. html，2005年1月15日。

［6］李孝聪：《清柳条边》；中国长城网：http：//www. chinagreatwall. org/detail/news_detail. jsp？info_id=1100046804，2005年1月15日。

［7］李根蟠：《小农经济与游牧经济》，中国经济网，2004年07月30日：http：//www. ce. cn/ztpd/xwzt/guonei/2004/jdzg/tdgm/jdyk/200407/30/t20040730_1368262. shtml。

［8］孙志升：《楚国长城》，摘自《中国长城》，中国长城网，http：//www. chinagreatwall. org/detail/news_detail. jsp？info_id=1100152135&cust_id=greatwall。

［9］武勇：《宁夏中卫北长滩新发现秦始皇石砌长城》，新华网宁夏频道2009年9月26日。

［10］摘自：新华网 2002 年 11 月 22 日，《"赵南长城"今安在 冀南豫北有遗存》http：//news.xinhuanet.com/newscenter/2002 - 11/22/content_637599.htm。

［11］杨鲁奇：《楚长城塞与方城山辩考》，中国长城网，2005 年 2 月 24 日，http：//www.chinagreatwall.org/detail/news_detail.jsp？info_id = 1100052862&cust_id = greatwall。

［12］中国长城学会：《历代长城概况》，摘自：长城文化网，2009 年 4 月 15 日。

［13］中国长城学会：《历代长城概况》，摘自：长城文化网，http：//www.sbsm.gov.cn/article/ztzl/mcccdsjfbzt/ccsh/200904/20090400051264.shtml，2009 年 4 月 15 日。

［14］《中国长城遗址牡丹江边墙列入世界文化遗产名录》，来自：黑龙江新闻网，http：//news.qq.com/a/20080623/001099.htm，2008 年 06 月 23 日。

后 记

这是一部由集体完成的研究成果。

长城是我国现存规模最大的文化遗产,是中华民族的精神象征,长城的修建与帝国文明相始终。

自战国开始(楚、齐、燕、秦、赵、鲁、魏、中山)的历代长城是历经秦汉、南北朝(北魏、东魏、北齐)、隋唐(含渤海国、高句丽、吐谷浑)、北宋、西夏、辽金、明清等12个历史时期,由24个政治实体,在边境建造的由墙体、壕堑/界壕、单体建筑、关堡、相关设施等构成大型军事防御体系。保存至今的历代长城总长度为21 196.18千米,自东向西广泛分布在我国北方15个省市自治区,现存遗迹43 721处。

本人自2006年冬季开始,先后主持陕西省明长城和早期长城资源的调查与研究工作,2010年又受邀主持了甘肃战国长城资源调查工作;期间也先后多次参与到其他省区的长城资源调查考核验收工作中。不管是对田野调查中的定性和定量的判断,还是从文献中寻求任何蛛丝马迹的过程,深感这一对中国文明、中华民族形成过程具有深远历史意义的文化遗产,我们既说不清楚它的价值,也说不清楚它的源流,我们甚至表述不清楚长城的概念与内涵,至于历代长城的基本走向与构成,存在的问题就更多。

2009年春季,我回到阔别20年之久的母校西北大学任教后,组织以西北大学和陕西师范大学研究生为主体开展陕西早期长城资源和甘肃战国秦长城资源调查;同时萌生了与徐卫民教授一起,策划组织西北大学文化遗产学院秦汉史、历史地理及秦汉考古等专业方向的20多位硕士研究生,分头对涉及历代长城的历史文献、历年来的田野调查资料及研究状况等进行了广泛地搜集和系统地整理,并充分吸纳最新的全国长城调查资料的设想,经过多次斟酌讨论,设计出统一的编写大纲以开展研究工作。

基于以上工作,本人于2010年有幸成功申请到教育部哲学社会科学研究重大课题攻关项目——中国历代长城研究，以此为契机，和以下我引以为傲的志同道合者一起，对历代长城进行了综合研究，主要内容涉及历史上24个政治实体在不同时期、不同地貌条件下建造的规模不同、类型相异、体系庞杂的长城，以及长城地带形成的环境因素和在该因素影响下农业和游牧文明所发生的互动和交流，研究思路和学术目标在前言和导论中已经有所说明。本著作就是该项目的最终成果。

按照这样的内容设置和研究思路，我们对历代长城的构成、走向、体系，长城地带与中国文明、中华民族形成过程，以及长城保护管理等进行了综合研究。细心的读者能看出我们在长城的定义、中国长城的起始时间、长城与中国文明形成等方面均提出了新的研究认识。

本著作的前言和导论部分，由本人、尚珩、同杨阳执笔完成。

第一章和第二章是对历代长城体系在历史文献、考古发现、综合研究方面的概括和梳理。该部分内容是在本人和徐卫民教授的指导下，组织研究生按照长城建造时代早晚完成。各位学者分工如下：郝妍负责长城起源、杨帆负责楚长城、陈爱东负责齐长城、喻鹏涛负责鲁长城、方琳负责魏长城、褚亚龙负责燕长城、胡斌和李晓芳负责赵长城、张海报与刘鸣负责战国秦长城、徐卫民教授负责秦始皇长城、樊凡负责汉长城、山西大学青年教师赵杰负责魏晋长城、于春雷负责隋长城和明长城、刘霄睿负责辽长城、马乐负责清代柳条边等。在项目结题成文过程中，按照新的思路要求，分别由刘艳、郝妍、同杨阳、王超翔、冯楷、李嘉瑜等对上述文稿进行了再次修订。

第三章"长城工艺研究"，对历代长城在不同自然环境的建造方式进行分析，主要内容是在孙满利教授等研究基础上，由薛程执笔完成。

第四章"长城地带综合研究"，主要对长城地带形成的原因以及农牧互动进行分析。其中第四节由张宏彦教授执笔完成；第五节由陈靓执笔完成；其他内容是在李鸿斌、侯甬坚教授等研究的基础上，进行了重新的思考、整合和框架设计，最终由同杨阳执笔完成第一、二、七、八节；由陈徐玮执笔完成第三节；由张曦执笔完成第六节。

第五章"历代长城保护管理研究"，对历代长城在不同环境下产生的病害进行梳理，在此基础上制订保护规划方案。本研究是在孙满利和刘军民教授等研究成果的基础上，由周剑虹执笔完成。

在后期统稿过程中，周剑虹、同杨阳、薛程、张曦、陈徐玮、朱晨露等均参与了修订工作，英文目录由程亦萱翻译。

感谢西北大学社科处时任处长刘丰对项目的申报和完成给予的极大支持和鼓励。

长城是中华民族的精神标识，长城研究绝非一人一时之功可以完成，端赖学术界经过艰苦和持久的努力，才能有望获得适应新时代的认知。本书中难免有疏漏之处，在涉及长城的价值评估方面还不成体系，请各位指正。

段清波

西北大学文化遗产学院

2019年4月7日

教育部哲学社会科学研究重大课题攻关项目成果出版列表

序号	书　名	首席专家
1	《马克思主义基础理论若干重大问题研究》	陈先达
2	《马克思主义理论学科体系建构与建设研究》	张雷声
3	《马克思主义整体性研究》	逄锦聚
4	《改革开放以来马克思主义在中国的发展》	顾钰民
5	《新时期　新探索　新征程 ——当代资本主义国家共产党的理论与实践研究》	聂运麟
6	《坚持马克思主义在意识形态领域指导地位研究》	陈先达
7	《当代资本主义新变化的批判性解读》	唐正东
8	《当代中国人精神生活研究》	童世骏
9	《弘扬与培育民族精神研究》	杨叔子
10	《当代科学哲学的发展趋势》	郭贵春
11	《服务型政府建设规律研究》	朱光磊
12	《地方政府改革与深化行政管理体制改革研究》	沈荣华
13	《面向知识表示与推理的自然语言逻辑》	鞠实儿
14	《当代宗教冲突与对话研究》	张志刚
15	《马克思主义文艺理论中国化研究》	朱立元
16	《历史题材文学创作重大问题研究》	童庆炳
17	《现代中西高校公共艺术教育比较研究》	曾繁仁
18	《西方文论中国化与中国文论建设》	王一川
19	《中华民族音乐文化的国际传播与推广》	王耀华
20	《楚地出土戰國簡册〔十四種〕》	陈　伟
21	《近代中国的知识与制度转型》	桑　兵
22	《中国抗战在世界反法西斯战争中的历史地位》	胡德坤
23	《近代以来日本对华认识及其行动选择研究》	杨栋梁
24	《京津冀都市圈的崛起与中国经济发展》	周立群
25	《金融市场全球化下的中国监管体系研究》	曹凤岐
26	《中国市场经济发展研究》	刘　伟
27	《全球经济调整中的中国经济增长与宏观调控体系研究》	黄　达
28	《中国特大都市圈与世界制造业中心研究》	李廉水

序号	书名	首席专家
29	《中国产业竞争力研究》	赵彦云
30	《东北老工业基地资源型城市发展可持续产业问题研究》	宋冬林
31	《转型时期消费需求升级与产业发展研究》	臧旭恒
32	《中国金融国际化中的风险防范与金融安全研究》	刘锡良
33	《全球新型金融危机与中国的外汇储备战略》	陈雨露
34	《全球金融危机与新常态下的中国产业发展》	段文斌
35	《中国民营经济制度创新与发展》	李维安
36	《中国现代服务经济理论与发展战略研究》	陈宪
37	《中国转型期的社会风险及公共危机管理研究》	丁烈云
38	《人文社会科学研究成果评价体系研究》	刘大椿
39	《中国工业化、城镇化进程中的农村土地问题研究》	曲福田
40	《中国农村社区建设研究》	项继权
41	《东北老工业基地改造与振兴研究》	程伟
42	《全面建设小康社会进程中的我国就业发展战略研究》	曾湘泉
43	《自主创新战略与国际竞争力研究》	吴贵生
44	《转轨经济中的反行政性垄断与促进竞争政策研究》	于良春
45	《面向公共服务的电子政务管理体系研究》	孙宝文
46	《产权理论比较与中国产权制度变革》	黄少安
47	《中国企业集团成长与重组研究》	蓝海林
48	《我国资源、环境、人口与经济承载能力研究》	邱东
49	《"病有所医"——目标、路径与战略选择》	高建民
50	《税收对国民收入分配调控作用研究》	郭庆旺
51	《多党合作与中国共产党执政能力建设研究》	周淑真
52	《规范收入分配秩序研究》	杨灿明
53	《中国社会转型中的政府治理模式研究》	娄成武
54	《中国加入区域经济一体化研究》	黄卫平
55	《金融体制改革和货币问题研究》	王广谦
56	《人民币均衡汇率问题研究》	姜波克
57	《我国土地制度与社会经济协调发展研究》	黄祖辉
58	《南水北调工程与中部地区经济社会可持续发展研究》	杨云彦
59	《产业集聚与区域经济协调发展研究》	王珺

序号	书　名	首席专家
60	《我国货币政策体系与传导机制研究》	刘　伟
61	《我国民法典体系问题研究》	王利明
62	《中国司法制度的基础理论问题研究》	陈光中
63	《多元化纠纷解决机制与和谐社会的构建》	范　愉
64	《中国和平发展的重大前沿国际法律问题研究》	曾令良
65	《中国法制现代化的理论与实践》	徐显明
66	《农村土地问题立法研究》	陈小君
67	《知识产权制度变革与发展研究》	吴汉东
68	《中国能源安全若干法律与政策问题研究》	黄　进
69	《城乡统筹视角下我国城乡双向商贸流通体系研究》	任保平
70	《产权强度、土地流转与农民权益保护》	罗必良
71	《我国建设用地总量控制与差别化管理政策研究》	欧名豪
72	《矿产资源有偿使用制度与生态补偿机制》	李国平
73	《巨灾风险管理制度创新研究》	卓　志
74	《国有资产法律保护机制研究》	李曙光
75	《中国与全球油气资源重点区域合作研究》	王　震
76	《可持续发展的中国新型农村社会养老保险制度研究》	邓大松
77	《农民工权益保护理论与实践研究》	刘林平
78	《大学生就业创业教育研究》	杨晓慧
79	《新能源与可再生能源法律与政策研究》	李艳芳
80	《中国海外投资的风险防范与管控体系研究》	陈菲琼
81	《生活质量的指标构建与现状评价》	周长城
82	《中国公民人文素质研究》	石亚军
83	《城市化进程中的重大社会问题及其对策研究》	李　强
84	《中国农村与农民问题前沿研究》	徐　勇
85	《西部开发中的人口流动与族际交往研究》	马　戎
86	《现代农业发展战略研究》	周应恒
87	《综合交通运输体系研究——认知与建构》	荣朝和
88	《中国独生子女问题研究》	风笑天
89	《我国粮食安全保障体系研究》	胡小平
90	《我国食品安全风险防控研究》	王　硕

序号	书名	首席专家
91	《城市新移民问题及其对策研究》	周大鸣
92	《新农村建设与城镇化推进中农村教育布局调整研究》	史宁中
93	《农村公共产品供给与农村和谐社会建设》	王国华
94	《中国大城市户籍制度改革研究》	彭希哲
95	《国家惠农政策的成效评价与完善研究》	邓大才
96	《以民主促进和谐——和谐社会构建中的基层民主政治建设研究》	徐 勇
97	《城市文化与国家治理——当代中国城市建设理论内涵与发展模式建构》	皇甫晓涛
98	《中国边疆治理研究》	周 平
99	《边疆多民族地区构建社会主义和谐社会研究》	张先亮
100	《新疆民族文化、民族心理与社会长治久安》	高静文
101	《中国大众媒介的传播效果与公信力研究》	喻国明
102	《媒介素养：理念、认知、参与》	陆 晔
103	《创新型国家的知识信息服务体系研究》	胡昌平
104	《数字信息资源规划、管理与利用研究》	马费成
105	《新闻传媒发展与建构和谐社会关系研究》	罗以澄
106	《数字传播技术与媒体产业发展研究》	黄升民
107	《互联网等新媒体对社会舆论影响与利用研究》	谢新洲
108	《网络舆论监测与安全研究》	黄永林
109	《中国文化产业发展战略论》	胡惠林
110	《20世纪中国古代文化经典在域外的传播与影响研究》	张西平
111	《国际传播的理论、现状和发展趋势研究》	吴 飞
112	《教育投入、资源配置与人力资本收益》	闵维方
113	《创新人才与教育创新研究》	林崇德
114	《中国农村教育发展指标体系研究》	袁桂林
115	《高校思想政治理论课程建设研究》	顾海良
116	《网络思想政治教育研究》	张再兴
117	《高校招生考试制度改革研究》	刘海峰
118	《基础教育改革与中国教育学理论重建研究》	叶 澜
119	《我国研究生教育结构调整问题研究》	袁本涛 王传毅
120	《公共财政框架下公共教育财政制度研究》	王善迈

序号	书　名	首席专家
121	《农民工子女问题研究》	袁振国
122	《当代大学生诚信制度建设及加强大学生思想政治工作研究》	黄蓉生
123	《从失衡走向平衡：素质教育课程评价体系研究》	钟启泉 崔允漷
124	《构建城乡一体化的教育体制机制研究》	李　玲
125	《高校思想政治理论课教育教学质量监测体系研究》	张耀灿
126	《处境不利儿童的心理发展现状与教育对策研究》	申继亮
127	《学习过程与机制研究》	莫　雷
128	《青少年心理健康素质调查研究》	沈德立
129	《灾后中小学生心理疏导研究》	林崇德
130	《民族地区教育优先发展研究》	张诗亚
131	《WTO主要成员贸易政策体系与对策研究》	张汉林
132	《中国和平发展的国际环境分析》	叶自成
133	《冷战时期美国重大外交政策案例研究》	沈志华
134	《新时期中非合作关系研究》	刘鸿武
135	《我国的地缘政治及其战略研究》	倪世雄
136	《中国海洋发展战略研究》	徐祥民
137	《深化医药卫生体制改革研究》	孟庆跃
138	《华侨华人在中国软实力建设中的作用研究》	黄　平
139	《我国地方法制建设理论与实践研究》	葛洪义
140	《城市化理论重构与城市化战略研究》	张鸿雁
141	《境外宗教渗透论》	段德智
142	《中部崛起过程中的新型工业化研究》	陈晓红
143	《农村社会保障制度研究》	赵　曼
144	《中国艺术学学科体系建设研究》	黄会林
145	《人工耳蜗术后儿童康复教育的原理与方法》	黄昭鸣
146	《我国少数民族音乐资源的保护与开发研究》	樊祖荫
147	《中国道德文化的传统理念与现代践行研究》	李建华
148	《低碳经济转型下的中国排放权交易体系》	齐绍洲
149	《中国东北亚战略与政策研究》	刘清才
150	《促进经济发展方式转变的地方财税体制改革研究》	钟晓敏
151	《中国—东盟区域经济一体化》	范祚军

序号	书名	首席专家
152	《非传统安全合作与中俄关系》	冯绍雷
153	《外资并购与我国产业安全研究》	李善民
154	《近代汉字术语的生成演变与中西日文化互动研究》	冯天瑜
155	《新时期加强社会组织建设研究》	李友梅
156	《民办学校分类管理政策研究》	周海涛
157	《我国城市住房制度改革研究》	高 波
158	《新媒体环境下的危机传播及舆论引导研究》	喻国明
159	《法治国家建设中的司法判例制度研究》	何家弘
160	《中国女性高层次人才发展规律及发展对策研究》	佟 新
161	《国际金融中心法制环境研究》	周仲飞
162	《居民收入占国民收入比重统计指标体系研究》	刘 扬
163	《中国历代边疆治理研究》	程妮娜
164	《性别视角下的中国文学与文化》	乔以钢
165	《我国公共财政风险评估及其防范对策研究》	吴俊培
166	《中国历代民歌史论》	陈书录
167	《大学生村官成长成才机制研究》	马抗美
168	《完善学校突发事件应急管理机制研究》	马怀德
169	《秦简牍整理与研究》	陈 伟
170	《出土简帛与古史再建》	李学勤
171	《民间借贷与非法集资风险防范的法律机制研究》	岳彩申
172	《新时期社会治安防控体系建设研究》	宫志刚
173	《加快发展我国生产服务业研究》	李江帆
174	《基本公共服务均等化研究》	张贤明
175	《职业教育质量评价体系研究》	周志刚
176	《中国大学校长管理专业化研究》	宣 勇
177	《"两型社会"建设标准及指标体系研究》	陈晓红
178	《中国与中亚地区国家关系研究》	潘志平
179	《保障我国海上通道安全研究》	吕 靖
180	《世界主要国家安全体制机制研究》	刘胜湘
181	《中国流动人口的城市逐梦》	杨菊华
182	《建设人口均衡型社会研究》	刘渝琳
183	《农产品流通体系建设的机制创新与政策体系研究》	夏春玉

序号	书　名	首席专家
184	《区域经济一体化中府际合作的法律问题研究》	石佑启
185	《城乡劳动力平等就业研究》	姚先国
186	《20世纪朱子学研究精华集成——从学术思想史的视角》	乐爱国
187	《拔尖创新人才成长规律与培养模式研究》	林崇德
188	《生态文明制度建设研究》	陈晓红
189	《我国城镇住房保障体系及运行机制研究》	虞晓芬
190	《中国战略性新兴产业国际化战略研究》	汪　涛
191	《证据科学论纲》	张保生
192	《要素成本上升背景下我国外贸中长期发展趋势研究》	黄建忠
193	《中国历代长城研究》	段清波
	……	